U0941052

主审孙光荣教授题字

主管单位：国家中医药管理局机关服务局
承办单位：中和亚健康服务中心
中华中医药学会亚健康分会
长沙富智文化传播有限公司

图书在版编目（CIP）数据

国医年鉴. 2010卷 / 孙涛等主编. --北京 ：中医古籍出版社，2010.5

ISBN 978-7-80174-857-7

Ⅰ. ①国… Ⅱ. ①孙… Ⅲ. ①中国医药学-2010-年鉴 Ⅳ. ①R2-54

中国版本图书馆CIP数据核字（2010）第081427号

《国医年鉴》2010卷

主　　编：孙　涛　李俊德　朱　嵘
责任编辑：杜杰慧
封面设计：张东东
出版发行：中医古籍出版社
社　　址：北京东直门内小街16号（100700）
印　　刷：廊坊市安次区团结印刷有限公司
开　　本：大16开　　889mm×1194mm
印　　张：41印张
字　　数：970千字
版　　次：2010年5月第1版　　2010年5月第1次印刷
印　　数：0001～2000册
标准书号：ISBN　978-7-80174-857-7

《国医年鉴》编撰委员会

序

树增年轮而成材，时增岁月而成史。当《国医年鉴》第二卷清样摆上案头，这一道纸墨国医年轮显现出一种集腋成裘的态势。

窃以为，司马迁《史记》的价值一是来源于岁月的积累，二是来源于不设门户的广证博采。这种“有容乃大”的编辑思想，成就了《史记》成为“史证”的历史价值。《国医年鉴》编辑团队，奉行历史唯物主义的工作态度，既着力于当年重大事件的轨迹记载，也不断裂历史传承的文化脉络。承前于“往史”，启后于“今事”，这是《国医年鉴》构建中医药文化脉络的用心之处。《国医年鉴》编辑团队秉承辨证唯物主义的工作方法，学术门派不分高下，在朝在野不设藩篱，亦庄亦谐多元并存。一卷在手，既有国医大师的风采，也有乡村郎中的身影；既有学者的理论深入研究，也有民众的实践切身体用；既有方药技艺的成果集结，也有药名诗文的雅趣选粹……这是《国医年鉴》兼收并蓄的大气。《国医年鉴》编辑团队，勤于学，思于行，用既信于史又传于神的辛勤编辑，为过去一年里国医人的方方面面留下了一份长久的记忆。捧着这本饕餮文化大餐，从本卷入编信息量的广泛、多元，相信大家能体会到《国医年鉴》的发展和进步。

本《国医年鉴》，致力于为广大中医药和相关的自然科学技术工作者和管理工作者提供交流与展示平台，致力于弘扬祖国医药学优秀文化，致力于促进中医药科学技术的繁荣和发展，致力于促进中医药科学技术的普及推广，致力于促进中医药各类人才的提高，尤其致力于积极促进落实《国务院关于扶持和促进中医药事业发展的若干意见》及促进中医药事业医疗、保健、科研、教育、产业、文化“六位一体”全面协调可持续发展。

该《国医年鉴》集中医文化集萃卷、“治未病”卷、中医名人榜卷、中医世家档案卷、优秀论文专著卷、科技成果卷于一体，分类合理，蕴涵丰厚，谨愿广大读者开卷有益。瑕疵之处，欣祈共榷。

孙清

2010年5月于北京

编辑说明

1、编辑主体

《国医年鉴》编辑工作在国家中医药管理局指导下，由国家中医药管理局机关服务局组织，中和亚健康服务中心、长沙富智文化传播有限公司和中华中医药学会亚健康分会负责承办。

2、编辑主旨

实录中医药行业年度重大事件，记录中医药学术科研成果和民间特色经验；编录中医药世家方药技艺传承发展脉络，辑录中医药名人成长经历、学术成就，选录中医药文化史实、趣文，搭建一切有志、有成于中医药事业者的展示平台。

3、编辑原则

以传承、传播中医药文化为目标，摈弃门户之见，力求客观、真实、多元。

4、篇章结构

沿用2009年卷，设6个分卷：

卷一、中医文化集萃卷——人物篇、医药篇、杏林故事篇、年度重大事件篇、主要活动篇、中医特色个人秀

卷二、“治未病”卷——治未病健康工程的启动、进程、技术展示、产品展示、试点单位展示

卷三、中医名人榜卷——征稿按姓氏拼音排序的

卷四、中医世家档案卷——三代以上世家分省按姓氏笔画排序

卷五、优秀论文专著卷——征稿篇名拼音排序

卷六、科技成果卷——科技成果篇、诊疗技术篇、特色门诊篇、专利篇

5、组稿途径

之一：国中医药机服[2009]18号文件——关于组织编纂《国医年鉴》的通知，

下发各行政单位征稿

之二：政府信息网站正式发布的资讯

之三：行业主要媒体公开刊发的资讯

之四：国家中医药管理局、各级中医药行政机构、一级学会、科研机构、医疗机构等评选出来的优秀人员征稿。

《国医年鉴》 编辑委员会

谢忠伟 127
徐景藩 218
严仲新 218
颜德馨 219
颜正华 220
杨寿峨 220
杨西华 222
杨永伟 224
尹三来 224
张安林 225
张灿玾 227
张建邦 228
张　健 229
张镜人 230
张良圣 231
张　琪 232
张学文 233
张　艳 233
赵　斌 235
赵建成 238
周华龙 241
周仲瑛 244
朱良春 245
祝　捷 246

第三卷　中医世家

（按省份拼音字母排序）

安徽　孔氏世家 249
北京　高氏世家 250
北京　王氏世家 251
福建　张氏世家 253
广东　郭氏世家 255
河南　李氏世家 257
河南　荣氏世家 260
河南　陶氏世家 260
河南　肖氏世家 262
河南　杨氏世家 265
河南　殷氏世家 268

河南　佑氏世家 269
河南　袁氏世家 270
湖北　王氏世家 271
湖南　戴氏世家 272
湖南　欧阳世家 274
湖南　覃氏世家 276
江西　刘氏世家 277
山西　李氏世家 279
上海　石氏世家 282
浙江　蔡氏世家 283

第四卷　“治未病”

一、“治未病”健康工程进展 289
第二届“治未病”高峰论坛 289
第二届“治未病”高峰论坛卫生部副部长王国强的主旨讲话 290
第二届“治未病”高峰论坛总后卫生部部长张雁灵的主旨发言 294
第二届“治未病”高峰论坛中国科学院院士、上海中医药大学校长陈凯先的发言 296
“治未病”试点单位开展“治未病”服务的实践与启示 298
实施“治未病”健康工程2009年工作计划 301
第一批军队系统“治未病”预防保健服务试点单位名单 305
中医预防保健服务提供平台建设基本规范（试行） 306
中医特色健康保障—服务模式服务基本规范（试行） 307
第四期“治未病”高峰论坛系列专题讲坛 312
全军卫生系统正式启动“治未病”健康工程 313
二、“治未病”健康工程的技术展示 314
中和能量平衡健脊术 314
中和温体通络祛痰利湿降脂术 315
扶阳罐温刮温灸亚健康调理技术 316
“莱香三养疗法”亚健康经络调理干预技术与产品 318
三、“治未病”健康工程产品展示 320
中和泽乌健脾降脂膏 320
中医电子诊脉保健器 321
传统养生文化在保健品开发中的重要意义 322
四、“治未病”健康工程试点单位展示 324
深圳市宝安区中医院治未病工作简介 324
上海莱香企业中医治未病建设思路 325
五、“治未病”健康工程论文 328
把握时代脉搏，创新发展思路 328

0-6 岁儿童常见中医体质辨识与保健......331
“治未病”运用于脊柱失衡及脊柱相关疾病......338
中医治未病预防和治疗近视弱视......339
“治未病”思想在体质养生中的应用指导......340
整体自然疗法的实际应用......344
特色疗法调理亚健康......345

第五卷 优秀论文专著

一、优秀专著篇......349
《澄省与致远中西医并存下的医学思索》......349
《中式人体生物钟概论》......350
二、优秀论文篇......355
“上工治未病”与“质量免费”*......355
《灵枢·骨度》柱骨辨......358
白癜风的新发现和治疗......359
萆薢化毒汤治疗痛风 38 例临床分析......359
布依药物苏脑王治疗精神分裂症的临床及实验研究......360
参归三七汤治疗阳痿病 5 7 例临床观察......364
从经带辨女性孕前常见中医体质的研究......366
蜂毒疗法的临床应用......369
复方前列清汤治疗慢性前列腺炎（非特异性）30 例疗效观察......371
活血补肾丹治疗股骨头无菌坏死 228 例分析......373
急性白血病临床治验报告......375
贾氏骨盆脊柱矫正医学之矫正手法......377
解忧汤外洗治疗慢性皮肤溃疡临床观察......380
据体质辨邪气是《伤寒论》的证治精神......382
科学发展观与中国医药学展望*......385
老年痴呆症的研究探析......393
论腰椎间盘突出症的中医治疗......396
论中国传统医学临诊“十问”......399
内服中成药外敷扶正堂膏治疗股骨头缺血性坏死......402
浅谈传统中医药发展的实际体验......403
浅谈中医中药临床研究抗衰老的体会......406
强化生活方式干预对 2 型糖尿病疗效观察......409
青藏高原局部地区季风气候对人体的影响......412
榷议农村医疗改革中发挥中医药优势存在的伦理问题......414
烧伤创面组织的“自体培育修复疗法”......417
神经再生丹复方治疗脱髓鞘疾病探讨......422

神效止泻散敷脐加点刺四缝穴治疗小儿腹泻 424
四围一体治疗妇科子宫癥瘕 425
谈谈对运气学说的研究与运用 426
吴登清膏药（痛敌膏）治疗风湿病 12288 例 430
薛立功教授经筋理论及长圆针疗法概述 431
一种全新的中医理念——太极系统 435
阴阳为纲判万病　消症愈疾靠扶阳 440
银屑病的日常保健康复 443
运用吴佩衡温阳扶阳法治疗危急重症 444
针刀为主配合中药外敷治疗骨质增生症 1266 例 449
针刀治疗指关节屈曲功能障碍一例 450
治疗股骨头坏死的理论与实践 452
中国中医药基因信息学的发展和应用 456
中医饮食疗法有助癌症病人放射治疗后的康复 461
中医在构建和谐社会中的重要性研究* 463
中医综合疗法治疗腰椎间盘突出症 469
子午流注配穴法临床应用体会 473
自主创新的中国针刀医学理论和临床的应用及其学术价值 476

第六卷　科技成果

一、科技成果篇 483
2 型糖尿病不同并发症中医证候与血糖相关性的贝叶斯网络分析 483
不同刺激量捻转补泻手法对应激性高血压大鼠颈交感神经放电的影响 483
川芎防风白芷方主成分及其组合对大鼠离体胸主动脉的作用 484
从脑血流动力学角度研究针刺、穴位的特异性 484
当归补血汤对 ox—LDL 激活 RAW264.7 细胞核转录因子.KBp65 蛋白表达的影响 485
电针对阿尔茨海默病大鼠海马区胶质细胞活化及神经元超微结构的影响 485
电针对大鼠胃黏膜损伤相关信号分子的影响 486
电针对气囊炎症模型大鼠前炎症细胞因子诱导 COX-2 表达的影响 486
电针夹脊穴配合放血拔罐治疗带状疱疹疗效观察 487
冬病夏治穴位贴敷基本药物和穴位的研究 487
二至天癸颗粒对黄体功能不健性不孕症患者子宫内膜容受性的影响 488
复方通腑健脏煎剂治疗慢性肾功能衰竭临床研究 488
高血压病患者证候要素与血脂异常的相关性研究 489
宫清颗粒对早孕妇女药物流产后绒毛及蜕膜凋亡基因的影响 490
冠心病血瘀证与肌动蛋白相关基因异常表达的相关性 490
基于 3469 例血管病变患者证候分布规律的脉络病变共性病机探讨 491
基于类风湿关节炎患者报告的临床结局测量量表的初步构建 491

基于慢性胃肠疾病患者报告临床结局测量量表的编制及信度、效度分析 492
急性脑梗死证候要素与凝血因子的相关性研究 492
加味小柴胡颗粒对小鼠免疫性血小板减少性紫癜 GR 及其 mRNA 的影响 493
健脾补肾方联合艾灸对卵巢早衰患者生存质量及阴道脱落细胞成熟度的影响 493
健脾益气方对重竞技对抗性项目运动员运动性肌肉疲劳酸痛症的影响 494
姜黄素对肾小管上皮细胞转分化 smad 信号转导途径的影响 494
经络实质的研究发现人体是一个大氢库 495
理气活血法对萎缩性胃炎癌前病变大鼠基因表达谱的影响 497
凉膈散对内毒素致大鼠急性肺损伤 T 辅助细胞漂移的影响 497
络病理论及其应用研究项目简介 498
慢性疲劳患者中医常见证候要素研究 500
清肺口服液对 3I、7b 型腺病毒感染人胚肺成纤维细胞 TNF-α mRNA 基因表达的影响 ... 500
清热解毒药配伍桔梗汤对急性肺损伤模型大鼠 TLR4 mRNA 表达的影响 501
桑精胶囊对 2 型糖尿病大鼠抗氧化能力及 Bax、Bcl-2 蛋白表达的影响 501
胃黏膜异型增生证候结构特征及其与血清肿瘤标志物水平的关系 502
温阳活血方对急性冠脉综合征患者临床症状、血管内皮细胞及炎症因子的影响 502
稳心颗粒对围绝经期妇女体质状况的影响 503
五加补骨方对模拟失重大鼠股骨无机元素含量的影响 503
醒脑开窍针法对脑缺血再灌注大鼠脑组织病理形态的影响 504
芎芪合剂对脑缺血再灌注损伤大鼠兴奋性氨基酸含量及代谢组学的影响 504
延肾 1 号冲剂对长期血液透析患者残余肾功能的影响 505
养阴清热理气方及其拆方对食管癌裸鼠移植瘤生长的抑制作用 505
野菊花对压力负荷性大鼠左室心肌及神经内分泌因子的影响 506
益胃汤对初老雌性大鼠卵巢细胞凋亡线粒体通路的影响 506
应用核磁共振代谢组技术研究生理性肾虚证 507
针刺对胚胎着床障碍大鼠黄体功能的影响 507
针刺外关穴的脑功能成像研究 508
针灸对 CTX 小鼠骨髓细胞 DNA 切除修复相关蛋白的调节 508
针灸治疗慢性荨麻疹随机对照临床试验的系统评价 509
中医药治疗小儿 RSV 肺炎的有效性和安全性 509
滋阴泻火方对环境内分泌干扰物染毒大鼠拟雌激素活性的拮抗作用 510
自拟滋水降脂汤（丸）治疗高脂血症的研究与临床应用 510
综合治疗小儿脑性瘫痪的临床应用研究 511
左归丸对去势雌性大鼠子宫和阴道的影响 512
二、诊疗技术 512
单穴耳针治疗老年肩 88 例 512
耳穴贴压配合拔罐治疗小儿慢性咳嗽 513
颈脊全息疗法 514
灵枢易筋经点穴配合推拿疗法治疗肩周炎 515

乔氏疗法治疗“痹症”......516
人体带电生物全息能疗法......517
人体自检自治自愈......518
水针刀法及筋骨针疗法简介......520
四联同步疗法治腰间盘脱出、颈椎、腰椎骨质增生、坐骨神经痛......521
特色“五联疗法”诊治疼痛及疑难病......523
透刺配合 TDP 照射治疗膝关节骨性关节炎......524
五通清疗法......526
肖氏推拿......526
一种治疗高烧的药物组合物及制备方法......528
运用“三维综合疗法”医治危重疾病和疑难杂症有良效......529
整脊推拿治疗神经根型颈椎病......531
中西医结合治疗面瘫......532
三、特色门诊......533
北京白云观中医诊所......533
北京市南城中医门诊部......535
万和绿色养生堂......535
玉龙堂古方中医研究所......536
四、专利篇......538
SO1 号治疗糖尿病的专利......538
按牵动激潜疗法......538
保健功能枕头......539
多功能蜜丸的功能介绍......539
肤清舒搽剂......540
交流电综合治疗仪......541
经络药灸治疗仪......541
蠲毒丸......542
灵仙膏......542
肉灵芝保健品......543
山东日照市修宝堂皮肤病研究诊疗中心多项专利......544
伸筋活络丹液治疗风湿、类风湿、强直性脊柱炎等风湿骨病......544
一种治疗囊肿的药物组合物......545
远红外多点自控热疗服......546
张胜利养源粉——中医世家长寿秘方......547

2010

國醫年鑑

1 中医文化集萃

秦越人（约公元前407年-公元前310年）今山东临淄人。是战国时期名声卓著的民间医生，世人称其为扁鹊。有人认为他这绰号的由来可能与《禽经》中“灵鹊兆喜”的说法有关。因为医生治病救人，走到哪里，就为那里带去安康，如同翩翩飞翔的喜鹊，飞到哪里，就给那里带来喜讯。因此，古人习惯把那些医术高明的医生称为扁鹊。秦越人刻苦钻研，努力总结前人的经验，大胆创新，成为一个学识渊博，医术高明的医生。他“过邯郸，闻赵人贵妇人，即为带下医；过洛阳闻周人爱老人，即为耳目痹医；来入咸阳，闻秦人爱小儿，即为小儿医。随俗为变。”真心实意地为人民解除疾病的痛苦，获得人民普遍的崇敬和欢迎。于是，人们也尊敬地把他称为扁鹊。

扁鹊善于运用四诊，尤其是脉诊和望诊来诊断疾病。《史记·扁鹊仓公列传》中记述了与他有关的两个医案：一个是用脉诊的方法诊断赵子简的病，一个是用望诊的方法诊断齐桓侯的病。

有一次，他到了晋国（今山西、河北、河南一带），正碰到了晋国卿相赵简子由于“专国事”，用脑过度，突然昏倒，已五天不省人事了。大夫（官名）们十分害怕，急忙召扁鹊诊治。扁鹊按了脉，从房里出来。有人尾随着探问病情，显得很焦急。扁鹊沉静地对他说：“病人的脉搏照常跳动，你不必大惊小怪！不出三日，他就会康复的。”果然过了两天半，赵简子就醒过来了。准确地用切脉诊病是扁鹊的首创。著名历史学家司马迁高度赞扬说：“至今天下言脉者，由扁鹊也。”近代历史学家范文澜也说：扁鹊“是切脉治病的创始人”。

又有一次，他路过齐国都城临淄的时候，见到了齐国的国君齐桓侯。他看齐桓侯的气色不好，就断定他已经生病了，便直言不讳地对他说：“你有病在肤表，如不快治，就会加重。”桓侯听了不以为然，说：“我没病。”扁鹊见他不听劝告就走了。这时，桓侯对左右的人说：“凡是医生都是贪图名利的。他们没有本事，就把没有病的人当有病的来治，以显示本领，窍取功利。”过了五天，扁鹊又来见齐桓侯，作了一番观察之后，对齐桓侯说：“你的病到了血脉，不治会加重的。”桓侯听了很不高兴，根本没有把扁鹊的话放在心上。再过五天，扁鹊又来见齐桓侯，经过细致的观察，严肃地对他说：“你的病进入肠胃之间，再不治，就没救了！”齐桓侯听了很生气，当然也没有理睬扁鹊的话。等到扁鹊第四次来见桓侯，他只瞥了一眼，就慌忙跑开了。齐桓侯发觉扁鹊不理睬自己，就派人询问。扁鹊说：“病在肤表，用汤熨可以治好；病进入血脉，用针灸可以治好；病到了肠胃，用酒剂也能治愈。如今齐桓侯的病已经深入骨髓，再也没法治了，我只好躲开。”又过了五天，齐桓侯果然病重，派人请扁鹊来治，扁鹊早已逃离齐国，而齐桓侯因误了治病时机，不久也就死了。早在两千四百多年前，扁鹊就能从齐桓侯的气色中，看出病之所在和病情的发展，这是很不简单的。所以，汉代著名的医学家张仲景赞赏不绝地说：“余每览越人入虢之诊，望齐侯之色，未尝不慨然叹其才秀也。”

扁鹊不仅善于切脉和望诊，而且善于运用针灸、按摩、熨贴、砭石、手术和汤药等多种方法去治疗各种病症。有一次，他和弟子子阳、子豹

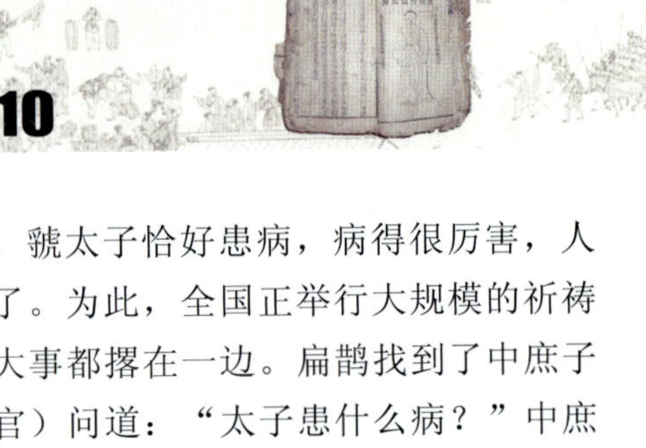

等人路过虢国，虢太子恰好患病，病得很厉害，人们都以为他死了。为此，全国正举行大规模的祈祷活动，把国家大事都撂在一边。扁鹊找到了中庶子（太子的侍从官）问道："太子患什么病？"中庶子答道："太子中邪。邪气发泄不出去突然昏倒就死了！"扁鹊进一步了解了太子发病的各种情况，就信心百倍地对中庶子说："你进去通报虢君，就说我能救活太子！"但中庶子不信扁鹊能"起死回生"，不肯去通报，而且嘲讽扁鹊说："你既无上古名医俞跗的本事，反而说你能救活太子，就是不懂事的婴儿也会知道你是骗人的！"扁鹊气愤地说："你这是从竹管里望天。老实告诉你，我秦越人不等切脉、望色、听声、审察病人形态，就能说出病的部位。不信，你试去看看太子，他此刻耳朵该会鸣响，鼻翼该会扇动，从其大腿摸到阴部也该是温热的。"听到这里，中庶子不禁目瞪口呆。因为扁鹊虽没有见过太子，但通过多次询问，对太子的病情已了如指掌，说得头头是道，说明他很有本事，不可小看。中庶子只得进去通报了。虢君得知消息，吃了一惊，赶快出来接见扁鹊，说："我久慕先生大名，只是无缘拜见；先生路过我这小国，幸亏主动来救助，这实在是寡人的幸运！有先生救助，我儿就能活命；没有先生救助，就只有把他的尸体埋在山沟罢了。"说着，"流涕长潸"，哭得好悲切。扁鹊告诉虢君，太子患的是"尸厥"（类似今天的休克或假死）。于是，扁鹊叫弟子子阳磨制针石，在太子头顶中央凹陷处的百会穴扎了一针。过一会儿，太子就苏醒过来。接着叫弟子子豹在太子两胁下做药熨疗法。不久，太子就能坐起来。再服二十天的汤药，虢太子就完全恢复了健康。从此以后，天下人都知道扁鹊有"起死回生"之术。而他却实事求是地说，并非他能把死去的人救活，而是病人根本就没有真正死去，他只不过用适当的治疗方法，把太子从垂死中挽救过来而已。

从以上病例看出，扁鹊已经综合运用了中医诊病的望、闻、问、切"四诊"法，可以说，扁鹊奠定了中医学诊断法的基础。难怪司马迁称赞他说："扁鹊言医，为方者宗。守数精明，后世修（循）序，弗能易也。"著名史学家范文澜在《中国通史简编》称他是"总结经验的第一人"。

在上古，神权高于一切。巫术占统治地位。到了扁鹊的战国时代，医巫已经开始分业。扁鹊在医学研究道路上完全抛弃巫医那条死胡同。扁鹊曾明确宣告："信巫不信医"是"六不治"之一。为了医学的尊严，他不幸死于非命。当时，秦武王有病，召请名闻天下的扁鹊来治。一天，太医令李醯和一班文武大臣赶忙出来劝阻，说什么大王的病处于耳朵之前，眼睛之下，扁鹊未必能除。万一出了差错，将使耳不聪，目不明。扁鹊听了气得把治病用的砭石一摔，对秦武王说："大王同我商量好了除病，却又允许一班蠢人从中捣乱；假使你也这样来治理国政，那你一举就会亡国！"秦武王听了只好让扁鹊治病。结果太医令李醯治不好的病，到了扁鹊手里，却化险为夷。李醯自知"不如扁鹊"，就产生忌妬之心，使人暗下毒手，杀害了扁鹊。

千百年来，扁鹊深为广大人民所爱戴和崇敬，有这样一首诗，概括了他的一生，同时寄托了人民对他的哀思：

昔为舍长时，方伎未可录。一遇长桑君，古今皆叹服。天地为至仁，既死不能复。先生妙药石，起虢效何速！日月为至明，覆盆不能烛。先生具正眼，毫厘窥肺腹。谁知造物者，祸福相倚伏。平生活人手，反受庸医辱。千年庙前水，犹学上池绿。再拜乞一杯，洗我胸中俗。

淳于意（公元前205-前150年），西汉临淄（今山东淄博）人，因曾任齐国的太仓长（一说太仓令），人称仓公。年轻时喜钻研医术，拜公孙光为师，学习古典医籍和治病经验。公孙光又将仓公推荐给临淄的公乘阳庆。当时公乘阳庆已年过六十，收下淳于意为徒，将自己珍藏的黄帝、扁鹊脉书、根据五色诊断疾病、判断病人预后的方法、以及药物方剂等书传给他。三年后仓公出师四处行医，足迹遍及山东，曾为齐国的侍御史、齐王的孙子、齐国的中御府长、郎中令、中尉、中大夫、齐王的侍医遂等诊治过疾病。

齐文王（公元前178-前167年在位）患肥胖病，气喘、头痛、目不明、懒于行动。淳于意听说后，认为文王形气俱实，应当调节饮食，运动筋骨肌肉，开阔情怀，疏通血脉，以泻有余。可是有一庸医施以灸法，使文王病情加重致死。于是王公贵族诬太仓公“不为人治病，病家多怨之者”。加之同时赵王、胶西王、济南王请仓公为其治病而未至。官府听信诬告，把淳于意传到长安受刑。淳于意生有五女，当皇帝诏书进京问罪时，他感伤无男随行。于是小女儿坚持随父进京、并上书朝廷，申述父亲无罪，并愿意自身为奴以换取父亲的自由。经汉文帝诏问，遂使淳于意被赦免而回故里。淳于意在应诏回答汉文帝询问时叙述了自己学医、行医的经过，业务专长、师承、诊疗效果、病例等，史称“诊籍”（即诊病的簿记）。《史记仓公传》记载了25例病例。治愈15例，不治10例，涉及现代医学的消化、泌尿、呼吸、心血管、内分泌、脑血管、传染病、外科、中毒以及妇产科、儿科。他所答诏的病案格式一般均涉及病人的姓名、年龄、性别、职业、籍里、病状、病名，诊断、病因、治疗、疗效、预后等，从中反映了淳于意的医疗学术思想与医案记录上的创造性贡献。淳于意写的“诊籍”被认为是中医史上第一部医案。

淳于意象秦越人一样，并没有把医学经验的传授限定在神秘而狭小的范围内，而是广泛传授医术，他因才施教，培养宋邑、高期、王禹、冯信、杜信、唐安以及齐丞相府的宦者平等人，是秦汉时期文献记载中带徒最多的一位医家。

华佗（110-207年），字元化，沛国谯（即今安徽省亳县）人。东汉末年杰出的医学家，兼通内、外、妇、儿各科以及针灸学。他一生未入仕途，娶一妻，生子名华度。他创制“麻沸散”用于外科手术止痛，编制“五禽戏”用于健身，创用沿脊柱两旁夹脊的灸穴，后人命名为“华佗夹脊穴”。华佗晚年因其高超的医疗技术而名声卓著，多次被推举做官。但华佗无意于功名，一概推辞。他还以委身于权贵为耻辱。他曾经被君王曹操留在身边做御医，华佗为此而苦恼，托言妻子生病请假回乡，但再也不愿意踏进宫廷。曹操怒其不愿意为自己服务，将华佗打入监牢。华佗早已看破官宦冷暖，将生死置之度外，只可惜自己一生医学心得未能传世造福于人，于是拿出一卷医书托付给狱吏。遗憾狱吏畏于权贵不敢私受，华佗失望之余将书付之一炬，成为千古遗憾。有人向曾操请求宽恕华佗，曹操不听劝说，执意杀害了一代名医华佗。曹操杀害了华佗后，常感到内疚后悔，特别是他的爱子仓舒（曹冲）病重时，更是非常后悔杀了华佗，令儿子的病得不到治疗。早在三国时，华佗就被魏国列为著名医家，后世誉称他是“外科学鼻祖”。《后汉书·华佗传》记载，华佗“精于方药，处剂不过数种，心识分铢，不假称量，针灸不过数处，若疾发结于内，针灸所不能及者，乃令先以酒服麻沸散，既醉无所觉，因刳破腹背，抽割聚积，若在肠胃，则断截湔洗，除去疾秽，既而缝合，敷以神膏，四五日创愈，一月之间皆平复。”记载华佗的医案有数十则，皆具体地反映了华佗高明的诊疗医术，涉及到内、外、妇、产、儿、五官、针灸等科。他因病制宜，采用各种不同的疗法。他以手术治愈了肠痈、脾半腐的病，使病人转危为安。当华佗成功地应用麻沸散麻醉病人而进行腹部手术时，世界其它国家的外科麻醉术尚处于摸索阶段。华佗对养生和预防保健尤为注重，并身体力行，在理论和实践方面有其独到之处。他对弟子说：“人体欲得劳动，但不当极耳。动摇则谷气得消，血脉流通，病不得生，譬如户枢终不朽也。”

华佗的弟子李当之，著有《李当之药录》。吴普常练五禽之戏，年高九十多仍耳聪目明，牙齿完坚，著作有《吴普本草》6卷。樊阿，彭城人，擅长针灸，善深刺要穴，他遵循华佗教授的养生法，享寿百余岁。华佗创制的五禽戏被后人继承和发展，成为影响面非常广的导引学派。

张仲景（151-219年），名机，东汉末年著名医学家。其事迹始见于唐代甘伯宗《名医录》："张仲景，南阳人，名机，仲景乃其字也。始受术于同郡张伯祖，时人言，识用精微过其师，所著论，其言精而奥，其法简而详，非浅闻寡见者所能及"。

张仲景生活于东汉末。当时，除连年战乱外，疫疠流行，张仲景称其宗族原有人丁二百余口，自建安以后的不到十年间，死亡者有三分之二，而死于伤寒的竟占十分之七。张仲景有感于宗族的衰落和人口的死亡，促使他悉心研究医学，"勤求古训，博采众方"，撰用前代医籍如《素问》、《九卷》、《八十一难》、《阴阳大论》、《胎胪药录》，又结合个人临证之经验，编成了《伤寒杂病论》。原书十六卷，经汉末战乱兵火而散佚，复得后世医家整理，成为今本《伤寒论》和《金匮要略》二书，前者专门讨论伤寒病。后者主要论述内伤杂病。

伤寒是外感急性热病的总称，《素问·热论》说："今夫热病者，皆伤寒之类也。"张仲景基于此说而发展，他以六经为纲，剖析了伤寒病各个阶段的病机病位病性，创立了伤寒病的六经辨证体系。对于各科杂病，张仲景以脏腑经络为枢机，缕析条辨，开后世脏腑辩证之先河。《伤寒论》与《金匮要略》二书共载方剂269首，用药214种，对药物的加工与使用，方剂的配伍与变化都有很细致的要求。张仲景对外感热病与杂病的认识和临证治疗的指导思想与方法，被后世概括为辨证论治体系，其在药剂学方面的成就，对后世医学的发展产生了巨大的影响，宋代之后的医学家多尊称其为"医圣"。

张仲景的著作除《伤寒杂病论》外．见于文献著录的尚有《张仲景五脏论》、《张仲景脉经》、《张仲景疗妇人方》、《五脏营卫论》、《疗黄经》、《口齿论》等。张仲景弟子有杜度、卫汛，俱为当时名医。

王叔和（210—280年），名熙，汉族，山东邹城人。魏晋之际的著名医学家、医书编纂家。其籍贯一说山东巨野，一说山西高平，后魏高湛《养生方》称王氏"专好经方，洞识养生之道"。近代对王氏是否任晋太医令以及是否如清余嘉锡《四库提要辨证》所言为张仲景之亲授弟子，尚未有定论。但是，王氏著述《脉经》厥功甚伟，还为整理张仲景《伤寒杂病论》作出贡献。宋《太平御览》引高湛谓王氏编次此书为"仲景方论为三十六卷"；但有的学者认为王氏在编次过程中，增入他自己编选的内容：如现行成无己本《注解伤寒论》中最后包括《辨不可发汗病脉证并治》之后八篇，即是王氏所增补，与其所编《脉经》时的相应篇章核对，可资佐证。

由于王氏编次《伤寒论》，后代医家对其毁誉不一。誉之者认为张仲景之学得王叔和之功而能保存下来。毁之者则责备王氏把张仲景原著之本来面目弄得模糊不清，使人无法得窥其原貌，甚至是面目全非，两种观点尖锐对立。事实上，张仲景之《伤寒卒病论》确因有王氏之编次而得以保存，即便次序在编修时有所错乱，亦不至于弄得如"错简派"所指责的那样，完全已非本来面目。

除以上有关脉学和整理《伤寒杂病论》之外，王叔和在养生方面还有一些精辟的论述。王氏在养生学上属于医家养生流派，主张从起居饮食方面进行调摄，以求得长寿，却病延年。他提出饮食不可过于杂乱，要适量，是我国早期对饮食制度养生的最早的较系统的论述。

皇甫谧（215-282年），字士安，幼名静，晚年自号玄晏先生，安定朝那（今甘肃平凉，一作灵台）人，后因过继而随其叔父移居至河南新安（今河南绳池县附近），40岁后，其叔父之子已成人，他又

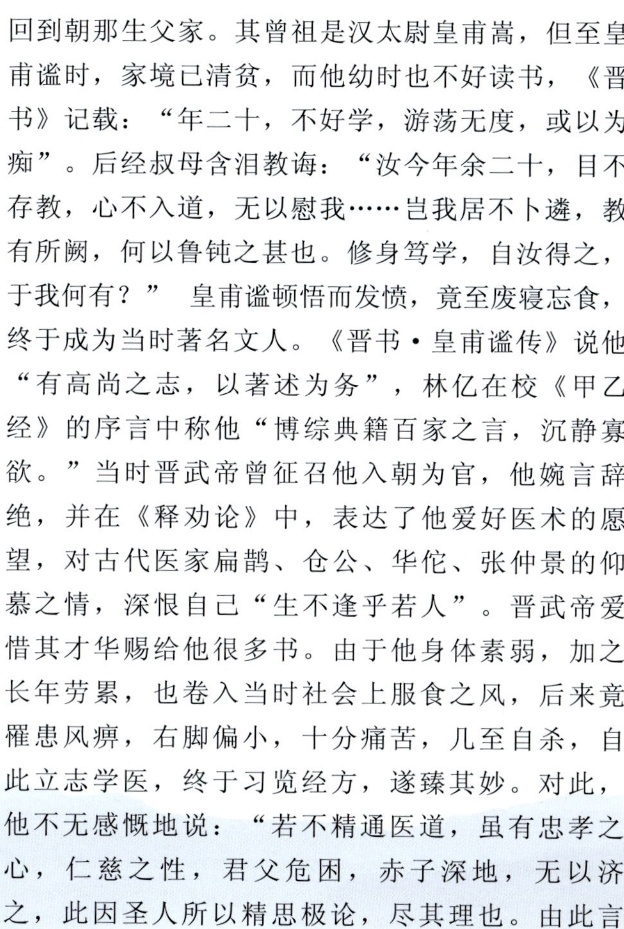

回到朝那生父家。其曾祖是汉太尉皇甫嵩，但至皇甫谧时，家境已清贫，而他幼时也不好读书，《晋书》记载："年二十，不好学，游荡无度，或以为痴"。后经叔母含泪教诲："汝今年余二十，目不存教，心不入道，无以慰我……岂我居不卜邻，教有所阙，何以鲁钝之甚也。修身笃学，自汝得之，于我何有？" 皇甫谧顿悟而发愤，竟至废寝忘食，终于成为当时著名文人。《晋书·皇甫谧传》说他"有高尚之志，以著述为务"，林亿在校《甲乙经》的序言中称他"博综典籍百家之言，沉静寡欲。"当时晋武帝曾征召他入朝为官，他婉言辞绝，并在《释劝论》中，表达了他爱好医术的愿望，对古代医家扁鹊、仓公、华佗、张仲景的仰慕之情，深恨自己"生不逢乎若人"。晋武帝爱惜其才华赐给他很多书。由于他身体素弱，加之长年劳累，也卷入当时社会上服食之风，后来竟罹患风痹，右脚偏小，十分痛苦，几至自杀，自此立志学医，终于习览经方，遂臻其妙。对此，他不无感慨地说："若不精通医道，虽有忠孝之心，仁慈之性，君父危困，赤子深地，无以济之，此因圣人所以精思极论，尽其理也。由此言之，焉可忽乎?"

在原有的医学理论的基础上，他除广泛阅读各种医书外，将《灵枢经》、《素问》、《明堂孔穴针灸治要》三部书中针灸内容加以整理归纳，使其"事类相从，删其浮辞，除其重复，论其精要"，编成《针灸甲乙经》，成为我国医学史上第一部针灸学专著，为历代研习针灸学的必读课本。

皇甫谧出于自身的感受，即仅以"百日"的治疗，就把自己的风症及耳聋症治愈；又有感于《素问》、《九卷》等等之经义深奥难懂。为了著述能条理分明，便于读者寻检，他着实下了一番苦功，从而使《针灸甲乙经》这部专著成为什灸学著作的嚆矢，历代对之评价甚高。王焘认为皇甫氏"洞明医术"，认为他的这部著作为"医人之秘宝，后之学者，宜遵用之"。《四库总目提要》盛赞皇甫氏这部著作"与《内经》并行，不可偏废"。除《针灸甲乙经》外，皇甫谧还有不少文史方面的著作，其中影响较大者有《高士传》、《逸士传》、《玄晏春秋》、《帝王世纪》等。

郭玉（公元1-2世纪），东汉广汉郡（今四川新都县，一说广汉县）人，是汉和帝时最负盛名的医学家。

郭玉的师祖是一位隐士医学家，即四川涪水附近以钓鱼为生的一老翁，世人不知其姓名，所以称为"涪翁"。史志记载："涪翁避王莽乱隐居于涪，以渔钓老，工医，亡姓氏。"翁"所居处为渔父村"，"在涪城东四里"，涪翁"乞食人间，见有疾者，时下针石，辄应而效，乃著《针经》、《诊脉法》传于世。弟子程高寻求积年，翁乃授之。"绵州人民为了纪念他，将涪翁列入南山十贤堂，又有"涪翁山石刻"、"汉·涪翁像碑"等胜迹。

郭玉的医术、医德和对针灸与诊法的贡献，为朝野所叹服。他死在官任上。

葛洪（283-344），字稚川，号抱朴子，丹阳句容县（今江苏省句容县）人。约生于晋太康四年（公元二八三年），卒于晋康帝建元二年，一说卒于东晋兴宁元年（公元三六三年）。晚年，他隐居在广东罗浮山中，既炼丹、采药，又从事著述，直至去世。对他的一生，明代陈嘉谟在《本草蒙筌》中引用了《历代名医像赞》的一首诗来概括："陷居罗浮，优游养导，世号仙翁，方传肘后"。但这只说出了他炼丹采药，隐逸求仙的一面。而他另外的一面却被忽略了。其实，他是古代一位鼎鼎有名科学家，在医学和制药化学上有许多重要的发现和创造，在文学上也有许多卓越的见解。他的著作约有五百三十卷，不过大多已经散佚，流传至今的，主要有《抱朴子》和《肘后救卒方》。《抱朴子》是一部综合性的著作，分内篇二十卷，外篇五十卷。内篇说的是神仙方药，鬼怪变化，养生延年，禳邪却病等事，属于道教的著作。但其中《金丹》、《仙药》、《黄白》等部分是总结我国古代炼丹术的名篇。外篇说的是人间得失，世道好坏等事。其中《钧世》、《尚博》、《辞义》等篇，是著名的文论著作。《肘后救卒方》简称《肘后方》，是他在广东编著的一部简便切用的方书。收录的方药大部分行之有效，采药容易，价钱便宜。而且，篇帙不大，可挂在肘后随行（即今天所说的袖珍本），即使在缺医少药的山村、旅途，也可随时用来救急。所以，受到历代群众的欢迎。葛洪的医学著作，据史籍记载，尚有《金匮药方》一百卷，《神仙服食方》十卷，《服食方》四卷，《玉函煎方》五卷。

葛洪治学严谨，几十年如一日，自经史百家到短杂文章，共读了近万卷。就以他编写《玉函方》（后缩短摘要写成《肘后方》）来说，就阅读了张仲景、华佗等医书和百家杂方近千卷，“收拾奇异，捃拾遗逸选而集之”（《肘后方》自序）。他对苦读常常流露出得意之情。他说：“孜孜而勤之，夙夜以勉之，命尽日中而不释，饥寒危困而不废，岂以有求于世哉，诚乐之自然也”。

葛洪不但重视学习书本知识，而且重视学习群众的实践经验。他乐于拜有知识的人做老师。他的从祖葛玄，在吴之时炼丹学道，有一套本事，曾授给弟子郑隐。葛洪知道后，就去拜郑隐为师，把那套本事学了过来。后来，到了广东，他又拜南海太守鲍靓为师。鲍靓精于医药和炼丹的技术，见葛洪虚心好学，年青有为，不但把技术毫无保留地传授给他，并且把精于灸术的女儿鲍姑也嫁给了他。

葛洪在向书本和群众学习的同时，还特别注意对客观事物作深入细致的观察。他的观察力十分敏锐。这是他在学术上有所发现的重要条件之一。《肘后方》记载了他对各种病症长期观察的结果，其中有许多是医学文献中最早的记录。从中可以找到他临证细看的生动事例。例如，对沙虱病的记载：“山水间多有沙虱，甚细，略不可见。人入水浴，及以水澡浴，此虫在水中著人身，及阴天雨行草中，亦著人，便钻入皮里。其诊法：初得之皮上正赤，如小豆黍米粟粒，以手摩赤上，痛如刺。三日之后，令百节强，疼痛寒热，赤上发疮。此虫渐入至骨，则杀人。”这种病，是由一种形似小红蜘蛛的恙虫的幼虫（恙螨）做媒介而散播的一种急性传染病，流行于东南亚一带、我国的台湾省和东南沿海各省。到二十世纪二十年代，国外才逐渐发现了恙虫病的病原是一种比细菌小得多的“立克次氏体”，并弄清了携带病原的小红蜘蛛的生活史。而他早在一千六百年以前，在没有显微镜的情况下，就把它的病原、病状、发病的地点、感染的途径、预后和预防，弄得较为清楚，还指出此病见于岭南，与今天临床所见竟无二致，这不能不说是了不起的事。

书中还记载了一种叫瘈犬咬人引起的病症，病人非常痛苦，只要受到一点刺激，听到一点声音，就会抽搐痉挛，甚至听到倒水的响声也会抽风，因此，有人把这种病叫做“恐水病”。葛洪首创地应用狂犬的脑敷贴在被咬伤的创口上以治疗狂犬病的方法。狂犬脑中含有抗狂犬病物质，到十九世纪法国巴斯德才作了证明。书中对天花（天行斑疮）症状、结核病（尸注、鬼注）等的记载，都是医学文献中最早的记录。他不仅明确记载了病状和发病过程，而且还明确无误地指出它们的传染性。所以，称他为“传染病学专家”，一点也不过分。葛洪治学除了重视读、问、看外，还十分重视实验。这充分表现在他对炼丹术的研究上。葛洪在这方面，继承和发展了前人的成果，把炼丹术具体化、系统化了。他在罗浮山日夜厮守丹炉，进行了许多实验。反映出他孜孜不倦地进行实验的精神。

在《抱朴子·内篇》里，我们可以发现，葛洪曾做过汞与丹砂还原变化的实验。他在书中说：“丹砂烧之成水银，积变又还成丹砂”。丹砂，又叫朱砂，就是红色的硫化汞，将它加热后，分解出汞（水银）；汞再与硫化合，又生成红色硫化汞。这可能是人类最早用化学合成法制成的产品之一，是炼丹术在化学上的一大成就。葛洪还在实验中发现了多种有医疗价值的化合物或矿物药。至今，中医外科普遍使用的“升丹”、“降丹”，正是葛洪在化学实验中得来的药物。葛洪的炼丹术，后来传到了西欧，也成了制药化学发展的基石。

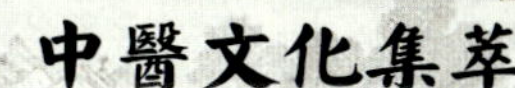

1、史实与法规

2009年全国中医药工作会议在京召开

2009年全国中医药工作会议1月12日至13日在京举行。中共中央政治局常委、国务院副总理李克强对此次会议作出重要批示。卫生部部长陈竺出席会议并讲话，卫生部党组书记高强与部分参加会议的代表进行了座谈，卫生部副部长、国家中医药管理局局长王国强作了题为《解放思想，深化改革，明确任务，真抓实干，推动中医药事业科学发展》的工作报告并对会议进行了总结。中编办、全国人大教科文卫委员会、国务院办公厅、全国政协教科文卫体委员会、发展改革委、教育部、科技部、国家民委、财政部、人力资源社会保障部、农业部、商务部、文化部、工商总局、质检总局、林业局、知识产权局、国务院港澳办、国务院法制办、国务院台办、国务院学位办、外专局、中国科协、总后勤部卫生部、武警总部后勤部卫生部等中央和国家机关有关负责人，各省、自治区、直辖市和计划单列市、副省级省会城市卫生厅局分管负责人、中医药管理局局长、卫生厅局中医处处长和中医药管理局办公室主任，新疆生产建设兵团卫生局分管负责人，国家中医药管理局机关各部门负责人，局各直属单位主要负责人共200余人参加了会议。与会代表围绕李克强副总理的重要批示、陈竺部长的重要讲话、高强书记的重要讲话、王国强副部长的工作报告进行认真而又热烈地讨论。会上，科技部、北京市人民政府等单位作了大会发言。

这次会议的主题是：以邓小平理论和“三个代表”重要思想为指导，深入学习实践科学发展观，贯彻落实党的十七大、十七届三中全会和中央经济工作会议精神，分析当前中医药工作面临的形势，回顾改革开放30年来中医药事业发展历程，总结2008年中医药工作，部署2009年中医药工作任务，深化改革，狠抓落实，为推动中医药事业科学发展而奋斗。

李克强副总理在批示中说，2008年全国中医药系统按照党中央、国务院的决策部署，认真贯彻落实科学发展观，求真务实，推动中医药各项工作取得显著成绩，尤其是在应对特大自然灾害和突发公共事件中发挥了独特作用。在此谨向全国中医药工作表示诚挚问候和敬意！在新的一年里，希望你们抓住深化医药卫生体制改革的重大机遇，运用好中医药这一我国独具特色的卫生资源，充分发挥好中医药的特色和优势，为提高人民群众健康水平作出新的更大贡献！

陈竺部长在讲话时指出，深化医药卫生体制改革，建立基本医疗卫生制度，必须立足国情，坚持中国特色，就是要针对我国既有西医药又有包括民族医药在内的中医药这个现实的国情，坚持中西医并重的卫生工作方针，充分发挥中西医各自的优势，取长补短，更好地维护和增进人民健康。坚持中医药与西医药在法律上、学术上、服务上的平等地位，把中医药与西医药摆在同等重要的位置，是各级政府义不容辞的责任。

陈竺部长对中医药工作提出了4条要求：一是要加快推进中医药学术发展和科技进步，二是要加强中医药发展战略的研究，三是要加快推进中医药立法的进程，四是要加强中医药队伍自身建设。

高强书记在与部分会议代表座谈时，对中医药体制机制、人才、创新、投入等方面提出指导意见，鼓励中医药系统要“形成一股力量，拧成一股绳，横下一条心，在我们的手中，把中医药振兴起来。”

王国强副部长在工作报告中总结了改革开放30年我国中医药事业发展取得的显著成就：一是党和国家制定了一系列中医药方针政策，为中医药事业发展提供了有力的保障；二是初步建立了中医医疗服务体系，中医药服务可及性有了较大提高；三是推进了中医药继承创新，中医药服务能力有了明显增强；四是基本形成了中医药教育体系，人才队伍数量和质量得到提高；五是形成了多学科中医药研究格局，推进了中医药科技进步；六是着力推进中药现代化，中药产业不断壮大；七是中医药文化价值受到重视，中医药文化建设开创了新局面；八是中西医结合、民族医药事业得到长足发展，成为我国中医药事业的重要组成部分；九是社会力量兴办中医医疗机构发展迅速，成为我国中医药事业的重要力量；十是中医药广泛走向世界，提升了我国的国际影响力。

王国强副部长回顾了2008年中医药事业发展情况。2008年全国中医药系统在党中央、国务院的正确领导下，认真贯彻党的十七大精神，深入学习实践科学发展观，紧紧围绕卫生工作的总体部署，积极参与和应对抗击历史罕见特大自然灾害和突发公共卫生事件、服务奥运会和残奥会，推动中医药医疗、保健、科研、教育、产业和文化全面协调发展，各项工作都取得了积极进展：中医药服务“三进”工程建设继续推进，中医医院内涵建设得到加强，“治未病”健康工程进展顺利，科技支撑中医药发展作用效果明显，中医药人才培养力度加大，民族医药和中西医结合工作不断加强，中医药标准化建设成果显著，中医药待业监管取得进展，中医药文化建设开创了新局面，中医药的国际影响不断扩大。

2008年，国家发改委、财政部、科技部等有关部委共安排中医专项资金达35亿元，是新中国成立以来中央财政投入最多的一年。其中，安排资金22亿元，用于全国159所地市级以上重点中医医院（含中西医结合医院、民族医院）、208所县级中医医院（含民族医院）业务用房建设和276所县级中医医院装备医疗仪器设备；安排资金11亿元，用于中医医院中药制剂能力建设、县级中医医院中药房建设、农村医疗机构中医民族医特色专科专病建设、基层常见病多发病中医药适宜技术推广、县级中医医院急诊急救能力建设；科技部大力支持中医药自主创新，在支撑和“973”等计划中新增研究经费1.5亿元。值得一提的是，去年中央财政首次安排中医药文化建设资金3100万元，用于中医药知识普及宣传。

为加强中医药防治重大疾病研究，推进中医药继承创新，国家中医药管理局与国家发改委联合开展了国家中医临床研究基地建设重大项目，计划总投资40亿元，其中中央财政投入10多亿元。去年完成了16家建设单位的遴选工作。

王国强副部长对今年中医药工作作了全面部署。今年中医药工作的总体要求是：全面贯彻党的十七大、十七届三中全会和中央经济工作会议、全国卫生工作会议精神，深入学习实践科学发展观，大力推进中医药事业的改革与发展，认真做好深化医药卫生体制改革五项重点工作，充分发挥中医药作用，加强农村中医药工作，加强基层中医药人才培养，完善中医药服务体系，提高中医药服务能力，实施中医药文化建设工程，加快中医药立法步伐，深入研究、积极探索，精心谋划、狠抓落实，推动中医药事业“六位一体”全面协调发展。

一是做好深化医药卫生体制改革五项重点工作，发挥中医药作用

中医药系统要积极参与深化医药卫生体制改革五项重点工作实施方案的制订，与相关部门沟通协调，主动提出意见和建议，力争在实施方案中更多体现扶持中医药事业发展、有利于中医药特色优势发挥的政策措施。

要积极推进公立中医医院体制改革试点工作，探索建立有利于中医药特色优势发挥的投入补偿机制、体现中医技术劳务价值的价格机制、有利于中医药人员专心提供中医药服务的分配机制和有利于中医人才成长的用人机制。

要在推进基本医疗保障制度建设中，研究制定既能鼓励医疗机构提供，又能引导患者选择中医药服务的相关政策。探索建立充分体现中药内容、符合中国特色的基本药物目录和制度措施，进一步完善乡村、社区中医药服务网络，探索发挥中医药“治未病”优势的途径和方法。

二是采取有效措施，加强农村中医药工作

要做好农村中医药工作的整体规划。制订农村中医药工作方案，制定农村中医药服务网络建设规划、农村中医药人才队伍建设规划和中医药适宜技术推广计划，制定农村中医药工作指南，加强对农村中医药工作的指导。

加强农村中医药服务网络和能力建设。实施好县级中医医院业务用房建设、中药房建设、急诊急救能力建设、医疗仪器装备和农村医疗机构中医民族医特色专科专病建设等项目。建设好乡镇卫生院中医科和中药房，提出村卫生室中医药服务的基本要求。

加强农村中医药人员队伍建设。积极协调，将中医类别全科医生和执业医师纳入卫生部为农村免费定向培养全科医生和扩大乡镇卫生院招聘执业医师计划；实施好县级中医临床技术骨干培训项目、乡村医生中医专业中专学历教育项目以及农村基层中医在岗人员的中医专业大专学历教育试点项目。

加大中医药适宜技术在农村的推广力度。继续做好基层常见病多发病中医药适宜技术推广工作，对已开展项目的1400个县级行政区划实施情况进行督导并开展效果评估。以开展“全国农村中医药工作先进单位”创建活动为载体，推动农村中医药工作的深入开展。

三是完善中医药服务体系，提高中医药服务能力

实施好重点中医医院建设与发展规划。要提高对重大、疑难、传染性疾病治疗、研究、评价、规范的能力与水平；组织实施重点中医医院建设项目，切实改善中医医院基础设施条件。

抓好重大疾病防治，提高科技创新能力。加强临床与科研结合，着重提升重点专科特色技术规范和水平；继续实施中医药治疗艾滋病试点；加强中医药应对突发公共卫生事件能力。加强科技管理和能力建设，推广科技成果，挖掘整理、研发民间、民族医疗技术和方药。

提高中医药人才队伍的能力和水平。加强高层次中医药人才培养，积极推动中医药职业教育，加强中医药继续教育的组织管理，探索建立中医药毕业后教育制度。形成一批高水平的学术创新团队和完善的中医药学科梯队。组织开展好首届“国医大师”评选。

继续推进社区中医药服务。出台《社区中医药服务工作指南》，对6000余名中医执业医师进行岗位培训。开展全国社区中医药工作先进单位创建活动。

发展中医预防保健服务，拓展中医药服务领域。扩大“治未病”试点到所有三级中医医院。加强研究，推广“治未病”服务的方法、技术和设备，创新服务模式。

加强民族医药与中西医结合工作。正式开始傣医专业医师资格考试，继续开展朝医、壮医医师资格考试试点。开展中西医结合医院评价指标体系的研究，起草中西医结合医院工作指南。

四是加强中医医院管理和内涵建设，突出中医药特色优势

促进中医名院建设。探索有利于发挥中医药特色优势的医院管理和服务监管的长效机制，建立完善中医医院的评价、监测、巡查、预警和警示制度。开展示范中医医院评选工作。加强中医医院中药房建设。继续推广使用小包装中药饮片，加快中医医院中医诊疗设备的配置，开展综合医院中医药工作示范单位创建活动。

制定中医医院中医药文化建设指南，指导重点中医医院和县级中医医院在建筑风格、结构布局等方面体现中医药文化特征。

五是实施中医药文化建设工程，推进中医药文化建设

吸收借鉴前两年的成功经验，组织好今年的“中医中药中国行”大型科普宣传活动。组织实施“中医药文化建设工程”，建立中医药文化科普工作的长效机制。一是成立国家中医药管理局中医药文化建设和科学普及专家委员会，研究起草中医药文化建设规划，组织实施好中医药知识宣传普及项目，继续开展中医药文化宣传教育基地建设，开展中医药博物馆建设，组织创作一系列中医药科普图书和音像制品。另外，要加强新闻宣传，完善新闻发布工作机制。

六是加强部门协调，解决影响中医药发展的体制机制问题

要在国务院中医药工作部际协调机制下，加强与发展改革部门、财政部门协调，增加投入，保障中医医疗机构提供中医药服务；加强与食品药品监管部门协调，完善医疗机构中药制剂管理办法和制剂室标准，制定符合中医药实际的管理办法。加强与科技部门的协调，强化中医药继承创新能力建设。加强与教育部门协调，研究起草《中国中医药教育发展纲要》，探索师承教育与院校教育相结合的机制和模式及人才培养质量监测机制。加强与卫生部门的协调，研究制定中医坐堂医规范管理文件；对具有一技之长和实际本领的中医药人员纳入乡村医生管理的试点经验进行推广。

七是加快中医药立法步伐，推进中医药法律制度建设

目前，中医药立法已经列入全国人大常委会立法规划，今年将深入开展立法调研，理清问题，总结经验，广泛听取意见，进一步修改中医药法草案，做到制度合理、体现特点、可操作性强。

将推进中医药标准化建设。重点完成好中医药名词术语、服务规范等国家标准的制修订任务，继续推进中医常见病证诊疗指南和中医诊疗技术操作规范的研究制定。

同时，将加强中医药监督工作，完善制度，加强监管，打击虚假违法中医医疗广告和非法行医。

八是提高中医药国际（境外）交流与合作质量，抓好项目协议的落实

完善并出台新时期中医药国际合作规划，适时召开中医药对外交流与合作工作会议。以中美、中法、中澳、中俄等重点合作的深入开展带动双边合作的整体推进。以国际科技合作与文化交流为优先领域，推动中医药国际合作的新发展。制定并实施在西欧一些国家开展中医药巡回展览计划。

加强内地与港、澳之间的中医药交流与合作。完善两岸交流长效机制。

来源：http：//www.ahpf.gov.cn

国家中医药管理局
关于印发2009年中医药工作要点的通知

国中医药发〔2009〕2号

各省、自治区、直辖市及计划单列市、副省级省会城市卫生厅局、中医药管理局，新疆生产建设兵团卫生局，局各直属单位，北京中医药大学：

现将《2009年中医药工作要点》印发给你们。请结合本地区、本单位工作实际，认真贯彻落实，并及时将工作进展情况报告我局。

二○○九年二月十日

附件：《2009年中医药工作要点》

2009年中医药工作要点

2009年中医药工作的总体要求是：全面贯彻党的十七大、十七届三中全会和中央经济工作会议精神，深入学习实践科学发展观，大力推进中医药事业的改革与发展，认真做好深化医药卫生体制改革五项重点工作，充分发挥中医药作用，加强农村中医药工作，加强基层中医药人才培养，完善中医药服务体系，提高中医药服务能力，实施中医药文化建设工程，加快中医药立法步伐，深入研究、积极探索，精心谋划、狠抓落实，推动中医药事业“六位一体”全面协调发展。

一、继续深入开展学习实践科学发展观活动

（一）贯彻落实党的十七大、十七届三中全会和中央经济工作会议精神，深入开展学习实践科学发展观活动，深入调查，广泛听取群众意见，认真查找和分析解决影响和制约中医药科学发展的体制机制、工作思路、政策措施、工作作风等方面的突出问题，进一步突出实践特色，将学习实践科学发展观的体会和成果转化为谋划工作的思路、促进工作的措施、领导工作的本领，不断增强在中医药工作中贯彻落实科学发展观的坚定性和自觉性。制定落实好整改落实方案和具体措施，进一步完善体制机制，加强制度建设。

二、认真做好深化医药卫生体制改革五项重点工作

（二）全面准确地学习领会医改的精神内涵、主要内容和内在联系，全力以赴推进五项重点工作落实。积极参与深化医药卫生体制改革五项重点工作实施方案的制订，力争在实施方案中更多体现扶持中医药事业发展、有利于中医药特色优势发挥的政策措施。积极推进公立中医医院体制改革试点工作，研究公立中医医院的特殊性问题，建立有利于中医药特色优势发挥的投入补偿机制，建立体现中医技术劳务价值的价格形成机制，建立有利于中医药人员专心提供中医药服务的分配机制，建立有利于中医“名医”成长的用人机制。在推进基本医疗保障制度建设中，探索既能鼓励医疗机构提供、又能引导患者选择中医药服务的基本医疗保险支付制度。在建立国家基本药物制度中，按照中西药并重的原则，探索建立充分体现中药内容、符合中国特色的基本药物目录，完善基层卫生服务机构中药临床药学服务，提高医务人员应用中药基本药物的能力和水平。在健全基层医疗卫生服务体系工作中，探索完善社区卫生服务机构和乡村卫生服务机构的中医药服务功能，探索建立有利于引导并稳定中医药人员服务基层的机制。要在促进基本公共卫生服务均等化工作中，探索发挥中医药“治未病”优势的途径和方法。

（三）启动“十二五”中医药事业发展规划研究，总结“十一五”时期经验，开展调查分析，做好前期论证准备工作。组织各省按照统一要求，开展中医药发展现状调查。积极参与医药卫生信息系统建设指导意见的修订，提出中医药信息化建设与发展需求。

三、切实加强农村中医药工作

（四）做好农村中医药工作的整体规划。制订农村中医药工作方案，明确农村中医药工作的目标、重点任务和主要措施，制定农村中医药服务网络建设规划、农村中医药人才建设规划和中医药适宜技术推广计划。适时召开全国农村中医药工作会议。

（五）加强农村中医药服务网络和能力建设。实施好县级中医医院业务用房建设、中药房建设、急诊急救能力建设、医疗仪器装备和农村医疗机构中医民族医特色专科专病建设等项目。建设好乡镇卫生院中医科和中药房，研究提出村卫生室中医药服务的基本要求。

（六）做好农村中医药人才培养工作。积极协调卫生部在为农村免费定向培养全科医生和扩大乡镇卫生院招聘执业医师计划中，将中医类别全科医生和执业医师纳入。开展县级中医临床技术骨干培训项目，培养5000名县级中医医疗机构中医临床技术骨干。开展乡村医生中医专业中专学历教育项目，培训5万余名在岗无学历的、以中医药（民族医药）知识与技能为主及应用中西医两法的乡村医

生。开展农村基层中医在岗人员的中医专业大专学历教育试点项目。

（七）加强农村中医药工作管理，促进农村中医药内涵建设。继续开展基层常见病多发病中医药适宜技术推广，对已开展项目的1400个县级行政区划实施情况进行督导和效果评估。开展“全国农村中医药工作先进单位”创建活动。加强对农村中医药工作的指导，编写农村中医药工作指南。继续开展地级市卫生局局长中医药工作培训。

四、加强中医药服务体系和能力建设

（八）实施好重点中医医院建设与发展规划。以建设国家中医临床研究基地为契机，提高对重大、疑难、传染性疾病治疗、研究、评价、规范的能力与水平。各地中医药管理部门要加强与相关部门的协调，确保资金和政策的落实，做好项目可行性研究报告和建设方案论证和审核，加强实施管理和监督检查。各基地建设单位要围绕重大疾病，整合优势资源，做好项目规划和实施，达到预期效果。协调有关部门，继续组织实施重点中医医院建设项目，加强对在建项目的监督管理。

（九）抓好重大疾病防治，提高科技创新能力。进一步落实《中医药创新发展规划纲要》提出的任务，加强临床与科研结合，抓好重点专科专病建设，着重提升重点专科特色技术规范和水平，加强建设单位间协作，分析主攻病种中医治疗现状，开展临床诊疗方案验证工作。继续实施中医药治疗艾滋病试点项目，优化艾滋病、病毒性肝炎和重大疾病、常见病防治方案，研究评价标准。开展中医药治疗矽肺和戒毒研究试点。加强应对突发公共卫生事件能力建设，提高中医药应急能力和水平。加强科技管理，研究制定中医药科技项目评价准则，落实分级管理责任机制。研究制定《加强中医药继承创新能力建设的指导意见》，以临床研究基地、重点研究室、重大专项技术平台、三级实验室为骨干，形成联合攻关、集成创新的队伍。研究制定《加强中医药科技成果推广应用的指导意见》，发布第四批中医药适宜技术。开展中医特色技术研究，组织对散在于民间、民族地区的有突出特色的技术和方药进行挖掘整理。

（十）大力提高中医药人才队伍素质。做好第四批全国老中医药专家学术经验继承工作，实施好第二批全国优秀中医临床人才研修项目，开展中医学术流派传承培训。推动中医药职业教育，制定中医药职业技能培训基本要求。加强中医药继续教育的组织管理，完善中医药继续教育实施网络。开展中医药毕业后教育试点。继续遴选建设一批中医药优势特色突出的重点学科，形成一批高水平的学术创新团队和完善的中医药学科梯队。组织首届“国医大师”的评选。完善人力资源管理相关制度，加强中医药行业各级各类管理干部、专业技术人才的培训使用与考核管理工作，积极协调出台中医药专业技术资格评审的条件。

（十一）继续推进社区中医药服务。加强对社区中医药服务工作的指导，制定《社区中医药服务工作指南》。加强社区基层中医药人员的培养，对6000余名中医执业医师进行岗位培训。加强社区中医药医疗保健信息网络建设。开展全国社区中医药工作先进单位创建活动。

（十二）发展中医预防保健服务，拓展中医药服务领域。继续实施“治未病”健康工程，扩大试点，每个省至少有一家医院和社区卫生服务机构作为试点，所有三级中医医院都应开展中医“治未病”工作。加强“治未病”技术方法的研究，继续组织“治未病”高峰论坛系列专题讲坛，推广中医养生保健方法、技术和设备。制定中医预防保健机构、科室、人员管理规范。

五、加强中医医院管理和内涵建设

（十三）加强中医医院管理。继续开展医院管理年活动，加强中医医院管理和内涵建设，探索有利于发挥中医药特色优势的医院管理和服务监管的长效机制。建立完善中医医院的评价、监测、巡查、预警和警示制度。开展示范中医医院评选工作。加强中医医院中药房建设，出台相关指导性文件。继续推广使用小包装中药饮片，开展新型煎药机的推广。规范中成药临床应用，印发《中成药临床应用指导原则》。组织实施中医诊疗设备促进工程，制定印发《关于加强中医医院中医诊疗设备工作的意见》、《中医医院设备配备标准》、《中医医院中医诊疗设备推广名录》，加快中医医院中医诊疗设备的配置。出台中医医院院科两级领导班子和人员配备标准。评选表彰中医医院工作先进单位及优秀院长。继续开展县级以上中医医院院长培训。加强综合医院中医药工作，印发综合医院中医临床科室和医院中药房基本标准，开展综合医院中医药工作示范单位创建活动。

（十四）继续推动中医医院的中医药文化建设。做好试点建设工作，制定指导中医医院文化建设的文件。将弘扬中医药文化、体现大医精诚的优良作风作为医院管理评价的重要内容。

六、继续推进中西医结合与民族医药工作

（十五）继续贯彻落实《关于切实加强民族医药事业发展的指导意见》，开展贯彻落实情况的督导检查。抓好重点民族医医院和民族医重点专科的建设。正式开始傣医专业医师资格考试，继续开展朝医、壮医医师资格考试试点。研究制定民族医名词术语、疾病诊疗指南、技术操作规范等标准，推进民族医药标准体系类目的研究。

（十六）加强中西医结合医院建设。总结交流中西医结合医院建设经验，开展中西医结合医院评价指标体系的研究，组织起草中西医结合医院工作指南。继续做好第二批重点中西医结合医院和重点中西医结合专科的建设工作。

七、积极推进中医药文化建设

（十七）组织开展好“中医中药中国行”收官之年的各项活动。在天津、河南、新疆等12个省（区、市）和兵团、军营开展“中医中药中国行”活动。坚持政府主导，保证活动的公益性，切实惠及基层百姓。注重提高活动的针对性和实效性，因地制宜，突出特色。召开“中医中药中国行”活动总结会。探索更广泛、深入、持久地开展文化科普宣传活动的形式和机制。

（十八）组织实施“中医药文化建设工程”，建立中医药文化科普工作的长效机制。成立“中医药文化建设和科学普及专家委员会”。研究起草《中医药文化建设五年规划》。组织实施“中医药知识宣传普及项目”。继续开展中医药文化宣传教育基地建设，建成一批门类相对齐全、布局比较合理的中医药文化宣传教育基地。整合资源开展中医药博物馆建设。组织创作中医药科普图书和音像制品。

（十九）加强新闻宣传工作。提高新闻宣传意识，完善新闻发布工作机制。培养新闻宣传队伍。加强中医药舆情的监测工作，正确引导舆论，努力为中医药事业的发展营造良好的舆论氛围和社会环境。

八、加强部门协调，解决影响中医药发展的体制机制问题

（二十）加强与国家有关部门沟通，形成共识，不断推进中医药发展政策的完善和体制机制的创新。在国务院中医药工作部际协调机制下，加强与发展改革部门、财政部门的协调，研究建立合理的中医药投入保障机制。

（二十一）加强与食品药品监管部门的协调，建立起两个部门中药协商管理的长效机制，完善医疗机构中药制剂管理办法和制剂室标准。

（二十二）加强与科技部门的协调，建立中医药科技管理协作机制，通过一系列重大项目的立项实施，加强中医药继承创新能力建设。

（二十三）加强与教育部门的协调，探索建立中医药教育宏观管理协调机制。研究起草《中国中医药教育发展纲要》，推进中医药院校教育教学改革。探索师承教育与院校教育相结合的机制和模式。做好部局、省局共建中医药院校工作。探索建立中医药院校教育教学及人才培养质量监测机制。

（二十四）加强与卫生部门的协调，建立中医人员和机构管理的协调机制。对中医坐堂医试点工作进行总结，研究制定规范管理的文件。对具有一技之长和实际本领的中医药人员纳入乡村医生管理的试点经验进行推广。

九、推进中医药法制化、标准化、规范化建设

（二十五）加快中医药立法进程。进一步开展立法中重点难点问题的课题研究，开展立法调研，理清需要通过法律层面解决的问题，总结现有的制度建设和地方好的实践经验。进一步修改中医药法草案，协调卫生部完成上报工作。与有关部门联合出台盲人医疗按摩管理办法。

（二十六）推进中医药标准化建设。落实《中医药标准化发展规划（2006-2010年）》，完成好中医药名词术语、中医服务规范等国家标准的制修订任务，继续推进中医各科常见病证诊疗指南和中医

诊疗技术操作规范的研究制定。加强中医药标准化支撑体系建设。积极参与国际标准化活动，推动中医药国家标准向国际标准转化。加大中医药标准推广实施力度，适时召开全国中医药标准推广工作会议。

（二十七）加强中医药监督工作。完善中医药监督工作相关规章制度。开展中医药监督人员培训。完善中医医疗服务监管制度，加强对中医医疗机构服务质量和安全的管理，对中医医疗服务行为进行监督，开展专项检查。继续开展虚假违法中医医疗广告监测和查处工作。进一步做好中医药行业“五五”普法工作。

十、深化中医药对外合作与交流

（二十八）出台新时期中医药国际合作规划，召开全国中医药外事工作会议。以中美、中法、中澳、中俄等重点国家合作的深入开展带动双边合作的整体推进。落实中美政府间中医药合作协议并商定合作项目，继续在中法政府间中医药合作协议框架下进行项目招标并适时召开两国中医药合作委员会第三次会议。以与世卫组织、东盟、非盟的深入合作推动多边合作的开展。加强中医药国际科技合作与文化交流。制订并实施在西欧一些国家开展中医药巡回展览计划。

（二十九）进一步加强内地与港、澳之间的中医药交流合作，履行好已经签署的中医药领域的合作协议，落实协议内容。建立完善长效机制，稳步推进海峡两岸的中医药交流与合作。

十一、加强中医药队伍自身建设

（三十）进一步加强行业精神文明建设。完善医德医风教育制度，认真总结和推广各地在加强行风建设方面的经验。加大对先进典型的宣传，继续开展向先进典型的学习活动。

（三十一）继续贯彻落实《建立健全教育、制度、监督并重的惩治和预防腐败体系实施纲要》，结合中医药工作的特点，以解决群众反映的突出问题为重点，抓好党风廉政建设和反腐败工作。深入开展反腐倡廉的经常性教育，坚决抵制不正之风。

（三十二）继续开展创建学习型组织、服务型机关、和谐团队活动。加强学习、提高本领，不断完善知识结构、拓宽知识领域，不断增强适应环境和影响环境、认识世界和改造世界的能力。坚持学以致用的方针，把加强学习与中医药改革发展的实践结合起来，研究问题、凝聚共识、推动工作。进一步转变工作作风，深入基层，深入群众，开展调查研究，了解和掌握真实情况，分类指导，帮助基层解决制约发展的各种困难和问题。坚持求真务实，真抓实干，加强对各地落实中医药工作部署情况和重大建设项目进展情况的督导。不断增强服务意识，进一步营造内部团结、外部和谐的发展氛围，努力打造一支团结、和谐、勤奋、奉献的团队。

国务院关于扶持和促进中医药事业发展的若干意见

国发〔2009〕22号

各省、自治区、直辖市人民政府，国务院各部委、各直属机构：

中医药（民族医药）是我国各族人民在几千年生产生活实践和与疾病做斗争中逐步形成并不断丰富发展的医学科学，为中华民族繁衍昌盛做出了重要贡献，对世界文明进步产生了积极影响。新中国成立特别是改革开放以来，党中央、国务院高度重视中医药工作，中医药事业取得了显著成就。但也要清醒地看到，当前中医药事业发展还面临不少问题，不能适应人民群众日益增长的健康需求。《中共中央国务院关于深化医药卫生体制改革的意见》（中发〔2009〕6号）提出，要坚持中西医并重的方针，充分发挥中医药作用。为进一步扶持和促进中医药事业发展，落实医药卫生体制改革任务，现提出以下意见：

一、充分认识扶持和促进中医药事业发展的重要性和紧迫性

长期以来，中医药和西医药互相补充、协调发展，共同担负着维护和增进人民健康的任务，这是我国医药卫生事业的重要特征和显著优势。中医药临床疗效确切、预防保健作用独特、治疗方式灵活、费用比较低廉，特别是随着健康观念变化和医学模式转变，中医药越来越显示出独特优势。中医药作为中华民族的瑰宝，蕴含着丰富的哲学思想和人文精神，是我国文化软实力的重要体现。扶持和促进中医药事业发展，对于深化医药卫生体制改革、提高人民群众健康水平、弘扬中华文化、促进经济发展和社会和谐，都具有十分重要的意义。

随着经济全球化、科技进步和现代医学的快速发展，我国中医药发展环境发生了深刻变化，面临许多新情况、新问题。中医药特色优势逐渐淡化，服务领域趋于萎缩；老中医药专家很多学术思想和经验得不到传承，一些特色诊疗技术、方法濒临失传，中医药理论和技术方法创新不足；中医中药发展不协调，野生中药资源破坏严重；中医药发展基础条件差，人才匮乏。各地区、各有关部门要充分认识扶持和促进中医药事业发展的重要性和紧迫性，采取有效措施，全面加强中医药工作，开创中医药事业持续健康发展新局面。

二、发展中医药事业的指导思想和基本原则

（一）指导思想。坚持以邓小平理论和“三个代表”重要思想为指导，全面贯彻落实科学发展观，把满足人民群众对中医药服务的需求作为中医药工作的出发点。遵循中医药发展规律，保持和发扬中医药特色优势，推动继承与创新，丰富和发展中医药理论与实践，促进中医中药协调发展，为提高全民健康水平服务。

（二）基本原则。坚持中西医并重，把中医药与西医药摆在同等重要的位置；坚持继承与创新的辩证统一，既要保持特色优势又要积极利用现代科技；坚持中医与西医相互取长补短、发挥各自优势，促进中西医结合；坚持统筹兼顾，推进中医药医疗、保健、科研、教育、产业、文化全面发展；坚持发挥政府扶持作用，动员各方面力量共同促进中医药事业发展。

三、发展中医医疗和预防保健服务

（一）加强中医医疗服务体系建设。县级以上地方人民政府要在区域卫生规划中合理规划和配置中医医疗机构（包括中西医结合和民族医医疗机构）。大力加强综合医院、乡镇卫生院和社区卫生服务中心的中医科室建设，积极发展社区卫生服务站、村卫生室的中医药服务。在其他医疗卫生机构中积极推广使用中医药适宜技术。通过中央和地方共同努力，进一步加大公立中医医院的改造建设力度，有条件的县以上综合医院和乡镇卫生院、社区卫生服务中心都要设置中医科和中药房，配备中医药专业技术人员、基本中医诊疗设备和必备中药，基本实现每个社区卫生服务站、村卫生室都能够提供中医药服务。加强中医医疗机构服务能力建设，研究制订中医诊疗常规、出入院标准、用药指南、临床诊疗路径、医疗服务质量评价标准等技术标准和规范，促进中医医疗机构因病施治、规范诊疗、合理用药，提高医疗服务质量。培育、培养一批名院、名科、名医。推动中医药进乡村、进社区、进家庭。

积极促进非公立中医医疗机构发展，形成投资主体多元化、投资方式多样化的办医格局。鼓励有资质的中医专业技术人员特别是名老中医开办中医诊所或个体行医，允许符合条件的药品零售企业举办中医坐堂医诊所。非公立中医医疗机构在医保定点、科研立项、职称评定和继续教育等方面，与公立中医医疗机构享受同等待遇，对其在服务准入、监督管理等方面一视同仁。

（二）积极发展中医预防保健服务。充分发挥中医预防保健特色优势，将中医药服务纳入公共卫生服务项目，在疾病预防与控制中积极运用中医药方法和技术。推动中医医院和基层医疗卫生机构开展中医预防保健服务。鼓励社会力量投资兴办中医预防保健服务机构。制定中医预防保健服务机构、人员准入条件和服务规范，加强引导和管理。

四、推进中医药继承与创新

（一）做好中医药继承工作。开展中医药古籍普查登记，建立综合信息数据库和珍贵古籍名录，加强整理、出版、研究和利用。整理历代医家医案，研究其学术思想、技术方法和诊疗经验，总结中医药学重大学术创新规律。依托现有中医药机构设立一批当代名老中医药专家学术研究室，系统研究其学术思想、临证经验和技术专长。整理研究传

统中药制药技术和经验，形成技术规范。挖掘整理民间医药知识和技术，加以总结和利用。

（二）加快中医药科技进步与创新。建立符合中医药特点的科技创新体系、评价体系和管理体制，改革和创新项目组织管理模式，整合中医药科技资源。推进中医药科研基地特别是国家和省级中医临床研究基地建设。支持中医药科技创新，开展中医药基础理论、诊疗技术、疗效评价等系统研究，推动中药新药和中医诊疗仪器、设备的研制开发，加强重大疾病的联合攻关和常见病、多发病、慢性病的中医药防治研究。推行中医药科研课题立项、科技成果评审同行评议制度。

五、加强中医药人才队伍建设

（一）改革中医药院校教育。根据经济社会发展和中医药事业需要，规划发展中医药院校教育。调整中医药高等教育结构和规模，坚持以中医药专业为主体，按照中医药人才成长规律施教，强化中医药基础理论教学和基本实践技能培养。选择部分高等中医药院校进行中医临床类本科生招生与培养改革试点。加强中医药职业教育，加快技能型人才培养。国家支持建设一批中医药重点学科、专业和课程，重点建设一批中医临床教学基地。

（二）完善中医药师承和继续教育制度。总结中医药师承教育经验，制订师承教育标准和相关政策措施，探索不同层次、不同类型的师承教育模式，丰富中医药人才培养方式和途径。落实名老中医药专家学术经验继承人培养与专业学位授予相衔接的政策。妥善解决取得执业资格的师承人员在职称评定和岗位聘用等方面的相关问题。完善中医药继续教育制度，健全继续教育网络。

（三）加快中医药基层人才和技术骨干的培养。制订切实可行的实施方案，积极探索定向为农村培养中医药人才的措施。鼓励基层中医药人员参加学历教育以及符合条件的中医执业医师带徒培训。探索中医执业医师多点执业的办法和形式。将农村具有中医药一技之长的人员纳入乡村医生管理。制订实施中医药学科带头人和技术骨干培养计划，造就新一代中医药领军人才和一大批中青年名中医。鼓励西医师学习中医，培养一批中西医结合人才。开展面向基层医生的中医药基本知识与适宜技术培训。

（四）完善中医药人才考核评价制度。制订体现中医药特点的中医药专业技术人员水平能力评价标准，改进和完善卫生专业技术人员资格考试中的中医药专业考试方法和标准。建立国家中医药专业人员职业资格证书制度，开展中医药行业特有工种技能鉴定工作。建立政府表彰和社会褒奖相结合的中医药人才激励机制。

六、提升中药产业发展水平

（一）促进中药资源可持续发展。加强对中药资源的保护、研究开发和合理利用。开展全国中药资源普查，加强中药资源监测和信息网络建设。保护药用野生动植物资源，加快种质资源库建设，在药用野生动植物资源集中分布区建设保护区，建立一批繁育基地，加强珍稀濒危品种保护、繁育和替代品研究，促进资源恢复与增长。结合农业结构调整，建设道地药材良种繁育体系和中药材种植规范化、规模化生产基地，开展技术培训和示范推广。合理调控、依法监管中药原材料出口。

（二）建设现代中药工业和商业体系。加强中药产业发展的统筹规划，制定有利于中药产业发展的优惠政策。组织实施现代中药高技术产业化项目，加大支持力度。鼓励中药企业优势资源整合，建设现代中药产业制造基地、物流基地，打造一批知名中药生产、流通企业。加大对中药行业驰名商标、著名商标的扶持与保护力度。优化中药产品出口结构，提高中药出口产品附加值，扶持中药企业开拓国际市场。

（三）加强中药管理。完善中药注册管理，充分体现中药特点，着力提高中药新药的质量和临床疗效。推进实施中药材生产质量管理规范，加强对中药饮片生产质量和中药材、中药饮片流通监管。加强对医疗机构使用中药饮片和配制中药制剂的管理，鼓励和支持医疗机构研制和应用特色中药制剂。

七、加快民族医药发展

加强民族医医疗机构服务能力建设，改善就医条件，满足民族医药服务需求。加强民族医药教育，重视人才队伍建设，提高民族医药人员素质。完善民族医药从业人员准入制度。加强民族医药继承和科研工作，支持重要民族医药文献的校勘、注释和出版，开展民族医特色诊疗技术、单验方等整理研究，筛选推广一批民族医药适宜技术。建设民族药研发基地，促进民族医药产业发展。

八、繁荣发展中医药文化

将中医药文化建设纳入国家文化发展规划。加强中医药文物、古迹保护，做好中医药非物质文化遗产保护传承工作，加大对列入国家级非物质文化遗产名录项目的保护力度，为国家级非物质文化遗产中医药项目代表性传承人创造良好传习条件。推进中医药机构文化建设，弘扬行业传统职业道德。开展中医药科学文化普及教育，加强宣传教育基地建设。加强中医药文化资源开发利用，打造中医药文化品牌。加强舆论引导，营造全社会尊重、保护中医药传统知识和关心、支持中医药事业发展的良好氛围。

九、推动中医药走向世界

积极参与相关国际组织开展的传统医药活动，进一步开展与外国政府间的中医药交流合作，扶持有条件的中医药企业、医疗机构、科研院所和高等院校开展对外交流合作。完善相关政策，积极拓展中医药服务贸易。在我国对外援助、政府合作项目中增加中医药项目。加强中医药知识和文化对外宣传，促进国际传播。

十、完善中医药事业发展保障措施

（一）加强对中医药工作的组织领导。根据国民经济和社会发展总体规划和医疗卫生事业、医药产业发展要求，编制实施国家中医药中长期发展专项规划。充分发挥中医药工作部际协调机制作用，加强对中医药工作的统筹协调。地方各级人民政府要切实加强对中医药工作的领导，及时研究解决中医药事业发展中的问题，认真落实各项政策措施。

（二）加大对中医药事业投入。各级政府要逐步增加投入，重点支持开展中医药特色服务、公立中医医院基础设施建设、重点学科和重点专科建设以及中医药人才培养。落实政府对公立中医医院投入倾斜政策，研究制订有利于公立中医医院发挥中医药特色优势的具体补助办法。完善相关财政补助政策，鼓励基层医疗卫生机构提供中医药适宜技术与服务。制定优惠政策，鼓励企事业单位、社会团体和个人捐资支持中医药事业。合理确定中医医疗服务收费项目和价格，充分体现服务成本和技术劳务价值。

（三）医疗保障政策和基本药物政策要鼓励中医药服务的提供和使用。将符合条件的中医医疗机构纳入城镇职工基本医疗保险、城镇居民基本医疗保险和新型农村合作医疗的定点机构范围，将符合条件的中医诊疗项目、中药品种和医疗机构中药制剂纳入报销范围。按照中西药并重原则，合理确定国家基本药物目录中的中药品种，基本药物的供应保障、价格制定、临床应用、报销比例要充分考虑中药特点，鼓励使用中药。

（四）加强中医药法制建设和知识产权保护。积极推进中医药立法进程，完善法律法规。加强中医药知识产权保护和利用，完善中医药专利审查标准和中药品种保护制度，研究制订中医药传统知识保护名录，逐步建立中医药传统知识专门保护制度。加强中药道地药材原产地保护工作，将道地药材优势转化为知识产权优势。

（五）加强中医药行业管理。加强中医药行业统一规划，按照中医药自身特点和规律管理中医药。推进中医药信息化建设，建立健全综合统计制度。推进中医药标准化建设，建立标准体系，推动我国中医药标准向国际标准转化。严格中医药执法监督，严厉打击假冒中医名义非法行医、发布虚假违法中医中药广告以及制售假冒伪劣中药行为。加强地方中医药管理机构建设，强化管理职能，提高管理水平。

国　务　院

二〇〇九年四月二十一日

互联网医疗保健信息服务管理办法

中华人民共和国卫生部令(第66号)

《互联网医疗保健信息服务管理办法》已于2009年3月25日经卫生部部务会议审议通过，现予以发布，自2009年7月1日起施行。

部　长

二○○九年五月一日

互联网医疗保健信息服务管理办法

第一章　总　　则

第一条　为规范互联网医疗保健信息服务活动，保证互联网医疗保健信息科学、准确，促进互联网医疗保健信息服务健康有序发展，根据《互联网信息服务管理办法》，制定本办法。

第二条　在中华人民共和国境内从事互联网医疗保健信息服务活动，适用本办法。

本办法所称互联网医疗保健信息服务是指通过开办医疗卫生机构网站、预防保健知识网站或者在综合网站设立预防保健类频道向上网用户提供医疗保健信息的服务活动。

开展远程医疗会诊咨询、视频医学教育等互联网信息服务的，按照卫生部相关规定执行。

第三条　互联网医疗保健信息服务分为经营性和非经营性两类。

经营性互联网医疗保健信息服务，是指向上网用户有偿提供医疗保健信息等服务的活动。

非经营性互联网医疗保健信息服务，是指向上网用户无偿提供公开、共享性医疗保健信息等服务的活动。

第四条　从事互联网医疗保健信息服务，在向通信管理部门申请经营许可或者履行备案手续前，应当经省、自治区、直辖市人民政府卫生行政部门、中医药管理部门审核同意。

第二章　设　　立

第五条　申请提供互联网医疗保健信息服务，应当具备下列条件：

(一)主办单位为依法设立的医疗卫生机构、从事预防保健服务的企事业单位或者其他社会组织；

(二)具有与提供的互联网医疗保健信息服务活动相适应的专业人员、设施及相关制度；

(三)网站或者频道有2名以上熟悉医疗卫生管理法律、法规和医疗卫生专业知识的技术人员；提供性知识宣传的，应当有1名副高级以上卫生专业技术职务任职资格的医师。

第六条　申请提供的互联网医疗保健信息服务中含有性心理、性伦理、性医学、性治疗等性科学研究内容的，除具备第五条规定条件外，还应当同时具备下列条件：

(一)主办单位必须是医疗卫生机构；

(二)具有仅向从事相关临床和科研工作的专业人员开放的相关网络技术措施。

第七条　申请提供互联网医疗保健信息服务的，应当按照属地管理原则，向主办单位所在地省、自治区、直辖市人民政府卫生行政部门、中医药管理部门提出申请，并提交下列材料：

(一)申请书和申请表。申请表内容主要包括：网站类别、服务性质(经营性或者非经营性)、内容分类(普通、性知识、性科研)、网站设置地点、预定开始提供服务日期、主办单位名称、机构性质、通信地址、邮政编码、负责人及其身份证号码、联系人、联系电话等；

(二)主办单位基本情况，包括机构法人证书或者企业法人营业执照；

（三）医疗卫生专业人员学历证明及资格证书、执业证书复印件，网站负责人身份证及简历；

（四）网站域名注册的相关证书证明文件；

（五）网站栏目设置说明；

（六）网站对历史发布信息进行备份和查阅的相关管理制度及执行情况说明；

（七）卫生行政部门、中医药管理部门在线浏览网站上所有栏目、内容的方法及操作说明；

（八）健全的网络与信息安全保障措施，包括网站安全保障措施、信息安全保密管理制度、用户信息安全管理制度；

（九）保证医疗保健信息来源科学、准确的管理措施、情况说明及相关证明。

第八条　从事互联网医疗卫生信息服务网站的中文名称，除与主办单位名称相同的以外，不得以“中国”、“中华”、“全国”等冠名。

第九条　省、自治区、直辖市人民政府卫生行政部门、中医药管理部门自受理之日起20日内，对申请提供互联网医疗保健信息服务的材料进行审核，并作出予以同意或不予同意的审核意见。予以同意的，核发《互联网医疗保健信息服务审核同意书》，发布公告，并向卫生部、国家中医药管理局备案；不予同意的，应当书面通知申请人并说明理由。

《互联网医疗保健信息服务审核同意书》格式由卫生部统一制定。

第十条　互联网医疗保健信息服务提供者变更下列事项之一的，应当向原发证机关申请办理变更手续，填写《互联网医疗保健信息服务项目变更申请表》，同时提供相关证明文件：

（一）《互联网医疗保健信息服务审核同意书》中审核同意的项目；

（二）互联网医疗保健信息服务主办单位的基本项目；

（三）提供互联网医疗保健信息服务的基本情况。

第十一条　《互联网医疗保健信息服务审核同意书》有效期2年。需要继续提供互联网医疗保健信息服务的，应当在有效期届满前2个月内，向原审核机关申请复核。通过复核的，核发《互联网医疗保健信息服务复核同意书》。

第三章　医疗保健信息服务

第十二条　互联网医疗保健信息服务内容必须科学、准确，必须符合国家有关法律、法规和医疗保健信息管理的相关规定。

提供互联网医疗保健信息服务的网站应当对发布的全部信息包括所链接的信息负全部责任。

不得发布含有封建迷信、淫秽内容的信息；不得发布虚假信息；不得发布未经审批的医疗广告；不得从事网上诊断和治疗活动。

非医疗机构不得在互联网上储存和处理电子病历和健康档案信息。

第十三条　发布医疗广告，必须符合《医疗广告管理办法》的有关规定。应当注明医疗广告审查证明文号，并按照核准的广告成品样件内容登载。

不得夸大宣传，严禁刊登违法广告。

第十四条　开展性知识宣传，必须提供信息内容的来源，并在明显位置标明。信息内容要由医疗卫生专业人员审核把关，确保其科学、准确。

不得转载、摘编非法出版物的内容；不得以宣传性知识为名渲染性心理、性伦理、性医学、性治疗等性科学研究的内容；严禁传播淫秽内容。

第十五条　开展性科学研究的医疗保健网站，只能向从事相关临床和科研工作的专业人员开放。

严禁以开展性科学研究为名传播淫秽内容。综合性网站的预防保健类频道不得开展性科学研究内容服务。

第十六条　提供医疗保健信息服务的网站登载的新闻信息，应当符合《互联网新闻信息服务管理办法》的相关规定；登载的药品信息应当符合《互联网药品信息服务管理办法》的相关规定。

第十七条　提供互联网医疗保健信息服务，应当在其网站主页底部的显著位置标明卫生行政部门、中医药管理部门《互联网医疗保健信息服务审核同意书》或者《互联网医疗保健信息服务复核同意书》的编号。

第四章　监督管理

第十八条　卫生部、国家中医药管理局对各

省、自治区、直辖市人民政府卫生行政部门、中医药管理部门的审核和日常监管工作进行指导和管理。

省、自治区、直辖市人民政府卫生行政部门、中医药管理部门依法负责对本行政区域内主办单位提供的医疗保健信息服务开展审核工作，对本行政区域的互联网医疗保健信息服务活动进行监督管理。

第十九条　各级卫生行政部门、中医药管理部门对下列内容进行日常监管：

(一)开办医疗机构类网站的，其医疗机构的真实性和合法性；

(二)提供性知识宣传和普通医疗保健信息服务的，是否取得互联网医疗保健信息服务资格，是否超范围提供服务；

(三)提供性科学研究信息服务的，其主办单位是否具备相应资质，是否违规向非专业人士开放；

(四)是否利用性知识宣传和性科学研究的名义传播淫秽内容，是否刊载违法广告和禁载广告。

第二十条　卫生行政部门、中医药管理部门设立投诉举报电话和电子信箱，接受上网用户对互联网医疗保健信息服务的投诉举报。

第二十一条　卫生行政部门、中医药管理部门对上网用户投诉举报和日常监督管理中发现的问题，要及时通知互联网医疗保健信息服务提供者予以改正；对超范围提供互联网医疗保健信息服务的，应责令其停止提供。

第二十二条　互联网医疗保健信息服务审核和监督管理情况应当向社会公告。

第五章　法律责任

第二十三条　未经过卫生行政部门、中医药管理部门审核同意从事互联网医疗保健信息服务的，由省级以上人民政府卫生行政部门、中医药管理部门通报同级通信管理部门，依法予以查处；情节严重的，依照有关法律法规给予处罚。

第二十四条　已通过卫生行政部门、中医药管理部门审核或者复核同意从事互联网医疗保健信息服务的，违反本办法，有下列情形之一的，由省、自治区、直辖市人民政府卫生行政部门、中医药管理部门给予警告，责令其限期改正；情节严重的，对非经营性互联网医疗保健信息服务提供者处以3000元以上1万元以下罚款，对经营性互联网医疗保健信息服务提供者处以1万元以上3万元以下罚款；拒不改正的，提出监管处理意见，并移交通信管理部门依法处理；构成犯罪的，移交司法部门追究刑事责任：

(一)超出审核同意范围提供互联网医疗保健信息服务的；

(二)超出有效期使用《互联网医疗保健信息服务审核同意书》的；

(三)未在网站主页规定位置标明卫生行政部门、中医药管理部门审核或者复核同意书编号的；

(四)提供不科学、不准确医疗保健信息服务，并造成不良社会影响的；

(五)借开展性知识宣传和性科学研究为名传播淫秽内容的。

第二十五条　省、自治区、直辖市人民政府卫生行政部门、中医药管理部门违规对互联网医疗保健信息服务申请作出审核意见的，原审核机关应当撤销原批准的《互联网医疗保健信息服务审核同意书》；对主管人员和其他直接责任人员，由其所在单位上级机关依法给予处分。

第六章　附　　则

第二十六条　本办法自2009年7月1日起施行。2001年1月3日卫生部发布的《卫生部关于印发〈互联网医疗卫生信息服务办法〉的通知》(卫办发〔2001〕3号)同时废止。

国家中医药管理局
关于印发中医医院中医药文化建设指南的通知

国中医药发〔2009〕23号

各省、自治区、直辖市卫生厅局、中医药管理局，新疆生产建设兵团卫生局，中国中医科学院，北京中医药大学：

为指导各级中医医院做好中医药文化建设工作，按照《国家中医药管理局关于加强中医医院中医药文化建设的指导意见》，我局在总结部分中医医院开展中医药文化建设试点经验基础上，组织制定了《中医医院中医药文化建设指南》（以下简称《指南》），现予印发。

各省级中医药管理部门要根据《指南》的要求，加强对中医医院中医药文化建设工作的指导和督促。各中医医院要根据《指南》结合本院实际情况，切实做好中医药文化建设的组织实施工作。

工作中有何意见和建议，请及时与我局医政司联系。

联系人和联系电话：联 系 人：董云龙

联系电话：010—65955519　传 真：010—65930820

附件：中医医院中医药文化建设指南

二〇〇九年八月四日

中医医院中医药文化建设指南

国家中医药管理局 二〇〇九年七月

说明

中医医院是中医药文化继承和创新、展示和传播的重要场所。为进一步推动中医医院加强中医药文化建设，国家中医药管理局于2007年12月印发了《关于加强中医医院中医药文化建设的指导意见》，并在全国选择了部分中医医院开展了建设试点。

按照《国家中医药管理局关于加强中医医院中医药文化建设的指导意见》，在总结部分中医医院开展中医药文化建设试点经验基础上，组织制定了本《指南》。

本《指南》主要包含总则、核心价值体系建设、行为规范体系建设、环境形象体系建设四部分内容，对中医医院如何开展中医药文化建设作了较为具体的介绍，以指导各级中医医院做好中医药文化建设。

第一章　总　　则

中医药文化是中华民族优秀传统文化的重要组成部分，是中医药学发生发展过程中的精神财富和物质形态，是中华民族几千年来认识生命、维护健康、防治疾病的思想和方法体系，是中医药服务的内在精神和思想基础。

中医医院作为中医药文化继承和创新、展示和传播的重要场所，加强中医药文化建设，有利于体现中医医院的基本特征，有利于巩固中医为主的发展方向，有利于提高核心竞争力，更好地保持发挥中医药特色优势，满足广大人民群众对中医药服务的需求。

中医医院中医药文化建设范围非常广泛，内涵十分丰富，主要包括了价值观念、行为规范、环境形象等方面。在建设中，要坚持突出特色，以中医药文化为主体，融合时代文化特征，在继承传统的

宗旨、突出中医药文化特色、坚持统筹规划的前提下，还应注重以下原则：

大众化原则：注重通俗易懂，直观简约，学术与科普统一；

实用性原则：因地制宜，量力而行，与医院各区域的总体功能相适应；

个性化原则：注意地域特点和民族特点，充分体现医院的个性，切忌简单模仿，千篇一律；

审美性原则：注重大众审美需求，做到艺术与实用的统一。

环境形象体系建设中，应主要从建筑外观、庭院建设、内部装饰、医院标识等方面体现中医药文化特点。

一、建筑外观和庭院建设

医院建筑及其庭院是展现医院文化的重要方面，是医院文化的重要载体。

（一）建筑外观

医院建筑的外观是对自身环境的营造。良好的医院建筑外观，可以使职工产生归属感和领域感，使公众产生信任感和温馨感。

医院建筑的外观应注入中国传统建筑元素，融入地方建筑特色，主要从屋顶、门楼、窗户、梁柱和颜色等方面体现，不宜采用浓郁异域风格。对原有建筑，如建筑物的外檐轮廓无法改变，可以通过门楼、建筑色彩等的改造，以体现中国传统建筑风格。建筑物的色彩，可以结合中国古代建筑习惯，选用红、棕、米、灰、褐色等，但要因地制宜，合理搭配，因需选择，避免生搬硬套。

（二）庭院建设

医院庭院包括医院建筑物周围和被建筑物包围的场地，是医院环境形象体系的重要组成部分，应注意与医院周边环境的和谐，与医院建筑布局、外观、色彩等因素协调统一。在满足庭院使用功能、美化环境的前提下，可以通过庭院建设的各种表达方式，着重体现中医药的历史、理念和知识等，营造浓郁的中医药文化氛围。

表达方式主要有园林小品、主题文化墙、主题雕塑、名医塑像、建筑小品、亭榭、山石、盆景、碑刻、地面文化造型等。

园林绿化尽量采用药用植物，选择适宜当地气候和土壤等条件、有观赏性的中草药，并配以药物功用等文字说明。

（三）标志性构筑物

标志性构筑物是指不具备、不包含或不提供居住功能的人工建造物，是医院最显著的标志，有条件的可以选择适合的位置建造标志性构筑物，作为能够使公众留下长久记忆的标志。如在主楼前等庭院的显著位置设立构筑物，作为彰显医院宗旨、医院特色等的标志。

标志性构筑物应充分体现中医药元素，如体现中医理念或表达医院价值观的抽象艺术雕塑，医史人物或本地历史上有贡献、影响较大的中医药人物的塑像，典型的中医器物或某些中药植物的造型。

二、内部装饰

医院内部装饰的部位主要包括门诊部的大厅、走廊、候诊区、诊室、候药区，住院部的大厅、走廊、病房、医生办公室、护理站、治疗室，办公区域等。通过平面装饰、立体装饰等形式，起到营造氛围、弘扬历史、传播理念、崇尚医德、宣传知识、介绍方法、彰显特色的作用。

营造氛围，主要是营造浓郁的中医药文化氛围。可以通过装饰风格、装潢、色彩搭配等来表达。装饰风格应体现中国传统特色；装潢可以通过含有中医药元素的陈设、摆件、字画、图片等体现；色彩搭配应注意与医院总体色调、区域服务功能相协调。在同一区域内的装饰风格、装潢、色彩应和谐。

弘扬历史，主要是弘扬中医药历史或医院发展史。可以通过文化长廊、壁画、雕塑、中医药器具模型等来表达，有条件的可建立开放式的陈列馆或橱窗、展柜。

传播理念，主要是传播“天人合一”、“阴阳平和”、“上工治未病”等中医药学的核心理念以及医院宗旨等。可以通过历史人物和本院名医塑像、院训、主题墙、雕塑、墙饰等形式来表达。

崇尚医德，主要是宣传“大医精诚”、“医乃仁术”等中医传统美德。可以通过古代名医名言警句的书画作品、木刻、石刻、文化墙等形式来表达。

宣传知识和介绍方法，主要是宣传和介绍中医药的基础知识、养生保健方法，以及中医药防治常见病、多发病的方法，常用中药的识别和功效、中药煎煮常识等。可以通过招贴画、橱窗展柜、实物、触摸屏、视频网络来表达。

彰显特色，主要是展示医院特色、科室特色以及专家特长等。可以通过文化长廊、橱窗展柜、触摸屏、视频网络等方式来表达。

根据医院各区域的特点，确定各区域通过装饰所起到的作用，即明确各区域的装饰主题，在此基础上选择合适的表达方式。

（一）门诊部

门诊部是医院接触患者时间最早、人数最多、范围最广的地方，是医院面向社会的重要窗口，应是医院环境形象体系建设中体现中医药文化特色的最重要场所。

1、门诊大厅。门诊大厅人员流量大、停留时间短，内部装饰应以营造氛围为主，兼顾彰显特色，不宜作过多的知识、方法宣传，不宜过多设置易引起患者驻足的景饰。门诊大厅中的导诊台，应与大厅的总体风格相协调。

2、门诊走廊。是患者进入诊室的通道，有些医院走廊兼作候诊区，患者在此停留时间较长，内部装饰应以传播理念、宣传知识和介绍方法为主，兼顾营造氛围。传播理念、宣传知识和介绍方法的具体内容应与所在区域的科室特色相结合。

3、候诊区。是患者等候诊疗的场所，内部装饰应以宣传知识和介绍方法、彰显特色为主，兼顾传播理念。宣传知识和介绍方法的具体内容，应与区域所在科室的特色相结合，应根据区域所在科室涉及主要病种的变化而及时调整。

4、门诊诊室。是医生为患者进行诊疗的场所，医患直接接触，内部装饰应以营造氛围和崇尚医德为主。根据诊室的特点，内部装饰的总体格调应体现典雅书卷气息，诊桌、诊椅、诊柜等应注重融入中医药元素，不宜装饰过多而转移医生患者的注意力，不宜张挂纷乱的锦旗。

5、中药候药区。是患者诊疗结束后等候取药的场所，内部装饰应以介绍方法和宣传知识为主，兼顾营造氛围。介绍方法的内容应以中药饮片煎煮、服用方法为主，宣传知识的内容应以常用中药的药性、功用、主治、药品真伪鉴别等为主，营造氛围应注重采用常用或名贵中药的标本、煎煮中药的器具等。

（二）住院部

住院部是患者在一段时间内集中接受诊疗并休养、在医院内停留时间最长的场所，是照顾和探视患者的亲友往来频繁的地方。

1、住院大厅。是住院患者以及照顾、探视者经常出入的通道，部分医院还兼有休闲、休息的功能，内部装饰应以营造氛围和传播理念为主。兼具休闲、休息功能的，可以设置药吧等具有中医药特点的服务，可以摆放具有药用功能的鲜花或常绿植物。

2、住院部走廊。是患者及照顾、探视者经常驻足的地方，内部装饰应以宣传知识和介绍方法、彰显特色为主，兼顾传播理念、营造氛围。宣传知识和介绍方法、彰显特色的具体内容，应与所在区域的科室特色相结合。

3、住院病房。是患者治疗康复、休息生活的场所，内部装饰应以营造氛围为主，但不宜过多，可以点缀一些以中医药为主题的书画、实物等。

4、医生办公室和护理站。是医护人员的办公场所，内部装饰应以崇尚医德、传播理念为主。

5、治疗室。是患者接受治疗、停留时间较长的地方，内部装饰应以宣传知识和介绍方法、彰显特色为主，兼顾传播理念。

（三）办公区域

医院的办公区域主要面向内部员工，内部装饰应以崇尚医德、传播理念、弘扬历史（医院发展史）为主。装饰范围应包括楼道、办公室、会议室、接待室等。

三、医院标识

医院标识主要包括院徽、标准院名、标准色系三个基础要素及其在指示标牌、办公用品、宣传用品等方面的应用。

医院标识具有整合医院精神、规范行为文化、突出视觉个性、增强公众印象的作用，是医院环境形象体系的基本组成部分。

院徽，是医院标识中最重要的基础要素。内容上应构思深刻，充分反映医院核心价值。形式上应注重体现中医药元素，力求构图简洁、形式典雅、色彩庄重、特色明显。

标准院名，是医院标识中最直观的基础要素。医院名称应使用按规定经有关部门核准的名称，汉字使用规范，字体端庄易识别，不宜采用草书等字体。配用拼音字母、外文字母应规范。地处少数民族地区的中医医院应配用当地少数民族文字。

标准色系，是保持医院环境形象整洁美观的基础要素。标准色系要有主辅之分，但数量不宜过多；色彩要注重体现中医药行业特色，并注意对识别和人们心理的影响。

院徽、标准院名、标准色系要协调，实现视觉一体化。

院徽、标准院名、标准色系应广泛应用于指示标牌、办公用品、宣传用品、服饰等方面。指示标牌包括分布图、引导牌、方位牌、科室牌等，办公用品包括处方、病历、信封、信笺、药袋等，宣传用品包括宣传栏、文化设施、员工名片等，服饰包括医院员工工作服、病员服、病床卧具等。

关于发布2009年互联网上虚假中医药机构网站名单（第一批）的公告

国中医药函〔2009〕48号

2008年以来，为保护广大人民群众的切身利益，针对互联网上出现的冠以“中国”、“中华”、“全国”等名称的虚假中医药机构违法发布虚假中医医疗广告的现象，我局加大了监测核查力度，先后公布了四批共365家虚假中医药机构网站。在工业和信息化部的大力支持下，目前已关闭了其中356家。现将我局监测到的2009年虚假中医药机构网站名单（第一批）予以公布。相关情况可登陆我局政府网站（http：//www.satcm.gov.cn/）查询。

同时，我局再次提醒广大群众在网上求医问药时应加强识别能力，以避免上当受骗、贻误病情。

附件1：2009年第一批虚假中医药机构网站名单

附件2：前四批尚未关闭的虚假中医药机构网站名单

二〇〇九年三月十九日

附件1：

2009年第一批虚假中医药机构网站名单

序号	单位	网址	地区
1	中国中医研究院涉外合作中心	http：//www.gaoxueya666.com	北京
2	中国中医科学院高血压研治中心	http：//www.gxykf315.com	北京
3	中国中医药科学研究院	http：//www.lvtong060606.com	北京
4	中国中医药研究院色斑治疗中心	http：//www.kf995.com	北京
5	中国中医疑难病研究协会牛皮癣研究治疗中心	http：//www.npxnpx.com.cn	北京
6	中国中医研究院毛发疾病药物研制中心	http：//www.163995.com	北京
7	中国中医药研究院糖尿病治疗中心	http：//www.guowuw.cn	北京
8	中国中医药研究院失眠抑郁症治疗中心	http：//www.jiakang99.com	北京
9	中国中医研究院股骨头坏死治疗中心	http：//www.60891336.com	北京
10	中国中医研究院	http：//www.jk567.com	北京
11	中国中医药皮肤病研究基地鱼鳞病治疗中心	http：//www.jlk999.com	北京
12	中国中医药研究院首都糖尿病康复基地	http：//www.tnb778.cn	北京

13	中国中医研究院糖尿病医院	http：//www.jbkdzx.com	北京
14	中国中医生物医学研究院糖尿病专研总院	http：//www.120tnbw.com	北京
15	中国中医药研究中心北京糖尿病康复基地	http：//www.tnbw.net	北京
16	中国中医药研究院	http：//www.chongcao120.com	北京
17	中国中医中药研究院首都医科大学糖尿病专研总院	http：//www.808tnb.cn	北京
18	中国中医科学院高血压病研发中心	http：//www.kfgxy.com	北京
19	中国中医药科学研究院高血压研治中心	http：//www.gxy958.net	北京
20	中国中医心血管病研究院	http：//www.gxz117.com	北京
21	中国中医中药研究院国际糖尿病特色康复总院	http：//www.tnb3961.com/	北京
22	中国中医科学院风湿病研究中心	http：//www.9ynb.cn	北京
23	中国中医药临床研究总院北京风湿病专研中心	http：//www.fsb999.com	北京
24	中国中医科学院前列腺研究院	http：//www.2008kfw.cnhttp：//www.china529.cn	北京
25	中国中医科学院药物研究中心	http：//www.zyk120.cn	北京
26	中国中医药研究院前列腺治疗中心	http：//www.bjnkfk.net	北京
27	中国中医药科学院（失眠抑郁诊疗中心）	http：//www.86226611.com	北京
28	中国中医医学研究院北京失眠抑郁精神障碍治疗中心	http：//www.365smkf.cn	北京
29	中国中医糖尿病治疗康复中心	http：//www.tnb121.com	黑龙江
30	中国国际心脑血管病研究总院	http：//www.gxy58.cn	北京
31	中国疾病防治中心风湿骨病研究总院	http：//www.995fs.com	北京
32	中国国际慢性病康复研究院	http：//www.kftnb.com	北京
33	中国(国际)医学研究院北京高血压治疗中心	http：//www.51mmr.com.cn	北京
34	中国国际肝病生物基因研究院	http：//www.zyw2.com	北京
35	中国疾病防治中心糖尿病研究总院	http：//www.tnb188.com	北京
36	中国生命医学研究总院牛皮癣研究治疗中心	http：//www.qxkfw.com	北京
37	中国生命医学科学研究院高血压防治中心	http：//www.gxy119.com	北京
38	中国专科疾病北京中医药癫痫治疗中心	http：//www.zgdxkfw.com	北京
39	中国专科疾病北京中医药治疗中心	http：//www.gxyjkw.com	北京
40	中国基因医学科学院高血压康复中心	http：//www.gxyjy.com	北京
41	中国医学科学院高血压诊治中心	http：//www.139222.cn	北京
42	中华中医药学会高血压研究中心	http：//www.gxy966.com	北京
43	中华国际生物医学研究院高血压研究中心	http：//www.gxy888.com.cn	北京
44	中研中医研究院毛发疾病药物康复中心	http：//www.163885.com	北京
45	中研中医北京牛皮癣研究中心	http：//www.pfxkf.com	北京
46	全国心脑血管疾病预防协会	http：//www.zggxz.com	北京

附件2：

前四批尚未关闭的虚假中医药机构网站名单

序号	单位	网址	地区
1	中国中医药科学院糖尿病医院	http：//www.zyykxy.cc	北京
2	中国中医药脂肪瘤科学研究总院	http：//www.zflkf.com	北京
3	中国中医药研究中心风湿、类风湿康复基地	http：//www.fsw120.com	北京
4	中医药研究院痛风治疗中心	http：//www.999tongfeng.com	北京
5	中国自然医学科学院皮肤病防治中心	http：//www.pfx369.com	北京
6	中国人民解放军中医研究总院皮肤病治疗中心	http：//www.yynpx.com	北京
7	中国人民解放军航空医学研究院中国中医药皮肤病研究中心	http：//www.gznpx.com	北京
8	北京中医药研究院脑病治疗中心	http：//www.dzmy.com	北京
9	中国中医药国医研究院	http：//www.bbkf999.com	北京

国家中医药管理局

关于发布2009年互联网上虚假中医药机构网站名单（第二批）的公告

国中医药函〔2009〕134号

为保护广大人民群众利益，维护中医药的良好声誉，严厉打击利用互联网发布虚假中医药机构坑害群众利益行为，现将我局经过监测发现的虚假中医药机构网站名单予以公布。这些网站的主要特征是虚构中医药机构名称，冒用世界卫生组织（WHO）、国家中医药管理局和中国中医科学院等机构名义，宣传销售虚假中药制剂，编造虚假治愈病例，以及设置虚假不良信息举报中心、卫生部、国家中医药管理局网站链接等。

我局再次提醒广大群众提高警惕，加强识别能力，避免上当受骗。

2009年第二批虚假中医药机构网站名单

附件：

2009年第二批虚假中医药机构网站名单

序号	单位	网址	地区
1	中国中医药医学科学院糖尿病康复中心	http：//www.tnbysk.com	北京
2	中国中医药科学院皮肤病研究中心	http：//www.keminhqs.com	北京
3	中国中医药科学院痛风病研究中心	http：//www.533tf.com	北京
4	中国中医药疑难病研究中心北京鱼鳞病治疗中心	http：//www.ylpfb.com	北京
5	中国中医药研究院北京红十字高血压研治中心	http：//www.gxy5566.net	北京
6	中国中医药基因医学研究院高血压研治中心	http：//www.gxykf120.com	北京
7	中国中医药研究院皮肤病治疗中心	http：//www.99pfw.com	北京
8	中国中医药研究总院白癜风研究中心	http：//www.zypfb120.com	北京
9	中国中医药皮肤病研究院白癜风治疗中心	http：//www.bdfkf999.com	北京
10	中国中医药痛风病专研中心	http：//www.zgtongfeng.net	北京
11	中国中医研究院皮肤病康复中心	http：//www.bftfw.net	北京
12	中国中医皮肤病研究总院银屑病康复中心	http：//www.6120npx.com	北京
13	中国中医科学研究院痛风研治中心	http：//www.zggjtf.com	北京
14	中国中医学科学研究院痛风病治疗中心	http：//www.zgtfkfzx.com	北京
15	中国中医科学院风湿类风湿研究中心	http：//www.fsbzyw.com	北京
16	中国中医疑难病研究院肝病治疗中心	http：//www.120gbw.com	北京
17	中国中医科学院药物研究中心	http：//www.zyk120.com	北京
18	中国中医药研究院	http：//www.gbkcjb.com/	北京
19	中国高血压中医研究院涉外合作中心	http：//www.gaoxueya666.com	北京
20	中国首都中医学院白癜风专研中心	http：//www.jkbdf999.com	北京
21	中国首都中医学院高血压专研中心	http：//www.gxy2009.com	北京
22	中医皮肤病研究总院北京康尔美康复中心	http：//www.120pfbkfw.com	北京
23	中医医药风湿类风湿康复中心	http：//www.51688w.cn	北京
24	中医药医科大学临床总院皮肤病治疗中心	http：//www.01pfb.com	北京
25	航空医学总院中医皮肤病治疗中心	http：//www.gznpx.com	北京
26	北京中医药大学国医堂高血压临床治疗中心	http：//www.gxy12315.net	北京
27	北京市中医药研究院皮肤病治疗中心	http：//www.120pfw.cn	北京
28	北京首都中医研究院类风湿骨病专研中心	http：//www.2009fs.com	北京
29	北京中医科学院前列腺专研中心	http：//www.qlxzmz.com	北京
30	北京国际中医医学研究院	http：//www.bjtfw.com	北京
31	山西省中医牛皮癣研究院	http：//www.sxpfbyy.cn	山西
32	河南省呼吸病中医药研究院	http：//www.hnqgy.com	河南

卫生部推进新农合立法进程 条例正在征求意见

十一届全国人大常委会第十二次会议全体会议今天(12月25日)听取了卫生部部长陈竺作的卫生部关于十一届全国人民代表大会第二次会议代表建议、批评和意见办理情况的报告。陈竺说，近年来，医药卫生工作得到全国人大和广大代表的高度关注，涉及卫生工作的建议逐年增多。2009年十一届全国人大二次会议交由卫生部办理的代表建议共有625件，与2008年的426件相比，增长了46.7%。按照全国人大提出的“加强办前分析，加强协调配合，完善制度机制，增强办理实效”的要求，卫生部坚持统筹协调，突出重点，狠抓落实，把握时限，全部建议已按时办结，办理工作取得较好效果。陈竺说，研究表明，代表建议与卫生事业发展进程高度契合，是反映卫生工作状况的“晴雨表”。以建立和完善新型农村合作医疗制度的建议为例，2006年呼吁尽快在全国范围开展新农合制度的建议较多，随着新农合制度在全国的普遍建立，基本实现农村地区全覆盖，2009年代表建议的关注重点明显转向把新农合纳入法治化管理轨道，以法律保障新农合持续健康发展，避免大起大落，减轻广大农民就医负担，维护健康权益等方面。为落实建议，卫生部会同相关部门，大力推进新农合立法进程。目前，新农合条例已经列入2009年国务院立法计划，正在征求相关部门和地方的意见。

来源：《法制日报》

2009年中医医政工作十大亮点

2009年，在全体中医医政工作者和广大中医药工作者的努力下，各项中医医政工作全面开展，取得了亮眼的成绩。

一、争取政策，积极发挥中医药在医改中的作用

《国务院关于扶持和促进中医药事业发展的若干意见》印发后，在深化医药卫生体制改革相关配套文件制定中充分纳入中医药内容，以体现中医药特点，发挥中医药作用。

在国家基本药物制度建设的相关文件制定中落实中西药并重的原则，鼓励应用中药。

参与起草《关于公立医院改革试点的指导意见》等文件，提出中医药管理部门要参与当地区域卫生规划的制定工作；在改革公立医院补偿机制和投入政策上对中医院（民族医院）等予以倾斜，对中药饮片加价率标准适当放宽，逐步提高中医和体现医务人员技术劳务价值的诊疗、手术等项目收费标准。

针对即将开展的公立医院改革试点工作，组织研究并初步提出了体现中医医院特点、保持发挥中医药特色与优势的公立中医医院改革试点工作思路。

二、组织开展甲流中医药防治工作

迅速成立防治工作领导小组和专家委员会，制定4版中医药治疗方案和2版中医药预防方案。及时派专家与西医专家同步诊治第一例甲流患者，多次派专家组赴疫区参与救治。

在疫情防控的早中期，系统收集500多例病例资料。研究显示，近2/3的患者接受了中医药治疗或中西医结合治疗，疗效良好。

与卫生部联合印发了《关于在卫生应急工作中发挥中医药作用的通知》，启动建设了59个中医药防治传染病临床基地。中医药参与应对突发公共事件工作机制以及临床和科研体系初步建立。

三、进一步健全中医药服务体系

召开全国农村中医药工作会议，明确目标和任务。近年来先后确定4839个项目单位开展农村医疗机构中医特色专科、针灸理疗康复特色专科、县级中医医院急诊科及中药房等项目建设。

中医药适宜技术推广力度进一步加大。组织编写《基层中医药适宜技术手册》系列丛书在中西部地区2165个县（市、区）分类分层开展中医药适宜技术推广。

创建中医药特色社区卫生服务37个示范区，总数达92个。制定实施《社区中医药服务工作指南》。

综合医院中医药工作得到加强，与卫生部联合印发实施了《综合医院中医临床科室基本标准》，并将其纳入综合医院管理评价指标体系。

四、加强中医医院中医药特色优势建设

开展以“发挥中医药特色优势”为主题的中医医院管理年活动，并制定《2009年中医医院管理年活动方案》，起草《检查评估细则》。

实施《中医医院中医药文化建设指南》，召开中医医院中医药文化建设经验交流会。

起草《关于发展中医诊疗设备的意见》和《中医医院设备配置标准》，向社会推荐第一批中医诊疗设备。

起草针灸科等11个中医临床科室建设和管理指南以及中医医院中医护理工作指南。

五、以提高中医药临床疗效为目标，提高中医药防治水平

围绕中医药治疗优势病种，组建122个协作团队开展协作攻关；规范122个疾病的中医病名，开展临床验证工作。

六、按照中药特点加强管理，提高中药质量

继续开展小包装中药饮片推广使用试点，组织编写《小包装中药饮片医疗机构应用指南》，开展培训和推广。

制定《医疗机构中药煎药室管理规范》，组织研发并推广新型中药煎药机。

制定中成药临床应用指导原则，加强中成药应用的管理。

七、加快建设中医预防保健服务体系

制定《关于积极发展中医预防保健服务的实施意见》，举办第二、三届“治未病”高峰论坛。印发实施《中医特色健康保障-服务模式服务基本规范（试行）》和《中医预防保健服务提供平台建设基本规范（试行）》。

确定第三批“治未病”预防保健服务试点单位，试点单位数量达103个(含军队)，每省（区、市）已至少有一所医院和一个社区卫生服务机构成为试点单位。

八、完善中医民族医人员准入管理制度

基本完成《执业医师法》颁布前中医民族医师承和确有专长人员行医资格的遗留问题。

明确中医类别医师经培训可从事计划生育手术，及中医类别医师能在急救中心和各级各类医疗机构急诊科室工作等政策。

修订中医和各民族医师承和确有专长人员医师资格考试大纲，从2010年开始师承和确有专长人员不再考核西医药内容。

九、加强中西医结合、民族和民间医药工作

起草《中西医结合医院工作指南》，从医院管理、专科建设、人才培养等6个方面对中西医结合医院建设提出要求，形成中西医结合医院基本办院模式。

起草《全国民族医药工作近期重点实施方案（2010-2011年）》，近几年要完成8个方面35项工作。与国家食品药品监管局、国家民委联合起草《关于扶持民族药发展的意见》。

开展民间医药专项调研，起草《加强民间医药工作的意见》。

十、加强基层卫生行政部门和中医医院培训

举办3期地级市卫生局局长中医药工作培训班，对全国300多个地市级卫生局局长或主管中医药工作的局长进行以农村中医药工作为重点的培训；举办2期《社区中医药服务工作指南》培训，对全国近200个区的卫生局局长和社区管理科科长、社区卫生服务机构进行培训；举办14期中医医院院长培训班，对全国县以上中医医院正职院长进行培训。

来源：中国中医药报

回眸“5.12”

——都江堰市骨伤专科医院抗震救灾及灾后重建工作总结

2008年5.12特大地震发生后，我院在各级党委政府的正确领导下，在市卫生局的统筹安排下，在上海援建医疗队的大力帮扶下，在全院广大干部职工的共同努力下，医院积极投入到抗震救灾及防病防疫工作，并很快转入到灾后重建恢复工作。现将我院的抗震救灾及灾后重建恢复工作总结如下：

一、抗震救灾工作

地震发生后，我院广大医务人员不顾个人与家人的安危，不畏余震的危险，冲锋在前，积极抢救转运伤员，为伤员的进一步诊治赢得了宝贵的时间。

1、紧急启动预案，成立抗震救灾领导小组

地震发生后，医院当即启动了医院突发事件应急预案，成立了医院抗震救灾指挥小组、医疗小组、安全保卫小组等领导小组，有组织有纪律地投入到抢救及转运病人的工作中。接待、登记、抢救等各项工作分工明确。

2、垫支药品物资，积极转运抢救伤病员

地震发生后，由于伤员多情况危急，为了不耽误病人的救治与转运，医院当即决定，对所有来院诊治病人，一律实行免费诊治，仅做好病人信息登记统计。据统计，仅5.12当晚我院因抢救伤员就共垫支药品、医用物资价值8万元。仅5.12当晚共抢救地震伤员760例，参与转运危重伤员到成都市176例。

3、提前启动消、杀、灭，积极预防重大疫情

5.12大地震发生后，由于医院建筑毁损，全体医护人员从2008年5月19日至8月19日，坚持在帐篷医院内开展工作。为确保大灾后无大疫的发生，在中兴镇的统筹安排下，医院率先启动了防疫、防病工作。由分管院长牵头，组建了消杀灭工作队、消杀灭督查队、巡回医疗队、熬制发送中药大锅汤工作队、定点医疗救治组等，开展灾后辖区内的消、杀、灭工作以及巡回医疗等工作。

医院还组织召开了村卫生站医生、各村负责人抗震救灾统筹协调会，并进行了消杀灭工作培训、指导，部署以站为点熬制中药大锅汤、以村为线进行消杀灭防蚊虫蝇，以户为面开展巡回医疗工作。努力做到防疫防病镇不漏村、村不漏组、组不漏户、户不留死角。全镇上下联动，防止疫情、防大病，保障老百姓身体健康与生命安全。

据统计，我院每日坚持6人组的消杀灭组，共出动消杀灭人数432人次，每日达11000平方米，累计消杀灭面积达792000平方米。每日坚持4人一组的消杀灭督查及巡回医疗组3组，共计864人。每日坚持4人组的熬制中药大锅汤工作组，向当地群众以及来川支援的济南铁军和内蒙古特警发放中药大锅汤达4个月，充分发挥了中医中药在灾后防病的积极作用，发放防病防疫宣传资料42468份，最大可能地防止疫情发生。

中央电视台、成都商报等新闻媒体及四川省、成都市防控专家组对我院率先启动防疫防病工作的举措，及全镇整体联动共同抗震救灾的举措给

龙蛇大战

———美国第一个中医法的诞生（摘编）

美国第一个中医法于1973年4月20日在内华达州诞生，该法案从正式在州立法院提出到州长签字生效，仅仅用了5周时间，堪称神速，但其幕后准备过程却充满传奇和戏剧色彩。因为美国医学会的标志是蛇，所以当时美国媒体将争取中医合法化的过程称为“中医龙和西医蛇”的“龙蛇大战”，而且是“美国医学史上最奇特的、一面倒的权力之争”。令人难以相信的是，内华达公众和立法人一面倒支持的是当时在西方几乎无人知晓的中医。35年过去了，美国第一个中医法产生的细节已鲜为人知，但当时的立法经验对今天少数族裔和团体在美国争取合法权益仍有重要启示，现根据历史资料介绍如下：

中医西进的新时代

1973年4月23日，《时代》杂志发表了《针灸在内华达》一文，介绍了内华达州州长刚刚签署生效的中医法。文章说，一个星期前，内华达州通过了美国第一个法案，承认中国医学为“专业职业”（learned profession），州立法委员会几乎全票通过将针灸、中草药及其它中医疗法合法化。此法案来自州参议院448号提案，经由参众两院通过，法案要求成立独立的州中医管理委员会，允许没有医生执照的专业人士申请针灸、中草药和中医执照，合法行医。这种用法律方式保护中医行医的权力和民众选择中医的自由，在美国历史上还是第一次。

人们一定奇怪，为什么美国第一个中医法没有出现在纽约或加州这样的“中医重镇”？什么原因使内华达这个以拉斯韦加斯赌城知名的美国“小州”走在其它州的前面？由于当时人们还处于冷战思维，35年前的中美关系与今天不可同日而语。美国人向来都认为他们掌握世界上最先进的医疗科学技术，美国媒体和公众对新中国的宣传和报导常持怀疑态度，对中国的社会制度也不欣赏，只是对中国的几千年文明充满好奇。尽管当时美国已经出现了针灸热，但到中国大陆去旅游和访问还是很困难的事。公众得到的中国针灸信息多数来自媒体报导，而且当时几乎没有中国大陆的针灸师能来美国行医或从事研究。美国人能见到的针灸医生大多来自台湾、香港、日本、南韩、东南亚地区及少数早期移民海外的大陆人士。

其实，内华达州接受中医实属偶然，正如《时代》杂志报导指出：“让立法人接受中医的并不是因为尼克松缓解了中美关系，也不是受了毛泽东思想的感染，而是因为一个经特殊批准设在卡森市州议会大楼的对面的免费中医诊所。”

关于卡森市免费中医诊所的故事，美国多家报纸、杂志及专业期刊都先后发表过介绍文章，几乎所有文章都一致认为，这个诊所对美国第一个中医法的产生起到了关键作用。其中，福克斯（Charles Fox）先生于1974年3月发表于《花花公子》杂志的长篇文章，对推动中医立法的关键人物和幕后故事做了详细介绍。《花花公子》是世界知名的男性娱乐杂志，以刊登众多sexy女人照片著称，但英文sexy有两个含义，一是性感的和色情的，另外是有趣的和吸引人的。可能是有关针灸的故事符合英文sexy的第二个含义吧，所以得到了编辑的青睐。福克斯介绍针灸立法的文章虽然没有任何色情内容，但故事却引人入胜，压题的“龙蛇大战图”更令人过目难忘。作者对这一历史事件的背景作了详细的采访，提供了真实的历史资料。美中不足的是，文章在采访华人医师，描述医生语言等方面，有明显种族偏见的历史痕迹，这些在今天的美国社会已经不被接受了。

针灸对美国是好东西

事情还要从一位地产大亨说起，此人叫斯坦勃（Arthur Steinberg），是一位65岁半退休的纽约律师，他曾来往于纽约和拉斯韦加斯之间做房地产生意20余年，赚了很多钱，后来还买下了拉斯韦加斯最大赌场的地产，并将全家搬迁到拉斯韦加斯定居。斯坦勃的夫人毕阿（Bia），是一位高雅而传统的华人，患有偏头痛的毛病很多年，看过许多医生，也没有找到有效疗法，西医解释说是由于她精神太紧张所致。

1972年夏季，斯坦勃携夫人到亚洲旅行，在香港停留期间拜访了香港著名的的针灸大师陆易公（Lok Yee Kung）教授。经陆教授中医诊断和针灸治疗，毕阿的偏头痛明显好转。同时，斯坦勃在诊所里亲眼目睹了很多经针灸治疗取得神奇疗效的病例，令其难忘。而这些在他看来神奇的疗效，对陆医生来讲却十分普通。斯坦勃当即认定，针灸对美国一定是个好东西，于是，就拍了150分钟针灸治疗纪实电影片，于1972年8月带回内华达。尽管斯坦勃的太太警告过他不要以为美国医生会对针灸有兴趣，他还是很自然地想应该让当地西医医生们先看一看他的针灸纪录片，以引起医学界兴趣，但他的希望很快就落空了。他邀请了很多医生来看他在香港拍的针灸电影片，但他们多对此不屑一顾，越是大牌的医生，越难请到。最后，终于有人好心地告诉他，不要浪费时间了。斯坦勃当时感到对美国医学界的失望和担心，但他懂得一个真理，只要组织起来，人民力量将大于一切。

另一方面，失望和担心使斯坦勃下定决心要将“针灸这个好东西”合法地引进美国。因为美国的行医执照归各州管理，所以只能各个击破。他选定从内华达州开始实现他的目标，因为内华达州比较小，当时人口只有不到50万，在美国50个州中，按面积排名第七，按人口排名第卅五（2007年）。所谓麻雀虽小，五脏俱全。内华达州不仅立法程序严谨，而且选民少又比较好沟通，州参众两院的立法委员也很接近选民。但斯坦勃知道他面临的是一条极为艰难的道路，障碍重重，自从1971年美国出现的大众针灸热以来，美国医学会一直在努力要求各州由执照医生来控制针灸的使用，将很多针灸独立发展的计划杀死在摇篮之中。

斯坦勃经初步调查后发现，当时针灸在美国的情况比他想象的还糟，堪萨斯等州已将针灸列为非法。尽管有数百名患者请愿，纽约州还是强行关闭了新开的曼哈坦针灸诊所，此事还成了轰动全美国的新闻。在医学会的压力下，纽约州行医管理委员会曾做出决定：“目前，针灸还不能被理解并被采纳使用，只有具有西医执照的医生在科研的情况下才可以针灸。”纽约的邻州，康乃狄克州和新泽西州随即表示同意纽约的规定，而中医针灸的重地--加利福尼亚州也通过了类似的法律，导致很多针灸师因无照行医罪被捕。明尼苏达、密西根、佛罗里达、得克萨斯和印第安纳等州明确地规定只有执照医师才可以针灸。很明显，美国医学会已经控制了局面，大势所趋，斯坦勃没有理由期望内华达州的医学界能做出什么不同举动。

大律师身手不凡

面对复杂的情况，斯坦勃先生意识到必需赶快采取行动，因为当时离1973年1月内华达州每两年一次的立法会还有不到4个月的时间。律师出身的他采取的第一项行动是雇用了该州最好的政治游说公司——五月广告公司。为了做些铺垫宣传工作，五月广告首先将斯坦勃的150分钟针灸纪录片缩减到30分钟，在州府卡森市等地的电视台播放。斯坦勃也亲自出马，在拉斯韦加斯赌城、有众多富人参加的乡村俱乐部、公共图书馆等公开场合多次发表讲演，向公众介绍中医针灸。为了运作方便，斯坦勃还成立了美国针灸学会（AmericanSociety of Acupuncture, Inc.），自任主席，可能是为了注册或游说方便，“学会”是以公司（Inc）形式注册的，因为公司是可以盈利的，这一点后来还成为反对派攻击斯坦勃的口实，说他的目的是利用针灸盈利。美国针灸学会的名称一直保持到今天，但已经注册为非盈利的学术组织了。直到1972年11月中旬，斯坦勃仍然天真地深信他的中医合法化提案应该得到西医界的支持。他决定请香港的陆易公到美国来给当地的医学界做针灸治疗示范，得到陆教授同意后，五月广告的布朗（Bob Brown）先生向内华达州行医管委会提出申请特别临时行医许可证。委员会投票结果：全票反对。委员会的律师甚至很粗鲁对诉布朗说：“我们不会给你们中国人发执照。”（We are not going to license your Chinaman.）需要说明的是，

Chinaman一词带有贬义色彩，因美国华裔的抗议，目前在美国公开场合已经没有人再敢使用，但30余年前，种族主义的言论还是到处可见的。正是因为受到如此凌辱，斯坦勃律师的团队痛下决心，彻底抛弃幻想，甩开西医界的控制，争取直接将中医合法化提案交给立法机构通过。斯坦勃开始发表电视讲演，告诉公众他遇到的挫折，号召大家支持提案。到1973年1月州议会开立法会时，他已经收集万7千多名支持针灸者的签名。州长和州议员们也都接到了无数支持针灸的信件，他们的电话也都被打爆了。

与此同时，布朗安排公司最好的政治说客乔伊斯（JamesJoyce）负责公关。据乔伊斯回忆，他刚开始到议会去游说，介绍他的中医合法化提案，讲到针灸、中草药、气等等时候，常常引来各种嘲笑，他感到很沮丧。一天，他突发奇想，如果针灸真的是像我讲述的那样神奇，为什么不能向这些立法人当场示范呢？乔伊斯马上找到老朋友、民主党州参议员及健康福利委员会主席沃尔克（Lee Walker）先生，并安排陆医生给沃尔可做了一次私下的针灸示范，说服了沃尔克支持斯坦勃起草的一个“紧急提案”。内容为：推翻州行医管委员会的决定，给予陆医生在内华达州针灸示范两周的许可证，欢迎媒体和立法委员参观。在沃尔克议员的鼎力支持下，紧急提案在参众两院顺利通过，第三天即由州长签字生效。

神奇的中国针灸示范安排在卡森市最大的一间旅馆赌场的二楼会议厅里，距离州立法大楼只有一街之隔。经游说公司和媒体的宣传，针灸示范在当地广为人知，自愿者源源不断，甚至一票难求。在一千多名自愿接受针灸治疗者中，70人入选，后来还有很多人不请自到。陆易公教授从早上8点开始不间断地看病人，一直工作到半夜，每周6天。当时陆教授已经61岁，现场只有妻子陈贞卿做助手，十分辛苦。

反对者马上开始攻击说被选中的病人是被雇用的假病人，疗效也是假造的，但针灸的惊人疗效令这些无稽之谈不攻自破。一位拉斯韦加斯的老太太，股骨头骨折后做过两次手术，已经7个月不能走路了，医生告诉她还需要做第三次手术。当着30多位立法议员，电视、电台和报纸记者的面，只经过一次针灸治疗，老太太不用任何帮助就走了起来。还有一位没有预约的患者专程从芝加哥飞来看病，他患有不能控制的痉挛性摇头症，久治不愈。据他自己讲，过去十年的医疗费账单高达2万3千多美元，这一次，是他最后一次机会了。陆教授刚刚将针扎进几分钟，患者的痉挛就开始缓解。类似这样的病例还有很多。

在乔伊斯看来，真正的突破发生在第二天晚上，民主党参议员追库里（Stanley Drakulich）出乎意外地问陆教授是否能给他治疗一下，因为很多年来他的手臂一直举不过肩。过了一会儿，人们发现一个身上扎满了针的州参议员躺在床上。第二天，追库里在立法委到处给人看他好了很多的手臂，他一共接受了四次针灸治疗，痛苦就消失了，坚冰就这样被攻破了。

新闻记者阿姆斯特朗（Armstrong）从1965年起就患有美尼尔氏症，经针灸治疗后，他将治疗结果发表在报纸的头版以支持中医法案。阿姆斯特朗的内弟，几年前在煤矿爆炸时听力受损，经过12次针灸治疗他就把助听器扔了。还没等两周的针灸示范结束，就已有20多个立法议员接受了针灸治疗，病症从背痛到溃疡各式各样。乔伊斯先生说，他忽然发现自己的位置掉了过来，好多立法议员主动找他帮忙，问能否请陆教授为他们的家人或慷慨的捐款人治病。乔伊斯说：“我到卡森市来本意是做公关游说人的，结果后来却变成了一个慈善牧师。”

一面倒的胜利

正当陆教授在立法院对面用针灸创造一个个“奇迹”时，州参议员会议已经通过了中医合法化提案。当街道对面的针灸示范尚未结束，参议员们就以20比0的票数完成了他们的工作。按照法律程序，下一步骤需要州众议会通过。提案由州众议院健康福利委员会主席，来自拉斯韦加斯的黑人民主党众议员贝内特（the Reverend Marion Ben-nett）提出。贝内特自己也接受了针灸治疗。他说：“议长先生，我们将要讨论的这个提案十分特殊。支持本提案的证人们以亲身经历说明这个疗法的作用：这是患者的希望，穷人的梦想，我强

烈要求通过。”

果然，提案以34比2顺利通过。两名反对者之一就是那位医生众议员。据当时的《时代》杂志报导，法案讨论前，在内华达州近60位立法委员中，有一半人接受过陆医生的针灸治疗，还有更多的人因为看了针灸示范而转变了看法。众议员史密斯（Rober Hal Smith）说，经针刺前额和鼻子两侧，困扰了他20多年的鼻窦堵塞消失了，而他夫人也同样很感激，因为议员晚上不打鼾了。另一个议员说他从儿童时代就有的膝关节疼痛，经针灸治已经好了。第三位议员讲他腿部的一些毛病，经治疗有一些暂时的缓解。很多选民甚至恳求议会代表为他们在诊所预约一个针灸治疗的机会。

最后一关是州长的签字。在等待期间，美国医学会宣布内华达州的立法议员完全忽略了他们的意见，沙迪会长找到州长要求施行否决，但得到的答复是：没有理由，太晚了。内华达州中医管理委员会委员及秘书爱德华（William Edwards）医生，1974年6月在《西部医学杂志》撰文详细介绍内华达州中医法的立法提案和执行过程，提供权威的史料。还需要说明的是，内华达州很小，需要的中医师不多。该州2008年公布的执照东方医师和针灸师也不过40余名。

斯坦勃 美国中医立法第一人

加州于1975年7月通过了针灸职业合法化提案，规定7名中医管委会委员中要有5名是中医，西医不能超过2人。纽约的第一个针灸法案也在1975年8月9日通过，于1976年4月1日发出第一批针灸师执照。纽约主管医师执照的执行秘书，默纳汉（Thomas Monahan）先生曾参加过针灸法的起草，据他介绍：“当时在纽约立法史上当时还是第一次把医学分割出一块，将针灸单独立法来管理，但后来实践证明这样也不错。”随着各州相关法律的不断完善，中医针灸师独立行医的权利就这样在美国逐渐得到了法律保障，一直发展到现在，形成中医针灸师在大多数州都可以独立行医的局面。内华达州于1973年通过的中医法案有三个特点：首先这是全美国第一个中医法，史无先例；另外，合法化的内容是中医，包括针灸和中药，而不仅仅是针灸而已；最后，法案承认中医的独立地位，没将中医设置于西医控制之下。数年后，新墨西哥州的法学教授斯瓦兹（RobertSchwartz）在一篇文章中评论内华达州中医法的影响时说，这实际上是“对医生控制权力的挑战”。后来的实践证明，各方面对此法案都很满意，内华达州还将中医法案于1975年进一步修改，要求保险公司支付针灸治疗费用，并将法案中医的定义进一步扩大为东方医学，以覆盖类似的传统医学。

内华达州的中医法案给当时为法律问题困惑的美国中医界带来了希望，充分显示了民意的力量，为后来美国各州相继诞生的中医和针灸法树立了良好的典范。因为陆易公医生对内华达州中医立法的卓越贡献，后来被称为内华达“东方医学之父”。而对于斯坦勃律师的贡献，后来人则较少有人留意。但重读过这段历史的人都会同意，斯坦勃应不愧为美国中医立法的第一人。

美国立法接受中医的另一个影响是对中国传统文化的肯定，用法律形式承认中医是专业职业，充分说明不分文化背景、种族及肤色，只要有价值的东西，就会被接受和传播。西方民主社会的开放理念、实用观点及对其他文化的尊重也体现在中医立法之中。内华达州中医立法作为一个法律案例，对今天很多争取权益的法案仍有警示和启迪作用。

来源：《小康》杂志2009年1期

古代中国东汉末年大瘟疫（节选）

古代中国历史上曾出现过三次特大规模的瘟疫，东汉末年公元204年至219年，公元12-13世纪以及17世纪中叶的大瘟疫。后两次大瘟疫，都曾造成了上百万人死亡。特别是在1232年的大瘟疫中，在50天的时间中，开封城竟出现了“诸门出死者九十馀万人，贫不能葬者不在是数”的惊人死亡率。

古代中国在对抗瘟疫方面有着更为科学的举措。明代吴有性名著《瘟疫论》道：“温疫之为病，非风、非寒、非暑、非湿，乃天地间别有一种异气所感”，这便是“疠气”。古代中国对瘟疫预防和控制措施包括：顺应节气、施以巫术、注意公共卫生、医生巡诊及无偿施药、处理尸体、病人隔离等。

千里无鸡鸣：东汉末年大瘟疫

公元204年至219年，中国长江以北，流行性出血热（疑似），死亡约2000多万。这场大瘟疫带来清谈和玄学的兴起，宗教开始极度盛行。此外，对三国格局的形成发生了相当影响。

公元3世纪初，古都洛阳的郊外，举目四望，到处是一片荒凉的景象。曹操在路过这里时，写下《蒿里行》“铠甲生虮虱，万姓以死亡。白骨露于野，千里无鸡鸣。生民百遗一，念之断人肠”。

东汉末年的这次大瘟疫，当时人通称其为“伤寒”。有关史料记载，这种疾病的主要症状为：由动物（马牛羊等）作为病毒宿主传播，具有强烈的传染性；发病急猛，死亡率很高；患者往往会高热致喘，气绝而死；有些患者又血斑瘀块。

根据记载，瘟疫爆发前的汉桓帝永寿三年（公元157年）时，全国人口为5650万，八十年后的晋武帝太康元年（公元280）时，全国人口仅存1600馀万，竟然锐减达四分之三。而在瘟疫最剧烈的中原地区，到三国末年，其人口仅及汉代的十分之一。在瘟疫最剧烈的中原地区，到三国末年，其人口仅及汉代的十分之一。

玄学兴起 政治格局形成

这次规模空前的瘟疫给人们心理投下了阴影，两汉时代以经学政治伦理为主题的社会主题，迅速转向了魏晋时代关注存在意义和生命真伪，这又进一步导致清谈和玄学的兴起。社会学家认为，由自然灾害造成的社会灾难必然会对民众信仰与社会心理带来深刻变化。东汉末年，由于“伤寒”疾疫的流行，一些方士便以符水方术为人治病，使道教迅速在民间传播。贵族信奉佛教已成为比较盛行的潮流。

值得一提的是，持续多年的大瘟疫还对三国格局的形成发生了相当影响。最典型的一个例子当属著名的赤壁之战。《三国志》记载：刘备与曹操“战于赤壁，大破之，焚其舟船。先主与吴军水陆并进，追到南郡。时又疾疫，北军多死，曹公引归”。即使曹操兵败北撤后，也曾感慨：“自顷以来，军数征行，或遇疫气，吏士死亡不归，家室怨旷，百姓流离”。综观整个三国时期，类似的事例并不在少数。看来，如果没有瘟疫的影响，三国时期的历史将会是另一种局面。

中国古代医学的完善

中国古代医学可谓渊源流长，而它正是在不断与疾病抗争的过程中发展的。特别是在汉代，众多典籍中对瘟疫的记载都很详细，其中关于天花、鼠疫、百日咳、麻疹等传染病的描述都是世界上最早的。当瘟疫流行期间，一些医学家纷纷行动起来，通过不断的探索，总结出了一些有效的防治方法，这些方法都成为了医学史上宝贵的财富。其中最著名的，当推东汉末年著名医学家张仲景，他在总结治疗疫病经验的基础上，写成了千年名着《伤寒论》，这也是对两汉时期流行瘟疫的治疗方法的一部总结性著作。

来源：http：//blog.eastmoney.com

2009-05-06

2、医篇

关于编报基层医疗卫生服务体系2009年建设项目中央专项资金投资计划的通知

各省、自治区、直辖市、计划单列市、新疆生产建设兵团、黑龙江省农垦总局发展改革委、卫生厅局、中医局：

为推动医药卫生体制改革，改善基层医疗卫生服务条件，中央将安排资金加强农村医疗卫生服务体系和城市社区卫生机构建设。现将有关事项通知如下：

一、项目建设目标

通过中央和地方的共同努力，到2011年，基本建成比较完善的基层医疗卫生服务体系，从整体上提高基层医疗卫生服务水平和能力，向群众提供安全、有效、方便、价廉、的基本医疗卫生服务。

二、项目编制原则和要求

项目要基础好、条件成熟。报送的建设项目要具备在国家投资计划下达后可立即开工建设的基本条件。项目前期工作要有良好的工作基础，可行性研究报告已经完成，土地、环保、交通等条件具备，且地方资金落实。项目业务用房建设所需地方配套投资主要由项目所在省、市政府负责落实。所有建设项目的投资不得留有缺口。

（一）统筹兼顾，突出重点。各地要在充分考虑辖区内人口、经济、环境等因素的基础上，依据区域卫生规划，统筹平衡区域内各类卫生资源，研究提出本次建设的具体建设项目。报送的建设项目要突出重点，根据国家分配的投资额度和建设项目个数，以及项目具体情况，统筹安排，不搞平均分配。建设资金要重点向区域内贫困地区、革命老区、民族地区和边远地区倾斜。

（二）严格标准，控制规模。各地要参照相关的建设标准确定的建设规模，在充分利用现有基础设施条件的基础上，以改、扩建为主，严格控制建设规模。

（三）项目要落实用地和资金用向。项目建设需要征地的，其建设用地按国家相关规定由当地政府负责解决；中央资金要专款专用，只用于土建，形成新的建设工程量，不得用于土地房屋购置、征地等费用，也不得顶替原定资金投入，或偿还过去拖欠工程款。本次建设一律不得负债建设。

三、项目遴选范围和原则

（一）县级医院建设

1、建设项目单位必须是政府举办的县（市）级医院（中医医院），农业人口达到50%以上的区级医院也可以列入支持范围。优先安排辖区服务人口数量大，业务用房面积短缺，危房比例高，设施陈旧，设计流程不合理，条件差的机构。已达到或基本达到建设标准的医疗机构，不再列入本次建设规划。

2、一个县级行政单位只能报送一所县级医院，建设项目可以是县（人民）医院，也可以是县中医医院（含民族医院）。各省的中医县级医院的建设比例要达到一定比例。具体项目由各地结合本地实际情况确定。已列入汶川地震灾后重建规划的县不再列入本次建设范围。

3、要严格控制县级医院的建设规模。县级医院床位规模按照服务人口、服务需求和县域内现有医疗资源确定。床位使用率低的医院不再新增建设床位。

原则上10万人以下、10-30万人、30-50万人、50-80万人县医院床位数分别不超过100张、200张、300张、400张，80万人及以上可设置500张。

县中医医院（含民族医医院）的床位原则上按每千人口0.22-0.27 床规划建设。

人口较少、使用率低或医疗资源丰富的县级医院床位规模要低于上述标准。

4、本次建设要在满足应急救治（重症监护、手术等）、辅助设施（污水处理、垃圾处理等）业务用房建设的基础上，再规划住院、门诊和医技等其他业务用房的建设。

5、建设项目要落实相应配套建设资金、设备配置、用地及环保等条件。具体建设单位和上述配套建设条件等，上报项目时要由县级政府盖章确认。本次建设一律不得由建设单位负债和贷款，有能力的县级医院可以适当安排项目建设配套资金。

6、县医院的床均建筑面积标准参照下表测算

县医院建筑面积指标（m²/床）

床位规模(床) 100 200 300 400 500 500以上

床均建筑平米指标 75 80 83 86

具体建设规模及用房比例按照《县医院建设指导意见》和《中医医院建设标准》执行。

（二）中心乡镇卫生院建设

1、项目单位必须为政府举办的中心乡镇卫生院，原则上50万人以上的县按3所、10-50万人按2所、10万人以下按1所中心乡镇卫生院规划建设。项目建设要选择人口集中、稠密的大型中心乡镇卫生院，建设2所以上的要搞好布局，以形成一定范围的医疗卫生中心。县城周边的乡镇不再规划建设项目。具体建设单位由县政府组织发改、卫生等部门研究商定。

2、中心乡镇卫生院建设重点是污水处理、垃圾处理、配电、环境等辅助设施。上述辅助设施已经符合标准的可以进行门诊、病房等其他业务用房建设。

3、本次建设以改扩建为主，具体建设标准根据《乡镇卫生院建设标准》执行。

（三）社区卫生服务中心建设

1、建设项目必须为政府举办的社区卫生服务中心。优先安排无业务用房，以及辖区服务人口多，业务用房条件差的机构；对转型或改制设立的机构重点支持。

2、严格按照每个街道办事处只规划支持1所社区卫生服务中心进行建设。非城市行政区划街道的社区卫生服务机构不在本次规划建设范围之内。

3、建设项目根据服务人口确定建设规模，按人口规模分为三档，具体为1400m²/3-5万人、1700m²/5-7万人、2000m²/7-10万人。可根据实际需要设置床位，其建设规模在上述标准基础上每床增加建筑面积不超过25m²，具体建设标准根据《社区卫生服务机构建设指导意见》执行。本次中央投资只用于业务用房建设和改造，形成新的工程量，不得用于土地、房屋的购置，以及交纳租金等费用。

四、项目编报的有关要求

1、建设项目编报内容主要包括：项目名称、建设内容、建设规模、建设总投资、地方投资来源及数额、建设周期、实施的年度安排、项目建设条件落实情况、项目选择的依据等。请按照本通知附表的要求逐项填写。

2、编报建设项目投资计划，要实事求是地提供项目可行性研究报告、编制床位批复、地方投资落实承诺等相关文件，申报文件的附表请严格按附件提供的样式格式制作。

请各地按上述要求抓紧开展工作，于1月23日前将申报文件、附表等书面材料连同电子文档项目报送国家发展改革委、卫生部、国家中医药管理局，并使用“中央投资项目编报系统软件”（软件及使用说明请从http：//tzs.ndrc.gov.cn/xmrjxz/下载）填报2009年建设项目。衔接方案的具体时间另行通知。

附件：（此略）

1、2009年县级医院基础设施建设项目建议方案表

2、2009年中心乡镇卫生院基础设施建设项目建议方案表

3、2009年社区卫生服务中心基础设施建设项目建议方案表

国家发展改革委社会发展司

卫生部规划财务司

国家中医药管理局办公室

二OO九年一月十六日

卫生部发布《医疗机构设置规划指导原则（2009版）》（征求意见稿）

医疗机构设置须遵循中西医并重原则

2009年8月26日卫生部发布《医疗机构设置规划指导原则(2009版)》(征求意见初稿)，规定各级地方卫生行政部门要制定当地《医疗机构设置规划》，重新合理配置、调整各级各类医疗机构，充分利用有限的医疗卫生资源，更好地为居民提供符合成本效益的医疗、预防、保健和康复等医疗卫生服务。遵循中西医并重被列为医疗机构设置基本指导原则之一。

指导原则指出，医疗卫生服务必须坚持公平、公正原则，从当地供需实际出发，向全体居民提供高质量的基本医疗服务；充分发挥医疗服务体系的整体功能和效益，避免无序甚至恶性竞争；医疗机构服务半径要易于群众就医；建立完善分级医疗、双向转诊的医疗服务体系；坚持非营利性医疗机构为主体，形成投资主体多元化、投资方式多样化的办医体制；遵循中西医并重的原则，保证中医、中西医结合、民族医医疗机构的合理布局及资源配置。

根据指导原则，医疗服务体系中各级各类医疗机构的设置应当层次清楚、结构合理、功能到位，以利于发挥整体功能。在农村建立以县级医院为龙头、乡镇卫生院为骨干、村卫生室为基础的服务网络；在城市建立以社区卫生服务机构、大型综合医院（区域医疗中心）和专科医院为基础，门诊部、诊所等为补充的新型城市医疗卫生服务体系，大力发展中间性医疗服务和设施（包括医院内康复医学科、社区康复、家庭病床、护理院、护理站、老年病和慢性病医疗机构等），充分发挥基层医疗机构的作用，合理分流病人，以促进急性病院（或院内急性病部）的发展；建立健全急救医疗业务体系，急救医疗业务体系应由急救中心、急救站和医院急诊科（室）组成，合理布局，缩短业务半径，形成急救业务网络；建立中医、中西医结合、民族医医疗机构业务体系，大力发挥中医药在疾病预防控制、应对突发公共卫生事件、医疗服务中的作用，加强中医临床研究基地和中医院建设，扶持中医药发展，促进中医药继承和创新。

医疗机构的调整要以提高医疗服务工作效率和医疗系统整体功能为主要手段，满足增长的医疗服务需求。医疗资源利用率低的医疗机构要适当缩小规模，或与其他医疗机构进行重组和调整；医疗机构要扩大规模，应当考虑床位利用率、平均住院日等情况。同时，根据医疗服务需求、资源利用、疾病谱及疑难危重并发病情况，合理配置护士、医疗技术和设备。

指导原则还明确，医疗机构设置规划的制订要在各级政府领导下，由卫生行政部门（含中医（药）管理部门）具体负责组织进行。

来源：中国中医药报

中医医院评价标准拟定

日前，国家中医药管理局医政司在北京召开《中医医院评价标准》起草小组会议。会上完成了《中医医院评价标准》初稿，并将广泛征求意见，以进一步修改完善。

据悉，制定《中医医院评价标准》，旨在科学、客观、准确地评价中医医院的服务能力和管理水平，指导中医医院充分发挥中医药特色优势，加强内涵建设，持续改进医疗质量，保障医疗安全，改善医疗服务，控制医疗费用，为人民群众提供安全、有效、方便、价廉的中医药服务。《中医医院评价标准》是中医医院加强管理和内涵建设以及中医药管理部门对中医医院进行指导、评价、检查和监督的重要依据。

会上，该司会同起草小组成员对中医医院评价标准的定位、特点、基本框架、如何体现中医特色和时间安排进行了研究。会议强调，《中医医院

评价标准》的基本框架原则上与卫生部组织制定的《医院评价标准》保持一致，在此基础上充分体现中医医院管理的特点和中医药的特色，要将近几年国家中医药管理局关于加强中医医院特色优势建设的相关文件要求纳入其中；要通过《中医医院评价标准》的制定，引导中医医院坚持中医为主的办院方向；要保持政策措施的延续性，充分参考既往中医医院评价、中医医院管理评价和中医医院中医药特色评价及中医医院管理年活动的相关规定和要求。

来源：中国中医药报2009年8月25日

国家中医药管理局将推进重点学科建设

国家中医药管理局8月17日召开中医药重点学科建设和人才培养工作座谈会，就《国家中医药管理局关于加强中医药重点学科建设的指导意见》（以下简称《指导意见》）和《国家中医药管理局中医药重点学科建设与管理办法》（以下简称《管理办法》）、《国家中医药管理局中医药重点学科建设专家委员会中医药学科建设规划指导目录（暂行）》等相关文件内容征求专家意见，上述文件将在近期出台。会议由国家中医药管理局人事教育司司长姜在旸主持，国家中医药管理局副局长于文明出席会议。

于文明指出，中医药重点学科建设是贯彻落实《国务院关于扶持和促进中医药事业发展的若干意见》、《中医药事业发展“十一五”规划》的重要举措，是突出中医药特色优势、推动科技进步、促进学术发展、提高中医药服务能力的基础；是整个中医药学科的龙头，体现中医药继承创新发展水平；是培养高素质创新人才和名医的摇篮；是产出高水平科研成果的基地。

人事教育司副司长洪净介绍了新一轮中医药重点学科建设的思路并在讲话中指出，现有的中医药重点学科在整体结构上尚未完善，学科之间的界限、层次和内涵还不够清晰，在设置原则、管理体制的层次和部分管理单位的职责上过于笼统，因此对2000年发布的《国家中医药管理局局级重点学科管理办法》在整体结构、管理层次及职责职能方面进行了修订，并研究制定关于加强中医药重点学科建设的指导意见。2000年印发的《国家中医药管理局局级重点学科管理办法》改为《国家中医药管理局中医药重点学科建设与管理办法》，后者颁布后前者将同时废止。

《指导意见》将以科学发展观为指导，根据我国中医药事业发展需求，遵循学科建设与发展自身规律，为增强中医药行业竞争力，提高中医药服务能力，择优建设一批具有中医药特色和优势，在医学科学和生命科学领域居领先地位的中医药重点学科，整体推进中医药事业的发展。其提出的战略目标是以发展中医药基本理论为基础，以提高临床疗效为核心，以推动中医药学术发展和继承创新为根本，丰富中医药的科学内涵，完善学科结构和体系，提高中医药的学术水平，培养造就一批高水平、具有创新能力的学科带头人。在国家科技创新体系中，产生一批具有原始创新性的科研成果，增强中医药的社会综合服务能力。中医药重点学科建设的模式为“政府规划，专家指导，单位建设，团队实施”。其建设任务与目标要求是完善中医药学科体系、突出特色优势，提高中医药继承、创新和发展水平，增强中医药学科竞争力和中医药服务能力，形成优秀的中医药人才团队。

《管理办法》新增“中医药重点学科设置坚持四个并重，即基础与临床并重、中医与中药并重、医学与人文并重、继承与发扬并重的原则”，提出了“中医药重点学科实行国家中医药管理局、省级中医药管理部门、学科建设单位三级管理机制”，明确了省级中医药管理部门在重点学科建设中的基本职责。由于国家财政拨款渠道等问题，删除了资金滚动投入的有关条款。将“国家中医药管理局组织有关专家”改为“国家中医药管理局中医药重点学科建设专家委员会组织有关专家”。

据悉，新一轮国家中医药管理局中医药重点学科建设工作即将启动。

来源：中国中医药报

《互联网医疗保健信息服务管理办法》发布 7月1日起禁止网上诊治活动

卫生部日前发布《互联网医疗保健信息服务管理办法》，规定从7月1日起不得从事网上诊断和治疗活动，非法提供网上医疗信息将罚款万元以上。

《办法》规定，今后从事互联网医疗保健信息服务的主办单位必须是依法设立的医疗卫生机构、从事预防保健服务的企事业单位或者其他社会组织，网站或者频道有两名以上熟悉医疗卫生管理法律、法规和医疗卫生专业知识的技术人员。

《办法》规定，提供医疗保健信息服务的网站不得从事网上诊断和治疗活动。开展性科学研究的医疗保健网站，只能向从事相关临床和科研工作的专业人员开放。开展性知识宣传，必须提供信息内容的来源，并在明显位置标明。从事互联网医疗卫生信息服务网站的中文名称，除与主办单位名称相同的以外，不得以“中国”、“中华”、“全国”等冠名。

《办法》规定，各地卫生行政部门、中医药管理部门负责对申请提供互联网医疗保健信息服务的材料进行审核。提供互联网医疗保健信息服务的单位，应当在其网站主页底部的显著位置标明卫生行政部门、中医药管理部门《互联网医疗保健信息服务审核同意书》或者《互联网医疗保健信息服务复核同意书》的编号。卫生行政部门、中医药管理部门设立投诉举报电话和电子信箱，接受上网用户对互联网医疗保健信息服务的投诉举报。非法从事互联网保健信息服务的，最高可罚3万元；构成犯罪的，移交司法部门追究刑事责任。

2001年1月卫生部发布的《卫生部关于印发〈互联网医疗卫生信息服务办法〉的通知》同时废止。

来源：中国中医药报

湘西土家医药苗医药保护条例实施

2009年7月1日，《湘西土家族苗族自治州土家医药苗医药保护条例》正式实施，该条例的实施将为保护、管理和发展该州民族医药提供法律保障。

《条例》规定，对没有取得执业医师或者助理医师资格的，确有独特诊疗技术的土家医药苗医药从业人员，只要符合要求和规定并办理相关手续，可注册取得执业证书，在当地村卫生室从事其认定专长的诊疗服务。

《条例》要求，州内各级政府应采取措施，保护土家医药苗医药野生药材物种资料和基因资源以及与土家医药苗医药相关的经卷、文献、手稿、手抄本等；州、县市人民政府应统筹安排土家医药苗医药保护专项资金，同时重视对土家医药苗医药研究人才的培养，建立和完善土家医药苗医药从业人员继续教育制度。有条件的高等院校、职业学校可开设土家医药苗医药专业课程，加大土家医药苗医药人才培养力度。

据介绍，近年来，民族医药从业人员剧减，目前该州民族医药从业人员仅500人，且60岁以上的从业人员占总数的47.1%。从业人员年龄结构老化，已严重威胁到民族医药的传承和发展。

来源：中国中医药报

三部委印发《关于促进基本公共卫生服务逐步均等化的意见》

公卫项目要应用中医药预防保健技术

卫生部、财政部、国家人口计划生育委员会7月14日联合印发了医改配套文件《关于促进基本公共卫生服务逐步均等化的意见》，强调在研究制订和推广基本公共卫生服务项目规范中，要积极应用中医药预防保健技术和方法，充分发挥中医药在公共卫生服务中的作用。整合现有重大公共卫生服务项目，统筹考虑，突出重点，中西医并重。

《意见》指出，促进基本公共卫生服务逐步均等化的工作目标是：到2011年，国家基本公共卫生服务项目得到普及，城乡和地区间公共卫生服务差距明显缩小。到2020年，基本公共卫生服务逐步均等化的机制基本完善，重大疾病和主要健康危险因素得到有效控制，城乡居民健康水平得到进一步提高。

《意见》明确了基本公共卫生服务均等化的主要任务：一是制定并实施国家基本公共卫生服务项目，二是实施国家重大公共卫生服务项目。

国家基本公共卫生服务项目主要通过城市社区卫生服务中心（站）、乡镇卫生院、村卫生室等城乡基层医疗卫生机构免费为全体居民提供。《意见》特别提到，在研究制订和推广基本公共卫生服务项目规范中，要积极应用中医药预防保健技术和方法，充分发挥中医药在公共卫生服务中的作用。完善重大公共卫生服务项目管理制度。整合现有重大公共卫生服务项目，统筹考虑，突出重点，中西医并重。

国家重大公共卫生服务项目由国家和各地区针对主要传染病、慢性病、地方病、职业病等重大疾病和严重威胁妇女、儿童等重点人群的健康问题以及突发公共卫生事件预防和处置需要制定和实施，并适时充实调整。从2009年开始，新增了15岁以下人群补种乙肝疫苗、农村妇女孕前和孕早期增补叶酸预防神经管缺陷、农村妇女乳腺癌、宫颈癌检查等项目。主要通过专业公共卫生机构组织实施。

《意见》要求各级政府要完善政府对公共卫生的投入机制，逐步增加公共卫生投入。基本公共卫生服务按项目为城乡居民免费提供，经费标准按单位服务综合成本核定，所需经费由政府预算安排。2009年人均基本公共卫生服务经费标准不低于15元，2011年不低于20元。专业公共卫生机构人员经费、发展建设经费、公用经费和业务经费由政府预算全额安排。

链接　国家基本公共卫生服务项目共9项：建立居民健康档案、健康教育、预防接种、传染病防治、儿童保健、孕产妇保健、老年人保健、慢性病管理、重性精神疾病管理。

来源：中国中医药报

中华人民共和国卫生部医管司关于征求《医院投诉管理办法》（征求意见稿）修改意见的函

卫医管医疗便函〔2009〕101号

各省、自治区、直辖市卫生厅局医管处（医政处），新疆生产建设兵团卫生局医政处：

为规范医疗机构投诉管理，预防、减少医疗纠纷的发生，提高医疗服务质量和医疗机构管理水平，构建和谐医患关系，我司组织制订了《医院投诉管理办法》（征求意见稿），现印送你们，请组织有关机构和人员认真研究，提出修改意见。于2009年8月14日前反馈我司医疗处。

联系人：卫生部医管司　李刚

传　真：68792790 电子邮箱：mohygs@163.com

附件：医院投诉管理办法（征求意见稿）

二〇〇九年八月四日

医院投诉管理办法（征求意见稿）

第一章　总　则

第一条　为加强医院投诉管理，规范投诉处理程序，维护正常医疗秩序，保护医患双方合法权益，根据《医疗机构管理条例》、《医疗事故处理条例》、《信访工作条例》、《卫生信访工作办法》等法规，制定本办法。

第二条　本办法所称投诉是指患者及其家属等有关人员（以下统称投诉人）对医院及其工作人员所提供的医疗、护理等服务不满意，以来信、来电、来访等各种方式向医院反映问题，提出意见、建议和要求的行为。

第三条　本办法适用于各级各类医院的投诉管理，其他医疗机构参照执行。

第四条　卫生部、国家中医药管理局负责全国医院投诉管理工作的监督指导。

县级以上地方人民政府卫生行政部门（含中医药管理部门）负责本行政区域内医院管理工作的监督指导。

医院应当按规定实行院务公开，主动接受社会和媒体的监督。

第五条　投诉人应当依法文明表达意见和要求，不得干扰正常医疗秩序。

第六条　医院投诉的处理应当贯彻“以病人为中心”的理念，遵循合法、公正、及时、便民的原则，做到投诉有接待、处理有程序、结果有反馈、责任有落实。

第七条　医院应当制定《重大医疗纠纷事件应急处置预案》，并组织开展相关的宣传和培训工作，提高医务人员职业道德水平，增强服务意识、法律意识，提高医患沟通能力，及时、有效化解矛盾纠纷。

第八条　医院应当建立投诉管理责任制度，与医疗质量安全管理相结合，健全投诉管理部门与临床、护理、医技部门的沟通制度，提高医疗质量，保障医疗安全。

第九条　医院应当建立健全医疗安全预警制度，加强紧急情况处置和警告值报告。对于手术室、重症监护室等医疗质量安全重点部门报告的患者紧急状况，应立即采取院内会诊等积极措施，尽力避免或减少不良后果。

第二章　医患沟通

第十条　医院应“以病人为中心”，提高医疗质量，优化服务流程，注重人文关怀，加强医患沟通，把对病人的尊重、理解和关怀体现在医疗服务全过程，努力构建和谐医患关系。

医院主要领导、工作人员，特别是临床一线工作人员应以病人为中心，切实担负起医患沟通、化解矛盾的责任。

第十一条　医院应优化服务流程，简化服务环节，改善就诊环境，方便患者就医，缩短等候时间，为患者提供方便、人性化的就诊环境。

第十二条　医院应当健全医患沟通制度，完善医患沟通内容，加强医患沟通培训。医务人员应当向患者或其家属详细介绍疾病诊断情况、治疗方案、治疗措施、重要检查和治疗措施的目的及可能结果、患者预后、药物不良反应、手术方式、手术并发症及防范措施、医药费用等情况，实行住院费用“每日清”制度，加强对门诊和出院患者的用药指导，听取患者或家属的意见和建议，解答患者或家属的疑问。

医患沟通的重要内容应当及时、准确、完整地记入病历。

第十三条　医务人员应根据病人病情、复杂程度和预后不同以及患者实际需求，突出重点，采取适当方式进行沟通。

第三章　投诉管理机构与人员

第十四条　医院应设立医患关系办公室或指定部门统一承担医院投诉管理工作（以下统称投诉管理部门）。投诉管理部门履行以下职责：

（一）统一接受投诉；

（二）调查、核实投诉事项，提出处理意见，及时答复投诉人；

（三）组织、协调、指导全院的投诉处理工作；

（四）定期汇总、分析投诉信息，提出加强与改进工作的意见或建议。

第十五条　二级以上医院的投诉管理部门，原则上应配备专职工作人员，其他医院根据实际情况可配置兼职人员。医院应为投诉管理部门及其工作人员提供必要的工作场所和条件，保障工作人员人身安全与工作待遇。

第十六条　医院应由主要领导分管医院投诉管理工作。医院各部门、各科室应当指定一名负责人配合投诉管理部门的投诉处理工作。

第十七条　医院应逐步建立健全相关机制，鼓励和吸纳社会工作者、志愿者等参加医院投诉接待与处理工作。

第四章　投诉接待与处理

第十八条　医院应当建立畅通、便捷的投诉渠道，在医院显著位置公示投诉管理部门及其联系方式。

第十九条　医院应当规范投诉受理与处理程序，由投诉管理部门统一接受投诉。

医院投诉接待实行"首诉负责制"，投诉人向有关部门、科室投诉的，接待人应主动引导投诉人向投诉管理部门投诉；投诉人不愿到投诉管理部门投诉的，接待人应先作好解释疏导工作和投诉记录，并及时将投诉意见转至投诉管理部门，积极配合投诉管理部门做好投诉处理工作；对于能够当场协调处理的投诉，应尽量当场协调解决，并将投诉及处理情况报告投诉管理部门。

第二十条　投诉接待人员应认真听取投诉人意见，核实相关信息，并填写《医院投诉登记表》（见附件）。

匿名投诉按国务院《信访工作条例》等有关法规办理。

第二十一条　投诉接待人员应耐心细致地做好解释工作，稳定投诉人情绪，避免矛盾激化。

第二十二条　医院投诉管理部门接到投诉后，应及时向当事部门、科室及相关人员了解、核实情况，并可采取院内医疗质量安全评估等方式，在查清事实、分清责任的基础上提出处理意见，并以书面形式反馈投诉人。

第二十三条　对于涉及医疗质量安全、可能危及患者健康的投诉，应当立即采取会诊等积极措施，预防和减少患者损害的发生。

对于涉及收费、价格问题的投诉，应当第一时间查明情况。确属收费、计价错误的，应立即纠正。

第二十四条　对于情况较复杂，需调查、核实的投诉事项，一般应于5个工作日内向投诉人反馈相关处理情况或处理意见；涉及多个科室，需组织、协调相关部门共同研究的投诉事项，应于15个工作日内向投诉人反馈处理情况或处理意见。

第二十五条　医院各部门、科室应当积极配合医院投诉管理部门开展投诉事项调查、核实、处理工作。

第二十六条　涉及医疗事故争议的，应当告知投诉人按照《医疗事故处理条例》等法规，通过医疗事故技术鉴定、调解、诉讼等途径解决，并做好解释疏导工作。

第二十七条　投诉人无理取闹，经劝阻无效的，或投诉人捏造事实、诬告陷害他人的，医院应向卫生行政部门报告。对于采取违法行为的投诉人，医院应依法向公安机关报告。

第五章　质量改进与档案管理

第二十八条　医院应当将投诉管理纳入医院质量安全管理体系，逐步建立投诉信息上报系统及处理反馈机制：

（一）投诉管理部门应定期对投诉情况进行归纳分类和分析研究，发现医院管理、医疗质量的薄弱环节，提出改进意见或建议，督促相关部门、科室及时整改。

（二）医院应定期召开投诉分析会议，分析产生投诉的原因，针对突出问题提出改进方案，并加强督促落实。

第二十九条　医院工作人员，特别是临床一线工作人员，对于发现的药品、医疗器械、水、电、气等医疗质量安全保障方面的问题，有责任向投诉管理部门或有关职能部门反映，投诉管理等部门应予解决并反馈。

第三十条　医院应建立健全投诉档案，整理有

关资料，立卷归档，留档备查：

（一）投诉人基本信息；

（二）投诉事项及相关证明材料；

（三）其他与投诉事项有关的材料；

（四）调查、处理及反馈情况。

第三十一条　医院应按《重大医疗过失行为和医疗事故报告制度的规定》（卫医发〔2002〕206号）做好重大医疗过失行为和医疗事故报告的工作。

第三十二条　各级卫生行政部门应逐步建立本地区医疗投诉及纠纷信息系统，收集、分析与反馈相关信息，指导医院改进工作，提高医疗服务质量。

各级卫生行政部门应当鼓励医院主动报告无损害医疗差错行为，逐步建立无损害医疗差错免责报告制度。

第六章　附　则

第三十三条　各省级卫生行政部门可根据本办法，结合本地具体情况制定实施细则。

第三十四条　本办法由卫生部负责解释。

第三十五条　本办法自发布之日起施行。

附件：医院投诉登记表（略）

国家中医药管理局公布预防甲型H1N1流感药方

5月7日，国家中医药管理局印发《甲型H1N1流感中医药预防方案（2009版）》，为公众防疫开出中药处方，包括现在就可以应用的生活起居方、食疗方，以及在疫情发生后，高危人群适用的4个成人药方和1个儿童药方。

国家中医药管理局负责人称，由于疫情可能朝更坏的方向发展，或在今年秋冬季再度袭来，国家中医局目前已经成立了防控甲型H1N1流感工作领导小组和专家委员会。

专家委员会副组长晁恩祥教授介绍，参照国外甲型H1N1流感流行病学及发热、咳嗽、乏力、食欲不振等临床特点，中医认为甲型H1N1流感系感染疫疠之气；其发病急剧，传染性较强，人群普遍易感。我国历代医家，特别是明清以来，对时行疫病的治疗预防积累了一定的经验，效果明显。因此，专家认为对于防治甲型H1N1流感，中医可采取多种方法，能够发挥作用。

不过，晁恩祥也坦言，SARS时期全民喝中药的状况，其实是防疫误区，是由于当时社会对疫情过于恐慌造成的。他提醒说，目前针对甲型H1N1流感疫情开出的预防药方，并非要民众从现在就开始服用，而是针对疫情发生后，可能接触到患者的高危人群。在没有疫情的情况下，健康人没有必要吃药预防，可参考饮食预防、生活起居预防方案，关键是注意个人卫生，养成良好生活起居习惯，提高免疫力。至于从SARS时期就开始盛传“抗病毒”而经常被公众抢购的板蓝根，晁恩祥说，目前对板蓝根能否抗病毒，学界也还没有统一的认识和确凿的科学依据，也许有抗病毒的效果，但肯定不如达菲等针对流感研制的抗病毒西药作用强。中医药治疗流感的优势不是针对病毒，而是针对病毒引发的疾病和症状。

针对目前广泛流传八角茴香炖猪肉可预防甲型H1N1流感之说，东直门医院急诊科主任刘清泉表示，抗病毒特效药达菲中的有效成分草莽酸，是八角茴香经过多道复杂工艺提取的，熬八角茴香熬不出草莽酸，过分多吃八角茴香对人体无益。

二白汤：葱白15g、白萝卜30g、香菜3g。加水适量，煮沸热饮。

姜枣薄荷饮：薄荷3g、生姜3g、大枣3个。生姜切丝，大枣切开去核，与薄荷共装入茶杯内，冲入沸水200-300ml，加盖浸泡5-10分钟趁热饮用。

桑叶菊花水：桑叶3g、菊花3g、芦根10g。沸水浸泡代茶频频饮服。

薄荷梨粥：薄荷3g、带皮鸭梨1个(削皮)、大枣6枚(切开去核)，加水适量，煎汤过滤。用小米或大米50g煮粥，粥熟后加入薄荷梨汤，再煮沸即可食用，平时容易“上火”的人可吃。

■生活起居预防

（一）"虚邪贼风，避之有时"，及时增减衣物，以适寒温

（二）"食饮有节"，饮食要适时、适量、适温，少进刺激之品

（三）"起居有常"，作息要有规律，多动、早睡

（四）"精神内守，病安从来"，保持心态平衡，"恐则气下，惊者气乱"，对流感产生恐惧之心，也可导致气机逆乱，更易招致外感。

■儿童预防

藿香6g、苏叶6g、金银花10g、生山楂10g

煎服方法：每日1服，清水煎。早晚各一次，3-5服为宜。专家解析：具有清热消滞功能，适用人群：儿童易夹食夹滞者。此类儿童容易"上火"，口气酸腐，大便臭秽或干燥。

■药物预防

1、太子参10g、苏叶6g、黄芩10g、牛蒡子10g

煎服方法：每日1服，清水煎。早晚各一次，3-5服为宜。

专家解析：适用于素体虚弱，易于外感的人群。

2、大青叶5g、紫草5g、生甘草5g

煎服方法：每日1服，清水煎。早晚各一次，3-5服为宜。

专家解析：具有解毒清热功能，适用人群：面色偏红，口咽、鼻时有干燥，喜凉，大便略干，小便黄。

3、桑叶10g、白茅根15g、金银花12g

煎服方法：每日1服，清水煎。早晚各一次，3-5服为宜。

专家解析：此方案适用人群包括：面色偏红，口咽、鼻时有干燥，喜凉，大便略干，小便黄。

4、苏叶10g、佩兰10g、陈皮10g

煎服方法：每日1服，清水煎。早晚各一次，3-5服为宜。

专家解析：此方案适用人群：面晦无光，常有腹胀。建议不同人群在执业医师的指导下使用，在流行期间可连服3-5剂。

来源：京华时报

北京向市民发布中医药"预防流感漱饮方"

7月1日，北京市中医管理局向全市公布了首都中医药"预防流感漱饮方"，并要求全市设有中药房的各医疗机构，在门诊设立"预防流感中药处方专台"，及时准备好中药饮片货源，确保满足群众预防用药需求。

为在甲感防控工作中充分发挥中医药作用，北京市中医管理局流感防控专家委员会根据本次甲感的特点及近期暑热高温气候特点，制定了"预防流感漱饮方"。处方由金银花、大青叶、薄荷、生甘草4味常用中药组成，开水浸泡后含漱或代茶饮，使用方法简便，适用人群广泛，每人每天仅需1元钱左右。

又讯　北京市中医管理局依托北京地坛医院、北京佑安医院2家中西医结合传染病防治基地，对甲感患者开展中医药治疗的研究、观察。截止到6月30日，2家传染病医院单纯使用中医药共治疗17例甲感患者，其中8例已经治愈出院，其他患者也已取得了较好的疗效。

据悉，北京市中医管理局目前在北京市科委的支持下，组织北京地坛医院、北京佑安医院和中国中医科学院中药研究所等单位开展的中医药防治甲感临床科研和实验室中药筛选项目已经启动。

来源：中国中医药报

治疗甲型H1N1流感或将有纯中药方案

如果纯中药治疗甲型H1N1流感的效果得到确凿验证，将可大大降低甲型H1N1流感的治疗费用，弥补“达菲”在保存期限和耐药性等方面的不足，为疫情大规模流行做好准备。

北京市已启动两项甲型H1N1流感中药治疗科研项目，其中一项研究中药在治疗甲型H1N1流感中的效果，试图找出究竟哪些中药可以抗病毒，哪些可以提高免疫力，哪些可以替代“达菲”使用；另一项研究将开展中西医治疗甲型H1N1流感的对照试验。北京市中医管理局局长赵静近日向媒体透露了上述信息。赵静说，如果纯中药治疗甲型H1N1流感的效果得到确凿验证，将可大大降低甲型H1N1流感的治疗费用，弥补“达菲”在保存期限和耐药性等方面的不足，为疫情大规模流行做好准备。

截至6月26日，北京地坛医院已应用纯中药治疗8名甲型H1N1流感患者，其中4人已康复出院。据该院院长毛羽介绍，自5月16日北京确诊首名甲型H1N1流感患者起，该院就制订了个体化中西医结合治疗方案，同时摸索纯中医治疗的方案。通过一个月的仔细观察和摸索，该院针对发热或不发热的患者以桑菊饮为主方研制了地坛一号制剂，针对发热症状重的患者以麻杏甘石汤为主方研制了地坛二号制剂，并在确诊患者中选择非高危病人开始进行纯中药治疗。

据悉，有资料显示，“达菲”已经有很多耐药性病例出现。此外，使用“达菲”后，部分患者出现了食欲不佳和大便不畅的问题。赵静说，采用纯中药治疗甲型H1N1流感不仅可以弥补“达菲”的上述缺陷，而且退热效果好，患者上呼吸道感染症状减轻快，退热后病人不易反复。据毛羽介绍，该院用纯中药治疗的甲型H1N1流感患者的住院时间比用“达菲”仅长了一两天，但花费较之“达菲”明显降低。应用纯中药方案对应对疫情，不仅可以降低治疗费用，还可使患者治疗不受“达菲”存储量的影响。

来源：健康报

广东使用中药控制两例甲型流感患者病情

新华网广州6月16日电　记者16日从广东省中医院获悉，这家医院对两名甲型H1N1流感患者坚持中医辨证治疗，不采用任何西药。目前这两位患者体温都已经恢复正常，流感样症状已经完全消失。据了解，这也是中国首批接受纯中医药治疗并取得显著成效的甲型H1N1流感病例。

6月14日，广州市26岁的网络公司负责人徐某被确诊为甲型H1N1流感病例，进入广东省中医院大学城医院隔离病区治疗。入院时这名患者咽痛、发热等症状明显，伴少许咳嗽、精神不振、疲倦乏力。医院专家组根据中医辨证论治，立即为其制订了相应的中医药诊疗方案。据广东省中医院副院长陈达灿介绍，6月15日徐某的体温已恢复正常，目前，徐某以乏力等症状为主，无其他不适，医院采用健脾祛湿的方法继续治疗。15日，徐某的同事、21岁女性陈某也被定为甲型H1N1流感确诊病例，属本土感染的二代病例。陈达灿说，医院专家同样采用中医药方案对陈某进行治疗，14日晚，陈某微汗后体温下降，精神状态明显好转。

纯中医药治甲流疗效与达菲相当

国家中医药管理局组织的国家重大项目“中医药防治甲型H1N1流感的临床研究”课题在广州紧急启动。作为项目启动的重要内容之一，11日至12日，广东省中医院向来自全国22个省的50余家医院170余名医务人员开始进行中医药治疗甲流方案的培训。

在课题启动仪式上，广东省中医院院长吕玉波介绍，该院已经用纯中药治愈了100多例无并发症的甲流患者，纯中医药治疗方案在退热时间、咽拭子转阴时间、住院时间等几个关键方面与“以达菲治疗为主的方案”效果相当，并且在患者自我感觉症状好转、退烧不反复和价格低廉方面有优势。目前为止该院收治的25例重症患者都使用中西医结合治疗，只有一例在家属强烈要求下使用了激素，其中23例都治愈出院了。

值得关注的是，接受培训的三甲西医院所占比例达到30%，接受培训后的三个月，全国50余家医院将在发热门诊搜集甲流病例，在患者知情同意的情况下纳入研究。

来源：广州日报

甲型H1N1的前世今生

病毒密码——1N1病毒片段中有90年前西班牙大流感猪型H1N1的影子

它在显微镜下，像个穿着盔甲的小刺猬，它的核心是一个八片段组成的RNA，一层基质蛋白就像骨架，紧紧包围着内核，外面穿着一身磷脂双分子层膜，层膜上插满刺突，就像一把把小尖刀。500把尖刀是被称为H1的血凝素刺突，还有100把尖刀是被称为N 1的神经氨酸酶刺突，它们控制病毒的致病性和传染性，也控制病毒的亚型。它的直径只有70纳米，1000个它重叠在一起，才能被人看到。但它却令世界感到恐慌。它就是今年新流行的甲型H1N1病毒，科学家称它“看似陌生，却似曾相识”。据媒体报道，墨西哥卫生部长科尔多瓦13日说，甲型H1N1流感病毒极易发生变异，变异后比艾滋病更可怕，而他们已经观察到了病毒变异的迹象。“从4月24日世卫组织确诊新型H1N1以来，病毒确实发生了变异”，香港大学微生物系教授管轶告诉南都记者，但目前观察到的差异还比较小。没有人知道，这种变化将把2009年蔓延全球的新流感带向何方。

病毒似曾相识

新流感病毒分离出来的八个片段，最老的已经90岁了，源于1918年的西班牙猪病毒。

管轶曾被《时代周刊》评为“世界医疗英雄”，他是全球首先分离出冠状病毒的专家之一，他在中国青海等地长期追踪禽鸟病毒，5年时间里采集了10万份禽类病毒样本，对250多个H5N1毒株进行过排序，基本追溯清楚了亚洲候鸟迁徙和病毒传播变异过程，被称为“禽流感猎人”。

“人类的知识对病毒的认知相当有限”，管轶承认，下一次流感大暴发的威胁究竟在何方，我们可能会猜错。管轶说，他在美国田纳西州读博士时，攻读的学位正好是猪流感病毒，当时也绝不会想到，猪流感病毒在若干年后，会成为席卷全球的新流感病毒。

猪是“病毒混合器”的概念，是两位学者在一篇论文中提出的，其中一位是管轶的导师。科学家们认为，由于猪比人更容易传染禽流感病毒，同时猪亦能传染人流感病毒，病毒在猪身体里重组的机会大，所以猪在病毒的进化和传播过程中，可能充当“混合器”的角色。新流感病毒正是在猪身体里长期进化不断变异的结果，其中大部分为北美猪病毒。管轶说，分离出来的八个片段，最年轻的在猪身体里生活了10年，最老的生活了90年。第一个是1998年的北美鸟样病毒，第二个是1997年的人样病毒，还有1978年欧洲鸟类身上发现的病毒，其中最早的是1918年的西班牙猪病毒。

世卫组织曾公布，新流感病毒含有猪流感、人流感、禽流感病毒基因。“虽然有猪的、有人的、有禽的，但说是禽的、人的还是猪的病毒，已经没有意义了，因为最年轻的也在猪身上待了10年”，管铁说，这个病毒里大部分都是美洲猪里面的病毒，但也有美洲病毒、有欧洲病毒、有亚洲病毒。这是一种新型H1N1，它的八个片段被包装成这样广泛传播，还是第一次出现。“看似陌生，却似曾相识”，管铁说，“我们知道每一个片段来自何方，但却不清楚它们在什么时间、地点重组。现在最缺乏的是美洲的调查数据，这种病毒在北美发生重组的可能性大，因为那里最先发现死亡者”。这种重组有可能发生在美国，也有可能发生在墨西哥，不可能说这种病毒来自中国。

入侵人体实例

1991年，广东一个两岁男童身上分离出甲型H1N1病毒，这是1977年俄罗斯病毒后少见的病毒实例。这并不是甲型H1N1第一次入侵人体。原国家流感中心主任、疾控中心研究员郭元吉曾在两篇文章中详细讨论过一次中国南方的甲型H1N1感染事件。1991年6月，从一个广东2岁10个月的男童身上分离出甲型H1N1病毒。这是1977年俄罗斯流感后少见的人感染甲型H1N1病毒实例。经核苷酸全序列测定表明，这个被命名为广91-6毒株的H1N1病毒，并非来自实验室污染。在关于这个病毒的第二篇文章中，郭元吉提醒人们应该重视甲型H1N1病毒，如果发生基因突变，可能引起大流行。而此次大流行，是一种更新的H1N1毒株，它具有比广东H1N1病毒更强的传播性和更广的适应能力。在农业界和联合国粮农组织的抗议下，世卫组织已经把这次新流感从“猪流感”更名为“A型H1N1流感”，但一些学者认为，新名字容易和之前发现的人感染H1N1病毒混淆。比如郭元吉就曾向媒体表示，这次新流感可以命名为“北美病毒”。管铁亦称，新流感可以命名为新型H1N1，以区分此次大暴发和以前的甲型H1N1。在1918年大入侵之后，甲型H1N1病毒于1946年后逐渐在人群中消失。直到1977年，它重新显身，被命名为俄罗斯病毒，在全球儿童中广泛传播。之后，H1N1在全球呈散发状态，逐渐消失，直到2009年，它在重新组装后，东山再起。

病毒进化树

1918年西班牙大流感的猪型H1N1保留至今并不断演化，终于成为2009年的美洲新流感。而此次席卷全球36个国家(统计至5月16日)的新流感病毒，正好也是西班牙病毒的后裔。西班牙流感中的甲型H1N1病毒经过90年的发展，繁衍出一棵枝繁叶茂的病毒进化树，就像一个庞大的家族。管铁这样描述新流感病毒在这棵进化树中的位置：1918年流感大流行，出现两个分支，人型H1N1和猪型H1N1。人型H1N1引发了当年的流感大流行。而古老的猪型H1N1保留至今，并且不断演化，终于成为2009年的美洲新流感。值得注意的是，上个世纪的三次流感大流行，都和H1N1有或亲或疏的关系。

1918年西班牙暴发流感时，人们还无法描述这场突如其来的瘟疫，人类是1934年才第一次了解到H1N1流感病毒，直到1997年，从尸体中提取出甲型H1N1病毒，才弄清这场导致全球2200万人丧命的疾病的元凶。

第二次流感大流行，暴发在1957年，从中国蔓延至南半球，再到美国，也有H1N1的身影。这种导致100万人死亡的毒株，由3个源于野鸭的H2N2亚型和5个其时流行的人H1N1亚型毒株经基因重组而成。

第三次流感大流行，和第二次流感大流行中的H2N2有关。1968年的“香港流感”，由2个禽H3N2和6个人H2N2毒株重组形成。

病死率的担忧

目前的致死率还不至于引发恐慌，但一个坏经验是：流感的第二波或第三波，破坏会超过第一波。2009年的新流感是新世纪后引起人类流感大流行的第一种病毒，目前它正在逐步扩大它的版图。不断有新的国家报告疫情，根据世卫组织数据，每24小时，这种新型病毒就会入侵1000个人身体。虽然病毒随着人口迁徙传播，但它的病死率似乎在逐渐降低。最早报告疫情的墨西哥，死亡人数约占肺病人数的7%。在随后的病毒全球传播过程中，它导致的死亡率明显下降，记者初步统计，目前猪流感导致的死亡率，占确诊人数的0.8%。

一周前（11日），世界卫生组织流行评估小组在《Science》杂志发表H1N1研究的早期成果报告文章，称新型的H1N1流感病毒是继1957年流感大流行

特殊审批的申请、重要的技术问题向国家食品药品监督管理局药品审评中心提出沟通交流申请。

第十二条　属于本规定第二条情形的注册申请，申请人在完成某一阶段临床试验及总结评估后，可就下列问题向国家食品药品监督管理局药品审评中心提出沟通交流申请：

（一）重大安全性问题；

（二）临床试验方案；

（三）阶段性临床试验结果的总结与评价。

第十三条　已获准实行特殊审批的注册申请，若在临床试验过程中需作临床试验方案修订、适应症及规格调整等重大变更的，申请人可在完成变更对药品安全性、有效性和质量可控性影响的评估后，提出沟通交流申请。

第十四条　申请人提出沟通交流申请，应填写《新药注册特殊审批沟通交流申请表》（附件2），并提交相关资料。

第十五条　国家食品药品监督管理局药品审评中心对申请人提交的《新药注册特殊审批沟通交流申请表》及相关资料进行审查，并将审查结果告知申请人。

第十六条　国家食品药品监督管理局药品审评中心对同意进行沟通交流的，应明确告知申请人拟讨论的问题，与申请人商定沟通交流的形式、时间、地点、参加人员等，并在告知申请人后1个月内安排与申请人沟通。但对属于本规定第十一条情形的，应在3个月内安排与申请人沟通。

第十七条　沟通交流应形成记录。记录需经双方签字确认，对该新药的后续研究及审评工作具有参考作用。

第十八条　申请特殊审批的申请人，在申报临床试验、生产时，均应制定相应的风险控制计划和实施方案。

第十九条　对在申报临床试验时已获准实行特殊审批的注册申请，申请人在申报生产时仍需按照本规定提交相关资料，但不再进行审查确定，直接实行特殊审批。

第二十条　属于下列情形的，国家食品药品监督管理局可终止特殊审批，并在药品审评中心网站上予以公布。

（一）申请人主动要求终止的；

（二）申请人未按规定的时间及要求履行义务的；

（三）经专家会议讨论确定不宜再按照特殊审批管理的。

第二十一条　当存在发生突发公共卫生事件的威胁时，以及突发公共卫生事件发生后，对突发公共卫生事件应急处理所需药品的注册管理，按照《国家食品药品监督管理局药品特别审批程序》办理。

第二十二条　本规定自发布之日起施行。

关于印发中药品种保护指导原则的通知

国食药监注[2009]57号

各省、自治区、直辖市食品药品监督管理局（药品监督管理局），总后卫生部药品监督管理局：

为加强中药品种保护管理工作，突出中医药特色，鼓励创新，促进提高，保护先进，保证中药品种保护工作的科学性、公正性和规范性，根据《中药品种保护条例》（以下简称《条例》）有关规定，国家局制定了《中药品种保护指导原则》（附件1），现予印发，并就进一步做好中药品种保护管理工作的有关事项通知如下：

一、请各省（区、市）食品药品监管部门依照《条例》，认真组织做好中药品种保护的初审和日常监管工作。要组织对中药品种保护申报资料的真实性进行核查，对已经进行过注册核查的申报资料，可不再进行核查。对批准保护的品种要建立完整的监督管理档案，督促企业做好保护期内的改进提高工作。

二、申请中药品种保护的企业，应按本通知的要求，向国家食品药品监督管理局行政受理服务中心（以下简称局受理中心）报送1份完整资料，并将2份相同的完整资料报送申请企业所在地省（区、市）食品药品监管部门。

局受理中心在收到企业的申报资料后，应在5日内完成形式审查，对同意受理的品种出具中药品种保护申请受理通知书，同时抄送申请企业所在地省（区、市）食品药品监管部门，并将申报资料转送国家中药品种保护审评委员会。

对已受理的中药品种保护申请，将在国家局政府网站予以公示。自公示之日起至作出行政决定期间，各地一律暂停受理该品种的仿制申请。

三、各省（区、市）食品药品监管部门在收到企业的申报资料及局受理中心受理通知书后，应在20日内完成申报资料的真实性核查和初审工作，并将核查报告、初审意见和企业申报资料（1份）一并寄至国家中药品种保护审评委员会。国家中药品种保护审评委员会在收到上述资料后，开始进行审评工作。

四、对批准保护的品种，国家局将在政府网站和《中国医药报》上予以公告。生产该品种的其他生产企业应自公告发布之日起6个月内向局受理中心提出同品种保护申请并提交完整资料；对逾期提出申请的，局受理中心将不予受理。申请延长保护期的生产企业，应当在该品种保护期届满6个月前向局受理中心提出申请并提交完整资料。

五、有下列情形之一的，国家局将终止中药品种保护审评审批，予以退审：

（一）在审评过程中发现申报资料不真实的，或在资料真实性核查中不能证明其申报资料真实性的；

（二）未在规定时限内按要求提交资料的；

（三）申报企业主动提出撤回申请的；

（四）其他不符合国家法律、法规及有关规定的。

六、未获得同品种保护的企业，应按《条例》规定停止该品种的生产，如继续生产的，将中止其该品种药品批准文号的效力，并按《条例》第二十三条的有关规定进行查处。

已受理同品种保护申请和延长保护期申请的企业，在该品种审批期间可继续生产、销售七、在保护期内的品种，有下列情形之一的，国家局将提前终止保护，收回其保护审批件及证书：

（一）保护品种生产企业的《药品生产许可证》被撤销、吊销或注销的；

（二）保护品种的药品批准文号被撤销或注销的；

（三）申请企业提供虚假的证明文件、资料、样品或者采取其他欺骗手段取得保护审批件及证书的；

（四）保护品种生产企业主动提出终止保护的；

（五）累计 2 年不缴纳保护品种年费的；

（六）未按照规定完成改进提高工作的；

（七）其他不符合法律、法规规定的。

已被终止保护的品种的生产企业，不得再次申请该品种的中药品种保护。

八、申请企业对审批结论有异议的，可以在收到审批意见之日起60日内向国家局提出复审申请并说明复审理由。复审仅限于原申报资料，国家局应当在50日内做出结论，如需进行技术审查的，由国家中药品种保护审评委员会按照原申请时限组织审评。

九、中药保护品种生产企业变更保护审批件及证书中有关事项的，应向局受理中心提出中药保护品种补充申请。

十、中药品种保护申请企业可以在国家局政府网站上下载《中药品种保护申请表》（附件3）或《中药保护品种补充申请表》（附件6）。

本通知自印发之日起执行，此前发布的有关中药品种保护的文件规定与本通知不一致的，一律按本通知执行。

附件：1、中药品种保护指导原则
2、中药品种保护申报资料项目
3、中药品种保护申请表
4、中药品种保护现场核查报告
5、初审意见表
6、中药保护品种补充申请表

国家食品药品监督管理局
二00九年二月三日

附件1：

中药品种保护指导原则

1 总则

根据《中药品种保护条例》有关规定，为继承中医药传统，突出中医药特色，鼓励创新，促进提高，保护先进，保证中药品种保护工作的科学性、公正性、规范性，特制定本指导原则。

2 一般要求

2.1符合《中药品种保护条例》第六条规定的品种，可以申请一级保护。

2.1.1对特定疾病有特殊疗效，是指对某一疾病在治疗效果上能取得重大突破性进展。例如，对常见病、多发病等疾病有特殊疗效；对既往无有效治疗方法的疾病能取得明显疗效；或者对改善重大疑难疾病、危急重症或罕见疾病的终点结局（病死率、致残率等）取得重大进展。

2.1.2相当于国家一级保护野生药材物种的人工制成品是指列为国家一级保护物种药材的人工制成品；或目前虽属于二级保护物种，但其野生资源已处于濒危状态物种药材的人工制成品。

2.1.3用于预防和治疗特殊疾病中的特殊疾病，是指严重危害人民群众身体健康和正常社会生活经济秩序的重大疑难疾病、危急重症、烈性传染病和罕见病。如恶性肿瘤、终末期肾病、脑卒中、急性心肌梗塞、艾滋病、传染性非典型肺炎、人禽流感、苯酮尿症、地中海贫血等疾病。

用于预防和治疗重大疑难疾病、危急重症、烈性传染病的中药品种，其疗效应明显优于现有治疗方法。

2.2符合《中药品种保护条例》第七条规定的品种，可以申请二级保护。

2.2.1对特定疾病有显著疗效，是指能突出中医辨证用药理法特色，具有显著临床应用优势，或对主治的疾病、证候或症状的疗效优于同类品种。

2.2.2从天然药物中提取的有效物质及特殊制剂，是指从中药、天然药物中提取的有效成分、有效部位制成的制剂，且具有临床应用优势。

2.3凡存在专利等知识产权纠纷的品种，应解决纠纷以后再办理保护事宜。

2.4企业应保证申报资料和数据的真实、完整、规范、准确。试验资料应注明出处、完成日期、原始档案存放处，印章应与试验单位名称一致，并有主要研究者签字，试验数据能够溯源。

2.5临床试验负责单位应为国家药物临床试验机构，研究的病种应与其认定的专业科室相适应，参加单位应为三级甲等医院。

二级甲等医院可参加以广泛应用的安全性评价为目的的临床研究。

2.6试验过程应符合国家食品药品监督管理局发布的各项质量管理规范的要求，试验原始资料应保存至保护期满。

2.7申请企业应具备良好的生产条件和质量管理制度，生产设备、检验仪器与申报品种的生产和质量检验相匹配，并具有良好的信誉。

2.8国家中药品种保护审评委员会在必要时可以组织对申报资料的真实性进行现场核查，对生产现场进行检查和抽样并组织检验。

2.9中药保护品种生产企业在保护期内应按时按要求完成改进意见与有关要求的各项工作。

3 初次保护

3.1初次保护申请，是指首次提出的中药品种保护申请；其他同一品种生产企业在该品种保护公告前提出的保护申请，按初次保护申请管理。

3.2申报资料应能说明申报品种的可保性，并能客观全面地反映中药品种生产工艺、质量研究、安全性评价、临床应用等方面的情况。

3.3申报品种一般应完成监测期、注册批件及其他法律法规要求的研究工作。

3.4申报品种由多家企业生产的，应由原研企业提出首次申报；若质量标准不能有效控制产品质量的，应提高并统一质量标准。

3.5综述资料包括临床、药理毒理和药学等内容的概述，并说明适用条款及申请级别的理由。

3.6临床资料

3.6.1申请一级保护品种的临床资料应能证明其对某一疾病在治疗效果上取得重大突破性进展，或用于预防和治疗特殊疾病。

3.6.2申请二级保护品种的临床资料应能证明其有显著临床应用优势，或对主治的疾病、证候或症状的疗效优于同类品种。

3.6.3临床试验设计应科学合理，尤其要注意评价指标公认性、对照药的合理性及足够样本量。一般应选择阳性对照，阳性对照药的选择应遵循“公认、同类、择优”的原则，并详细说明选择依据，必要时选择安慰剂对照。应进行与阳性对照药比较的优效性检验，或在确认申报品种有效性的前提下体现其与阳性对照药的优势。试验的样本数应符合统计学要求，且试验组病例数一般不少于300例；多个病证的，每个主要病证病例数试验组一般不少于60例。

在安全性评价中，应注重常规安全性观察，如三大常规检查、肝肾功能、心电图检查等，以及与品种自身特点和主治适应症有关的特殊安全性观察，如含有配伍禁忌品种、前期研究提示有特殊毒性品种、注射剂等。

3.7药学资料

3.7.1原料应有法定标准，并且内容完整、项目齐全，必要时还应有较完善检测项目。

多基原药材应明确其基原，主要药味应明确产地，有相对稳定的供货渠道，并有相关证明性材料；注射剂原料药必须固定基原和产地，提供相应的保障措施。

以中药饮片投料的应提供炮制方法及标准，直接购买中药饮片的，还应明确生产企业及供货渠道。

3.7.2应提供详细的生产工艺（原料前处理、提取、纯化、浓缩、干燥、制剂成型等全过程）、主要工艺参数及质量控制指标、工艺流程图和工艺研究资料。工艺研究资料应能说明现行生产工艺的合理性，并提供工艺过程中各个环节所采取的质量保障措施。

3.7.3申报品种必须是执行国家正式药品标准的品种，药品标准应能有效地控制药品质量，注射剂标准中必须建立指纹图谱和安全性检查项目，且应有近三年企业质量检验情况汇总表及省级药品检验机构的检验报告，以说明质量标准的执行情况。

3.7.4单味药制剂的主要药效成分应清楚，并应有相应的专属性质量控制方法。

3.8改变剂型的品种应有试验资料证明其先进性和合理性。改变剂型的普通制剂，应与原剂型比较，证明其在药物稳定性、吸收利用、可控性、安全性、有效性或患者顺应性等方面具有的特点与优势。

改成缓释制剂、控释制剂、靶向制剂等，应与普通制剂比较，证明其在药物释放、生物利用度、有效性或安全性等方面具有的特点与优势。

改变剂型品种还应具有显著临床应用优势，或对主治疾病、证候或症状的疗效优于同类品种。

3.9对传统中成药进行重大工艺改进的品种，与原品种及同类品种比较必须在服用剂量、制剂稳定性、质量标准可控性、有效性或安全性等方面具有明显优势，并提供相关资料。

工艺改进的品种还应具有显著临床应用优势，或对主治疾病、证候或症状的疗效优于同类品种。

3.10处方中含有十八反、十九畏等配伍禁忌药味，含有重金属的药味，毒性药材（系列入国务院《医疗用毒性药品管理办法》的毒性中药材），其他毒性药材日服用剂量超过药典标准，炮制品或生品的使用与传统用法不符以及临床或文献报道有安全性隐患药味的品种，应有试验资料证实其用药安全性。

3.11申报中药注射剂品种保护的，其各项技术要求不得低于现行中药注射剂的注册要求，尤其是安全性研究资料必须是在国家认定的GLP实验室进行，并有不良反应检索报告。

3.12中药、天然药物和化学药品组成的复方制剂应有中药、天然药物、化学药品间药效、毒理相互影响（增效、减毒或互补作用）的比较性研究和临床试验资料，以证实其组方合理性。

3.13申请企业应提出在保护期内对品种改进提高计划及实施的详细步骤。如进一步完善生产过程控制，提高完善质量标准，加强基础和临床研究，完善药品说明书等。

3.13.1生产用原料药材需明确和固定产地。

3.13.2进一步研究生产全过程中影响产品质量的关键环节及技术参数，完善生产过程的质量控制和质量管理。

3.13.3进行质量标准提高和完善研究，增强检测项目的专属性，研究建立与功能主治及安全性相

关的检测指标，并按国家药品标准修订程序完成标准修订工作。

3.13.4进一步开展临床和基础研究，进行更大范围的临床观察，完善使用说明书，指导药物合理应用。如应针对品种特点和现有研究资料的不足，明确主治范围、药物相互作用、特殊人群的应用、安全性评价、量效关系、作用机理、药物的体内过程、不良反应、使用禁忌、注意事项等。

4 同品种保护

4.1同品种，是指药品名称、剂型、处方都相同的品种。同品种保护申请，是指初次保护申请品种公告后，其他同品种生产企业按规定提出的保护申请。

4.2已受理同品种申请的品种，由国家中药品种保护审评委员会组织有关专家及相关单位人员进行同品种质量考核。同品种质量考核包括现场检查、抽样和检验三方面的内容。

根据工作需要，可以委托省级食品药品监管部门进行现场检查和抽样。

4.2.1现场检查

现场检查是以被考核品种执行的国家标准为依据，对该品种生产的全过程进行检查。

4.2.2抽样

按国家食品药品监督管理局制定的《药品抽样指导原则》，在企业的成品仓库抽取3批样品，抽样量应为全检量的三倍，必要时也可在市场购买并由企业确认。

申报品种含多个规格的，可以抽取主要生产的一种规格，质量标准中涉及定性、定量的还应抽取相应的适量药材。

4.2.3检验

抽取的样品由国家中药品种保护审评委员会委托中国药品生物制品检定所或省级药品检验所按申报品种执行的国家药品标准进行检验。

5 延长保护期

5.1延长保护期申请，是指中药保护品种生产企业在该品种保护期届满前按规定提出延长保护期的申请。

5.2申请延长保护的品种应能证明其对主治的疾病、证候或症状较同类品种有显著临床疗效优势。

5.3申请企业应按改进意见与有关要求完成各项工作并提交相关资料。

5.4延长保护期的品种在临床、药理毒理、药学等方面应较保护前有明显改进与提高，如生产用药材和饮片基原明确、产地固定，工艺参数明确，过程控制严格，质量标准可控完善，主治范围确切，药品说明书完善等。对有效成分和有效部位制成的制剂，其量效关系、作用机理和体内代谢过程应基本清楚。

5.5申请企业应提出在延长保护期内对品种改进提高的详细计划及实施方案。

附件2：

中药品种保护申报资料项目

一、《中药品种保护申请表》

二、证明性文件

（一）药品批准证明文件(复印件)，初次保护申请企业还应提供其为原研企业的相关证明资料；

（二）《药品生产许可证》及《药品GMP证书》(复印件)；

（三）现行国家药品标准、说明书和标签实样；

（四）专利权属状态说明书及有关证明文件。

三、申请保护依据与理由综述。

四、批准上市前的研究资料，包括临床、药理毒理和药学资料，药学资料包括工艺、质量标准资料。

五、批准上市后的研究资料，包括不良反应监测情况及质量标准执行情况等相关资料。初次保护申请和同品种保护申请还提供按国家食品药品监督管理局批准上市及颁布标准时提出的有关要求所进行的研究工作总结及相关资料。

六、拟改进提高计划与实施方案，延长保护期申请还应提供品种保护后改进提高工作总结及相关资料；如涉及修改标准、工艺改进及修订说明书等注册事项的，还应提供相关批准证明文件。

（以下附件此略）

关于颁布《中国药典》2005年版增补本的通知

国食药监注[2009]108号

各省、自治区、直辖市食品药品监督管理局（药品监督管理局），总后卫生部药品监督管理局：

根据《药品管理法》的有关规定，国家药典委员会编制了《中国药典》2005年版增补本（以下简称“增补本”），现予颁布，自2009年7月1日起施行。有关事项通知如下：

一、自施行之日起，同品种的其他标准同时废止。2009年7月1日前生产的药品，仍按原标准进行检验。

二、自施行之日起，根据增补本需要修改药品包装标签及说明书的品种，应按国家局相关规定及程序进行变更。2009年10月1日起生产的药品，必须使用变更后的包装标签和说明书。

三、标准中采用的新对照品，由起草地区省级药品检验所供应一年。

四、各级药品监督管理部门、药品检验机构要密切配合，认真做好增补本施行情况的调查研究工作。施行中的有关问题，请及时报国家局药品注册司和国家药典委员会。

国家食品药品监督管理局

二〇〇九年三月三十日

中华人民共和国卫生部令

第69号

《国家基本药物目录（基层医疗卫生机构配备使用部分）》（2009版）已经2009年8月17日卫生部部务会议讨论通过，现予以发布，自2009年9月21日起施行。

部 长　陈 竺

二〇〇九年八月十八日

国家基本药物目录（2009版）
（基层医疗卫生机构配备使用部分）

第一部分　化学药品和生物制品（此部分存目——编者）

一、抗微生物药
二、抗寄生虫病药
三、麻醉药
四、镇痛、解热、抗炎、抗风湿、抗痛风药
五、神经系统用药
六、治疗精神障碍药
七、心血管系统用药
八、呼吸系统用药
九、消化系统用药
十、泌尿系统用药
十一、血液系统用药
十二、激素及影响内分泌药
十三、抗变态反应药
十四、免疫系统用药
十五、维生素、矿物质类药
十六、调节水、电解质及酸碱平衡药
十七、解毒药
十八、生物制品
十九、诊断用药
二十、皮肤科用药
二十一、眼科用药
二十二、耳鼻喉科用药
二十三、妇产科用药
二十四、计划生育用药

第二部分 中成药

一、内科用药

序号	功　能	药品名称	备注
（一）解　表　剂			
1	辛温解表	九味羌活丸（颗粒）	
2		感冒清热颗粒	
3	辛凉解表	柴胡注射液	
4		银翘解毒丸（颗粒、片）	
5	表里双解	防风通圣丸（颗粒）	
6	扶正解表	玉屏风颗粒	
（二）祛　暑　剂			
7	解表祛暑	保济丸	
8		藿香正气水	
9	健胃祛暑	十滴水	
（三）泻　下　剂			
10	润肠通便	麻仁润肠丸（软胶囊）	
（四）清　热　剂			
11	清热泻火	黄连上清丸（颗粒、胶囊、片）	
12		牛黄解毒丸（胶囊、软胶囊、片）	注释1
13		牛黄上清丸（胶囊、片）	注释2
14	清热解毒	双黄连合剂（颗粒、胶囊、片）	
15		银黄颗粒（片）	
16		板蓝根颗粒	
17	清肝解毒	护肝片（胶囊、颗粒）	
18	清热祛湿	茵栀黄颗粒（口服液）	
19		复方黄连素片	
（五）温　里　剂			
20	温中健脾	附子理中丸（片）	
21		香砂养胃丸（颗粒、片）	
（六）止咳、平喘剂			
22	散寒止咳	通宣理肺丸（颗粒、胶囊、片）	
23	清肺止咳	蛇胆川贝液	
24		橘红丸（颗粒、胶囊、片）	
25		小儿消积止咳口服液	
26	润肺止咳	养阴清肺丸	
27	清肺平喘	蛤蚧定喘丸	
（七）开　窍　剂			
28	清热开窍	清开灵颗粒（胶囊、片、注射液）	
29		安宫牛黄丸	注释3
30	化痰开窍	苏合香丸	
（八）固　涩　剂			
31	补肾缩尿	缩泉丸（胶囊）	
（九）扶　正　剂			
32	健脾益气	补中益气丸（颗粒）	
33		参苓白术散（丸、颗粒）	

34	健脾和胃	香砂六君丸	
35	健脾养血	归脾丸（合剂）	
36	滋阴补肾	六味地黄丸	
37	滋阴降火	知柏地黄丸	
38	滋肾养肝	杞菊地黄丸（胶囊、片）	
39	温补肾阳	金匮肾气丸（片）	
40		四神丸（片）	
41	益气养阴	消渴丸	
42	益气复脉	参麦注射液	
43		生脉饮（颗粒、胶囊、注射液）	
（十）安　神　剂			
44	养心安神	天王补心丸（片）	
（十一）止　血　剂			
45	凉血止血	槐角丸	
46	散瘀止血	三七胶囊（片）	
（十二）祛　瘀　剂			
47	活血祛瘀	血栓通注射液、注射用血栓通（冻干）	
48		血塞通注射液、注射用血塞通（冻干）	
49		丹参注射液	
50	益气活血	麝香保心丸	注释4
51	理气活血	复方丹参片（胶囊、颗粒、滴丸）	
52		血府逐瘀丸（胶囊）	
53	滋阴活血	脉络宁注射液	
54	化瘀宽胸	冠心苏合丸（胶囊、软胶囊）	
55		速效救心丸	
56		地奥心血康胶囊	
57	化瘀通脉	通心络胶囊	
（十三）理　气　剂			
58	疏肝解郁	丹栀逍遥丸	
59		逍遥丸（颗粒）	
60	疏肝和胃	气滞胃痛颗粒（片）	
61		胃苏颗粒	
62	理气止痛	元胡止痛片（胶囊、颗粒、滴丸）	
63		三九胃泰颗粒	
（十四）消　导　剂			
64	消食导滞	保和丸（颗粒、片）	
（十五）治　风　剂			
65	疏散外风	川芎茶调丸（散、颗粒、片）	
66	祛风化瘀	正天丸（胶囊）	
67	平肝息风	松龄血脉康胶囊	
68	祛风通络	华佗再造丸	
（十六）祛　湿　剂			
69	消肿利水	五苓散（胶囊、片）	
70	益肾通淋	普乐安胶囊（片）	
71	化瘀通淋	癃闭舒胶囊	
72	扶正祛湿	尪痹颗粒（片）	
73	化浊降脂	血脂康胶囊	

二、外科用药

序号	功　　能	药品名称	备注
74	清热利湿	消炎利胆片（颗粒、胶囊）	
75	清热消肿	马应龙麝香痔疮膏	注释5
76	清热解毒	季德胜蛇药片	
77		连翘败毒丸（膏、片）	
78		如意金黄散	
79	通淋消石	排石颗粒	
80	软坚散结	内消瘰疬丸	

三、妇科用药

序号	功　　能	药品名称	备注
（一）理　气　剂			
81	养血舒肝	妇科十味片	
82	活血化瘀	益母草膏（颗粒、胶囊、片）	
（二）清　热　剂			
83	清热除湿	妇科千金片（胶囊）	
（三）扶　正　剂			
84	养血理气	艾附暖宫丸	
85	益气养血	八珍益母丸（胶囊）	
86		乌鸡白凤丸（胶囊、片）	
87	滋阴安神	更年安片	
（四）散　结　剂			
88	消肿散结	乳癖消片（胶囊、颗粒）	

四、眼科用药

序号	功　　能	药品名称	备注
（一）清　热　剂			
89	清热散风	明目上清片	
（二）扶　正　剂			
90	滋阴养肝	明目地黄丸	

五、耳鼻喉科用药

序号	功　　能	药品名称	备注
（一）耳　　病			
91	滋肾平肝	耳聋左慈丸	
（二）鼻　　病			
92	宣肺通窍	鼻炎康片	
93	清热通窍	藿胆丸（片、滴丸）	
（三）咽　喉　病			
94	化痰利咽	黄氏响声丸	

六、骨伤科用药

序号	功　　能	药品名称	备注
95	活血化瘀	接骨七厘片	
96		伤科接骨片	
97		云南白药（胶囊、膏、酊、气雾剂）	
98	活血通络	活血止痛散（胶囊）	
99		舒筋活血丸（片）	
100		颈舒颗粒	注释6
101		狗皮膏	
102	补肾壮骨	仙灵骨葆胶囊	

第三部分　中药饮片

颁布国家药品标准的中药饮片为国家基本药物，国家另有规定的除外。

索　引（略）

国家基本药物目录（2009版）（基层医疗卫生机构配备使用部分）

说　明

基本药物是适应基本医疗卫生需求，剂型适宜，价格合理，能够保障供应，公众可公平获得的药品。国家基本药物目录是医疗卫生机构配备使用药品的依据。

国家基本药物目录包括两部分：基层医疗卫生机构配备使用部分和其他医疗机构配备使用部分。本目录为基层医疗卫生机构配备使用部分（以下简称《药物目录·基层部分》）。

一、目录的构成

《药物目录·基层部分》中的药品包括化学药品和生物制品、中成药、中药饮片3部分。

目录后附有索引。化学药品和生物制品为中文笔画索引、中文拼音索引和英文索引；中成药为中文笔画索引、中文拼音索引。

二、目录的编排

除在“备注”一栏标有“注释”的药品外，化学药品和生物制品、中成药按药品品种编号，不同剂型同一主要化学成分或处方的编一个号，重复出现时标注“*”号。药品编号的先后次序无特别的涵义。

三、目录的分类

化学药品和生物制品主要依据临床药理学分类，共205个品种；中成药主要依据功能分类，共102个品种；中药饮片不列具体品种，用文字表述。

四、目录中品种的名称

除在“备注”一栏标有”注释”的药品外，化学药品和生物制品名称采用中文通用名称和英文国际非专利药名称（International Nonproprietary Names，INN）中表达的化学成分的部分，剂型单列。主要化学成分部分与《药物目录·基层部分》中的名称一致且剂型相同，而不同酸根或不同盐基的化学药品，均属于《药物目录·基层部分》的药品；中成药采用药品通用名称。

五、目录中品种的剂型

化学药品和生物制品剂型在《中华人民共和国药典》（2005年版）“制剂通则”规定的基础上进行归类处理，未归类的剂型以《药物目录·基层部分》标注的为准。

化学药品和生物制品中的口服常释剂型包括口服普通片剂、肠溶片、分散片，硬胶囊、肠溶胶囊、软胶囊（胶丸）；口服缓释剂型包括缓释片、控释片，缓释胶囊、控释胶囊；外用软膏剂型包括软膏剂、乳膏剂；注射剂包括注射液、注射用无菌粉末、注射用浓溶液。剂型编排的先后次序无特别的涵义。

中成药的剂型不单列，以“药品名称”栏中标注的为准。

六、对备注栏中“注释”的说明

（一）化学药品和生物制品

注释1：目录第9号“头孢呋辛”包括头孢呋辛酯。

注释2：目录第33号“抗艾滋病用药”是指国家免费治疗艾滋病的药品。

注释3：目录第36号“青蒿素类药物”是指卫生部办公厅印发的《抗疟药使用原则和用药方案（修订稿）》中所列的以青蒿素类药物为基础的复方制剂、联合用药的药物和青蒿素类药物注射剂。

注释4：目录第146号“胰岛素”是指动物源胰岛素，包括短效、中效、长效及预混胰岛素。

注释5：目录第185号“抗蛇毒血清”包括抗蝮蛇毒血清、抗五步蛇毒血清、抗银环蛇毒血清、抗眼镜蛇毒血清。

注释6：目录第186号“国家免疫规划用疫苗”是指纳入国家免疫规划的疫苗。

注释7：目录第188号“硫酸钡”包括Ⅰ型、Ⅱ型。

注释8：目录第205号“避孕药”是指纳入中华人民共和国人口和计划生育委员会印发的《计划生育避孕药具政府采购目录》中的避孕药。

（二）中成药

注释1、注释2、注释6：目录第12号“牛黄解毒丸（胶囊、软胶囊、片）”、第13号“牛黄上清丸（胶囊、片）”、第100号“颈舒颗粒”处方中的

"牛黄"为人工牛黄。

注释3：目录第29号"安宫牛黄丸"处方中的"麝香"为人工麝香，"牛黄"为天然牛黄、体内培植牛黄或体外培育牛黄。

注释4、注释5：目录第50号"麝香保心丸"、第75号"马应龙麝香痔疮膏"处方中"麝香"为人工麝香，"牛黄"为人工牛黄。

七、关于中药饮片

中药饮片的国家药品标准是指《中华人民共和国药典》、卫生部部颁标准和国家食品药品监督管理局局颁标准收载的药材及饮片标准。中药饮片的基本药物管理暂按国务院有关部门关于中药饮片定价、采购、配送、使用和基本医疗保险给付等政策规定执行。

国家中药保护品种公告(第59号)

根据《中药品种保护条例》的规定，国家食品药品监督管理局批准北京岐黄制药有限公司等6家企业生产的6个中药品种列为国家中药保护品种。对其中4个列为首家保护的中药品种，同品种生产企业应按《中药品种保护条例》及有关规定申报同品种保护，逾期不申报的，应停止生产；若继续生产，国家食品药品监督管理局将中止其批准文号效力，并按《中药品种保护条例》第二十三条的有关规定进行查处。

特此公告。

国家食品药品监督管理局

二〇〇九年一月八日

附件：

国家中药保护品种目录（第59号）

序号	药品名称	保护级别	保护期限	保护品种号	生产企业
一、首家保护					
1	强骨胶囊	2	2009年1月8日－2016年1月8日	ZYB2072008086	北京岐黄制药有限公司
2	润肠宁神膏	2	2009年1月8日－2016年1月8日	ZYB2072008087	广东益和堂制药有限公司
3	参芪消渴胶囊	2	2009年1月8日－2016年1月8日	ZYB2072008074	天津中新药业集团股份有限公司乐仁堂制药厂
4	养正消积胶囊	2	2009年1月8日－2016年1月8日	ZYB2072008088	石家庄以岭药业股份有限公司
二、同品种保护					
5	复方五仁醇胶囊	2	2008年11月11日－2013年12月19日	ZYB2072006158-2	通化正和药业有限公司
6	祖卡木颗粒	2	2008年11月24日－2013年12月19日	ZYB2072006203-1	新疆华康药业有限责任公司

国家中药保护品种公告（第60号）

根据《中药品种保护条例》的规定，国家食品药品监督管理局批准广东湛江吉民药业股份有限公司等5家企业生产的5个中药品种列为国家中药保护品种（见附件）。对其中1个列为首家保护的中药品种，同品种生产企业应按《中药品种保护条例》及有关规定申报同品种保护，逾期不申报的，应停止生产；若继续生产，国家食品药品监督管理局将中止其批准文号效力，并按《中药品种保护条例》第二十三条的有关规定进行查处。

特此公告。

附件：国家中药保护品种目录（第60号）

国家食品药品监督管理局

二〇〇九年七月二十二日

附件：

国家中药保护品种目录（第60号）

序号	药品名称	保护级别	保护期限	保护品种号	生产企业
一、首家保护					
1	神农镇痛膏	2	2009年7月22日-2016年7月22日	ZYB2072009001	广东湛江吉民药业股份有限公司
二、同品种保护					
2	解毒降脂片	2	2009年2月17日-2013年12月19日	ZYB2072006160-1	四川巴中普瑞制药有限公司
3	少腹逐瘀颗粒	2	2009年2月17日-2013年5月26日	ZYB2072006060-1	北京北卫药业有限责任公司
4	伸筋片	2	2008年1月10日-2013年6月15日	ZYB2072006082-1	吉林敖东恒源药业股份有限公司
5	祖卡木颗粒	2	2009年2月17日-2013年12月19日	ZYB2072006203-2	新疆奇康哈博维药有限公司

973计划“以量效关系为主的经典名方相关基础研究”项目启动

12月19日-20日，首届全国方药量效关系与合理应用研讨会暨973计划“以量效关系为主的经典名方相关基础研究”项目启动会在京召开。会议探讨了方剂药物量效之间的关系，一致认为，合理的药物剂量是取得临床良好疗效的关键。

中医临床关键在疗效，《伤寒论》方剂药味少而精，组方严谨，疗效确切，誉为“经方”。但因年代久远，度量衡屡经变易，后世对其剂量的折算众说纷纭，历代医家谓之“不传之秘”。经方的剂量究竟是多少？1两约等于如今的1.6克还是15.6克？尚是疑点。

当前，中医在治疗危急重症方面不如西医有优势虽是不争的事实，但临床发现，突破《药典》规定用量的大剂量用药往往能够屡起沉疴。如治糖尿病末梢神经痛用120克川乌加黄芪桂枝五物汤，黄芪用至90克，疗效显著。其中川乌的用量为《药典》规定用量的20倍。

掌握了确切的药量，就能掌控疗效。而疗效又是评判药物剂量的重要标准，通过临床实践可以验证经方药物的用量和配伍。973计划“以量效关系为主的经典名方相关基础研究”项目正是以方药临床量效关系研究为中心，确证经方本原剂量，希望能形成对中医方药量效关系具有普遍指导意义和应用价值的研究模式、关键技术和方法。

该项目首席科学家、中国中医科学院广安门医院副院长仝小林介绍，精确合理的大剂量用药对急危重症的病人至关重要。本项目结合实验室和文献研究，继承现代科学技术的方法，总结以人为本体、随证施量的用量规律，形成中医方药剂量理论，为临床合理选择剂量、安全有效地用药提供科学支撑和理论依据。研究将选用三个经方葛根芩连汤、大黄附子汤、麻杏石甘汤，分成三组，分别以一两约等于15克、9克、3克这三种大、中、小梯度进行研究，观察其疗效如何。试图探讨原本治疗某种病症的经方在多少剂量的情况下快速起效？有无治疗其他疾病的可能？这并非是一味地大剂量用药，而是要提出更合理、安全用药的科学依据，来证明中医药也能治急症、危重症。

该项目由中国中医研究院广安门医院牵头，联合江西中医学院和北京、上海、天津三地中医药大学以及福州大学共同承担。通过对三个经方的示范研究，在临床量效评价基础上，通过物质基础研究、药效学研究，结合临床疗效评价指标，构建经方多成分量变及效应的多维量效关系，形成中医方药“剂量阈”、“治疗窗”参数。

科技部基础司副巡视员彭以祺认为该研究瞄准了中医理论研究的核心，融合多学科的力量，难度高却意义重大，并希望在五年后的结题会上，对量效关系的解释有一个清晰的研究回答。

中国中医科学院院长曹洪欣表示，几千年来，中医辨证论治核心问题之一就是量效关系。在科技部和国家中医药管理局的大力支持下，该项目能立项，把握了中医提高疗效的关键，也抓住了如何使中药方剂包括药材更好地发挥作用、提高疗效的关键。

国家973计划中医专项专家组李振吉说，这个项目来源于临床，服务于临床。基础和临床研究相结合。临床医生为首席专家，这在中药领域的研究项目中并不多见。这样能从临床中提出问题，研究与临床紧密结合，研究结果又为临床服务。

与会专家一致认为，经方与传统经典名方是我国历代医家流传下来的宝贵遗产，广大中医仍在临床运用。能否用好经方与传统经典名方、正确处理好方药剂量与有效性和安全性的关系，更能体现中医的临床水平。

会议由中华中医药学会、中医杂志社、解放军中药研究所、973计划“以量效关系为主的经典名方相关基础研究”项目组主办。

4、文化篇

毛泽东关于西医学习中医重要批示背景与影响

近代以来，中医药发展颇多曲折。在上世纪五十年代，毛泽东多次作出关于中医工作的批示，特别是关于西医学习中医的重要批示，在全国范围内兴起了一股西医学习中医的热潮，中西医结合研究应用中医药呈一时之盛，其影响绵延至今。这一批示让发展中医药在思想认识上更加明确，在政策措施上有了保障，在社会实践上得到全面推进，是那一历史时期留给我们的宝贵财富。学习借鉴其做法和实践经验，对于当前推动落实《国务院关于扶持和促进中医药事业发展的若干意见》，充分发挥中医药在医改中的作用，仍有着积极的现实意义。

毛泽东同志1958年10月11日对卫生部党组1958年9月25日《关于西医学中医离职班情况成绩和经验给中央的报告》的批示(简称“10•11”批示)，具有深远的历史意义和重要的现实意义。为了更深刻地理解这一重要批示的精神，本文对批示的背景与影响予以简要回顾。

一、近代西医学传入，中医学面临严峻挑战，废止中医论一度甚嚣尘上

随着西医学的传入和发展，中国医学界呈现出中西医并存的格局，处理中西医关系问题的指导思想和方法，构成了中国近现代医学的重要侧面。

近代西医学作为一种新的医疗方法和医学体系在中国的传播，开始是通过西方传教士和教会团体的努力而实现的。随着中国引进西学规模的不断扩大，西医学作为西方文化的组成部分逐渐受到中国官方的重视，特别是进入民国时期，政府进一步加大了兴办西医药事业的力度，陆续在各地建立医学院校和医院，并向国外派遣了更多的留学生。传入的西医学凭借国外、国内两种力量，在中国得到较快的传播和发展。国内培养的医科毕业生和学成归国的医科留学生形成了一支新的卫生队伍，逐步占据了与传统中医学分庭抗礼的地位。

西医学术的发展和队伍的壮大，使中医学和中医界面临着严峻的挑战。一些具有进步思想的中医学家开始思考中西医关系问题，探讨新的历史条件下传统中医学的发展途径，形成了中医近代史上的“中西医汇通派”。这一学术流派的基本观点是：中医、西医虽属两种互有优劣的不同学术体系，但二者研究的客观对象都是人体的健康和疾病，因而是应该并能够相通互补的。从认识论的原理来看，人们对于同一客体的认识，往往表现出层次的和角度的不同，而不同层次、不同角度的认识，只要具有同一的研究客体，就有可能在交流过程中实现真实反映客体本质这一基础上的统一，所以汇通派的主张具有合理性。

进入20世纪以后，中国新文化运动逐渐兴起，以阴阳五行为说理工具的中医学同其他中国传统文化一样，遭到了日益激烈的批判。一些文化名人否定中医的评述，基本上不是对中医认真研究的结论，而是为积极引进西学而批判中国传统文化的一种矫枉过正的偏见。一些西医界人士以西医学为标准力斥中医学之“短”，甚至形成了以余云岫为代表的废止中医派，企图通过政府立法消灭中医于一旦。废止中医论的提出，是一定的教育基础所决定的错误文化观和错误科学观的体现。废止中医派的言行激起了中医界人士的愤慨和反击，一大批中医名家毅然参加抗争和论战，为维护中医药学的传承和发展发挥了重要作用。

继“五四”新文化运动之后，中国科技界的著名学者又发起了一次影响深远的“中国科学化”运动。“中医科学化”就是在“中国科学化”运动中提出的一种改良中医的学术主张。“中医科学化”的主张虽然充分肯定了中医药学的宝贵经验，但没有强调中医学理论体系的科学价值，因而具有明显的局限性。

二、建国初期，废止中医思想回潮，中医面临“科学化”改造

中华人民共和国成立初期，广大民众的健康状况和医疗水平相当低下，单靠西医或单靠中医都不可能迅速改善人民大众的医疗条件和卫生状况，相对集中于大中城市的2万西医和散在于广大农村的几十万中医必须团结起来，倾力合作，才能完成摆在医学界面前的艰巨而紧迫的任务。在毛泽东同志关怀下确定的卫生工作的三大方针——“面向工农兵”、“预防为主”、“团结中西医”，以及毛泽东同志为第一届全国卫生工作会议的题词“团结新老中西各部分医药卫生工作人员，组成巩固的统一战线，为开展伟大的人民卫生工作而奋斗”，明确了处理中西医关系问题的基本原则。

然而学术界废止中医思想的回潮，对具体卫生政策的制定者产生了重要影响。1949年9月，余云岫以中华医学会的名义在上海召集了一个“处理旧医座谈会”。根据座谈纪要草拟的《处理旧医实施步骤草案》，以“彻底解决旧医问题”为宗旨，提出了速即革除任何方式的产生中医的教育、9个月内必须完成现有中医的全部登记、3年内完成所有登记中医的西医化训练的主张。前中央卫生部副部长王斌发表文章，“称中医为封建医，把中医中药知识看作是封建社会的‘上层建筑’，应该随封建社会的消灭而被消灭。这种论调得到支持，到处流传，成为有些干部实行排挤和逐步消灭中医的理论根据。”

1951年，卫生部相继发布《中医师暂行条例》、《中医师暂行条例实施细则》、《中医诊所管理暂行条例》、《中医诊所管理暂行条例实施细则》、《关于组织中医进修学校和中医进修班的规定》，不仅极大地限制了中医执业，而且开始了改造中医使之成为“科学医”的中医进修教育，使中医学面临着不能正常传承和发展的危险。

1951年开始，各地根据卫生部的指示，纷纷建立中医进修学校和中医进修班，规定开设的课程为：“基础医学(包括解剖、生理、病理、医史、药理、细菌、寄生虫学)，预防医学(包括公共卫生、传染病学)，临床诊疗技术(包括内科、外科、急救学、针灸疗法、组织疗法)，社会科学(包括社会发展简史、新民主主义论、时事报告)等4种”。可见中医进修教育并不是“产生新中医”的教育，而是改造现有中医使之“科学化”的教育。

三、改进中医工作，成立中医研究院，举办第一届全国西医学习中医研究班

1953年4月开始，毛泽东同志多次对卫生部的工作提出批评和指示。遵照毛泽东同志的指示，中央文委对卫生部的工作进行了深入检查，从而发现卫生部在贯彻“团结中西医”的卫生工作方针方面，存在着轻视、歧视、限制中医的严重错误。

1954年毛泽东同志指出：“重视中医，学习中医，对中医加以研究整理并发扬光大，这将是我们祖国对全人类贡献中的伟大事业之一。”并特别强调：“今后最重要的是首先要西医学中医，而不是中医学西医”。1954年6月，毛泽东同志指示：“即时成立中医研究机构，罗致好的中医进行研究，派好的西医学习中医，共同参加研究工作”。1954年7月，刘少奇同志向中央文委传达了毛泽东同志对中医工作的指示，其中提到要成立较高级的研究机构，除号召有名的中医参加中医研究机构外，有技术的西医也应吸收参加进去。

1954年10月20日《人民日报》发表题为“贯彻

为《检查我在卫生工作中的错误思想》。

贺诚暴露他的“错误思想”包括：“第一届全国卫生会议虽然号召了中西医互相学习，但在实际工作中则只着重要中医学习西医学”，“我的团结中医是从临时应急观点出发，并且认为终必以西医代替中医”，“我认为中医的前途将是：由城到乡，由乡走向自然淘汰”。

此番检讨的背景是，自1953年开始，毛泽东对卫生部轻视、歧视、限制中医的做法提出批评。

1954年，毛泽东强调，“今后最重要的是首先要西医学习中医，而不是中医学西医。”

当年10月20日，《人民日报》发表题为《贯彻对待中医的正确政策》的社论，认为：“号召和组织西医学习研究中医的必要性是毋庸置疑的。”

11月23日，中共中央在批转中央文委党组《关于改进中医工作问题的报告》中提出，“当前最重要的事情，就是要大力号召和组织西医学习中医，鼓励那些具有现代科学知识的西医，采取适当的态度同中医合作，向中医学习，整理祖国的医学遗产。”

此种氛围下，1955年，卫生部举办了第一期全国性的西医离职学习中医班(下称“西学中”班)。

“中西医结合就是从西医学习中医开始的，西医学习中医是史无前例的创举。”王振瑞评论道。

崔月犁：不知不觉把中医消灭了

1955年12月21日，《光明日报》刊发社论《开展祖国医学的研究工作》，认为：“西医学习中医学术，必须是系统地学习，全面地接受，然后加以整理和提高。”

王振瑞说：“这是几十年来一直发挥着指导作用的‘系统学习，全面掌握，整理提高’十二字方针在媒体上的最早表述。”

很多当事人一度对“西学中”的意义不解，对学习中医产生抵触情绪。

李经纬是第一届“西学中”班的学员，目前是中国著名医史学家。去年他在《中华医史杂志》发表“八十自述”，提及当年他参加学习的状态：“首先由于解除思想上困惑之需要，自己下决心系统阅读历代中医外科著作与综合性医书之外科内容。”

1958年，李经纬等首届“西学中”班学员毕业。

同年9月25日，卫生部呈递《关于西医学中医离职班情况成绩和经验给中央的报告》，称学员们“逐步对中医发生兴趣，觉得越学越有内容。特别经过他们亲手以中医的学术治好了不少病人，他们亲身体会到，用中医学术治病，确有较高疗效。比如：有一黄疸患者，病势危急，西医治疗无效，后由学员李经纬用中医办法治好了”。

毛泽东批示：“此件很好”，并说“中国医药学是一个伟大的宝库，应当努力发掘，加以提高”。

据穆大伟介绍，此后，全国有计划地举办“西学中”班一直持续到1976年左右，各种脱产或不脱产的“西学中”班俨然成为一项群众运动。

穆大伟认为，“西学中”班是中西医结合人才培养的第一个里程碑，他们中的绝大多数成长为中西医结合的中坚力量，陈可冀、吴咸中、沈自尹等佼佼者相继摘得国家科学技术进步奖等多项大奖。

在“西学中”轰轰烈烈的势头下，1978年，时任卫生部副部长的崔月犁看到的情况却是，“中医那时已经被破坏得很厉害了”。

崔月犁晚年在自述中写道，“文革”前全国有371所县以上的中医院，最后只剩下171所，这剩下的171所，基本上是西医掌权，里面的医疗方法也基本上全是西医，即挂着“梅兰芳的牌子，唱着朱逢博(美声唱法的音乐家)的调子”；同时，全国中医职称专业技术人员有34万，仅占总人口0.34%。，其中相当大的一部分是中低级人员，高级职称人员所占比例很小。

崔月犁分析了中医困难的原因：“有些人在指导思想上不明确，不是在发展中医或者发展西医过程中进行中西医结合，而是直接以西医替代，嘴上承认中医是科学，实际心里还是认为中医是落后的，不知不觉把中医消灭了。”

“直接以西医替代”，就是被一些中医从业者诟病的“中医西医化”。他们认为，从结果上看，中西医结合就是中医西医化。

北京崔月犁传统医学研究中心以“振兴中医”为己任，该中心主任张晓彤是卫生部原部长崔月犁之子。他说：“毛泽东的政治理念是把马列主义的普遍真理与中国革命的具体实践相结合，这是中国革命胜利的法宝。在对待中医的问题上，毛泽东沿袭他的政治理念，但医学毕竟不同于政治，应该让政治的归政治，医学的归医学。”

卫生部原中医司司长、被称为“中医司令”的吕炳奎，1981年为《浙江中医杂志》撰写《如何认识和对待中医、西医、中西医结合三支力量长期并存的问题》。他认为，“‘文革’前的17年，中医和中西医结合工作出现过一些曲折或者是大的曲折，但由于得到党的重视，中医事业得到了发展，取得了较大的成绩”，“‘文革’十年浩劫，中医事业遭到了严重破坏”。

吕炳奎认为，“文革”期间，在中西医结合方面形而上学猖獗，提出了“人人学中医”、“在1985年要创造新医药学的雏形”、“赤脚医生是中西医结合的主力军”等“耸人听闻的、严重脱离实际的口号”。

结果是，“中西医结合一时成了卫生工作的中心，一切隶属于中西医结合，服从于中西医结合”，“西医发展受了影响，中医濒临被消灭的境地”。

张晓彤对“中西医结合”的评价是“一个政治口号、一种行政号召”，“既然承认中医是科学的，为什么又将中医自身的发展与完善寄托在西医学术身上？为什么不能让中医按照自身规律，自我发展、自我完善呢？中西医结合就是要用西医取代和改造中医，它对中医的伤害，比西医更为严重”。

“纯种马优势派”比拼“杂交稻优势派”

穆大伟淡淡一笑，没有正面反驳这种观点：“的确听到过这种说法，我认为他们不了解中西医结合的目的，也不了解中西医结合的研究方法。”

他强调，中西医结合的使命从来都是继承发扬祖国医药学遗产、发展中国医学科学，只是其采取的研究方法是现代科学方法。

王振瑞认为，关于中西医结合会使中医学消亡的担心是多余的，几十年的中西医结合研究并没有导致中医学的部分的消亡，反而为中医学的发展提供了借鉴。一种科学能否存续，最终取决于社会对它是否存在需求。如果真的完全丧失了社会需求，它便自然地走向消亡。“但即便到了那时，与其视之为消亡，倒不如认为其可贵的经验和精神以新的形式获得了永生”。

自19世纪西医比较系统地传入中国，就有人试图调和中西医，并发展成近代中医的代表学派——中西医汇通学派。其代表人物张锡纯在上世纪上半叶因撰写《医学衷中参西录》，被奉为“实验派大师”。

张锡纯的实验，并未引发“中医西医化”和反“中医西医化”之间的争论。

王振瑞认为，中西医汇通派的医家和中西医结合的从业者，在“立场、研究方法和目的上有本质区别”。前者站在中医的立场上，用思辨和类比的方法，将西医学知识融于传统中医学体系，建立新的中医学即“新中医”；后者立足两种医学之上，用实验科学的方法，阐释传统中医学的规律，发掘中医学的理论精华和经验真知，使之与现代医学体系相融合，建立统一在实验科学基础上的新医学。

张晓彤说，正是因为二者在出发点和目标上的巨大差异，中西医汇通派仍属中医流派，中西医结合则出自一种虚妄的想象。

具体而言，在研究对象上，中医关注整体状态下的人，西医研究机体的结构和功能，从研究方法上，中医重系统，西医重还原，“这些难以中和的差异决定了中西医的结合只能是一个看似美好的乌托邦”。

穆大伟强调，中西医结合有初级阶段、高级阶段的差别。“初级阶段的中西医结合，包括诊断上的辨病与辨证相结合、临床上的治疗方法与药物相结合等，高级阶段则是两个医学理论体系的融会贯通。”

王振瑞认可中西医理论体系的相融难度甚大，中西医结合基础研究并不都是成功的，但不能因此而否认中西医结合的研究方向。在某种意义上讲，不成功也是一种收获。

长期从事医学人文研究的王一方在《医学人文十五讲》中将两派比作“纯种马优势派”和“杂交稻优势派”。

王一方说：“我倒希望各自坚持自己的主张去发展，不要也不可能既要‘纯’、又要‘杂’这类

的调和立场，在我看来，砸碎传统的大革新家与坚守传统的大保守家都值得尊重。尤其是在科学革命学说盛行的今天，要充分尊重文化守成主义者的选择实在不容易。”

“海陆空”或“魏蜀吴”

1980年，卫生部召开中医、中西医结合工作会议，出台了中医、西医、中西医结合三支力量都要大力发展、长期并存的方针。

“这个方针明确了中医、西医和中西医结合三支力量的相对独立性，标志着中西医结合迈入新的阶段。”王振瑞说。

此后，有关部门又先后提出“促进中西医结合”、“推动中医、西医两种医学体系的有机结合”、“发挥中西医结合的优势”等方针。

王振瑞认为，“20多年来，中国政府保证中西医结合的独立学术地位，促进中西医结合已经成为一贯性政策，虽然难以预料未来会否出现大的转折，但可以肯定的是，谁都希望这三者要搞海陆空，不搞魏蜀吴。”

只是，在“中西医并重”的政策下，西医已占尽优势，中医和中西医结合一直难以完全摆脱生存危机。仅从中医和中西医结合二者所能获得的各种资源看，其总和仍与西医有天壤之别。

王一方说：“科技领域里却偏偏有一个顽强的‘中国医学’概念的存在，实在是一个特例，它说明中西医学的整合程度尚有一定难度，也说明中国医学具有较浓的人文特征。”

韩启德在前述讲话中亦称：“西医在一个东方国家成为主流医学，我想这是一个普遍现象。但是像中国这样自己的、原来的医学，退到了非常非常边缘的位置，而绝大部分被现代医学占主要地位的情况，我想这不是唯一，不是非常特殊的情况。”

他接着说：“反过来，就是中医又这么强大，这是很少见的，在西方国家也有自己的民族医学，叫替代医学也好，其他民间医学也好，但是它是非常微弱的，只有我们中国有这么占主导地位的现代医学，同时又有这么历史悠久，而且在现在还发挥着这么强大、普遍作用的自成系统的医学，我认为世界上是没有的。”

着眼现实与未来，有人悲观地认为，“中西医并重”可能很难实现政策上的“公平发展”。对此，香港中文大学中医中药研究所梁秉中教授在为《当中医遇上西医》一书撰写的序言中指出：“科技的成果，造成了它的专横跋扈，早已形成唯我独尊之势，除非传统医学能及时引进科学，利用科学，否则也只好安于自我封闭了。”

这也正是张晓彤们担心的——“强者和弱者怎么可能真的结合？强者是一定会要求弱者完全服从的，那弱者还能存在吗？”

链接

历史告诉我们，一个伟大的民族，必然是善于传承和发展自己优秀主流传统文化的。对于中医，应该深入去了解它，应该对它怀有温情与敬意。西医和中医的区别不是简单的新旧之别，更不是先进和落后能一言以蔽之的，它们是两种文化、两种哲学的差别。发展中医，并不是医学的一个流派对另一个流派的反抗和复辟，而是使相异的医学传统在交流中共同推动整个人类医学的进步。

——全国人大常委会副委员长 韩启德

现代医学与中医药学都有各自的认知方法和理论体系，都有各自的特色和优势，也都有各自的局限性，但它们都是以研究人体为对象，都是探索人类生命活动的客观规律，都共同参与担负着保障人民健康的作用。

打破中西医之间的壁垒，是东西方两种认知力量的汇聚，是现代医学向更高境界提升和发展的一种必然趋势。

——卫生部部长 陈竺

来源：国家中医药管理局

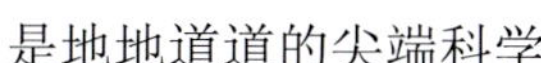

是地地道道的尖端科学。

▲我一直宣传中国
所总结出来的经验确实
现在，有许多人认为这
上，恰恰是我们祖国医
最先进的科学能够对上
中医所总结的理论以及
不得了的。（摘录自《
军医出版社）

他中医现代化的观点

在祖国的优良文化
的历史，且包罗了传统
至今仍然是解不开的谜
性，影响了人们对它的
展。如何促进祖国中医
化方向发展，使祖国这
学森所关注的文化热点。

1980年，卫生部中
就中医学研究问题写信
提出的问题很感兴趣，
奎。在这封信中，钱学
不同的研究事物的方法
了西医研究中的弊病，
是中医的现代化，而不
要走到中医的道路上来
点，在中医学研究上是破

钱学森提出中医现
向，是有依据的。他认为
于科学技术的"分析时代
究事物，把事物分解为
去认识。这有好处，便于
来整体的东西分割了。西
而，这一缺点早在一百年
大约20年前，终于被广
"系统观"，有人称为
一定要有系统观，而这
学发展的方向是中医，
中医的道路上来。第二，
有的中医理论尚不能同
而科学技术一定要联成

钱学森：21世纪医学发展的方向是中医

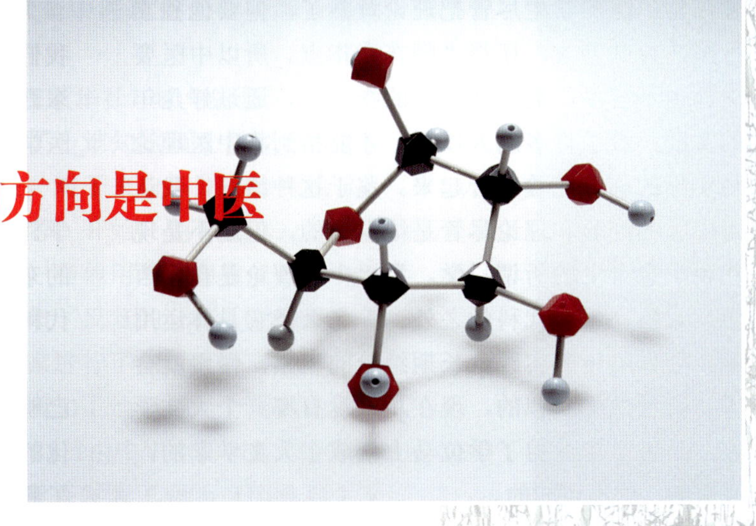

10月31日8时6分，享誉海内外的杰出科学家和我国航天事业的奠基人，中国科学院、中国工程院资深院士钱学森永远地离开了我们。被誉为"中国航天之父"的钱学森不仅对我国航天事业作出了杰出的贡献，对中医学亦有深入的思考和独到的见解。他早在上世纪80年代就提出"中医现代化，是中医的未来化，也就是21世纪我们要实现的一次科学革命，是地地道道的尖端科学"，进而提出"中医的现代化可能引起医学的革命，而医学的革命可能要引起整个科学的革命"等观点，曾在社会上引起很大的反响。在此，让我们重温他那句激励了无数中医人的预言——21世纪医学的发展方向是中医，在继承的基础上，结合现代科学技术，开创祖国医学美好的明天。

20世纪80年代初，钱学森相继提出系统科学、思维科学和人体科学三大科学思想体系，目光所向几乎涉及到当今自然科学的绝大部分领域。他以独特的睿智首先肯定了中医理论，并发现了传统中医的特殊价值。他在20世纪80年代曾发表极具鼓舞人心的预测："21世纪医学的发展方向是中医。"因为中医的理论发生于近代科学还没有兴起的时候，它也不知道什么是近代科学，更不知道什么是现代科学。所以，它反而没有这方面的限制和束缚，也就是不受还原观的束缚，因而中医的理论倒是系统论的，从整体出发的，它的长处就是它的整体观、多层次观。

钱学森在谈到中医理论对创建系统学的启发时说："对于系统这个概念，我们的认识在逐步深入，现在深入到巨系统。巨系统又分两个大的方面，一个方面叫简单巨系统，另外一种叫复杂巨系统。中医研究属复杂巨系统。人体是一个开放性的和有意识的复杂巨系统。"钱学森说："人体作为一个系统。首先，它是一个开放的系统，也就是说，这个系统与外界是有交往的。比如，通过呼吸、饮食、排泄等，进行物质交往；通过视觉、听觉、味觉、嗅觉、触觉等进行信息交往。此外，人体是由亿万个分子组成的，所以它不是一个小系统，也不是一个大系统，而是比大系统还大的巨系统。这个巨系统的组成部分又是各不相同的，它们之间的相互作用也是异常复杂的。所以是复杂的巨系统。"钱老还指出："因为人体是一个开放的复杂巨系统，必须重视意识对人体其他部分的反馈作用。当前对于如何处理复杂巨系统，在系统学中还没有成功的理论。"

"我认为中医治病比纯粹的直观又进了一步，它是把经验的东西加上古代的哲学，即古代人是怎么看周围世界的，所谓阴阳、五行、八卦等。这就形成中医医师看病的理论基础和思维方法。这种理论古代有文字记载，老师可依此教学生，学生也能学会。"中医的优势，"即总体的辩证地看问题，在这一点上，中医就避免了机械唯物论。我认为，这是中医最大的优点。当然，由于时代所限，它不可能像现代科学那么严密。但这样一些哲学思想结合实践，整理出了一套中医理论。当然我也听

说，学中医的学
行医，诊脉开方，
出师也不容易，
的实践，看了许
与实际的临床经
为中医的经验和
代科学意义上的
学，它独立于现
呢？要靠临床的
了。就像做文章
家，是大学毕业
没有的，这不可能

我们搞复杂的
用定性与定量相
把专家的经验也
统的、整体的和
律总比我们每一
要好一些。也就是
巨系统时，用定性
再往前走一步，就
像中医那样，能够
那也是很有帮助的

钱学森谈中医

▲中医的理论
没有分析，没有深
和细胞以下，所以
点也是因为它仅仅

▲用人体科学
些成果，不是从前
中医，我认为那是
化西医，把西医的
学里来。

▲整理并用现
量极大的研究工作。

▲人体是个开

▲中医理论不
义的自然哲学。医
在什么其他途径。

▲中医理论是
说的“自然哲学”，

康。”佟彤说道。

呼吁建立“准入门槛”

佟彤呼吁建立中医类书籍的准入制，一方面政府相关部门建立法规，没有中医背景的人不能写这方面的书，另一方面出版社编辑要把好这个关口。对待“中医养生热”的现象，东南大学附属中大医院中医内科副主任医师王长松分析，这是个好事情，说明老百姓保健意识增强了，大家希望用花钱少、手段简便的方式来维护健康。同时也说明中医在老百姓心目中有地位。但是这些书籍、讲座中有一些误导大众的健康理念，令人担忧。

王长松认为，出版社编辑应该对中医有所了解，“因为有些没系统学过中医的人写了书，谈的只是自己的经验，这些经验就不一定适合所有人。”作为学中医的人来说，不能一味钻在象牙塔里，应该把一部分精力放在写科普文章上。有专家指出，现在有名的中医忙得没有时间写书，中医药学会在这方面要多发挥一些作用。

广东省中医药学会副会长兼秘书长金世明说，作为专家是要下功夫努力做，但是这件事情不能操之过急，有多少写多少。他说，省学会已经专门成立专业委员会，鼓励认认真真地学、认认真真地悟、认认真真地写，给老百姓提供真的东西。据了解，我国相关部门已在着手建立这部分书籍的“准入门槛”。同时还将培养一支科普专家队伍，通过加强与主流媒体合作，建立一个良好的科普平台。

传播中医要讲“现代话”

值得注意的是，我国中医权威专家均有不少思想和著作，花费了很多心血，但大部分却不为人知。原因何在？佟彤分析，一是为学术而写非为传播而作，二是专家毕竟不是作家，再加上中医术语比较艰深，如何翻译成便于传播的话语，需要一番功夫。王长松说，我们必须要以群众喜闻乐见的方式，采用通俗易懂的语言来写科普书籍，在开讲座时，也要用深入浅出的方式来让大家接受。上海中医药大学教授何裕民建议，要运用各种媒介手段好好宣传中医，引领潮流。然而说起来容易做起来难，难在中医理论古朴深奥，语辞难解，理解之中歧义难免；难在中医实践经验容易意会不易言传，心中了了，指下难名；难在医疗效果医患体会多，对比数据少，难以使局外人信服……。有专家指出，要传播好中医，一是要用疗效说话，二是要在科普中充分发挥中医传统文化和简便验廉的优势，以生活中的实例、自然疗法阐明深奥的中医原理，使老百姓易于接受。如此，便能让中医知识广为传播，让老百姓了解什么是真正的中医，客观判断书籍、讲座的内容，结合自身情况进行取舍。

来源：http://health.people.com.cn/

礼失求诸野：记一位不为人知的当代“国学”农民！（节选）

2009年10月，在朋友的介绍下，在浙江桐乡市的一个叫作“大麻”的乡村，我见到了他。他叫郁震宏，刚过而立之年，但在和他的交谈中，让人感觉着面前坐着的是一位国学老人！

他出生在一个普通的农民家庭，从小随着族中老人读了很多旧书，凡经史子集无不涉猎。他没有稳定的经济来源，却把基本上所有的钱都用于买书。他有着一个传统士人的所有烦恼，用他自己的话说是“三千烦恼一身牵”，看书的时间一天比一天少！

他通读过《十三经》和《二十五史》，所寓目集部不计其数，先秦两汉典籍多烂熟于胸，对春秋三传和前四史的熟悉程度尤其令人叹为观止，而且理解独特，给人以耳目一新之感。他的笔记中就有《汉书本证》、《读经随笔》、《国语-吴越语注疏》，凡数十万字，用他的话说：“好玩！”。他能作旧诗、填词，用文言写作。

我们的话题从地方史开始，渐渐转到经、史、子、集，知无不言，有问必答，闻所未闻，得大欢喜。半天时间，受益非浅，不啻胜读十年书。

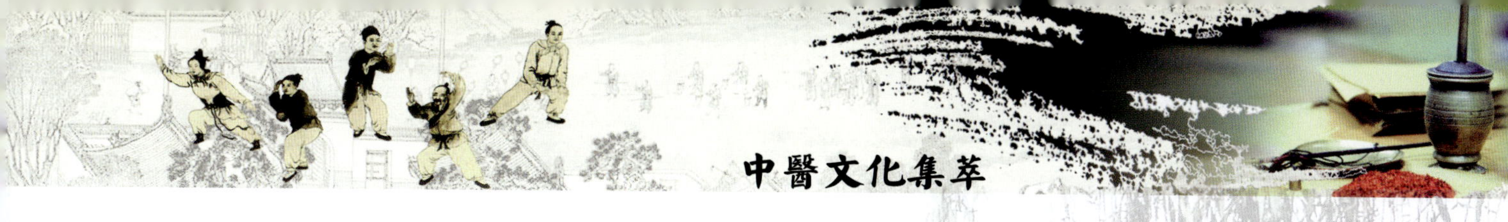

《论语》有礼失求诸野的话，此刻，我有了切身地感受。

他说：戴东原经好，但不通史，章实斋师好，但不知经，最佩服的还是钱大昕！

他的精神，也许还在那个年代。他引龚自珍的诗，叫做“乾隆朝士不相识，无故飞扬入梦多。”

兹特就他所谈约略记下，其与传统观点接近者不录，但录其我所能记起的部分新解如下：

……（略）

录郁震宏《麻沸散考略》

麻沸散最早见于《三国志-华佗传》：“饮其麻沸散，须臾便如醉死”，《后汉书》因之，唯字句及内容稍有加减：“先以酒，服麻沸散，既醉”。两者相比，前者似乎只需要饮麻沸散，而后者则于麻沸散之外，还需要先饮酒。那么，到底那一说可靠呢？按《艺文类聚》、《太平御览》两书引《三国志-华佗传》都作“以酒，服麻沸散”，可见原本《三国志-华佗传》确实与《后汉书》之说相同，或者说《三国志》在流传过程中版本不止一种，而“以酒，服麻沸散”一说，至少在唐宋时期，两书所记还是一致的。

麻沸散究竟是什么？学术界都认为是一种麻醉剂，主药则一般多倾向于莨菪子或曼佗罗花之类。其实，这是一种误解，所以误解的原因有二，一是因为麻沸散有一个“麻”字，读者便想当然的认为是麻醉剂，二是因为华佗在为病人刳肚之前，先令饮之，则推断其作用，应该是用于麻醉。其实，麻沸两字是一个固定词组，不当分训，若训“麻”为麻醉，则沸字又当作何解呢？按“麻沸”最早见于《汉书-王莽传》：“海泽麻沸”，颜师古注：“如麻而沸涌”，形容当时天下未靖，盗贼多有的社会现象，可见这个“麻”字不能理解为“麻木”，麻沸两字显然是一个词组。“麻沸”两字还多次出现在与华佗同时代的另一位医学家张机的《伤寒论》中，在《伤寒论》中，多次提到“麻沸汤”，即我们现在所说的滚水或者开水，后魏贾思勰《齐民要术》中也有“麻沸汤”的记载，意思与《伤寒论》的一样，这两书中“麻沸”的意思为沸水或滚水，当是麻沸之原义，《汉书》中的“如麻而沸涌”则当是其引申之义。我们现在可以知道，“麻沸”两字在两汉（《汉书》、《伤寒论》）、北朝（《齐民要术》）之间这个特定时期的意思基本上是指沸腾、沸涌等，而绝非麻醉之义。退一步说，即使把“麻”字解释为麻醉、麻木，奈“沸”字无着落何？

在中医学中，汤与散是有区别的，但作为中医传统，同一定语而仅有汤、散之别，则两者做法虽异，成分基本是相同的，因此，我们可以大致断定，麻沸散应该与麻沸汤（即滚水）是同类的事物，可能会稍有差异，但主要还是指滚水（《册府元龟-医术》作麻沸汤：饮其麻沸汤，须臾便如醉死）。当然，华佗麻沸散是否于滚水中加入某些药物，史无明证，只能阙疑。

由是观之，华佗在做手术之前，用于麻醉的主要是酒，所谓“先以酒”是也，而麻沸散只是用起辅助作用，《后汉书》说的“先以酒，服麻沸散，既醉”。意思应该是先让病人喝酒，然后喝热水，使之宣发酒性，酒性本热，加上热开水，酒劲容易发作，“既醉”以后，再行手术。因此，华佗麻沸散虽然很有名，但其成分究竟为何，却记载阙如，我们知道了这其实只是滚水，则亦无怪乎古人何以不记述之了。

要之，开肠疗疾以及麻沸散有可能带着夸张色彩，是否实有其事，殊难确定。但反过来说，华佗的医学成就绝不在此，即使没有这一点，华佗仍不失为中国历史上伟大的医学家，因为在《三国志》本传所记载的16个医案中，只有1个是关于开肚的。可见，华佗的医学成就主要也并不在于此。

来源：http：//www.tianya.cn/publicforum/

中医专家回应质疑 改善姚明肾功能与治疗肾虚无关

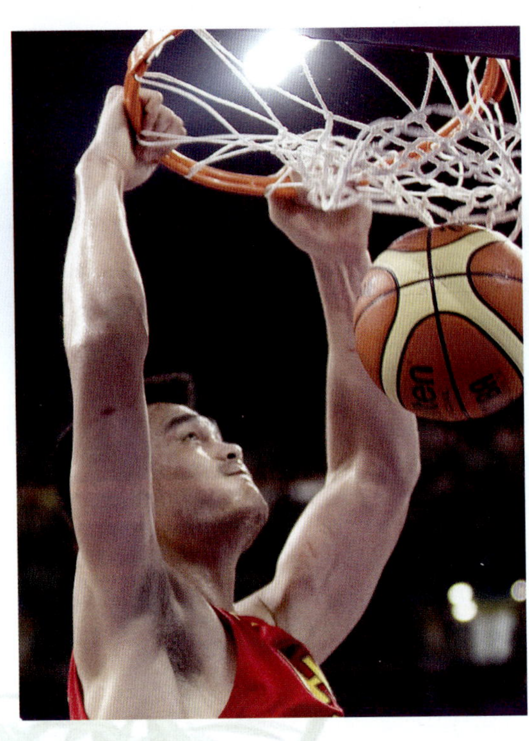

北京时间7月18日，休斯敦火箭官方发布消息，表示姚明将在下周接受手术，治疗左脚的骨裂。手术将由汤姆·克兰顿主刀，在赫尔曼纪念医院运动医学研究院进行。如果术后恢复良好，姚明将会出现在球队2010年10月的训练营当中，但是这同时也表示，他将缺席整个2009-2010赛季。

山东省体育科学研究中心研究员、资深运动中医学专家段桂华在接受本报记者采访时提到一个新颖的观点，称姚明之所以频频受伤是因为肾脏功能偏弱，应该从保护和改善肾脏功能入手。昨天，这一观点在网上引起了极大争议，甚至有网友发出质疑，难道"小巨人"肾虚了？针对这一观点，段桂华昨天接受记者采访时表示，"肾虚"是一种误解，网上很多人关于姚明是否肾虚的讨论，完全"跑偏"了。

段桂华表示，由于专业知识的局限，有人产生误解是很正常的。"其实我所阐述的观点很清楚，从生理学的角度讲，即以现代医学的生理学、病理学理论为依据，来分析姚明的伤病频发问题，我所谈的姚明的'肾脏功能偏弱'是一个西医学概念，并非一般民众理解的'肾虚'问题。"段桂华说："肾脏是人体最大的排泄器官，人体代谢所产生的大量有害物质大部分需要通过肾脏排出体外，如果人的肾脏出了问题，就会造成代谢产物在体内的蓄积，严重者会导致'尿毒症'。其实，临床上尿毒症后期的病人多会产生各种骨关节的病变，包括骨质疏松等问题。姚明的应力性骨折或骨裂，其实也是骨质疏松的一种表现。现代运动医学研究证明，剧烈运动或大强度负荷后，人体肾脏的血流量会减少70％以上，肾组织会产生一定程度的损害，所以，专业运动员在大强度、大运动量训练后会出现血尿或蛋白尿等情况。一般情况下，这种损害会在第二天自行恢复，是'一过性(暂时性)损害'。但如果运动员先天肾功能偏弱，又长期处于超负荷运动状态，日积月累，就会造成身体的过度疲劳，出现类似于临床尿毒症的一些症状，如皮肤瘙痒、贫血、关节痛(长骨刺)、失眠或心慌气短等，严重者就会出现姚明这样的'疲劳性骨折'(应力性骨折、骨裂)。"

段桂华告诉记者，昨天有两位读者看了报道后辗转联系到他，这两人都是篮球爱好者，一位来自河南，一位来自湖北，均患有不同程度的运动损伤。对于像姚明这样的疲劳性骨折的治疗方法，段桂华指出："'保护和改善其肾功能'，不是一般意义的'补肾'。中药有上千种之多，而补药只占据了很少的比例。在长期的研究工作中，我研究出一系列的可以保护和改善肾功能的中药，也就是调理肾脏，治愈了许多肾小球肾炎和尿毒症的病人。"对于姚明的这次手术，段桂华最后说："和大家一样，我们祝福姚明。但从学术的角度讲，手术本身的'成功'没有任何意义，因为这对于'根治'姚明伤病频发的难题几乎没有帮助，更有可能的是手术会进一步地损害姚明现有的健康状况，让他每况愈下。至少前几次手术的结果是这样的。"

来源：济南时报

福州现代名医诗话四则

福州市中医院　肖诏玮

2006-2008年福州市中医院承担福建省卫生厅重点课题——福州历代中医特色研究（WZZM0605），笔者重视中华传统文化与中医脉络相通的关系，致力搜集榕医诗作，撰写医话，希望能顺着诗词的脉络和韵律，徜徉在中医药文化的绚丽风景中，以诗见史。现选粹现代榕医医话四则如下：

医林媲美两先生

郑宗洛（1878-1959），学术推扬气化，用药寥寥数味，纯而不杂。林心斋，精研内科，术擅温病，二人医名远播。某男，病已阅年，尫瘠濒危，诸医皆以劳损论治，百药不效。病家遂邀二人会诊。郑、林辨证析疑，惟病是适，通瘀为主，养阴清络为辅，调治月余而痊。刘通（建国前曾任中央国医馆福建分馆馆长，建国后曾任福建省副省长）赠诗赞曰："医林媲美两先生，著手成春脉理精，德拟千金能济世，桥南诗友尽叨荣"。文人相轻，千古积习，而医家相忌，颇为多见。刘诗赞其二人无门户之见，胸襟广阔，风格高远。

橘井春常满

叶轩孙（1897-1976）学术倚重滋阴，富收藏，畅歌咏，常与书画家潘主兰（获全国第一届书法兰亭成就奖，与启功并列）、陈子奋等作赋吟诗。他自题验方选集："橘井春常满，药囊夜未闲，冶城悬一派，留与后人看。"潘老和诗云："《灵》、《素》勤探索，晨昏那得闲，悬壶家学绍，珍重济人看。"一时传为佳话。叶轩孙曾作回文诗《春晚迴文一首录寄功辉贤侄》，足见功力："霏霏晚雨细如尘，白下山痕水外春。归鸟与云残断岸，飞花数处坐闲人。人闲坐处数花飞，岸断残云与鸟归。春外水痕山下白，尘如细雨晚霏霏。"

君山两度息吟身

林英藩（1901-1974），壶氏林氏第六代传人，1921年秋闽侯君山乡有伍姓老者登门为其子延诊，林英藩即随前往。其独子善基14岁患伏暑晚发、成为秋邪，邪热入营，肾液涸竭。他以增液汤合服蚕煎意予之，三剂而起沉疴。有学究金刚先生，设绛帐于住宅，患头晕耳鸣之疾，闻而求诊。林英藩断为水亏肝阳上扰，以杞菊六味丸合大补阴丸予之，二剂而愈。后二十年秋，善基患痢甚剧，专人来延诊，林氏再度出诊君山，则门巷依旧而人物皆非，昔年病危之善基今两鬓有霜矣。问其父与金刚先生安在？曰："父作古，先生亦捐馆矣。"林英藩不胜嗟叹，是夜宿其家，转辗不寐，伏枕口占一绝云："君山两度息吟身，门巷依稀认得真。回首廿年犹是梦，先生还作再来人。"又画师郭三皓，善绘人物花卉，其晚年患咳嗽痰喘病，遍服中西药无效，求诊于英藩，断为脾肾两虚，予景岳六君煎二剂见效，继予金匮肾气丸善后。时值抗日战争方烈，京沪长沙战祸蔓延，郭画师痛心国难，绘"壮士从军图"一幅赠林氏，图为一戎装青年跨鞍上马，旁一红衣女郎执鞭于梅花树下，两人神采奕奕，眉目如生。林氏披图赞不绝口，题一诗于图上云："壮士从军若等闲，美人相送上征鞍。只因邦国遭多难，肯把身心凭宴安。"

端缘博济沐天休

俞慎初（1915-2002）为八闽中医泰斗，活人济世，著作等身，桃李天下。1994年逢其从医执教六十周年暨八轶双寿，领导、专家、学者纷纷以诗词致贺。北京中医药大学教授刘渡舟诗云："道精歧黄业，医承三世家，洁比丰年玉，文如天半霞。"赵绍琴教授诗云："杏苑耕耘无所求，扶伤救死系心头，耄龄著述尤尽责，新纪相望正未休。"福建名医吴味雪主任医师诗云："由来同气自相求，研讨歧黄每聚头；更喜杖朝仍老健，端缘博济沐天休。"郑孙谋教授诗云："品高来自身无求，八十老翁雪满头。吾道衰微须砥柱，得延残喘葆天休。"可谓佳作纷呈，琳琅满目。

药名诗、词、文、联摘录

药名诗

用中药名称写成的“四季歌”

一

春风和煦满常山，芍药天麻及牡丹；远志去寻使君子，当归何必找泽兰。

端阳半夏五月天，菖蒲制酒乐半年；庭前娇女红娘子，笑与槟榔同采莲。

秋菊开花遍地黄，一回雨露一茴香；扶童去取国公酒，醉倒天南星大光。

冬来无处可防风，白芷糊窗一层层；待到雪消阳起石，门外户悬白头翁。

二

地锦草发路边青，石燕翻飞雁来红。紫苑牡丹桃花笑，仰望子跑放风筝。

前湖莲子菖蒲深，清风藤荫垂钓人。浮萍断处见山影，花落石边逢使君。

又到红豆金桔时，当归无日苦羁迟。不知菊花开还未，远志离家空相思。

飞若白茅冬花天，寒水石边落玉团。守宫红炉黄酒暖，国老贝母正合欢。

药名季节诗——春

石燕双双入画梁，梨花厚厚朴前塘。牡丹露出防风蕊，芍药分开带雨妆。

园里千红花竞艳，庭中万紫草争芳。黄蜂离了蜂房去，彩蝶拈葩惹藿香。

（含石燕、厚朴、牡丹、芍药、红花、紫草、蜂房、藿香八味药名。）

药名季节诗——夏

青皮蛙唱薄荷塘，竹叶丛中小院凉。村榭绿莲须带露，田园赤灼炙骄阳。

荫苍树下挥蒲扇，琥珀杯中递酒浆。栀子笑攀河岸柳，捕蝉衣湿汗汪汪。

（含薄荷、竹叶、莲须、赤芍、苍术、琥珀、栀子、蝉衣八味药名。）

药名季节诗——秋

铅丹一抹染丛林，丹桂枝头硕果盈。篱倚菊花生雅兴，园栽苍树鼓精神。

难防枫叶红如锦，依旧松萝缘似茵。更喜夜明沙月色，重楼独上步青云。

（含有铅丹、桂枝、菊花、苍术、防风、松萝、夜明砂、重楼八味药名）

药名季节诗——冬

白及群山遍着银，满天冬趣满怀情。琉璃处处皆冰片，莪树巍巍入霭云。

雪梅花栽紫苑，经霜竹叶隐黄莺。甘松挺立经风雨，枝干从客歇老鹰。

（含白及、天冬、冰片、莪术、紫苑、竹叶、甘松、肉苁蓉八味药名）

据说北宋建炎年间，有一位名叫洪皓的进士奉旨赴金，被金人扣留十余年，但他心怀国家和民族，不辱使命、坚贞不屈，在北国赋诗曰：

“独活他乡已九秋，肝肠续断更刚留。 遥知母老相思子，没药医治更白头。”

其中包含中药名：独活、续断、知母、相思子、没药和白头翁。

吴承恩在《西游记》第三十六回写唐僧取经：

自从益智登山盟，王不留行赶出城。路上相逢三棱子，途中催趱马兜铃。

寻坡转涧求荆芥，还岭登山拜茯苓。防己一身如竹沥，回乡（茴香）何日拜朝庭？

许仲琳在《封神演义》第六十回描写战场厮杀场面：

扑咚咚陈皮鼓响，血淋淋旗染朱砂。槟榔马上叫活拿，便把人参捉下。暗地里防风鬼箭，乌头便撞飞瓜，好杀！只杀得附子染黄沙，都为那地黄天子驾。

药名词

宋代·辛弃疾《满庭芳》

云母初开，珍珠帘闭，防风吹散沉香。离情抑郁，金缕织流黄，柏柳桂枝高映。苁蓉起，弄水银塘。连翘首，惊过半夏，凉透薄荷裳。一钩藤月上，寻常山夜，梦宿沙场。早已轻粉黛，独活空房，欲续断未得，乌头白，最苦参商。当归也，茱萸熟，地老菊花黄！

传为诸葛亮后裔用中药名撰写的一则祭文

呜呼！秋桂枝高，痛泣威灵仙去；冬桑叶落，更悲子不留行。恭维我兄斐斋公者，禀性光明，持躬厚朴，细辛处事，苦练成家。诚大腹之能容，亦合欢而有庆。只为潼关失怙，苦丁慈父之忧，於焉海经商，苦遂劳人之驾。迨至业精百草，利获千金，新会朋侪，当归故里。余粮满石，有时则润及慈姑；益智多仁，至此苦忧知母。胥肉果团圆以序乐，弟昆布慈惠而无私，宜乎宝树联辉，五加其一；银花叶瑞，二妙成双。有事必不违心，随遇自然得意者也。胡意平生急性，留毒归身，病起无名，含吐未能活络，医诚没药，肿痛改以连须。百药徒煎，千年难健，怅登仙于紫苑，徒洒泪青风也乎。兹际梅开绿萼，桔皱丹皮，律转阳春，期当望月。驾车而车于熟地，借巢穴于原枝。弟客连翘，哀声续断。范等厚蒙友爱，薄荷教言。叹栀子之已亡，悲使君之不见。歌声薤白，聊呈竹呈之觞；服带麻黄，有感荆花之谊。望车前而洒涕，束果本以为刍。血献仙茅，香供白檀一炷；露擎佛手，酒酌红曲三杯。神曲有歌，公英束格。

回文药名联

红日千载千日红，青年万代万年青。路路通衢通路路，重重楼阁楼重重。

虎山下来下山虎，龙江过去过江龙。喜见一面一见喜，连边半夏半边连。

药名谜

传明代戏曲作家冯梦龙写过一首题为《药名》的谜语诗："农夫月落出耕田，行到溪头无渡船。就在溪边眠一觉，蓑衣箬笠护头边。"

（谜底：黑牵牛、当归、宿沙、防风）

安徽潜山县汪济老先生巧用中草药之名，亦写成了一封别具特色的《致在台友人》信："白术兄：君东渡大海，独活于异乡生地，如浮萍漂泊，牵牛依篱，岂不知母亲思念否？今日当归也，家乡常山，乃祖居熟地，春有牡丹，夏有芍药，秋有菊花，冬有腊梅。真是红花紫草苏木青，金樱银杏玉竹林，龙眼蛤蚧鸣赭石，仙茅石斛连钩藤。昔日沙苑滑石之上，现已建起凌霄重楼，早已不用故纸当窗防风了，而是门前挂紫苏，悬紫珠，谁不一见喜？家中东园遍布金钱草、益母草，西园盛开百合花、月季花，北墙爬满络石藤、青风藤，南池结有石莲子、芡实子。但见青果累累，花粉四溢。令尊白前公，拄虎杖、怀马宝、扶寄奴、踏竹叶，左有麝香、藿香，右有红花、槟榔陪伴上莲房，已是巍巍白头翁矣。令堂泽兰枕虽年迈，而首乌，犹千年健之松针也。唯时念海外千金子，常盼全家合欢时，望勿恋寄生地，愿君早茴香（回乡）！弟杜仲顿首。"

药名对联

1、稚子牵牛耕熟地　将军打马过常山

2、一阵乳香知母至　半窗故纸防风来

3、烦暑最宜淡竹叶　伤寒尤妙小柴胡

4、白头翁，持大戟，跨海马，与木贼、草寇战百合，旋复回朝，不愧将军国老

红娘子，插金簪，戴银花，比牡丹、芍药胜五倍，苁蓉出阁，宛若云母天仙

在古典名著《金瓶梅》中，有个街头医生蒋竹山，趁为李瓶儿医病之机，哄得李的欢心，被招赘进李家。后因性事上难遂李瓶儿之意，渐遭憎恶。更被西门庆嫉妒怀恨在心，着人前去讹诈索债，解官后又由夏提刑责打三十大板，罚银三十两，终被李瓶儿借口撵出家门。他的人生结局到底如何？清人丁耀亢所作续书《续金瓶梅》给出了交代，他的人生终点竟是在南京。在金兵南犯清河县时，蒋竹山被番将斡离不掳住要杀，因被搜出行医卖药的铁响虎撑来，遂让他为新收得的妇人老婆治病，竟一帖而愈。遂又被星夜送至大本营，为兀术四太子治好了瘟症，赢得了兀术欢心，一时封了鞑官四品之职，后又授领扬州都督之印。蒋为虎作伥，搜尽扬州民财美女，接济金兀术南下兵饷。不料，金兀术

十万人马过江，即被韩世忠杀得大败，岳飞乘胜带兵攻进扬州，捉住蒋竹山绑送镇江大营，上本朝廷正法。宋高宗下旨：着押建康（今南京）乱箭射死！

蒋竹山对《本草》烂熟，此时死到临头，不觉将满腹心事编出个药名词牌《山坡羊·张秋调》来，在建康大街上高唱：金银花红娘子把细辛埋怨，明知道当归，把金樱贪恋。只为那官桂车前，指望升麻贝母，那晓得巴豆般心肠，把人参续断。夏枯草百药熬煎，蜜甜的甘草忽变了黄连。牵牛般拴着把地骨皮剥了，骨碎补的川芎插了些鬼箭。俺本是浪荡子，威灵仙，大附皮也弄成了白刺猬、干海马，飞不去的姜蚕、青盐。想我那海狗肾的春方，空费了人言。石莲牡丹皮般茯神，只落了个干蟾。

唱毕方被乱箭射死，并割下首级，悬示作恶之地扬州，了此一生。

夫妇为报19年前救助之恩义务照顾中风老中医（摘编）

滴水之恩 涌泉相报

1990年4月	河南商丘永城市顺和乡张庄村农民李敬斋患上了股骨头坏死症。他东挪西凑借了两三千元南下广州，向袁浩教授求医。
5天后	袁教授托人告诉李敬斋，已帮他争取到半价住院费，还为他的妻子梁桂英在医院找了一份临时清洁工作，让她赚钱解决一日三餐。
出院时	袁教授悄悄垫付了医药费，又送去车票"赶"李敬斋回家。
2009年5月	袁教授突然中风，59岁的李敬斋辞了工，第一时间出现在病榻前，为他端茶送水、抹身子，就像照顾自己的亲爹一样无微不至。

绝望求医长感恩

李敬斋是河南商丘永城市顺和乡张庄村的农民，1990年左右，由于之前三年内遭遇了两次车祸，他不幸患上了被称为"新癌症"的股骨头坏死症。"当时老家的医生告诉我可能要终生卧床。可我上有老下有小，他们都得靠我种地或打工来养活。"绝望中，医生给李敬斋指了一条路：去广州找袁浩教授，他擅长治疗这个病。于是，在1990年4月的一天，李敬斋夫妇怀揣着乡亲们东挪西凑的两三千元南下广州，并一路打听到袁教授家。

李敬斋说："袁教授，我只有两千多块钱。"袁教授说："不够啊！手术押金就要一万元……"

"那我没指望了……"当时李敬斋拄着拐杖，妻子梁桂英一听这话，扑通跪在教授面前。

"快别这样，我跟你们一起想办法嘛！"

5天后，教授托人告诉李敬斋，他把情况向医院领导汇报了，不但争取到半价的住院费，还帮梁桂英在医院找了一份临时清洁工作，免了她陪护床位费，让她既能照顾住院的丈夫，又能顺便赚钱解决一日三餐，还答应亲自给他动手术。

手术前，李敬斋夫妇心里还是不踏实："我们认识他不经人介绍，他凭什么对我们这么好？"于是，他们将身上所剩的500元生活费当"红包"悄悄夹到袁教授的书里。

但在术后第3天，袁太太拎着大包小包的营养品，还有那500元的红包出现在李敬斋的病床前……李敬斋两口子流泪了。

出院时，医院虽减免了一半费用，但李敬斋还欠着一千多块钱。这时袁教授又出现了，他含糊地告诉他们，所欠的医疗费已免了。第二天，他又送来车票，“赶”着他们回家。

“真是活菩萨！我长这么大头一回遇到这么好心肠的陌生人！”别后，李敬斋夫妇逢人就讲袁教授，并希望孩子长大有出息了能报答他。

去年9月，得知袁教授的太太中风，李敬斋把梁桂英送到广州来照顾她。刚到广州时梁桂英水土不服，“但谢恩比什么都重要，只要老人需要，那点不舒服我忍忍就过去了。”梁桂英说。

送妻子到广州后，李敬斋打算赶回上海建筑工地去打工。临走前，他自豪地告诉教授：“多亏你相救，我现在骑车拉车干粗活跟能干的好手没差异，扛上百斤的东西很轻松。”袁教授一听，反而打定主意让他留下来，并帮他在某老人院找了份轻松的工，嘱咐他别再干重活，免得伤身子。

今年5月，袁教授突然中风，59岁的李敬斋辞了工，第一时间出现在病榻前为他端茶送水、抹身子，就像照顾自己的亲爹一样无微不至。

如今，子女长大了，在老家80多岁的双亲支持李敬斋夫妇留在广州，陪伴中风的老教授夫妇安度晚年，李敬斋说：“这是我们一家人唯一能想到并做得到的谢恩方式。”

在李敬斋的细心照料下，袁教授终于出院了。但关于他和农民李敬斋的这段往事，长年跟他从医和做学问的学生、医护人员都向采访记者表示“还是第一次听说的”，只知道教授对自己“很孤寒”，没想到他对贫寒患者这么慷慨。

教中风教授学说话

照顾中风病人需要不少特殊训练，特别是中风后的老教授目前还言语不清，一个放下锄头的河南农民如何能胜任这份工作？李敬斋有点得意地对记者说：“我一个字一个字教他说话，有时他的眼神我也能看得懂。”因为医生说中风病人要多说话才能恢复语言能力，李敬斋一有空就会跟教授聊天。每次出门散步时，他看到什么说什么：树、蓝天、白云……教授也很配合地从头努力学起。李敬斋也跟医生学护理。给老人按摩时，医生按左边，他就学着按右边。晚上没医生在，老人家有时肌肉收缩，四肢很难受，李敬斋就用简单手法帮他按摩。有时一按个把小时，老人舒服就睡着了。“但医生要我也别‘宠’老人，他能做的事尽量让他自己做。比如夜里起床，我只在一旁弯着手护一下，实在起不来才帮他，这对他的恢复很有好处。”

李敬斋家里还有父母，他们会如何看待儿子的行为呢？

李敬斋说：“我的家人知道，没有这位教授，就没有我家的今天。1990年，我大孩子才10多岁，小的才四五岁，家里之前为我治病都变穷了。我家有8口人，上有父母，还有3个孩子和一个患小儿麻痹后残疾的弟弟。我是一家人的顶梁柱，如果我身体垮了，下不了地，一家人吃什么呢。”

“我不这么做，良心过不去。人家对咱们有恩，我们得记着，这是做人最起码的准则。”

“说到我父母，他们也是80多岁的老人了，但身体还没有特别的病。我的孩子都长大了，我弟弟生活能自理。对父母，我是有愧疚感的，但他们也不愿意我愧对袁教授。”

记者问：“现在家里老人谁照顾？”李敬斋说：“我还有一个弟弟，他们三个人在一起生活。教授说，如果需要钱的话就会给。我们家还有土地，地也很好种……我出来之后，把地给老人，让他们找短工。”

真情不惧质疑

报道出来后，有网友说是流着泪看完这篇报道的，觉得李敬斋“很伟大”。但也有人怀疑这事到底是真是假。那么，究竟李敬斋是如何下决心承诺用余生来照顾中风的教授夫妇呢？

李敬斋说：“说实话，这事要不是发生在自己身上，我也不太相信。我能理解他们的怀疑。这事发生在1990年，那个时候的风气确实还比较好，病人对医生感恩也很普通。现在时代变了，人也变得复杂了。”

“我当时是欠着医院的钱回家的。几年后有人将广州中医药大学第一附属医院救治好军嫂韩素云的事写了一本书，叫《爱心泛珠江》。我看到里面有一幕写袁教授如何帮助一个河南农民，最后才知道我所欠的1000多块钱医疗费是他垫的，我就把钱寄还他，他又寄回来，说过去的事就不要再提了。人家待咱们的态度确实非常让人感动。”

19年来，李敬斋和袁教授的联系都没有断过，于是有人说覃祥官“不像官”，他自己也觉得当副厅长简直是“活受罪”。6个多月后，覃祥官终于作出了令人瞠目结舌的决定：辞官还乡，抓合作医疗。他以“先回去看看”为由，给厅长打了声招呼，就自个搭班车回到了长阳土家山寨。从此，他一去不复返，再未回到厅里上过班。但副厅长的职务，省里却一直为他保留着。辞官还乡的覃祥官继续重操旧业。他一边在乐园公社卫生院为群众防病治病，指导合作医疗的巩固和发展；一边参加大队的农业生产劳动。此后不久，覃祥官被选为县委常委、宜昌地委委员。

合作医疗潮起潮落 昔日厅长打水扫地

覃祥官和他创立的合作医疗制度，也随着时代的变迁而潮起潮落。

上个世纪80年代初实行联产承包责任制后，农村合作医疗纷纷解散。覃祥官种药材的500亩地被分田到户，他非常苦恼。合作医疗是这种景况，覃祥官的命运可想而知。省卫生厅副厅长的职务被免，地委委员、县委常委职务也不复存在。他惟一保留的职务是乐园公社卫生院党支部书记，据说这还是县里点名让“照顾”的。没有什么会要他开了，也没有人找他商量工作了。他在卫生院似乎成了一个闲人。实在没什么事可做，他就主动替病人打打水，帮院里扫扫地干干杂活。为此有人传出话来说：“覃祥官被贬到卫生院做清洁工了。”那是覃祥官最苦闷的一段日子。有人问他过得怎样，他回答道：“工资照发，馒头照拿；喂猪带打杂，忙的没得法。”时过境迁，经过几年的冷落之后，合作医疗又在湖北、山东、江苏、湖南、四川等10多个省市悄然兴起。人们发现，覃祥官在杜家村的那段日子，并没有像他自己说的“喂猪带打杂”，他同村卫生室的几名医生一起，在村党支部的支持下，把这个村的合作医疗制度坚持下来了。1978年2月，覃祥官连任成为第五届全国人大代表。新华社记者以《“中国农村合作医疗之父” 覃祥官》为题，写文章发表在《半月谈》内部版上。

1980年12月，覃祥官当选为县政协副主席。1981年3月，他又被卫生部聘为卫生部医学科学委员会委员。

“农民厅长”归隐大山 “历史功臣”人民不忘

1993年，覃祥官按副县级干部退休，每月有1000多元的工资。办了退休手续的覃祥官，依然忘不了昔日诞生“合作医疗”的那方故土。他婉言谢绝了县卫生局留其在县城居住的好意，坚持回到乐园杜家村，过起了宁静的田园生活。回到故乡的覃祥官，深得乡亲们的敬重。历史功臣虽已归隐大山，人民也不会忘记他。1999年6月，曾任宜昌地委书记的王群同志专程从武汉赶到长阳看望覃祥官。他对覃祥官说：“我在内蒙古当区委书记时，只要一提起合作医疗，好多人都还记得你的名字。这说明一个对国家和人民作过贡献的人，不管他在不在位，退不退休，有没有级别，人民都是不会忘记的！”

2002年10月，中央做出决定，强调建立和完善新型农村合作医疗制度，长阳县成为试点县。在建设社会主义新农村的今天，国家决定加大财政支持，于2008年全面实施农村合作医疗制度。

覃老乐呵呵地说，没想到自己在古稀之年，又碰到合作医疗再度红火起来。他还动员老伴参加了农村合作医疗。

“祥官医生，您一路走好”

覃祥官，1933年出生在湖北长阳，土家族。2008年10月23日凌晨2点50分，中国合作医疗创始人覃祥官突发心脏病，在湖北省长阳土家族自治县榔坪镇乐园村家中去世，享年75岁。《党史文汇》2009年第一期发表题为《“中国农村合作医疗之父”覃祥官的晚年生活》署名文章，文中记载：

10月27日，细雨蒙蒙，天公动容。上午8点20分，覃祥官的追悼会和葬礼在乐园村举行，千余名土家族、汉族群众踏着泥泞从四里八乡赶来，满含泪水为这位传奇老人送行。国家卫生部农村卫生司送来花圈，湖北省卫生厅、宜昌市卫生局分别发来唁电。长阳县委、县人大、县政府、县政协领导及相关部门负责人驱车150多公里赶到乐园村，出席了追悼会。

在追悼会现场，挤满了当地群众，他们中有不少人是覃老当年医治过的病人，有的还是从数百里之外的巴东县等外县市赶来的。他们噙着泪水，自发打起“祥官医生，您一路走好”的横幅，寄托哀思，为他送行。

42年前，鄂西长阳土家山寨的“赤脚医生”覃祥官，首创了看病吃药不花钱的“农村合作医疗制度”。由于毛主席的亲笔批示和《人民日报》头版头条报道，该制度在全国农村普遍推广，惠及亿万农民。其创始人覃祥官也几度出国访问，四（前文为3次，均遵照原文收录——编者注）次受到毛主席接见，连任两届全国人大代表，并被破格提拔为湖北省卫生厅副厅长，被新华社记者誉为“中国农村合作医疗之父”。

来源：www.PharmNet.com.cn

“新农合”参合农民受益样本调查：真的划得来

“小病拖、大病扛，重病等死见阎王。”这句顺口溜淋漓尽致地表现了几年前我国农民面对疾病的无奈。

“无病定期查，感冒把药拿；大病不用怕，合作医疗来救驾。”——自新型农村合作医疗全面推开以来，农村又传开了另一段顺口溜。

一张小小的新农合证维系着8亿多农民的健康大问题。2009年年终岁末，记者走进江西的两个村庄，倾听农民的切身经历，感受新农合带给农民生活的变化。

“没有新农合，至少要背5年债”

“如果没有参加新农合，我家至少要背5年的债。”江西省南昌县大昌村上坊小组50岁的村民万道水告诉记者。万道水一直在乡镇做临时搬运工，全家4口人每月只有1000多元的收入。2002年万道水开始经常胃疼，每次他就到村卫生所买点消炎药止疼。今年4月，万道水胃疼得特别厉害，消炎药已经不管用，而且出现便血。终于挨不住的他到医院检查被确诊为食道癌。4月17日，他在南昌大学第二附属医院做了手术。万道水给记者算了一笔账，住院共花了3万元，新农合报销了8000多元，还另申请了1.3万元的医疗救助。“看病的钱是找亲戚借的，如果都要自己承担的话，要好几年才能还完。”他说，新农合的确减轻了农民的负担。

江西省新建县长堎村村民邹顺根也实实在在地体会到新农合的好处。今年6月，邹顺根70多岁的母亲突然患急性心梗，住院放了3个支架共花9.8万元，最后新农合报销了3万元，成为今年镇里唯一一个报销达到封顶线的患者。听说2010年报销封顶线要提高到5万元，“那就更好了。”邹顺根说。据了解，2009年全国参加新农合农民达到8.33亿人，其中近5亿人次受益。

“真的划得来，这不是喊口号”

“新农合是真的划得来，这不是喊口号。”邹顺根的说法得到了很多村民的印证，“每年每人只交20元，得病了能报不少，不得病也可以免费检查身体。”45岁的长堎村村民文良妹一家参合，但去年没人得病。今年上半年，村里组织没有享受过新农合报销的妇女参加免费检查，文良妹就在其列，结果查出患有妇科炎症。“农村妇女怕羞，哪会做这些检查，有病没病也不知道。”文良妹说，“参加新农合可以免费检查，早点查出病早点治，对身体有好处。”新建县农医局局长余江水说，开展免费查体，是提高新农合受益面的措施之一，也是落实预防为主的原则。此外，为了让更多人更多受益，新建县还全面实行了门诊报销，这些措施使得今年以来全县新农合受益面突破90%。在一本绿色的新农合证上，记者看到3个名字：母亲涂红梅以及儿子徐松、女儿徐婷。新农合证上记录：今年5月20日至27日，涂红梅因为咳嗽、扁桃体化脓，在村卫生所看病开药，每天花费36元，每次报销10.5元。6月5日至8日，儿子徐松因为扁桃体发炎在村卫生所开药；6月20日、21日因支气管炎开药；7月11日因发烧用药，每次也都能报10.5元。“在村里看门诊也能报销，又便宜又方便，对老百姓很实惠。”村卫生所医生邹明亮告诉记者，按照县里的规定，每人单次门诊最高可报10.5元，每人每年最高能报100元。据了解，今年1月至10月长堎村门诊报销535人次，已补偿6000多元。卫生部农管司新农合处处长傅卫介绍，2009年全国三分之一的地区开展了门诊

分为免疫介入轻型（B-1型）、免疫介入中型（B-2型）、免疫介入重型（B-3型）；而对肝纤维化倾向明显或已进入肝硬化期的患者，则根据肝纤维化或肝硬化的程度划分为免疫不全早期、中期和晚期；又根据炎症活动情况分为活动期和静止期。因此免疫不全分为（c-1a）、（c-1s）、(c-2a）、(c-2s)、(c-3a）、(c-3s）。共计三大类11个症型，并首创了由针（穴位注射）、灸（天灸或温灸）、药（中草药制剂口服）内外治联用的高度个体化的动态综合治疗系统。

1994年12月26日，浙江省中医管理局组织并主持对早期的中华三环疗法成果进行了鉴定。鉴定认为：该课题选题新颖，具有中医特色，并与现代医学科学技术相结合，检测方法先进，数据处理正确，科学性强，有较高的应用价值，有广阔的开发前景，国内尚未见有此类报道，达到国内领先地位，建议作科研成果上报。

浅谈中医精髓

辽宁彰武　杨志辉

现代中医受西方文化和现代思维的冲击，已经失去传统精髓了。阴阳五行四时是中国古人认识自然界和表达的一种语言，不是封建社会的糟粕。就像西方文化的符号一样。他的内容包罗万象，可比喻万事万物。中医讲“万物禀受天地之气，负阴而抱阳，冲气以为和”，这样来说明物质是由天地所生，都有正反两方面，有了天地的精华才有活性，有了生命体。《黄帝内经》里有一篇《阴阳应相大论》，就是专门论述人体与阴阳五行相应相合生长变化的规律，以及生成疾病的最初原因等，至今也是中医的指导性纲领。只是我们的自身文化被砸烂，受西式教育影响，把我们传统的文化精髓抛弃，才出现后人不认祖，不识祖的悲剧。

传统的精髓需要传承和开发，中医中药在新中国得到了党和政府的重视，制定了一系列法律法规和政策，得到很好的贯彻和执行，使中医药事业有了长足的发展和进步。但是，由于中医药的自身特点，在很多方面不能适应当今工业化，电子化的社会发展，和过快的生活节奏，中医药中的一些精髓的东西，还停留在整理和抢救阶段。一大部分符合中医特点的核心技术已经失传。留在书本上的大多是模糊的记录，缺少实践感悟。这与原有的本意相差甚远。之所以这样是因为中医是师徒传承教授和学习的，师徒之间长时间接触探讨的过程中，达成一种默契，很多技艺是意会和体用的，需要实证和体悟才得到的。实证是需要师父指点的，体悟是需要师父评判的。无师很难提高，很难上升层次。东方的传统文化就是这样一种传承方式，跟师才能通，跟能师才能大通。师父不止是路，师父还是明灯，一个学生对于学业掌握的好与坏，就是师父起的关键性作用。这也是中医不可或缺的精髓之一，师承教学法。

师父很重要，中医药的精髓掌握在老师的手中。目前，真正有着中医药精华的老师少之又少，前不久，国家授予国医大师称号的国老们是一批，还有一部分专家学者在高等院校和研究院当中，也不多了。再有一部分散落民间偏远地区，他们已入暮年，还在燃着星星之火。如果不再采取积极措施，这批元老们将和他们的技术再次成为我们的遗憾。

归根结底，医学是为人类健康服务的。中医是中国人在与疾病作斗争的过程中产生和发展起来的，有明显的地域特点和文化背景，难以被西方接受是情有可原的，我们对西方人的认识和了解是近现代二百年左右，在生活习惯及饮食起居上差异过大，中医方法对于他们应用虽然有所成果，但还有许多问题需要去探索和解决。要人家完全接受，还要很长的路要走。

当今国人接受中医治疗，大多是源于对中医的旧情感，还有一些是恶疾难疾现代医学无法解决的情况下，抱以希望或是幻想才找中医治疗的，其结果可想而知了。

第三种选择中医的情况就是中医药的另一个精髓所在了，这部分人看好了中医的简，便，易，廉。例如，中医按摩和拔火罐疗法，花费便宜，便捷，疗效显著，容易被广大群众接受。再如导引，气功，武术，只要有人指导，没有啥花费就可以学到，起到强身健体，防病去病的作用。还有刮痧疗法，经络按摩，足疗等等，都是以中医的经络理论发展起来的保健兼治疗方法，是中医里的奇葩。发展中医药就要发挥中医特长，让中医回归到群众中来，为百姓服务。普及中医知识是先决条件，至今有一些方法已经融入百姓生活当中，例如按人中穴急救，按揉太阳穴治疗头痛，服姜汤治疗风寒感冒等等。然而，由于历史原因，受现代文化冲击的影响，很多百姓对于中医的基本知识认识少之又少，在大中小学生当中，几乎是空白。鉴于此，广大中医工作者还有大量的中医文化普及工作要做。

治未病是中医学的一大专长，运用这一特点，发挥其预防保健作用，建立健全机制，逐渐形成治未病产业，使其服务社会，乃至全人类。

治疗慢性病是中医药的另一个特长，深入挖掘整理这方面的药物和系统有效的方案，建立专病专科，向全社会推广，让患者受益，让百姓受益。

中医药的精髓受多方面因素的影响，尚未充分发挥其积极作用，有必要传承和发展中医药文化，使其顺应时代和社会需求，更好的为广大人类发展服务。

土家族民间医药应用举隅

湖北省咸丰县中草药研究所　黄治烈

土家族祖先为繁衍生息，积累了诸多秘方、验方，经口传心授代代流传至今，用于防治当今疑难多发疾病，仍显其独特疗效。我研究所结合现代医学对部分秘方进行临床验证，部分结果简介于后。

一、药品类：

肝炎糖浆（口服）

[处方]：当归、茵陈、柴胡、栀子、黄芪、大黄、神曲、山楂、甘菊、甘草等二十八种中草药。（经独特煎煮、浓缩发发酵、装瓶灭菌而成）。

[主治]：各类型肝炎、肝硬化、肝腹水、肝癌早、中期。

[特点]：见效快，疗程短、愈后疗效稳定，经济安全（未见不良反应）。对肝硬化失代偿期、急、重、亚急重降低死亡率，提高生存率。

癌症止痛膏（外用）

[处方组成]：乳香、没药、当归、川芎、川乌、草乌、马钱子、白芷、麝香、蟾酥各适量。（炮制成膏备用。）

[适应症]：各种癌症晚期疼痛。

[用法用量]：将膏贴在最疼痛处。1-3小时起效，每贴可用5-7天再换。

[特点]：使用方便，无耐受性；经多例各种癌晚期疼痛患者使用未见不良反应。

止痛胶囊（内服）

[外方组成]：接骨草、川芎、三七各适量炮制后细粉装胶囊（每粒0.3克）。

[适应症]：各种外伤、手术切口后引起的持久性疼痛。

[用法用量]：疼痛时服用2粒，少量白酒为引。

[特点]：使用方便，安全经济，未见不良反应。

止胃痛口服液（内服）

[处方组成]三叶委陵菜（全草提取汁）、陈皮、沉香、川木香。

[适应症]：胃、十二指肠急慢性持久疼痛，服中西药止痛差者。

[特点]：经动物大剂量试验，人体10倍量口服试验，均未见不良反应。见效快，经济安全。

止泻散（复方提取）

[处方组成]：老鹳草（提取物制粉）、诃子皮、地榆制粉口服。

[适应人群]：各种原因所致腹痛腹泻久治不愈者。

[特点]：未见不良反应，无需辩证使用。

咳喘散（包煎口服）

[处方组成]：姜半夏、川贝母、苦杏仁、白桑皮、五味子、平地木、陈皮、当归、白芥子、莱服子各等量，鹿角霜、二倍量煎服，冰糖为引，烊化冲服。

[适应人群]：中老年难治性支气管咳喘，冬春加重者。

[用法用量]：发病后开始服用，每剂200克，煎服饭后烊化冰糖服下，以愈为期。儿童用成人三分之一量。

二、保健类

促胃粘膜再生口含片

[处方组成]：陈皮、蒲公英、诃子、公丁香、石斛、乌贼骨、甘草、鸡内金（制成口含片，每片1.5克）。

[适应人群]：因急、慢胃炎溃疡、十二指肠溃疡、萎缩性胃炎、胆汁反流等引起胃粘膜受损伤者。

[用法用量]：每天饭后半小时含服1-2片，分早晚或早、中、晚含服。用2-4个月，经胃镜检查胃粘膜完全修复后停用。

[特点]：用口含片可快速缓解胃部临床症状，促胃粘膜修复后疗效巩固。

安神益寿中药茶

[处方组成]：赤首乌、白首乌、石决明、草决明、兔丝子、酸枣仁、九节菖蒲、黄菊花、女贞子、黑黄豆、黑芝麻加工炮制提取而成袋泡中药茶（每袋4克）。

[适应人群]：各类亚健康状态（失眠、抑郁、内分泌失调、便结、尿急、尿频、颜面肤色差等）。

[用法用量]：每天1小袋泡服，饭后代茶饮用连用1-3个月有，也可代茶长期饮用。

[特点]：药食两用，见效快。失调的内脏功能得到修复运转正常，消除亚健康症状，减少疾病发生而健康长寿。

降血压中药茶（复方提取颗粒泡服）

[处方组成]：防己、大蓟、豨莶草、五味子、鹰不泊

[适应人群]：长期高血压，需长期服降压药效果不佳者。

[特点]：安全有效，经济、反跳率低。

止痛中药袋（外用）

[处方组成]：黄芪、丹参、肉桂、干姜、薄荷、细辛、伸筋草、透骨草、路路通、羌活、独活、威灵仙、乳香、没药、红花各50克。

[用法用量]：将上药共为粗末，分装两个布袋内贴痛处。（急痛时放热水袋上加热后，在袋上淋上白酒或老陈醋1两，贴于痛处），颈椎痛当枕垫于头项下，腰椎痛、肩周痛、膝关节痛、固定痛处，不影响日常活动。

[适应人群]：风湿关节疼痛、骨质增生、坐骨神经痛等。

[功效]：散寒除湿、活血通络止痛。

[特点]：内病外治，解除服药之苦。

中医药是我国一个伟大的宝库，是中华民族珍贵的文化遗产瑰宝，药本无贵贱，与医结合就显其值。土家族医药经代代口传心授，种、采、加工、治病，前店后厂模式传承至今。治病以对症为主，症除病愈。从而显现了简、便、廉、验特色。

我的医学座右铭——医道贵在仁心

吴竺铧

医者，人之司命也。上可疗君亲之疾，下可救贫钱之厄，中可以保身长全，以养其生。

医学是仁慈与智慧的学问，医学是勤奋与敏锐的职业，医学家履行着人类生命工程师和人类幸福建筑师的双重职责，肩负着对人类生命守护和健康保证的重任。中医文化赋予医学“仁爱至德”的思想内涵。特重医德医风修养，仁心仁术，博爱为怀。

医者贵在仁心，性存温雅，志必谦恭，动须礼节，举乃和柔，无自妄尊，不可矫饰，广收方论，博通文理。明气运，晓阴阳，善诊脉，精察视，辨真伪，分寒热，审标本，识轻重。疾小不可言大，事易不可云难，贫富用心皆一，贵贱使药无别、苟能如此，于道几希，反是者为生灵之巨寇。

医师在应诊时要安神定志、无欲无求、全心全意、精益求精、一视同仁。不论“华夷愚智、贵贱贫富、长幼妍痴、善亲怨友、普同一等，皆如至亲之想”。就诊时“亦不得瞻前顾后，自虑吉凶，护惜身命。见彼苦恼、若己有之。深心凄怆、勿避险阻。昼夜寒暑，饥渴疲劳、一心赴救。到病家时纵绮罗满目，勿左右顾盼，勿恃己所长，专心经略财物”。省病诊疾，至意深心；详察形候，纤毫勿失；处判针药，无得参差。虽曰病宜速救，要临事不惑，唯当审谛覃思。不得于性命之上，率尔自逞后快，邀射名誉，甚不仁矣。

医生以救人性命为己任，其学问足无穷无尽，兢兢乎以人命生死相关为念，才无愧于为医者称号。

医道贵在仁心，博爱为怀，以生命健康为本，精诚行医、济世利民。感悟医道，淡泊名利，关爱生灵，发慈悲恻隐之心，誓愿普救含灵之苦。以救危扶伤为己任，以医药济世为情怀。

为医者，医术是生命，疗效是根本，创新是关键。奉行“医诚、德先、术精”的中医文化：秉守“以人为本、与时俱进”的理念，医术精湛和人文关怀同等重要，专业特长与接诊艺术优势互补。德行善举永远是不败的投资。

元宵节“丢百病”的由来

虎　子

每当人们张灯结彩、耍社火、唱大戏、逛庙会、闹元宵之时，陇上的百姓便准备香蜡纸火，在正月十六“丢百病”求平安。民间在正月十五、十六两天“丢百病”的风俗由来已久。人们所说的“游百平”、“游百病”、“丢百病”其实都是“游柏瓶”的谐音。相传始于东汉初，是因太医马防为百姓施药治病而延续下来的，至今已有近两千年。

马防是东汉伏波将军马援的次子，显宗孝明帝刘庄的侍医、明帝明德皇后的哥哥。显宗孝明帝生活起居御用之药都要经过马防之手，因而深得显宗孝明帝的青睐。肃宗孝章帝刘炟登基后，陇上羌人皆反，皇上就拜生长在陇上的马防为车骑将军率兵平叛。马防是武将之后，也深谙兵法，很快就平息了陇西、临洮、金城等地之叛乱。随后马防回到武都汉阳（今甘肃礼县）家中过年，当地突然爆发了一场瘟疫，马防见状就在天嘉福地寺，也就是俗称的上寺（今礼县一中）施药驱逐瘟疫，使众乡亲免除了一场大灾难。

太医马防的药房叫中和堂，他嘱咐子孙，看病卖药不是为了攒钱，是为了赈救黎民百姓。子孙遵训照办，不论乡亲生病还是遇到饥荒都要施救。在当时，中和堂不仅治病救人，而且还扶穷济困。为此中和堂有很多药圃，但在历朝更迭中保留到民国初的就只有甘肃礼县阳坡乡，石桥乡南门村两处药圃。相传只要是太医马防回乡，家人便提前三天把他珍爱的约三尺一个大石瓶放在中和堂门口为信，乡亲们看见就奔走相告，无论远近，都会蜂拥而至，有人来看病，有人来求物。还有一个约定俗成的是每年正月里如果把这个石瓶放置在天嘉福地寺，乡亲们看见就知道太医马防要施药舍物过元宵。因马防时任太医，影响广大，如此多年，直到辞世。乡亲们为了纪念太医的恩德，就把他珍爱的这个大石瓶供在了天嘉福地寺。加之马防子孙遵其遗训，继续施药舍物，特别是每年正月十五、十六两天，更是大舍之日。如此年复一年，久而久之就成了惯例。到南宋末，马防的后裔马训为太医时，仍然遵循着祖先在元宵节施舍的规矩，此时中和堂的舍药已达千年。由于中和堂这一千多年的善举，乡亲们便把马氏居住地称为“积厚家”，后来衍变为“积厚街”。斗转星移、朝代更迭，加上元朝制度的约束，又因中和堂的主人家道没落无力施舍了，这才中断了赈济舍药的惯例。以后的年月中穷人生病无钱治疗时，便更加怀念起太医马防，就在大石瓶前焚香求告，抚摸一下大花石瓶，结果还很灵验，病竟真的好了。

据老人们讲，太医马防的这个大石瓶不是普通石头是玉石，它光亮照人、极具灵性，到正月十六夜静时，石内能发出丝竹声，有时城内也能听到声音。在正月十五、十六两天抚摸过石瓶的人，一年里百病不生，百事如意。可惜的是石瓶在破“四旧”运动中失落了，但人们在元宵节仍提着香火“转上寺、丢百病”。

因为中和堂施药救人年代久、地域广，元宵节“丢百病”这一风俗在其他一些地方也盛行开了。光绪版《礼县新志》对延续两千年的这一民间风俗有这样的记载：“正觉寺，在县北鸾亭山之麓，一名天嘉福地寺，有古柏一株，石瓶一座，元宵后一日夜分瓶内有丝竹声，是日邑人成集，谓之游百病”。故人们说元宵节“游柏瓶”始发地在甘肃礼县。“游柏瓶”目的是去病消灾，便演变为“游百病”、“游百平”、“丢百病”、“消百病”。

中国“神草”飞入寻常百姓家

大连铁山早草园　蓝著碧

冬虫夏草又叫虫草，是虫和草结合在一起长的一种奇特的东西。虫是虫草蝙蝠蛾的幼虫，草是一种虫草真菌。夏季虫子将卵产于草虫的花叶上，随叶片落到地面。经过一个月左右孵化变成幼虫，便钻入潮湿松软的土层。土层里有一种虫草真菌的子囊孢子，它只侵蚀那些肥壮、发育良好的幼虫。幼虫受到孢子侵袭后钻向地面浅层，孢子在幼虫体内生长，幼虫的内脏就慢慢消失了，体内变成充满真菌的一个躯壳，埋藏在土层里。经过一个冬天，到第二年春天来临菌丝开始生长，到夏天时长出地面长成一根小草。这样，幼虫的躯壳与小草共同组成了一个完整的“冬虫夏草”。冬虫夏草的虫体实际上是培养基（营养体），草才是虫草的果实（子实体）。冬虫夏草是一种传统的名贵滋补中药材，与天然人参、鹿茸并列为三大滋补品。古医书《本草纲目》、《本草从新》、《本草纲目拾遗》等记载：“冬虫夏草能治诸虚百损”，具有“保肺益肾、秘精益气、专补命门”之功效。现代中医药研究结果表明：冬虫夏草对调肺、护肝、抗衰老、增强免疫功能显著。此外，对舒缓神经、辅助治疗心脏血管及呼吸系统疾病均有较好的疗效。它药性温和，一年四季均可食用，老、少、病、弱、虚者皆宜，比其他种类的滋补品有更广泛的药用价值。虫草营养丰富，含有多种难以从其他食物、药物中得到的稀缺微量元素，如：虫草素、虫草多糖、虫草酸（甘露醇）及SOD（超氧化物歧化酶）等。近年经中国科学院及国际有关专家确认，虫草素是一种具有抗菌活性的核甘类物质，对核多聚腺甘酸聚合酶有很强的抑制作用。在DNA转录MRNA过程中使MRNA成熟被阻碍，抑制癌细胞的生长，并有降血糖作用；虫草多糖是一种高度分枝半乳甘露聚糖，它能促进淋巴细胞转化，提高血清LgG抗体含量机体的免疫功能，增强机体自身抗癌抑癌能力；虫草酸可以显著降低血压，促进机体新陈代谢，因而使脑溢血和脑血栓病症得到缓解；SOD酶可消除机体内超氧自由基，具有抗衰老、抗癌抑癌等作用。因此中国虫草被确认为抗癌上品，引起全球关注，需求大增。但是由于野生冬虫夏草资源极其有限，为保护生态环境，现已禁止滥采，市面供应的野生冬虫夏草无论在数量还是质量上都不能令人满意。为开辟药源降低药价，中国有关科研部门及微生物专家自上世纪八十年代末开始尝试攻克驯化野生虫草并人工培植。经过十余年的努力开始获得成功，并在近年进行了规模化生产。这就是我们今天看到的北虫草（蛹虫草）。

北虫草、北冬虫夏草（蛹虫草）出于先进的生物工程技术，其化学组成和药理活性与天然虫草相同，都含有虫草素、虫草酸（甘露醇）、虫草多糖SOD酶及十八种氨基酸和多种微量元素。由于以科学手段对虫草菌种加以提纯、复壮，并提供最理想的

生长环境，适时采取，专有技术种植与加工，北虫草（蛹虫草）不但最大限度地保持了虫草的原色原味，其虫草素含量比野生冬虫夏草高5倍以上，硒的含量比抗癌中药黄芪高3倍以上，抗衰老、抗疲劳的超氧化物岐化酶（SOD）比芦荟高2倍，蛋白质含量比野生冬虫夏草高15.25%。北虫草（蛹虫草）不仅在多种微量元素的含量上大大优于野生冬虫夏草，其价格也只有市面上野生冬虫夏草（中级品）的十分之一。北虫草（蛹虫草）性平、味甘、补而不燥，对滋肺补肾、护肝美颜、调理内分泌、增强免疫力效果显著，并对舒缓神经、防治肿瘤心脑血管疾病亦有良好效果，胜于野生虫草。

大连旅顺铁山虫草园是一家专门以北虫草为对象，集研究、生产、开发为一体的北虫草生产基地。创始人蓝著碧教授是享誉中外的微生物学专家。蓝教授从事微生物学教学、科研四十多年，曾任教于中国沈阳农学院，任职中国辽宁省出口食用菌研究所所长、研究员。在长期的教学、科研工作中，蓝著碧教授取得了许多学术界领先的成果。上世纪七十年代，蓝著碧教授成为培育灵芝的第一人，也是第一位开展植物DNA及“克隆”技术研究的中国学者。

蓝著碧教授于2001年创立了“大连铁山虫草园”，一直坚持不懈地对北虫草进行工厂化周年高产栽培模式及人体保健应用研究。目前已经开发出具有自主知识产权的一整套关于稳定优良菌种的选育、繁殖及周年产业化人工生产北虫草子实体干品吨级以上的先进生物科学技术，其成果获得国内专利。国内已注册“蓝氏蛹虫草”商标。其菌种铁山北虫草（蛹虫草），经中国科学院微生物研究所检测鉴定，报告称：“经鉴定样品及其菌株特征，属于子囊菌类的麦角菌目，又名，蛹虫草，北虫草。此种自然分布广泛，传统食、药用保健。样品由中国科学院微生物研究所菌物标本馆（HMAS）保存。

为将这一具有中华民族特色的名贵真菌药材发扬光大、造福人类，目前蓝氏北虫草工业化生产规模正在逐步增大，已建成大连、海南顺天生物科技有限公司南北两大基地，工厂建设总面积近万平方米，预计年产北虫草子实体干品4-5吨，同时开发北虫草保健茶、饮料、口服液、胶囊等系列产品，使昔日只为权贵所享的“中国神草”走进寻常百姓家，为大众健康服务。

中医中药伴我和家人健康一生

广东茂名　陈颢元

有诗云：“花甲莫言人已老，昔日老者今壮年；七十莫叹近黄昏，桑榆未晚霞满天”。

六十年前的一个暑期里，不慎左手食指被邻居的“棉花机”双滚轴卷进去，瞬间指成两半，血淋淋跑回家，痛苦中祖父训斥几句并即时上山采回“鬼画符”草药，咀嚼包扎伤处，三天一换二换的，竟然伤指痊愈（伤痕永留）。神奇的中草药——单味“鬼画符”叶片，在我童年时代就深深地扎根在记忆深处。从小看到祖父和外祖父对胃脘痛（胃溃疡、胃出血）、脱骨疸（血栓闭塞性脉管炎）等疑难病治疗及其显著的疗效，耳濡目染中接受了中医药熏陶，幼承家学，根深蒂固。我是丁丑年出生之人，1997年初退休前的35年业余时间里，除适当文体爱好外，几乎都在自学中医中药及加工炮制，研读名医案与访寻乡下的民间医方医药。退休后喜读“中医四部经典”、《医学衷中参西录》……等著作，并通过远程教学获得中医本科毕业证书及高级养生保健师职称。

我的家庭有十几口人，自退休后我便成了家庭保健医生。十几年来，家里人有过感冒、流感、外感高热、小儿麻诊、急性腹胀、腹痛、腹痛泄泻、泄泻、痔疮、慢性溃疡性结肠炎、胃病、心悸、高血压病、痛风、自汗、盗汗、腰腿痛、腰椎间盘脱出、牙痛、牙缝出血、牙龈溃疡、口疮、急慢性咽喉炎、带状疱疹、下肢小腿外臁疮痒、扭伤、肩周炎、肾结石等等疾患，患病者症状出现后，有些病

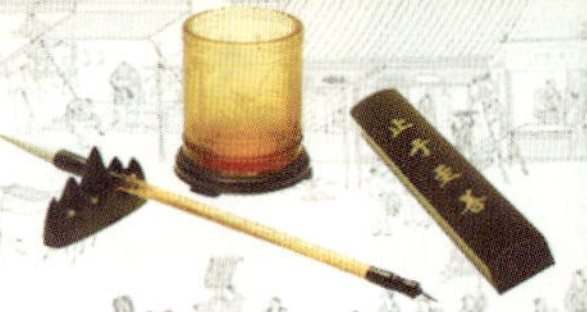

2009年版中医医师资格考试大纲修订

2009年版中医医师资格考试大纲（中医类别中医、中西医结合实践技能考试部分）2月颁布。新大纲取消了师承和确有专长人员测试的所有西医内容，取消了中医医师资格第一站辨证论治考试中的双重诊断要求，相关西医内容调整到第三站考试中作为必答题测试。新大纲强化了临床实际操作的测试力度，将中医治疗具有疗效和优势的常见病、多发病纳入了测试范围。

2月23日，2009年版中医医师资格考试大纲已正式颁布，对考试内容及考试方式等方面有所调整，包括取消了对有师承者和确有专长人员测试的所有西医内容。

今年，中医、中西医结合医师资格实践技能考试将启用新大纲。新大纲强化了临床操作的测试力度，调整、扩展了中医病证、西医病种的测试数量，将中医治疗具有疗效和优势的常见病、多发病纳入了测试范围。在临床操作中进一步强调考生要在叙述的同时进行实际操作。

新大纲体现了不同类别、不同应试对象、不同层次考试的区别，并规定在对有师承者和确有专长人员的测试题目中，不再包括所有西医内容。

新大纲还扩展了针灸操作和针灸急症应用测试范围，包括要求考生熟悉掌握在患者出现突发性胃疼、昏厥等情况时，通过针灸采取急救措施。同时，进一步明确了针灸技术应用能力、针灸异常情况处理、拔罐操作、推拿技术操作的测试范围。

针对有师承者和确有专长人员在中医医师资格考试中取消西医内容，北京某三甲医院相关负责人、曾参加过新大纲修订的专家表示，我国中医发展历史悠久，地域水平不均，乡村医生和“赤脚医生”对百姓健康有很大贡献，其确实应享有优待政策。但对于此部分人群无需掌握西医内容就可获得与专科院校学生相同的医师资格证书，显然是“不公平”的，“此种不公平不仅是对其他考生的不公平，同时也是对就医百姓享有同等服务的不公平”。

该专家称，虽然“老人老办法”无可厚非，但应进行分类管理和区别职业，限制师承人员和确有专长人员的从业范围，这也可以更好地保障患者的就诊效果。在新大纲已出台的情况下，建议出台相关的配套政策。

双黄连注射液等中药注射剂事件

中药注射剂是中医药现代创新成果，已成为临床疾病治疗的独特手段，发挥着不可替代的作用。但近年来出现的鱼腥草、刺五加、茵栀黄、双黄连等中药注射剂事件，引发了社会对已上市中药注射剂的不良反应和安全性问题的关注。这足以使我国中药注射剂生产企业和临床医务人员从中汲取教训，引起对中药注射剂不良反应和安全性的高度重视，从中药注射剂的研发、生产、储运、产品说明以及临床使用等各个环节严格把关，并积极开展中药注射剂的安全性再评价工作，维护中药注射剂的良好信誉，确保人民群众用药安全。

今年上半年，国家食品药品监督管理局启动中药注射剂再评价，要求企业全面开展生产及质量控制环节的风险排查，控制中药注射剂安全隐患。国家食品药品监督管理局对重点品种，分批、分阶段对中药注射剂的质量控制和风险效益展开综合评价。这项工作在业内被称为是中药注射剂的大洗牌。

附：

关于开展中药注射剂安全性再评价工作的通知

为全面提高中药注射剂的安全性、有效性和质量可控性，国家局下发了《关于开展中药注射剂安全性再评价工作的通知》（国食药监办〔2009〕28

号）。为进一步控制中药注射剂安全风险、做好安全性再评价工作，现就有关事项通知如下：

一、全面开展生产及质量控制环节的风险排查，切实控制中药注射剂安全隐患

为提高中药注射剂的生产及质量控制水平，国家局组织制定了《中药注射剂安全性再评价质量控制要点》（附件1）（以下简称《质量控制要点》）。中药注射剂生产企业必须对照《质量控制要点》要求，全面排查本企业在药品生产质量控制方面存在的问题和安全风险，主动采取有效措施，切实控制安全风险，提高产品质量。中药注射剂生产企业要强化对原辅料供应商的审计，加强对制剂稳定性、产品批间一致性的研究工作，要特别注意对热原、无菌和无效高分子物质控制的自我检查，并开展关键工艺的验证工作，保证产品质量。企业经自查不能控制产品质量风险的，应立即主动停产，或主动注销药品批准证明文件。自查结束后，中药注射剂生产企业应将自查整改结果报所在地省级药品监督管理部门。

中药注射剂生产企业应指定专门机构或人员，负责药品不良反应报告和监测工作，对发生的药品不良反应和质量投诉，要及时分析调查，发现存在安全隐患的药品应主动召回，确保临床用药安全。中药注射剂生产企业应当按照《药品说明书和标签管理规定》（局令第24号）的要求，结合卫生部、国家食品药品监管局、国家中医药局《关于进一步加强中药注射剂生产和临床使用管理的通知》（卫医政发〔2008〕71号），尽快完善药品说明书的用法、不良反应、注意事项和配伍禁忌等项内容，指导临床合理用药，降低临床使用风险。

各省（区、市）药品监督管理部门要积极组织本辖区中药注射剂生产企业做好生产及质量控制环节的风险排查工作。要在前期注射剂生产工艺和处方核查工作基础上，检查企业按照《质量控制要点》自查整改的情况，重点核查企业工艺验证、产品说明书完善等方面的情况，并组织专家对本辖区内的中药注射剂的安全性进行分析评估。根据核查和专家评估意见，对于未按照《质量控制要点》自查整改或经检查仍存在安全隐患的，应责令企业立即停产整改。2009年12月31日前，各省（区、市）药品监督管理部门应将本辖区中药注射剂企业的风险排查情况和相关处理决定报国家局。

二、组织综合评价，保证中药注射剂安全有效质量可控

为做好本次中药注射剂的安全性再评价工作，国家局组织制定了《中药注射剂安全性再评价基本技术要求》（附件2）（以下简称《基本技术要求》），中药注射剂生产企业应对照《基本技术要求》主动开展研究工作。国家局根据中药注射剂的生产状况、临床使用情况、不良反应监测情况、药品标准、药品抽验结果等情况，分类进行再评价。

（一）对于临床已经不使用并且长期停产的中药注射剂，药品生产企业应主动注销药品批准证明文件。

（二）对于存在严重安全隐患的中药注射剂，国家局将组织开展评价工作，不能保证用药安全、不能控制风险或处方不合理的品种，予以淘汰或撤销其批准证明文件。

（三）国家局分期分批组织对重点品种进行风险效益评价，第一批拟开展风险效益评价的品种为双黄连注射剂和参麦注射剂。

1、生产企业应对照《基本技术要求》，开展相应研究工作。

2、生产企业完成相关研究后，须按照《中药注射剂安全性再评价报送资料要求》（附件3）准备资料。2009年12月31日前，应将已完成的药学研究部分的资料上报所在地省级药品监督管理部门，需开展非临床研究和临床研究的应连同研究方案一并上报。2010年12月31日前，应将全部研究资料上报所在地省级药品监督管理部门。

3、各省（区、市）药品监督管理部门在2个月内组织对企业上报的资料进行形式审查，并对生产现场和研究情况进行核查，提出审核意见，连同企业报送资料一并报送国家局药品评价中心。

4、国家局组织相关单位和专家对再评价品种不良反应监测数据进行汇总分析，并组织药检机构对拟开展再评价的品种开展评价性抽验。

5、国家局将组织对企业上报的工艺验证等资料进行现场检查，并结合处方工艺核查、评价性抽验结果、药品不良反应监测情况、质量标准控制情况、省局的核查评估意见以及企业开展的研究结

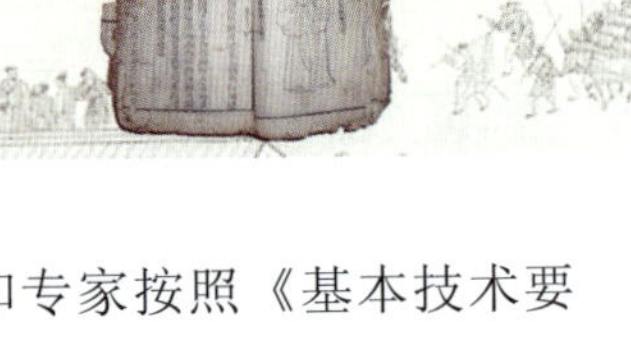

果等情况，组织有关单位和专家按照《基本技术要求》，对再评价品种的安全性、有效性、质量可控性以及企业风险管理能力进行综合评价。

6、国家局根据综合评价结论及相关情况，提出再评价意见。该补充研究的，布置补充研究；该修改完善说明书的，要求修改完善说明书；该提高完善质量标准的，开展质量标准完善提高工作；对生产质控等方面存在严重安全隐患的企业，应责令其停止生产；对于风险大于利益的品种，取消国家标准或撤销药品批准证明文件。

7、企业对评价结论持有异议，应在60个工作日内以书面形式，提出复审申请并说明复审理由。国家局应在3个月内组织专家进行复审，复审期间生产企业仍须按国家局已有的处理意见执行。

（四）对于其他中药注射剂品种，各药品生产企业应参照《基本技术要求》主动开展相关研究，控制风险保证质量。

（五）凡停止生产的中药注射剂品种，企业拟恢复生产，应省级药品监督管理部门报告，经处方工艺核查，并对照《质量控制要点》开展风险排查，符合要求后，方可恢复生产。不生产的中药注射剂品种不能开展再评价。

三、加快中药注射剂标准提高工作，保证产品质量

中药注射剂生产企业要按照相关技术要求，积极研究原料药、中间体和制剂的质量标准，提高企业内控标准，保证产品批间的一致性。生产企业要积极开展中药注射剂质量标准的研究工作，提高药品标准，确保中药注射剂产品质量。对于多家生产的同一中药注射剂，鼓励生产企业、科研单位和行业协会联合开展研究，共同提高产品质量标准。

国家局将把中药注射剂作为标准提高计划的重点领域，加快中药注射剂国家标准的提高工作。要在以往中药注射剂标准提高专项工作的基础上，组织药品检验机构开展药品标准研究工作，结合企业上报的药品质量标准资料，修订和完善药品质量标准，本着成熟一批公布一批的原则，分批公布中药注射剂国家标准。对于因药材基源、药材资源等问题已经不能按照国家标准生产的品种，或已经注销生产文号且无企业生产的品种，其国家药品标准将废止。

请各省（区、市）药品监督管理部门高度重视中药注射剂安全性再评价工作，认真组织辖区内中药注射剂生产企业做好风险排查、质量控制和相关研究工作，并加强监督检查，确保相关工作的落实，发现问题及时报告国家局。

建立完善中医药创新科技体系

16个国家中医临床研究基地建设起步良好，完成了建设规划和方案，建设资金已逐步到位。首次启动建设103个具有明确研究方向的重点研究室，加强科研人才培养，创新科研组织方式，有效整合科技资源，提高科技创新能力。通过新一轮规范评估，确定了388个科研三、级实验室，涉及行业内外160个医、产、学、研单位，为开展中医药多学科研究搭建平台。这些临床与科研相结合平台的建立，对于提高中医药对重大、疑难、传染性疾病治疗、研究、评价、规范的能力和水平，推动中医药科技创新有重大意义。获得2009年度国家科技奖的10项成果包括国家技术发明奖二等奖1项，国家科学技术进步奖二等奖9项，成果涉及中医基础研究、临床应用、民族医药、中药研究等。

中医药科技已成为我国民族科技的核心支柱，具有自主发展和自主创新的强大生命力，尤其在改革开放历程中经过不同区域、不同行业集中性开发战略的经验借鉴与支持，已具备了率先实施集中开发和振兴、全面纳入国家创新体系的条件与优势，不仅强化了其在民族科技领域中的核心地位，而且具备了与现代科技同步振兴与创新的条件。因此，必须清醒地看到，国家创新体系的建设不能没有民族科技体系，而民族科技体系的核心内涵则是中医药科技。

1月11日，2009年度国家科学技术奖励大会在北京人民大会堂隆重举行。中医药（民族医药）

10项成果获奖，获奖数量为近十年来最多的一次。其中包括国家技术发明奖1项，国家科学技术进步奖9项。

在获奖项目中，以《中国药用植物种质资源迁地保护与利用》为代表的研究成果，凸显了我国对中医药的发展战略及政策导向的变化；《复杂性疾病维医病证及其方药的一体化研究》、《开郁清热法在2型糖尿病中的应用》、《中医临床科研信息共享系统》、《当归提取物治疗高血压病的作用机制与临床研究》等获奖研究成果突出反映了国家对中医药临床科研的重视以及我国中医药、民族医药的快速发展。

2009年度国家科学技术奖励共授奖374项（人）。其中，国家最高科学技术奖获得者2人；国家自然科学奖授奖项目28项；国家技术发明奖授奖项目55项；国家科学技术进步奖授奖项目282项；授予7名外籍科学家中华人民共和国国际科学技术合作奖。

《传统医学决议》

2009年5月的第62届世界卫生大会通过了由我国提出的《传统医学决议》，这是世界卫生组织历史上第一个有关传统医学的决议，决议敦促会员国将传统医学纳入国家卫生系统。2009年10月的《南宁宣言》提出中国与东盟各国政、府应制定国家政策、法规和标准，把传统医学纳入国家综合卫生体系，并构建了中国与东盟传统医药高层交流机制。2009年10月，世界中医药学会联合会发布《世界中医学本科（CMD前）教育标准》，明确了中医学本科办学基本要求和中医学本科（CMD前）毕业生基本要求，适用于各国培养中医医生的高等教育机构。

2009年10月13日，世界中医药学会联合会在北京举行新闻发布会，会上发布了《世界中医学本科(CMD前)教育标准》。这是世界中医学教育史上第一个国际标准。标准明确了中医学本科办学基本要求和中医学本科(CMD前)毕业生基本要求，为今后建立中医学本科教育资格认证体系提供了依据。

《标准》包括“中医学本科教育办学基本要求”和“中医学本科(CMD前)毕业生基本要求”两个部分，同时以附录形式发布了“中医学本科(CMD前)教育专业知识与技能基本要求”。

“中医学本科教育办学基本要求”规定了中医学本科教育准入的基本条件，由宗旨和目标、学制与学时、教学计划、学生考核、学生、教师、教育资源、教育计划评估、管理和行政、发展规划共10个领域49项构成。

“中医学本科(CMD前)毕业生基本要求”是世界各地培养的中医学本科(CMD前)毕业生必须达到的教育目标，由总体目标、职业素质目标、知识目标和技能目标4个领域23条构成。

据主持本标准起草的世界中联教育指导委员会会长、天津中医药大学校长张伯礼院士介绍，目前世界范围内已开办了数百所中医教育机构，但由于各国各地区的文化背景、意识形态医学教育网收集整理、疾病防治理念、医疗保健制度等，中医教育发展尚不平衡，中医教育亟待建立国际标准，以保障世界中医教育健康发展。世界中联启动《标准》的制定工作，由世界中联教育指导委员会、天津中医药大学承办，经调研起草，先后进行了4次修订，于今年5月在世界中联长沙理事会上通过。

该标准适用于各国培养中医医生的高等教育机构，其建立和实施对提高世界中医教育质量、培养高水平的中医药人才，保证中医在国际上健康有序的传播、扩大我国的国际影响，都具有重大意义。

中医药在国际传播，人才是基础。在国际标准体系建设中，人才的培养标准具有奠基作用。因此，本标准中的“中医学本科(CMD前)教育专业知识与技能基本要求”对构成中医学本科(CMD前)教育的中医学基础、中医学临床基础和中医临床学的核心课程的知识与技能，按照目标和要求，明确了需要掌握和了解的内容。并对病证种类、中药、方剂和针灸腧穴等教学内容提出了具体的量化要求。

《标准》在起草制定中参考了国际医学教育组织、世界卫生组织西太平洋地区办事处发布的关于医学教育的基本要求和指南，参照了中国教育部、国家中医药管理局制定的有关中医学本科教育标准，并结合各国各地区中医学本科教育的实际情况，遵循了国际中医医疗市场适用性原则和教育机构所在国法律符合性原则。

据介绍，《标准》在适用于世界各国(地区)中医学本科教育的同时，尊重各国中医教育机构依法自主办学和办学特色，为各类中医教育机构留有充分的个性发展的空间。同时，《标准》将在实践中不断修订和完善，以适应全球中医药事业不断发展的需要。

新闻发布会上还公布了世界中医药学会联合会标准制定和发布工作规范》，该《规范》规定了世界中联制定和发布中医药国际组织标准的技术程序。

世界中医药学会联合会副主席李振吉介绍说，《标准》主要包括两方面的内容，中医学本科教育办学的基本要求；中医学本科教育毕业生基本要求，并对中医学科教育专业知识与技能基本要求予以规定和说明。《标准》在适用于世界各国（地区）中医学本科教育的同时，应遵循各国相关法规和政策，尊重各国中医教育机构依法自主和办学特色，为各类中医教育机构留有充分的个性发展空间。

五、文化活动

1、中医中药中国行活动－2009年篇

中医中药中国行（2009）活动方案

国家中医药管理局关于做好2009年中医中药中国行活动有关工作的通知

各省、自治区、直辖市卫生厅局、中医药管理局，新疆生产建设兵团卫生局，局各直属单位：

“中医中药中国行”大型科普宣传活动由国家中医药管理局、中宣部、卫生部等23家部门共同主办，以“传承中医国粹，传播优秀文化，共享健康和谐”为主题，通过在全国举办大规模的中医药科普宣传，弘扬我国优秀传统文化，集中展示中医药在维护人民健康、促进经济社会发展和推动社会主义文化大发展大繁荣等方面的重要地位和作用。活动于2007年7月在北京启动，截至目前已经在北京、河北、山西、辽宁、吉林、黑龙江、上海、江苏、浙江、安徽、山东、湖北、湖南、广东、广西、陕西、甘肃、青海、宁夏等地和香港、澳门特区开展，带动了中医药更加广泛深入地进农村、进社区、进家庭，受到群众的热烈欢迎，取得良好的社会反响。

2009年“中医中药中国行”活动将在天津、内蒙古、福建、江西、河南、海南、四川、重庆、贵州、云南、西藏、新疆等12省（区、市）继续举办，还将走进兵团和军营。现对2009年开展活动的省（区、市）卫生和中医药管理部门提出以下要求：

一、提高思想认识，加强组织领导。举办“中医中药中国行”活动，是宣传中国特色医药卫生事业理论和实践成就、宣传中医药改革与发展的重要载体。各地卫生和中医药管理部门要站在贯彻落实党的十七大、十七届三中全会精神，深入学习实践科学发展观，深化医药卫生体制改革的高度，进一步认识活动的重大意义，把这项工作列入重要的议事日程。接到通知后，要及时向省（区、市）分管领导汇报，争取支持。主动协调相关部门，争取社会各界支持，参照全国组委会的组成结构，确定本省活动组委会。动员中医药机构和人员参加到活动中来，同时指导组织各地市（州、区）开展好活动。

二、精心策划方案，确保活动效果。各地卫生和中医药管理部门要充分发挥主观能动性，按照因地制宜，科学规划，勇于创新，突出特色，形成亮点的要求，认真研究制订本地活动方案，力争办成具有地方特色的中医药科普宣传活动。要提高活动的针对性、实效性、可及性和互动性，活动口号、宣传文字、活动方式等要符合地方实际。通过开展中医药健康知识讲座、义诊咨询服务、健身方法体验、历史文化展览等活动，把中医药的知识和服务送到社区、机关、学校、厂矿、农村、牧区、边防等，扩大活动的覆盖面，并使活动持续一定的时间，达到惠及最广大的群众的目的。同时，要制定各种应急预案，明确分工，责任到人，采取有效措施，确保活动取得圆满成功。

三、重视新闻宣传，发挥媒体作用。组织好“中医中药中国行”活动的新闻宣传工作，是保证活动取得成效的重要环节。要专门组织策划工作方案，积极协调并充分利用当地媒体，在活动开展前以召开新闻发布会等形式进行预热宣传，并对活动全过程组织及时深入的报道。要以开展活动为契机，通过电视、报纸、广播、期刊、网络、手机、公交等多种媒体，宣传党和国家的中医药政策，宣传本地中医药事业的发展成就，宣传中医药文化和科普知识。

四、注意及时总结，探索长效机制。要边开展活动，边总结经验，不断丰富活动的内涵和形式，使中医药文化科普宣传活动更加符合基层情况，更加贴近群众需求，更加富有实效。要注意发现适宜中医药文化科普宣传的方式和途径，探索开展中医药文化科普宣传工作的长效机制，培养一支中医药文化科普人才队伍，建设若干文化科普活动基地，创作一批文化科普作品。同时，要安排好活动的文字、图片和视频材料的撰写和摄录工作，按要求及时收集报送全国组委会办公室。

另外，其他已经开展活动的各省（区、市）也要紧紧围绕“中医中药中国行”主题，结合落实“中医药知识宣传普及项目”，组织开展多种形式的中医药科普宣传活动。

附件：

“中医中药中国行”（2009）活动方案

一、活动主题

传承中医国粹　传播优秀文化　共享健康和谐

二、指导思想

以党的十七大、十七届三中全会精神为指导，深入学习贯彻科学发展观，积极推动社会主义文化大发展大繁荣，坚持解放思想，实事求是，坚持改革创新，与时俱进，紧紧抓住中医药发展的大好机遇，在2007年和2008年“中医中药中国行”活动的基础上继续深入广泛地开展中医药科普宣传，为中医药发展营造良好的社会环境，使中医药更好地为维护人民群众的健康服务。

三、活动意义

通过继续在全国范围内举办大规模的中医药文化科普宣传活动，集中展示中医药悠久的历史、科学的理论、独特的方法、良好的疗效，依托“中医中药中国行”平台，推进中医“三名三进”工程，中药“三名三保”工程，中医药教育“三名三培”工程，让社会了解中医药为中华民族繁衍生息所做出的巨大贡献，了解中医药在维护人民健康、促进经济社会发展、弘扬我国优秀传统文化等方面的重要地位和作用，使广大人民群众了解中医、认识中医、感受中医，让中医药惠及千家万户，为大众健康服务。

四、活动目的

面向基层、服务农村、惠及百姓。

五、组织机构

主办单位：国家中医药管理局

中共中央宣传部

全国人大教科文卫委员会

全国政协教科文卫体委员会

国家发展和改革委员会

教育部

科技部

国家民族事务委员会

财政部

人力资源和社会保障部

铁道部

农业部

文化部

卫生部

国家人口和计划生育委员会

国家广播电影电视总局

中国民用航空局

国家食品药品监督管理局

总后卫生部

中华全国总工会

共青团中央

中国科学技术协会

中华慈善总会

承办单位：中国中医药报社

相关省中医药管理部门

协办单位：中国中医药出版社

中国中医科学院

中华中医药学会

执行机构：北京纵横杏林广告公司

支持单位：中国中药协会

中国中西医结合学会

中国针灸学会

中国民族医药学会

世界中医药学会联合会

世界针灸学会联合会

支持媒体（中央媒体）：中国中央电视台　新华社　中新社　人民日报　中央人民广播电台　中国国际广播电台　经济日报　光明日报　解放军报人民政协报　中国日报　科技日报　中国教育报　农民日报　中国青年报　工人日报　中国改革报　健康报　中国人口报　劳动和社会保障报　中国医药报　中国卫生画报　医药经济报　文汇报　新华网　人民网　搜狐网

活动官方网站：国家中医药管理局网站 www.satcm.gov.cn

六、“中医中药中国行”（2009）组委会

主任：

王国强　卫生部副部长、国家中医药管理局局长

常务副主任：

马建中　国家中医药管理局副局长

副主任：

董俊山　中宣部宣教局副局长

陆应江　全国人大教科文卫委员会人口卫生体育室副主任

张文康　全国政协教科文卫体委员会副主任

王东生　国家发展和改革委员会社会发展司副司长

石鹏建　教育部高教司副司长

刘燕华　科技部副部长

丹珠昂奔　国家民族事务委员会副主任

王　军　财政部副部长

胡晓义　人力资源和社会保障部副部长

彭开宙　铁道部副部长

危朝安　农业部副部长

周和平　文化部副部长

江　帆　国家人口和计划生育委员会副主任

胡占凡　国家广播电影电视总局副局长

李　健　中国民用航空局副局长

张敬礼　国家食品药品监督管理局副局长

陈新年　总后卫生部副部长

乔传秀　中华全国总工会副主席、书记处书记

刘可为　共青团中央宣传部部长

程东红　中国科学技术协会书记处书记
邓铜山　中华慈善总会副会长
吴　刚　国家中医药管理局副局长
于文明　国家中医药管理局副局长
李大宁　国家中医药管理局副局长
组委会成员：
王志勇　国家中医药管理局办公室主任
蒋　健　国家中医药管理局办公室副主任兼新闻办主任
姜在旸　国家中医药管理局人事教育司司长
闫树江　国家中医药管理局政策法规与监督司司长
许志仁　国家中医药管理局医政司司长
苏钢强　国家中医药管理局科技司副司长
王笑频　国家中医药管理局国际合作司副司长
杨　锐　国家中医药管理局直属机关党委常务副书记
孙　涛　国家中医药管理局机关服务局局长
陈贵廷　中国中医药报社社长
王国辰　中国中医药出版社社长
李怀荣　中国中医科学院党委书记
曹洪欣　中国中医科学院院长
李俊德　中华中医药学会秘书长
王桂华　中国中药协会秘书长
穆大伟　中国中西医结合学会秘书长
刘保延　中国针灸学会秘书长
诸国本　中国民族医药学会会长
李振吉　世界中医药学会联合会副主席兼秘书长
沈志祥　世界针灸学会联合会秘书长
各相关省、自治区、直辖市中医药管理部门领导
组委会下设办公室
主　任：王志勇
副主任：蒋　健 陈贵廷
成　员：宋树立、李昱、陈伟、朱海东、关树华、刘志旭、濮传文、胡京京、陆静、王淑军、何春生、吴宝康、胡秀英，各相关省、自治区、直辖市中医药管理部门人员。

七、活动口号

（另文发）

八、活动时间

2009年3月至7月各省（区、市）完成活动。11月底前完成各项总结及后续活动。

九、活动地点

天津 内蒙古 福建 江西 河南 海南 四川 重庆 贵州 云南 西藏新疆 新疆生产建设兵团 总后卫生系统

十、主要活动

（一）围绕活动主题，贯彻指导思想，结合本地实际情况，在各省（区、市）和新疆生产建设兵团组织开展具有地方特色的中医药（民族医药）科普宣传活动；

（二）举办“中医中药中国行”总结及后续活动（方案另行制定）；

（三）“中医中药中国行”军营活动（方案由总后卫生部制定）。

十一、各省（区、市）活动主要内容

（一）省会和地级市现场活动

1、举行“中医中药中国行”活动启动仪式；

2、全国组委会向各省（区、市）赠送中医药科普图书和医疗物资；

3、中医药（民族医药）文体表演；

4、开展大型中医药（民族医药）义诊咨询活动；

5、开办市民健康讲座；

6、开展多种形式的中医药（民族医药）科普宣传。如举办中医药（民族医药）历史文化展览和食疗保健漫画展；开展知识问答、猜谜、游戏、教授保健操等互动活动；

7、开展“弘扬国粹、爱我国医”签名墙的签名活动；

8、开展“中医药（民族医药）大采访”活动；

9、发放中国中医药报“中医中药中国行”各省特刊；

10、发放中医药（民族医药）科普知识手册，同时发放收集中医药民众认知度调查问卷（每个活动现场一千份）；

11、其他具有地方特色的中医药（民族医药）科普宣传活动。

（二）深入基层活动

1、组织“中医中药中国行”社区医生和乡村医生培训，讲授基层实用的中医药知识和适宜技术，

培训现场发放《社区中医实用技术手册》、《乡村中医实用技术手册》；

2、深入社区和农村开展中医药（民族医药）科普宣传活动，组织义诊咨询、发放中医药（民族医药）科普资料、赠送药品，慰问军烈属、贫困户，开展健康讲座，讲座现场发放《中医药科普知识读本》；

3、其他具有地方特色的中医药（民族医药）科普宣传活动。

（三）其他活动

1、拍摄活动照片、视频，充分发挥当地媒体作用报道“中医中药中国行”活动；

2、中国中医药报举办“我与中医药”征文活动。

十二、活动的组织

全国组委会负责对各省（区、市）活动进行指导协调；根据地方需求，提供部分现场活动所需物料、物资，组织派遣有关专家，配合地方组委会组织各项活动；组织编辑《中国中医药报》各省特刊；组织中央媒体对各省（区、市）活动进行采访报道；组织“中医中药中国行”总结及后续活动。

各省（区、市）成立组委会，制定本省（区、市）具体活动方案并负责组织实施。配合全国组委会组织“中医中药中国行”总结及后续活动。

十三、活动经费

各省（区、市）活动经费由承办单位和各省（区、市）自筹解决。

十四、其他省（区、市）活动

除今年启动的省（区、市）外，其他各地中医药管理部门应积极配合全国组委会组织“中医中药中国行”总结及后续活动。并结合落实“中医药知识宣传普及项目”，认真组织开展形式多样的中医药文化传播和科普宣传活动。

四川

3月28日，“中医中药中国行”四川省活动暨“四川省中医药文化宣传月”活动在绵阳启动，由副省长陈文华主持，卫生部副部长、国家中医药管理局局长王国强，省委副书记李崇禧参加启动仪式并讲话。

“中医中药中国行”四川省活动以关爱灾区、三进（进社区、进农村、进家庭）惠民，宣传普及，共享健康，中医药走进千家万户为主题，旨在让更多的群众从中受益。同时启动的“四川中医药文化宣传月”活动，则通过举办大规模的中医药科普和中医药文化宣传活动，促进我省中医药医疗机构灾后恢复重建，推进中医药服务基层利民工程、中医药治未病健康工程等。

当天，还举办了大型中医义诊活动，近百名当地中医药医务工作者为2000多名群众进行了义诊。活动期间，四川省各地将举办大型义诊活动，省中医药管理局将组织专家分赴各地进行中医康复保健等方面的知识讲座，以及到社区、农村进行中医药技术推广等。

福建

5月9日上午，“中医中药中国行”大型科普宣传活动福建省暨福州站活动启动仪式正式举行。启动仪式由福州市委常委、副市长、宣传部长朱华主持，国家卫生部副部长、国家中医药管理局局长王国强，福建省委常委、副省长陈桦，省人大常委会副主任王美香，省政协副主席李祖可、省卫生厅副厅长阮诗玮、市人大副主任高翔、市政协副主席王聪深和有关领导、中医药专家及近千名群众参加了启动仪式。

陈桦副省长在启动仪式上致辞指出，扶持和促进中医药事业发展，是深化医药卫生体制改革，提高群众健康水平，建设海峡西岸经济区的重要内容。要坚持中西医并重，坚持继续与创新，统筹推进中医药医疗、保健、科研、教育、产业、文化全面发展，加大对中医药事业扶持力度，加强闽台中医药交流合作，提高中医药服务水平，为实现人人享有基本医疗和健康保障目标作出贡献。

王国强副部长发言指出，福建省委、省政府历来重视中医药服务体系建设、中医药专家学术经验继承等工作。希望开展“中医中药中国行”活动为契机，认真贯彻落实国务院扶持和促进中医药事业发展的意见，充分发挥中医药在深化医药卫生体制改革中的重要作用，加快中医药事业发展，使中医药走进社区、乡村和家庭，更好地为人民健康服务。

启动会结束后，王国强副部长和陈桦副省长等领导来到五一广场，看望参加义诊的中医专家并在“弘扬国粹、爱我中华”签名墙上签名。8辆“中医大篷车”在参加启动仪式后，将分赴全省除厦门外的8个设区开展巡回宣传活动，把中医药科普知识带给八闽大地的千家万户。

天津

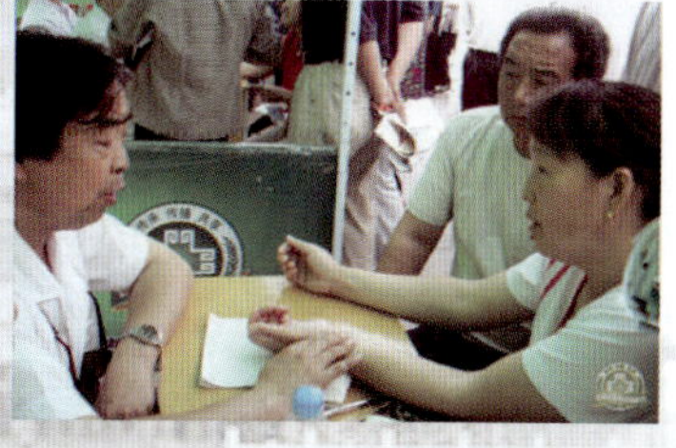

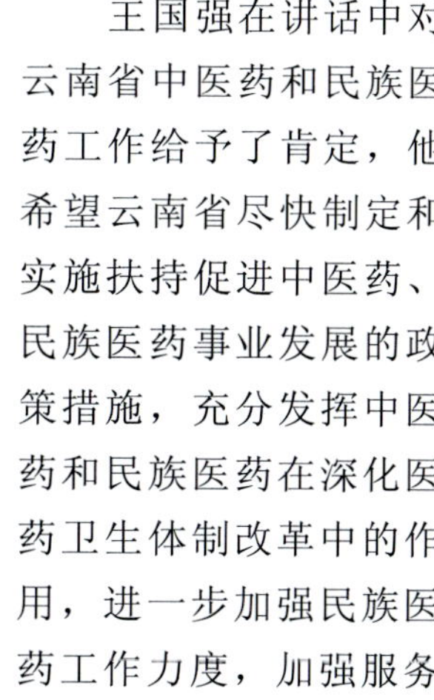

5月23日上午，“中医中药中国行”走进天津活动在银河广场启动。本次活动以“弘扬国粹、爱我中医”为主题，历时8个月，活动期间将开展一系列富有天津特色的中医药科普宣传活动。

以传承中医国粹、传播优秀文化、共享健康和谐为主题的“中医中药中国行”大型科普宣传活动，由国家中医药管理局联合有关部委共同主办，计划用3年时间完成。在上午的走进天津活动启动仪式上，天津市中医药研究院附属医院正式揭牌开诊，60多位中医专家现场义诊咨询。即日起至今年底，有关部门将举办津门医粹文物展、中医药知识与技能大赛、中医药养生保健专家团社区宣讲等活动。此外，本市将以此次活动为契机，提高中医药服务社会的能力，充分发挥中医药在重大疾病的防治和应对突发公共卫生事业中的重要作用。

云南

5月28日，“中医中药中国行”云南省大型科普宣传活动暨昆明站活动在昆明市东风广场启动。卫生部副部长、国家中医药管理局局长王国强出席启动仪式并讲话，云南省副省长高峰宣布活动启动，云南省政协副主席顾伯平出席启动仪式。

王国强在讲话中对云南省中医药和民族医药工作给予了肯定，他希望云南省尽快制定和实施扶持促进中医药、民族医药事业发展的政策措施，充分发挥中医药和民族医药在深化医药卫生体制改革中的作用，进一步加强民族医药工作力度，加强服务能力建设，为维护和提高人民健康水平、实现人人享有基本医疗卫生服务目标和建设绿色经济强省、民族文化大省做出贡献。

仪式上，国家中医药管理局向云南省赠送了中医药科普图书和医疗设备；云南省中医院、昆明市中医院等省市中医医疗机构举办了大型义诊活动；百米展廊向公众展示了中国古代医药发展史、食疗药膳漫画以及云南丰富的中医药资源。与会领导还向云南卫生系统中医药传统技能大赛获奖选手颁发了获奖证书。

重庆

7月4日，“中医中药中国行”重庆大型科普宣传活动在重庆市著名的商业区观音桥步行街启动。卫生部副部长、国家中医药管理局局长王国强，重庆市委常委、宣传部部长何事忠，市人大常委会副主任余远牧，副市长谢小军以及市政协副主席陈万志等领导出席了启动仪式。

步行街中间，带有传统中国红的立柱搭起了250多米的长廊，平日里就人流如潮的街上，此时更是摩肩接踵。再加上空中飘曳的气球和标语，以及中医药人物方柱、红花镶嵌而成的“发展中医、利国利民”横幅，俨然一派节日的胜景。无论是白发苍苍的老人，还是蹒跚学步的小孩，都赶来体验中医药的无穷魅力。

活动现场充分体现了中医元素。启动仪式上，近千名医务人员组成绿、红、黄、白4个方队，分别代表春、夏、秋、冬四个季节，喻指中医阴阳学说中春夏养阳、秋冬养阴之意。

为了把中医药知识送进千家万户，重庆市通过报纸、电视等媒体，开设中医药专版、专栏，使近千万人对中医药科普知识多了了解。

贵州

7月11日上午，“中医中药中国行”贵州省启动仪式暨贵阳站活动在贵阳举行。卫生部副部长、国家中医药管理局局长王国强，副省长谢庆生等出席启动仪式，活动组委会向贵州省卫生厅赠送了中医药科普图书和医疗物资。

本次活动现场举行了中医专家大型义诊咨询、中医药科普知识宣传展览、“弘扬国粹、爱我国医”万人签名、中医针灸、推拿按摩现场体验、中药猜谜等一系列活动，吸引众多市民前来就诊和咨询。

“中医中药中国行” 大型中医药科普宣传活动，是新中国成立以来由政府举办的第一次全国性中医药科普宣传活动。其走进贵州，就是以实际行动推动党和国家中医药方针政策的贯彻实施，切实让广大群众感受到党和政府对百姓健康的亲切关怀。

内蒙古

7月18日，“中医中药中国行”内蒙古启动仪式暨呼和浩特站活动在新华广场举行，卫生部副部长、国家中医药管理局局长王国强，自治区人民政府副主席刘新乐，自治区政协副主席牛广明等领导出席启动仪式。

60位蒙古族青年拉动手中的马头琴，伴着“美丽的草原我的家”，中医中药中国行·蒙医蒙药内蒙古行拉开帷幕。国医大师苏荣扎布等多位著名中

蒙医药专家，也来到现场参加启动仪式和义诊咨询活动。

现场活动民族特色浓郁，大气磅礴。蒙族姑娘为嘉宾献上象征着纯洁神圣的蓝色哈达。12尊皇家礼炮，数十筒冷火烟花、礼宾花，数千枚氦气球在同一时间绚丽盛放。中蒙医药人员的文艺表演庄重精彩，广场另一侧的秧歌队轻松诙谐，中医药科普展览和中药猜谜吸引了众多人群。

鄂尔多斯、赤峰、通辽、呼伦贝尔等盟市也将陆续启动中医中药中国行活动，蒙中医科普大篷车将深入各地农村进行健康讲座和培训赠药。

之后，现场还开展了组织百名中医药专家现场义诊咨询，体现江西中医药文化、富有浓郁地方特色的文艺节目汇演，中医药科普知识百米长廊展示、中药谜语和“弘扬国粹、爱我中医”大型签名和中医药文化知识互动游戏等活动。

“中医中药中国行”江西省活动期间，江西省还将开展多项活动来推动全省中医中药事业的发展，主要包括在江西省范围内面向社区医生举办中医药知识的技术培训，还将开展社区中医药科普宣传，组织科普专家深入社区开展义诊、咨询、举行健康讲座，发放中医药活动。另外，由中医中药中国行活动组委会组织的“中医大篷车”万里行活动将深入到江西南昌、九江、上饶、抚州、宜春、吉安、赣州、樟树等地开展“送医送药”进农村、进社区活动，并发放图书和科普资料。

江西

8月30日上午，“中医中药中国行”江西省活动启动仪式在南昌隆重举行。卫生部副部长、国家中医药管理局局长王国强，江西省人大常委会副主任蒋如铭，江西省副省长谢茹，江西省政协副主席郑小燕以及江西省著名老中医代表、省直医疗单位代表、现场观众共近3000人参加了启动仪式。

启动仪式上，国家中医药管理局向江西省赠送了医疗物资和图书，另外，与会领导还参与了“弘扬国粹、爱我中医”的现场签名活动，并看望了现场义诊的老中医专家学者。

海南

9月5日，“中医中药中国行”海南启动仪式暨海口站活动在明珠广场举行，卫生部副部长、国家中医药管理局局长王国强，海南省人大常委会副主任康耀红等领导出席启动仪式。

明珠广场位于海口市最大的商业中心明珠商场门前，每天前来购物的市民和各地游客达数万人次。活动启动仪式一开始便吸引了大批游人驻足观看，精彩的文体表演更是博得阵阵掌声。不少市民对中医药展览表现出极

大兴趣，更对海南当地中医药和民族医药有了更多了解。

活动最受欢迎的莫过于中医义诊了，各专家诊台前围满了群众。海南省中医院这次派出了十几位临床经验丰富的专家，涵盖了内、外、妇、儿以及骨伤、耳鼻喉等各科。该院针灸科名誉主任胡光教授正忙着给群众扎针。由于诊台太小，他的义诊亭周围摆满了凳子，就连树下的石凳上都坐满了等着扎针的市民。

此次活动，被当地人称为中医中药环岛行活动，将在文昌、琼海、三亚、儋州等地陆续启动，中医药专家将深入基层开展义诊及培训活动。

2、中医中药中国行·军营行

中医中药中国行·军营行启动仪式

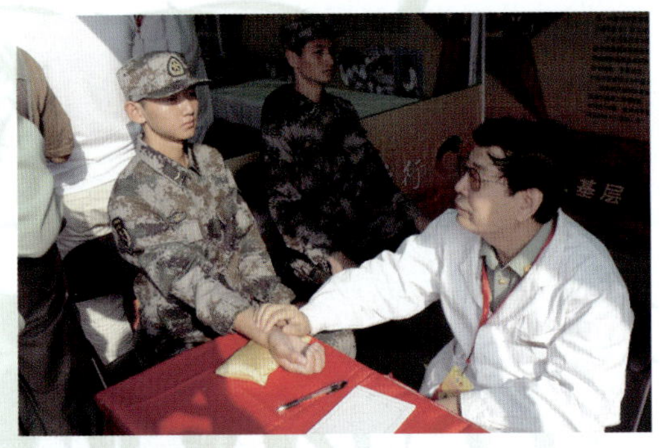

2009年9月14日上午，“中医中药中国行•军营行”活动启动仪式在北京卫戍区三军仪仗队驻地隆重举行，卫生部副部长、国家中医药管理局局长王国强，国家中医药管理局副局长马建中，总后勤部副部长秦银河，总后卫生部部长张雁灵等领导出席了启动仪式。官兵们参与了中医体质辨识、中药材辨认以及中医义诊等活动。随后全军各大军区、各军兵种中医药专家组成的60支医疗队伍将陆续奔赴高原、海岛、边疆等地的基层连队，为战士们送去中医药服务。

湛江站

中医药随“和平方舟”深入海疆

11月11日，湛江麻斜军港晴空万里，一艘通体洁白、气势雄伟的万吨级轮船静静地停泊在绿色的海水之中，船身上的红色十字标识分外鲜明，这就是“和平方舟”号医院船。它是世界上第一艘也是唯一的一艘万吨级大型专业医疗船，可舰载医护人员160余人，提供病床300张，能够提供相当于一所三级甲等医院所能够提供的医疗服务，本次“中医中药中国行·军营行”湛江站活动将密切结合“和平方舟”号，深入海疆为驻岛官兵和地方群众送去中医中药的服务。

当天下午，“中医中药中国行·军营行”湛江站活动正式启动，仪式由海军后勤部李云清副部长主持。卫生部副部长、国家中医药管理局局长王国强代表“中医中药中国行·军营行”组委会发言，“和平方舟”号医院船海上指挥员殷月浩副司令员、南海舰队侯月喜副司令员、总后卫生部陈新年副部长分别讲话，慰问参加“中医中药中国行·军营行”和平方舟医疗服务万里海疆行活动的人员，鼓舞士气。

“中医中药中国行”组委会向“和平方舟”号医院船及驻湛江部队捐赠了价值137万元的中医药品、医疗物资和书籍，这批中医药产品将搭乘“和平方舟”号前赴西沙、南沙等岛礁。活动还抽调了部队和地方多个医疗机构的骨干专家，组成一支医疗服务水平高超的队伍，他们将随船前往边远岛礁，为当地官兵群众送医送药送健康。

南部偏远岛礁普遍医疗条件不足，驻岛官兵因为气候原因和环境限制，身体状况需要调理，这次“中医中药中国行”组委会为医院船补给了大批中医药物资，将为驻岛官兵“治未病”、保健、理疗发挥重大作用。

本次活动是以“深入基层、服务部队、造福官兵”为主题的“中医中药中国行·军营行”活动的一部分，活动自9月14日在北京启动以来，已经有60支医疗队深入高原海岛、边防哨所开展义诊活动，向基层连队配发中医诊疗保健箱，为基层官兵提供中医药服务。

3、第三届国学国医岳麓论坛

养生，目前成为人们最关注的话题，为了更好地传承中医国粹、传播优秀文化、共享和谐健康，更好服务于社会，推动健康产业的发展需求，每年一度的国学国医论坛暨第三届国学国医岳麓论坛将于2009年5月23-25日在长沙枫林宾馆举办，主题：国学国医·修德养生。与会人员约五百人。

本次论坛将由中华中医药学会、中和亚健康服务中心、中国自然辨证法研究会易学与科学委员会主办；由湖南中医药大学、北京中医药大学远程教育学院、中国中医药现代远程教育杂志社、中华中医药学会亚健康分会、中华中医药学会医古文分会、湖南湖湘文化研究会、湖南中西医结合学会、湖南炎黄文化研究会易学与科学专业委员会协办；由富智集团、中华中医药学会继续教育分会、北京二十一世纪环球中医药网络教育中心承办。本次论坛由中国中医药现代远程教育杂志社主编孙光荣教授主持，组委会特邀请了国家中医药管理局医政司许志仁司长、国家中医药管理局机关服务局孙涛局长、中华中医药学会李俊德秘书长、湖南省中医药管理局刘君武局长、湖南省政协骆伟副秘书长、著名国学大师丘亮辉教授等领导出席会议，

分别对论坛致辞，并邀请湖湘当代著名中医熊继柏专家作主题演讲。

论坛还分设国学分论坛、亚健康分论坛、继续教育分论坛、书画与养生分论坛、首届学校心理教育分论坛。主论坛采用国际会议流行互动访谈模式，还增设了《国医年鉴》的首发仪式、颁发年鉴收录证书、国学国医大讲堂--名家讲师团成立仪式、大学生亚健康产业创业计划--5428工程启动仪式和签名售书活动等环节。其中分论坛之一亚健康分论坛将首次采取会议+展览+活动结合的形式，发布亚健康政策信息；提供亚健康产业界学术交流、学术研讨平台；发布企业先进技术、展示企业优良产品的产业推广平台。

作为本届论坛的重大成果之一，国家中医药管理局指导编写的《国医年鉴》2009年卷由中医古籍出版社出版，并在论坛上举行了全国首发仪式。《国医年鉴》全书100余万字，分为中医文化集萃卷、“治未病”卷、中医名人榜卷、中医世家卷、科技成果与诊疗技术卷、优秀论文专著卷六卷。它既是一部集文学性、艺术性、实用性和史料性于一体的大型工具书，又是一部极具珍藏价值的特色文化典籍。

论坛的召开，不仅对国学、国医的发展具有直接的推动作用，而且对相关行业及其单位的文化建设有着重要的指导意义，将对社会主义和谐社会的文化建设产生积极而深远的影响。

4、第三届中和亚健康论坛

由中华中医药学会、中和亚健康服务中心主办的第三届中和亚健康论坛于8月15日在北京人民大会堂隆重召开。国家中医药管理局副局长于文明教授、中华中医药学会副会长兼秘书长李俊德教授、中和亚健康服务中心理事长、中华中医药学会亚健康分会主任委员孙涛教授出席本次论坛并致辞，本次的论坛主题为“普及中医养生知识，推广中医保健技能”。中和亚健康服务心副理事长孙光荣教授主持了本次论坛。

中和亚健康论坛已经连续成功举办两届。本次论坛通过多场专家、学者的专题报告，在业界产生了积极的影响和广泛的认同，中和亚健康论坛已经逐渐成为国内外致力于中医“治未病”和亚健康防治事业同仁互动交流的最佳平台之一。据介绍，本次论坛旨在荟聚中医药及亚健康领域多方精英，集思广益、群策群力，共商通过发展亚健康产业拉动内需、振兴经济的思路和方法；共同研究推广中医预防、养生、保健、康复基本知识和适宜技术的形式和途径，在提高人民群众健康水平的同时，为我国经济社会的发展服务。

大力发展中医药产业

参加本次论坛的除了有来自全国各地的中医药专家，还有许多国内知名的中医药企业。他们针对中医药行业、产业的发展现状和未来蓝图做了充分的讨论和展望。来自中国国际健康美容行业发展联合会的任韵龄会长在论坛上表示，中医药技术是老祖宗给我们留下来的宝贵遗产，我们要充分利用它，不仅可以治病救人，还要在日常保健上发挥作

用，进而带动整个中医美容保健产业的发展。来自医药、美容、保健、食品等行业的20多家企业参与了讨论并发言，均表示对中医药产业发展前景持乐观态度，并在国家大力支持发展中医药产业的背景下，群策群力，共同发展。

寄予厚望 做行业的领路人

中华中医药学会亚健康分会副秘书长吴浩凯在接受记者采访时时表示，目前中医药行业还没有形成一个非常正规、完善的管理服务体系，中医药产业也没有完全放开，行业内从业人员良莠不齐，医药产品也鱼目混珠。而张敬发教授和朱文建教授，一个出自中医世家，一个身怀绝技，一个拥有祖传秘方，一个擅长自然疗法，他们二人的强强联合，在中医领域治疗关节性疾病上还是首次，希望他们的通力合作能够开辟出中医产业一条特有的道路，在全国推广，为患者带来福音，做行业的领路人。

本次论坛为期一天时间，来自祖国各地的中医中药专家在会上充分的交流和探讨。中华中医药学会亚健康分会副秘书长吴浩凯说道："目前，中医药行业、产业越来越收到党和国家领导人的重视，我们举办这个论坛的目的，就是为了把大家聚集到一起，通过共同的努力，使中华民族传统医学这颗奇葩在世界上绽放出艳丽的光彩"。

本次论坛同时在国家奥林匹克体育中心举办了"首届亚健康产业展览会"，共有30多家企业参展。

5、中韩传统医药与亚健康高峰论坛

9月17日-19日，中韩传统医药与亚健康高峰论坛暨第十三届中韩中医药学术研讨会在长沙召开，来自中韩两国传统医学专家们欢聚一堂，就如何加强传统医学的发展和亚健康领域的合作进行友好交流。

本次会议由中华中医药学会、韩国大韩韩医师协会、中和亚健康服务中心主办；由湖南省中医药学会、中华中医药学会亚健康分会等单位承办，会议主要的宗旨是加强中韩传统医学之间的学术交流，并在中医药治未病思想指导下，结合目前健康产业的现状，研究、推出新的亚健康干预技术和产品，为构建具有中医特色的预防保健服务体系探讨出科学的经营模式。

亚健康是人体处于健康和疾病之间的一种低质状态，在20世纪90年代中期，由国内学者王育学首次系统提出了"亚健康"这个新概念。国家中医药管理局机关服务局局长孙涛在会上就《中国亚健康产业发展现状及趋势》作报告时指出，作为21世纪人类共同面临的三大健康问题即亚健康问题、慢性复杂性疾病问题、老年人健康问题三者之一，亚健康既是一门新兴学科，更是一个朝阳产业，亚健康事业仍有广阔空间有待开发与研究。

目前，中国在亚健康产业方面，逐步形成了服务产业链。其中在食品产业方面，有亚健康绿色食品、防衰老益寿食品等；在制药业方面，有防治各种亚健康状态的化学药、植物药、生物制品等。在

休闲业方面，有亚健康旅游、运动健身；在亚健康文化方面，有亚健康网站、书籍、音像制品等；在医疗保健服务方面，有亚健康检查中心、亚健康社区服务站等；在设备制造业方面，有亚健康检测设备、家用亚健康治疗设备如热成像技术设备在亚健康诊断中的应用等。

在会上，来自韩国的传统医学专家也就该国亚健康产业发展现状及趋势进行了详细介绍，并就两国在亚健康领域如何加强交流合作进行了深入交流。

中华中医药学会与韩国大韩韩医师协会自1992年签订学术交流协议以来，至今已有17年的合作与交流的历史。

6、首都中医药60年发展成就展开展

9月26日，由北京市中医管理局、中国中医科学院、北京中医药大学等单位联合举办的“首都中医药60年发展成就展”在北京自然博物馆开展。卫生部副部长、国家中医药管理局局长王国强在致词中充分肯定了首都中医药60年来的辉煌成就，并对首都中医药发展提出希望和更高要求。

王国强在北京市卫生局局长方来英、市中医管理局局长赵静等陪同下，饶有兴致地观看了中药蜜丸制作的现场演示、传统中医诊疗器具展示以及描绘中医药发展成就的视频、展板等。在浏览了“中医药在基层”展板内容之后，王国强说，中医药的生命力在基层，中医药工作者必须安下心来下基层，做临床研究，发挥中医药在基层的重要作用。

中国中医科学院院长曹洪欣对记者表示，中医药发展要有大首都，战略。首都中医药也是全国、全世界的中医药，首都中医药应立足首都、面向全国，服务世界，引领中医药发展方向，在首都、中国、世界这三点上起到桥梁作用。”

本次展览为期12天，展出了新中国党和国家领导人关怀中医药发展的题词、京城四大名医的墨宝、中医传统器具等近千件实物，以首都中医药发展历程、国医文化、医界精华、辉煌盛誉为主线，展示祖国医学的博大精深、首都中医药界人才济济以及60年来中医药的传承发展、中医药文化的普及弘扬。

7、第二届国际中医药与亚健康论坛

由澳门科技大学、世界中医药学会联合会亚健康专业委员会、中华中医药学会亚健康分会和两岸四地中医药科技合作中心联合举办“第二届国际中医药与亚健康学术研讨会”于2009年11月24-25日在澳门科技大学举行。

参加本次研讨会的有来自德国、澳大利亚、日本、新加坡等国家和中国大陆及台湾地区、香港特区和本澳的众多专家学者，他们围绕“中医药与亚健康”这个主题展开两天的热烈研讨。国家中医药管理局马建中副局长、世界中医药学会联合会副主席兼秘书长李振吉教授、中华中医药学会秘书长李俊德教授等国内有关领导莅临此次大会。24日上午在澳门科技大学D座国际会议厅举行了隆重的“开幕礼”，参加开幕礼的澳门主要嘉宾有澳门特别行政区卫生局李展润局长、郑成业副局长，中央人民政府驻澳门特别行政区联络办公室文化教育部刘伟宁副处长，澳门科学技术发展基金行政委员会主席唐志坚先生、澳门科技大学基金会主席廖泽云博士、澳门科技大学校长许敖敖教授等。

澳门科技大学校长许敖敖教授致词说："亚健康状态作为健康与疾病的中间状态，处理得当可向健康转化，处理不当将直接导致严重的疾病。故干预亚健康状态的关键在于早发现、早诊断、早干预。中医药学是中华民族的瑰宝，中医学历来提倡未病先防、既病早治。近年来中医药在预防和干预亚健康状态，维护人类健康中发挥着越来越重要的作用！"许校长希望此次大会的学术交流活动能促进中医药在干预亚健康方面学术水平的提高和临床效果的提升，以使在今后确能做出有实效的工作，获得很好的成绩。

澳门卫生局郑成业副局长发言指出，当今人口老龄化、疾病负担已成为广泛的社会、经济问题,面对心脑血管疾病、癌症以及多种慢性疾病发生率和病死率的居高不下；亚健康状态的普遍存在,医疗卫生工作面临许多亟待解决的难题；庞大的医疗费用支出,即使在西方发达国家也是经济社会发展中的沉重负担。因此，医学工作者很有必要从亚健康的医学角度思考这样一个既严峻而又现实的问题。澳门特区政府自成立以来，一直重视发展中医药事业的发展。卫生局在组织中医药学术研讨，完善中医药方面的法律，法规，提高现有中医生、中医师的医术水平，以及中药的规范化管理方面，作出不少努力，得到了一定的成效。因此他希望本次会议能在中、西医学汇聚的气氛里一起探讨干预亚健康、维护健康的策略，一起重新认识古老的中国医学体系中的一些先进理念。共同探讨医学与健康领域的新观点和新思维。

国家中医药管理局马建中副局长在开幕礼上说，当今社会人们越来越重视传统医药的医疗保健服务，而中医药学的基本观念和独特的诊疗方法，为未来医学的发展提供了新的思维方法和防治手段。中医"上工治未病"的理念就是重视预防保健，防患于未然；就是强调"以人为本"的思想，通过提高自身机能，强壮体质，防御疾病，达到促进健康的目的。他相信通过此次研讨会的讨论与交流，在如何正确认识中医药预防和干预亚健康的优势及有效的实践方式向全球推广等方面将会形成共识，从而推进中医药在维护人类健康中发挥更大作用。

本次研讨会有中国工程院院士、天津中医药大学校长张伯礼教授、中华中医药学会亚健康分会会长、世界中医药学会联合会亚健康专业委员会执行会长孙涛教授、欧洲中医针灸学会主席、世界中医药学会联合会亚健康专业委员会副会长Frank R. Bahr教授、世界中医药学会联合会副主席、新加坡中医师公会副主席赵英杰教授等四位专家分别进行了大会主题演讲，有来自海内外的52位专家进行了专题演讲。

透过本次研讨会，不仅理清了中医药干预亚健康的研究思路，交流中医药干预亚健康的最新技术和科研成果，从而更好地开展亚健康基础研究和临床干预工作，而且有利于提升广大民众对亚健康的重视程度，了解了"健康"的真正内涵，进一步推动打造"健康城市"工作的进程。

安徽省

朱华春

朱华春，男，1955年生。安徽怀宁县人。中医主任医师。本科学历，毕业于安徽中医学院，1996年获得美国诺贝尔医学研究院医学博士学位。现任怀宁县肝病医院院长（法人代表），国家重症肝病科研协作组成员单位组长，国家中医药管理局专科专病肝病协作组成员。兼任中国民间中医药开发协会专家常委；中国特色医疗名医协会专家常委，中华医学会肝病分会理事；国际中医学会肝病专家主任委员；中国医药荟萃丛书编委；《中华医药报》特邀编委；《健康大视野》驻地记者。历任国家中医管理局中医药乙肝临床科研理事会执行理事；国家中医管理局乙肝攻关“200-E课题”组组长；怀宁县肝病研究所所长；《实用临床经验》编委；《综合实用临床医学》副主编，中华医学文库肝病专辑主编。

擅长中西医结合治肝病，已发表肝病专科学术论文42篇，其中4篇（《浅析乙肝治疗》、《论解化败毒散治肝炎》、《肝病胆治》《肝病胃治》）获国际国内优秀论文特等奖；《五草双参丸治肝验》《大黄治重症肝炎的临床研究》《化瘀疏肝丸治肝硬化》获得中医药研究开发成果奖。参加国内肝病学术会数十次；曾应邀赴美国、西欧、东南亚等20多个国家进行中医肝病学术交流和讲学；业绩已入编《世界名人录》《中国专家大词典》等书籍；中国中医药研究促进会授予“全国特色诊疗专家”、当地政府授予“卫生先进工作者”等荣誉称号；曾任县十三届人大代表。九、十、十一届政协委员。

北京市

杜香梅

杜香梅，女。毕业于北京中医药大学中医系。现任北京市南城中医门诊部副院长。临床从师于中国中医研究院资深研究员谢海洲教授，外科从师于北京中医院王玉璋教授。在多年临床实践中，以中医四部经典为准绳，指导临床实践。在中医药治疗多种急慢性、多发性疑难病方面有其独到的见解和成功经验，撰写论文如：《浅论八纲辨证》、《论治心血管病》、《论治脑血管病》、《临床应用王清任活血化淤法的研究》等文章，分别发表在《美中医学杂志》、《北京中医药学会论文集》、《全国王清任学术思想暨临床治验研讨会论文集》上。

重慶市

向成东

向成东，男，1958年出生，土家族，重庆石柱县人。毕业于重庆三峡医药高等专科学校，祖传针灸世家。现任重庆康复医学工程研究所中华一绝点穴疗法研究室主任，研究员。

向成东的“中华一绝”已经获取国家专利，专利号ZL 200820100235.8。

向成东系中国针灸学会会员，中国针法灸法分会理事，重庆市针灸协会会员，中国管理科学院学术委员会特约研究员，中华医学临床研究特色专科专家。2002年庆祝中国针灸学会与大韩针灸师协会缔结姊妹学会十周年暨全国针灸新疗法，新技术现场演示会和疑难病症针灸治疗经验交流会作为特邀代表，在会上作了“针刺点穴疗法的临床应用”经

知各地病因差异，因而扎实地打下了临证基础。

吕氏中医德、业双修，从不妄言医术哄蒙患者，坚持以发扬祖传医术为荣，以解除患者病痛为乐。对重患者疑难杂症，可先住院治疗，病情好转再付款，如病情不见好转则免收费用。吕氏中医祖传家规：凡能治者力求治愈，不能治者均不接诊，以免贻误患家。

山東省

高兴堂

高兴堂，笔名医文友、东岳医郎。男，山东莱芜市人，1956年生。1974年7月起任乡村医生，1977年考入原山东中医学院，毕业后成为执业中医师，任山东新泰新汶医院中医科任主治医师；1986年脱产一年参加泰安市第四期“中医四大经典研修班”进修；1992年调入山东电力管道公司职工医院任业务负责人；2006年12月执业注册于山东新泰市第二人民医院至今；现正申办个人医疗机构登记中。从医35年，一直致力于骨伤疼痛病症的中医临床外治研究，搜、藏古典医籍，遍访民间名医，执着效验秘方探索，其代表作品为个人第二项国家发明专利（专利号：200810015679.6）“一种治疗肿瘤等疑难疼痛的外用药及其制备方法”（简称“百痛灵”）。有医治数十万人次丰富临床经验，整理临床医案札记资料近九十万字，撰写论文十余篇，其中大黄治未病“清宁丸防病延年”刊发于1989年第22期《中医报》，“泰山民间镇痛方药初探”刊发于《泰山卫生》1982年第3期。

纪作平

纪作平，字正义，别号板桥居士。祖籍山东省寿光县丰城板桥村。生于1958年8月。1976年，纪作平19岁，在济南开设门诊，堂号益寿堂济生诊所。纪作平钟情于中医，多年读经典，写心得，编撰了《脉学精蕴》、《宁坤宝典》、《中药异名录》、《医林妙论》、《异方秘集》、《针法捷要》、《按摩要术》、《刮痧钰铃》等多部书稿；撰写论文《马前子木鳖子并非一物辨》。

李承平

李承平，男，68岁，汉族，1941年6月出生。原籍蓬莱市北林院村。1959年，村领导王昌兰大队长对他说：“经村领导研究，成立村保健站，因为咱村是山区，群众看病难，再把世代祖传整骨老先生请进来，安排你向他学习。”李承平六岁成为孤儿，在乡亲们的照料下长大。他向领导保证一定学好技术，为家乡人民服务。他暗暗对自己起誓，一定做一个合格的、有技术的人民医生。在北林院世代祖传恩师周德忠老先生的指导下，认真系统的学完了中医骨伤科学和多部名医名著。1962年以优异成绩获得卫生局第一批颁发的保健员证，以后成立村办接骨医院，开始独立临床工作，也负责村里的防病、治病工作。1968年获得赤脚医生证。此后参加两期卫生局组织《中医基础》、《中草药学》的学习。1979年，参加全国解放后第一次中医考试，考取158分，差2分在职录取（当时在市乡村医生中是最高分）。先后到市医院骨科、山东省文登整骨医院进修学习。1987年迁居蓬莱市乐河村。1989年，考取乡村主治医师由山东卫生厅颁发乡村医师证书，档案在烟台卫生局至今。

在以后的工作当中，我努力学习，在祖传整骨技术的基础上，通过进一步的整理和多年的临床验证，总结出多种临床经验制剂，经过40多年的临床验证，在骨伤科方面取得了较好的应用效果。几十年来，在治疗骨伤科病，风湿病方面收治了省内外大量病人，行医几十年没出现一例骨髓炎、股骨头坏死或骨坏死、骨折畸形愈合。

李广贺

李广贺，男，汉族，1974年5月生。乡村医生，亚健康调理师。中华中医药学会会员。中医之家会员，中华中医协会会员，广西林源堂养生制品有限公司养生咨询师。毕业于枣庄第二卫生学校、社区医学和曲阜中医药学校中医专业。曾在北京高等中医药培训学校学习。擅长运用中医中药儿科直肠滴入技术，2008年12月参加中医中药中国行基层中医师骨干培训班，2009年参加中华中医药学会“亚健康调理师”。多次参加全国学术交流。

刘治平

刘治平，1934年11月生于山东省夏津县新盛店镇蔡庄。自幼师承外祖父研习中医，研习治疗疑难杂症的秘术秘方。在实践中，继承发掘整理总结了

一整套珍贵的医术资料，也救治了许多疑难重症患者。后就读于北京煤炭干部学院，任职于山东肥城矿务局，历任高级经济师副局长、局级调研员等职务。在任副局长期间，分管全局医药卫生工作。

在从政期间，对中医药的研究应用也未曾间断，经过几十年刻苦钻研，对中医药治疗疑难杂症的潜在效能和组方原则，有独到之处，先后发表了《中医治疗股骨坏死的体会》、《补肾通督是治疗脑萎缩的关键》、《心脑血管及烟雾病的中药疗法》等多篇论文。曾荣获中华中医药学会颁发的优秀论文证书，中国特效医术研究会颁发的“特效医药发掘整理贡献奖”。担任过中国特效医术发掘整理委员会资深委员。

退休后，无官一身轻，先是应聘在几家医院坐诊，后来，因年事渐高，遂在自己寓所传教子孙，也兼为前来求治的亲友治病。经治过的病例有肝硬化、癫痫、脑萎缩、股骨头坏死、间质性肺炎、顽固性支气管哮喘等。

曲维信

曲维信，男，1953年出生。1971年高中毕业进村卫生室。1975年被选拔到青岛中医院中医班脱产学习三年，以优异成绩毕业回村。1985年至1989年考入齐鲁中医函授大学四年毕业。自1979年师从青岛名中医许恩华先生门下学习。1995年起受何中州先生指点十年之久。从事慢性白血病，早期糖尿病的研究工作。对治疗肝硬化腹水、心脑血管病及皮肤病、痔疮、肩周炎有独特心得和经验。

曲维信从1971年起从医在农村，结合农村常见病、多发病、地方病及部分疑难病开始探讨研究，对一般伤风感冒初起，用一些偏方、小方、单方为民调理。常用三菱针挑刺，拔火罐等方法；有时用麻黄汤、桂枝汤治疗。对流行性腮腺炎用三菱针挑刺少商穴，耳尖放血加火疗法，五分钟止痛，二十分钟体温下降，一般两次即愈。生活中急性腰扭伤较多，诊断只要腰脊椎骨未损伤，用两只手针一次即愈。肩周炎用一疗药酒可恢复正常。1979年春流行甲肝，全村三十多人患病，少部分人住院，20多人用中药茵陈蒿汤、小柴胡汤加减治疗，时间短、疗效快。并且预防了一大部分人后继感染。农村污染、农药较多，过敏症亦多，选用玉屏风散加味，对过敏症、感染性皮肤病治愈几百余例。

从上世纪九十年代开始，在几位老中医的指导下，对一些疑难病开始摸索探讨，十几年来全部用中草药治疗十一例慢性白血病，疗效良好。有四例解除白血病八年，四年前都已上班工作。目前已有五例患者尚在治疗中，情况良好。

“花草治病如神”是一位危重病号说的，就是用了这些花草树根治疗三例乙肝危重患者，十几例肝硬化腹水，获得明显疗效。稳定早期糖尿病几十例，其中五例尿毒症，两例重症肌无力。除两例年老外，这些人都在工作中。

1977年在市中医院的帮助下，自採、自种、自己加工地方药材80余种，自制中药水丸、蜜丸、散剂十几个品种，其中苦豆散跟骨骨刺散、中耳间散至今使用，古方青龙片加减治疗口咽部疾患，价格低廉疗效好，中药散、丸、针剂的收入除自己使用外，弥补了当时合作医疗的全部亏空。

这些年的努力，受到老百姓及区、市有关领导的好评和赞扬，2008年被评为青岛市基层优秀中医；2009年被评为山东省基层中医先进个人并记三等功奖励。

任喜臣

任喜臣，男。1985年毕业于山东泰安医学院中医专业，现任职于北京市朝阳区世纪村门诊部中医全科主任。任喜臣很小的时候即由祖父做主，将他过继给堂伯父，继父家曾以医为业，他很早就开始阅读家里的中医藏书，熟记了一些手抄方剂。医学院毕业后，曾在中医科研单位从事过新药研究，担任课题组长。

任喜臣先后就职于黑龙江伊春医院、山东临沂肿瘤医院、临沂中医院、荣成华侨医院、文登医院、青岛陆军医院，任过中医全科主任、副主任、副院长、院长。先后在河南省确山县、北京市东城区进行过疑难病专项临床试验，取得一定成效。他常说，中医问诊疗疾，一是脉络要准确，二是思路要准确，三是用药要恰切。他十分重视和关注中医药的药用效果，熟知天然药材和种植药材在配方上的差异性，在诊断开方用药上，谨慎处置。多年来他已养成习惯，并始终坚持：一是让病人拿着处方取药回来必须亲自检查，指导煎药用药，二是能自

己采购的药必须自己采购，进货时把好质量关，三是能自己上山采药绝不到市场采购，这样做虽然麻烦一点，付出多一点，但能保证处方质量，也为患者减少了不必要的花费，为此他也赢得了众多患者的赞誉。

尚军

尚军，1969年出生，大专文化程度，现任市电业公司主治中医师。中国针灸学会会员，中国针灸学会经筋诊治专业委员会委员。从事中医针灸临床20余年，擅长用针灸、小针刀和长圆针治疗各科常见病及疑难杂症，特别在治疗中风偏瘫、失语、面瘫、颈肩腰腿痛、各种神经损伤、神经功能紊乱等病症方面有较高的造诣，先后治疗患者万余人，为许多患者解除了病痛，取得了良好的社会效益。

近年来，尚军医师在临床研究治疗各种慢性鼻炎和鼻窦炎方面取得了可喜的成绩，经过长时间反复实践、研究发现了治疗该类疾病的有效敏感点，并进行了详细的解剖定位，命名为通窍穴，临床应用特殊的针刺手法选取通窍穴为主穴治疗该类疾病，临床取得了满意的疗效，他的相关理论和临床治疗方法，发表在《上海针灸杂志》2009年第10期，在今年由中国针灸学会针法灸法分会组织举办的全国研讨会上进行了交流，并获得优秀论文奖。他的业绩被载入国家卫生部编撰的《中国著名特色专科医师》、《中国特色专科名医大辞典》等。10余部典籍中，并被《中国名医名药》杂志报道，荣获全国德艺双馨医护工作者称号。

谭静

谭静，山东泰安财兴街红十字博爱医院院长。1947年出生在青岛的中医世家。1967年高中毕业响应党的号召下乡上山。由于自小接受中医的熏陶，从初中时就开始学习针灸，下乡到了江南后就被分到大队合作医疗，做赤脚医生。当时看到农村缺医少药，许多疾病得不到治疗，特别是江南血吸虫引起的肝硬化腹水的病人，很痛苦却没有药物治疗，从那时就开始研治肝硬化腹水。中医和炮制中药不懂就找父亲学，收集了所有的家传治疗肝硬化及腹水的方剂，也参考古今治疗肝病的书籍，根据患者的体征，在家父的指导下开始试治。没钱买药就上山采药，采回药来还要洗炒煎往往忙到深夜，有时为了一个患者要调试十几次，就这样慢慢总结经验逐渐整理出一系列治疗肝硬化及肝腹水的方剂，救助当地肝病患者无数，深得百姓好评。1975年返城后在青岛某单位保健站工作。恢复高考后又精读四年西医。通过西医的学习，了解到西医对该病的诊断很先进，但是没有药物能治疗肝硬化，还应该从中医方面研究。自从回到北方，血吸虫引起的肝硬化很少见，乙肝丙肝酒精肝脂肪肝引起的肝硬化增多。为了专心对研究肝病，1983年主动辞去公职自行成立中医肝病门诊，总结以前治疗血吸虫引起肝硬化的经验，结合临床对处方加以调整，将祖传经验方剂与现代医学理论结合，研究出系列纯中药治肝经验方剂。1990年被泰安中医专家门诊部聘为肝病治疗中心主任。

谭静早在1992年开始发表有关肝病治疗的论文数十篇，曾多次应邀出国参会讲学。2004年，谭静自筹资金成立泰安博爱医院任院长，并且特别注重中药对疑难病的治疗，特成立疑难病研究院，开展对心脑血管，气管炎哮喘病的研究治疗。

郗洪滨

郗洪滨，男。泰安市中医医院养生健康馆主任。家学渊源深厚，曾祖父为晚清名医，善针灸与儿科，姑父王代友先生为中国著名武术家，兼通正骨、点穴治疗。郗洪滨自幼便随姑父学习正骨、点穴与养生之术，后又拜多位名家为师，学习正骨手法及针灸、点穴之术，集各家所长，擅长退行性脊椎病的手法治疗与内科杂病的经络气血调理。现为中国武术五段，香港中医脊诊整脊学会副会长。2009年郗洪滨主任在中华中医药学会主办的“首届全国脊诊整脊推拿表彰大会上”荣获“优秀临床骨干”称号。

郗洪滨认为医儒相通、医道相通。运用正骨手法使骨入臼、筋入槽，以达到骨正筋柔的目的,身体平衡恢复,疼痛不适就消失,脏腑经络失调者,影响人身之新陈代谢,运用点穴、导引之法，使经络通畅，气血平衡，脏腑平衡恢复，诸病则愈。这都是“致中和”儒学思想在中医治疗中的体现。

严风杰

严风杰，男，1968年生，山东省潍坊市人，

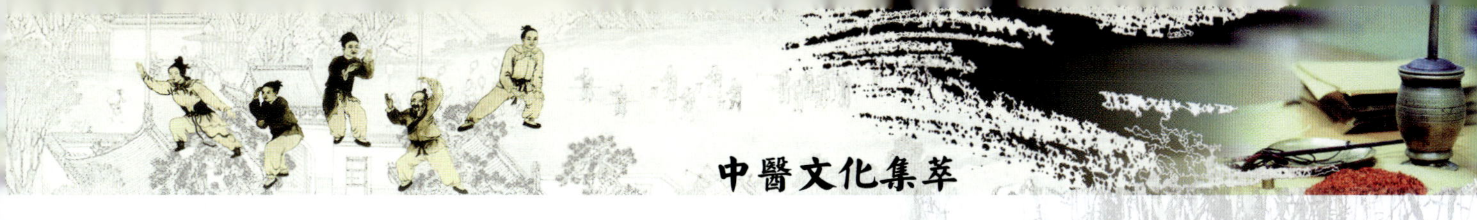

中专学历，中国民间优秀名中医，第三届聚医杰全国中医药特效疗法百佳名医，中华医药学会会员，中国针灸学会会员，中国特色医疗学术研究会民间中医药分会常务理事，现任潍坊美涛塑身中医会所所长。

长期从事中医基层临床，自学完成中医本科课程及四大经典，并得到许光孟老先生真传，许老年过八旬，早年赴北京中医进修学院，拜师于国家级名医印会河、焦树德先生。1999年4月至今自己开中医减肥诊所，在许老的精心教导下，巧妙运用中医号脉传统方法，四诊合参，辩证施治，结合现代人的生活习惯和特点，调理亚健康，治疗肥胖，塑造完美形体，改善容颜。

治疗妇科疾病等方面，经过了十几年不断的实践摸索，采取中药与针灸相结合，疏通经络，调和气血，倡导“健康、自信、时尚”理念，从生理、身体、生活、心理全方位调节，以内养外，达到健康、自然、平衡的目的。对肥胖病研究十年有余，特别是在针灸减肥，子午流注减肥，埋线减肥，刃针减肥等有丰富的临床经验，并且自拟经验方配制中药减肥胶囊。在针灸减肥同时治疗女性痛经、闭经、月经先后不定期、妇科炎症、高血压、高血脂、便秘、风湿性关节炎、失眠等。疗效显著；自拟中药祛斑、祛痘面膜，同时内服中药调理。自拟浓缩中药胶囊治疗痛经，月经先后不定期，乳腺增生，盆腔炎等，解决了病人煎药繁琐费时，口感差等缺点。自己配制循经火疗火龙液和发热型中草药穴位敷贴，治疗风湿性关节炎、颈肩腰腿痛。

张华国

张华国，女。青岛四方民正医院院长，青岛市慈善总会理事，李沧区慈善会副会长，中国名医论坛理事，中国管理科学院特约研究员。对股骨头坏死及各种骨关节病的治疗有很深入的研究。1976年在中国人民解放军46军137师医院从事医疗工作，至今已有33年，曾多次获奖。所获荣誉有：2005年4月，应邀参加第五届“中国名医论坛”，受聘为“中国名医论坛”理事；2006年6月，被中国管理科学研究院聘为特约研究员；2007年12月，在人民大会堂出席第二届“中医药发展论坛暨全国中医药品牌博览会”，在大会上被授予“2007年国家中医药继承与创新奖”；2007年12月29日，被中华国际医学交流基金会、中国民族卫生协会评为中国综合疗法治疗股骨头坏死发明创新一等奖；2008年4月，出席第二届中华健康论坛；2008年青岛四方民正医院被青岛市慈善总会评为“爱心助您行”股骨头坏死救助工程定点医院；2008年12月21日，鉴于张华国院长所在医院在公益事业中的突出贡献，2008年全国中医院院长大会组委会授予中医药领域公益形象示范单位；2008年12月21日，2008全国中医院院长大会组委会鉴于其在公益事业中做出的突出贡献，大会授予中医药领域德艺双馨人物荣誉证书；2009年8月，张华国院长被中国卫生联盟理事会授予中国卫生联盟客座教授和首席专家；2009年8月，中国卫生联盟慈善基金授予张华国院长健康传播使者称号；2009年8月，被青岛市慈善总会评为“十大青岛好人”，受到青岛市人民、半岛都市报的好评。

 山西省

李立格

李立格，女，汉族，河北籍人，1964年2月生。大学学历。全科医学主治医师，中国名医理事会终身理事，《中国名医创新成果大典》编委会委员，《中国特色医疗大典》（珍藏版）副主编，中华中医药学会会员，中国针灸学会会员。发表论文数篇。山西省诗词学会唐明诗社会员。

李立格在山西省太原市开办中医专科门诊十五年，现任山西太原立格中医专科门诊部主任，重点接诊小儿脑性瘫痪、中风偏瘫、面神经麻痹、顽固性头痛、颈椎腰椎间盘突出等症，兼治内科杂病以及妇科疾病。多年来精心为患者接触疾苦，收到上百枚致谢锦旗。

李立格信奉“搏极医源，精勤不倦”是医生的本分；“爱岗敬业，救死扶伤”是医生的天职，以爱心、诚心、耐心、信心对待患者，构建了良好的医患关系。

陕西省

李春伸

李春伸，男。全国高健委医疗保健康复专业委员会西安整体医学康复指导中心主任、中国医疗保健国际交流促进会中老年保健专业委员会专家副主任委员、西安市李春伸整体医学研究院院长、中国国际医学科学院分院院长、中国国际医学科学院特色医药研究院副院长、中国科学家论坛会会员。

1983年开始倡导整体医学，主张打破“单病、单医、单药”的治疗方式，多年来在各地不同的论坛会议上宣讲整体医学观点，形成了一定范围的影响力。2000年10月在“国际华人名医医学新进展、新成就论坛会”上荣获医学成就奖杯、荣誉证书、及优秀学术论文证书。2001年11月在北京由中国中医药管理局主办的“中国中医药发展大会”上“整体医学”荣获优秀学术论文证书，同时接受《中国改革报》记者采访，在“时代风采”专栏报道。2005年1月被载入《中国当代名医名院特色医疗概览》一书，并担任编委。

四川省

陈刚

陈刚医生，男，出生于1974年，汉族，四川攀枝花人。1995年河北藁城医学院毕业。1995年5月-1996年5月，在四川攀枝花市二人民医院实习。1996年7月-1999年12月，师从四川攀枝花市格里坪镇医院老院长陈茂荣学习中医。2000年至今在攀枝花市西区继承祖业，在父亲指教下开办陈刚中医诊所。2003年考取中医助理执业医师证，2008年考取中医执业医师证。在多年的学习临证中积累了一定的临床经验，创制了经验方药。现任西区卫协会长。

刘山永

刘山永，男，四川省成都市人。中医研究员，执业中医师。原中国中医药学会李时珍学术研究会副主任委员。1938年出生。1954年起跟随父亲刘衡如学习中医，后又师从著名中医学家任庆秋教授和著名针灸学家程莘农教授。从1964年起开始临床诊疗，治疗特点为中药与针灸配合应用，能够治疗内科、妇科、儿科及部分皮外科、五官科的常见病、多发病，也能治疑难重病。对于各种瘫痪、麻痹及萎症（如：中风后遗症、重症肌无力等），各种关节病及坐骨神经痛，心脏、肾脏疾病，内分泌疾病、多种妇科疾病，治得比较多、疗效好。多年来协助父亲刘衡如教授整理、校勘中医古籍。1987年父亲病逝后，便继续先父未竟之业，专门研究、校注《本草纲目》。1997年被评为“全国自强模范”，其事迹在1997年4月15日《人民日报》及中央电视台1997年5月15日东方时空的“东方之子”中报道。《本草纲目》新校注本出版后，1999年荣获“全国优秀科技图书奖”暨“科技进步奖”，“国家图书奖”提名奖。另有论文《灵枢·骨度柱骨辨》、《针刺环跳穴治痛经验案二则》参加学术会议交流并获奖。

杨世光

杨世光，男，1942年12月出生，四川省高县人。1963年毕业于四川省黄沙河煤矿总医院医师进修班。2001年结业于南京新中医学院小针刀培训中心函授班。从医五十年。现任高县文江镇世光诊所中医执业医师、西医执业助理医师，诊所法人代表。中华中医药学会会员。全国卫生产业企业管理协会研究员，工作指导顾问。中国民族医药学会云南省分会会员。在从医生涯中长期进行中医学、民族民间医药和西医学研究，并进行业余文学创作，经济文学研究和新闻写作。撰写《世光中草药集注》、《世光方剂集注》、《阴阳论》、《求证中医》、《浅谈民族医药的走向》、《基民医政人员素质亟待提高》、《干性溃疡治验》、《经济文学研究》、《世光诗草》、《五爪牛》、《沸腾的河心》、《逍遥洞游记》等各类文作。连续五年被评为高县卫生系统先进个人。

新疆

刘珀

刘珀，男。主任医师，现担任新疆石河子市中医医院理事长兼党支部书记，石河子市中医民族医药研究所所长。自幼随其父新疆名老中医刘纪元付主任医师学习中医药，从事中药工作十年后于1980

年考试晋升为中医师，1987年破格晋升为主治中医师，1994年破格晋升为中医付主任医师，1997年破格晋升为中医主任医师。先后在石河子大学附属医学院、北京中医学院、新疆中医学院进修学习各一年。从事中医药工作38年来，努力挖掘祖国医学宝库，大胆临床实践，撰写学术论文60余篇，除在《新疆中医杂志》、《四川中医药杂志》、《中医药杂志》上登载外，也曾在香港和美国的医学杂志刊登。参与了8部中医著作的编辑，由新疆人民卫生出版社出版了《临床医药解读——刘纪元老中医经验集》。多次参加国内外学术会议。获得国家知识产权授予发明专利2项。“肾泰脾康片”是1993年自治区卫生厅立项，2000年国家中医药管理局立项，2003年国家食品药品监督管理局批准进入临床研究。2007年新疆生产建设兵团正式将“肾泰脾康药技”确定为兵团级（省级）非物质文化遗产保护项目，刘珀为第三代代表性传承人。

雲南省

高向阳

高向阳，男，1943年出生于辽宁省锦州中医世家。1965年辽宁中医学院医疗系毕业。现任云南医学科学院版纳中医肿瘤门诊部主任。爱滋病研究课题组组长。擅长不手术、不化疗、不放疗。纯中药治疗各种肠癌、溃疡癌，全梗阻性食道癌、全梗阻性贲门癌、全梗阻性直肠癌，肝癌止痛、肝癌水气肿胀（鼓胀），中药治疗爱滋病，中药戒毒。

李书兰

李书兰，女，1934年出生。云南省南华县李书兰诊所主治医师，中华针刀医师学会会员。早年没有机会深造学习，刻苦自学中医药学和中草药，千里寻师，百里掘药。踏遍深山采集中草药数百种，并积累了民间单方、验方、秘方应用于临床。进行中西医结合，博采众家之长，融古贯今，择善而从，能中能西。集微创、针灸、针刀、植入、药针、注射疗法，多种疗法融为一体，特色特效治疗常见病、疑难病，某些病例收到了意想不到的效果，如非手术治疗肠梗阻、快速消肿块、颈椎病、腰椎间盘突出、外伤骨折、带状疱疹、肾功能不全、各型胃病、肾结石等。从医50年，从未发生过医疗事故。1959年春从校下乡参加扑灭疫情，荣获罗平县委、曲靖地委“先进工作者”嘉奖。多次参加在北京、南京、北戴河、桂林、新疆、山东、河南、四川、昆明等召开的医学学术研讨会学习。10次参加在北京人民大会堂召开的有关会议。2003年8月参加新、马、泰国际医学发展大会。2006年5月参加在泰国召开的国际医药发展大会。2007年11月参加在斯里兰卡召开的第45届世界传统医学大会。

李友刚

李友刚，男。2002年从老父亲手中接下祖传治肿瘤方与昆明医学院合作开发，由云南省药品检验所以云检业字（2002）第151号检验合格，在云南省抗癌协会临床使用。2002年接手家传中医治肿瘤工作，与昆明医学院科研中试中心合作，在云南省抗癌协会原在的云南和平医院开诊室。2004年开建健康咨询网站。

李友刚还擅长运动健身，曾通过气功等体育活动治疗自身慢性病，获得满意效果。担任云南省田坎煤矿职工体育协会主席，获全总全国职工体育先进个人。

赵庆云

赵庆云，男，汉族，1952年6月出生，中共党员，1978年毕业于云南中医学院，现任阿依卡卫生所所长。

行医三十余年，始终奉行“救死扶伤”的人道主义精神，以解除病人痛苦为乐事，以造福丁民为目的。对中医中药的研究，一直坚持不懈，通过长期的学习和临床实践，逐步总结和归纳了一套行之有效的中西医结合，治疗疑难杂症的方法，对骨折脱位，骨质增生，慢性腰腿痛，中风，高血压，冠心病，糖尿病，妇科杂病都有较好的疗效，博采众家之长，以中医理论为基础，中西医结合，融古贯今，择善而从，能中能西，善用针药，在当地颇受敬重。2001年10月荣获“云南民间名医”称号，2005年被评为“全国农村基层优秀中医”，2006年应邀出席“全国首届农村中医药发展大会”，2007年应邀出席参加国际中医肿瘤学术大会，2008年应邀出席第二届中医药发展论坛大会。

2010

國醫年鑒

2 中医名人榜

1 安泽峰

名人小传

安泽峰，男，1957年月11日生，山西省垣曲县人，垣曲县白癜风医院院长，全国特色医疗专业委员会委员，中国医疗保健国际交流促进会疑难病症专业委员，运城地区中医协会理事，垣曲县政协委员，共产党员，中医副主任医师。1980年以来，潜心研治白癜风8万余例，临床痊愈，根本痊愈率达56%，有效率达98%，20年来，全国31个省市以及香港，澳门，墨西哥，新加坡，日本，英国，德国，韩国等地患者川流不息，慕名前来求治。取得良好的社会效益，多次被评为山西省新长征突击手，运城地区劳动榜样、地区优秀共产党员标兵，并荣获一等功两次，二等功一次，研制的药品“消斑丸”荣获国际新产品新技术特大金奖。他的事迹在《中华英才》、《人民画报》、《人民日报》、《人民日报》海外版、《洋城晚报》、《健康报》、《科技日报》、《山西日报》等报刊杂志及山西电视台、北京电视台等进行报道表扬。卫生部健康报将医院情况拍摄成电视参加了八七年的全国小型专科会议。

学术经验

垣曲县白癜风医院位于山西垣曲县城，专治白癜风已有二十年时间，是全国唯一的一家规模最大的白癜风专科医院。现有床位200多张，配有五室二部二个科。白癜风医院院长副主任医师安泽峰靠着锲而不舍的奋斗精神，攻克了医学界一筹莫展的难题，创造出治疗皮肤顽症白癜风的新方法。1980年以来，安泽峰及其助手们在理论上探讨，在临床上摸索，弄清了“热体风邪湿相博，毛窍闭塞斑形成”的真正含义。他们本着“治风先治血，血行风自灭”之理，以“祛风活血，理气燥湿，养血滋阴”为治则，自制了“消斑汤”、“消斑丸”、“消斑酊”、“白癜风酊”，采用内服，外涂，配合理疗，针灸，载谱ＶＵＡ光疗仪器等方法，临床治疗80000余例患者，痊愈，基本痊愈率达56%，有效率达98%。

主要成果

他与王华兴同道合编的《花卉栽培及药用价值》一书于九二年出版发行，并参与了《美容大辞典》的编写，现已出版发行，他曾在《中华皮肤科杂志》、《临床皮肤科杂志》、《山西中医杂志》、《有用中西医结合杂志》、《北京中医杂志》发表了学术论文及临床报道，几篇论文获得优秀奖，他荣幸地被编入了《世界当代名人中国卷》、《中国科技人物荟萃》、《中国中青年名中医列传》、《中原名医》、《垣曲县志》、《山西政协年鉴》等书。

2 班秀文

名人小传

班秀文，男，1919年出生于广西隆安县，6岁随家迁至平果，广西中医学院教授，全国名老中医药专家，广西首批硕士研究生导师，妇科专家。1940年毕业于广西省立医药研究所（本科），从医60余年，治学严谨，医德高尚，学验俱丰，擅长治疗内、妇、儿科疑难杂病，对中医经典著作和历代名家学术思想颇有研究。

班秀文教授为中华中医药学会终身理事，曾任全国中医妇科专业委员会委员、中华医史学会理事、广西科协常委、广西中医药学会副会长、广西中医妇科委员会主任委员、《广西中医药》主编、澳大利亚自然疗法学院客座教授、广西壮族自治区政协委员 、六届全国人大代表。曾任广西中医学院各家学说教研室主任、壮医研究室主任。1989年被授予广西壮族自治区和全国优秀教师的光荣称号；1990年，被国家人事部、国家卫生部、国家中医药管理局确认为国家级名老中医专家；1992年国务院授予政府特殊津贴，并被中外名人研究中心编入《中国当代名人录》。

学术经验

用药常从脾胃入手，主张辩证审慎，用药精专。对中医妇科造诣尤深，崇尚肝肾之说，喜用花类之品。治疗月经病，重点在肾，兼顾肝脾，注重活血通络以恢复肾之藏泻功能，治疗崩漏，塞流之中有澄源，澄源之中重复旧，故能达到药到病除，事半功倍的效果；治疗带下分五色，重点调脾，兼治肝肾，治湿为主，兼以治血，血水两治，效果卓越；治疗不孕症辩证与辨病相结合，调治肝肾，使开合藏泻有度，精子卵子如期相遇，故能精足而子嗣。

主要成果

著述、主编的论著多部，专著有《班秀文妇科医论医案选》、《妇科奇难病论治》、《壮乡医话》；曾主编《中医药基础理论》、《妇科讲义》、《中医妇科发展史》；在国内外发表有影响的学术论文50余篇，其中《六经辩证在妇科的应用》一文以其师古而不泥于古，融会贯通治百病的丰富经验受到国内外中医学者的重视，并被日本东洋出版社摘要出版。

3 蔡慎初

名人小传

蔡慎初，1940年6月生，毕业于浙江中医学院（现浙江中医药大学），1967年—1975年在基层农村卫生院工作，1975年调入温州医学院工作至今，历任温州医学院中医主任、教授，温州医学院附属第一医院中医科主任、主任中医师；温州医学院民盟总支主委；市第五届政协委员；温州市第八、九、十届人大代表。任浙江省中医肿瘤分会专业委员会委员；浙江省中医药学会理事；历任温州市中医药学会常务理事、副理事长；温州市中医内科专业委员会主任委员，《浙南新医药》副主编。1995被授予温州市最佳专科专病特色医。还曾担任市中级职称评委会评委，温州医学院高级职称评委会评委。2009年是浙江省“名中医”评委专家组成员。是浙江省中医胃癌防治重点专科带头人，浙江省名中医研究院研究员，浙江省名中医研究院专家学术委员会委员，是市干部保健委员会第三、四届医疗保健专家小组成员。2001年获温州市名中医及浙江省名中医称号，2002年获全国名中医称号。

蔡教授从事中医临床、教学与科研工作四十三年，学术造诣精深，对内、外、妇、儿临床各科积累了丰富经验，尤其擅长脾胃病的辨证论治，而且教书育人，桃李满天下，主持科研，与时偕行。承担着温州医学院中医课程的教学任务，教授过《黄帝内经》、《中医临床学》、《中医基础学》、《方剂学》、《中药学》等课程。阅读了许多医学专著，精通《内经》、《伤寒论》、《金匮要略》等经典医著，特别推崇李东垣的《脾胃病》极为赞同“人以水谷为本”、“脾胃为血气阴阳之根蒂也”、“内伤脾胃，百病由生”之说。作为温州医学院、上海中医药大学的硕士生导师，蔡教授不但在教书育人方面成绩斐然，在中医科研方面也善于运用现代医学的先进方法，蔡教授认为中医药的创新与发展应借鉴现代医学先进方法与技术，反映了蔡教授师古而不泥古，与时偕行的治学风范。

学术经验

四十余年的从医生涯，蔡教授一直坚持工作在临床一线，在长期的医疗实践中，蔡教授创立了多张专方来治疗专病，疗效显著，如创立“消瘿方”治疗甲状腺腺瘤，创立“健肝饮”治疗慢性肝炎、肝纤维化，对防治肝硬化有重要意义，创立“舒肝调功饮”治疗功能性消化不良；采用扶正祛邪法，创立“蔡氏扶正消癥汤”治疗消化道肿瘤；针对胃癌癌前病变的疾病特点创立一张专病专方“治萎化异汤”治疗慢性萎缩性胃炎等。慕名而来的患者遍及浙南闽北一带，还有许多海外侨眷，蔡教授总是精心诊治，其妙手回春之术，实为杏林高手。

蔡教授论治脾胃病学术思想与辨治经验，能有效地运用于临床。慢性萎缩性胃炎（CAG）、肠腺化生（IM）、肠上皮不典型增生（ATP）是临床常见、多发胃病，据临床估计在中国人群中50%以上的胃癌系肠型胃癌，来自于胃窦慢性萎缩性胃炎，蔡慎初教授积多年临床经验，潜心研究治疗慢性萎缩性胃炎的有效方法。他根据慢性萎缩性胃炎病程冗长、病症繁杂的临床特点，总结出慢性萎缩性胃炎的主要病机是本虚标实，即以脾胃虚弱为

本，气滞血瘀、热毒蕴胃为标；提出了治疗慢性萎缩性胃炎应遵循四大基本治疗原则：1、通补兼顾不宜滞。蔡教授非常推崇明代医家吴昆“脾胃宜利而恶滞”之说，认为治疗脾胃病贵在求“通”，而疏通气机，恢复脾胃正常的升降功能是脾胃病的根本治疗大法。由于慢性萎缩性胃炎病程较冗长，按理久病多虚，“虚则补之”，然久病未必皆虚，由于脾胃虚弱，运化功能减退，水反为湿，谷反为滞，“气滞”、“湿阻”、“食积”、“瘀血”等相因为患，导致虚中挟实的病理状态。此时若一味进补，过用甘腻之品，则可导致气滞生满，食积难化，助湿生痰、瘀热伤络。所以，临床上治虚应兼顾祛实之不同，使补中有通。2、调气和血、辛开苦降消痞满。慢性萎缩性胃炎患者临床常见痞兼疼痛，胃为多气多血之腑，病则气血必受其阻，初起在气，日久入血，终致气滞血瘀，气血同病，治当调气和血。对于久痞不愈、寒热错杂之证，蔡教授常合用辛开苦降之半夏泻心汤治疗。3、寒热并用、燥润相济求其平。李东垣指出“脾为死阴”，意味着脾为阴多阳少之脏，最易为寒湿所困；根据“同气相求”的理论，寒湿之邪最易伤脾脏故常见脾胃虚寒证，脾虚与湿浊互为因果，而湿郁日久又可化热；脾胃虚弱，谷气下流，下焦阴火离位上乘；加之这类患者喜食燥热辛辣之品、或过服久服温热药物，以致燥热伤阴，虚火上炎出现“寒热夹杂”的证候。蔡教授喜用大量胃热药物暖胃散寒、温胃止痛，同时配伍苦寒坚阴之品既可清胃中燥热之火又能防止温热药物导致的“上火”，又寓有“辛开苦降”以泄浊消痞之意。这种采用寒热反佐配伍的治法，适合这些临床见证极为复杂的患者，在临床上极为有效，但又要注意把握“度”，以“平”为期。4、辨证辨病相结合。蔡教授在临证中十分重视中医辨证与西医辨病相结合，认为按照中医理论进行准确的辨证论治，是取得临床疗效的关键，而结合参考西医的诊断及一些客观检验结果来适当加减药味，则可以进一步提高临床疗效。在临床上蔡教授提倡辨证论治为主，把慢性萎缩性胃炎分成脾胃虚寒、肝胃不和、肝胃郁热、寒湿困脾、脾胃湿热、胃阴亏虚、气滞血瘀、寒热互结八个常见基本证型进行辨治；同时对一些无明显临床症状的慢性萎缩性胃炎患者，属无证可辨者，拟专方“治萎化异汤”进行治疗。

“治萎化异汤”的方解及临床加减运用，蔡教授为治疗慢性萎缩性胃炎而设的基本方“治萎化异汤”的组成：生黄芪30克、生晒参15克、炒白术12克、茯苓15克、炙甘草5克、陈皮10克、当归8克、丹参15克、莪术12克、徐长卿15克、佛手10克、八月札15克、露蜂房10克。该方集中反映了蔡教授治疗慢性萎缩性胃炎的学术思想，取四君子汤健脾益气为君，辅以疏肝健脾理气药物，在补气同时又重视脾运功能的正常；佐以活血、解毒之品，既注重调气活血，又考虑到慢性萎缩性胃炎作为癌前病变，要适当的加以抗癌治疗。全方体现了扶正祛邪、调气活血、解毒防变的治疗原则。

临床运用该方时的辨证加减“若见脾胃虚寒者”加吴茱萸5克、干姜10克、荜茇6克、荜澄茄6克等温中暖胃之品；若见肝胃不和者加柴胡10克、制香附10克、枳壳8克、炒白芍15克、紫苏梗10克等疏肝和胃之品；若见肝胃郁热者加黄连5克、黄芩8克、蒲公英15克、吴茱萸5克、干姜6克等药以寒热并用、辛开苦降、泄热和胃；若见胃阴亏虚者酌加北沙参10克、芦根10克、葛根15克、生白芍15克、乌梅6克、生山楂15克等养阴生津之品；若见病情迁延日久，气滞血瘀尤甚者酌加生蒲黄15克、五灵脂12克、九香虫6克、制乳香、没药各6克等理气活血祛瘀之品加强疗效。

蔡教授认为肿瘤的病因病机总的来说无外乎癌毒壅盛、气血痰瘀食滞胶阻、机体正气亏损。但消化道属人体“六腑”，具有“传化物而不藏”的生理特点，消化道肿瘤最易致人体壅滞不通，气机升降逆乱。蔡教授根据消化道肿瘤（主要指食道癌、胃癌、肠癌）的疾病特点，提出了“攻补互寓，动静结合，气血同治，寒热并用，润燥共济，宜通勿壅，忌投峻猛，缓缓图之，以平为期”的治癌思路。1、攻补互寓。蔡教授认为近代名医秦伯未的论述“治内伤于虚处求实”极为精辟。肿瘤的病机正是本虚标实，临床常用“攻补互寓”之法治疗以达到补泻兼施、标本兼顾，但临床关键在于辨虚实之多少而在治法上有“寓补于攻”及“寓攻于补”之殊。2、气血同治。肿瘤皆有“瘀血”已成肿瘤界

的共识，由于机体气机失调，脾胃继之升清降浊功能的失常，最终导致气滞血瘀痰阻，所以气血同病是消化道肿瘤的主要病理变化，蔡教授尤其提倡气血同治。3、寒热并用。由于消化道肿瘤病机属纯寒、纯热者较少，而以寒热错杂者居多，采用寒热并用不仅有互制之功，更有相反相成之妙，蔡教授认为癌毒内盛，不用清热解毒散结法非其治也，但极为反对滥用有毒攻伐之品。苦寒之药，长久使用虽可攻邪，亦能伤正，导致中焦虚寒，此时“寒热并用”、“以平为期”就是一种治病的技巧。4、润燥共济。食道癌患者放、化疗后正气大伤，阴津耗损，加之“胃喜润而恶燥”的生理特点，临床上常出现湿热胶着、津伤气耗的复杂病机状态，若单用滋阴润燥之法则湿愈滞，专用辛燥化湿之药则津益伤，此时唯有润燥共济，可令湿化津复。蔡教授总结多年治疗消化道肿瘤的经验而创立一张专方“蔡氏扶正消癥汤”，集中体现了他的治癌思想，临床疗效显著，在实验研究中发现对胃腺癌细胞的增殖具有明显的抑制作用。

“蔡氏扶正消癥汤”的组成：生晒参15克、生黄芪30克、炒白术15克、薏苡仁30克、灵芝30克、徐长卿12克、露蜂房10克、八月札12克、莪术15克、白毛藤15克、藤梨根12克、天龙4条、草豆蔻6克、淡吴萸5克、均姜10克、黄连5克、炙甘草8克。全方集中体现了蔡教授扶正祛邪，攻补互寓的治癌思想。以参、芪补气扶正为君，辅以白术、米仁、灵芝加强扶正抗邪之力，辅以清热解毒散瘀结的药物以祛邪抗癌，佐以温中之品既防苦寒伤中，又能配君药辛甘化阳，温建中阳。

临床上根据患者的体质因素、邪正盛衰的不同而加减论治。若见正气大衰，邪气不盛者，多由于接受手术治疗及放、化疗后，肿瘤的生长得到了有力的遏制，但患者正气大伤，此时的治疗应“寓攻于补”，在扶正的同时亦应考虑到轻伐其邪、不妄伤正气。方拟蔡氏扶正消癥汤去白毛藤15克、藤梨根12克、天龙4条、黄连5克等抗癌解毒之品，以免过度克伐，徒伤正气，加陈皮10克、炒谷麦芽各20克以健脾助运，使后天之本得以培补，使机体尽快康复。若见正气大伤而邪气尤甚者，多见于肿瘤后期，人体出现恶液质，而癌毒与痰瘀胶结，此时治疗尤为棘手，患者已不耐克伐，应以扶正为要，特别要注意提高患者的生活质量，在蔡氏扶正消癥汤去克伐之品的同时加用开胃助运、止痛安神等法。若见患者邪气盛而正气未大衰时，可用蔡氏扶正消癥汤补不足而损有余，既提高机体的抗肿瘤功能，又对消化道肿瘤起直接的杀伤作用，尽量延长患者带瘤生存期，提高患者的生活质量。

主要成果

十多年来承担完成了省、院课题5项，蔡教授主持完成的中医药治疗胃癌癌前病变课题获1999年浙江省教委科技进步三等奖，蔡教授根据其多年从事脾胃病研究与治疗经验与见解，编写了《慢性萎缩性胃炎中医证治》一书由上海科技出版社出版，获浙江省高校优秀科研成果奖三等奖，该书比较系统地总结了中医药在防治慢性萎缩性胃炎方面的进展，特别反映了蔡教授治疗该病的新进展，是蔡教授从事胃癌癌前病变研究的一个阶段性总结。

《扶正消癥药液对胃癌细胞株的抑制胃癌转移的研究》获浙江省中医药科技进步一等奖，其研究已深入分子水平，目前该项系列课题作更深入一步探讨。

学术论文分别在《中国中药杂志》、《中国医药学报》、《中国中西医结合杂志》、《中医药学刊》、《世界中西医结合杂志》、《上海中医药杂志》、《浙江中医药》、《温州医学院学报》、《浙江中医学院学报》等刊物及交流论文计54篇，《论仲景舌诊》、《治萎化异汤治疗56例胃癌癌前病变的疗效分析》、《扶正消癥汤对SGC—7901胃癌细胞基因表达谱作用的影响》、《胃癌癌前病变舌象的观察与探讨》、《浅谈脏腑相合理论》《健肝饮对慢性肝炎肝纤维化的保护作用》等获省、市优秀论文二、三等奖计八项。蔡教授从事中医临床、教学与科研工作40余年，学术造诣精湛，经验丰富、医术饮誉浙南、闽北一带。

4 常青

名人小传

常青，字永年，祖籍浙江绍兴，1942年生于上

海。主任中医师、教授、浙江省名中医、全国老中医药专家学术经验传承工作指导老师、博士生导师。

1961年9月考入浙江医科大学中医学院6年制本科，1967届毕业于浙江中医学院。长期担任绍兴市中医院大内科主任、院学术委员会副主任、中医药研究所所长、专家顾问组组长；绍兴市博爱医院副院长；浙江中医药大学兼职教授、浙江省名中医研究院研究员、浙江省中医肿瘤研究会常务理事、全国中医疑难病特效医术研究会常务委员；绍兴文理学院中医药研究所所长。从事中医医疗及教学科研四十余年，临床经验宏富，并获多项学术创新。在国内外发表学术论文五十余篇和著作多部，研创“复方扶正消瘤丸”获浙江省中医肿瘤防治科技进步奖，编著《实用中风防治手册》获中华全国中医药学会优秀著作奖和浙江省中医临床优秀指导老师等多种奖项。2001年3月被浙江省人民政府授予“省级名中医”称号，2008年6月被国家卫生部、人事部、教育部、国务院学位委员会和国家中医药管理局确定为全国老中医药专家学术经验传承工作指导老师。其省级和国家级学术继承人有常胜、孙建宇、童舜华、吴国水等中医博士及副主任医师多名。常氏在学术上力主衷中参西和经方创新，临证诊务繁忙，擅长内妇科疑难病，尤对中晚期肿瘤、中风脑病、心血管病、妇科杂病以及顽固哮喘、风湿病和脾胃病等重难领域具有独到学术经验，为当代“越医”重要代表人物之一。其独特疗效和仁慈医德广为群众传颂，慕名求治者遍及浙东各县，远至沪港。繁忙诊余，以翰墨为趣，积善为乐，常以诗词书法会友。其主要业绩在《绍兴市志》、《绍兴的中国之最》和《中华名医大辞典》等典籍有载。

《浙江近代名医医方墨宝录》专用处方笺

学术经验

1、常氏主要学术特色：

（1）见微知著防患未然论；（2）制方遣药活法圆机论；（3）甚者独行力夺生机论；（4）以德治心身心并治论；（5）四诊合参首重察舌论；（6）难病取中护胃敲门论；（7）辨证论治尤重因机论；（8）综合治癌全程预案论；（9）扶正抗癌不忘顾心论；（10）经方创新巧施草药论。

2、常氏所创名方选介：

常氏于繁忙诊务中善于融汇新知和所积经验而创新经方，数十年来自拟“扶正消瘤汤”、“中风夺命饮”、“速效定喘汤”、“和胃瘛疭汤”、“固冲止崩汤”等经验方三十余首，限于篇幅，兹将其中的“扶正消瘤汤”作一简介：

扶正消瘤汤（该方刊于“中国中医药报”第3126期第四版《名医名方》栏目）

组成：生黄芪30克、莪白术各30克、绞股蓝30克、石斛15克、生薏苡仁30克、猪苓15克、白花蛇舌草30克、藤梨根30克、野葡萄根30克、八月札15克、田三七15克、鸡内金10克、生甘草10克。

功效：益气养阴，健脾和胃，消瘤散结。

主治：各种恶性肿瘤证属气阴两虚、正虚邪实者。若配合放化疗可减毒增效，配合手术前后应用，有增强免疫，促进康复，预防复发之功。

用法：每日1剂，水煎2次，分2次服。

方解：本方黄芪、白术健脾益气扶正培本；绞股蓝提高免疫以扶正抗癌；石斛、生甘草滋阴生津，清热和中；白花蛇舌草、藤梨根、野葡萄根、莪术、八月札、三七清热解毒，消瘤散结，理气化瘀；生薏苡仁、猪苓化浊抑癌；鸡内金扶脾健胃消积。全方共奏健脾和胃、益气养阴、清热解毒、化瘀消瘤之功。

加减：口干咽燥加沙参、麦冬，恶心呕吐加清半夏、淡竹茹；疼痛加延胡、蜈蚣、鸡矢藤，吞咽困难加急性子、威灵仙、石见穿，肿块坚硬加山慈菇、黄药子、夏枯草、蜈蚣、穿山甲，火毒亢盛加羚羊角、猫人参、生大黄等。癌患部位不同，则酌加引经药，以促药力直达病所。

主要成果

1、主要学术专著简介：

（1）《实用中风防治学》（中国中医药出版社）

（2）《常青中医肿瘤治验集粹》（中医古籍出版社）

2、主要学术论文简介：

（1）《中医治未病学术思想在肿瘤防治领域的应用与创新》（中国中医药远程教育杂志）

（2）《中医对化疗引起三血下降的辨证治疗》（中医杂志）

（3）《常青诊治胃癌前病变的经验》（中医杂志）

（4）《常青诊治中晚期胃癌的经验特色》（中医杂志）

（5）《中医诊治癌症的若干思路与对策》（光明中医杂志）

（6）《常青治癌心法述略》（光明中医杂志）

（7）《常青治癌对药特色举隅》（浙江中医学院学报）

（8）《常青治疗疑难病经验及医案三则》（光明中医杂志）

（9）《攻下法治疗中风急性期实证经验》（浙江中医杂志）

（10）《自拟速效定喘汤治疗哮喘急发的经验》（光明中医杂志）

医学感悟

1、为医理念：“常存佛心行医道，青书仁术济苍生”。

2、职业感悟：行方智圆、胆大心细、积善为乐、宁静致远。

5 成树江

名人小传

成树江，男，1951年10月出生，山西省交城县人，中共党员，主任医师；毕业于山西医科大学和中共中央党校高级领导干部班、山西大学哲学系马克思哲学硕士研究生班。1969年11月入伍，曾在中国人民解放军北京军区、海军司令部、海军政治部服役，34年军旅生涯，曾任海军司令部门诊部主任、海军太原干休所门诊部主任、海军离休首长高级保健军医，国际医学博士，现任世界中医骨科联合会副主席、专家委员，全球执照中医师联合会会员，世界中医药学会联合会针刀专业委员会副秘书长、中华针刀医师协会副会长、国际中医药联盟针刀医学委员会主席、中华中医药学会针刀医学分会副秘书长，英国皇家医生国际注册，2003年1月转业山西省工作，任山西省针刀医学会会长兼秘书长、山西省民间组织联合会常务理事、山西省反邪教协会理事、山西省国际科技交流协会常务理事、山西省针刀医学治疗中心主任、山西省针刀医学培训中心主任、太原市军创针刀医院院长、太原市迎泽区私营协会副会长等职，同时兼任韩国仲文医科大学教授、联合国国际交流医科大学教授、台湾中医药大学针刀医学专业教授、中国人民解放军中医药学会针刀专业委员会高级学术顾问。

作为一名医学工作者，成树江无论在医学理论的学习与探索上，还是在临床应用实践中，将自己全部的心血倾注在医学创新中医现代化、针刀医学疗法推广这一新医疗学科中，攻克了一道道医学难关。他撰写的30余篇论文和百余篇医疗卫生科普文章、人物专访等获得国内外众多奖项、他桃李满园、精心育人培训的15000余名弟子遍布亚、非、拉、美世界各地和国内各省市和军队，因而成为国际、国内和军队医学领域中享有盛誉的知名医学专家。

作为一名部队的首长保健军医，成树江无论在部队的后勤保健工作中，还是对地方患者的医疗诊治中，无论是为离退休老干部热情周到的服务中，还是多次积极参加省城各种公益活动中，他用自己精湛的医术和高尚医德，用爱心、热心、诚心、耐心、细心，善待着每位患者，并多次赞助贫困患者、下岗职工，为他们支付医疗费用，购买回家车票，送医送药，上门服务。四川汶川地震，他积极播洒爱心种子，捐款上万元，因而他得到广大人民群众和患者的广泛赞誉，那百余面充满赞扬话语的锦旗，牌匾和条幅字画、无不印证着30余万患者被治愈或减轻病痛后的感激之情。因此他多次受到部队和地方政府的表彰嘉奖，被部队树立为“刻苦钻研业务技术、满腔热情为兵服务”的先进干部典型，并多次立功受奖。被多次评为“学雷锋先进个人”、“优秀共产党员”，无愧于“白求恩式的白衣战士”的称誉，体现着人民军医为人民的“白衣天使”的良好形象，也正彰显着其奋斗人生的真正价值。

作为一名医学学术团体的领导人、针刀医学学科带头人和 优秀的医院管理者，成树江学术上有较高的造诣，思维敏捷，有很强的开拓精神和组织活动能力，先后多次组织过国际、全国、全军和海军医学学术会议，均获得圆满成功。他所在的学术团体多次被评为“山西省先进民间组织”、“山西省先进社团”、“山西省先进集体”、“山西省科协明星学会”、“山西省团体科技奉献奖”、“中国科协明星学会”，“全国学会工作先进单位”，他所在的医院被评为“山西特色医院”、“山西省诚实守信单位”、“太原市先进私营企业”、中华中医药学会“全国康复保健优秀单位”，他本人也捧回了山西省社团管理协会颁发的“优秀秘书长”奖牌，山西省科协“优秀学会干部”、“山西省优秀科技工作者”、“山西省十大科技新闻人物”、“山西省科技奉献奖”等奖项。

作为政协委员，他把握时代精神，勇攀新的高峰，积极参政议政，建言献策，热心社会公益事业，经常参加大型义诊活动，向群众宣传医疗卫生防疫常识。对灾区灾民他慷慨捐资，奉献爱心；对军烈属、残疾人、下岗职工、困难群众，他经常倾囊相助，垫付医药费。他的行为和善举，折射了中华民族的博爱精神之光，代表了白衣天使的职业风貌和医德风范。

他的业绩被美国世界名人书局编入全英文版《跨世纪国际名人名作》、《世界名中医》、《世界传统医学杰出人物》、《世界优秀专家人才》等书中，并被编入《民族的脊梁》、《中国特色专科名医》、《科学中国人丛书——中国专家人才库》、《中华人物大辞典》、《中华魂•中华百业创新人物大典》、《东方之光》、《中国当代医药名人》、《中国新闻人物》、《科学之友》、《中国科技奖励》杂志等国内外45套大型丛书。《人民日报》、《人民日报海外版》、《中国改革报》、《人民海军报》、《科学之友》、《科技日报》、《健康报》、《山西日报》、中央电视台、北京电视台、山西电视台等50余家新闻单位对其事迹做过专题或长篇报道。近年来，他已应邀去联合国总部、美国、俄罗斯、韩国、日本、法国、德国、比利时、荷兰、泰国、越南、朝鲜、新加坡、澳大利亚、新西兰、马来西亚、斯里兰卡、印度、香港、澳门等国家及地区访问讲学、国际会议主题发言和临床示教，传授针刀医学技术。成为名符其实的“带着针刀走世界”享誉国际的“登上世界医坛的中华针刀手”，中国军队优秀军转干部的先进代表人物。

学术经验

从医40多年来，成树江同志刻苦钻研，精益求精。他先后师承全国著名中医专家、全军中医药学会会长、海军总医院中医科主任李炳文教授，北京中医药大学针刀医学中心主任、针刀医学创始人朱汉章教授和山西医科大学副校长、博士生导师、山医一院院长刘望彭教授。由于名师指教，加之自己的勤奋努力，在临床实践中，他的技术日臻成熟，采用中西医结合诊治各种常见病、多发病和疑难病、特别是在医疗新技术国内国际推广方面独树一旗，采用朱氏针刀医学疗法、中医推拿、整脊、按摩、养生调理等特色手法综合诊治颈椎病、腰椎间盘突出症、股骨头无菌性坏死等多类顽疾30余万人次，且疗效显著，深受国内外患者欢迎。被患者和群众誉为“穿军装的神刀手”、“白求恩式的白衣战士”、“医德活雷锋、医术活华佗”、“三晋第

一神刀手”、“中华功勋神刀手”。

主要成果

一份耕耘，一份收获。近年来，成树江主任硕果累累：曾在国内外、军队医学学术会议及报刊杂志上发表论文、医卫科普文章、人物专访和摄影作品百余篇。编著著作有《临床医学治验》、《现代中医骨科学》、《国际针刀医学论文集》、《针刀医学理论与临床——第三届国际针刀医学学术交流大会论文集》、《针刀医学与国际化交流——第四届国际针刀医学学术交流大会论文集》、《新世纪急诊医学新进展》、《山西针刀医学》、《山西民间组织通讯》、新世纪全国高等中医院校创新教材《针刀医学》（专科）、新世纪全国高等中医院校规划教材《针刀医学》（本科5本）、《朱汉章和中国针刀医学》等。1997年8月《小针刀疗法治疗腰椎间盘突出症的临床应用技术》荣获首届国际爱因斯坦新发明、新技术博览会暨国际荣誉评奖会“国际金奖”，荣获“中国特色著名医师奖”，“全国首届改革之星”。《小针刀配合中药治疗慢性气管炎、哮喘200例总结》、《小针刀治疗肩周炎186例体会》等5篇论文为国内首次报道，被1996中国国际老年医学学术会议、第五届全国疑难杂症治疗学术研讨会、韩国汉城1997国际中西医优秀成果交流研讨会、中美中医疑难杂症研讨会录用被评为优秀论文，收入《世界中医骨伤优秀论文集》、《临床医学治验》第五卷等书中。1998年获得美国洛杉矶召开的第四届世界传统医学大会中国赛区“百名民族医药之星”称号和“国际优秀成果奖”，8月获得“中国当代医学届杰出贡献奖”，10月获得世界华人华佗研究会第一届“华佗杯论文大赛金奖”，世界中医骨伤科联合会最高奖项“尚天裕科学奖”。1999获得香港中西医学术交流暨世界青年中西医联合会成立大会“紫荆花医学金奖”，“三晋神刀杯金奖”，首届国际针刀医学学术交流大会“一等奖”，山西省经济体制改革委员会“三晋改革之光杯”奖。2000年获“李时珍中国名医奖”，“2000年千年名医奖”，“国际医学成就奖”，“改革先声杯”奖。2001年他的科研成果和论文获得联合国世界和平基金会、联合国世界卫生组织驻华代表处、联合国国际传统医学会等在北京召开的21世纪世界自然医学大会最高学术奖“国际金牛奖”和“杰出人才奖”，获得泰国召开的21世纪国际医药发展大会暨颁奖大会“金象大奖”，获得卫生部、中国卫生画报社评选的纪念白求恩诞辰111周年“白求恩金质听诊器奖”和“纪念白求恩肖像金卡”；获得中国大庆2001年国际骨病论坛优秀成果奖，获得全军新世纪急救医学研讨会优秀论文、海军第七届老年医学学术会议优秀论文；获得山西省科学技术协会优秀论文一等奖、二等奖、山西省社团管理协会“山西省优秀秘书长”。2002年获世界骨联“尚天裕国际科学一等奖”。2003年获中国国际中医药博览会针刀医学国际论坛“银奖”和国际中医骨科论坛“优秀国际中医骨科医师奖”。2004年再次获得德国美茵茨召开的世界骨联第五届学术交流大会“尚天裕国际科学奖”、斯里兰卡第42届世界传统医学大会“世界和平圣象奖”。2005年获得“全国针刀医学事业发展功勋奖”、“全国针刀医学科技成果一等奖”、“全国针刀优秀学会干部奖”、“中华杰出针刀医学专家奖”、第10届韩国韩中医学骨关节病治疗学术大会“论文金奖”、山西省“十大科技新闻人物”、“优秀学会工作干部”、“山西省第三届优秀科技工作者”称号。2006年荣获马来西亚世界中医骨科联合会“中医骨科国际名医奖”，2006年度省科协“优秀学会干部”、“优秀共产党员”称号，中华人民共和国教育部科技进步二等奖。2007年荣获第三届国际针刀医学学术交流大会“优秀论文一等奖”，世界华人联合会（总会）和中国国际网络电视台联合评选“百名优秀人物金爵奖”，“当代中国最具社会影响力英模人物奖”，“山西省科技奉献奖”，“中国最具感恩人物奖”，“中医药发展成果特别贡献奖”，香港国际中医药发展大会“学术奖”，2008年印度金奈世界第46届传统医学大会世界文化保护与发展委员会“健康大使”和“杰出成就奖”、世界中医骨科联合会韩国世界中医骨科学术大会“中医骨科国际名医奖”和“优秀成果奖”。全军针刀医学突出贡献专家奖；第四届国际针刀医学学术交流大会论文金奖、澳门世界中医药学术大会论文金奖、山西省科协、山西省人事厅等五单位第14届优秀论文评审一等奖等众多奖项。2009年获美国旧金

山80届“国医节”暨第三届美中医学学术交流大会“优秀论文奖”、香港国际现代化中医药大会“突出贡献奖”和“国际金针奖”、山西省第十届大众科技论坛“山西新世纪创新发展杰出人物奖”、海峡两岸中医推拿保健养生学术大会中华中医药学会颁发的“全国中医药康复保健优秀人才奖”、世界中医药学会联合会澳大利亚墨尔本第六届世界中医药大会“优秀论文奖”、山西针刀医学“功勋专家奖”、朱汉章国际针刀医学“最高荣誉奖”。他承担多项国家科研课题和省部级课题，多次参与筹划、组织指挥国际、国内和军队大型医学学术会议，并获得圆满成功。

6 程莘农

名人小传

程莘农，男，汉族，1921年8月出生，江苏省淮阴（现淮安市）人。中国中医科学院主任医师、教授、针灸专家，中国工程院院士，1939年2月起从事中医临床工作，为全国老中医药专家学术经验继承工作指导老师、“首都国医名师”。

1954年入江苏省中医学校(南京中医药大学前身)医本科进修班学习，毕业后任针灸学科教研组组长，负责南京市100余名针灸师及江苏省8个专区约20个县市针灸医师的进修。1957年奉调北京中医学院，任针灸教研组组长，兼附属医院针灸科组长、副主任、主任医师，统管针灸教研工作。除了日常临床教学等工作外，他还主持编辑《北京中医学院学报》及任《中华妇科杂志》常务编辑等，为原苏联和越南的留学生授课培训，组织骨干力量大搞创新。他主攻功能性子宫出血、中风和三叉神经痛等，并完成了“中风偏瘫64例观察”等课题。编审了《简明针灸学》、针灸挂图、《中国针灸学》统编教材等。这对国内外的针灸学的继承和发展起到了一定的示范和推动作用。

1993年被国家科委聘为国家八五重大基础理论科研攀登计划“经络的研究”项目首席科学家，1994年当选首批中国工程院院士。还曾任中华针灸进修学院名誉院长，中国医学基金会常务理事，中国针灸学会副会长(现高级顾问)，中国国际针灸考试委员会副主任委员（现名誉主任），是第六、七、八届全国政协委员。1998年9月8日被聘任为中央文史研究馆馆员，2000年为中国中医研究院名誉院长。他多次获“优秀教师”、“荣誉教师”等奖，并享受政府特殊津贴。

学术经验

他数十年潜心研究，深谙传统中医针灸理论，善于治疗内科，妇科疾病及各种疑难杂症，特别对偏瘫、高血压、面瘫、坐骨神经痛、功能性子宫出血等疾病的研究和治疗达到国内外先进水平，临床治愈率和有效率很高；在学术观点上，以《灵》《素》《难经》为主，反对玄学，提倡务实创新，对针刺“三才法”的改进颇有新见。

主要成果

在经络理论的实质研究取得重大成果，主持了“循经感传和可见的经络现象的研究”和“十四经穴点穴法”的研究；主编和撰写针灸专业教科书7部，成为国内外针灸教学的主要范本。并负责北京国际针灸教学工作，去过十多个国家，进行针灸学术交流。作为主研人进行的“循经感传和可见经络现象的研究”获国家中医药管理局科技进步一等奖。其主要著作有《中国针灸学》(中、英文本)、《针灸精义》(印度发行)、《难经语译》初稿等。并亲躬教学数百班次，培养博士、硕士近20人，外国学生几千名，遍布百十个国家和地区。

7 迟丽娟

名人小传

迟丽娟，女，53岁，皮肤科副主任医师，药理学高级技师。于1978年毕业于黑龙江省卫生学校，药剂专业，后考入辽宁省锦川医学院，医疗系，

1978年毕业。后在黑龙江省伊春卫生学校任教从事药理学，中草药学，皮肤病学等课程讲授。1995年、2006年分别在江西医学院第一附属医院，北京空军总院皮肤科进修中西医结合治疗皮肤病。2004年参加黑龙江省全科医学培训，获得黑龙江省卫生厅颁发的全科医学培训合格证书。从1997年后从事医疗工作，分别在黑龙江省伊春市林业工程公司医院、新园社区医疗卫生服务站，伊春市兴安医院从事临床工作。

学术经验

近年来，我应用银翘麻杏石甘汤加味与烟酰胺霜治疗青年痤疮。

中药组成：金银花、连翘、麻黄、杏仁、石膏、蒲公英、丹皮。随症加减：一般型加桑白皮、地骨皮；结节型加牡蛎、山楂、车前子；皮肤瘙痒加蝉蜕；痘色鲜红加生地黄；痤疮色紫暗加丹参；兼郁热加香附、栀子；大便秘结加大黄。

西药：自治40%烟酰胺霜。

现将完成治疗资料完整的40例报告如下：入选者为Ⅱ-Ⅳ级寻常性痤疮患者（Ⅱ级多为炎性丘疹，限于面部；Ⅲ级多为小脓包，偶有较大损害，波及肩胸部；Ⅳ级主要为较大结节囊肿性损害，累及面，颈和躯干）治疗组40例，男22例，女18例，年龄13-33岁，平均20.6岁，病程2月-8年，平均2.1年。

治疗方法：治疗组口服中药银翘麻杏石甘汤加味水煎服每日3次，外用40%烟酰胺霜每日3次，每日用清水多洗面几次，饮食要清淡，要忌食肥甘厚腻之品，属结节型者，更不能用手挤压，以免今后皮肤留下瘢痕。对照组口服维胺脂胶囊50mg日3次外用5%硫磺霜，连用药6周观察疗效。

疗效标准：痊愈为皮疹消退95%以上，无新发皮疹。显效为皮疹消退75%以上。好转皮疹消退40%以上。无效为经6周治疗皮疹无明显好转或加重。

功效主治：中医：宣肺清热解毒，消食散结消疹。西医：去脂，调节内分泌、杀灭局部丙酸杆菌。

副作用：治疗组有1例，对照组有3例出现红斑，灼热感，停药并用抗组胺药后的消退。

结果见附表：

附表　治疗组与对照组疗效对比　（例）

组别	例数	痊愈	显效	有效	无效	总有效率
治疗组						82.5
Ⅱ	22	3	7	8	4	
Ⅲ	16	4	5	5	2	
Ⅳ	2	0	0	1	1	
对照组						72.5
Ⅱ	24	2	5	12	3	
Ⅲ	14	1	3	7	4	
Ⅳ	2	0	0	0	2	

讨论：所选用银翘麻杏石甘汤加味治疗，方中麻杏石甘汤宣肺清热解毒，金银花、连翘、蒲公英、牡丹皮清热解毒，山楂消食、牡蛎散结，车前子和杏仁通利两便，以排毒利湿，全方有宣清肺热解毒，消食散结消疹的功效；烟酰胺又称维生素PP（维生素B3），具有降脂作用，其结构的吡啶环具有消除超氧阴离子而起抗炎作用，并能抑制中性粒细胞的趋化及淋巴细胞的转化，还能抑制组胺的释放，烟酰胺对痤疮发生的多个环节进行阻断，而产生较好的治疗效果。笔者用中西医结合治疗痤疮取得良好疗效。

主要成果

在“2009年全国中医药适宜技术推广峰会论坛”优秀论文评选活动中，撰写的“中药治疗不孕症”论文，获优秀论文一等奖。2009年10月，在安徽亳州市参加“弘扬国粹，中医药瑰宝全国宣展”科普活动，撰写的“中西医结合治疗过敏性紫癜”获荣誉证书。从事医疗工作以来擅长于中西医结合治疗皮肤病，妇科病疑难杂症的治疗。

8 邓铁涛

名人小传

邓铁涛，中医学家。广州中医药大学终身教授，博士生导师，中华全国中医学会常务理事，全国名老中医.1916年10月生，广东省开平市人。广州中医药大学教授，博士生导师，广东省名老中医，内科专家。

2009年7月1日，93岁的邓铁涛教授被人力资源

和社会保障部、卫生部、国家中医药管理局等国家三部委联合评定为“国医大师”并获证书，邓铁涛教授是广东唯一获此殊荣者。1989年被英国剑桥世界名人中心载入世界名人录。1990年被遴选为全国继承中老中医药专家学术经验指导教师。1993年荣获广东省“南粤杰出教师”特等奖。

邓铁涛在中医教学、医疗、科研等领域相继取得成就，受到人民的信赖。他曾任广东中医药专科学校、广东省中医进修学校教务处主任，广州中医学院教务处副处长，广州中医学院副院长等职，并曾担任第四、五届广东省政协委员。现任中国中医药学会常务理事、中国中医药学会中医理论整理研究委员会副主任委员、中华医学会医史学会委员和该会中医理论整理研究委员会副主任委员、广州市科委顾问、中华医学会广东分会医史学会主任委员、博士研究生导师。

学术经验

邓铁涛教授擅治心务疾病，研制成功的中成药有“冠心丸”、“五灵止痛散”等。临床长于对内科杂病的诊治。并擅于运用中医脾胃学说论治西医多个系统的疾病以及疑难杂症，如重症如肌无力、萎缩性胃炎、肝炎、肝硬化、再生障碍性贫血、硬皮病、风湿性心脏病、红斑狼疮等，积累了丰富的临床经验。

50多年来，精心研究中医理论，极力主张“伤寒”“温病”统一辨证论治。强调辨证方法在诊断学中的重要地位，于中医诊断学的内涵建设提出新的见解。临床善治消化、心血管系统疾病。致力于中医教育事业，培养了一大批中医人才。其论著深受国内外学者重视。

主要成果

其著述、主编及编写的论著名8部、发表论文80多篇。专著有《学说探讨与临证》、《耕耘集》、《邓铁涛医话集》。主编《中医学新编》、《中医大辞典》、《实用中医内科学》、《中医论断学》、《实用中医诊断学》等。1986年开始主持国家七五攻关项目——重症肌无力的临床的实验研究课题，1990年通过国家科委科技进步二等奖。

9 方和谦

名人小传

方和谦，男，汉族，1923年12月出生，首都医科大学附属北京朝阳医院主任医师、教授，1948年8月起从事中医临床工作，全国老中医药专家学术经验继承工作指导老师、“首都国医名师”，因病于2009年12月23日在北京逝世，享年87岁。

方和谦教授是当代最具影响力的著名中医大师之一，从医60余年，对中医呼吸疾病及疑难杂症的诊治有很高的造诣，对传承中医学术做出了巨大贡献。

出身于中医世家的方和谦，幼承家训，勤于治学，融会贯通诸家而精于仲景之学，探索《伤寒论》之精髓颇多心得。从医50余年，于医教研业绩卓著，在治疗内科杂证上积累了丰富的临床经验，是京城有名的中医专家。他13岁随父学医，19岁即考取中医师资格悬壶京城。

50年代初，他先后任职于北京市卫生局中医科及北京中医学校，担任《伤寒论》教研组组长。60年代，方老担任朝阳医院中医科主任，为医院的中医和中西医结合工作做出了不可磨灭的贡献。

方老德高望重，曾任全国中医药学会理事，全国中医药学会内科委员会委员，全国中医学会张仲景学术研究会副主委，北京中医药学会理事长，北京市科协常委，北京市红十字会理事等诸多社会职务。

学术经验

几十年来，方老为振兴中医事业呕心沥血，孜孜不倦。他医术精湛，治学严谨，为人热情谦和，

团结尊重同道，对病人不论职位高低，贫富亲疏一视同仁。他应用古人之法而不拘泥于古人之方。在处方用药中，一切从病情需要出发，辩证合理，用药少而力专，药到病除。他很少用犀、羚、麝等贵重药品，力求简、便、廉地解决问题。方老认为中药汤剂最能反映中医辨证用药的特点，主张一病一方，这也是他临床诊病的最大特色。

临床擅治多种疑难杂症。对呼吸系统、心脑血管及肝胆系统疑难杂症的治疗有独到之处。通过辨证施治，灵活机动用药来医治急慢性气管炎，哮喘，肺心病患者；应用中西医结合方法医治急慢性肝病，肝硬化，胆石症，使多数患者得以治愈；对中医医治老年病，如心脑血管疾患，中风病半身不遂的中医调治也取得较好的疗效。此外，除内科外，还涉及了外、妇、儿、五官各家之学。

主要成果

首创“和肝汤”，此方具有扶后天之本之正气，祛郁滞之邪气，适用于肝脾气血失和的多种疾病，为和解法又一有效方剂。

他一贯重视中医人才的培养，1990年，他被国家中医管理局确定为全国老中医药专家经验师承制导师，他培养后学从不保守，毫无保留地将自己的经验传授给弟子和学生，为国家培养了一批医疗教学的骨干。

10 郭子光

名人小传

郭子光，字茂南，1932年12月出生于四川省荣昌县郭氏中医世家，现为成都中医药大学教授，全国著名老中医专家带徒第三批导师，1992年享受国务院政府特殊津贴，四川省政府首批确定的学术带头人，国内外公认的伤寒和各家学说专家、中医康复学科开创者。曾任《学报》常任编辑、各家学说教研室主任，兼任四川省中医学会常务理事、四川省仲景学说研究会主任、四川省中医现代化研究会副会长、四川省海外联谊会养生文化研究会主任、校学术委员会委员、校职称评审委员会委员、国务院学位委员会学科评议组秘书、国家自然科学基金会专家评审组成员、卫生部全国高等中医药院校教材编审委员会委员、四川省卫生厅科技成果评审委员、成都军区总医院学术顾问等职。

学术经验

郭老医风朴实，在临床上以“病证结合”的思维方式为诊疗特点，擅长内科诸病，尤对心血管、血液、呼吸、神经、泌尿系统的某些疾病拥有丰富的经验。能发皇古义，融会新知，形成独具风格的临术思路与方药运用而卓然自立。所总结的“八个临证治疗步骤”，即为其临术医学思想的代表，已编入《名医名术精华》（重庆出版社，1992）。汇集多年经验写成《伤寒论专题材料》和《中医内科专题材料》，供研究生学习和运用。

主要成果

郭老认为现阶段中医学的各个领域面临新的挑战，处于孕育理论突破和思想出路的非常时期，运用各种新观点、新方法研究中医，正是在思维能力上富有力度的健全标志。因此，在理论探讨、文献整理与实践研究方面，能大胆探索，小心求证，发挥颇多。《肺结核病》（人民卫生出版社，1983），提出具有普遍性的“三因鼎立”之说，而形成下述发病公式：原因十诱因十素因致疾病，是对中医发病学的发挥。《伤寒论汤证新编》（上海科学技术出版社，1983），提出“病理层次”之说，阐述伤寒六经证治规律，从一个侧面发挥了仲景学理。《中医康复学》（四川科学技术出版社，1986），在全国率先开拓中医康复学术领域。主编《日本汉言医学精华》（四川科学技术出版杜，1990），是介绍日本汉方医学特点的专著，体现科学无国界，能容则大的思想。主编《中医奇证新编》（湖南科学技术出版社，1965），集古今奇证治验之大成，加按阐明机理。

11 韩　洪

名人小传

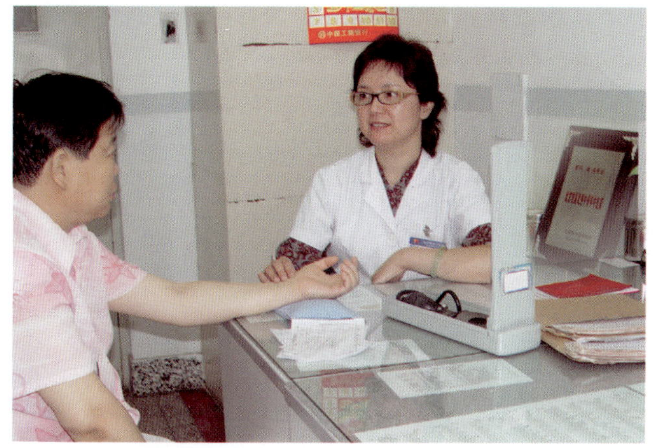

韩洪，女，北京市第六医院中医科主任，主任医师。1983年毕业于北京中医药大学，同年分配到北京市第六医院中医科工作至今。27年来始终坚持工作在临床第一线，在医疗、教学、科研方面作了大量的工作，积累了丰富的临床经验并取得显著的成绩。2005年被北京市总工会评为“经济技术创新标兵”；2006年被北京市中医管理局授予“北京首届优秀中青年中医师”称号、被北京市总工会评为“首都巾帼之星”；2007年被中华中医药学会授予“全国首届杰出女中医”称号；2009年被北京市卫生局评选为“首都优秀医务工作者”。现任中华中医药学会科普专业委员会委员；北京中医药学会风湿病专业委员会委员；北京中医药学会首届周围血管病专业委员会委员。北京市东城区第十二届政协委员。

在结束十年动乱后的1978年，韩洪考入北京中医药大学中医系。通过5年的专业学习，对中医有了系统的认识。在毕业实习内科时，看到众多的风湿病患者被疾病折磨得痛苦不堪而医生又束手无策时，是中医药给他们带来了希望，中医神奇的疗效使其对中医药治疗风湿类疾病产生了浓厚的兴趣。1987年韩洪来到北京市中医医院内科进修，有幸拜名老中医王大经为师，通过一年的学习，韩洪的临床水平有了很大的提高，发生了质的飞跃。名医辩证施治的思路给了韩洪巨大的影响，使其在以后的临床实践中注意掌握治疗大法而不拘泥书本和一方一药，并受益终生。

学术经验

韩洪热爱中医事业，对中医药文化始终抱着“学习、继承、发扬”的态度，潜心钻研中医理论，及时总结临床经验，大胆实践，根据基层医院就诊患者的特点，把为患者解除病痛的重点放在提高常见病、多发病的疗效上。同时在治疗疑难病症如风湿类疾病（类风湿性关节炎、红斑狼疮、干燥综合征、痛风）、糖尿病，特别是糖尿病足方面有独特的见解，丰富的临床经验和理想的效果。90年代，韩洪开始涉足中药塌渍治疗下肢慢性皮肤溃疡的领域，经过反复的临床试验，研制出效好、价廉、治法简便的治疗糖尿病足的中药外洗剂，运用“解忧汤”外洗治疗下肢静脉炎、静脉曲张合并溃疡、糖尿病足等难治之病。并广泛运用于临床，使众多的糖尿病足患者保住了患肢，减少致残率，大大提高了患者的生活质量和生存时间。2002年韩洪主持的中药外洗剂治疗慢性皮肤溃疡科研课题，获东城区卫生局科技进步三等奖。2003年获“东城区经济技术创新工程优秀成果奖”。2005年被北京市总工会评为“2005年度经济技术创新标兵”。2008年“清热解毒活血化瘀溻渍治疗糖尿病足临床观察”在北京市中医管理局立项。为治“未病”，韩洪研究出中药外洗的预防系列。如预防1号、2号。有效降低了糖尿病患者患糖尿病足的风险。韩洪还积极开展糖尿病足的健康教育，在北京电视台《电视门诊》和《祝你健康》栏目播出防治糖尿病足的专题节目。还在《健康报》、《中国中医药报》、《健康咨询报》等专业报刊发表了20余篇健康教育文章。

主要成果

1、2002年韩洪主持的中药外洗剂治疗慢性皮肤溃疡科研课题，获东城区卫生局科技进步三等奖。北京市总工会2005年群众性经济技术创新工程标兵”。

2、撰写《中国历史大辞典》科技史卷中“中医术语”全部辞条，上海辞书出版社2000年4月第一版。

3、《中国临床医生》2002年第30卷第4期发表“革薢化毒汤治疗痛风38例临床分析”。

4、《中国临床医生》2002年4月发表“防己黄芪汤加减治疗慢性尿酸性肾病32例”。

5、《中国医刊》1999年第34卷第9期发表“柴胡石膏汤治疗流感高热36例观察”。

6、《北京中医》2002年6月第21卷第3期。解忧汤外洗治疗慢性皮肤溃疡临床观察。

医学感悟

做一名“大医”是韩洪一生的追求。高尚的品德，精湛的医术缺一不可。首先，一名真正的中医他应该是一个全科医生，内外妇儿无所不能，这样才能体现中医的整体观念，辩证施治的灵魂。目前出现的因分科过细而产生的偏科医生是要注意纠正的。第二，学好中医要有悟性，要勤奋，要善于总结经验教训，要有奉献精神。书本是你登堂入室的梯子。师傅领进门，修行在个人。其中的奥妙需要每个人去感悟。按图索骥是永远不能学到中医的“精髓”成为“大医”。

12 何　任

名人小传

何任，男，浙江杭州人，1921年1月生，浙江中医学院教授。医学上自家传，1941年毕业于上海新中国医学院，历任浙江中医学院院长，杭州市中医协会主委，浙江省中医学会会长。中国中医药学会常务理事，高等医学院校教材编审会副主任。国家中医经管理局成果评审委员浙江中医学院学术委员主任，浙江名中医馆馆长等职，曾任省第四届政协委员，第五、六届洎江省人大常委会委员，第七届全国人民代表，国家级名老中医，国务院特殊津贴获得者。

学术经验

我国著名中医教育家、临床家，对张仲景学说研究有很深化造诣。1982年在北京参加第一次“中日伤进论学术讨论会”，代表中国学者作“《伤寒论》的博涉知病，多诊识脉，屡用达药”的学术报告，被日本学者誉为中国研究《金匮要略》的第一号人物。

临床治疗以内、妇科，肿瘤、疑难症擅长；对诊治疾病，则经方、金元医方选而用之。对肿瘤以扶正祛邪法，并探索出“产池扶正，适时祛邪，随证治之”的十二字治疗原则；妇科完陈素庵，善以益利经脉法治瘕；对时病则善用江南温病学派轻清渗解。

主要成果

1、卫生部级课题《金匮要略校注》，于1990年出版，获部级科技成果二等奖。2、卫生部部级课题《金匮要略高等中医学校校教材函授讲义》于1986年出版。3、《何任医论选》于1985年出版，获省级科成果二等奖。4、《金匮要略新解》于1982年出版。5、《金匮要略新解》日文版，日本东洋学术出版社出版。为日本学习《金匮》之教材。6、《湛园医活》1988年出版，获浙江省教委高校科技进步成果二等奖。7、《金匮通俗讲话》1985年出版，至今已出版10余万册。8、《金匮提要便读》1985年出版。9、《金匮百家医案评议》1992年出版。10、最近撰写的《何任临床经验辑要》由中国医学科技出版社于1998年1月出版发行。全书理、法、方、药俱全。突出何任五十年临床独到经验。11、其余尚有《何任医案》、《何任医案选》、《金匮归纳表》、《金匮燃犀录》、《实用中医学》一、二、三、集，《医宗金鉴四诊心法白话解》等著作共十余种及论文百余篇。

13 贺普仁

名人小传

贺普仁，男，汉族，字师牛，号空水，农工民主党党员，1926年5月出生。主任医师，教授。现任北京针灸学会会长、针灸三通法研究会会长、中国科协委员、中国国际针灸考试中心副主任、北京医师协会理事等职。贺普仁教授自幼师从京城针灸名家牛泽华，22岁悬壶应诊，1956年调入北京中医医院，任针灸科主任30年之久，1990被国家中医药管理局授予“全国名老中医”。国家级非物质文化遗产传统医药项目代表性传承人。

在庆祝贺老从医50周年的时候，全国政协主席李先念为庆祝大会题辞：“银针寓深情，拳拳爱人心”，这也是贺普仁教授医学生涯的写照。

学术经验

贺普仁教授精研内难，通览甲乙，在50多年的医疗实践中，博采众家之长，创立了“病多气滞，法用三通”的中医针灸病机学学说和独具特色的针灸治疗体系一贺氏三通法。

他提出的医德、医术、医功三位一体的针灸医生培养方针，见解独到，高屋建瓴。

主要成果

著有《针灸治痛》、《针具针法》、《针灸歌赋临床应用》、《毫针疗法图解》、《火针疗法图解》、《三棱针疗法图解》等书；并担任针灸学研究生导师。非常重视学术交流工作，先后赴十几个国家和地区交流、讲学，精湛的医术使国内外医学界同仁惊叹不已，被誉为针灸泰斗。美国等国家先后成立了“针灸三通法研究会”，贺氏针灸三通法享誉海内外。

14 胡建中

名人小传

胡建中，男，1958年2月生。生于中医世家，1974年始随祖父、父亲和姑父王乐匋教授研习中医，1985年毕业于芜湖中医学校。1995年获“安徽省卫生系统先进工作者”称号，2005年获“全国农村基层优秀中医”称号。现为安徽省绩溪县华阳镇社区卫生服务中心主治中医师，2009年被省人事厅、卫生厅评为副主任中医师。

学术经验

1、中风后遗症的治疗

首先宜结合西医的诊断，区分出血性和缺血性之不同，然后按中医理论进行辨证论治。气虚痰瘀交阻、经络失荣者，补阳还五汤主之；合并失语者，乃是痰阻舌本，仿程钟龄神仙解语丹主之；水亏不能养木、上实下虚者，地黄饮子主之；口眼歪斜者，牵正散主之，或用鲜竹沥点舌下；上肢不用者，入羌活、片姜黄、制乳没；下肢不用者，加续断、怀牛膝、制乳没；尿失禁者，加用缩泉丸或用桑螵蛸、覆盆子、金樱子等；血压高者，加珍珠母、生牡蛎、夏枯草、钩藤；头痛甚者，加用白蒺藜、蔓荆子、蜈蚣；痰多者，加用川贝、陈胆星、天竺黄；血压脉差较大者，可加用生山楂、粉葛根等。中风患者经治疗后，在风阳上亢的情况下，应注重滋肾柔肝、健脾开胃，开启食欲对后遗症的恢复不可忽视。

2、颈椎病的诊治

临床体会，现代人的颈椎病常见成因如下：夏日空调的人造寒邪遏汗为湿，致暑热寒湿之邪郁滞督脉、太阳经脉，致经气不畅，清阳不升；板床能保持诸椎体的稳定性，而长期卧软枕绒，致椎体退行性变，或者枕高、伏案姿势不正、网上游戏，以致椎体的生理曲度强迫性改变。所以该病在年轻人中愈发多见。临床上颈椎病病人常感目眩、头痛，或胀及枕部、肩背、手臂，手指作麻，视物模糊，恐高，心动悸有压抑感，甚或悲伤欲哭，而有的面赤，心胸汗，舒张压偏高，脉差小，咽部不适等等。临证基本方如下：水牛角(先下)、炮川乌、炒川芎、片姜黄、鹿衔草、制豨莶草、羌独活(各)、桑寄生、藁本、白芷、生山楂、葛根、桔梗、蜈蚣、生甘草。

3、妇女面部褐斑的诊治

临床妇女面部黄褐斑求治者常见于妊娠期、产后、月经前后，肝炎病等后，还见于部分更年期妇女。其病机主要可分两方面：一是湿热内蕴中焦，表现为面部有油垢，脘闷食少，带下频仍，色黄阴痒，口腔舌体时发溃疡，苔黄腻，脉滑数；二是肝郁气滞，经行不畅，如经行乳房胀痛，甚者不能触衣，或行经前脾气暴躁或经行腹痛，色紫有块，或月事一月数起等；肺肾阴虚者相对少见；误用滥用化妆品导致面部汗腺排泄不畅，导致湿郁肌肤以及过敏，也是不可忽视的原因。治疗上主要从肺、脾胃、肝肾入手，以祛风宣肺、条达解郁、运脾渗湿为总则，方拟杏仁、枇杷叶、焦山栀、黄柏、生苡仁、制香附、砂仁、川黄连、党参、八月札、娑罗子、王不留行等，随症化裁。

4、心血管疾病的诊治

冠心病胸闷胸痛者，以上焦为治疗中心，治以活血化瘀、宣痹通阳、益气养阴之法，效果显著，以瓜蒌薤白半夏汤为主方。而亦多有不效者，究其因为气血并行，气为血帅，血脉瘀阻，气机郁阻，中焦为气机升降之枢，枢机不利则三焦不通，胸痛憋气虽是上焦见症，但与中焦宣畅与否密切相关，故从疏理中焦入手效果明显。中焦气机壅滞因由食滞、痰阻、脾虚不运等。临证审因立法，以瓜蒌薤白半夏汤为主方，入鸡内金、砂仁、槟榔、莱菔子、少佐川黄连进行组方，取消导通降，辛香理气之意。湿热郁滞，舌苔黄腻者，加山栀、黄芩、竹茹、菖蒲、神曲等；脾虚腹胀者，予枳术相伍为用。胸痹可源于中焦气机壅塞，心脉之病亦可导致中焦气机壅塞，故临床上应分清主次，正本清源。

5、治疗胆绞痛验方

方药组成：皂矾3g、茵陈30g、桃仁10g、郁金10g、当归须 10g、煨川楝子10g、炒延胡索10g、炒枳壳6g。2003年治一位高姓退休工人，时年68岁。因胆囊泥沙样结石、肝内胆管结石，在上海动过两次手术。嗣后胆囊部仍疼痛时作，每月发作一二次，发作时背俞压胀，泛吐苦水，大汗淋漓，疼痛难忍，多次产生轻生念头。予上方化裁服用，诸症逐渐好转，至今未大发作。

主要成果

1、2000年“宣城市山丘地区流行疾病的控制措施与监测”项目获省级科技成果奖

2、胡建中.龙胆泻肝汤治验二则[J].安徽中医学院学报，1999，18(1):39

3、胡建中.瓜蒌薤白半夏汤临床运用体会 [J].中医药临床杂志，2008，20(3):241

医学感悟

《素问.金匮真言论》有云：“藏之心意，合心于精，非其人勿教，非其真勿授，是谓得道。”此为传统的传承模式，但传统不等于保守，医业非“性所近，力所能”者不能操持。余自幼耳濡目染，蒙于家学，亲炙私淑，兼习科班。从医之路，入的是先传统后现代的模式，实践深入于前，理论升华于后，互为辅益，相得益彰。业医三十载，深感为中医者，无儒学的基本功，不能凌驾其语言之艰涩；无传统的人文素养，不能深究其理论之质本；无普救含灵的佛心，不能布施仁术于长久。所谓中医者，杏林之释道儒也。

15 胡翔龙

名人小传

胡翔龙，1931年生，福建省中医药研究院经络研究室主任、研究员。曾担任中国针灸学会经络研究会主任委员等职务。

胡翔龙长期担任全国经络研究协作组的负责工作，参与我国经络研究的组织和协调。1989年受中国科学院政策局邀请，担任国家攀登计划“经络的研究”项目的答辩专家，该项目顺利通过答辩，被列为首批国家攀登计划的12个项目之一。1992年又受聘担任该项目的首席科学家，是我国经络研究的一位主要学术带头人，为推动我国经络研究工作的发展，保持我国经络研究在国际上的领先地位做出了重要贡献。多次获得福建省优秀共产党员、省劳动模范、省优秀专家、省先进工作者等荣誉称号。1993年被评为全国优秀科技工作者，并荣获全国

"五一"劳动奖章。2008年被授予"全国劳动英模"称号和"全国劳动英模勋章"。2009年新中国成立60周年又被授予"时代功勋：第6届感动中国十大风云人物"。

学术经验

经络是中医基本理论的一个重要核心，也是当前医学科学研究中的一大难题，一个难解之谜。经络实质的阐明，必将大大推动中医学和整个医学科学的发展，造福全人类，这也是中国科学界责无旁贷的历史使命。出于对科学的执著追求和继承发扬祖国医学遗产的历史责任感，胡翔龙长期坚持经络研究，五十余年如一日，克服重重困难，取得了突出的成绩。他亲身经历了我国经络研究的各个阶段，对我国经络研究的历史和现状有深刻的了解。20世纪70年代初，由于受到来自各方面的干扰，经络研究处于茫无头绪的时刻，他根据辩证唯物主义认识论的基本原则，提出了"从把握经络现象入手，逐步阐明经络的实质"的思路。尔后又按照"肯定现象、掌握规律、提高疗效、阐明本质"的工作方向，认真积累第一手资料，对我国的经络研究产生了深远的影响。

1961年，胡翔龙发表了自己研究循经感传现象的第一篇论文，由此步入了这一充满争议的研究领域。经过四十多年的风风雨雨，这一现象终于得到了国内外学者的公认，为经络研究奠下了一块牢固的基石。他所研究的内容涉及循经感传现象及其形成机理、经脉-脏腑相关及其联系途径、经脉循行路线的客观检测等重要领域。工作中紧紧抓住"十四经脉的特殊循行路线及其与人体机能调控的关系"这一最核心的问题，有所发现，有所创新，逐步形成了自己的特色。

主要成果

在国内外刊物上发表了论文160余篇，这些工作获得了全国科技大会重大科技成果奖1项，省部级科技进步一、二等奖6项以及联合国信息系统科技发明创造之星奖等其他多项奖励。他所主持编写的《中医经络现代研究》一书，概括了新中国成立以后四十多年来我国经络研究的主要成就和基本经验，被誉为"是对建设中西医结合理论体系的一个重要贡献"。最近，他又以红外辐射成像技术，直观地显示了古人所描述的人体体表的经脉循行路线，证明经络确是人体所固有的某种"组织"和功能，为进一步阐明经络的实质提供了一方面的实验根据。胡翔龙所领导的实验室是我国建立最早、规模较大和最具有代表性的经络机构之一。多年来一直承担国家攀登计划、国家重点攻关课题以及部省级的经络研究任务。曾被评为全国科学大会的先进科技集体（1978年），福建省中西医结合工作的先进集体（1985年），2002年又被列为福建省经络重点实验室，同年，还被列为国家中医药管理局的中医药科研三级实验室。

16 黄宇清

名人小传

黄宇清，男，出生于1954年1月，湘潭市人，籍贯江西省星子县、北京光明中医函大毕业。大专学历，博士学位，医师职称，民革党员，国家干部。曾任湘潭市立医院院长助理、第三门诊部主任（原湘潭市第二人民医院），现在"湘潭黄宇清中西内科诊所"个体行医。主要从事中医肿瘤及疑难病症的诊治。

学术经验

黄宇清从医40多年来，把古老的中医医学秘方，科学地研制出无毒、无副作用的纯中成药并组成了系列药物，在临床中广泛应用，形成了一整套具有独特的、系统的医疗临床经验。如治疗硕大脂脉瘤，通过他自己创建的"一笔消"外涂剂，经过25天治疗可全部消除，疗效100%，无需内服药物；如患有脑、肺、食道、鼻咽、肝肾、淋巴、乳腺、子宫、直肠等多种恶性肿瘤，用中医传统治疗方法，能明显地保持患者病体现状并逐步缩小病灶，减轻痛苦，延长和提高患者的生命质量。据不完全统计，通过黄宇清医师治疗的数百人中康复的患者，如患肺癌者成活率最长时间25年，患肝癌者成活率最长时间13年（至今健在），患鼻咽癌者、乳腺癌者多数至今健在，已达20年之久。因此，被当地人们称之为中医的"偏才、怪才"（湘潭日报、湘潭名流报、湖南日报等报刊均有报道）。

主要成果

出生于传奇世家，自幼习医，师承当地名医何洞阳、廖允恭老中医，并拜其义叔父巨赞法师学习心经功法，长期从事门诊医疗一线工作，并对各种中、晚期肿瘤病人有独特的治疗方法，有较深厚的理论和较高的专业水平，多年以来，以精湛的医术，高尚的医德，本着以患者高度负责的态度救死扶伤，倾其所学，为发扬祖国传统医学做出了积极贡献，发表论文有《肝癌治疗体会》并在实践中取得成绩，使广大癌症患者生存率普遍提高，曾多次被湖南日报、湘潭日报、湘潭政协报、名流报所报道，并入编2004年《世界优秀专家人才名典》第三卷上册。

医学感悟

中药是一人一方，灵活性大，个体化针对性较强，很难进行规范化总结，但可通过多味中药合理组方，达到最大限度地适应个体化，系统化的需要，用升降出入的方法比新陈代谢更具体，解决了单一分子靶点干预的局限性，提高疗效方面占绝对优势。

17 蒋戈利

名人小传

蒋戈利博士，1965年7月生，湖南江华瑶族自治县人。主任医师，教授，研究生导师，人文医学倡导创立者。94年天津中医药大学博士毕业后，作为特需高端人才特招入伍，成为全军首位针灸学博士。现为中国人民解放军中医理疗康复研究所所长，北京军区（天津疗养院）中医针灸康复研究诊疗中心、国家中医药管理局颈腰椎脊柱骨关节病专病中心首席专家。

学研经历：1987年获湖南中医药大学学士学位；1990年获天津中医药大学针灸学硕士学位（主攻脑血管病针刺研究）；1991年在全国临床针灸研究中心工作；1993年在南开大学进修外语；1994获天津中医药大学博士学位（主攻心血管病针刺研究）。先后拜师于针灸学大师中国工程院石学敏院士、程莘农院士，平衡针灸创始人王文远教授，拔针疗法发明人陈超然教授，并尽得真传。曾作为得力助手协助导师完成多项国家级重大课题研究。

学术任职：现兼任中国针灸学会理事，全军中医药学会针灸专委会副主委，中国平衡针灸学研究会执行会长，军区理疗康复疗养专委会主委，天津针灸学会常务理事，北京中医药大学，天津中医药大学教授，台湾中山医学科学院院士；《现代中医药与康复疗养杂志》主编，《中国平衡医学杂志》副主编，《中医药学刊》、《华北国防医药》编委。

社会影响：荣获2002年中国中医药杰出贡献、2004年中华之魂百名杰出人物、2009年中华创新优秀人物奖和全国中华名医风范奖等称号，享有军队优秀科技工作者、天津市青年岗位能手等众多荣誉。中央电视台、中央人民广播电台、天津电视台、解放军报、健康报等众多媒体对其事迹作过专题报道，并被载入《世界名人录》、《中国世纪专家》、《共和国功勋人物》、《军魂中华英雄儿女》等人物辞典。

学术经验

治学理念：首倡整体人文医学理念，力践自然绿色医疗模式；自觉实践科学发展观，坚守“博学与精专相宜”和“自然科学与社会科学均衡”治学原则；以佛家的慈悲为怀，道家的天人合一，孙思邈的大医精诚为指导原则；以“心存仁爱勤智勇，身怀绝技理术精”为人生目标；“先病人之忧而忧，后病人之乐而乐”，竭诚快捷服务军民，不负“神医天使”之美誉；力行“用最简便的方法，最短暂的时间，达到最理想的治疗效果”的人文医学诊疗理念。

医术专长：博采众长，大胆创新，独创三步针罐疗法、益气复脉针法、醒脑通经针法、三位一体调神针法、四步针药疗法、心理-情志解析疗法等系列种专病疗法，研发筋骨灵神贴、健脾消积等6种中药制剂，创建常见病症的理法方穴（药）术五位一体的“蒋氏专病诊疗体系”。在治疗脑中风，颈腰椎脊柱关节病，心脉病症，风湿性骨关节病，各种顽固性疼痛，及内、外、妇、儿常见多发病症方面，技艺独特，疗效神奇。

教学成绩：通过研究生培养、留学生教学、实习进修生带教、特色针灸培训班、专题讲座等方式，先后培养来自美国、俄罗斯、英国、韩国、墨西哥等国的中医针灸人才百余名，军内外特色专病针灸人才八百余名，其独到学术思想和独特针灸技艺得到广泛的传承和应用。

主要成果

科研成就：完成国家攻关课题“针刺治疗急性心梗合并心律失常与实验研究”，“三步针罐疗法治疗颈腰椎病临床系列研究”，“益气复脉针法治疗病窦综合征临床与电生理实验研究”等重大项目。攻克“针灸治疗中风性延髓麻痹”、“针刺治疗病态窦房结综合征”两项世界性医学难题。荣获中国医药杰出贡献奖，王克昌科技奖，军地科科技进步奖4项，医疗成果奖5项。主编或参编《汉英中医辞海》、《临床针灸学》、《针灸全书》、《杏林春秋》等专著15部，发表论文论著及译文150余篇。

18 旷惠桃

名人小传

旷惠桃，女，1949年生，湖南省衡山县人，中共党员，教授，主任医师 博士研究生导师 湖南省名老中医，湖南省老中医药专家学术继承工作导师。全国中西医结合学会理事；全国中西医结合学会风湿病专业委员会常务理事；湖南省中西医结合学会常务理事；湖南省中西医结合学会风湿免疫病专业委员会主任委员；中华人民共和国人事部特聘专家；曾先后担任湖南中医学院第二、第一附属医院院长。

旷氏1968年高中毕业后回乡务农，1970年就读湖南中医学院医疗系本科，毕业后在省委组织部管辖的灰汤干部疗养院从事医疗工作，1977年调入湖南中医学院中医基础教研室任教，1979年考入本院第一届研究生班，1982年毕业，获医学硕士学位。此后任教于学院金匮要略教研室，任教研室副主任、主任。1994年出任湖南中医学院第二附属医院副院长、院长，2002年调任本校第一附属医院院长。先后于1999、2002年度被评为湖南省优秀医院院长；多次评为湖南中医药大学“先进工作者”。2004年因年龄原因卸任院长之职，全心从事业务技术工作。现为湖南中医药大学第一附属医院省级重点学科内科学术带头人；中华人民共和国人事部特聘专家；全国中西医结合学会理事；全国中西医结合风湿病专业委员会常务理事；湖南省中西医结合学会常务理事；湖南省中西医结合学会风湿免疫病专业委员会主任委员。现主要从事中医药治疗风湿性疾病、痛风、肾病等研究及指导研究生工作。主攻方向：对内科杂病，尤其对风湿、痛风及肾病的中西医结合治疗有深入研究。牵头研制的“三虎丸”治疗类风湿性关节炎；“痛风克颗粒剂”治疗痛风；“益肾颗粒剂”治疗慢性肾炎、狼疮性肾炎、肾病综合征等取得满意疗效。

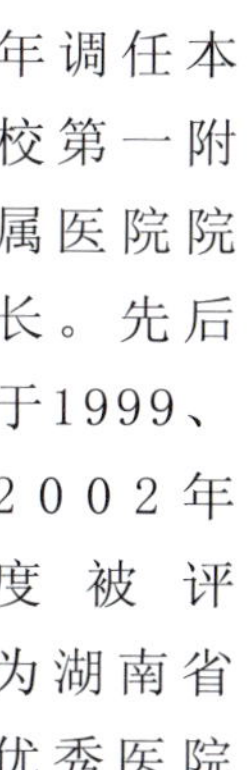

名医之最

最感恩的老师：欧阳锜，张海清。

最喜欢的中医药学家（包括古今）：张仲景、孙思邈、欧阳锜、谭日强。

最喜读的中医药著作：《金匮要略》、《景岳全书》。

印象最深的中医格言：“胆欲大而心欲小，智欲圆而行欲方”。

“凡为医者，性存温雅，志必谦恭，动须礼

据统计，仅类风湿性关节炎、强直性脊柱炎、骨关节炎三种慢性关节炎的患者在我国已超过一亿人。因此，旷氏认为如此庞大的患病群体，无论是社会、家庭或医务人员都面临严重的挑战。因此，风湿病将有着广泛的研究前景。而且，风湿科疾病较之其他学科疾病有着明显不同的特点，那就是，内科的其他各亚学科，主要是按照解剖系统划分，唯独风湿免疫科是一个贯穿各个专科的学科。这个学科的特点，要求风湿免疫科的医生既要熟悉本专科的诊疗知识，又要钻研各个专科的知识；既要掌握本学科的诊疗思维，又要具有面对临床表现复杂，累及多系统、多脏器的疑难风湿免疫病的得心应手的诊治能力。因此，旷氏多次利用学术会，号召风湿科医师比较其他学科医师，更要不断进取，不断学习学习，努力提高自己的学术水平。旷氏经过长期的积累和研究，在用运中药内治、外治各种风湿方面都已经积累了大量的临床经验。她擅长用运经方和虫类药治疗类风湿性关节炎；创制“痛风克颗粒剂”治疗痛风；研制“痹痛散”外治各种痛证等，临床收效良佳。她所主编的著作和所写的论文，大多是研究风湿类疾病的。她任我省中西医结合学会风湿病专业委员会主任委员已达十年，是我省中医风湿病学术界带头人。她临床处方用药经验老到，药不多而力宏，价不高而效佳，无愧于一代名医。

主要成果

主要学术著作：

1、《中西医结结合风湿病手册》主编，湖南科学技术出版社

2、《临床痛证诊疗学》主编，人民卫生出版社

3、《风湿病.名家医案妙方解析》主编，人民军医出版社

4、《中西医结合内科用药指南》主编 湖南科学技术出版社

5、《中医本草疗法》主编，湖南科学技术出版社

6、《痛风名医临证实录》主编，湖南科学技术出版社

主要科技成果

获湖南省中医药科技进步奖3项，获湖南中医学院教学成果二等奖2项。

医学感悟

1、“勤于读书，勤于著书，勤于实践”——中医成才之捷径。

2、“聪明在与勤奋，名医善于积累”。

3、“向书本学习，向前辈学习，向同仁学习，向民间学习，向病人学习，”名医成才之道！

19 雷玉侠

名人小传

雷玉侠，女，现年60岁，副主任医师，家住陕西省华县华州镇城内行政村西街组。1970年4月参加县办医疗卫生培训班，同年5月成立合作医疗站，从事医疗卫生工作。1978年在中医医院培训4个月，1975年至1987年一直承担大队计生工作和上级下达的妇幼卫防等各项义务工作至今，并多次获县上的先进工作者和先进个人。2006年我所范雷氏药膏在医疗卫生战线上载入华县志。

学术经验

本人从医40年业，勤奋学习，克苦钻研，勇于奋斗，敢于创新，在中医事业中，发扬祖国传统中医药的优势和特色，以现代医学和古代医籍，攻克疑难顽症，辩症施治、对症下药，选用纯天然中药，真药实料，经过不懈的努力，终于研制出范雷氏系列纯中药药膏。药膏特色：内病外贴，内病外治，它的基本原理，在病灶部位和穴位贴药膏，通过皮肤毛孔渗透，分分秒秒不断的在吸收，使药不走弯路，集中优势打“歼灭战”的指导方针，达到快速治疗的效果，消除“久攻不下”的弊端。

范雷氏药膏共分十大类：各类药膏主治不同的病症。1号膏主治：风湿类风湿，跌打损伤、软组织挫伤、肩周炎、颈脊劳损，腰椎间盘突出、坐骨神经痛等。2号膏主治：劲椎增生、脊椎、腰椎各关节增生、乳腺增生、乳腺炎、淋巴结炎。3号膏主治：胆囊炎、胆结石、肾结石、膀胱结石。4号膏主治：脑血栓、高血脂、心肌梗塞、心包炎、高血压引起的偏瘫、手足拘挛、四肢麻木、半身不遂。5号膏主治：中老年咳嗽哮喘、急慢性气管炎、肺气肿。6号膏主治：肾虚、肾功能衰竭、慢性肾炎、肾盂肾

炎、多尿、糖尿病。7号膏主治：肝纤维化、慢性肝炎、肝硬化腹水。8号膏主治：漫性浅表性胃炎、萎缩性、溃疡性胃炎、糜烂性胃炎、疣性胃炎、大小结肠炎、前列腺炎。9号膏主治：脂肪瘤、纤维瘤、淋巴瘤、卵巢瘤。10号膏主治：食道癌、肺癌、肝癌、胃癌、皮肤癌、乳腺癌、结肠癌等形成了自己的膏药系列，在临床上据有神奇的疗效，使用安全疗效快，经济方便，没有毒副作用，因此很受广大患者的欢迎认可。

案例一：杨某某，女，19岁，家住甘肃，经大医院胃镜、B超查出是萎缩性胃炎二年多，结肠炎6-7年，用范雷氏8号药膏一、二期膏交替使用，萎缩性胃炎治疗不到三个疗程，结肠炎一个疗程病情痊愈，各方面同正常人一样。例二：XXX，女，27岁，柳枝南官人，此人双侧卵巢肿，经9号药膏治疗一个疗程，B超检查囊肿消失，病情痊愈。例三：XXX，男，60岁，下届车堡村人，没手术前能跑能走，腰椎增生手术二次都失败，导致患者不能起床行走，医院治疗半年无效，经卫生局调解医院给患者赔偿九万五仟元。后用我范雷氏膏药治愈，能下床，能行走。以上案例能康复治愈这么快，实践证明，我中华中医是行之有效的。

主要成果

1、2007年9月在北京参加第三届中国医学专家（专科专病）经验交流会获得中华医学发展优秀论文奖、中华医学发展贡献奖；荣获专家牌匾；促进文明诚信卫生所等荣誉。

2、2007年11月参加首届全国优秀民营中医医疗机构表彰大会，获诚信执业依法行医奖。

3、2008年5月参加中国国际专业科学家学会，增补为专业科学家委员，并获中国百名专业贡献杰出人士金牛奖。

4、2008年12月参加全国高健委康复专业委员会，担任职务专家委员。

5、2009年9月参加第二届中医特色诊疗国际学术交流会，荣获优秀论文三等奖。

医学感悟

今后，我所要继续努力，力求使我们的范雷氏膏药更加体系完整，潜心挖掘祖中医药宝库，将中央对中医药工作的重要指示和吴副总理的重要讲话落到实处，做到有为才有位，有位更有为，为了中华民族中医药事业的不断完善，让传统医药发扬广大。我所寻求合作单位，让中医药闪光发亮，服务于社会，服务于全人类。

20 李　穆

名人小传

李穆，男，汉族 湖南平江人。自幼从现外祖父巫书林学医，后毕业于湖南中医学院，曾在张仲景国医大学，传统医学科学院深造，并获传统医学博士。现任岳阳市海联中草药研究所所长、执业主任医师、药师、高级经济师。学术造诣颇深，在学术界具有较高的社会影响，被多家学术团体的权威人士推荐兼任学术机构的相关职务。如中国医药保健研究会副理事长；全国疑难病症专业委员会委员；“九五”国家扶贫专家组成员；湖南省营养保健协会常务理事；湖南省科学作家协会会员；农工党湖南省委科教工作委员会委员；岳阳市民办科技联合会常务理事；岳阳市中医药学会常务理事；岳阳市科普作协理事；中国科普作家协会会员；岳阳市专家委员会成员，高血压课题组组长等职务；2005年被推选为岳阳市自学成才典型收入《自学出人才》一书，所有成果被市档案馆列入岳阳市著名人物个人档案室收藏。2008年被评为“全国优秀中医健康信使”；2009年被评为“全国基层优秀名中医”；2009年中国科协年会上，被聘为全国中青年科技创新专家委员会委员。

学术经验

1、在医疗专业技术上形成了一套独特的诊疗体系

40多年来为3万多疑难患者解除了痛苦。从疑难患者中理清了一些不明原因的发病机理。如与徐州医学院赵教授合作的肾病发生的机理研究，已经完了以中草药为原料的疏肾泽通的药效试验，该药经实验证明优于日本PKJ治肾病的新药。提出的高血压临床病因分类诊治理论，已在全国多家医院应用于临床，收到了明显的临床效果。

2、在学术上形成了一个全方位新的学术思想体系

其学术观点具有鲜明的独特性，新颖性和创

意性。尊古不泥古，通今不拘今，中西融汇，古今贯穿的灵活治学思想。首次在国际学术会上，从气液学说阐述了经络的存在；第一次提出了由胃痉挛引起的胸闷气促，是冠心病误诊的主要原因；从中西医的角度论述了痰贮于胃而不在肺，对咳嗽吐痰的治疗为临床提供了新的理论根据。《神药相医论》阐述了精神调理与药物治疗相结合的重要性。解答临床疑难通俗易懂，诊治疑难杂病药到病除。如“宁心定喘丸”治心慌气促，“咳嗽宁”治久咳不愈，“健脾醒脑丸”治头额昏闷、眩晕神疲，“爽便通”治大便溏秘不爽，“温经通络散”治腰腿胀痛等，均被患者视为奇方妙药。通心阳，治口淡无味；健脾益气，治小儿夏季发热；调冲任，治妇女顽疾；通络去脂，治胆固醇增高；和胃降冲，治腹满、耳鸣、脑胀；活血理气，疏利血脉治肾病等一系列新的理论和治则，在临床上收到了事半功倍的效果。对肝病治疗提出了“肝虚宜补不宜疏、肝毒宜清不宜扶、肝硬宜破不宜攻、肝风宜平不宜收”的治肝六则实乃临床治肝之指南。《高血压发病机理与临床合理用药的探讨》一文开创了高血压诊治之先河。总结出一条从医人应具备的职业标准：“采用中西医结合理论指导临床；用审证求因追查疾病发生的原因；用整体结合分析方法来诊断疾病；用中西药各自的特点用于治疗；用饮食调节来控制疾病发展；用精神调养来提高治疗效果；用法德诚信优质服务于病人”的创新医疗之准则。

善于从社会边缘综合科学去研究疾病发生发展的规律性；从中西两种不同的文化去研究两种医学的异同之处；从改进中草药的生产方法去研究农业产业结构调整的结合点；从生物技术中去研究中草药的剂型改革；从哲学观点去解决技术创新中的难题等等新的学术思想，得到了不少学者的认可，在学术上涉及医疗、药物、农业、经营管理、科研、生物、基础理论、哲学、社会学、人才学、科普等多个领域。

除在临床医疗中具有一套独特的理论体系外，对中草药的炮制提出了参照传统加工方法，严格遵循现代科学炮制规范，创造了“药真取信、味齐取市、价廉取民、量足取效、质优取胜”这一五取原则。满足了全国各地患者配方的需要。

3、在管理上创立了一套行之有效的管理体系

自1986年开始，取消了职级奖金制度，收到了明显的效果。在总结1986年经验的基础上，于1992年全面推行了一种自我认识，自我推荐，自我展示的宽松环境吸引人才，不是用高薪和优厚的待遇招揽人才；实行工作自已选择自己定，报酬自己套价自己拿；进来持股，投资占股，个个是股东，人人是老板，风险共担，利益共享；每个人都要树立我为单位谋发展，发展为我找出路；工作不是为他人做事，而是为自己生存劳动的用人机制，这就是研究所从创办走到今天的一条成功之路。这套管理方法正是岳阳市1992年批准成立68家研究所中，现在唯一生存下来的科研所。在研究所成立10周年的汇报会上，被有关人士称之为值得认真研究的李穆管理模式。曾经被多家媒体进行过报道。

主要成果

1、在科研上选题新颖时代性极强，已经授权的发明专利有五项

五七去氯解磷饮的备方法；清毒益寿茶及其加工方法；一种治疗肾病综合征的中草药制剂及其制备方法；一种缓解SARS症状的冲剂及其制备方法；一种复合酚烃的制备方法。高血压临床分类研究列入湖南省2006年科研计划，并已通过专家监定，填补了国内临床诊断上的一项空白。

2、在技术上勇于开拓创新，为基础理论研究开拓了新思路

如满坡香高效利用技术中试，是采用超临界CO2萃取方法取代蒸馏方法，提取草本植物中的挥发油，是农业和医药结合的综合课题，2002年由国家科技部立项，2004年顺利通过国家科技部验收。它是我国第一个从草本植物中提取的抗菌素，为中草药剂型改革拓宽了新思路，填补了国内一项空白，获湖南省技术创新“优秀科技成果”，为该项目总负责人。康乐欣茶2003年列入国家级星火计划，并于2006年由中央电视台和国家科技部摄制成科教片，为康乐欣自主知识产权拥有者。

3、论文著作

发表各类学术论文200多篇，著有《脏腑辨证

从新》；《中医学术论文撰写方法》；《全国常用中草药别名录》；《寻医诊病自先明》；《跨越时空的思维》；《郁证辨治新编》；《中医望诊心得集》；《茶能防病》；《药食茶饮与健康》；《灾后防病手册》等10多部专著，被业内人士称之创新全才。由中医古籍出版社出版的《中西医证病对照问答》2009年获全国和省优秀科普著作三等奖。

21 李恩复

名人小传

李恩复，男，教授、主任医师，河北大城人。享受国务院特殊津贴专家，全国第九届人大代表，全国归侨、侨眷、先进知识分子，省管首批优秀专家，河北省劳动模范。曾任河北省中医院院长、党委书记，河北医科大学副校长、党委常委。国家中药品种保护委员会委员、国家药监局新药审评委员会专家、海峡两岸医药卫生交流协会常务理事、经省主管部门批准任香港国际中医学院最高荣誉顾问。曾担任多家杂志社编委、副主编；中医学会常务理事、副会长等。现任石家庄恩复摩罗科技有限公司董事长、河北恩复大药房有限公司董事长、石家庄健维康门诊部主任、河北省中医胃肠病研究所所长、鹿泉市恩复中医院院长等职。

自任恩复中医院院长以来，领导鹿泉市恩复中医院全体职工艰苦奋斗、自强不息。医院实行了四级医师查房制，对住院患者开展责任医师和责任护士制度，责任到人，从入院到出院，全程个体化服务。并对患者开展接送站服务，只要拨打0311-82196880（24小时有人值班）即可专车接送站。医院对外地患者开展邮寄服务，直接送药到家门；医院病房有普间和高间，清洁卫生，备有洗漱用具，让您感觉如入宾馆般的感受，更有医护人员的周到服务。医院备有食堂，内有李恩复教授根据季节、病情配制的药膳，并可享受田园自种无化肥、无农药、无大棚、纯天然蔬菜和厨艺。使医院做到了“六好六不”即：医德医风好、医疗技术好、环境卫生好、科学管理好、饭菜质量好、对患者服务好、不把病人拒之门外、不购进、不使用不合格药品、不提高收费标准、不吃请、不受礼、不收红包。

李恩复教授关心职工与患者，在2009年11月10日石家庄大雪封城，李恩复院长心系职工与患者，与职工同住在医院，提前备足粮油蔬菜，组织清扫积雪，供暖等措施，保障了医院的正常医疗工作。

李恩复教授60年代天津中医学院毕业留校任助教起，即从事教学和临床、科研工作，其桃李满天下，病友遍四海，论文与著述及学术报告、工作报告从不用秘书和他人代笔。从早到晚，患者盈门，上至中央领导，下至地方百姓，均认真诊治，一丝不苟，行医不倦，笔耕不已，淡泊名利，高风亮节，堪称一代大医。

学术经验

李恩复教授把全部精力奉献给伟大的中医事业。他以惊人的毅力执着地追求，潜心于胃肠病及疑难病研究数十年，尤其是他发明了“凉润通降法”治疗萎缩性胃炎、疣状胃炎、糜烂、出血、红斑性胃炎、反流性食管炎、胃炎；治疗重度肠化、重度不典型增生（异增）；治疗真性无酸，治疗食道下段及胃平滑肌瘤都取得了满意的疗效，更是享誉国内外；他运用“降浊化瘀法”治愈的食管癌、贲门癌、胃癌、胰癌、肠癌、肺癌、子宫癌患者追访至今，有的已存活20余年。他的“脾胃分治”的理论，及“腹诊”“脉诊”“舌诊”的临床诊断技术更具特点，不少记者、海外朋友当场试艺叹为观止和绝学。新华社、中央电视台、电台、新闻电影制片厂、河北日报、光明日报、人民日报、健康报、中国中医药报、香港大公报、文汇报、美国华盛顿邮报、印尼及东南亚各报均有报导。

李恩复教授将其丰富的理论知识和临床经验进一步升华，为中医药治愈萎缩性胃炎、癌症等各种疑难病，开辟了新的治疗途径。早在60及70年代总

结出能治疗各种疾病和类型的摩罗系列配方，并在国内70年代80年代就转化成了摩罗系列产品投放市场，先后研制成功了摩罗丹、复方芦荟胶囊、安中冲剂、玄神胶囊、摩罗安睡丹、摩罗清肠胶囊等；治疗萎缩性胃炎、反流性胃炎、疣状胃炎、浅表性胃炎及胃胀、胃痛、嗳气等胃肠病的胃元丹、谷神冲剂、摩罗疡平、归苓散、虎仙散、沉鹤散、治疗肠炎的秦葛散、安中冲剂（腹泻停），治疗便秘的复方芦荟胶囊（通便灵）、摩罗清肠胶囊、牙蓉散，治疗咽炎、喉炎的咽喉爽冲剂，治疗感冒发烧的摩罗8号（青荷散）、摩罗感冒露、摩罗感冒退热冲剂、爽神茶、摩罗茶，治疗失眠、多梦的玄神胶囊、摩罗安睡丹、得睡丹、安神粥，外用治疗胃肠系统病的摩罗袋及治疗骨质增生的摩挛散，治疗消化道溃疡的沉鹤散，对胃肠病患者亦食亦药、有食疗保健作用的胃粥、安神粥、摩罗粥、摩罗胃宝、摩罗儿粥、摩罗茯苓粥、摩罗菩提子粥等10余种药粥，治疗糖尿病、冠心病、高脂血症的摩罗糖宝、摩罗调脂丹、摩罗糖消胶囊、摩罗消脂冲剂，治疗消化道肿瘤的菩提积平、血没散、摩罗金丹，治疗脱发的摩罗发露、菩提发露，止痛的元灵散及外用药摩罗贴膏等及有美容作用的摩罗美容宝、摩罗玉容散等88个品种。广泛用于国内外的广大患者。不少疑难大病如肥厚性、梗阻性心肌病、糖尿病及其并发病、偏头痛、过敏性疾病、巴瑞特食管、幽门螺杆菌感染、放射性肺炎、癌症等都取得了满意的疗效。

李教授以他独特的辩证思维方法，遣方用药的不同风格，长于治愈被世人认为很疑难的许多重症及并发症。吸引了全国30多个省市区以及国外的患者前来就医。迄今已达70余万人次。他成功治愈的胃癌、贲门癌，其中最长者存活已达20年以上。他治愈的重度萎缩性胃炎、糜烂性胃炎伴重度肠化、异增、溃疡性结直肠炎以及胃酸是零的患者，均经得起胃镜、肠镜、病理、胃酸分泌功能等检验和长期疗效的观察。对胃炎伴有抑郁、失眠、耳鸣、头痛、口臭、糖尿病、高血脂、尿素氮高、肌酐高、白蛋白低、血小板少、肝功能不正常、前列腺病、痤疮，在服药期间亦能恢复到正常水平，在理论和临床治疗上取得了医学瞩目的成就。

主要成果

李恩复教授研制的摩罗系列产品曾获得多项奖励：摩罗胃宝、摩罗粥、摩罗儿粥获中国第十届新技术新产品博览会金奖；并获得第九届中国专利新技术新产品博览会金奖，摩罗胃宝获特别金奖。在2002年第三届河北省发明创造奖评选活动中，有三种专利摩罗系列产品荣获“河北省优秀发明奖”。李恩复教授本人也荣获“河北省优秀发明者”称号。

李恩复教授勤于总结和著述，获省、部、厅级奖30项，撰写有价值的学术论文120余篇，他60年代发表在《天津医药》杂志的论文《试论东垣甘温除热法》从理论和病机上揭示了甘温除大热的千古之谜。他主编了《萎缩性胃炎治愈案100例》北京科技出版社；《胃肠病解惑》、《胃病研究》、《脉学阐微》、《脏腑经络按摩》河北科技出版社；国家级科研项目《七本中医古书校释》他参加编著《灵枢经校释》、《黄帝内经·素问校释》人民卫生出版社。并担任《北方医话》北京科技出版社，《中医内科题库》山西教育出版社，副主编。1981年第3期《河北医药》刊登的《祖国医学对糖尿病的认识和治疗》。1982年3月26日在《山东中医学院学报》刊登《中医药研究治疗萎缩性胃炎的进展》。还有协编教材《中医学》人民卫生出版社。他撰写的“降浊化瘀法治疗胃癌”的研究在国际癌痛会议上受到专家的普遍关注。在这些著作的字里行间均凝聚了李恩复教授理论思维、真知真见的心血结晶。摩罗系列方药经欧美、东南亚多个国家患者服用均获得良好效果。李恩复教授的研究成果给广大胃肠病患者带来的福音和生的希望。

李恩复教授热心公益事业，和致力于医院的改革，医院管理更是别具特色。他精勤努力，担任院长期间始终未脱离医疗第一线，坚持每周二、四、六门诊。他对工作极端负责，对医术精益求精，对患者一视同仁，细心诊治。对全国各地慕名而来的挂不上号的患者则经常予以照顾。每次出门诊都要延长工作时间。他热心公益事业，如抗震救灾，救助失学儿童，捐赠金钱、药品、衣物，受到部队、外省和省政府的表彰。医院改革更是受到省委、省政府发文件、开大会隆重表彰，以省委、省政府名义发文，开大会隆重表彰一家医院，并号召全省各行各业学习，在全国至今尚属首例，医院党委也被中组部授予“先进基层党组织”光荣称号。省内外数百家医院参观学习。卫生部长亲临医院视察，并予以肯定、支持、表扬，发表了长篇重要讲话。其中如不要国家补贴，不提高收费标准，减免老山边穷、下岗职工医药费30%，无假日医院，夜间门诊，以技术、设备、摩罗系列药品无偿支援10家基层中医院等做法至今仍有实践意义。（详见有关文件和报导）

医学感悟

良好的医道使人身心健康，患者宜重视身体，珍惜生命。尽享康定之福，何乐如之。

22 李芙蓉

名人小传

李芙蓉，新疆乌鲁木齐芙蓉医院院长、主任医师、中华名医、全国爱国企业家、中华发展战略研究会研究员、当代华人妇科专科杰出名医、国际中医医药科学研究院杏林名医、中华医学专家协会客座教授、北京中医药大学学会理事、中华中医药学会会员、中国红十字会会员、2004年出席了在北京人民大会堂召开的全国首届百名医学峰会。

学术经验

从事妇产科临床医疗及对不孕症的研究近三十年，终于研究并创立了一套完整的集治疗、受孕、保胎为一体的治疗方法：“生精、促卵、疏通、孕子”四联平衡疗法对不孕症的治疗有了突破性的进展，经李医生治疗后出生的孩子遍布新疆天山南北达3000多例。依托新疆独特的地域优势资源对天山珍稀草药进行精心筛选和科学配伍而成的：“芙蓉孕子汤”、痔疮术后“芙蓉提肛汤”、“芙蓉养荣汤”等系列方剂内服外用，可达到治病求本、标本兼治的治疗效果。

主要成果

“中西医结合治疗不孕症200例效疗观察”在第四十三届国际传统医学学术交流大会上获得《不孕症治疗创新成果奖》，该论文入选《中国优秀医务工作者文集》、“丙酸睾丸酮在息隐配伍米索终止早孕918例临床观察”、“高频电刀治疗尖锐湿疣临床观察288例”获国家级优秀论文奖，论文入选全国疑难杂症诊治委员会编著的《临床医学治验》、“中药祛瘀止血汤在药物流产后的止血作用疗效观查”获国家级优秀论文奖并录入《临床医学治验》一书中公开发行。“中药祛瘀止血汤在药物流产后止血作用的疗效观察”获国家级优秀论文奖并录入临床治验一书中公开发行《刺穴疗法治疗内痔、外痔、混合痔、脱肛236例疗效观》在中国社区医师杂志上发表，采用穴位点刺治疗肛肠疾病这一非手术疗法给广大的痔疮患者减轻了手术治疗的痛苦和高额的手术费用，也为患者节省了大量的就医时间，这一传统法可以推广应用。

医学感悟

中医是我们中华民族的国医精粹，挖掘和宏杨传统医学治验是我们这一代医学者的责任。

23 李辅仁

名人小传

李辅仁，1919年6月25日生，出身中医世家，遍读中医古籍，为我国近代四大名医施今墨的嫡传弟子。李老学识渊博，医术精湛，是我国享负盛名的中医学专家，素有“中医泰斗”之盛誉。

李老多次当选为全国政协委员，并历任中央保健委员会保健专家组唯一中医专家，曾于1990、1993、1996及2000年获中央保健委员会表彰。李老泽心仁厚，医德高尚，虽年近九十仍亲为中央领导人提供医疗保健，因其在党和国家领导人的医疗保健工作中，做出了优异成绩，深得国家领导人尊重，被誉为“当代御医”。

优秀论文奖”，先后入选于《中华名医杂志》、中国中医研究院《中医治疗疑难病名医名院》、《中国医学论文集》，被载入中华人民共和国卫生部《中国卫生事业与社会经济发展》，《中国当代思想宝库》等。2005年中国特效医术研究会授予“健康卫士称号”。《科学中国人——十年优秀论文选》、《人文科学——中华名家风采》、《二十一世纪杰出专家》、《华夏风云人物录》、《世纪丰碑》、《中华优秀人物大典》、《中国共产党名人大典》、《中国当代创新人才》、《中国创新报道》、《新时期发展战略的理论与实践》、《艺术人生》、《文艺年志》、《中华名流世家》、《中华名医谱》、《时代足迹》、《共和国建设者档案》、《时代楷模》、《一代名家》、人民日报——《书与人生》、《科教兴国》、《中国专家学术成果通鉴》、《中国改革精英》、《中国特色医疗大典》、《中国专家大辞典——当代专家论文精选》、《新世纪优秀专家大辞典》、《世界优秀专家人才名典》、《世界名人录》、《中国健康产业博览》、《辉煌的中医药事业》、中国管理科学院《当代学术前沿》、《中国记录年鉴》〔中国记录证书鉴证委员会授予“华夏精英”金奖〕、新时期发展战略优秀学术成果特等奖”《全面建设小康社会的开拓者》、《瞭望》(新华社)、海外专刊《中华脊梁》、科技日报社编辑出版的大型专题报到特辑《中华娇子——神州——英才》——“杰出优秀科教专家风采录”、《中国当代名医名院》《百年潮》杂志社——《伟大的事业，永远的征途——纪念中国共产党建党85周年优秀文集》等大型丛书。2003年9月撰写的论文“速效附件散治附件炎 ”发表于《中华中西医结合杂志》第3卷，收编于《中国专家学术成果通鉴》，首届中国健康事业发展志就大会上获“优秀论文奖”，入选于卫生部2004年《中国现代医学论文选》，获共和国改革英模理论成果一等奖，2004年世界大城市医药团体首脑协会，《世界卫生》杂志《中华医药与健康》杂志，被评为2004年度学术成果一等奖， 2005年世界文化艺术研究中心评选为国际优秀论文奖。2003年11月21日中华名医专家委员会在北京召开的“首届中泰医学专家学术研讨国际交流演示大会”上特授予“中华名医”称号。2003年10月荣获美国中华医学会，《美国中华医学与管理》杂志编辑部举办的学术科研先进理论实践成果一等奖。2003年12月7日在北京举行的“首届中国健康事业发展成就大会”荣获“健康事业之星”、“中国特色中医”、“健康使者”等荣誉称号。2004年中国信息报，科技日报，中国中医药报先后做了详尽的报道。2004年4月29日在北京人民大会堂“中华创业新闻人物五一座谈会”上获“百名中华创业新闻人物先进个人”，同时论文“速效附件散治附件炎”获优秀论文奖。2006年荣获全国文化创新一等奖。同年7月撰写的论文“温壮脾胃破瘀攻痰治愈胃癌一例”发表于《中华特色医药论坛杂志》，载入《中国大百科全书》并荣获中国当代优秀学术成果奖。卫生部2005年《中国现代医学论文集》。2005年3月论文“壮督肾逐顽邪治骨痹”、发表于《中华特色医药论坛杂志》，于2005年10月参加了海峡两岸及港地区中医药学术研讨会暨首届中医药创新与发展院士论坛和全国名老中医疑难病临床论坛大会，论文“壮督肾逐顽邪治骨痹”、入选于《亚太传统医药》，《中华临床医学经典文库》。2005年4月在北京全国政协礼堂举办的中华医药卫生产业发展高层论坛暨首届中华医药英才学术大会上荣获“2005中华医药卫生英才奖”。2005年10月5月18日出席了联合国世界和平基金会，联合国国际交流医科大学，世界自然医学基金会等在北京联合举办的“21世纪一体化医学既人类健康大会”。2005年8月撰写的论文“涤痰化饮逐寒攻积治愈门静脉占位性病变(癌)一例”发表于中华特色医药杂志，近期发表。 先后荣获“人民艺术家”、“中华名家”“中国国际医学专家”、“特色医疗专家” 、“中国当代名医”、“当代中国骨伤名医”、卫生部“全国百甲诊所”、“中国特色医疗单位” 、“中国专家学者十年贡献人物奖” 、“2005年度叱咤中国医疗行业十大风云人物 ” 、“新时期发展战略优秀学术成果特等奖”。经香港国际皇家社会科学院授予“香港国际皇家社会科学院博士学位”，2006年被授予“2005年度中华风云人物表彰大会上授予“2005年度共和国建设功勋人物”，入编于大会——《榜样》、中国中医研究院授予传统医药著名特色专科医师等称号。李如俊诊所被载入《传统医药名牌特色专科医院》。2006年5月中国专家工作联合会授予中华人民共和国突出贡献专家称号。撰写的论文“壮脾助胃逐痰瘀理气导滞治愈胃癌肝硬化一例”，发表于《中华特色医疗杂志》并评为优秀论文，全国十佳优秀文化工作者，8月“速效附件散治附件炎”一文在全国理论创新优秀学术成果调研活动中荣获首届中国社会主义优秀理论成果一等奖，特授予中国社会主义事业优秀建设者特别荣誉称号。中华人民共和国卫生部全国中医新技术专业委员会经考核授予专家成员资格，特发学科专家执业证书。2007年中国民间中医药研究会经评审，特授予中国民间中医药特技成果奖。同时培养成功了二名学术继承人（赵海林、杜小芸）已牢固、熟渐全面的掌握了创新的中医脾胃病、妇科病、骨伤病等，理论、临床治疗技术。2009年获得国家知识产权局专利两项 “一种治疗慢性附件炎的药物及制备方法”专利号200410070645.9、“一种治疗慢性胃病的药物”专利号200410056849.7，同年九月国家医学教育发展中心中国医学临床技术新进展大会组委会授予创新医师奖。入编《中国专利发明专利人年鉴》。

医学感悟

人生千里，始于足下，勤劳耕耘，发奋进取，多有闪光，为民为国，志在奉献，真诚执着，乃人之道 。

发奋进取，以先进的自然科学，社会科学知识，不断武装自己，充实自己，不断更新自己，团结求实，具有战胜艰难难险阻的勇气和为国为民的奉献精神，这才是一个人事业成功必备的条件。载入中共中央党校出版社2006年12月出版的《八荣八耻箴言录》，《中华名人格言》、《优秀共产党人格言》、《新世纪共产党人优秀格言集》等。

26 李玉奇

名人小传

李玉奇，男，汉族，1917年8月生于辽北银州城，辽宁中医药大学教授，博士生导师，辽宁中医药大学附属医院主任医师，1939 年3月起从事中医临床工作，为全国老中医药专家学术经验继承工作指导老师。

从医六十余载，工精内、妇、儿科三科，精研脾胃病三十余载。是国家人事部、卫生部遴选全国首批五百名老中医之一，享受国务院政府特殊津贴（首批获得者），被中华中医药学会聘为终身理事。曾任辽宁省卫生厅中医处处长、辽宁中医药大学副校长兼附属医院院长、辽宁省肿瘤医院常务副院长、辽宁省中医学会会长、辽宁省药品评审委员会副主任委员、辽宁省老年科技工作者联合会副会长、沈阳药科大学中药系兼职教授。获中华中医药学会首届中医药传承特别贡献奖、国家卫生部先进卫生工作者称号等。

主要成果

著有《中医验方》、《萎缩性胃炎以痈论治与研究》、《脾胃病与胃癌癌前期病变研究》、《医门心镜》等专著。

27 李振华

名人小传

李振华，男，汉族，1924年11月出生，河南中医学院主任医师、教授，1943年3月起从事中医临床工作，为全国老中医药专家学术经验继承工作指导老师。

学术经验

李振华先生是一位杰出的医学家。长于治疗内科杂病，尤其善治

急性热性传染病。李老晚年专心于脾胃病的治疗和专题研究，先后完成河南省重点科研项目“脾胃气虚本质的研究”及国家“七五”重点科技攻关项目“慢性萎缩性胃炎脾虚症的临床及实验研究”，取得了显著的临床治疗效果，形成了独具特色的脾胃病学术思想体系，被卫生部验收鉴定为“疗效为国内外先进水平”，突破了国外医学界认为慢性萎缩性胃炎的胃黏膜不可能逆转修复的论点。

主要成果

李振华先生还是中医教育家，他从教50余年，积累了丰富的教学经验，培养了大量的中医人才。

他主编了《中国传统脾胃病学》；他主持研究的“七五”国家科技重点攻关项目——“慢性萎缩性胃炎脾虚症的临床及实践研究”，获省教委科技成果一等奖和省科技进步二等奖；他曾获省优秀科技工作者和中医优秀科技工作者荣誉称号。

28 林传松

名人小传

林传松，男，46岁，中共党员。1963年出生于江西南康县。少时既能勤奋好学，立志悬壶济世。1983年8月毕业于江西赣州地区卫校中医专业，此后边工作边继续学习深造，1990年7月毕业于江西中医学院（函授大专），1992年1月至12月在广州中医学院骨伤科进修班学习一年，2005年7月毕业于广州中医药大学（函授本科），一路汗水一路收获，他对医学孜孜以求、不断进取。1983年9月毕业后先后在江西省南康市中医院等地工作，1993年3月因工作需要调广东省江门市新会区司前镇中心卫生院（又名司前正骨医院）工作，1994年9月任骨伤科主任，1996年晋升中医骨伤科主治医师资格，1998年被聘为新会市中医学会理事，2001年1月任业务副院长兼骨伤科主任，2004年12月任中医骨伤科副主任医师资格，2005年担任院长职务至今，2005年聘为江门医学会理事，2005年被评为全国农村基层优秀中医人员。

作为科主任和院长，他很注重技术梯队和科室人才的培养，“授人以鱼，不若授人以渔”，在查房、会诊、术前讨论、手术过程等临床实践中对年轻医师的培养倾注了大量心血，将自己的理论经验、实践操作技巧倾囊以授，毫不保留，培养了一批技术骨干，树立了以骨伤科为龙头、“司前正骨”为品牌的良好社会效应，骨伤科开放病床70余张，病床使用率达126%，收治病源辐射江门五邑等地区，致“司前正骨”声誉日隆。

身为院长，他推崇的是人文治院，常怀“责人之心责己，恕己之心恕人”，在完善各种制度的同时注重人性化管理，开展各种有益于职工的人文健康活动，使全院职工能在一种轻松、团结、活跃的气氛下愉快工作。同时狠抓医疗质量和服务理念管理，树立以病人为中心，以“病人和家属的满意就是我们工作的目标”为服务宗旨，构建和谐医患关系，改善就医环境。通过处方点评、病历检查、病情告知、风险评估等多项措施查缺补漏，防堵医疗差错纠纷，规避医疗风险卓见成效，其在2008年江门市新会区的“和谐医患关系，规避医疗风险”研讨会上作了经验介绍，得到广泛好评。

林传松先生行医几十年如一日，医德高尚，不分贵贱，对病人和蔼可亲，急病人所急，想病人所想，对医疗技术精益求精，谦恭谨慎，实事求是，不固步自封，无门户之见，如今虽为院长仍坚持深入临床诊治，对病人四诊合参，一丝不苟。

学术经验

林传松先生从医二十余载，医德高尚，以为人民服务为天职，以救死扶伤为己任，钻研中医理

论，注重临床实践，对中医骨伤科颇有心得。“术则行极一时，道则流芳千古”，他运用中医临床辨证论治方法，并躬身实践研究，务实求真，主持和亲自参与对骨伤科内服、外用药的开发和研制，如以透骨草、灵仙、川牛膝、红花、芒硝等为主药研制“消肿活络散”，应用于肢体着重、麻木，关节挛痹、疼痛，术后肿胀、屈伸不利。以海风藤、木瓜、土鳖、五加皮等为主药研制外用“舒筋活络膏”，以天花粉、黄柏、生大黄、白芷等为主药研制“消肿化瘀膏”，对肢体、关节的急性损伤、慢性疼痛、肿胀、活动不利等疑难杂症，深受广大病友称道。并通过省药监部门的审批。

林传松先生十分注重现代医学的研究和临床运用，根据该地区为广东省五金企业基地，手外伤多的特点，毅然主持开展断臂、断掌、断指再植术，《新会报》2002年10月刊登“农村医院了不起，手指断了能再植——记司前卫生院断指再植技术日臻完善”的新闻报道，时至今日，断指再植技术经历近十年的打拼和经验积累，已更加成熟完善。以扎实的理论基础和娴熟的手术操作技术，他带领科内同事开展颅脑损伤、气血胸、复合性损伤的抢救治疗，对四肢、躯干骨折、关节脱位、筋伤采用中西医手法进行整复、固定，包括应用小夹板、石膏、皮肤牵引、骨牵引等方法。娴熟开展四肢、关节内骨折脱位的手术复位内固定治疗，在新会区镇级医院率先开展全髋关节置换术、脊髓探查减压术、胸腰椎骨折脱位的后路钉棒内固定、椎间融合、前路异形钢板内固定等骨科大手术，并已成功开展较高难度的颈椎手术。

主要成果

在开拓业务、发展医院的同时，林传松先生潜心总结学术经验，撰写心得论文，《全髋关节置换术治疗髋臼发育不良继发骨性关节炎的临床研究》、《应用腓肠神经营养血管皮瓣修复踝周软组织损》、《消肿活络散治疗急性软组织损伤63例疗效观察》、《应用前路开槽减压术治疗脊髓型颈椎病》、《中医辨证用药配合三维正脊牵引治疗腰椎间盘突出症》等10余篇医学论文先后在国家级、省级专业期刊发表。其中《全髋关节置换术治疗髋臼发育不良继发骨性关节炎的临床研究》在2008年江门市外科学会获二等奖。

医学感悟

“祖国医学是数千年来先贤留给我们的宝贵遗产，中医骨伤科以其治疗特色，并结合现代医学造福于民，作为一名中医工作者，和同道一样，视中医药事业的继承和发展为己任，愿中医这颗东方明珠更加绚丽灿烂，路漫漫其修远兮，吾将上下而求索。”林传松先生如是说。

29 刘华为

名人小传

刘华为，男，中共党员，1950年出生，毕业于陕西中医学院，研究生学历，中医主任医师、教授、博士生导师。现任陕西省中医药研究院暨陕西省中医医院业务副院长，中医肿瘤科学科带头人，国家“天使工程项目”陕西中医肿瘤中心主任。从医40余载，是我国著名中医内科专家，陕西省有突出贡献专家，全国首届百名中医药科普专家，陕西省名中医，陕西十大名医，全国中医医院优秀院长，第四批全国老中医药专家学术经验继承工作指导老师，中国中医科学院博士生导师，西安交通大学医学院教授、硕士生导师，陕西中医学院教授、硕士生导师；兼任世界中医药联合会亚健康委员会理事，中华中医学会理事，中华中医学会名医学术思想研究分会副主委，中华中医学会科普分会委员，陕西中医学会副会长，《陕西中医》杂志编委会副主任，陕西省专家讲师团首席医学专家，陕西省决策咨询委员会委员，陕西省军区首长医疗保健首席专家，陕西台湾籍学人协会会长等职。

学术经验

刘华为教授医德高尚，医术精湛，学验俱丰，

在中医理论与临床实践方面均有很深的造诣。他多年从事内科疑难杂症的研究，擅长治疗肿瘤、代谢性疾病、脾胃病、肾病、脑病、传染病和感染性疾病等临床疑难杂症，临床用中医药成功防治部分了传染病，并有创造性的研究，应用中医的辩证思维成功抢救和治愈了无数危重病人，在国内外享有盛誉。

在治疗内科疾病中他特别注重气机和气化学说的研究，认为内科疾病尤其是疑难杂症的产生，都与“气机升降紊乱、气化功能失调”，“痰（水、饮、湿）瘀互结”有关。治疗着眼点要放在恢复人体正常的气机升降出入和气化功能上。以此辨治，总能切中病机。在临床治疗中，他结合自己丰富的临床经验，对方药理论有了独特的见解和心得。认为，中药的功效不是在实验室里根据其药物成分、理化性质、构效关系来判定的，而是在辨证论治的临床实践中，以其对“证”的临床效应来论定的。如柴胡在小柴胡汤中能和解“少阳证”，故具和解少阳之功；在逍遥散、柴胡舒肝散等方中能治疗“肝郁证”，故具舒肝之功；在补中益气汤中能治疗“中气虚弱或中气下陷证”，故具升阳之功；在柴葛解肌汤中能治疗“寒热郁表证”，故有清热解表之功，等等，每味中药的功效都是“以证论效”的。所以，判定中药功效唯一的标准是以证论效，即能治这个证，就具这个功效。中药和证是一种证效关系。

他强调，临床重点要研究组方。组方体现了中医特色，是中医治病的灵魂。组方能聚集群药之长，产生新的合力，形成相对的安全组合。不少中药的毒性成分就是药效成分。有效性和毒性是绝大多数中药同时具有的双重特色，虽然中药饮片炮制是增效减毒的一种手段，但组成复方更能达到减毒增效的目的。组方的配伍理论是古人对中药毒性趋利避害的总结。组方注重的是方剂内所含物质群的整体作用，包括复方中所含物质数、量及组成比例的差异，以及方内药物之间复杂的交叉互动作用。

研究组方要坚持“有成分论”、“不唯成分论”的原则。组成的复方中从药理学角度看含有多种单体、生物碱、维生素、多糖类、脂肪酸、蛋白质等等，它们在炮制和水煎过程中发生着生化反应，在口服过程中在胃酸、微量元素、酶等参与下又发生了不同的生化反应，在各类组织液、血液、淋巴液、细胞内液、细胞外液中又进行着无数次的分解再分解、组合再组合的生化反应，形成了无数次的化学分子式。即生成了西医的化学药物或基因类药物（如各类抗生素、维生素、激素、干扰素、转基因药，或其他暂不能命名的药物等等），这些变化是肯定的，但究竟发生了什么变化在目前阶段还是不能测定和解释的。它是根据人体抗病修复的需要提取合成的而不是在实验室提取合成的。复方中这些复杂结构和成分，在人体这个复杂开放的巨系统中，形成了复杂的作用网络，通过多层面、多渠道、多靶点作用于机体，产生整合调节的生物学机制，使机体紊乱的机能恢复到有序状态。中医是根据来自微观的证侯来辨治的，“证”是现代仪器查不出来，不能定性定量，模糊的，但“证”又是客观存在的，中药本身成分就很复杂，组成复方后就更复杂更模糊，这样一来多成份的复方和来自微观的“证”就形成了模糊对模糊，复杂对复杂的交融，但模糊中有精确，最后治病是精确的，这是中医用药的特点。这也是单味中药有效成分提取不能人为的作用于中医“证”的缘故。所以，临床研究复方时要坚持“有成分论”、“不唯成分论”的原则。不仅要研究共性的问题，还特别要重视组方时不同药物配伍与“证”之间差异性的研究。

他认为，组方要研究方根，寻找方根与“病的人”的对应点。方根是组成处方的“祖方”，这些方根是处方构成的基本单位。临床常用的处方如麻黄汤、桂枝汤、柴胡汤、泻心汤、白虎汤、五苓散、理中汤、四物汤、四君子汤等，我们可以把它们看成是方根，掌握这些方就可以组成千万张处方。如四君子汤可组成异功散、六君子汤、归芍六君子汤、柴芍六君子汤、香砂六君子汤、二陈汤、涤痰汤、温胆汤、黄连温胆汤、十味温胆汤等。方根找到后，在临床上可寻找方根与“人”的对应点，即寻找和辨别方根中某种药证、方证出现频率比较高的体质类型。如有“柴胡体质”的；有“大黄体质”的；有“附子体质”的；有“参芪体质”的；有“二陈体质”的；有“地黄体质”的等等。所谓“未识方证，先辨药人”。一般而言，①阳气旺盛者，其外感一般对应的是麻黄汤或白虎汤类方根，内伤一般对应的是栀子汤、承气汤、泻心汤类方根；②阳气虚弱者，外感一般对应的是补中益气汤、肾气丸类方根，内伤一般对应的是建中、补中、调中、理中汤、四君子汤类方根，如若再兼痰湿者，对应平胃、五苓、温胆类方根；③阴虚体质的人外感一般对应的是银翘散、桑菊饮类方根，内伤对应的是地黄丸类方根；④气郁体质人一般外感对应的是四逆散、逍遥散类方根。其中有些植物神经功能紊乱者，常对应的是桂枝汤类方根。方根同体质对应是中医用方的特点，因为中医治疗的是“病的人”，调整的是人体状态。临床上可在这些方根的基础上随证加减，以不变来应万变。

组方要研究配伍规律。复方的功效在于配伍，优点也在于配伍，通过配伍原则达到减毒增效的目的。组方配伍要把握以下几个主要规律：1、特定的配伍结构。结构是事物变化的基础。如桂枝汤中，桂芍是等量组合；麻黄汤的核心是麻桂同用；温脾汤是附子与大黄配伍；补阳还五汤是大剂量黄芪与小剂量川芎、赤芍等活血药的配伍，否则，不仅无效甚至还起不良反应。2、特殊的量效关系。同一味中药，因治疗作用不同，其用量也就不同。如薄荷在逍遥散中仅3-6g，用以舒肝达木，而在苍耳散中却重用15g，以发散风热，清利头目；桂枝汤中桂枝为9g，取其温经散寒，解肌发表之功，在五苓散中用量不到5g，取其温经通阳，增强膀胱气化功能。3、不同的排列组合。排列组合是研究复杂问题的重要方法之一，在名方中常常使用。①方药增减重组，使一方转化为另一方。如“真武汤”有温阳利水之功，临床上常用治阳虚水肿（如心衰、肾衰等）。若减利水的生姜，增补气的人参并加重术、附用量，就成为“附子汤”，功效变为温阳散寒祛湿，主治阳虚寒湿之痹证，由治“心衰”、“肾衰”的名方，变为治关节痛的名方。②同一味药因不同的组合产生不同的效应。如麻黄与桂枝配伍，则发汗解表（如麻黄汤）；与石膏相配，则发越水气（如越婢汤）；与白术相配，则微发汗祛湿（如麻黄加术汤）；配附子则温经通阳（如麻黄附子细辛汤）。③基础方组合不变，随证加减。《伤寒论》中以三拗汤（麻杏草）为基础方，遇寒加桂枝组成麻黄汤，用于寒邪束表证；遇热加石膏组成麻杏石甘汤，用于热壅于肺证；遇湿加薏苡仁组成麻杏苡甘汤，用于风湿痹痛证。又如四君子汤治疗脾虚证，兼腹胀加陈皮组成五味异功散，兼呕加半夏组成六君子汤，兼湿滞再加木香、砂仁组成香砂六君子汤。④主药易位，方剂更名。如“枳实汤”和“枳术丸”同由枳实、白术组方，但因其配伍比例不同而功效相殊。“枳实汤”由枳实24g、白术12g组成，主治脘腹积滞、坚满，有硬块等症。而“枳术丸”由枳实30g、白术60g组方，白术用量大于枳实而成为健脾和中的复方。4.药物之间协同拮抗的统一，即相辅相成和相反相成的统一。①表里同病，散收相伍。如桂枝汤、小青龙汤、射干麻黄汤均是散收并列，刚柔相济，相反相成，散中有收的典型方剂。②虚实并见，攻补兼施。如鳖甲煎丸、大黄蟅虫丸等名方都是攻补兼施，寓补于消的好复方。③寒热错杂，寒热并用。临床上因脾胃升降失常，常常出现寒热错杂的之证。治宜寒热并用，调畅气机，辛开苦降。如温胆汤、半夏泻心汤、栀子豉汤等名方均体现这一配伍规律。

组方要体现整体性。组方是数味中药按照配伍理论组合而形成的一个新的整体，构成新的“合力”，而不是单味药功效的简单叠加。中药虽然有各自的功能与主治，但被配在一个复方中，它的作用有时同药理学研究发现的作用相一致，有时不一致。如用芍药甘草汤做实验，发现芍药对肠管的运动有促进和兴奋作用，而甘草则与此相反，起抑制作用，可是把两味药配在一起却有显著的抑制作用，特别是对肠管运动异常兴奋的疾病能起到显著的抑制作用。所以，中药复方的作用是具有整体性的，通过协同拮抗发挥整体效应。

组方要体现方证对应。组方一定要体现方证对应，有是证组是方，对应了是特效药，否则是无效药，这是临床取效的关键，也是中医治疗的精髓，离开证去解释中药及组成复方的有效性和安全性是不符合中医临床实践的。即使有效的复方，若方证不符，还会发生相反作用。如大承气汤是治疗便秘的名方，若误用于气虚便秘，就会出现腹胀，腹痛，甚至虚脱。参苓白术散是止泻的名方，若误用于“热结旁流”的实热证“泄泻”，祸即旋踵。临

床组方绝不是针对抗菌还是抗癌，是治肝炎还是治胃炎，也不是按其理化指标的线性思维去组方，而是根据“证”这个指征或非线性思维来组方的。

30 刘乾和、于幼梅

名人小传

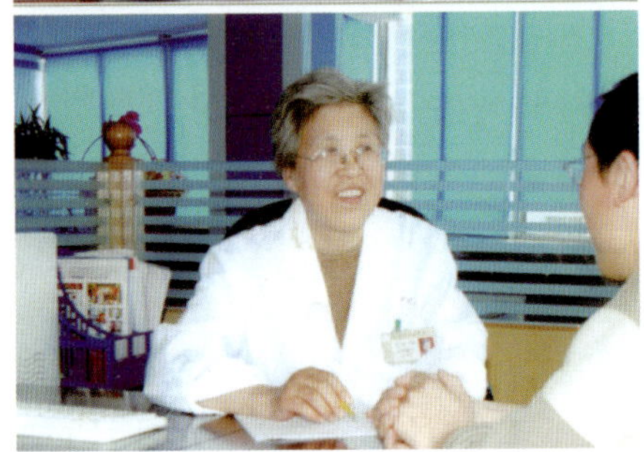

名老中医刘乾和、于幼梅于1940年分别出生在山东惠民和山东武城的农村，由于有共同的理想，于1961年都考入了山东中医学院（现为山东中医药大学），1967年毕业后结为伉俪。

1984年刘老被全院职工投票选举为临邑县中医院院长，连任三届。1993年在中共德州地委公开选拔地区中医院院长时名居榜首。曾任德州市中医院院长兼书记、主任医师、德州市中医药学会理事长、山东中医药大学兼职教授，山东省高级职称（卫生）评委等职。现任鲁北中医药研究所名誉所长、中华中医药学会延缓衰老专业委员会委员、全国中药外治法专业委员会委员、中国特效医术研究会理事、山东中医多学科研究委员、《中国中医药科技》编委等职。于老曾任临邑县政协常委、临邑县中医院技术委员会副主任、主任医师、德州市中医院内科主任医师、山东中医药大学兼职教授等职，现任鲁北中医药研究所所长。

二老数十年如一日，奋力拼搏，既精医术又重医德，因此，在社会上留下了非常好的口碑。于老曾被评为全国知名中医师、山东省科技先进工作者、省三八红旗手。刘老曾被评为全国卫生先进工作者，1992年起享受国务院特殊津贴、2003年被省首批授予“山东省名中医药专家”荣誉称号。

学术经验

中医学是劳动人民几千年来与疾病作斗争的结晶，为中华民族的繁衍昌盛做出了不可磨灭的贡献，与现代医学有着完全不同的理论体系。由于有其确切疗效，为广大人民所信赖，尤其近些年来国外兴起中医热，方兴未艾。为了更好地为社会服务和继承发展中医药学，二老不仅在校期间学好中医课，工作后数十年如一日边干边学，同时对现代医学也有浓厚的兴趣。刘老曾到山东齐鲁学院内科进修一年，写下了60多万字的学习笔记，对现代医学的一些检测手段和治疗方法也了解甚多。正因为如此，运用中西医结合的方法抢救急性心肌梗塞、脑血管意外等危重症都取得了优于单纯用西药或单一用中药的治疗效果。分别总结出“中西医结合治疗脑卒中160例临床小结”、“中西医结合抢救急性心肌梗塞80例临床小结”等多篇资料被国家刊物发表。中西医结合取两者之长，古为今用，洋为中用。

对中药研究，刘老很感兴趣。过去他亲自研究出了10多种注射剂，尤其研制的“中麻2号注射液”运用临床，开展了几十例手术都取得了成功。

来找二老看病的人，绝大多数是难治之症，不少是辗转多家医院、门诊慕名而来，因此患者及其家人对二老的期望值很高，这给二老增加了莫大的压力，促使二老利用休息时间查阅多种资料，精心探索根据不同的病情和病人的具体情况进行巧妙施治，从而不断提高疗效，更有的取得了意外效果。如有一河北景县姓赵的病人，时年52岁，因经常头晕、胸闷被省、市大医院确认为冠心病窦房结病变，均建议安装心脏起搏器，但需花费数万元。他慕名找到了刘老，经服中药2个月症状消失。至今5年余病情未反复。又如，本市陆姓病人，时年72岁，因前列腺增生肥大排不出尿而安上导尿管住在某大医院建议手术治疗，但因病人及亲属均不同意，也找过中医服过中药仍不见效，带着导尿管慕名而来找到刘老，随即取中药6剂，在服完第4剂时，导尿管自行脱落，小便也随之而排出，后又调理月余就下地干活了。再如本市有一72岁解姓老太太，在大热的三伏天怕冷严重，自穿多层单衣，见诊室开着电扇快叫关闭，曾在某大医院住院治疗不见好转而慕名来找刘老，儿女告知曾在医院作心脏彩超报告其主动脉有大部分被硬化斑块阻塞，经服中药50余剂临床症状消失，至今已过三年余病情未反复。另有本市某公司一女性病人邢某，时年57岁，因胸背胀痛被确诊为冠心病心绞痛，经冠脉造影后建议她在心脏上放两个支架，需花费数万元，后经熟人介绍来找刘老，共3次来诊服药20剂后症状消失，至今三年未反复，还有一陵县脑出血女病人王某，时年60岁，在当地住院月余不能下床，而儿女慕名求诊刘老，取药7剂未全服完便能下床活动，并做脑CT前后对比，脑出血灶也明显吸收。

求诊于老的除内科系统的疑难杂症外，还有妇科及不孕不育等。在诊室曾遇到从东营孤岛油田来治不孕不育的青年夫妻，据说近些年来在他们那里有不少不孕不育夫妻在于老的调治下生儿育女，有的已5-6岁。总之被二老治愈的疑难杂症不胜枚举。

1999年由二老创办的鲁北中医药研究所被市科委正式下文批准建立，并聘请了山东中医药大学原校长邹积隆教授为名誉所长，二老多年的夙愿终被实现。办所的宗旨是坚持以科技为先导，面向临床及大众，防治结合，中西并重。主要任务是整理研究临床经验及学术理论，收集国内外医学情报及散在社会上的有效秘单验方，吸取国内外先进知识与技术，奋力弘扬中医药，防治疑难病，为人民的健康事业做出新的贡献。自开诊以来，二老坚持每日出门诊，除了春节停3天外，其他节假日和双休日都开诊，也有的找到家求诊，甚至有时还出诊，二老从不收挂号费、诊断费、咨询费，算起来也有数万元的费用。

经过八年多的运行，已经初步总结出一些学术理论与经验及疗效好的方药。如“从中医的生理学说试述衰老的机理与对策”一文，2001年6月在合肥召开的“全国中医药延缓学术交流会”上作大会报告；2002年5月“强心通脉饮治疗顽固性心衰”一文，在《中国中医药报》名医名方栏连同刘老的照片一同发表；“寿尔康干预缺血性中风的临床研究”一文在2003年7月香港的医学杂志上发表；“中医药治疗心绞痛的治则与剂型研究”一文，近期被收入中华魂系列文献丛书《中华魂·中华百业创新发展论坛》一书中，还有治失眠的“安神1号”，治疗过敏性鼻炎的“鼻炎舒”、治疗胃病的“胃康1号”、治疗口腔溃疡的“口腔溃疡油”、治疗银屑病的消银系列等方药受到病人的青睐。

主要成果

八十年代后，二老正式发表学术论文70余篇，并有5篇被国际学术会录用，编写和出版业务专著9种，还取得了科技进步奖33项。全国原人大常委，已故著名中医专家董建华教授曾写“为中医事业做出重大贡献”的题词。《健康报》、《中国中医药报》、《中国当代中医名人志》、《中国当代医界精英辞典》及香港和台湾分别出版的《中国中青年名中医列传》、《大陆当代著名中医》等50多种书报杂志报道了其学术研究与事迹。

二老无闲玩的时间，不管是寒冷的三九，还是炎热的三伏天，总是利用晚上及节假日休息时间看书学习，整理学术资料，撰写出上百篇学术论文，除了不在此列式发表的外，全部被省以上学术会议录用。让刘老记忆犹新的是1987年在杭州召开的全国中医老年医学会成立暨学术交流会上，二老撰写的“益气活血合补肾健脾治则在防治缺血性心脑血管的临床应用”一文被大会主持人全国著名中医专家高辉远教授（周总理生前保健医生）安排在除北京、上海的著名专家后第三个大会报告。此文后被《北京中医药大学学报》正式发表。

医学感悟

二老再三表示，他们要做的事情还很多，除了多为一些病人解除病痛外，多培养些年轻人，把一生的经验留给后世，在有生之年为中医的继承创新与发展不断进行探索，让中医药进一步发扬光大。

31 刘仍海

名人小传

刘仍海　1962年出生，北京中医药大学东方医院肛肠科主任，教授，主任医师，医学博士。中华中医药学会肛肠分会常务委员、中华中医药学会外科分会委员、全国中西医结合学会大肠肛门专业委员会委员、中国性学会中医性学分会常务

委员、中医药高等教育学会肛肠专业委员会秘书长。北京中医药学会肛肠专业委员会常务委员兼秘书、北京中医药学会科普专业委员会副秘书长、北京中西医结合学会肛门大肠病专业委员会委员。

1984年毕业于北京中医药大学，一直从事肛肠科的临床、科研和教学工作，先后发表医学专业论文和科普文章数十篇，在肛肠科疾病的诊断和治疗方面积累了丰富的经验，尤其在以下几个方面有所擅长：①运用中医外治法、中医辨证施治和手术方法治疗各种便秘，如老年性便秘、习惯性便秘、慢传输性便秘和出口梗阻性便秘等。②运用中西医结合的方法治疗慢性结肠炎、溃疡性结肠炎、结肠和直肠肿瘤；③运用中西医结合的手术方法及中药外敷和内服的方法治疗常见肛门病，如痔疮、肛裂、肛瘘、肛周脓肿、脱肛、肛门瘙痒和尖锐湿疣等。④运用传统中医的方法治疗大肠癌晚期和防治大肠癌术后的复发和转移。

从事肛肠科临床、科研和教学工作二十多年，先后从师于王沛、李曰庆、张燕生、李国栋等著名中医外科和肛肠科专家。在临床工作中对便秘的诊断和治疗有独特的治疗方法和显著的疗效。在便秘的诊治中的体会：诊断明确，严格分类，辨证施治，治疗方法从简单到复杂，先外治后内治，切忌滥用泻药，注重心理治疗。

学术经验

1、穴位埋线法治疗结肠慢传输便秘

穴位埋线疗法，是将不同型号的羊肠线，根据需要埋入不同的穴位，通过羊肠线对穴位的持续弱刺激作用(相当于持续留针)，达到治疗疾病的目的。其机理是通过羊肠线的物理性和生物性刺激而起到治疗作用。埋线疗法是依靠刺激穴位引发经络的调节作用从而改变人体内分泌及体内的神经体液平衡。羊肠线对相关穴位的持续性刺激可以增强肠道平滑肌的张力及兴奋性，促进肠蠕动。由于针刺方法只能短时留针，不能起到持续性刺激作用，所以埋线疗法的治疗作用突出。穴位埋线法治疗便秘安全、无痛苦，所以穴位埋线法治疗便秘是一种简便易行的、融多种疗法、多种效应于一体的复合性治疗方法，便于在基层使用。

方法简介：患者俯卧位，取穴为两侧大肠俞，常规消毒后，用12号穿刺针，从前端放入2个0号羊肠线1.5cm，从尾端插入针芯，刺入穴位，得气后，边推针芯，边退针，将羊肠线推入穴位，加压包扎。2周为一疗程。

适应证：结肠慢传输便秘大肠气滞型

2、长强穴位埋线治疗盆底失弛缓便秘

方法简介：取侧卧位，取穴长强，位于肛门与尾骨尖连线中点。常规消毒后，用12号穿刺针，从前端放入2个0号羊肠线1.5cm，从尾端插入针芯，刺入穴位，得气后，边推针芯，边退针，将羊肠线推入穴位，加压包扎。2周为一疗程。

适应症：盆底失弛缓便秘

3、耳穴压豆法治疗结肠慢输型便秘

耳穴贴压疗法是用质硬而光滑的植物种子或具有一定形状和质地的药物及制品粘贴在耳郭表面的穴位上，并施加一定压力，以达刺激耳穴、防治疾病的一种方法。此法是在耳毫针治疗疾病的基础上替代耳穴针刺或埋针的一种简易治疗法。它较耳穴针刺或埋针更为简便易行，安全可靠，无创伤，无副作用，且能起到持续刺激之效果。

方法简介：取穴：主穴：肺、脾、大肠、直肠、皮质下、便秘点。配穴：胃、腹、三焦。操作方法：将耳廓常规消毒后，把粘有王不留行籽的0.8×0.8cm2的胶布，贴于上述穴位上，采用轻柔按摩法：用指腹轻轻将压贴的穴丸压实贴紧，然后顺时针方向轻轻压丸旋转，以患者有酸胀或胀痛或轻微刺痛为度。并嘱患者照此法，每天自行按压耳穴3～5次。两耳交替治疗，隔天更换一次；治疗5次为一疗程。

适应症：结肠慢传输便秘肺脾两虚型

4、中药敷脐治疗结肠慢传输便秘

敷脐疗法同祖国医学其他疗法一样有着悠久的历史，我国最早的医书《五十二病方》中就有敷脐疗法的记载，之后历代医家均有论述。脐在经络系统中是一个重要的穴位，属于任脉，任脉为阴脉之海，与督脉、冲脉“一源而三歧”，联系周身经脉，故中医有“脐通百脉”之说。现代医学研究表明，脐部皮肤表皮角质层较薄，屏障功能较差，并且脐下无脂肪组织，皮肤筋膜和腹膜直接相连，故渗透性较强，药物分子较易透过脐部皮肤的角质层，进入细胞间质，迅速弥散入血到达全身。

药物：生白术、沉香、莱菔子按3：1：1的比例，制为细末备用。

方法：患者仰卧，用75％酒精消毒肚脐及肚脐周围皮肤，将上药取5g兑温水调成糊状敷于肚脐，其上敷上纱布固定。每天更换1次。2周为一疗周。

适应症：结肠慢传输便秘脾虚气滞型

常用方药

1、通调三焦法治疗便秘

方药：升麻15克、杏仁10克、炒莱菔子10克、生白术25克、枳壳10克、半夏10克、肉苁蓉15克、生地15克。

用法：水煎服，每日二次。四周为一疗程。

治法：通调三焦、升清降浊

方义：方中以升麻为主，通入上、中、下三焦，升清降浊，化生津液；杏仁、莱服子，开宣上焦，肃降肺气，使腑气下降，津液下达，大肠得润；生白术，枳壳，半夏调中焦，升脾气，降胃气，疏通大肠气机；肉苁蓉，生地，补下焦，温肾气，升清阳，滋肾阴，助大肠运行之力。

2、温阳健脾法治疗便秘

方药：生白术30g、炒莱菔子10g、肉苁蓉10g。

用法：水煎服，每日二次。四周为一疗程。

治法：温阳健脾理气通便

方义：生白术健脾、肉苁蓉温阳、莱菔子理气。

验案赏析

病案一

李某，女，22岁，便秘两年，大便干结，状如羊屎，3-4天一次，排出困难，服用多种泻药，用时好转，停药加重。伴头晕乏力，烦躁易怒，失眠多梦。舌红苔薄黄，脉弦。

采用穴位埋线治疗，患者俯卧位，取穴为两侧大肠俞，常规消毒后，用12号穿刺针，从前端放入2个0号羊肠线1.5cm，从尾端插入针芯，刺入穴位，得气后，边推针芯，边退针，将羊肠线推入穴位，加压包扎。

埋线后，第二天患者排便二天一次，便不太干。两周后，再埋线一次，排便恢复正常，随访三月未复发。

病案二

王某，男，62岁，便秘十年，每天有便，便不甚干，排出困难，每次如厕，良久不出，努责汗出，苦不堪言，时有咳喘，少气乏力，头晕失眠，腰膝酸软，舌淡苔白，脉细。

证属三焦不调，升降失职。

治以通调三焦，升清降浊。

处方：升麻15克、杏仁10克、炒莱菔子10克、生白术25克、枳壳10克、半夏10克、肉苁蓉15克、生地15克。水煎法，每日两次。

服用七服后，症状明显减轻，继服二十一服后，病愈。

主要成果

1、塞因塞用法治疗泻药性便秘42例临床总结.辽宁中医药，2009，36（4）：565-566

2、通调三焦法治疗泻药性便秘30例临床观察.江苏中医药， 2008，40（8）：35-36

3、温阳健脾理气法治疗慢性便秘的临床观察.北京中医药大学学报（临床版），2008，15（3）：21-22

4、通调三焦法治疗泻药性便秘的临床与实验研究[博士学位论文].北京中医药大学，2006

5、沉香通便散外敷神阙穴治疗结肠慢输型便秘的临床与实验研究[硕士学位论文].北京中医药大学，2000

6、中药外敷治疗结肠慢输型便秘的临床与实验研究.北京中医药大学学报，2000，(1):65-67

7、便秘治疗的辨证思路与方法.中国临床医生，2000，(3):42-43

8、大肠水疗的合理应用.中国临床医生 2001，29(8):12-13

9、“术莱煎剂”治疗泻药性便秘30例临床观察.北京中医药大学学报(中医临床版)，2003，(3):25-26

10、泻药性便秘.中国临床医生，2004，

(1):54-55

11、结肠水疗治疗粪嵌塞18例.中国临床医生，2004，(9):37

12、通调三焦、升清降浊法治疗慢性便秘36例.北京中医药大学学报（中医临床版），2005，(1):20-21

13、不为便秘烦.家庭医药，2007，(1):38-41

14、慢传输型便秘大鼠结肠壁内神经形态学和Cajal间质细胞的改变.中国医药导报，2007，(21):122-123

32 陆广莘

名人小传

陆广莘，男，汉族，1927年1月生于江苏省松江县颛桥镇（现属上海市闵行区），中国中医科学院主任医师，1948年10月起从事中医临床工作，为全国老中医药专家学术经验继承工作指导老师。1945年初学习中医，先后从师上海陆渊雷，丹徒章次公，武进徐衡之。1948年毕业行医，1950年组建颛桥联合诊所。1952年应考中央卫生部中医药研究人员。录取后入北京大学医学院，学习西医五年。

1957年分配中央人民医院（现北京大学人民医院），从事中医科研、临床、教学工作。1958年1月为北医首开中医病房，1958年秋为北医首开《中医学概论》课程。

1980年受聘中医研究院客座研究员。1983年奉调中国中医研究院中心实验室任副主任，1985年组建中医基础理论研究所任业务副所长。

1991年退居二线，1992年获国务院政府特殊津贴，1993年任第八届全国政协委员。1996年受聘国家中医药管理局专家咨询委员会，1998年任第九届全国政协委员。现任中国中医研究院资深研究员，基础理论研究所专家咨询委员会主任。

学术经验

提出中医研究和研究中医的互补并进，旁开一寸更上一层的科研选题思路。

主要成果

主持“肝血风瘀”和“脾津痰湿”七五攻关课题，先后获部级成果一二三等奖。

1986年任《中国大百科全书·传统医学》卷编委会副主任。1987年奉派赴坦桑尼亚防治艾滋病研究首批专家组。1993年应邀访美，就“自我痊愈能力”（Healing force）作主题讲演和学术交流。

2008年11月，首届“中华原创医学复兴论坛”在京召开，论坛的主题是“重铸中华医魂”。陆广莘先生作为演讲嘉宾参加了本论坛，演讲题目是《养生、保健、治病必求于本：创生性实践的健康医学》。

医学感悟

他归结中医药学的学术思想为：“循生生之道，助生生之气，用生生之具，谋生生之效。”

33 路志正

名人小传

路志正，男，1923年生人，中医世家主任医师，全国政协委员，卫生部药品评审委员会顾研究院专家咨询委员会委员，北京中医药大学名誉教授。现任中华人民共和国药典委员会委员，卫生部药品评审委员会委员，卫生部国际交流中心理事，中华全国中医内科学会副主任委员，中华全国中医痹病专业委员会副主任委员，北京市老年康复医学研究会副会长，北京中医药大学名誉教授等职。

曾先后到泰国、菲律宾、马来西亚、日本等国进行学术交流，受到国内外人士的高度赞誉。

学术经验

精通中医典籍，擅长中医内科、针灸，对妇

科、儿科等亦很有深造诣。擅长针药并用，同时特别重视食疗，圆机活法，因证而施。擅治神经性头痛、三叉神经痛、癫痫、儿童多动症、抽动-秽语综合征、脑瘫等疑难病，有自已的独到见解和临床经验，疗效颇佳。

他对眩晕、胆结石、风湿性和类风湿性关节炎、萎缩性胃炎、甲亢和甲状腺瘤、白塞氏综合征、干燥综合征、胸痹、不寐、多寐，以及妇科经带胎产、不孕等疑难病症，均有自己的独到见解，临床疗效显著。他治疗眩晕经验的专家系统已应用于临床。

主要成果

主编《中医内科急症》、《路志正医林集腋》、《痹病论治学》等书；参加编著的主要著作有:《中医临床资料汇编》、《中国针灸学概要》、《中华人民共和国药典》(二部)、《医论医话荟要》、《中医症状鉴别诊断学》、《中医证候鉴别诊断学》、《中国医学百科全书.中医内科学》、《中国名老中医经验集萃》等书；在《中医杂志》等全国中医学术刊物上，发表论文数十篇。

34 马晓燕

名人小传

马晓燕，女，46岁。现任北京特色东方医药研究院客座副教授。中国人才研究会骨伤人才分会理事。中华针刀医师学会学术委员。《新世纪中华骨科名医》首批入选专家。北京东领鉴筑中医诊所负责人。

1984年毕业于陕西宝鸡中医学院。1992年就读于中医药大学中医系。1990年起在北京大北窑中医专家门诊部和首都知名中医专家特诊部跟随清代四大名医施今墨先生的数名弟子：瞿济生（原北京同仁医院中医科主任、呼吸系统病专家）、祝谌予（原北京协和医院中医科主任、糖尿病专家）、李鼎铭（原北京市中医院妇科主任|、妇科杂病专家）、李德衔（原北京市天坛医院妇科主任、不孕不育症专家）、索廷昌（原北京市第四医院中医科主任、胃肠病专家）、刘韵远（原北京儿童医院中医科主任、儿科病专家）、北京医科大学著名教授李鸿祥（清代十大名医汪石清弟子，内科疑难病症和心脑血管病专家）以及骨科名医“十大中华功勋针刀医学专家”田纪均教授习医十年，尽得诸位老师的悉心指导和谆谆教导并继承了他们的学术思想和优良的医德医风。

学术经验

刃针治疗内脏疾病的最新理论及研究：

慢性软组织损伤可以造成运动系统疾病（如颈肩腰腿痛），这是早已清楚的。而慢性软组织损伤造成其它系统的疾病，尤其是内脏疾病则是过去不太清楚的。我们已经知道慢性软组织损伤疾病的四大病理因素是粘连、挛缩、瘢痕、赌塞，它的第一位的、根本的病因是动态平衡失调。人体的内脏受到各种形式的损伤后在人体自我修复过程中，最后的结果同样是粘连、挛缩、瘢痕、赌塞，形成了新的病理因素，同样导致内脏实体的动态平衡失调和流体的动态平衡失调。因此，内脏的慢性损伤性疾病和运动系统等慢性软组织损伤性疾病的本质上是一样的，现举例如下：

心脏：人们常说的心肌劳损，就是指心肌疲劳性损伤，这种疲劳性损伤造成心肌肥厚等变化，其实质就是心肌纤维形成的瘢痕性增生；常说的冠心病中冠状动脉内壁的斑块其实也是劳损后的瘢痕增生，这种瘢痕增生在血管内壁，造成冠状动脉内血流障碍并将脂肪性物质（胆固醇类）阻留在血管壁上，形成所谓粥样硬化；心肌缺血，除了冠状动脉供血障碍之外，心肌本身因劳损日久，肌纤维形成粘连，也是其主要原因，在循环系统范围内许多顽固性慢性病真正病因大多如此。

胰腺：慢性胰腺炎、糖尿病，它的本质原因是胰腺长期的过度疲劳，造成疲劳性损伤，或毒性的化学物质对胰腺造成侵害性损伤，在自我修复过程中其内部新陈代谢系统的通道被阻塞，胰腺分泌胰

岛素的功能下降而致病。

其它脏器肺脏、肝脏、肾脏、脾胃等也一样，在各种形式的损伤后都导致粘连、挛缩、瘢痕、赌塞这四大病理因素形成，使这些脏器的动态平衡遭到破坏，脏腑功能失调而致病。

其它系统：如淋巴系统、内分泌系统、神经系统的许多慢性疾病和以上各个脏器的病理机制基本相同。

认识到了这些疾病的本质是这四大病理因素就不难理解刃针治疗内科病的道理了。如心脏的有关组织有了粘连、挛缩、瘢痕、堵塞后，心脏的收缩和舒张功能、冠状动脉的血流速度和流量就会受到很大影响，也就是心脏动态平衡遭到破坏，如果将心脏的收缩和舒张功能恢复，血流畅通无阻，心脏动态平衡就恢复了，缺血改善、心肌功能逐渐恢复正常。

那么刃针又是如何恢复内脏功能平衡的呢？这就要讲到脊柱区带病因学的理论。众所周知，人体内脏都紧贴脊柱两侧，而内脏的自主神经又都从脊髓发出后沿脊柱两侧走出而支配内脏功能。脊柱区带内的肌肉、韧带、筋膜、关节囊是极容易劳损的，损伤后在自我修复过程中形成的粘连、挛缩、瘢痕、堵塞就会在适当的深度和部位卡压、牵拉区带内的神经末梢，造成这些神经末梢功能障碍，这些功能障碍通过和内脏自主神经相连接的通道，直接影响内脏器官的功能。同样，脊柱骨性组织因某种原因发生椎体移位，必然牵拉和挤压有关的自主神经节，引起自主神经的功能障碍，从而导致有关脏器的疾病。

而刃针的主要治疗法则就是松解剥离有关病变的软组织，消除粘连、挛缩、瘢痕、堵塞等病理因素，使受牵拉、卡压的神经末梢生理功能得以恢复，同时瘢痕、粘连松解后，为手法复位做好了准备，再配合正骨复位手法整复使椎体移位得到纠正，牵拉和挤压彻底解除，最后使自主神经功能和电生理线路的电流量恢复正常，从而在根本上解除了某些顽固性内脏疾病的病因，也就使这些内科病得到了根本的治疗。

笔者在十余年的刃针临床实践中治愈了百余例内科病例，如功能性心脏病、胃肠神经功能紊乱、糖尿病、痛经。心脏病以第五胸椎为主，松解两侧及上下的肌肉和韧带，再用胸椎复位手法调整失稳的关节，患者症状可立刻得到缓解。胃肠病以第十胸椎为主，糖尿病以第八胸椎为主，松解肌肉韧带，整复关节错位，往往使许多药物久治不愈的疾病得到了很好的疗效。

主要成果

在跟随田纪钧教授学习中医骨科和小针刀技术的临床中，亲历了老师各种疑难病症的治疗经过和惊人疗效。随专注于对田老师学术思想的苦心钻研与实践在针刀应用初期，在田老师的指导下，自制刃针，并在临床中应用、实践、探索，直至田教授的刃针批准专利并批量生产之后，为刃针的临床应用积累了宝贵的临床和教学经验。

1999年起独立门诊，曾先后在北京京都医院专家门诊，城建水锥子医院分院，陕西榆林市中医医院、北京问松堂中医门诊部（中韩合资）、北京东领鉴筑中医门诊开设专科门诊，开展以刃针微创术为主的综合治疗，对颈椎病，以及由此引起的各种晕眩、顽固性头痛、手臂麻木等，肩周炎，腰腿痛、腰椎间盘突出、坐骨神经痛、股骨头缺血性坏死、膝关节骨性关节炎、风湿类风湿性关节炎、跟骨痛以及各种骨质增生引起的疼痛等有独特疗效。近年来又对脊柱相关的内、妇、儿科疾病进行研究治疗，疗效显著，治愈全国各地患者及来自日本、美国、香港、加拿大等海外患者数以万计，得到患者的广泛好评，求诊者众多。

由于临床经验丰富，又完全以田老师的学术思想为指导，近年来受到田老师的重视，被聘为北京特色东方医药研究院副教授，为培养更多的刃针专科人才，更好的发扬田老师的学术思想尽自己的微薄之力。同时被多家医疗机构和学术团体特聘为骨科名医和培训老师。

35 孟庆和

名人小传

孟庆和，男，1944年出生于河北省滦县孟家屯村农民家庭，婴幼之年目睹家乡瘟疫流行，相继夺去了祖父及两位兄长和姐姐的生命，家庭的不幸使他幼小的心灵受到了极大的创伤，由于当时社会缺医少药，无处求医，祖母的不停泪水和哭泣声，激发了他一生从医的决心，立志一定要当一名名医，拯救人类的苦难！

十三岁时在学校的学余时间就开始寻师访友，苦读医书。十八岁完成中学学业后，自学我国第一版中医五大学院系统教材。为临床打下了理论基础。同时，在师傅孟昭天、王成岩、苗春辉等各位老先辈的指导下，应邀义务行医于家乡及周边几个县市，颇受群众好评，辄以疗效而自勉。1979年参加河北省中医选招考试，1983年经卫生局考核获正式行医执照。1985年考取中华针灸进修学院学习三年，1988年学院毕业后，应河北省玉田县政府和人民的聘请创办了玉田县偏瘫针灸医院。任技术院长、主治医师，体现了针灸治疗中风的突出疗效。每天应诊100-200人次。受到了玉田县卫生局、玉田县县委宣传部、唐山劳动日报、河北科技报、河北电视台的表彰。1989年晋升为中医师职称。1990年应家乡改革开放，内引外联政策的召唤，回到家乡创办了河北省滦县安各庄针灸医院，任技术院长兼主治医师。1991年，由于事业的发展，在滦县卫生局和县委县政府的大力支持下，创办了滦县针灸医院，任技术院长。1992年，应滦县第二人民医院的聘请，出任针灸科主任医师兼总务科主任、院委委员。

由于成绩卓著，事迹突出，受到了中央电视台、河北滦县县委宣传部、滦县电视台、滦县卫生局的表彰。曾在全卫生系统表彰大会上和各乡镇作过先进事迹报告。同年加入了中国针灸学会，华夏医药研会；1996年在河北省科委和滦县科委的支持下，创办了滦县针灸研究所，任所长。2002年在改革开放的精神鼓舞下，由滦县民政局，河北省民政厅注册为民办非盈利企业“滦县庆和针灸研究所”。任所长兼滦县卫协门诊部主任；2003年应邀参加中国际医促会工作，任自然医学理事。2003-2006年应邀参加四、五六届中国名医论坛大会于北京人民大会堂。提交的论文荣获五项优秀成果一等奖，任聘中国名医理事。获中国针灸专家荣誉，并载入中国专家辞典。同年参加中国医院长会议，又获荣誉金奖，任聘中国管理科学研究院特约研究员职务。2006-2007年参加联合国一体化医疗暨人类健康大会于北京，获国际金奖三项，获医学博士学位，受聘联合国国际医科交流大学客坐教授，被载入世界名人辞海，世界名人录大型文献，其著作被载入《世界重大学术成果精选》一书。

主要成果

四十多年来，接诊各种疑难病患者达10余万人次，受到患者的一致好评。论著了《我国农村中医药改革与发展》、《读大医精诚论有感》、《中风病的中医诊断与针灸治疗》、《针刺治疗聋哑病1300例临床总结》、《针灸治疗中风病400例临床研究》、《刺络拔罐治疗带状疱疹的报导》、《针灸治疗褥疮报导》、《针灸治疗急性腰扭伤130例临床报导》、《针灸治疗小儿脑瘫临床体会》、《中风病的心理学介入和康复指导》等十几篇学术论文，均在中华医学会学术会发表，其中两项荣获特等奖，其余均获一等奖。

四十多年来，由于自己不懈的努力和执着于医疗事业和科研事业，荣获国际金奖三项，国内医学金奖6项，被卫生部誉为“中老年医学专家称号”，被誉为“中国当代名医”。2005年，获“中华名人”荣誉，并载入中华名人大典。

医学感悟

“名人格言”三段：1、理智与悟性是成功的前提，执着与拼搏是成功的保障。2、理想是起点，拼搏是代价，成功是享受。3、宽容是潜能的积累，孕育着成功；奸诈是炫耀的失度，意味着失败。载入中华名人格言一书。

36 孟庆云

名人小传

孟庆云，男，1937年6月出生，副主任医师，中共党员，河北省香河县人。1962年毕业于津沧高等医学专科学校。现任北京66055部队医院和丰台医星医院特聘专家。拥有五项专利发明，荣获第三届河北省十大优秀发明者，全球十大中医药人物，河北

任中医师，名老中医。1978年10月于广州中医学院毕业，毕业后从事中医临床工作近30年，1978-1997年就职于南海县(市)人民医院，1997-1999年担任南海市卫生学校校长，1999年至今担任佛山市南海区妇幼保健院院长。在工作中，一贯以“全心全意为人民服务”、“保障人类生殖健康”和“提高人类出生人口素质”为奋斗目标，对中医内科、妇产科、疑难病有较深造诣。

潘佩光是广州中医药大学中医内科主任医师、教授、硕士研究生导师；兼任南海区中医学会副理事长，香港国际传统医学研究会副会长，广东省中医药学会疑难病专业委员会副主任委员，广东省中医药学会常务理事，广东省妇幼保健学会常务理事，中国中西医结合学会围手术期专业委员会常委。

学术经验

从事中医临床工作近30年，对中医内科、妇产科、疑难病独到造诣，尤其是中医保健、亚健康养生方面有独到的经验。经过多年的艰苦探索，2004年在国内首次提出将中医“治未病”理念运用于优生优育的健康工程中，并在对中医传统理论深刻理解的基础上，创新性提出“土壤理论”、“园丁理论”和“马拉松理论”等一系列理念发展，对指导中医在优生优育方面的运用作出了巨大贡献。在此理论指导下，致力于开展孕前中医体质保健的实践，通过对孕前妇女近万例的研究显示，中医孕前保健对降低围生期疾病、提高出生人口素质能起到积极的作用。并且积极推广中医传统项目在保健领域中的应用，坚持为群众提供“简、便、廉、验”的诊疗服务，收到良好的社会效益。2008年2月，受卫生部特邀赴北京参加中国首届“治未病”高峰论坛，并做了名为《“治未病”在优生优孕中的实践》的大会专题发言，期间受到了吴仪副总理、卫生部陈竺部长、王国强副部长的亲切接见和高度赞扬。

主要成果

1、近年来，多次赴美国、澳大利亚、马来西亚、香港、新加坡等国家和地区进行学术交流。“益气活血生肌方预防剖宫产术后腹部切口感染的临床研究”获得2008年度佛山市南海区科技进步二等奖，2009年度佛山市南海区优秀科技工作者，中医药适宜技术创新杰出人物。获得专利一项。

2、代表性著作

（1）《奇难杂症验方》广州出版社，2003.05，主编

（2）《延年益寿民间疗法》广州出版社，2003.05，副主编

（3）《儿童脑发育与保健》广州出版社，2004.01，副主编

3、承担课题

（1）“女性孕前中医体质分型及动物实验研究”，编号：1060004，课题来源：广东省中医药局，2006年10月～2008年10月，为项目第一负责人。

（2）“智能型住院临床路径的开发及临床应用研究”，编号：200608070，课题来源:广东省佛山市科技局，2006年8月～2008年12月，为项目第一负责人。已结题。

（3）“女性孕前中医体质保健对优生优孕作用的研究”，项目编号：2008265，广东省中医药局，2008年10月～2010年10月，为项目第一负责人。

（4）“厚朴粉足三里穴位敷贴促进腹部手术后排气的临床研究”，项目编号：2009ZL35，中医药行业科研专项，2010年10月～2011年6月，为项目第一负责人。

4、发表文章

（1）潘佩光. 新医学模式下医生应有的“园丁理念”[J]. 医院管理论坛. 2009(6)：18-20.

（2）潘佩光. 急下存阴法治疗小儿外感高热125例[J]. 中国中医药杂志. 2004，2(1)：39-40.

（3）潘佩光. 探索新时期妇幼保健院的发展之路[J]. 中华现代医院管理杂志. 2003，1(4)：44-46.

（4）潘佩光，冯虹，黄敏，等. “术前体质辨证、术后快速整体康复”模式在剖宫产的临床应用[J]. 广州中医药大学学报. 2008，25(2)：

103-105.

（5）潘佩光，　冯虹，　潘奔前，　等. 中医体质学说与女性孕前体质保健[J]. 中国农村卫生事业管理. 2006，26(9)：62-63.

（6）潘佩光，　刘振寰. 中西医结合治疗小儿弱智的临床研究[J]. 中国中医药信息杂志. 2004，11(4)：341-342.

（7）潘佩光，　刘振寰. 中西医结合治疗小儿精神发育迟滞的临床研究[J]. 现代医院. 2004，4(3)：40-42.

（8）潘佩光，　刘振寰. 脑性瘫痪误诊126例分析[J]. 中国误诊学杂志. 2004，4(2)：282-282.

（9）潘佩光，　刘振寰. 脑性瘫痪126例误诊原因分析[J]. 临床误诊误治. 2004，17(10)：726-727.

（10）潘佩光，　潘奔前，　周俊亮. 脾胃学说与气虚体质[J]. 中国临床康复. 2006，10(23)：165-166.

（11）潘佩光，　徐俐平，　周俊亮，　等 孕前中医保健干预促进优孕优育的临床研究[J]. 新中医. 2009(010)：63-66.

医学感悟

“熟读王叔和，不如临症多”

“中医在妇幼保健中定能大放异彩”

“社区是中医药发展的基础”

38 钱康南

名人小传

钱康南，男，汉族，一九三九年三月生，江苏金坛人，毕业于北京经济函授大学。现任国际科学研究院江苏分院院长，全国科监委行业发展战略委员会学部委员，全国保健食品行业副理事长和行业调研基地，中国城乡小康发展促进中心小康研究员，世界中西医结合医药研究院院士、博士，世界华人医学联合总会副会长，中国小康常州康复研究院院长，江苏常州大康保健药品有限公司、江苏阿尔泰医药有限公司董事长，被聘为联合国世界和平基金会、世界自然医学基金会、世界自然医药组织、联合国国际大学肿瘤疑难病康复中心副主任，中药材纳米化工作委虽会第一副主任，江苏省分会主席和中国西部大开发经济顾问。国内外十多家科研院所、大学、公司顾问、教授、高级研究员、药剂师。全国高科技健产委保健康复专业委员会江苏康复工作指导中心主任。

钱康南教授一生为百姓，几十年如一日，成果显著，创新发明。其业绩入选《二十一世纪中国发明家》、《世界科技专家》、《中国当代思想宝库》、《时代潮头开拓者》、《中国国情报告》、《世界名人录》、《中国企业家大辞典》、《中国当代创新人才》、《中国专家大辞典》、《中国人才辞典》、《中国科技发展经典文库》、《科学中国人十年优秀论文》、《中国特色理论发展精典文库》、《中国纪录年鉴汇编》、《中华百业新闻人物》、《共和国建设者档案》、《科学骄子》、《中国大百科全书》、《权威》、《世界杰出华商大辞典》、《科教兴国》、《中国特色医疗大典》、《自主创新》、《共和国足迹》、《国医年鉴》、《和谐西部论坛》、《科学中国人》等100多部典籍。

学术经验

成立研究院和中心以来，以身、心、灵健康研究为目标，结合纳米生物医学医疗、健康、文化、文物、休闲、康复保健等自然医学等主要手段，以发明专利虫草多肽、纳米名贵中药材等系列产品（比天然野生虫草有效成分更高）科技化、产业化、低价格、高效率让人人都健康。已经“世界自然医学基金会/组织”、“联合国国际大学”批复民权万亩中药材种植和旅游观光基地，成立中药材纳米化工作委员会和陕西财团毕国华等投入巨资合资合作，东西联盟互动，投资50亿元在江苏白马建设海康纳米生物集团（江苏）有限公司，和常瑞堂集团（亳州）有限公司，做强做大生物纳米医药高科技健康产品。

计划在茅山4A旅游区，红色革命老区3000亩山林、水库建设虫草培育基地和康复养老中心（基地），同时与常瑞堂（香港）国际集团、新加坡康泰纳米科技有限公司建设最大的原料深加工系列生物纳米产业基地，500亩纳米生物集团产业园区和建设万亩中药材种植和旅游观光基地。以沙棘养生茶，纳米虫草肽等纳米中草药来实现CHC全国产业化创新发展示范基地的国际化进程。

主要成果

1958年1月任江苏白马农业中学校长，荣获二次先进工作者、省劳模。1978年12月28日共创江苏省激素研究所，科技改革和成果在国内外知名度很高。1987年5月起又创办了五个民营科技实体，坚持高端研发，不断创新，已经完成的发明专利和专有技术60多项，包括《虫草多肽》、《纳米虫草粉》、《纳米灵芝孢子粉》、《纳米水溶珍珠粉》、《螺旋藻精》、《纳米水溶膳食纤维》、《纳米沙棘》、《纳米红曲》、《龙宝泰》、《消菌灵》、《纳米景天三七》、《纳米丹参》等。发表国内外论文30多篇，荣获美国最终生物技术终生成就奖、国际医药发展大会金奖，全国十佳先进创新工作者，品牌建设十大影响力人物，中国行业创新金象奖，中国时代十大创新企业家，和谐中国之星最具社会责任感的十大杰出科技专家和十大管理英才、中国发明专利年鉴副理事长、中国医学行业特级大师暨首席专家、推动中国社会进步突出贡献奖、联合国世界和平基金会人类和平文化奖等荣誉。

医学感悟

“以纳米生物、公益事业和健康事业发展壮大，关爱自己，关爱社会，以善为本，救苦救难，为中国和谐小康社会，为全人类健康事业多作贡献，这是我应尽的职责。”

39 强巴赤列

名人小传

强巴赤列，藏族，1929年12月出生于西藏拉萨。我国著名藏医药及天文历算学家，有突出贡献的国家级专家。曾任中国科协副主席，西藏自治区科协主席、自治区藏医院院长、西藏藏医学院名誉院长、西藏藏医学会和天文历算学会会长、自治区卫生厅副厅长等职务。《中国大百科全书》传统卷编辑委员会顾问、《中国医学百科全书·藏医分卷》副总编、《中国医学通史》编审委员、《中医年鉴》编委、《西藏历算学总汇》主编。

主要成果

先后编写有关藏医藏药和天文历算方面论文80余篇，论著8部，教科书13种。尤其是他主持编写的《四部医典彩色挂图全集》(藏汉、藏英版)被誉为国内藏医界第一部教学彩色挂图。他的《历代藏医名人传略》、《四部医典形象论集》为藏医填补了这方面的空白，分别获1991年中国医史文献图书评比优秀奖和金奖。出版的著作《四部医典80幅彩色挂图释难蓝琉璃之光》，被业内人士称为二十一世纪藏医论著的里程碑。

40 裘沛然

名人小传

裘沛然，男，汉族，1913年1月出生，上海中医药大学主任医师、教授，1934年9月起从事中医临床工作，为全国老中医药专家学术经验继承工作指导老师、上海市名中医。

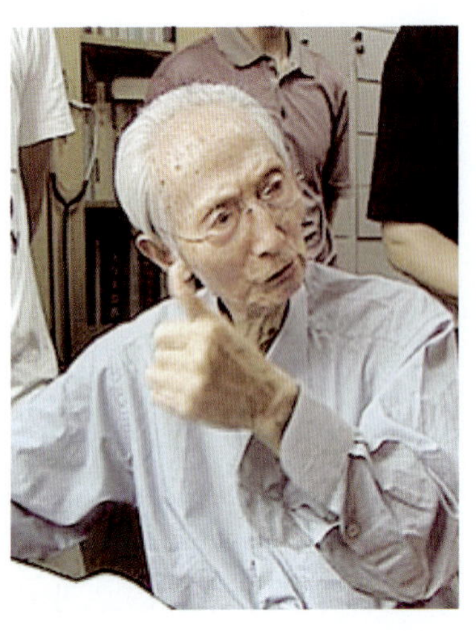

裘沛然是全

国著名中医理论家，中医临床学家，是一位医生，也是一位学者，他以广博的文史和科学知识，被华东师范大学和上海同济大学聘为兼职教授，1980年担任国家科委中医组成员，1981年任卫生部医学科学委员会委员，1984年任上海中医学院专家委员会主任，并为院学术委员会、职称评定委员会的负责人之一。现任上海中医药大学暨上海市中医药研究院专家委员会主任、博士生导师、教授，全国第一届500名老中医药专家学术经验继承工作的导师，1991年被国务院批准享受突出贡献科技人员的特殊津贴，1995年被评为首届“上海市名中医”。他为学院的教学改革，学术研究，专业设置及对“中医法”的讨论等，召集院内外的著名专家共同研究，并提出了很多可贵的意见。

学术经验

裘沛然在临床方面具有丰富经验，对于疑难杂症的治疗尤多心得。他所写的《疑难病证的中医治法研究》一文，是长期临床经验的总结，1987年获中华全国中医学会优秀论文一等奖。该论文总结养正徐图法，反激逆从法、大方复治法、内外贯通法、培补脾肾法、斩关夺隘法、随机用巧法、医患相得法等 8 种疗法，融哲理、医理为一炉，医界评之为“源于实践而高于实践”的佳作。

主要成果

自1958年以来，任《辞海》副主编兼中医学科主编，主持编写《中国医学百科全书》中医卷、《大百科全书》传统医学卷、《中医历代各家学说》、《新编中国针灸学》等30余种著作，所撰论文计30余篇。其中主编《中国医学大成》三编，计950万字，对赵氏旧著作了大量删增。特别是其晚年的力作《壶天散墨》一书，以“扶择陈言，剖拆疑似，俯仰古今，直道心源”以议论精辟，见解高超，文笔优美而见称当世，受到广大读者的欢迎。并有《剑风楼诗文钞》为世所称。

41 任继学

名人小传

任继学，生于1926年，吉林扶余人。全国名老中医，国家终身教授，博士生导师。中国中医药学会三届理事会副会长、四届后为终身理事，世界中医药学会联合会高级专家顾问委员会委员，国家中医药管理局中医药工作专家咨询委员会委员，全国中医药专业教材建设专家指导委员会委员，吉林省荣誉省管优秀专家等职，享受国务院政府特殊津贴，为吉林省英才奖章获得者。

15岁从师吉林名医宋景峰先生。1946年投身革命，参加解放战争，发挥专长，救治伤员。1954年赴吉林省中医进修学校（长春中医药大学前身）进修学习，1958年进入北京中医学院（北京中医药大学）举办的教学研究班学习，1960年毕业。

曾荣获九二年度国家中医药管理局急症工作先进个人及九四年度全国中医急症工作奖励基金等20余项奖励。2003年获得全国防治非典先进工作者称号，2004年被国家授予白求恩奖章。2009年被评为“吉林骄傲”人物、“感动长春”人物。被国家确定为第一、二、三批继承老中医药专家学术经验指导教师，先后被北京中医药大学、上海中医药大学、广州中医药大学及港沪台中医学术技术中心等单位聘为客座教授、学术顾问等。

学术经验

任老主张融古贯今，溯本澄源，发展中医，尤以《黄帝内经》为根基。

主要成果

学术成果丰硕，其中中医药治疗出血性中风的临床研究，获得国家“八五”科技攻关重大科技成果，清开灵注射液治疗中风痰热证的临床与实验研究，获1991年度国家科技进步三等奖；瓜霜退热灵治疗高热成为首批全国中医医院急诊必备用药。

主编我国第一部规划教材《中医急诊学》，主编《中国名老中医经验集粹》、《中医急诊学》，副主编《建国四十年中医药科技成就》，出版专著《悬壶漫录》与《任继学经验集》等书，并发表

"中风病辩治"、"脑髓消病的辨证论治"、"中风病急性期的中医药辨证治疗"等学术论文100余篇。

42 邵梦扬

名人小传

邵梦扬，1933年10月生于河南省开封市，1958年毕业于河南医学院医疗系本科。毕业后分配到河南中医学院，从事医疗、教学和科研工作。七十年代又脱产系统学习中医理论，通过二十多年长期同名老中医一起临床实践和系统理论研究，与中医结下了深厚之缘。50年来一直从事中西医结合临床医疗、教学和科研工作。1979年被调到河南省肿瘤医院任内科主任，兼河南中医学院教授、研究生导师。卫生部连续两年命名为"全国卫生文明先进工作者"；省委省政府批准的河南省优秀专家、被推选为河南省第七届人大代表；省"五一"劳动奖章获得者、国务院命名的"国家有突出贡献的专家"，并享受政府特殊津贴。郑州市先后两次授予劳动模范称号。他研制的"生白口服液"治疗化、放疗致白细胞减少症的新药研制和临床应用"，荣获河南省科技成果进步二等奖，填补了国内外中医药治疗"白减症"的空白，批准为"国家准字号新药"，列为国家中药保护品种共荣获省、市级科研成果奖七项。医学专著六部，主审医学专著4部，发表论文百余篇。

学术经验

业精于勤，穷中西医药之妙理，创建中西医结合全方位综合治疗策略，邵梦扬教授一生之功，潜心钻研中西医理论，50余年来从未脱离临床实践，在两套理论和历代医家珍贵经验的指导下，研制和建立了"全方位综合治癌的策略"，提高了中晚期癌症患者的治疗水平。邵梦扬教授清楚的知道，癌症作为"超级杀手"是世界公认的难题，攻破这座堡垒何其容易？他认为任何疾病的发生、

发展、康复或灭亡，都是复杂的多因素、多环节、多机制相互作用的动态变化过程，实质上是机体内环境平衡稳定状态失衡或外环境导致内环境的失调所致。因此，疾病既能发生又可消灭。在此基础上，采用中西医药优势互补之整合，既治标又治本的全新理念，这一新型治疗模式通过几十年的临床实践，已经证明了它的实用性和优越性。邵教授深谙中医药之妙理，将其与西医药有机的程序性的结合，灵活辨证地治疗各种病症，因病施治，集各种治疗方法之长，避各种治疗方法之短，达到最佳治疗之功效。实施全方位综合治疗，既治人的身体疾病又治人的心理疾病，以保这些病人治疗后转化成一个真正意义上的身体和心理都健康的人，为患者带来全新面貌。

邵教授的整体观念学术思想不仅体现在"全方位综合治疗"的过程中，而且体现在疾病防治过程中人性化理念。医生在医疗活动中，主要对象是"病人"，而不单单是治疗"病灶"，必须考虑病人对治疗的承受能力，在保证病人元气不伤的情况下，适时、适度、适量的进行有效性治疗，才能减少或避免"过度治疗"的恶剧发生。在临床治疗中必须调动病人的主观能动性，树立乐观情绪和战胜病魔的信心，鼓励吃好、睡好、锻炼好，始终保持良好的机体功能状态，使五脏六腑四肢百骸强健，免疫功能提高，阴阳失衡恢复，令病灶、致病因素处于全面包围中，逐渐驱除病邪，修复伤体，走向健康。在康复期不能掉以轻心，必须把养生之道、健康的生活理念放在首位，牢牢记住：永远保持良好心态，合理摄入膳食、科学运动，适时、适度、适量的必要治疗也要坚持，既防止癌症复发、转移，又预防机体脏腑功能的衰变，为健康长寿之道打下坚实的基础。邵梦扬教授像勤耕不辍的老黄

牛，孜孜以求，勤奋耕耘，收获了丰硕之果。撰写专著6部，论文百余篇，获得国家、省、市各种荣誉称号和奖励证书达几十项之多，国内及国际社会对于邵教授在中西医结合全方位综合治疗肿瘤方面作出的贡献给予了充分的肯定。

主要成果

“活瘀扶正方加POD治疗中晚期食管癌的研究”荣获河南省科技成果进步三等奖；“益肾护髓方的临床和实验研究”荣获河南省中医药科学技术进步三等奖；“针灸治疗化疗引起白细胞减少症的临床和实验研究”荣获河南省中医药科技进步三等奖；“复方苦箭液抗胃癌的临床和实验研究”荣获河南省中医药科技进步二等奖；“生白口服液的新药研制及其应用”荣获郑州市科技进步一等奖，荣获河南省科技进步二等奖；“海星消癌液治疗原发性肝癌的临床和实验研究”荣获河南省中医药科技进步二等奖；“症积消胶囊剂及其治疗原发性肝癌的临床研究”荣获河南省科技进步三等奖。现在仍在主持“肺清胶囊治疗肺癌的研究”，以及抗癌新药与保健品的开发研究。

邵梦扬教授研制的生白口服液具有以下功效：①刺激骨髓干细胞，促进增殖、分裂、成熟，治疗放、化疗后引起的白细胞减少症；②能预防、保护放、化疗引起骨髓抑制；③具有抑瘤和增效作用；④提高免疫功能；⑤具有抗疲劳、耐缺氧的作用。生白口服液新药于1996年元月国家卫生部批准为“中药三类新药并列为国家中药保护品种”并获得专利，先后荣获“国际优质产品最高金奖”；“第三届中国科技精品博览会金奖”；1996年第三届仲夏国际新优技术及产品博览评委会评为“国际爱迪生发明金奖”；2000年荣获国际保健品博览会金奖。生白口服液是我国拥有自主知识产权的新药，填补了国内外中医药治疗“白减症”的空白，为广大肿瘤患者提供了疗效高、显效快、无毒副作用的新药，解除了病人的痛苦，取得了良好的社会效益。

主要论著有：《中西医结合治疗常见肿瘤临床手册》、《癌症早期发现与治疗》、《中医治癌方》、《中西医结合肿瘤内科学》、《中医肿瘤治疗学》、《常见肿瘤答疑解难》。

医学感悟

“堂堂正正做人、规规矩矩做事，光明磊落、精诚无私”。为实现党的卫生公益事业和广大人民群众的健康长寿奋斗终身。

43 师建军

名人小传

师建军，男，1958年7月出生于榆林，中共党员，大专学历，副主任医师，榆林市医学科学研究所所长，榆林市红十字急救中心主任。

师建军同志70年代初在农村插队时，目睹农村小孩被病魔夺去生命的悲惨情景，焕发了他立志当一名“白衣天使”的坚定信念。从参加工作到现在一直在农村基层医院工作，多年坚持工作在临床第一线。日门诊达30余人次，年门诊达上万人次，参加抢救重危病人300多例，曾拜师于榆林市著名老中医柴振国、韩增二位先生，悉得真谛，为临床工作奠定了扎实的中医理论知识和丰富的临床经验，由于在实践中不断总结进取，刻苦学习，从严要求，精益求精，临床治愈率很高，是榆阳医院业务上的主要骨干，在周边区域享有很高声誉，求诊者门庭若市、络绎不绝。近30年临床工作中没有出现任何治疗差错事故和医疗纠纷。

学术经验

师建军同志临床擅长中医，同时开展中西医相结合业务，对常见病多发病以及疑难杂症有丰富的临床经验和独特的治疗办法，尤其对伤寒杂症、肝胆系统诸症和眩晕症，从理论到实践有系统科学的一套治疗方案和用药方法，如用大柴胡汤加味治疗胆道感染、胆石症；加减桂枝汤法治疗伤寒杂病；补气壮腰汤治疗各种原因引起的腰痛；清眩汤治疗各型眩晕症；消阑汤治疗急慢性阑尾炎等，在临床实践中取得很好的治疗效果。这些方药不但疗效好，而

且经济实惠，深受低收入者和农村患者的欢迎。

主要成果

师建军同志任榆阳医院院长期间，经过近二十年的努力，把一个一穷二白的医院发展成榆林市唯一的集临床医疗、计划免疫、妇幼保健和计划生育为一体，深受群众欢迎的具有现代规模的品牌乡镇卫生院。

2005年兼任市医科所所长以来，从严要求，狠抓管理，注重医疗质量和医疗安全的关键环节管理，使医疗业务和社会效益稳步增长。

1995年至今，先后获各级政府和市区卫生局授予“优秀共产党员”、“创佳评差先进个人”、“白求恩精神奖”、“十佳白衣天使”、“十佳区科技人才”、“陕西省西部大开发创业十杰”、“时代先锋——2008年度全国改革创新十大杰出医院院长”等荣誉称号和奖励30多次。

2002年获省劳动模范光荣称号。

2005年被国家中医药管理局评选为全国农村基层优秀中医。

2005、2006、2007、2008、2009年被选为市、区人大代表。

44 苏荣扎布

名人小传

苏荣扎布，男，蒙古族。1929年生于内蒙古镶黄旗。蒙医内科学教授。主任医师。曾任内蒙古蒙医学院院长，内蒙古自治区第5、6、7届人大代表、第七届全国人大代表，在第5届内蒙古自治区人代会上被选为内蒙古自治区革命委员会委员。担任中国中医药学会内科分会委员，《中国医学百科全书·蒙医分卷》副主编，《中国中医药年鉴》编委会委员，内蒙古自治区蒙医学会副理事长。是首批由国家中医药管理局选定的名老中医药专家之一。

为蒙医事业的发展倾注了全部精力，曾荣获呼和浩特市“劳动模范”，内蒙古自治区科学技术先进工作者，自治区优秀教育工作者等称号。

学术经验

苏荣扎布从事蒙医临床医疗高等教育工作47年，在多年的实践中积累了丰富的临床医疗、教学、科研经验，研制出了赞丹11味；术沙7味；扎索11味；满纳嘎乌日勒、冠心2号等临床有效方剂，治疗心血管疾病有独特的疗效，取得了可喜的成果，赢得了广大患者的信赖和崇敬。

主要成果

主持完成了内蒙古科委的科研项目“蒙医西拉乌顺哈伦病”临床研究课题三项。先后在国内外杂志上发表了“现代蒙医理论体系的基本特点”等12篇具有重要学术价值的论文，受到同行们的极高赞誉。主编的《蒙医实用内科学》共计45万字，1977年出版发行，1981年获自治区科技成果2等奖，1988年获全区普通高校优秀蒙文自编教材1等奖；编写了我国第一部16万字的《蒙西医结合心脏病学》，1980年出版发行，为蒙西医结合探索出了一条新路子，为临床医生提供了一本很好的参考书；1979年组织编写了《中国医学百科全书·蒙医分卷》，在此卷中他撰写了《蒙医内科学》《蒙医治疗原则》等章节。1984年组织并担任总编，编写了第一套包括25门学科的蒙医药高等院校统编教材（64万字）已出版发行，为蒙医药高等教育事业填补了一项空白，是蒙医历史上的一大创举，结束了蒙医高等教育教材内容不统一，自编油印的历史，对诊断标准的统一化，临床教育的规范化，人才培养的正规化起到了划时代的重大作用，为蒙医教育事业做出了卓越贡献。

45 唐由之

名人小传

唐由之，男，汉族，1926年7月出生，浙江杭州人。中国中医科学院主任医师、研究员，1946年起从事中医临床工作，为全国老中医药专家学术经验

继承工作指导老师、“首都国医名师”。眼科主任医师，教授，博士生导师，中医研究院眼科医院名誉院长。享受国务院颁发的政府特殊津贴。兼任《中国中医眼科杂志》主编、中国中医眼科学会名誉主任委员、中国中西医结合眼科学会主任委员、中国医学基金会常务理事、中华中医药学会顾问等职。

1957年毕业于北京医学院医疗系。历任中国中医研究院广安门医院眼科主任、研究员，中医研究院副院长，卫生部医学科学委员会委员，中国中西医结合研究会常务副理事长。1977年加入中国共产党。是第五、六届全国人大代表。

唐教授是我国中医、中西医结合眼科著名的学术带头人。在国内外有较高声望。他对眼科领域中仍属难治、一直应用现代化先进的仪器进行临床和实验研究的病种，如白内障、青光眼、缺血性视乳头病变、视神经萎缩、糖尿病 视网膜病变、视网膜中央静脉阻塞、老年性黄斑变性及视网膜色素变性等，积累了丰富的治疗经验。特别是视网膜色素变性，这是一组遗传性、进行性眼病，目前认为是“不治之症”。唐教授在已取得一定疗效的基础上，以中药为主，中西医结合治疗，使病变的视网膜功能出现了好转。

唐教授曾为毛泽东主席及柬埔寨宾努亲王等成功地进行了白内障手术。1975年唐教授被周恩来总理和邓小平同志委派为朝鲜金日成主席做保健医师直至1994年，并得到好评。1992年被授予朝鲜一级友谊勋章。1999年底起，他多次被邀为印尼总统瓦希德医治眼病，取得较好疗效，扩大了中医药在国际上的影响。

学术经验

唐由之教授医术精湛，擅长中西结合治疗眼病。1958年起他在继承古代中医眼科的基础上加以创新，对中西医结合白内障针拨套出术进行研究，创造了一套中西医结合白内障手术治疗方法和手术器械。本手术方法已编入中医及中西医结合眼科学教材。在金针拨障术的研究中，1959年首先提出了将睫状体平部中点作为白内障常规手术切口，改变了该处是“危险区”的说法，已为国内外眼科界承认和应用。1968年起先后设计了针拨套出术、针拨吸出术等治疗白内障的手术方法，并已在临床中得到应用。

主要成果

曾于1988年获世界文化理事会授予“爱因斯坦世界科学奖”奖状 、1996年获“何梁何利基金会”、1996 获“年度科学与技术进步奖”、2001年获中国中西医结合学会颁发的“中西医结合贡献”奖、1984年获国家人事部颁发的“中青年有突出贡献专家”证书等，

主编《中国医学百科全书·中医分卷·眼科分册》，著有《中西医结合手术治疗白内障》等多部专著。

46 童安荣

名人小传

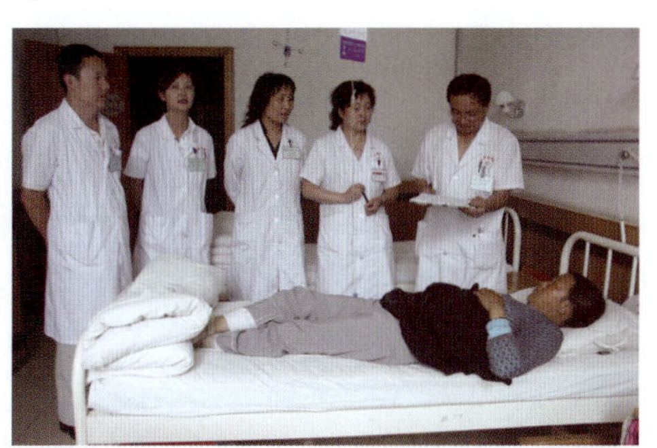

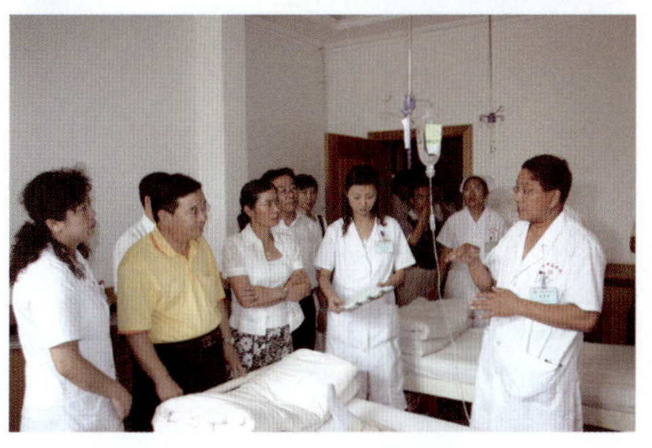

童安荣，男，1962年8月出生，医学硕士，中医主任医师，硕士研究生导师，国家中医药管理局授予的“全国优秀中医临床人才”，宁夏中医医院副院长，宁夏中医医院国家中医药管理局中医肾病重点专科主任、学科和学术带头人。

宁夏中医医院国家中医药管理局慢性肾衰中医升降理论及应用重点研究室主任，学术和学科带头人。宁夏国家级跨世纪学术与技术带头人。享受国务院和宁夏回族自治区人民政府特殊津贴专家。宁夏回族自治区50大庆表彰的“有突出贡献的专业技术人员”，宁夏卫生厅表彰的“优秀中青年专业技术人员”，宁夏“十佳卫生科研”先进个人。政协宁夏回族自治区委员会第八届、第九届委员会委员。中国农工民主党宁夏区委会委员、常委。全国中西医结合肾脏病专业委员会委员。中华中医药学会中医肾病分会委员、常委。世界中医药联合会内科肾病专业委员会常务理事。宁夏中西医结合学会副会长兼秘书长。

童安荣在任宁夏中医医院内科综合病房主任期间，在自治区中医医院的大力支持下，带领和团结内科医护人员夜以继日的工作，使内科综合病房得到快速发展。到2003年年底内科综合病房成为自治区中医医院社会效益和经济效益最好的科室，也为内科综合病房肾病学科组从内科分离奠定了基础。童安荣主任既是科室主任，也是学术带头人，他在医疗、教学、科研、人才培养及行政管理等方面做了大量而富有成效的工作。

在自治区卫生厅中医药管理局和自治区中医医院的大力支持下，2002年由童安荣领导和创建的肾病专科被国家中医药管理局批准为“十五”重点专病建设项目。在他的带领下，经过全科医护人员共同辛勤努力，宁夏中医医院肾病科得到快速发展、成为内科综合病房发展最快、中医特色突出、疗效较好的单病种。2004年9月肾病成功的从内科综合病房分离，成为一个独立的病区。童安荣兼肾病科主任，他总结特色医疗八项，引进推广适宜新技术十一项。发表专业学术论文34篇。几年来肾病专科门诊共诊治各类肾病9万余人，收治各类肾病2300余人。完成业务收入2500余万元。圆满地完成了国家中医药管理局重点专科建设各项任务。2006年11月国家中医药管理局专家组莅临医院，对肾病专科四年来的建设工作进行了全面检查、考核和验收，于2007年一月份正式下文，重点专科验收通过。2007年11月又列为国家中医药管理局“十一五”强化建设项目，给予50万建设经费继续进行强化建设和指导、监督、管理。童安荣主任又带领科室其他医护人员填写了重点专科申报表、制定了重点专科发展规划和实施方案。宁夏中医医院肾病专科从无到有，从小到大，由弱变强，到今天拥有两个门诊，一个病区，一个血液透析室，中医特色突出，在区内及周边省区已形成特定区域优势的国家中医药管理局重点专病科，童安荣既是行政主任也是学科带头人，从重点专科的疾病诊治、诊疗规范制定、学术科研发展和人才培养等方面做了大量的工作，成绩突出。通过中医肾病重点专科的建设，提升了宁夏中医医院在全区乃至周边省区的知名度，推动了医院的专科学术发展。

在自治区中医医院和国家中医药管理局中医肾病专科发展的基础上，在自治区卫生厅中医药管理局的支持下，制定、设计、申报了国家中医药管理局第一批重点研究室——宁夏中医医院国家中医药管理局慢性肾衰中医升降理论及应用重点研究室，国家中医药管理局给予启动建设经费100万元。

学术经验

其中中医风水的理论与临床研究科研课题，认为风水完全具备中医学病名特点要求，应将风水当作病名进行系统研究。因此，他采用传统研究方法，首次对风水病的命名、病因病机、临床表现和诊断、治则、方药，做了系统探讨。明确提出风水是特指现代医学所讲的肾源性水肿患者中：1、新近由外感引起，病程短者。2、水肿的同时伴有外感症状者。3、水肿的同时伴有肺系症状者。具备三项中的任意一项属风水。提出了风水当以“疏风宣肺，利水渗湿并重”。同时结合现代医学研究方法进行了临床病历观察，筛选出中医治疗急性肾小球肾炎的基础方。尤其是治疗肾炎血尿方。在现代医学治疗肾炎血尿尚无特效药物的情况下，可以此为基础，研制有较好疗效的中成药治疗之。以历史为线索，首次对中医肾病学中与风水相关的肾风、阴水、阳水、皮水、肺胀几个类似的但有本质差异的概念做了较为详尽的阐述。首次进行了风水病中医症状量化标准及疗效评定量化标准探讨，为中医学规范病名、规范症状及疗效评定标准进行了一次尝试。

中医药治疗慢性肾衰的理论、临床与实验研究科研课题：将中医学理论“浊阴出下窍”与“衰其大半而止"；中医药"治未病"思想和"五脏相关"理论，五行学说有机地结合运用于中医药治疗慢性肾衰的理论、临床与实验研究中，在国内中医内科肾病领域尚属首次。根据中医审证求因，辨证论治思想和临床实验观察，首次提出了慢性肾衰客观上存在肝郁脾肾两虚夹浊夹瘀证型；治疗上当以疏肝健脾补肾佐以活血泄浊法。经过临床反复验证、筛选形成了治疗新证型的药物——肾衰胶囊，开展了肾衰胶囊治疗慢性肾衰的临床研究，肾衰胶囊的制剂制备工艺、质量控制及急性毒理试验研究。为进一步新药开发研究奠定了基础。

两个科研课题形成的阶段性成果：滋肾止血胶囊、肾衰胶囊在我院的实用，对保持中医特色，方便患者，减轻患者的医药费负担都有一定的社会效益和经济效益。正在研究的科研课题两项自治区科技攻关项目——中西医结合防治慢性肾衰的干预研究；自治区自然基金项目——复方回药含片治疗慢性咽炎的临床研究正在按计划进行。

主要成果

承担和完成区、市、厅级科研课题五项，获得科研成果三项。其中中医风水的理论与临床研究——中医肾病科研课题，荣获1998年自治区科技进步三等奖，自治区卫生厅科技进步二等奖。中西医结合治疗中晚期胃癌的理论与临床研究，荣获2004年宁夏医学会科技三等奖。中医药治疗慢性肾衰的理论、临床与实验研究，荣获自治区科技进步三等奖。完成了自治区科技攻关项目:益气滋肾活血化浊佐以疏肝清心法治疗慢性肾衰气阴两虚夹浊夹瘀的临床研究。完成了自治区卫生厅科研课题：雷公藤多苷片治疗糖尿病肾病四期及中医药防治其毒副作用的临床研究。

在区内外省部级以上学术期刊公开发表专业学术论文22篇，其中国家自然科学核心期刊15篇。

47 王保平

名人小传

王保平，男，汉族，济宁医学院教授，1952年出生，山东省滕州人，1974年毕业于济宁医学院，曾在济宁医学院附院外科、心内科副主任工作。现任济宁老年血管病医院院长、山东心脑血管病医院院长，济宁医学院血液研究所所长，中国保健技术学会血液平衡中心主任，济宁市侨联副主席、中国致公党济宁市支部副主委，曾当选山东省十届人大代表。

2002年7月，王保平被评为"山东省归侨侨眷先进个人"、"山东省敬老模范个人"；2004年获得山东省维权"3.15个人荣誉奖章"；2005年被评选为"感动济宁十大慈善人物"。2009年被评为"孔孟之乡十大儒商"。美国、日本、欧州、印尼、新加坡、澳大利亚、新西兰、德国汉堡大学医学院、沙特利雅得市法郝德国王医院、意大利米兰、马里共和国卫生部长、韩国老人问题研究会等几十家国际医学组织邀请访问及要求合作。

学术经验

王保平院长是一位国内著名的创新型医学专家。1978年国内外首创"等高容血液稀释疗法治疗脑梗塞"成功并获省级成果奖；论文先后在《中华神经精神科杂志》（1990，23（2）：81），美国《CLINICAL HHEMORHOLOGY》（1988.8）等杂志发表。1983年国内首先提出"微循环、血流变理论治疗妊娠高血压症"临床获得成功，《中华妇产科杂志》发表论文，首创"三大论点"被全国妊高症协作组总结全文引用，并获全国优秀论文奖；1986年首创血液稀释回输疗法治疗脑出血成功；1987年研制成功"血液高氧量子治疗仪"获国家专利；1989年首创血液稀释综合疗法治疗冠心病成功并获奖；1991年首创血液稀释治疗糖尿病、脉管炎成功；1995年首创"血液平衡中药疗法"治疗心肌梗塞成功，并列入省科委重点课题；1995年预防心脑血管病课题已列入卫生部课题，新型"血液平衡治疗仪"98年获省级科技成果奖，并于2000年获国家专利。2003年，血液平衡中药胶囊获国家发明专利（专利号200310105678.8）。

1999年创新第六代"血液平衡疗法"，并由此创新提出平衡医学十大新思维、九大平衡章法、五大医疗原则等医学新思维。国家卫生部、山东省科委、山东省卫生厅、中国医学科学院、中国中医研究院多次组织专家鉴定了这一新疗法和医学新概念，评价极高。王保平教授应邀在香港科技大会堂、北京中国科技会堂、人民大会堂、中外友协大礼堂、北京国际会议中心、钓鱼台国宾馆举办过100多次专场演讲。受到海内外专家们的高度评价。

2005年、2006年、2007年12月，医院连续选入“中华人民共和国卫生部公报”《全国优秀医院》特刊。卫生部评价“血液平衡疗法实现了我国心脑血管疾病治疗革命性突破”。医院现“已成为国内开展大专科、小综合式特色专科医院的代表”。

2006年6月8日，王保平院长赴意大利参加“第四届世界和平与健康国际会议，作为中国医生团代表做了《动脉粥样硬化斑块消退——心脑血管病治疗的方向》专题发言，引起100多个国家代表的热切关注。

2006年11月22日至25日，由中国发明协会、科技日报、主办“中国发明家论坛”在北京人民大会堂召开。王保平院长做了《中国医学走向世界》精彩演讲。

2007年11月8日，王保平院长受中华医药特色疗法交流办公室的邀请参加会议，并作为中国医生代表团率先首开日发言。

2007年12月9日，王保平院长荣获中华医学会医学伦理学分会颁发的“中华人文医学奖”。

2007年12月13日，王保平院长受由卫生部医院管理研究所、北京协和医科大学陆莉娜教授的邀请，在协和医科大学举办“心脑血管病新进展，血液平衡医学研讨会”。来自清华大学、协和医科大学、中国医科院、卫生部干部培训中心、中国社科院专家们评价“是中国近代医学史上的重大创新”是可以申报诺贝尔奖的医学成果。

2008年1月5日，应《医学与哲学》杂志编委会特邀，院长王保平参加了北京大学医学院召开的“医学哲学研讨会”。

2008年3月22日，由中国协和医科大学、首都医科大学、卫生部中日友好医院七位专家应邀来院考察，体验“自血回输综合疗法”并与院长王保平同台在我院举行了一次别开生面的保健知识讲座。专家们的同台授课，赢得了500余名与会人员热烈欢迎。

2008年5月22日，在国家民政部、全国老龄办等有关部门及总政干部部老干部局、总后勤部卫生部保健局的支持指导下，中国老年学会、老年医学委员会在海南省海口市召开“全国老年健康管理高层论坛”，院长王保平受会长张立平特邀参加了本次论坛，并在会上作了精彩专题演讲。

2009年4月26日，王保平院长受国际交流大会主办方的邀请，作为中国中医学术代表团代表，参加了第47界在马来西亚吉隆坡举行的世界传统医学大会。大会第二天，中国团王保平院长领衔发言，“血液年轻，健康长寿一百岁”的主题演讲受到了一百多个国家近千位代表的热烈欢迎。

济宁老年血管病医院建院二十年来，王保平院长带领全院200多名员工，坚持走可持续发展之路，注重人才引进、人才培训与管理，不断发展创新技术，依托知名品牌——“血液平衡”这一国内领先技术，成功创办连锁品牌医院200多家。

主要成果

王保平教授二十年来共承担、完成了十多项省、部级及医学院下达的重要科研课题，先后获国内外奖励、国家专利100余项，国内外发表论文100多篇，合作著书12部，其中2部列入医学院校研究生教材。

48 王　贵

名人小传

王贵，男，中医主任医师，1960年生，陕西省扶风县西渠村人。一九八五年退伍以来，一直立足本土，办一所中医诊疗所。努力继承中医药文化遗产，发扬中医特色，挖掘和研究太白山生草药，开发和利用三秦大地，渭河两岸及黄土高塬上的道地药材。以中医理论体系为指导，灵活运用四诊八纲，辨证施治的原则。本着“简单效验，方便价廉　，快捷迅速，花小钱治大病”的精神。治愈了内科，妇科多种疑难杂症及危重病症。充分发挥华夏中医学针灸，拔罐的优良特色，针药并用，医术通达。自创头针运动疗法独具一格，挽救了无数例心脑血管病后遗症偏废之躯。治疗颈腰椎病，用中药加独道的推拿按摩术，常出奇效。善用中西医结合之法，迅速治愈常见病和多发病。对中老年性疾病防治较高的造诣。

学术经验

自拟的“胃肠炎胶囊”在临床上对慢性消化道疾病有较好的治疗效果。自创的“规经散”，使女士长期不调的月经能很快恢复的有规有律。研制的“化积散”能迅速改善儿童的疳积症和消化不良。“复方五虫丸”的研制、发明能迅速抑制、改善、缓解类风湿病所致的关节疼痛、肿胀、变型，并对活动性风湿病有很好的疗效。“芍药汤”与“白头翁汤”化裁应用，挽救了数十例危重痢疾病患者的生命。“复方阑尾炎合剂”的大胆创用，使阑尾炎患者免除了开刀破腹的痛苦。“六味汤”的精妙加减，能使形将就木的老人焕发青春。“参附汤”和“六味汤”的化裁应用，可使多脏器功能衰竭的老年患者起死回生。一剂“四妙汤”使一例被权威医院专家会诊判为“死刑”的肺脓疡患者转危为安，感动得患者子女、亲戚、朋友敲锣打鼓送来了“起死回生，华佗再世”的大匾。

主要成果

“老实行医，真诚待人。勤求古训， 深钻医理。博采众方，精当用药。保障第一，大胆使方。一心治病，不图名利。”是王贵的自立格言。王贵中医诊所开办以来，数十年如一日，一直坚持对80岁以上的老寿星免收诊断费，处方费；对残疾人免收半费或免收全费；对孤儿寡老免收一切费用，对特困病友施行免费检查，半费供药。王贵行医济世，医艺精湛，医德高尚，患者有口皆碑。二十多平方米的门诊室墙壁上挂满了疑难病患者赠送的各式各样的匾牌、旌旗。2007年11月出席在西安召开的“第二届全国中医药特效疗法学术交流会”，被授予“特色医疗名医”牌匾；《针刺迅速治愈急性腰扭伤》论文，获2007年中医特效疗法学术贡献奖；并被授予“百佳名医”称号；获“中华特技名医”奖章；2008年参编出版巨著《中国医学创新发展》一书，同年获全国著名特色医疗专家鉴定委员会颁发的《中华医学临床研究专科专家证书》，临床暇隙，著有《新编药性歌诀》、《王贵医案实录》、《用药心得》、《悬壶心悟》、《王贵诗集》等书。撰写数十篇医学论文。对国家，对民族充满热爱和关怀。诊务之余，于和讯博客“爱文学的医生”网页，发表百余首诗词。呼唤人性，呼唤正义、呼唤道德、宣扬正气、呵斥邪恶，为构建和谐、健康的社会争创良好氛围；宣传中医药文化知识；为中华民族的繁荣、昌盛，奉献自己的赤诚之心。

医学感悟

医不在吹，精诚则神；药不在多，中病则灵。生命成可贵，医生责更高。斯行医者，探索生命真谛，维护人类健康。他（她）人以生命相托，吾岂能儿嬉处之？！熟药性而舞方头，操仁术以救人危。小方出奇，大方制胜；生命至上，患者为急，病家为想，不计个人得失，开拓生命绿园。对病友不论高低贵贱，一视同仁，先重后轻，精心诊疗，不图名利。杏林飘芬芳，丹溪水欢笑，河间草萋萋。针灸除顽疾，火罐祛风寒，输液救燃眉，辨证求本源，推拿驱病痛，按摩于人文，医患一家人，携手抗病魔。中西医结合，创新发展，歧黄必辉煌！

49 王晋平

名人小传

王晋平（1955年）经插队及招工后，1977年考入兰医医疗系，五年连获院系“三好学生”表彰并获院“优秀团员标兵”称号，任团支部书记兼院、系团委委员，所在支部两获“优秀团支部”表彰。1982年以优秀成绩毕业。志愿到老少边少数民族地区工作，在舟曲县医院及甘南州医院卫校工作五年并在兰医二院内科急诊科进修一年，婉拒老师们的挽留与调令，坚持回基层工作。1987年考入兰医硕研班心内科专业，获医学硕士学位，毕业后分配到甘肃省中医医院工作。1992年协助创建老年病研究所（任副主任兼党支部专职副书记）；1994年破格晋升内科副主任医师。1995年重建心脑科（任主任兼党支部书记）并率领科室顺利通过“三甲”医院重点科室评审。1996年创建胸内科（心内与呼吸）（任主任）并于当年获“先进科室”称号。1998年创建胸内风湿科。兼任甘肃省中医职称中评会委

疗中枢及周围神经疾病的科研，为课题主要负责人。四十多年以来，长期在医疗、科研第一线工作，为我国内外患者服务。2005年到现在在中东阿联酋迪拜中国中草药中心，上海诊所工作，为弘扬中国中医药，为世界人民健康事业服务，得到中东、欧美及世界各国病人的接受与赞赏。

学术经验

关于经络的循行路线与周围神经的关系，许多经络的循行路线，尤其是对肘关节以下的行程与一根或几根神经主干及其主要分支的走向几乎一致，如手太阴肺经与前臂外侧及神经及神经肌N的走向几乎于一致，手少阴心经与前臂内侧皮N尺N的走向几乎于一致，其他经的循行相辅相成。神经——经络疗法是神经-经络有机配合。

关于经络与脊髓功能关系，V.WLANG（1968）认为，针刺穴位时所产生的循经感觉传导是在脊髓内进行的。本疗法的注射点多是N根，干、敏感点及经络点，就是通过脊髓通道传入中枢，又从中枢传到传到病所而引起治疗作用的，这就是神经——经络疗法的总纲。

神经——经络疗法在临床应用时，常按9种方案实施，先取督脉经穴，亦即脊髓N后支，目的疏通督脉，通调诸阳，补脑益髓，兴阳气通畅则能营养四末；二取华佗夹脊（乃属脊后支分布区）目的是补益督脉之根蒂，通调脏腑之气血，逐淤化滞，以利下行；三取足太阳膀胱经之背部脏腑俞穴（亦为脊N后支分布区），目的调节在外的脏腑 经络之精气输转于内，促使脏腑应有的功能输转于外，气营气血强健五脏，贯通濡养下肢；四取足阳明胃经及任脉，（为脊神经前分布区）目的补先天之真元，调后 天生化之本，五取足阳明胃经（亦为脊N后支配区）目的健脾和胃，运化精微，调补气血，营养荣筋，壮骨健步；六取足少阳胆经，以疏导少阴调和气血，通关节；七取三阴经，以滋阴养血，荣筋壮骨，补肾柔肝，健脾通络；八取手三阴，以调活血，养血安神，强筋壮骨；九取手足十二针，以通经活络，调和营卫，益气养血为 整体观念之法则。这一疗法的特点是：一注射点多是神经根、干、敏感点和经络点之穴位；二传导远，多直达病所和沿传入通路向中枢传导；疗效快，效果可靠，远 期疗效好；四可获生理或解剖性功能恢复；五可促使细胞再生（含神经细胞），神经重组；六增强组织细胞的代谢，促使变性或萎缩的细胞（含神经细胞的复原或复活）；七增强脑皮层细胞和脊髓细胞的代谢，增强中枢的调节功能，和体液调节功能。

1、神经——经络疗法采用的药物系通过广泛的筛选最后而定的“8011”经络注射液，处方及工艺流程均系自行设计，每毫升含干品30毫克，祖国医学记载，其有芳香开窍，回苏醒脑，镇心安神，活血散结，镇痉通痹。开经络，通肌骨，消肿止痛，能化阳通腠里，能引药透达之功能。主治：中风昏迷，热病神昏，小儿惊风惊厥，跌打损伤，无名肿毒，症瘕积聚，痹痛，是回苏要药。通过动物试验研究表明：本品能通过血脑屏障，直接作用于中枢神经系统，持久的增强所有的脑皮层，特别是智区脑皮层的脑电活动，揭示本品有促使脑细胞的物质代谢，增强脑机能的作用。本品的中枢神经兴奋作用与西药的中枢神经兴奋药不同，本品能使中枢神经系统维持在兴奋与抑制的双向平衡状态。有抗脑缺血，缺氧，抗脑水肿及改善微循环的作用，动物试验表明：其有提高动物常压耐缺氧的能力，还能显著延长动物呼吸停止后脑电活动消失的时间，有极显著的延缓小白鼠的一氧化碳中毒的死亡作用，能直接增强中枢神经系统对缺氧的耐受性，还能明显对抗脑水肿。病理和组织化学研究表明，其能显著缩小水肿区，移行带，使琥珀酸脱氢酶活性增加，酸性磷 酸酶活性增加，从而有利于三级循环进行和膜结构的稳定。超微结构研究发现，其能显著减轻毛细血管和星型胶质细胞及其突起为主的脑水肿，减轻神经细胞的损害，还能显著改善加固软脑膜急性微循环障碍，使血流加速，流态变化及细胞聚集程度得到不同程度的改善。其有增强心脏的收缩幅度，增加心排出量而不增加心率，增加冠脉流量，改善心肌营养，降低心脏耗氧量，改善微循环，抗休克，降低高血压的作用，动物试验证明，

有数倍增加离体蛙肌电的作用，使失神经支配组织恢复N支配和恢复功能。有显著的消炎作用，良好的止痛作用，有增强性功能作用和抗衰老作用，能改变儿茶酚胺的肾上腺能作用。我们认为其具有一种亲和神经使中枢神经细胞的物质代谢和新陈代谢，从而促使和维护中枢N系统的调节机能，使人身达到一个新平衡状态。

治疗方法

按三个阶段，四个原则，九种方案施行。

三个阶段：神经恢复阶段；矫形阶段；功能调整阶段；一般进行前后两个阶段（无畸形者）。

四个原则：以上带下，以好带坏，以近端带远心端，以经络点带神经点。

九种方案：第一方案一取督脉：百会、风府、大椎、陶道、神道、身拄、至阳、筋缩、脊中、悬枢、命门、腰阳关、腰俞、长强。

方法：每次取两个穴位，从推间隙进针，深度：颈椎2-3CM，胸椎3-4CM，腰椎4-5CM，得气后注入。

第二方案：取华佗夹脊穴，每次取2-4穴，得气后注入。

第三方案：取足太阳膀胱背部穴位：肺俞、心俞、膈俞、肝俞、脾俞、肾俞、大肠俞、环跳、每次取2-4CM，得气后注入。

第四方案：取足阳明胃经及任脉：中脘、巨阙、下脘、气海、关元、中枢、章门、天柱、水道。每次取2-4穴，得气后注入。

第五方案：取足阳明胃经：气街、脾关、迈步、伏兔、犊鼻、三阴交、足三里、上巨虚、下巨虚、解络、内庭、每次取2-4穴，得气后注入配合第一方案。

第六方案取适少阳胆经：风市、阳陵泉，光明、悬钟、足临泣。

第七方案：取三阴经：气冲、阴陵泉、阴廉期门、三阴交、照海、大冲。

第八方案：取手三阴经：侠白、尺泽、神门、大陵、间使、通里。

第九方案：取手足十一针：内关双、合谷双、阳陵泉双、足三里双、三阴交双。

用法用量：穴位神经点注射，每次2-4次、神经点、敏感点、运动点。第一周每天一次，一周后隔天一次（也可每天一次），21次为一疗程。视病情轻重和病程长短定疗程，只有有效，可有至痊愈或症状消失。每个疗程可隔间一周。

反应：注射其可有酸胀感，有时象触电样沿经络感传，约30分钟减轻或消失，这是良性反应。有时注射点在咽、鼻可闻到一股异香，这是病情有效迹象。

本制剂是中药制剂。对血象、肝功能、心功能均无损害，用药后精神好，睡眠佳，胃口佳。大小便正常。

典型病例

黄**，女，59岁，家属，广西宾阳人，住院号2241，住院日期1987年10月27日。患者予1987年8月18日晨起时自觉左偏身，左下肢无力，不能拿东 西，不能下床行走，言语不清，口角歪斜，在当地，服中西药等治疗五天，病情逐渐加重而送来邕治疗，在某医院抢救，经腰穿检查，脑积液透明，压力正常，经用低右，降压，补充血容量等治疗一个月，病情稳定，而于1987年10月23日转来我院，来院时患者表情呆滞，呼之不应，瘫痪在床，尿浸衣裤，既往有高血压病史，病前半年，既往有数次瞬间昏倒，及左偏盲史，入院检查：bp146/96MMHG，(服降压药后)神志尚清，失语，呼之不应，口角右偏，左鼻唇沟变浅，瞳孔等大等圆，对光反射存在，全身肌肤及巩膜无黄染，扁桃体不大，咽不红，淋巴不大，颈稍抵抗，气管居中，HR86次/分，律整，心音，第二音稍亢进，R20次/分，两肺未闻及干湿性罗音，腹平软，肝脾未及，肠鸣音存在。左侧肢体偏瘫，左上肢肌力零级，下肢0-1级，肌张力下降，未见肌纤震颤及明显肌萎缩，握力0级，对抗施力0级，左侧偏身浅感觉减退，腹 壁反射消失，左掌颌试验阳性，左侧反射亢进，霍夫曼氏征阳性，戈登氏征阳性，自汗，小便失禁，眼底2度动脉硬化，血常规：HB11.5%G，RBC400万个/立方毫米，WBC1万个/立方毫米，中性74%，淋巴26%，全血粘度比值8.7，纤维蛋白原0.365%，红细胞厚积58%，AKP5.5金氏单位，肝功能GPT120，余（-）。血糖100MG%，肌电图正常，脑血流图一脑动脉硬化，心电图—窦性心率。

诊断：脑血栓形成。治疗经过：入院后用 8011A注射液依法施治，每天一次，选取第一组穴位，三天后，患者神志清，问之能答，小便已能控制，能扶床坐起，一周后，即能下床，夜间自己蹲厕大小便，二周后即能下床走300米，神志清，口角已正，对答自如。第四周后观察，患者精神好，言语正常，手能握物，自己盛饭进食穿衣，足能步履，往返五公里以 上，第五周检查：左上肢肌力5级、肌力、运动感觉、生理反射均恢复，病理反射消失，脑血流图检查：脑血管弹性减退。波幅差7.15，肝功能GPT（-）全血粘度比值5.2。生活基本能自理，拟临床痊愈出院。

主要成果

创立神经——经络疗法。

主持神经——经络疗法治疗中枢及周围神经疾病的科研，为课题主要负责人。

发表《神经经络疗法在临床上的应用》、《神经经络疗法结合手法治疗椎间盘突出症40例》等多篇学术论文。

54 吴光荣

名人小传

吴光荣，男，现年56岁，主任中医师、公共营养师。1968年进贤第一中学毕业，1969年-1970年在“五七”干校人医专业毕业，毕业后分派到江西南昌进贤下埠卫生所担任医疗、预防工作，1982年-1984年在江西波阳中西医专科学校学习，1986年-1987年在江西中医学院中医临床专业脱产研修，1987年5月取得中医执业医师资格，经批准设立吴光荣中医内外科诊所。1988年先后在江西进贤人民医院、江西医学院第一附属医院、原江西省皮肤医院研修坐诊。现任职江西省南昌市进贤下埠前东社区医院（吴光荣诊所）。兼任中国中医药发展论坛理事会员、中国国际医师协会终身主任中医师，入选全国特色名医人才数据查询中心档案库。2008年应邀出席了第三届中医药发展论坛、第四届中国医院院长大会。

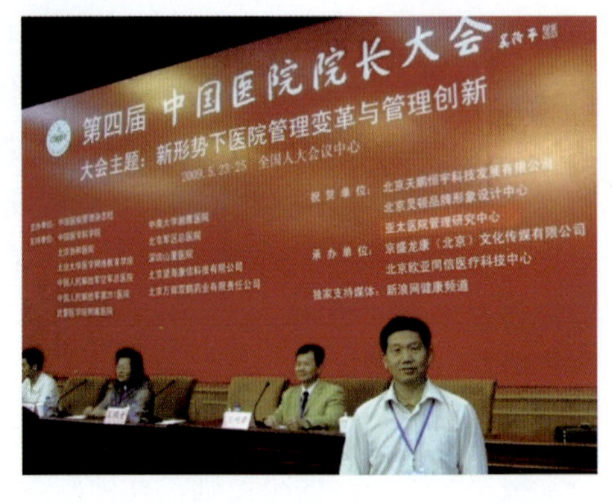

学术经验

吴光荣医师30多年兢业于一线从事医疗卫生工作，临床经验十分丰富，以现代中西医理论为基础，潜心钻研中医传统理论，治学严谨，勤勉整理求证验方、古方，从药物采集、炮制到方药组合配伍、临床治疗，悉心求证，对比中西医疗法疗效，以自己30多年的临证心得总结形成一套自成体系的临证理论和一批科研成果，为广大患者解除了许多疑难杂症病痛，深得患者信赖和好评。

治疗专长：中医内外科，各种疑难皮肤病、顽固疱疹、褥疮、皮肤溃烂及久治不愈的内伤、坐骨神经痛、老胃病等。

主要成果

在治疗顽固性疱疹、褥疮等皮肤疑难疾症方面，总结出特色疗法，取得三项创新成果：

1、褥疮特效药系列：包括清疮洗液、甲字提毒粉、吸疮粉、生肌散、碧合素共5项中药秘制配方，采用独特中医药熏+外敷+内服组合疗法，自成一体。研究成果撰写为《对疑似异质性耐万古霉素葡萄球菌褥疮治验》，获第三届中医药论坛论文成果交流创新奖，对被号称“生命最后关卡”万古霉素都束手无策的疑似异质性耐万古霉素葡萄球菌褥疮治验，见效十分明显，有望成为全球医学领域重大突破！

2、玄黄软膏：采用中草药配制的特效药膏，对治疗顽固性菌癣类疗效十分明显，获中医自主创新专利技术。

3、红消安药剂：采用中草药配制的水剂，对治疗各类湿疹、皮炎具有明显效果，具备中医自主创新专利技术。

55 吴咸中

名人小传

吴咸中，男，满族，1925年8月出生，天津医科大学、天津市南开医院主任医师、教授，中国工程院院士，1951年起即用中医药治疗常见病症，全国老中医药专家学术经验继承工作指导老师。国际外科学会会员、世界卫生组织传统医学专家咨询组成员、国务院学位委员会学科评议组成员、中华医学会副会长、天津医学会会长、中国中西医结合学会名誉会长、天津市科学技术协会副主席美国克里夫兰医学中心客座教授。

1948年毕业于沈阳医学院，1959年参加天津中医学院西医离职学习中医学习班，1961年结业获卫生部颁发的金质奖章。

六十年代初期以来，专攻中西医结合外科，是我国中西医结合领域开拓者之一，创建了中西医结合医院和中西医结合急腹症研究所。1964-1977年任南开医院院长，1978-1994任天津医学院副院长、院长、名誉院长。1996年当选为中国工程院院士。

学术经验

吴咸中教授科学地运用中西医两法之长，确立了中西医结合治疗急腹症的临床地位，在中西医结合治疗急腹症的理论体系方面进行了系统的探索，取得了显著的成绩。

主要成果

在国内外发表学术论文100余篇，主编和参加编写的专著18部。他主编的《新急腹症学》，《腹部外科实践》等专著，是该学科领域的权威著作。他的研究成果曾十多次获国家卫生部、国家中医药管理局、天津市科技成果奖。吴咸中教授曾多次赴日本，美国、意大利、法国、德国、前苏联、巴基斯坦等国讲学访问，为全国培养了数百名中西医结合骨干，培养博士19名，硕士20余名和10名国外进修生。他品德高尚，治学严谨，是我国优秀的普外专家和杰出的中西医结合专家，曾6次被评为天津市劳动模范和特等劳动模范。

56 吴鑫亨

名人小传

吴鑫亨（盲人），籍贯山东淄博，生于1952年，1975年毕业于淄博盲校并参加工作，1980年被枣庄市民政局聘请创建枣庄市按摩医院并任院长，1997年任枣庄市残联副理事长，2003年任枣庄市第七届政协委员，2004年任枣庄市残联调研员，2005年任枣庄市第七届政协常委，2006年任枣庄市第七届政协社会法制委副主任，2007年晋升主任医师。自参加工作35年来，他几十年如一日，坚持文明行医，至真至诚为病人热心服务；坚持科学管理，千方百计使医院发展壮大；坚持倾情奉献，一腔热血促进枣庄市残疾人事业实现了跨越式发展，做出了无愧于党、无愧于人民、无愧于时代的贡献。

三十多年来，吴鑫亨同志把忠心献给了国家，把爱心献给了社会，把热心献给了病人，把真诚和智慧献给了残疾人事业，党和人民为此也给予了他很高荣誉。2003年，吴鑫亨光荣地出席了第三次全国自强模范暨扶残助残先进集体和个人表彰大会，被授予“全国自强模范”光荣称号。2009年，中国盲人按摩学会和中国推拿按摩学会于6月25-28日在北京联合举办了中国百强推拿按摩师大赛，吴鑫亨与近千名选手进行激烈角逐，最终荣获“全国十佳精英奖”榜首的殊荣。他还被评为“山东省民政系统先进工作者”，多次被枣庄市委、市政府记功。曾当选为第四届枣庄市市中区人大代表，枣庄市残联第一、二、三、四、五届主席团副主席，山东省残联第一、二、三、四、五届代表大会代表及主席

合，不断探索的实践历程。

3、代表性论文

（1）络病理论体系构建及其学科价值.前沿科学，2007，2：40－46

（2）“脉络－血管系统”相关性探讨.中医杂志，2007，48（1）：5－8

（3）气络－NEI网络相关性探析. 中医杂志，2005，46（10）：723-725

（4）中医络病学说与三维立体网络系统. 中医杂志，2003，44（6）：48-50

（5）从络病学说论治冠心病心绞痛. 中国中医基础医学杂志，2001，7（4）：71－74

（6）从奇经论治运动神经元病探讨. 中医杂志，2001，42（6）：325-328

（7）通络干预血管病变的整合调节机制——承制调平.中华中医药杂志，2007，22（10）：661－665

（8）“脉络－血管系统病”辨证诊断标准.2007，48（11）：1027－1032

医学感悟

两千年中医药发展历程体现其自身发展规律：以学术发展为主线、理论与临床相结合、医学与药学不可分、开放兼收促进发展，学术理论发展带动了中医药发展。19世纪西学东渐，还原论进入中国，对传统中医药文化带来了挑战。遵循中医药学科发展规律，重视中医整体思维下的还原思维研究，实现现代科技条件下的理论-临床-药物的高层次结合，是21世纪中医药学科发展的重要途径。络病理论研究体现了现代科学技术条件下理论-临床-药物三位一体学科规律，不仅充分显示了中医药学不可置疑的科学价值，也显示了络病理论独特的临床应用价值。

58 谢景龙

名人小传

河北省新乐骨髓炎医院创始人、院长、主任医师谢景龙是一位自学成才的优秀医药专家。他先后七次摘得省部级科技进步奖，曾当选为第八届全国人大代表，五一劳动奖章获得者，享受政府特殊津贴，河北省有突出贡献中青年专家，省部级优秀知识分子，省管优秀专家，白求恩式大夫等十余个荣誉称号，成为医学殿堂的骄子，被人誉为根植于冀中农村的一代名医。

谢景龙时刻不忘自己是一名共产党员，廉洁行医几十年，把一颗火热之心交给成千上万的患者和医疗事业，他只求奉献，不求索取，为贫困患者减免医药费，使多少患者绝处逢生，重新踏上生活的路途。

1993年6月，谢景龙根据上级指示，将河北省新乐骨髓炎医院与新乐市中医院分设，分设后的河北省新乐骨髓炎医院在谢景龙的带领下，不等不靠，不花国家一分钱，实行自主经营，自负盈亏，首创了新乐市第一家股份制医院。5年的艰难历程，到1998年医院有固定资产424万元，占地面积5569.74平方米，连年被石家庄市卫生局、新乐市卫生局评为先进单位，成为石家庄市著名中医专科，河北省中医骨髓炎治疗中心。

学术经验

1976年，唐山、丰南一带发生强烈地震，谢景龙参加了救灾医疗队。丰南县大新庄工委武装部长王振交，右胫腓骨粉碎性骨折，伤口化脓，日趋恶化，形成了骨髓炎。当时在场的广西、河北、石家庄市三支医疗队，集体会诊决定，为抢救患者的生命，只有截肢。王振交哭着说，我才39岁，如果截肢，将使我终身残废。谢景龙被刺痛了心，他果断地收治了王振交，突破了不准扩大伤口，不准动骨，不准深挖的禁令，制定了周密的方案，速将死骨刮去，敷上自制的“复方黄柏液”，辨证治疗50天，患者不但没有截肢，而且奇迹般的痊愈了。

谢景龙潜心研究，他忘记了时间，忘记了家，忘记了妻子儿女，全身心投入到书本和临床研究。他超乎常人的付出，迎来了累累硕果，经他治疗的骨髓炎患者来自全国各地31个省、市、自治区（包括台湾省在内），还有跨国界的患者，其有效率99%，治愈率95.3%，无一例截肢，死骨溶解变活骨达骨质复原期比国家标准疗程缩短一倍，疗效水平领先于国内外。

主要成果

《中医药治疗慢性化脓性骨髓炎》的科研课题获国家中医药管理局科技进步二等奖、河北省科技进步四等奖、中国中医药博览会神农杯银奖。《结核灵液插管冲洗为主治疗骨结核窦道的研究》、《硬化性骨髓炎并窦道的中医治疗》等科技领域取得了突破，分别获河北省科技进步三等奖，石家庄市科技进步一、二等奖。治疗骨髓炎的新型外用中药制剂“复方黄柏液”是“国内首创的新型外用中药制剂”，属国内领先水平。复方黄柏液以弥补中医外科临床用药的不足，改变了传统中药外用剂型，是现行外用药的换代产品，“九五”期间国家中医药管理局首批推出重点科研成果推广项目。获取国家专利证书，国际专利。

59 谢忠伟

名人小传

谢忠伟，男，1947年9月出生。1963年入伍，中共党员。传统医学会常务理事，中传委第五届全国委员，香港国际传统医学研究会理事长，中国生物物理学会会员，中国残疾人福利基金会康复协会会员，中国知名专科医院特邀顾问，新疆中西医结合学会神经精神专业委员会委员，新疆中医学会第五届理事，中国康复医学会新疆分会第三届理事，中华名医协会理事，世界教科文卫组织专家成员。2005年10月补中国人才研究会骨伤人才分会、全国高等中医院校骨伤教育研究会、世界骨伤专家协会授予“当代中国骨伤名医”称号。现任乌鲁木齐五星截瘫医院院长。其事迹被收录入新疆维吾尔自治区成立四十周年《走向辉煌》、《世界名人录》、《中国知名专科医院》、《应用生物力学》、《世界传统医药研究》、等刊物。2006年被评为“中华人民共和国有突出贡献的专家”，2007年被评为“中国国际权威专家”，2008年5月31日“健康中国—全国中医药文化建设高层研讨会暨中华医学最具创新成果颁奖典礼”在全国政协礼堂隆重举行，谢忠伟同志作为贵宾代表光荣出席了本次盛会，并荣获“杏林奇葩”荣誉勋章、“大医精诚”荣誉牌匾、“疑难杂症探索杯”、“中华医学最具创新成果”荣誉证书。2009年5月1日获“五一时代英模”称号。

学术经验

1984年以来，在治疗疑难杂症，特别是外伤性截瘫方面，取得了突破性进展，方法独特、疗效显著使数百名截竣患者重新站立起来。在治疗截瘫方面于1986年获军队级科技进步四等奖；1997年获粤、港发明一等奖；1998年荣获美国第二届“爱迪生”世界发明博览会国际最高金奖，特授予“对人类贡献”荣誉称号；1998年5月获得美国洛杉矶第四届世界传统医学大会优秀成果奖；1998年获第十一届全国发明博览会银牌奖；1998年荣获新疆科技成果金杯奖；1998年10月荣获香港国际中医药及中西医结合学术交流大会、98紫荆花医学金奖；1999年1月荣获加拿大欧亚传统医学新进展学术金奖；1995年5月荣获瑞士日内瓦27届世界发明博览会银牌奖；1999年底荣获（20世纪杰出医家）金奖。

主要成果

潜心研制的截竣灵胶囊已获准国家专利，专利号为，97100284.3，治疗外伤性高、中、低位截瘫，脊髓炎，脑血管病后遗症，强直性脊柱炎，骨质增生等。被列为中国中医药学会临床应用推广项目。多次立功受奖、提前晋职晋级。并被新疆军区评为民族团结先进个人，应邀参加北京2000年中华民族大团结各界代表座谈会。2001年香港国际中医药传统医学新产品金奖；2002年4月6日被人民日报市场住处中心授予以“中华优秀发明者”荣誉称号；2003年中国医药卫生发展战略高层论坛获得年度特殊贡献奖；2009年21世纪国际知名医家“金鹰才华奖”。中央电视台、中央人民广播电台、人民日报（海外版）、中国企业报、新疆人民广播电台、新疆电视台、新疆日报、老年康乐报、中国医药住处报、乌鲁木齐晚报、亚洲中心时报、澳门大众报、香港医药报等约40多家国、省、市级报刊、杂志多次报道本人的突出成绩。

60 徐景藩

名人小传

徐景藩，男，生于1927年12月，江苏省吴江市人。江苏省中医院主任中医师，南京中医药大学教授。

出身中医世家，13岁从师学医，1947年行医。1957年毕业于北京医学院中医研究班。历任江苏省中医院院长、专家委员会成员，江苏省中医药研究所所长。曾任中华全国中医学会理事、内科脾胃病学组副组长、专业委员会顾问，江苏省中医医学会理事、副会长，江苏省委"333"工程选培专家组成员，江苏省药品审评委员兼中医药组组长，江苏省卫技高级职称审评委员会委员、主任委员，南京市中医学会副会长，《中医杂志》特约编审，《江苏中医药杂志》常务编委，《南京中医药大学学报》编委等职。

1992年享受国务院特殊津贴，1993年被评为江苏省中医系统先进工作者，1995年获全国卫生系统先进工作者称号，1996年获全国白求恩奖章。

学术经验

从事中医临床教学40余年，擅长脾胃病的诊疗工作。对食管病主张调升降、宣通、润养，创"藕粉糊剂方"卧位服药法。创"连脂清肠汤"内服和"菖榆煎"保留灌肠法。创"残胃饮"治疗残胃炎症。

主要成果

1958年参与创建内科教研组，兼中医内科课堂、临床教学。培养硕士研究生10名。他发表的30篇学术论文中，绝大部分为脾胃病专业性论文。著有《脾胃病诊疗经验集》等2部。参加编写《中医内科学》、《现代中医内科学》等4种教材。有4项科研成果分别获国家中医药管理局、江苏省中医药管理局、江苏省卫生厅科技进步一、二等奖和甲级奖。

61 严仲新

名人小传

严仲新，男，现年70岁，1964年于南京中医学院毕业，现任江苏中医学会、针灸学会常务理事，针灸急诊委员会常务委员；无锡市中医学会、针灸学会常务理事。无锡丽新医院、无锡市丽新康复医院院长。国际国内很有名望的老中医，是主治股骨头、腰椎、心脑血管的专家和针灸方面的专家。他一生悬壶济世，医治无数疑难杂症。

学术经验

在几十年临床工作中独创出一套治疗方法："中医综合疗法"，得到病员和社会的广泛认可。"中医综合疗法"的内容是中药外敷、内服、中医针灸、推拿、整脊、理疗、中医药膳和中医养生保健等。对同一种病采用上述的三种以上方法，同时施治的一种治疗方法。在诊断和治疗过程中，以人的生命整体论为指导思想，以人体的气血动态论为诊断原则，以现代三元结构论为诊疗依据，以中医综合疗法为治疗方法，并结合现代影像学、实验室、化验室的现代检测学作为诊断、治疗、治愈过程的参考依据。

"中医综合疗法"对治疗骨关节病有奇效。对颈椎炎症、骨增和椎间盘突出症及其并发症：头晕、头眩、肩周炎、上肢指端麻木等；对腰椎炎症、骨增、间突症及其并发症：坐骨神经痛、髋关节炎、股骨头坏死，膝关节炎、下肢一侧肌肉萎缩等症。百分之九十以上都能治愈、其余的百分之十也有效显著疗效。对胸椎炎症、肥大症、脊柱强直症的初期、中期病人，都能治愈，对晚期的脊柱强直症病人，近年已有突破性进展：部分的颈椎、胸椎、腰椎能复活！对全身性的关节病如类风湿性关节炎、风湿性关节炎、游走性关节炎、痛风和混合型关节炎都能及时控制病情和康复：强直的关节能活动、受损的关节能好转。

在近10年中，应用“中医综合疗法”治疗内科疾病，尤其是老年性疾病也有突破性进展，治疗效果显著；对治疗已手术和未手术的中晚期癌症，也有意想不到的疗效。“中医综合疗法”有效地解决了西医药无法解决的很多疑难杂症。

主要成果

主要学术论文和获奖情况：

1、《推拿治疗糖尿病》（1992年《江苏中医》12期）

2、《中医综合疗法治疗腰椎间盘突出症》（2004年《中华医学》增刊）（2007年《江苏中医药》3期内服外敷节选）

3、《中医综合疗法治疗脊柱强直病——针灸法》（2007年无锡市科协论文三等奖。）

4、《中医综合疗法治疗颈椎病》（2006年无锡市科协论文三等奖。）

5、《中医综合疗法治疗类风炎》《中医综合疗法治疗风湿性关节病》《中医综合疗法治疗脊椎强直病》等在国际、全国、全省、苏南地区等学术会议上发言、收入会议论文集。

 62 颜德馨

名人小传

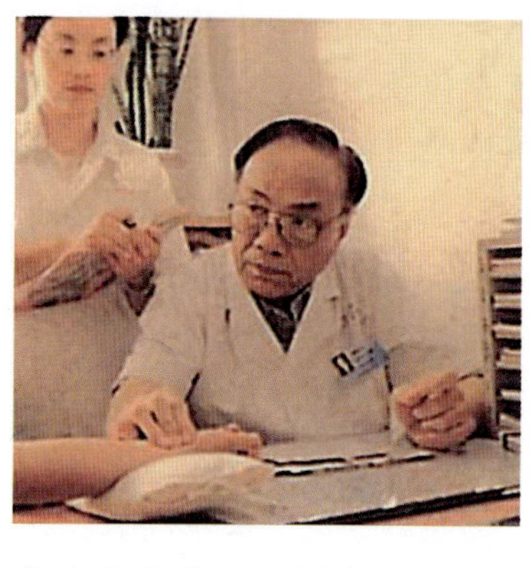

颜德馨，男，汉族，1920年11月出生，同济大学附属第十人民医院主任医师，1939年8月起从事中医临床工作，为全国老中医药专家学术经验继承工作指导老师、上海市名中医，国家级非物质文化遗产传统医药项目代表性传承人。

颜老系先贤亚圣颜渊之后裔。自幼从父江南名中医颜亦鲁学医，复入上海中国医学院深造，毕业后悬壶于沪上，屡起沉疴，不坠家声。曾任中国中医药学会理事、国家中医药管理局科技进步奖评审委员会委员、铁道部专家委员会委员、评委，中医专业组组长。上海铁道大学医学院研究室主任，上海铁道中心医院主任医师，上海市中医药工作咨询委员会顾问，上海市医学领先专业专家委员会委员。上海中医药大学、上海市中医药研究院专家委员会委员，上海中医药大学客座教授、成都中医药大学名誉教授、上海师范大学客座教授、长春中医学院客座教授、美国中国医学研究院学术顾问。台湾中医针灸学会、中国医药研究会学术顾问等职。

学术经验

颜老在六十年行医生涯中，上下求索，勇探未知，不断创新，善于总结经验，勤于著书立说。60年代以来，从事“衡法”治则的研究。他根据《黄帝内经》“人之所有者，血与气耳”之说，认为气血是人体脏腑、经络、九窍等一切组织器官进行生理活动的物质基础。提出“气为百病之长，血为百病之胎”，“久病必有瘀，怪病必有瘀”的学术观点及调气活血为主的“衡法”治则，在中医治则学研究中，开辟了新的天地，是理论上的一个重大突破。这一法则在八十年代应用于延缓衰老，从事“瘀血与衰老”的科学研究。《人民日报》曾刊出“人体衰老上海有新说”的报导。

颜老不仅中医理论上有创新，在临床上也医术精湛，颇有特色，独树一帜。对治疗疑难杂病、老年病，均取得显著疗效，名扬海内外。

主要成果

衡法学说，荣获国家中医药管理局科技进步二等奖；还由上海科教电影制片厂，根据颜氏学说，拍摄“抗衰老”科技片，参加国际生命科学电影展并获奖。

发表学术论文200余篇，著有《餐芝轩医集》、《活血化瘀疗法临床实践》、《医方囊秘》、《气血与长寿》、《中国历代中医抗衰老秘要》、《颜德馨医艺荟萃》、《颜德馨诊治疑难病秘笈》、《中华名中医治病囊秘颜德馨卷》、《衰老合瘀血》等。曾获多项科技成果奖。

颜老为我国的中医药人才建设做出杰出贡献，是全国高等中医药教材建设顾问委员会委员。

63 颜正华

名人小传

颜正华，男，汉族，1920年2月，北京中医药大学主任医师、终身教授，中华中医药学会终身理事，全国第一批名老中医专家学术经验继承指导老师，国家级非物质文化遗产传统医药项目代表性传承人。临床中药学专业博士生导师、学科带头人。

1940年7月起从事中医临床工作，先后荣获“首都国医名师”和“国医大师”称号。曾任国务院学位评定委员会医学药学组成员、国家教委科技委员会医药组成员、中国药典委员会委员、全国药品评审委员会委员、卫生部医学科学委员会暨药学专题委员会委员、全国高等医药院校中医药教材编审委员会委员、中国药学会理事暨北京分会常务理事等。

1990年国务院颁发给特殊贡献证书，享受政府特殊津贴。1994年被国家人事部、卫生部、中医药管理局确定为“继承老中医药专家学术经验指导老师”，并颁发荣誉证书。

颜正华教授是我国当代著名的中医临床大家，参与创建了新中国高等教育中药学科，培养了数以万计的中医药高等人才，为我国中医教育事业做出杰出贡献。2009年，由北京中医药大学、中华中医药学会发起主办的国医大师颜正华行医执教70周年庆典活动7月2日在京举行。全国人大常委会副委员长陈至立出席，并为颜正华教授颁发“中华中医药学会终身成就奖”。

学术经验

擅治内科杂病，治验甚众，深受患者爱戴。主持了3项部局级科研课题，对缓衰、退热等中药进行了专题研究，取得了初步成果。其中退热药“黄栀花口服液”已被用于临床。

主要成果

他从事中医药工作60余年，执教近50年，德高望重，学验俱丰，参与创建新中国高等教育中药学学科，为我国首批中医药学教授与研究生导师。先后主讲了中药学、方剂学、中医基础理论、中医临床课等，为国家培养了大批中医药专业人才，其中包括数以千计的专科与本科生、19名硕士生、12名博士生，以及校内外数十名骨干教师。曾发表论文20余篇，著作23部。代表作《临床实用中药学》获得学者好评，《高等中医院校教学参考丛书·中药学》是中高级中医药人员难得的参考书。

64 杨寿峨

名人小传

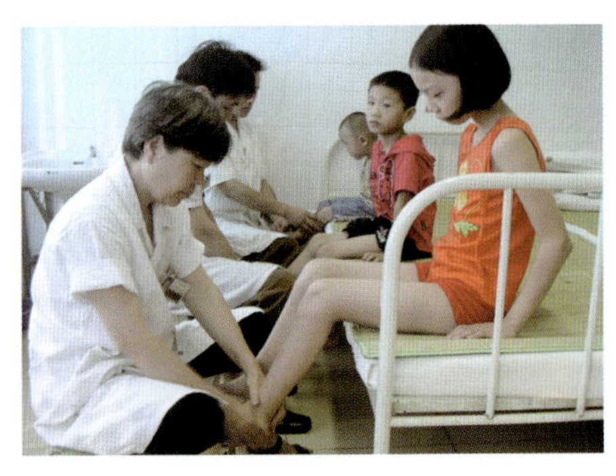

湖南省湘潭市中医医院专家门诊室，每周星期二、五早上，住院部六病室医师办公室，总是挤满了来自全国各地的患者，排着长龙等待就诊。在患者心目中享有如此信誉的，她就是曾获得全国卫生系统先进工作者、湖南省名中医等荣誉的湘潭市中医医院杨寿峨骨伤科主任医师。概括其名医之路，可谓之：精勤不倦，刻苦钻研，探索创新。

杨氏1947年出生，湖南省邵东县人。其父母杨炳南夫妇是省城骨伤名医，幼时家境贫寒，但天资聪颖，从小遵父母之训，启蒙习医，始读《黄帝内经》，《伤寒论》，《汤头歌诀》等医学经典。15岁在湘潭市中医院参加工作，正式拜师于省城骨伤名医杨炳南夫妇门下，杨老先生令她熟读《医宗金鉴》之《正骨心法》，《伤科大成》，《中医伤科学》和《人体解剖学》，《中医基础学》、《中医方剂学》。自此，临床诊治水平得到提高，从1962

年到1979年的十余年内，每日应诊量常达60人次左右，出诊足迹遍及湘潭市的每一个乡村，积累了丰富的临床经验。对诊治各种创伤，四肢骨折，胸、腰椎骨折，肩、腰、腿疼痛等病症的治疗取得很好的疗效。

1979年4月，杨主任在临床工作中，接诊了第一例“左侧先天性马蹄内翻足”，她是一位出生33天的女婴，看到患儿父母愁眉不展、痛苦万分的表情，她感到作为一名医师的责任重大，并下定决心立志要攻克治疗疑难病症——“先天性马蹄内翻足”。她从长期诊治骨折患者过程中，领悟到治疗先天性马蹄内翻足的矫形方法。她在自己的腿上、脚上做试验，从手法按摩方法，夹板的塑形固定、矫形鞋的制作、功能锻炼方法等都一一经过多次、反复的试验，终于首创了一整套完整的治疗方法。功夫不负有心人，经她53天共106次治疗后，先天性马蹄内翻足得以纠正。（经过三十一年的追访复查，生长发育正常，身体健康，已经大学毕业，参加了工作，并结婚，生育了健康儿子）。经过这一次成功的探索实践，杨主任更加坚定了治愈“小儿先天性马蹄内翻足”的信心。在以后诊治中，她不断完善、不断提高，总结经验，终于形成了一整套、独特的、完整的治疗方法。并发表论文“手法加固定治疗小儿先天性马蹄内翻足附25例报告”，刊登在1988年6月《中华中医骨伤科杂志》第四卷第2期。

1992年9月，杨寿峨主任医师创建了小儿矫形科。1995年9月，国家中医药管理局确认湘潭市中医院为“全国中医小儿马蹄内翻足医疗中心”建设单位。1996年8月，国家科委将“中医手法加广泛固定治疗小儿先天性马蹄内翻足”列为“九五”国家科技成果重点推广计划指南项目。2002年8月，国家中医药管理局批准为“十五”期间国家重点中医专病专科建设单位，2006年11月，国家中医药管理局组织专家验收通过。2007年6月，国家中医药管理局授牌并挂牌为“全国重点中医专病专科-小儿马蹄内翻足科”。2007年11月，小儿矫形科被确定为国家“十一五”全国重点中医专病专科强化建设单位。

近年来，杨氏曾多次受邀在国际、国内、省内学术研讨会上讲课，获得与会代表一致好评。在病人心中，她是一位医术精湛的医生，也是一位慈爱的奶奶。在学生眼中，她是一位严厉的好老师。杨氏迄今已培养带徒十余名学生，其中大部分已成为中医的业务骨干。1996年，获“八五”残疾人康复工作先进个人，1996年，享受国务院政府特殊津贴，1998年，获“湖南省优秀中青年专家”，2006年，获“湖南省名中医”，2007年，获全国卫生系统先进工作者，2008年，为全国第四批老中医药专家学术经验继承指导老师。

1979年以来，治愈全国30多个省市（北京、上海、天津、甘肃、青海、黑龙江、吉林、新疆、河北、河南、山东、山西、云南、贵州、四川、广东、广西、江苏、安徽、湖南、湖北等）5000多例患儿，有效率达100%，治愈率90%，具有显著的社会效益，有利于儿童的健康成长，有利于构建和谐社会和美满家庭。

学术经验

杨寿峨主任医师从事临床、教学、科研工作四十余年，她遵循中医整体观念和辩证论治的指导思想，博采古今中医之精华，摄取中西医学之所长，运用现代医学与生物力学原理，在临床诊治中形成了自己独特的学术思想和临床经验。

她在临床诊治中精于理法方药辨证，注重“整体辨证”、“筋骨并重”、“动静结合”的治疗原则，施用“稳、准、轻、巧、快”的中医正骨手法与夹板稳妥固定方法，治愈无数骨折患者。擅长运用中医传统疗法，治疗各种创伤，四肢骨折，骨性关节病，先、后天性马蹄内翻足，外翻足，脑瘫，先天性斜颈，四肢关节挛缩症，臂从神经损伤，肘内翻畸形，“O”型腿，“X”型腿等疑难杂证。研制了健步糖浆，生骨胶囊，活血酊，下肢外洗方，治疗下肢痿软无力，损伤后期的关节僵硬，取得很好的疗效。

她首创了治疗“小儿先天性马蹄内翻足的杨氏疗法-即杨氏手法，可塑形夹板外固定，中药熏洗，

功能锻炼，后期穿足疾治疗鞋，定期复查等一整套独特、系列、完整的中医特色明显的规范化治疗方法，具有无创伤、不开刀，疗效显著，安全可靠，复发率低的特点，病人与家长依从性好，提高了治愈率，减少了复发率，是中医正骨手法的创新和发展。

主要成果

临床与教学之余，杨氏伏案耕耘不辍，主持国家级、省级科研课题各1项。获专利5项。发表论文10余篇。

1、科技成果：主持国家级、省级科研课题各1项。1991年11月，课题《中医手法加固定治疗小儿先天性马蹄内翻足的临床研究》，经省卫生厅组织专家鉴定通过，鉴定“该项研究在国内形成了独特、系列、完整、无创伤的治疗方法，该成果达到国内同类先进水平”。1992年2月，获湘潭市科技进步一等奖（是建国以来市卫生系统唯一的一等奖）；1992年3月，获湖南省中医药科技进步二等奖。1992年8月，获湖南省科技进步二等奖。2002年6月，国家中医药管理局《中医临床诊疗技术整理与研究》项目：“杨氏手法加塑形镀锌铁夹板外固定治疗小儿先天性马蹄内翻足临床规范化研究”，于2007年11月，经国家中医药管理局组织专家鉴定通过，鉴定：“该成果达到国内领先水平”。2009年6月，“杨氏疗法治疗小儿先天性马蹄内翻足临床规范化研究”，获湖南省中医药科技二等奖。

2、发明专利2项：治疗马蹄内翻足的器具；马蹄内翻足矫形治疗鞋。实用新型专利1项：足疾治疗鞋。外观设计专利2项：矫正马蹄内翻足斜坡板；外展板。

医学感悟

“学医如学做人，感悟医学，感悟人！”。

“书山有路勤为径，医海无涯苦作舟！”

“医者要有仁爱之心，关爱每一位病人；以高尚的医德、精湛的医术，解除病人的疾苦！”

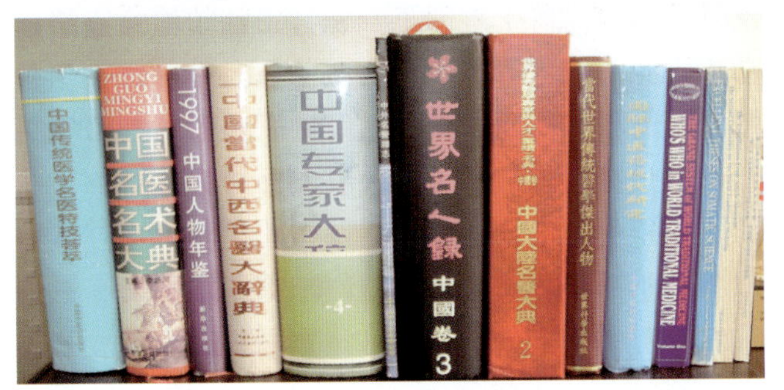

国粹露锋芒

针敲世纪门，杏红长城外。
西游闹海去，东天取经来。
神葫惊天地，鬼斧镇魔怪。
千秋救命草，返青龙头抬。

65 杨西华

近续应邀随团赴亚义诊合作，参会授奖，并受皇室亲王接见合影等……

名人小传

杨西华，男，生于1950年。中医药院校及研究院毕业，医学博士，主任医师。现沪医院中医科主任，美自然医学科学院士，全国名中医专委会首席专家，港龙珠医药公司董事，国际传统医学会教授，中华医药报高级撰稿人，京聚医杰医科院专

家，中国社会调查所，管理科研院，东方名研院终身高级研究员，全国名医会，行纪委，科监委副理事长，全国行质督察等。

学术经验

自幼痴迷岐黄经纶，神往桃源杏梦，梦想仙草灵丹。一头扎进故纸堆不回首，四十寒暑磨剑盾，炼狱煎熬浴火生，至今难屈弘扬志。历尽磨难灌苦经，苦海无边啃难经，破斧沉舟挣扎处，逆境崛起悟真经。顽守宗旨不退阵，逆水行舟顶风行，心血力解生死结，命回运转精诚灵。临证内外妇儿老，皮肤五官针药等。难满治标熄火及时雨，更求斩草除根不复燃。不仅持久抗战慢郎中，亦常速决燃眉应急变。常规战于主战场，时遭疑难危重袭。如高低烧不退，重感复感儿，久咳老喘哮，晕痛高低压，神衰脑萎缩，贫血缺血氧，硬化瘀血栓，冠心心绞痛，心衰心肌炎，肾虚性能退，风湿腰腿痛，过敏过劳损，虚弱破气血，肠胃胆阑尾，坏疽烂足腿，疮癣丹毒疹，抑郁更年期，肿瘤炎症缠，痛闭经血乱，功血大崩漏，堕滑不孕育，产后月子病等。

脚踏医药两只船，探险龙门洗碧潮，风口浪尖漩涡急，发现死海复活岛。尤于不少跑遍省市各院专家门诊，遍施针药没咒念，难缠难愈难上帝之心腹大患致命伤者，常破重重危机还生机，希望门开断身壁，大祸化小小化了，绝境逢生险求存。意内凶恶攻要害，意外惊喜针见血，令人称奇叫绝喝精彩，略见国技精粹（历历在案，有据可查）。

邪正大战血肉阵，命系一刃膏肓间，惊心动魄最悬时，危舟已渡鬼门关.研制新药有金华盖咳喘绝等。药不在贵，对路则灵，草根树皮乃金枝玉叶，上帝馈赠天然屏。拿手好药护命符，魔鬼克星绿天使，奇花芳草宝葫芦，隐藏深山谁能识？上医重防治未病，除患未然萌芽间；不仅挥剑克敌扫千城，而且盾护自身勿忘本；既盯紧毒疫不放邪，亦挺正气养七分。学术理论上师出经典有发挥，根深千年流新芳。下工急功近利冷酷心，舍本逐末歪打正：如拆卸修理机器人，强压硬抗宰割任，虎狼猛剂老鼠药，敌我不分玉石焚。满眼敌情杀不尽，逼良为寇正为敌，灭敌八百自损三千，陈疾未愈新毒起。庸医谋财害命老虎机，格斩勿论滥杀生：不入生门入狱门，不走正路走邪路，假冒天使坑上帝，前门拒狼后门进虎。禁烟毒，戒毒品，难净充满家园自造毒；抗瘟疫，防治病，防不胜防人为病；百年不遇，千年难见，天灾多发于人祸自作孽；金融危机，经济危机，危不过人类生存危机。鸦片战争，世界大战，全部战乱不抵末日灭绝战。天下最可怕之悲剧莫过于：造毒放毒慢中毒，舍生忘死奔末路，万物同舟冲黑洞，自残自杀自掘墓。天怒地愤以恶报恶，严惩厉罚无情淘汰这弑父母绝后代毁家园，逆天道灭天地颠绿舟，禽兽不如叛逆不孝子孙。重本为上，医门王道，知邪知正知天命，腐朽化神奇。遮风挡雨保护伞，养生保健不倒翁，消亚健康少树敌，邪毒难摧不老松。受命于天，良医上工，救命天使，命定护命。良在珍重生灵命关天，善待天人人为本，天地之子非机器，活宝无价最神圣。上在安身防身护身符，立命养命救命星，天人应和和为贵，求本治本保根本。高在仁义之师胜千军，改邪归正镇百毒，不攻自破敌化友，不战自胜祸自退。历经千年临床检验而不衰，普渡众生救亿万方乃真事实！

主要成果

正不镇邪，百疾迭起，虚乃百病之源，圣人不言补乎，顺自然则生逆自然则亡等.在十数国内外医坛上宣读，发表及获奖。巧在外助内力活激活，草木无情亦有情，内调外御毒攻毒，草木皆兵皆克星。代表作主要有：在世界传统医学大会获优秀成果奖和民族医药之星称号；于美国际人体科学大会获最佳论文奖；于美国际中医药杰出成果会获国际名医金杯奖等5项大奖；在澳世界中医药会获创新发明奖；于泰21世纪等6会获科研奖，杰出成就奖和4金象奖及健康大使称号；于港全球华人及世界医学博士论坛等获名医成就奖，世界名医金奖，国际名医金奖，紫荆花金奖，张仲景金杯奖；于英，加等4国学会联评为世界名医金杯奖；于美，新等5地学会联评为国际医学金杯奖；于世界医药协会评为真本事医家和世界医坛首脑才华奖.传略载入《中国人物年鉴》，《中医药年鉴》，《名院名科名医卷》（国中医药局），《中国名医大辞》（中医科学院等），《中国人才辞典》（人事部），《世纪专家传略》（人民日报），《东方之光》（北大），

《世纪英才》（文化部），《创业英才》（科协），《中国国情报告》（国务院等），《专家成就博览》（社科院等），《世界人物辞海》，《世界名人录》，《世界医学专家大典》，《世界传统医学杰出人物》等百余部经典中.澳洲日报，泰新中原，人民日报，中国科学报，邮电报，青岛报，电台，电视台等十余媒介均已报道。

医学感悟

以苦克苦苦中苦，以难破难难上难，苦难修行结甘果，根夺苦秧老大难。乐人之乐晚笑乐，忧人之忧后顾忧，药不促生生无劲，医不救死死不休。

66 杨永伟

名人小传

杨永伟，1954年6月生，主任中医师，辽宁省友谊医院类风湿脊柱炎蜂毒治疗中心主任。母裴玉珍，父杨奎武1946年在解放军部队就已是知名军医，战场上用自己的医术挽救了无数战士的生命，母亲最后不幸感染肺结核，于1955年去世，父在医疗第一线工作40余年后离休。病魔夺去了母爱，激荡着幼小的心灵，从小立志，一定要从医救世。1978年考入辽宁省中医学院医疗系，先后在沈阳市铁西区中医院、辽宁省友谊医院任中医科、风湿科主任，从事中医内外、风湿、骨伤、针灸等。1992年经国家科委批准，当选为中国养蜂协会、蜂毒疗法研究会第一届理事会理事。

学术经验

1988年后专攻风湿病，蜂毒疗法的临床。1992年10月率先成立国内首家类风湿脊柱炎蜂毒治疗中心，成为我国最规范的接诊病例最多的蜂毒疗法临床治疗中心，接诊近万例，打破了传统的针刺疗法，采用蜂针散刺、点刺、直刺多穴位针刺法，对类风湿、强直性脊柱炎临床治愈率、有效率提高30%左右，为蜂毒疗法治疗类风湿、强直性脊柱炎的临床应用积累了丰富的临床经验。

主要成果

多次参加了国际国内学术研讨会，发表学术论文20余篇。1992年同国际著名蜂毒疗法专家房柱教授编著了《中华蜂疗保健》专著；2003年5月成功救治准备捐献遗体、卧床多年晚期类风湿患者孟宪辉（目前已康复，从事农村体力劳动至今未复发）。接受了中央电视台、辽宁沈阳电视台、各大报纸等媒体的专题采访。2008年12月在北京召开的第三届中医药发展论坛会议上受到国家领导人、全国人大常委会副委员长桑国卫、顾秀莲、全国政协副主席阿木来提·阿不都热西提、国家卫生部原部长孙隆椿等国家领导人的亲切接见，并荣获“2008年中医药继承与创新人物奖”、“2008年中医药优秀论文奖”。

67 尹三来

名人小传

提起萍乡金陵专家门诊部副主任医师尹三来，大家都知道，他是原萍乡铝厂职工医院的院长兼党支部书记，全国名老中医。他不仅医德医风好，而且医术高明；他不但是一位优秀的企业管理者，而且是一名擅长学术研究的医务工作者。

今年64岁的尹三来，自幼爱好医学，并立志长大以后当一名好医生，努力为人民的健康事业作贡献。好男当自强，1977年，他于江西中医学院毕业后，在江西省乌石山铁矿职工医院工作7个年头，并担任多年党支部书记。由于工作出色，连续两年被授予矿劳动模范称号。由于工作的需要，1985年，组织上把这位优秀的矿党支部副书记调至萍乡铝厂任党委宣传部副部长。期间被评为萍乡市思想政治工作先进个人。随着工厂大规划的扩大，职工人数大量增多，以前的医务所已不能满足全厂职工家属的医疗保健需要，经厂行政研究及萍乡市卫生部门批准同意，决定由尹三来筹建萍乡铝厂职工医院，并担任该院院长兼党支部书记。

老天不负有心人。经尹三来一年多的努力，于1989年成功组建了一个初具规模的职工医院。随后几年里在医疗质量管理和医德医风教育方面，尹三来花了不少心血，取得良好效果，使医院在各方面有了一个长足的进步和较快的发展。为了使企业公费医疗制度能够健康的向前发展，他敢于向陈旧

的、不合理的、超前的、失调的现行公费医疗制度挑战。1993年，他便在企业内进行公费医疗改革。经过六年的实践，充分证明（在企业中当时情况来看）这项改革是比较成功的，有利于国家、企业和个人的利益，为企业节省了大量的医疗经费开支，满足了企业职工看病就医需要。并就此撰写了题为《公费医疗改革启示》的论文，刊登在1995年第十四期《中国临床医药》杂志上，被有关部门、专家认可，并被一些企业所采纳。

年已花甲的尹三来院长退休后余热不尽，老有所为，仍在发挥一技之长，经当地卫生部门核准登记，在金陵小区开办了金陵专家门诊部，凭他自己的热心、爱心、耐心，赢得了市民的信用和崇敬。不少患者前来就诊，日均门诊数达20余人次。为了方便就医，对年纪较大行动不便的患者还经常挤时间上门服务，出诊最远的上至醴陵，下到芦溪。并且从不收患者出诊费，深受患者及家属的好评。

学术经验

尹三来忙于行政事务和党务工作，为此占去了大量时间，但他仍不忘钻研业务，他从事医务工作40余年来，不但医德好，而且医术高明。他急病人之所急，想病人之所想，认真对待每一个患者，对患者高度负责，解除了许多患者的疾苦。尤其在中医和眼科方面，他苦心钻研，积累了不少临床经验，撰写了多篇文登载在国内外书刊上，其中《电解质灼伤眼球治疗的疗效观察》转载在1995年第八卷第六期《医学与实践》杂志上，并获得1995年全国眼科优秀论文奖。1998年撰写的《试论痰证》一文被当年国际中西医结合学术交流暨成就颁奖大会所采纳，该论文已编入《1998年国际中西医结合学术论文集》，并被专家学者评为优秀论文，由大会执行委员会颁发了优秀论文证书和盾牌证书。1999年他撰写的《医院思想政治工作之我见》一文被编入亚太医药科技出版社出版的《当代医院管理人才精典》一书中，当时萍乡仅他一人。

主要成果

尹三来医师由于勤于钻研，从医几十年来在企业管理与医学研究方面取得了辉煌成就，在我国医学界享有一定的盛誉，1997年被列入因特网中国MTP网络《中华名医谱》成员，并被聘为中华医学文库编辑委员会编委。1998年被编入人民日报社新闻信息中心主编的《中国优秀企事业管理者传》一书中。1999年载入大型文献（江泽民亲笔题名）——中央党校中华魂杂志社主编的《中华魂.中国百业领导英才大典》一书。2006年经中国行业科学研究会审核，名医尹三来荣幸增选为该会专家委员，并授予著名专家称号。

68 张安林

名人小传

张安林，男，江苏省盐城市人，中国共产党党员。1974年考入南通医学院学习，1978年毕业于南通医学院（现更名为南通大学），医学博士学位（T. D. M），主任医师（执业医师-中医），中国行业（医学）发展研究中心高级研究员、著名专家。曾先后分别在盐城市风湿病研究所（盐城市三院）、南京理工大学医院（原南京石城风湿病医院）担任副所长、副院长、院长，曾兼任江苏省中医药学会、中西医结合学会风湿病专业委员会副主任委员、省中医药学会外治专业委员会主任委员、中国台湾中医药研究会顾问。现任南京张安林风湿病门诊部主任，并兼任中国中西医结合学会防治风湿病联盟副主席，全国名医理事会副理事长，

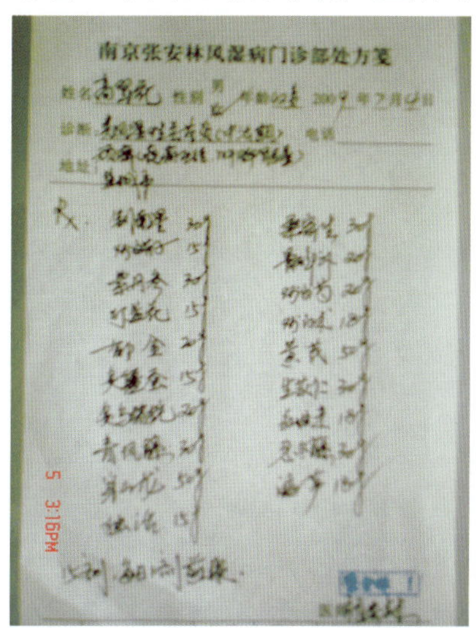
南京张安林风湿病门诊部处方笺

世界华人医学联合总会副会长，中国民间中医医药开发协会全国名中医学术研究专业委员会常务理事，中国医师网健康顾问委员会主任委员，南京中医药学会、香港中华中医学院、澳大利亚中医药研究院兼职教授，中华中西医临床杂志编委会编委等。

从事中医/中西医结合风湿病、疑难杂病临床诊研30多年，独创三环辨病辨证叠浪抗毒祛瘀免疫(/扶正)平衡法系列诊治国内外类风湿性关节炎、强直性脊柱炎、系统性红斑狼疮、皮肌炎/多发性肌炎、骨性关节炎、产后痹、颈肩腰腿痛等风湿病与进行性肌萎缩症、肌萎缩侧索硬化症等疑难病取得显著疗效。先后承担并完成省级以上科研项目3项，荣获省、市政府科技成果奖；国家专利2项，国家级新药2种，新仪器1项，荣获省科技厅高科技优秀新产品奖2项，编著及参编专著五部，在国内外医学杂志及学术大会发表学术论文60余篇，多篇被评为优秀论文奖，并被收录国内外权威医学数据库。多次荣列政府与相关部门授予先进科技工作者称号、当代世界传统医学杰出人物、中华特技名医、全国当代风湿病杰出名医、中华传统医学特色名医，中华中医药学会、中国中西医结合学会风湿病专委会分别授予研究中华特色医疗学术贡献奖、推动风湿病学术发展贡献奖，全国民间中医药研究开发协会名中医学术研究专业委员会授予国医圣手，中国中西医结合学会防治风湿病联盟先进工作者、江苏省首届基层优秀中医药工作者及全国优秀医疗卫生工作者荣誉称号等。张安林传略被收载于《世界优秀专家人才名典》、《名医与专科》、《名医与良方》和《中外名医风采》杂志名医专栏等。张安林风湿病门诊部先后被评为中医治疗疑难病名医名院-钱信忠题、全国十佳类风湿病专科医院、南京市社会办医十佳医院、南京市场诚信服务满意单位等。

学术经验

认为风湿性疾病及疑难杂症由正虚（五脏亏虚)、浊踞(涵括瘀、痰、滞）、邪壅(风、寒、湿、热、毒、感染、环境、情志)等内外因素交结共同作用的结果。肝郁脾虚是形成疾病病理环节的决定因素，肾虚是导致疾病向终深发展为关健，邪壅为诱发因素；正虚、浊踞贯穿于疾病始终。强调辨病、辨证、辨期、辨传统药性、辨现代药理、辨传统与现代病机、辨个体差异、辨地域等八辨整合于现代中医临床，并审证权变，加减用药，内外兼施整体防治，多能获得增效减毒除疾防残，效果特显。

独创三环辨病辨证叠浪抗毒化瘀免疫(/扶正)平衡法论治风湿性疾病及疑难杂病。

主要成果

1、消尔痛酊(国药准字Z32021180)吸附透皮(/穴)法治疗痹病的研制与临床应用，1984年度获江苏省政府科技成果奖。

2、中药汽疗仪的研制与辨病辨证中药汽雾透皮法的临床应用研究，1991年完成第1代产品、1998年完成2代高科技产品，通过省科委、省医药局专家组评审，批准生产(生产许可20010352号，苏药管械准字2001第2260349号)并获中华人民共和国专利2项，专利号ZL97327964.8，ZL98218369.0和获省科委高科技新产品奖。

3、附马开痹片(原名痹得治片)的研制与治疗类风湿性关节炎等风湿病临床应用研究，1981年通过卫生部专家组评审进入Ⅱ期临床，1998年通过Ⅱ期临床试验研究，2001年6月批准生产(国药准字Z20010083)，荣获盐城市政府科技成果二等奖和省科委高科技优秀新产品奖。

4、编著《强直性脊柱炎诊疗全书》，中医古籍出版社出版，中国当代医疗百科专家专著(一)，ISBZ7-80174-165-X，2004年6月。内容提要：本书由风湿病专家张安林为主撰写的一部中西医结合诊治强直性脊柱炎，实用性较强的专病专著，可信度高。全书共26章。对强直性脊柱炎中医名称，强直性脊柱炎，儿童强直性脊柱炎，女性强直性脊柱炎，流行病学，中医、西医病因病机与病理等理念的阐述和临床表现，诊断与鉴别诊断，检查，治则与治法，食疗，护理与预防，转归与预后。重点介绍了西医辨病，中医辨证论治为主的中西医结合治疗经验，既有古代中医学的认识，又有现代中医、中西医结合医学的特点。内容极为全面而丰富，利于推广应用，有新的理论，也有新的临床实践，既以张安林的临床经验和科研为基础，也吸收了近10年国内外中医、中西医研究成果和行之有效的方药和疗法，撰著成为我国迄今第一部关于强直性脊柱炎较高水平、较全面的中西医结合专科专病临床工具专著。本书理论联系实际，突出中医特色、临床实用和辨病辨证施治的特点，是一部面向临床、面向各阶层风湿病学科、骨伤科、中医、中西医结合医师、西学中医师以及高等医学院校教学、科研及医学生学习等实用性极强的参考使用专著，也是强直性脊柱炎病人最贴心的防病治病与保健的良师益友。

5、参加编著《中西医结合治疗风湿类疾病》，天津科学技术出版社出版，1989年6月；《中医药研究与临床》，中医古籍出版社出版，1997年9月；《中国中西医结合实用风湿病学》，中医古籍出版社出版，1997年12月；《中药汽雾透皮治疗新法》，人民卫生出版社出版，2006年2月。

6、发表论文有：消尔痛酊吸附透皮(/穴)外治痹病的临床观察与药理学研究，中国中西医结合杂志，1987年，7(2)：111，获盐城市政府优秀学术论文成果一等奖；中药内服外敷汽浴法治疗类风湿性关节炎临床观察，中医药工程研究与应用，中国中医药出版社出版，1992年，获盐城市政府优秀学术论文成果二等奖；附马开痹片治疗类风湿性关节炎临床观察与药理学实验研究，中国中西医结合风湿病杂志，1993年，2(4)：221。

风湿四病流行病学抽样调查报告，中国中西医结合风湿病杂志，荣获中国中西医结合学会二等奖，1996年4月；风湿性疾病治则治法探讨，江苏中医，1999，9(20)：3；七环叠浪抗毒免疫平衡疗法与风湿病治疗，江苏中医，2002，23(9)：3(2002年在中国民间中医药研究开发协会学术大会作专题报告，被评为中国中医药学术成果一等奖)；辨病辨证中药汽疗仪汽雾透皮法外治痹病278例临床观察与研究，中医杂志，2001，1(4)：32(在海峡两岸中医药特色疗法学研讨会获二等奖，国家中医药管理局台港澳交流合作中心等，2000年4月)；叠浪抗毒免疫平衡法-AS系列长疗程治疗强直性脊柱炎的临床观察与研究，中华特色医药杂志，2004，1(10)：177(在全国特色医疗学术大会专题报告获中华特色医药成果奖，中华特色医药协会)；三环辨病辨证叠浪抗毒免疫平衡法治疗类风湿性关节炎新思路与方法，中医杂志，2005，4(46)：300(荣获中国特色医疗理论创新优秀论文学术成果奖，中华中医药学会)；三环叠浪抗毒免疫平衡法-RA系列治疗类风湿性关节炎新思路与临床观察，中国特色医疗临床经验优秀文集(国家级系列科技文集收编)，中国医药科技出版社出版，2006，46页，ISBN7-5067-0141-3/R.0142；芎桐三花散敷脐治疗类风湿性关节炎200例临床观察与研究，世界中医药，2008，3(2)：80；整体防治强直性脊柱炎的新思路与经验、三环叠浪抗毒祛瘀免疫平衡法诊治系统性红斑狼疮的新思路与方法，中外名医杂志(ISSN1994-1455)，2008，12(12)：7、15，2008年度荣获国际优秀学术成果一等奖和国际优秀论文奖等60余篇。

69 张灿玾

名人小传

张灿玾，男，汉族，字昭华，号葆真，晚年别号暮村老人、五龙山人。生于1928年7月，山东荣成人，山东中医药大学主任医师、教授。

张老出生中医世家，三代相传，他涉医60余年，医务、教学、研究医理，淀积了他深厚的医道功底，学验俱丰，饮誉四海。1943年从祖父与父亲学医，20岁开始独立临诊。

1949年1月起从事中医临床工作，为山东省名中医药专家。1959年在南京中医学院教学研究班学习，结业后，调山东中医学院工作，曾任山东中医学院院长、山东中医药学会副理事长等职。现任山东中医药大学终身教授、中华中医药学会终身理事、中华诗词学会会员等职。山东省有突出贡献的名老中医专家，享受政府特殊津贴。2009年6月19日，张灿玾荣“国医大师” 荣誉称号。

个人经历：

1978.10-1983.7 辽宁中医学院医疗系读书。

1986.8-1989.7 辽宁中医学院读伤寒专业硕士研究生。

1989.8-2001.7 在辽宁中医学院附属医院从事心血管工作。先后任辽宁中医学院附属医院急诊中心副主任，心血管监控中心主任，心内科副主任等职。1995年破格晋为副主任医师。2000年晋为主任医师。

2001.9-2004.7 在北京中医药大学读中医内科博士。

2006.3-至今 在辽宁中医药大学附属医院科研处认为科研处处长。

现任辽宁中医药大学附属医院科研处处长。

学术经验

本人从事心血管的临床和科研工作20余年，治法知常达变，对高血压、冠心病、PTCA术后再狭窄、慢性心衰、心律失常及危重病的抢救等，积累了丰富的诊疗经验，擅长以中医辨证论治临床各种病证，在总结前人的临证基础上，提出了辩证与辨病相结合，宏观辩证与微观辩证相结合的理论，自创了活血祛瘀，益气养阴方剂定心方、强心方、冠心方、降浊方等应用于临床治疗中，取得了广泛而深远的社会效益及经济效益，积极开展围心脏介入手术期的中医药治疗研究，大大提高了心脏介入手术病人对手术的适应能力，预防和治疗术后并发症。本人在重视临床的同时又着力于理论研究，对中医理论有较高造诣，在中医诊法与辨证、阴阳气血等方面，提出了很多有价值的学术论点如益气活血治疗心衰、化痰疏肝治疗早搏、活血通脉益气养阴治疗PTCA术后再狭窄等等，对现代中医临床运用的机理研究提供了科学的理论基础，为中西医结合治疗心血管疾病提出了新的思路。

主要成果

1、科技成果

（1）成果名称：“定心胶囊对房颤心房电重构及Ca2+-ATP酶基因表达的影响”，于2007年获得辽宁省科学技术厅科技成果奖和辽宁省科技进步三等奖。

（2）成果名称：“定心胶囊对心室肌延迟除极的影响及实验研究”于2005年获得辽宁省科学技术厅科技成果奖，2006年获得辽宁省科技进步三等奖。

（3）成果名称：“益气活血中药对慢性心衰AngⅡ及其受体信号传导的影响”于2006年获得辽宁省科学技术厅科技成果奖，2007年获得 沈阳市科技局科技进步三等奖。

（4）成果名称：“益气活血中药防治PTCA术后再狭窄的临床及实验研究”于2008年获得辽宁省科学技术厅科技成果奖和辽宁省科技进步三等奖。

（5）成果名称：“益气活血复方对动脉粥样硬化家兔ICAM-1、VCAM-1、LOX-1表达及TLR4影响的实验研究”于2009年获得沈阳市科技局科技成果奖。

2、学术著作

（1）主编《辽宁省中医院名中医专病治验集》2008年人民卫生出版社出版。

（2）主编《中医心病证治录》，2007年中国中医药出版社出版。

（3）主编《冠心病防治253问》，2005年中国中医药出版社出版。

（4）主编《心痹证治精要》，1999年沈阳出版社出版。

（5）主编《心脏病患者必读》，1998年沈阳出版社出版。

3、相关论文

（1）张艳，礼海.强心通脉颗粒对慢性心衰大鼠心肌组织AngⅡ及TXB2影响的实验研究.辽宁中医杂志.2009年第36卷10期：1802-1804

（2）张艳，钟乐，礼海.强心通脉颗粒治疗气虚血瘀型慢性心衰60例分析.世界中西医结合杂志.2009年08期：561-563

（3）张艳，张溪媛，礼海等 .慢性心衰中医治疗经验撷菁.中华中医药学刊：2009 年4 月第27卷 第4期：681-682

（4）张艳，闫峻等，强心通脉颗粒治疗慢性心衰的临床研究.实用中医内科杂志.2009年第23卷 第1期：3-4

（5）张艳，海丽，宋婷婷，等.益气活血复方对慢性心衰大鼠血小板活化影响的实验研究.世界中西医结合杂志.2008年第3卷第4期：198-200

（6）张艳，庞敏，宋婷婷，等.益气活血复方

对慢性心力衰竭大鼠TNF-α及IL-6的影响.现代中西医结合杂志.2008年第17卷第15期：7-9

（7）张艳，杨硕，庞敏，等.益气活血复方对慢性心衰大鼠心肌组织AngⅡ及PKC的影响.中华中医药杂志.2008年11月第23卷第11期：999-1001

（8）解海宁，张艳，胡晓红，等.气虚血瘀水停在慢性心衰实质研究探讨[J].中华中医药学刊，2007，25（12）：2603-2604.

（9）张艳，柳士博，王艳霞.益气活血复方治疗慢性心衰取得满意疗效[J].中国中医药报，2007年

（10）王艳霞，张艳，胡晓红.强心汤治疗慢性心衰临床疗效观察[J].中华中医药学刊，2007，25（10）：2109-2110.

医学感悟

中医药学是我国人民长期劳动、实践和疾病斗争中创造的具有中医特色的医学科学，是中华文化的瑰宝，是中华文明的结晶，是我国最具有原始潜力的学科领域。几千年来，中医药以期独特的理论体系，以及防病治病的疗效，在人类健康事业的发展中占据着重要地位，引无数有志之士以“宏扬国粹，情系中医”为理念投身于中医药现代建设中来。本人自1978年进入辽宁中医学院读书以来，就把中医事业作为自己为之奋斗一生的事业，以己之力为饱受疾病折磨的患者服务。

本人从医多年来一直本着“献身中医”的信念，把自己的全部精力都投入到中医药事业中来。从事心血管的临床和科研工作20余年，在研究生的教育方面现已培养多名专业精通的博士、硕士研究生。本人对学生严格要求，一丝不苟，诊治病人辩证施治，基础实验研究每个环节都亲自教导，没有一点马虎，动物实验研究更是手把手的教。历届研究生都以优异的成绩毕业，并且在上海、北京等地凭其综合能力的优秀而受聘到医学研究单位工作。

77 赵 斌

名人小传

赵斌，男，中医内科副主任医师，甘肃省优秀专家，甘肃省第二批名中医，甘肃省第四批老中医药专家学术经验继承指导老师。

1959年3月出生于祖籍成县。由于自幼体弱多病，又每遇中医药而愈，加之祖上有崇尚中医学之风，祖父1933年赴“华北国医学院”（即今之“北京中医药大学”）学习4年（与李子质先生同年级）毕业，但在返家途中，遭受日寇飞机滥炸，书毁人伤，矢志未遂；受父亲每每以此国仇家恨激励，故而早自1972年起，即怀着一腔报国之志，正式从师于当地名医石藏玉、付佑清、付纪纲（即其现今岳父大人）诸先生研习中医学，1975年初，高中毕业插队时，乃以医行于村社，继之，又先后毕业于甘肃省中医学校及甘肃中医学院，进修于甘肃中医学院和甘肃省中医院，以及西安医科大学和上海职工医学院，得到了中国中医研究院余瀛鳌研究员、甘肃中医学院周信有和吴正中、赵健雄教授等省内外诸多名家的悉心指导与栽培；1980年底以来，又全力以赴参与创建和发展成县中医院，以至于今。其间，由于学习、工作出色，故曾在1979年上中医学校期间，被我省中医儿科名医周天心主任医师选收协编《周天心儿科医案选编》、《历代中医儿科医论集》，1983年底至1985年中期被借调至甘肃中医学院工作，1989年底曾被邀请至《甘肃中医》杂志编辑部工作，1985年9月以来，先后任成县中医院住院部副主任、主任，1991年底兼任副院长，2002年7月兼任院长至今。

鉴于学术成就突出，省政府于1998年9月批准赵斌同志破格晋升为中医副主任医师，2009年9月省政府又破格晋升赵斌同志为中医主任医师，从而成为甘肃省县级中医院唯一一位破格晋升为正高职称的医务工作者。甘肃中医学院、甘肃省中医学校、白银市中医院、徽县中医院、秦安县中医院等单位也曾于2000年先后邀请他前往，作了题为《以中西医结合为契机，促进中医现代化快速发展》的巡回讲座；又在2001年和2003年的“甘肃省中医药学术

交流大会”上，他遵照省中医药学会和省厅领导安排，作了题为《关于我省中医急诊工作的现状与思考》和《让中医学在优势特色的轨道上与时俱进》讲座，博得大家一致好评。

赵斌同志不仅毕生倾心于中医学术继承与创新，同时也注重毫不吝啬地将它奉献给社会。在80年代“振兴中医”呼声初起时，由于成县中医院是全国“拨乱反正”后甘肃省首批建立的中医院之一，一切都是空白，他痛心地正视中医学虽诞生于中国、却几无公办中医院管理模式和经验的尴尬现实，以强烈的民族自尊心和责任感为精神支柱，不停地探索在新时期新形势下巩固和发展中医院、建造振兴和开拓中医事业牢固阵地的方法，总结出了“突出特色，科技兴院，内强素质，外塑形象”的办院宗旨、“实事求是与开拓创新并举”的领导原则，同时还不断随大形势的发展而创造性地制订并实施科学可行的管理制度，尤其是人才的吸纳和使用办法在省内独树一帜；首开全区卫生系统以创新教唱《院歌》、高瞻远瞩地颁订《院徽》、《院训》为启动职工奋发进取意识的重要方式的政治思想工作方法，以及负债经营、迅速全面拓展医院服务功能的管理实践之先河，从而使成县中医院在多功能、现代化程度上与日俱高，实现了14个“陇南卫生之最”，尤其在专科重点突破上独具特色，故而于2005年初被甘肃省中医管理局正式授予“甘肃省重点中医药专科（脑病科）”，同年中期，又被国家中医药管理局确立为“全国农村中医特色专科（脑病科）”建设单位，2005年底，再被甘肃省中医管理局确立为“甘肃省结石病重点专科建设单位”，2008年7月被国家“天使工程”项目办资助成立肿瘤专科，2006年初还被陇南市委授予首批“文明单位”称号。

因此，赵斌同志曾多次荣获“甘肃省医德医风先进个人”、“陇南地区先进科技工作者”、“全区科协系统先进个人”（2次）、“全区优秀学会工作者”、“全区首届青年科技奖”、“全区政协系统先进个人”、“全区中医知识竞赛第一名”、成县“先进科技工作者”、成县卫生系统“先进个人”等荣誉称号，《经济日报》、甘肃《发展》杂志、《甘肃科技报》、《陇南报》等党政报刊都曾多次予以公开宣传表彰；他并先后荣任中华中医药学会脑病专业委员会委员、甘肃省第四、五届中医药学会理事，兼中医内科（第四届）与中医文化专业委员会（首届）副秘书长、陇南地区中医学会副秘书长、陇南市中医药学会副会长、陇南地区医学会理事、政协陇南市委员会第一、二届委员、政协成县第五、六、七届委员会常委、成县人民政府决策专家咨询组成员等职。在1995年9月和2004年6月，先后2次受省卫生厅和省中医药学会领导厚爱，成功承办了“全省中医药学术交流会”与“会员代表大会”，院长赵斌同志也因其在医学领域内所取得的非凡成绩，在2007年11月、2008年3月及2009年12月间先后被甘肃省人民政府及甘肃省卫生厅、甘肃省人事厅确定为甘肃省第四批老中医药专家学术经验继承工作指导老师、“第二批甘肃省名中医”和“第七批甘肃省优秀专家”等荣誉称号。2008年11月，赵斌同志又荣获“上海颜德馨中医药基金会优秀论文”大奖，该奖项作为中国中医药学术界的“诺贝尔奖”，他是本届获奖者中唯一的甘肃籍代表，而且也是本次颁奖会上仅有的4位大会学术发言人中位序第一、基层市县级医院交流者中唯一的中医学者。这都说明，赵斌同志的业务水平和工作能力已经得到省中医药学会和省卫厅领导及中医学界同仁的肯定和重视，也说明赵斌同志在过去和今后全省中医界发挥带头作用的能力和可影响度步入一个了令人瞩目的高度。

总之，赵斌同志36年如一日，把最精彩的年华和心血都付给了自己所钟爱的中医事业，他从最贴切地关怀病人开始，在优秀的医德医风基础上，不断学习研究，快速提高自己的医疗水平，而且在广泛体味多种科学优势之中，充分发挥自主创新能力，创造出了卓越的学术成果；同时，他又以成县中医院为发射点，充分发挥强烈的推广带动作用，为我省中医事业的发展和当地社会稳步前进做出了巨大贡献。他的历史只有亮光，而无黑点。所以，他是我省为数稀少、德艺双馨、专业与管理双优的中医学优秀人才。

学术经验

习医36年以来，赵斌同志不仅锲而不舍地倾心于学术的提高，以“继承与创新并举，理论与实践

相依”为宗旨，坚持习诵经典，不忘广泛求教，嗜于临证探索，乐于理性求异，治学谦虚严谨，践行求真务实，同时又厉行高尚的医德医风，赢得了公众的信任和支持，从而熟练掌握了内外妇儿多科疾病的诊疗理论与方法，成为一名优秀的全科医生；尤其在中医学术严重萎缩、中医理论面临抉择、急重症强烈挑战中医、举国上下全面“拨乱反正”的特殊时代里，毅然把家安在成县中医院住院部内，10年吃住在病区，以超人的勇气和毅力，不惧艰险累劳，不怕患者的脏臭怨难，坚持认真反复研讨，既至1991年底职务有了变化、1997年离开了病房值班、2002年接管了全院重担，却丝毫没有动摇他扎根临床第一线的决心与实践，反而是通过强化管理，更增进了他加速提高学术水平的实效，又从而炼就了擅长急重症中医及中西医结合救治、内外妇儿多病兼及、精湛全面的医疗技术，形成了与时俱进、独具特色、“青出于蓝而胜于蓝”的学术理论体系。例如，在用中西两法互补诊疗大量结石病和外科病取得佳效的过程中，开展中西理论对比思考，进而提出了把“异物”列为中医学基本病因，以填补中医病因学和中医外伤科学空白的学说，并以“试论异物致病宜列入中医病因”（《甘肃中医学院学报》1995年第3期）为题，对外作了广泛交流呼吁；在从事脑病诊疗的道路上，不仅良好地继承发扬了先师对危重病救治的优秀经验，特别是在1984年后期师从夏永潮、王自立、杨守义等我省名宿，参与了甘肃省中医院心脑病及消化病区救治与系统科研，从而再度清楚地 认识到了中医救治的优缺点及发扬中医学术的紧迫性，遂自1985年建立本院住院部伊始，就坚持在思考中学习、实践，在再实践中思考、创新，1987年以来，即有大量脑出血、脑梗塞、癫痫等病患者经他手中康复出院，同时又络绎不绝地将患者送来的感谢信和锦旗接到手中。通过长期的艰苦求索，他不仅对多种急慢性脑病积累了丰富的诊疗经验，更可贵的是在一步一步实现技术创新的同时，还实现了令人吃惊的理论创新，他曾先后发表相关学术论文56篇，在国内外独创了中风病以“脑衄”和“脑痹”为分病名、“动证”和“静证”为病类、“脏为生风之源”和“府为宿风之宅”学说为病理、“动治法”与“静治法”为治疗大法、“中风中脏腑型早期治重风火”与“正虚始中风祛邪须扶正”为救治要领、“降痰宁神法”与“止血保神法”为救治特法、“降痰宁神胶囊”与“熄风舒络胶囊”以及“安红胶囊”为特色方药、“覆吸疗法”和“中医灌肠突击疗法”为独创治疗方式、“覆吸罩”和“握药套”为自主发明救治附助工具的一整套中风病辨治体系。

赵斌同志不仅在对常见病、多发病和疑难重症的用药内疗方面颇有建树，而且在从多形式的外治法应用入手，全面开辟中医疗法高效使用途径中敢为人先。多年来，社会公众一提起中医治疗，便只以为惟有中药大量口服和针灸二途，为此，他深感痛伤和愧疚，遂通过坚持不懈的探索与思考，以木秀于林的姿态和铁的事实向公众展示了中医丰富多彩的治疗方法与途径，一篇“《伤寒论》护理学初探”，更独到地揭示了中药不仅可以一日一剂定时煎服，而且可以服一次中病即止，或一日二、三剂昼夜连服，不止是可以从口而入，更可从鼻腔、直肠、皮肤、肌肉、静脉等多路进入；口服不只是对清醒者大量一次给，照样可对昏迷或吞咽不便者用小量频频滴服、雾化吸入、乃至以药纱为媒介吸入，给药必须纠正当前的流弊，不能只顾次数，更要注重真实进入量；同时，对于煎药水质、药温、服药时间及服药后饮食宜忌等方面的严格选择与应用之妙，又可以从其“《脾胃论》服药法小议”（《浙江中医杂志》1982年第8期）窥其一斑。所以，在他的手下，98%以上的患者都成为中药治疗适应者，他创立的广泛用治多种急重症的“覆吸疗法”和“小剂量速治法”、“中医灌肠突击疗法”，和对“输液反应”以针刺为主、中成药或汤剂辅助的中医辨证论治理论体系与救治方法，均有效地填补了中医学术体系的空白。

在基础理论研究方面，赵斌同志从长期的医疗实践中深刻认识到，医疗技术的不断完善和创新固然是一名医生永远需要追求的，但反思当今中医学之所以被动的原因，更为关键者还在于基础理论的迟滞不前，其中没有一个系统而具有广泛对接适应能力的中医学物质体系，是为大中之大者，为此，他从反复温习上学时刘举俊先生“当一辈子中医淘一辈子气”的教诲中顿悟，于1981年后期开始，

尽力博览中外哲学史和物理、化学、自然科学发展史，通读中西医学经典著作，结合当代医学发展状况与前景，终于1983年构划出了中医学物质体系图（在1983年“甘肃中医学院学术年会”上交流并获奖），之后又反复论证，研究总结出 “中医学物质体系”为主题的学术论文11篇，其中“试论中国传统科学的物质体系”一文，曾在《河南中医》杂志1993年第6期首篇刊载，继而在“第二届世界传统医学大会暨‘超人杯’国际优秀成果大奖赛”中获三等奖（获奖名单在美国《世界日报》及中国《科学中国人》1995年第 6 期中庄重公布）；“中医学物质理论体系的建构”一文在“第一届世界传统生命科学大会”上交流，并在《亚洲医药》杂志上发表；至1997年，由该11篇论文组成、以“关于中医学物质体系的研究”为主题的基础理论研究项目，历时16年之久，以获得“甘肃省医药卫生科技进步三等奖”而正式全貌脱出，该课题高屋建瓴地倡明“以‘气学说’为核心，创新中医理论体系”的宏伟构想，并已建立了集传统与现代科学成就之大成、为中医现代化奠定重要基石的物质理论体系，相信它将对整个中医学术体系的发展产生深远影响。面对临床，他发出了“辨证是关键”的感叹和呐喊，旨在既时刻提醒自己，更在针对中医队伍褪色的现状当好忠实捍卫者，从务实出发，他不仅经常把自己的辨证论治经验整理发表，并且刻意从基础理论发微着手，融中医生理、病理、证候学与古今大家学说和自己的创见为一体，著成了写作独具一格、继承与发展并举、极具实践指导意义的典范之作——《中医辨证学导论》（2万字），与现今学界流行医论体裁及深广度相比，不可不谓之佼佼者。

赵斌同志尚且在中医经典著作研究和老中医经验总结方面成果丰硕。例如在对古今医家皆感棘手的喘证论治上，他能娴熟精当地应用经方——表虚气逆者有“桂枝加杏朴汤”，寒饮停肺者施“小青龙汤”，饮阻中焦者以“苓桂术甘汤”，湿郁三焦者化“三仁汤”，阳虚水泛者制“真武汤”，肝阳暴脱者布《金匮》“肾气汤”重用山芋，依次加减，颇有效验。再如治疗心肌梗塞时，活用尊师付纪纲副主任医师经验，从治气机厥逆着眼，以“左金汤”和《伤寒论》“甘草干姜汤”为基，辨证补泻，效如桴鼓。在救治精血衰败型“再障”或内外伤所致的重度失血时，仿今人验方“精血再生汤”加减，亦多有显效。当然，大量的实践和思考更促成了他大量的自主创新，有如从1996年形成的“清化汤”系列方，即可较好地治疗湿热在上焦（1号）、中焦（2号）、下焦（3号）诸证；从1998年形成的“消胀散”方，已经使众多外妇科手术后及多种腹腔感染所致的肠麻痹腹胀患者解除痛苦；三种脑病验方也已成为成县中医院脑病专科的支柱。

主要成果

赵斌同志在其长期的医学生涯中，始终坚持临床与科研并举，不仅使10万余患者解除病痛、起死回生，为当地的社会和谐发展做出了突出贡献，并且有总结的《关于输液反应辨证论治的研究》等5项科研成果获省地县“科技进步奖”，发表的56篇论文中，有5篇参加国际学术交流，16篇获国际国内优秀论文奖；独著出版医学著作《杏林探幽》一部（26万字），并与国内专家合著出版《医古文注译解析》、《中华效方汇海》、《中国中医药最新研创大全》、《天人合一养生观》等书。

78 赵建成

名人小传

赵建成，男，中医主任医师。1983年毕业于河南中医学院医疗系，曾任陇海医院，长虹医院院长，北京中华民族疑难病研究中心主任，北京中研国医馆门诊部主任；现任北京健安医院和北京万国中医医院高级顾问万国中医医院内一科（疑难杂症科）主任，中研·杏林（北京）国际医药科学研究院名誉院长、首席研究员，无极光疑难病医学研究院常务院长，并兼任香港瀚德药业有限公司首席咨询专家，北京光明东方医药研究中心学术总监，澳门华陀肿瘤研究室副主任，澳门中医学院客座教授，仲景国医大学客座教授，北京东方大学中

医药学院客座教授，阿根廷中医学院客坐教授，中华中医药学会肿瘤分会常务委员，中华中医药学会名医学术思想研究会常务委员，中国中医疑难病研究会委员，中国文化研究会传统医学专业委员会委员，世界传统医学联盟学术委员会委员，世界传统医学优秀成果大奖赛评委，现工作关系已转到中央保健局疗养中心所在地北京市小汤山医院。

曾拜已故国家级著名中医和中西医结合专家，中央领导保健医生段凤舞、余桂清等先生为师，学到许多宝贵经验。《京城国医谱》中记载为老北京外科三大名医段氏第八代传人。从事中西临床医学研究三十余年，临床经验丰富，擅长治疗各种肿瘤病、心脑血管病、风湿类痛证、乳腺病和各种内外妇儿皮肤科疑难杂症。

主要事迹经常被国家、省、市等多家电视、电台和报纸、杂志的新闻媒体宣传报道，并被载入《世界名人录》、《东方之子》、《中国专家大辞典》、《世界华人英才录》、《中国当代中西名医大辞典》等二十余部大型工具书中，并在2003年6月《世界人物·新名流》大型月刊、2005年10月国家级大型画报《中华英才·半月刊》杂志上登载。2008年3月3日在《香港商报》以标题为“正本清源，光大中医”整版的篇幅报道了他的事迹。

学术经验

对中医治疗癌症、白血病、艾滋病和疑难杂症有独特的认识和较好的临床疗效。他认为：单纯的中医药也能治好癌症，因为癌症是一类涉及整体的全身性疾病。其发病与发展很复杂。但是癌症不是不治之症，只能是是难治之症。正像董景昌先生说的，“病非人身素有之物，能得也能除，言不可治者，未得其术也。”

1、是西医不当的放化疗和破坏性的手术损伤，破坏了疾病传变规律，气血紊乱、阴阳失调，这一些病中医称作“坏病”，补其阳就会损其阴，解其表就会伤其里，化其湿就会劫其液，破其瘀就会耗其气，增加了中医治疗的难度。

2、不是所有的中医都会治疗癌症，包括一些名医在内。因为癌症的治疗，不仅要会辨证施治，还要辨病用药，才会明显有效，一些名中医对癌症的治疗没有进行过专门的研究，没有这方面的经验，所以临床疗效很差，有些病人中医辨证治疗以后短期内临床症状和生存质量都有所改善，气色、精神状态、食欲、睡眠都有好转，但对抑制肿瘤的发展和延长病人的生命期，并没有起到明显的作用。病人有一天会突然病情恶化而死亡。。实际上名医不一定会治癌症，会治癌症的不一定就很有名，名中医并不代表中医治疗癌症的最高水平。

3、用药量不够。还有一些老中医，只是沿用几十年前的药典上的药量来开方，不敢越雷池半步。他们遵照前人“用药如用兵，药不在多，独选其能”的说法，讲究药要精当，味少量小，所谓的“四两拨千斤”来治病。以前曾治愈了很多各类疾病，取得了很好的效果，但是由于时代变迁，现在药物的质量降低了，导致如今的疗效下降，如果用药量不随着病人身体状况和药物的实际情况而增减，由于药量的不足，病人体内血中的有效药物浓度不够，达不到足以改善机体、抑制肿瘤生长的程度，而造成治疗失败。这在一部分老资格、大名医中比较多见。他们的名望之大不需要将疗效做为前提，特别是在给一些重要人物看病，需要谨慎小心，该用的药、该用的量，虽然疗效好，因为有一定的风险而弃而不用，不求有功但求无过，而使一些病人未能治疗成功。

4、庸医瞎吹。癌症对于患者本人及家属都会造成难以承受的压力。受“癌症是不治之症”的影响，求医求药心切，特别是晚期癌症患者，都想找到一个办法或一种药物能治好病。因此，最容易轻信江湖骗子的什么“包治癌症”、“祖传秘方”、“治癌特效药”等宣传，不管真假，只要有人说能“包治”，就觉得有希望，便前去就医。结果骗子发了财，癌症病人上了当，遗憾的是，尽管有许多人受过骗，但还是有不明真相的人继续上当受骗。

5、目前西医发展很快，西医的治癌方法很直观，很容易被人们理解，就是要用手术、放化疗、介入等方法将肿瘤挖掉、杀掉，这正合人们的心理，并且有许多新的方法层出不穷，但是真正效果很好的方法并不多，病人如果治不好了，才会采取中医等其它方法治疗。西医就是把病人治死了，人们也没话可说的，因为癌症是不治之症，而不会以为是治疗的方法不对，水平有限。而中医就不

同了，本来人们就不相信中医能治疗癌症。所以癌症病人只要不是自觉自愿地找中医治疗，中医一般是不会主动去揽事的，因为疾病太复杂了，医学的科学性就在于不是每个病人都能治好，万一失手没治好，就会招来麻烦。有些病人找上门说，西医没办法治了，我要死了，你中医救救我吧，你就大胆治吧！不行的话，咱们签一个“生死文书”，治死了不要你负责。但是真正死了人，你这个“生死文书”还是没有法律效应的。不像西医手术前病人家属在手术协议书上签的字，如果出现手术意外或者手术后的不良后果，这个协议书就有法律效应。这就是中西医不对等，也是造成中医不敢大包大揽对许多癌症病人大胆进行治疗的原因。

实际上中医治疗癌症，如果思路对头，辨证准确，药物质量好，药量充足，服用合理，病人精神愉快，在配合丰富的营养膳食和适当的运动，包括练气功等，都是能够取得良好疗效的。作者临床几十年来运用中医药治疗了大量的癌症病人，大部分都达到了病情稳定，疼痛缓解，生命期延长，肿瘤生长缓慢或缩小，甚至有一部分病人肿瘤原发病灶和转移病灶均都消失的良好效果。所以不是中医治癌方法行不通，而是中医大夫是否真正掌握了治癌方法。因此，中医治疗癌症不仅仅要看您寻找的是什么大夫，还要看您所用的药物质量是不是很好，药量是不是很足，病人的配合是不是很协调。这是取得良好疗效的基本保证。如果祛除了这些不利的因素，掌握了要领，中医治癌疗效将会大大提高。

对艾滋病的治疗也是一样，根据我们临床观察得出结论中医药对艾滋病的治疗不仅仅是能够有效地改善症状，还能够降低病毒载量，甚至能够达到痊愈的良好效果。为什么目前中医药治疗艾滋病没有取得突破性进展？我们认为是由于以下几个方面的问题没有得到很好解决：

1、对艾滋病的不能拘于西医的认识角度，不能只着眼于病人体内的病毒含量，以病毒含量的多少指导临床治疗的思路是行不通的，一味的杀灭病毒的治疗，是只顾局部不顾整体的没有出路的治疗方法。因此要注重病人的症状和自我感受。要着眼于改变患者体质，改变患者的内环境，激活病人的免疫系统，使艾滋病毒不适宜在人体内生存和复制。

2、在辨证施治的前提下要加上辨病施治。因为抛开了中医的辨证思想，就等于忽视了人的个体差异和个人的特殊性。同为艾滋病病毒感染，在不同的人会出现不同的症状表现，从而会形成不同的证型，临床上要根据不同病人的不同体质和特征制订出不同的治疗方案。辨证不准确疗效就不会好，只知辨证不知辨病虽能够短期内改善症状最终仍然控制不了病情的发展也就不能治愈艾滋病。认为找到一两味特效药就能够解决治疗艾滋病的观点，不大符合目前的实际情况。

3、用药量的技巧是中医的不传之秘。近几十年由于中药野生资源的减少和人工种植中药的开发利用增多，中草药植物生长环境劣化和生长期缩短以及中药炮制的简单化，造成了药物有效成分含量减少，疗效降低。逼迫我们不得不加大用药量来提高疗效。所以用药量不足是不会取得明显疗效的又一原因。两千多年前西医鼻祖希波克拉底曾经说过，极端的病要用极端的方法治疗，艾滋病就属于极端的病，是不能用平常的方法治疗的。所以要打破常规，在病人能耐受的前提下，加大用药量，以便从根本上逆转病人不正常的体质状态，激活病人的免疫系统，才会短期内取得明显疗效。这是治疗艾滋病的一个突破口。

4、药物的质量是疗效的基本保证。中药和西药的区别之一，在于西药的标准化、规格化，使每一片药的含量都比较准确。而中药则不同，是以饮片的重量来计算药量的，而饮片的质量不同，同样重量的中药饮片，有效成分含量却有很大的差别。中医师临床上不大容易掌握恰到好处的用药量，只有尽量用好的药物来治疗，效果才会明显。因此，饮片质量的好坏能直接影响到有效成分的含量，也就直接影响到治疗的效果了。

主要成果

编著有《趣记方剂手册》、《奇法诊病》、《段凤舞肿瘤积验方》、《恶性肿瘤并发症实用疗法》、《蒜治百病500方》、《孕产妇食谱》、《抗癌防癌饮食》、《赵建成谈中医看病》、《肿瘤方剂大辞典》、《抗癌知识知多少》等医学著作十余部，发表医学论文数十篇。独创了“赵建成抗癌优选法”，对于中医治疗恶性肿瘤开辟了新思

路。研制出“抗癌延寿丸”、“心脑安康丸”、“百岁酒药”、“安神丸”、“止痛丸”、“化痰排毒丸”、“清血化瘀丸”、“止咳丸”、“定喘丸”、“乌发生发丸”、“解酒丸”、“起瘫丸”、“肝康丸”、“加减诸子明目丸”、“清宫坐月丸”等药，并经过临床验证取得了良好的疗效。部分药物正在审批中，部分已经香港药检部门检验合格，并将投入国际市场。

医学感悟

鉴于以上的因素，我们认为有必要探索出一条用纯中药为主治愈艾滋病的路子，研究出一套真正能够治愈艾滋病的成熟经验，然后向全国和全世界推广。

79 周华龙

名人小传

周华龙，男，系中国名医疑难病研究所特约研究员，中华临床医学会常务理事，全国推拿学会理事，全国针灸学会康复医学会理事，中华推拿医学杂志专家编委，江苏省推拿专业委员会副主任委员，南京市针灸学会副理事长，南京市名中医，世界千年名医，中华知名专家，南京市卫生系统213人才，南京市医疗事故鉴定委员会专家，南京中医药大学副教授，南京市中医院推拿科主任、副主任医师、院学科带头人。

周华龙副教授1974年任教师工作，1976年考入原南京中医专科学校，1978年以优异的成绩毕业分配在南京市中医院，1978年随近代著名老中医朱金山先生学习，随后被领导定为朱老学业的继承人，分别在1983年、1986年举行了两次拜师盛会。由于刻苦学习领悟，尽得真传，颇受朱老器重，以为续其绝学之人。积极参与江苏省推拿学会的组建和成立，1983年4月成立了江苏省推拿学组，并担任学组的秘书，1983年2月23日写了《我的一点意见：建议出版中国推拿医学杂志》给中央卫生部，后卫生部将该文转发给《健康报》，并在1983年6月16日刊登了该文，随即在1984年5月在湖北东湖宾馆召开会议。会议决定由重庆市科委成立《推拿医学杂志》，1985年成立江苏省推拿专业委员会，担任秘书，积极倡导创建全国推拿学会，并出席了成立大会。

他博学多才，中医专业毕业后，随师研习正骨推拿，深感理论贫乏，又继续北京中医函授学院和南京中医药大学研究生班的学习、深造，去北京科技干部管理局及江苏省卫生厅科研管理研修班再次学习，为以后打好了坚实的基础，由于专业理论基础深厚，分别被南京中医药大学和南京市中医院多次派遣去香港、马来西亚等国家和地区讲学和专家门诊，深得学员及病人的一致好评。

学术经验

随师不久，深得朱老的真传。刚从师时，随朱老在北京、天津、上海、江苏等地拜访了国内著名的尚天裕、罗有名、陶甫、李默林、施和生等老一辈宗师，有的放矢的“吸取精华”，把老一辈的理论和手法进行研究，加以揣摩，以朱老的流派为主，索求各流派的学说，广采众流派之长，做到有的放矢的从各流派中熟悉共性的理论和手法，抓住个性的理论和实践，找出有特性的推拿理论和临床经验。

1、独创“平衡推拿法”

多年来，大胆探索、实践，勇于创新。针对许多疾病都是由于脏腑、气血、阴阳等失去平衡而创立了“周氏平衡推拿法”，著作并出版学术专著《周华龙推拿集锦》。“周氏平衡推拿法”是医者通过各种不同的推拿手法，按仰卧位、俯卧位、坐位等其他体位，自上而下、从左向右进行平衡推拿方法的顺序，达到调整人体阴阳平衡、脏腑平衡、气血平衡等，起到治疗、预防和保健等作用。

“周氏平衡推拿法”里提出了“上病下治”、“左病右治”、“前病后治”及“内病外治”，通过近30年的临床应用和研究，“周氏平衡推拿法”用于临床，不但能诊治多系统的疾病，还可以改善和缓解许多疑难杂病，更可以适用于亚健康状态的群体，对其进行适时调整及预防保健。

北京 高氏世家

世家传略

高忠英，男，生于1938年6月，汉族。北京市人，首都医科大学中医药学院教授，主任医师，博士生导师，全国老中医药专家学术继承工作第二、三、四批指导老师。

高忠英世家业医从祖父高斐然开始。高斐然先生是河北省深县高家寺村人。早年投师医门，学有所成，在原籍悬壶济世。当时社会经济水平低下，妇、产危证给乡邻家庭带来很大的痛苦，是延医就诊率较高的疾患。高斐然先生应一方所需，术有专攻，擅长妇科、产后危难急证，驰名乡里。

高斐然先生传医于长子高金印，次子高金堂。次子留守乡里承续祖业，为乡亲邻里把脉除疾。日寇侵华扫荡中原时，高金堂不幸被日军杀害。伤痛之余，长子高金印到京城应试，经国家卫生厅考试合格，更名高世卿，在北京南城梁家园甲5号挂牌行医。初以家传为依托，主诊内、妇二科。后得《推拿秘书》，潜心自学而成，以小儿推拿独步京城。解放前曾任北京中医师公会监事，解放后曾组织联合诊所任所长，后并入宣武区大栅栏医院，享年80岁。

高金印传医于长子高忠民，三子高忠英。长子应乡里诚请，回农村继承祖业，解放后入深县医院护驾池分院工作，任中医师。

高忠英20岁经北京市卫生局考试合格，入北京市中医医院工作。1959-1971年在北京中医医院任内科

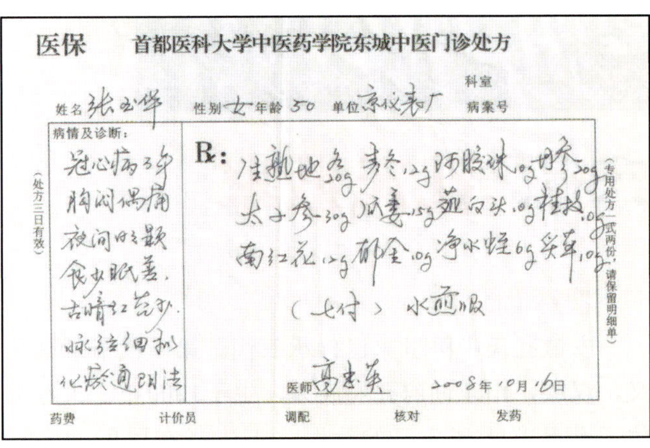

医保　首都医科大学中医药学院东城中医门诊处方

姓名 张玉华　性别 女　年龄 50　单位 京仪表厂　科室　病案号

（处方三日有效）

病情及诊断：
冠心病3年
胸闷偶痛
夜间明显
食少眠差.
舌暗红苔少.
脉弦细涩
化瘀通阳法

R：生熟地各20g　麦冬12g　阿胶珠10g　丹参30g
太子参30g　瓜蒌15g　薤白头10g　桂枝10g
南红花12g　郁金10g　水蛭6g　炙草10g
（七付）　水煎服

医师 高忠英　2008年10月16日

（专用处方一式两份，请保留明细单）

药费　计价员　调配　核对　发药

中医师；1971-1985年在北京市卫生职工进修学院任方剂教研室主任、副主任医师；1985-2001年在北京联合大学中医药学院任方剂教研室主任、教授、主任医师；2001年至今，在首都医科大学中医药学院任温病教研室主任，兼任北京中医药学会基础理论学会委员。

为丰富家学，提高医术，高忠英曾就读于北京市中医进修学校，1962年拜京师名宿魏舒和为业师，先后专题研治呼吸及消化道疾病，收效颇良。1997年，高忠英教授被确定为国家级名老中医，其业绩先后被收入多部相关辞书。

高忠英教授一生精勤于学业，发表专业论文10余篇，如“五脏补益法”、“引火归原法的实质与运用”、“中医临床用药配伍规律”（此文入编《中国当代跨世纪医学论丛》）等等。此外，还参加编写《实用中医学》（获部级特等奖）、《实用中医营养学》以及《徐大椿医书全集》注释工作。1987年主持科研国家级课题之子课题“脾胃病证中药方剂知识库”，针对脾胃诸病证，搜集历代医籍中相关的药物与方剂，按程序编计算机数据库，搜索窗口菜单，可了解药物的性味功能及不同版本本草书籍的记载，方剂出处、组

成、主治及同名方剂的差异。知识库可按病证的类型（如胃痛虚寒型），计算机可根据该型常用方剂中药物使用率，经筛选演示出一组常用的方药，以供学者参考。该课题获市局科技一等奖。其后将其补充为“五脏病证中药方剂知识库”，在国际传统医学大会上获金奖。

高忠民之子高燕生毕业于河北中医药学院，与同班同学张敏志同道合结为连理，一同留在石家庄从医，成为高家世医第四代。

学术经验

1、善用五脏补益

高忠英教授集从医50年丰富的临床经验，结合临床用药配伍规律的研究，提出五脏补益基本法则，强调整体观念，倡导治疗慢性病以补益为主，着重提高自身免疫机能。如治疗气管炎久咳不愈者，以补气养阴的补肺汤加味，效果显著；补肺汤加益肾及脱敏中药治疗哮喘；玉屏风散加味及脱敏中药治疗过敏性鼻炎。慢性肝炎用滋补肝肾法，提高自身免疫力，阻断病毒生存条件，疗效肯定，复发率低；补益肝肾加白花蛇治疗红斑狼疮多例；补肾益精加虫类药治疗脊髓空洞症，均取得显著疗效。

2、巧用“引火归元”

高忠英教授临床思辨精当，对疾病寒热不是简单的温补和清泻。比如，巴戟治阴阳俱虚之高血压，遇有虚阳上越者，更加附子、肉桂，通过引火归元提高降压效果。此外，治疗慢性胃炎创立脾虚胃燥型，寒热并用法取得理想效果等等。

3、创制方剂图析

高忠英先生从事方剂学教学20余年，重点从事方剂理论及临床运用的研究，以寻求方剂配伍规律。他治学严谨，教学直观，敏于接受新事物。他在教学中创造一套方剂电化教学图表，重点突出方剂君臣佐使组成原则理论的分析，直观性强，易学易懂，提高学习和教学效果，受到各层次班级同学的称赞，1991年将其整理为专著《方剂图析》刊行。

4、精编个人医案

高忠英教授医、药双修，既有家传和亲历的丰富临证经验，又长期从事中药学高等教育。他的医、药经验，来自临床又验之于临床。为了提携后学，高忠英教授晚年集带徒临床验案编著《高忠英验案精选》，每例验案后附注按语，提示辨证和方药要点，把自己几十年治学从业经验系统整理，留给后学服务社会。该书已由学苑出版社出版。

轶闻趣事

1、悲喜交加父母心

李某有双胞胎儿同患病毒性肺炎，急诊于儿童医院，经3日高热不退，其中一患儿不治病亡。丧子之痛，使父母伤心欲绝，对另外一息尚存的患儿也失去了治疗信心，悲痛之余，坚持抱子出院。经介绍燃起一线希望求诊于高氏中医第二代高金印先生。高金印先生用中药结合小儿推拿迅速解除高热，七日后病愈，家属敲锣打鼓送“济世活人”匾额一块，以示感谢。

2、起死回生亲人喜

表亲张×久患高血压突发中风，昏厥不省，急诊不效，转住××医院，经治疗仍无转机，遂将其放入单间病房放弃治疗（无药物及氧气）。其子不甘心父亲无救，连夜找到高忠民先生求其诊视。观其昏厥不省人事，痰声漉漉，二便俱实，舌红苔黄黑焦厚。高忠民先生即刻用上等牛黄清心一粒，化开滴入。复用清肝泻火中药一剂慢慢滴入。次日病者说笑如常人，已转入普通病房。医生不解，谓其生命力太强，焉知此为中医之功，中药之效。

北京 王氏世家

世家传略

王伯达，男，出生于1952年。民间中医，祖传四代。中医讲师，推拿技师，中医针灸师，首届全国民营中医机构表彰大会个人得奖者。

曾祖父王九成，解放前在河北定兴一带行医，一提王先生，妇孺皆知。主以内科、针灸。他教育家庭后代行医者“救人如救火，不得有片刻耽误”。自己亦行如其言，每有患者来求医，不管刮风下雨，白天

修建茶亭多处，四季免费供给茶水。每个茶亭施地五亩，作为供水者的酬金。故里有碑证，以记善举。百年沧桑之后，至今还留有一亭，位于偃师营房口通往登封的公路旁。

河南 荣氏世家

世家传略

荣志强，男，1955年5月出生。祖籍河南省濮阳县，中医世家，大专毕业，中医主治医师。现执业于河南省新乡市医药大楼门诊部。

河南荣氏中医创始人荣好义，曾在清朝同治年间做过府吏，精通传统中医，擅长治疗胸痹、中风等内科病症。

第二代传人荣万柱；第三代传人荣玉修，传承至今，荣氏中医已有150年历史。

第四代传人荣志强秉承家学，并到正规中医药院校深造，于1976年参加工作，在延津县榆林乡中心卫生院工作至1994年，后调入新乡市医药大楼门诊部工作至2004年，单位改制后辞职自建新乡荣志强中医诊所，是荣氏中医养心堂之负责人和创始人。

荣志强医师是河南省人才学会高级人才库成员、中国人才研究会会员、中华医学临床研究特色专科专家、全国高科技健产委医疗保健康复专业委员会专业康复技术委员、中国药文化研究会学术部专家委员会全国委员。

学术经验

荣志强多年来在家传经验的基础上，数易其方，关键的有副作用的药物亲自尝试，在一般人认为多种不同类型疾病（各型心动过缓症）不存在一药而治的可能性情况下，实现了一药统治各型心动过缓症的境界。所创制的经验方“慢心速衡康”可用于各型心动过缓症患者。

荣志强把心动过缓作为一个独立的病种来治疗，他认为心动过缓既可单独为病，又可与其他各种心脏病并病，主客分明，治疗效果才会显著。

主要成果

发表了10多篇具有较高医学参考价值的学术论文，其中“‘消岩液’治疗中晚期消化道肿瘤50例”获得2001年香港召开的《世界大城市团体能力建设首脑会议及医学论坛》国际大会二等奖和国内数项大奖；受到有关部门的重视。2004年他的“‘慢心速衡康’治疗各型心动过缓症”论文收入《中国卫生事业与社会经济发展》一书。

医学感悟

当一个好中医，必须三具备，第一，扎实的理论功底；第二，丰富的复临证经验；第三，敏捷的思维反应。

河南 陶氏世家

世家传略

河南陶氏中医创始人陶运壁，生于1886年6月光绪年间，卒于1959年9月，祖籍河南省偃师市缑氏镇陶家村。自幼酷爱中华医学，并立志做一名救死扶伤

的医生。为此他潜心苦读《黄帝内经》、《伤寒论》、《金匮要略》、《血证论》、《医家四要》、《医宗金鉴》、《济阴纲目》、《万病回春》、《尊生》等医家名著。老人家医德高尚、医术高超，深受当地人民群众的拥护和爱戴，至今一些老人仍然对其念念不忘。

陶氏中医第二代继承人陶伯军，生于1914年9月，卒于1993年3月。

陶谦益，系陶运壁老先生的长孙，陶伯军老人家的长子，也是陶氏中医的第三代继承人。生于1938年1月，现行医执业地位于河南省偃师市高龙镇火神凹。他自7岁起即随祖父习医，不辞辛劳，日夜刻苦背诵中医学基础知识，对中药药性学、中医方剂学及中医理论熟记于胸。16岁时开始独立行医，至今已过半个世纪。他对待病人在辨证过程中认真细致，所开处方对症严谨。用药上灵活多变，从不拘泥于名方、成方，却十分对症。而且服务态度热情周到，在医术上精益求精，基本上已经做到“闻其声而知其人之疾苦，问其苦欲而知

其病之所在”。服务范围覆盖当地方圆百十公里，甚至外省、市都有病人慕名前来就诊。从独自行医半个多世纪来，从未出过任何医疗事故，也未发生过任何医疗纠纷。能将中药运用到如此熟练的程度，没有扎实的基本功是无论如何也做不到的。他在中医内科、中医妇科方面都有很深的造诣，尤为擅长治疗疑难杂症，如感冒日久、久泻久痢、半身不遂、口眼歪斜、头痛眩晕、腰腿疼痛、脱发、胃肝炎症、咳喘肺痈等；妇科方面：经行腹痛、崩漏带下、乳痈乳核、月经不调等；生殖疾病方面：男女不孕不育、滑胎小产、男子阳痿早泄等。

陶丰禄，系陶谦益先生之长子，生于1968年6月。其妻霍育红生于1970年6月。二人是陶氏中医的第四代继承人。现行医执业地位于河南省偃师市城关镇。二人上世纪90年代大学毕业后，为了继承祖业，毅然放弃工作，弃文随父陶谦益先生习医。如今不但完全继承家传绝学，而且正努力不断地把其发扬光大，造福社会。他们在努力消化吸收古典及祖辈的中医学成就的同时，通过当今的电脑网络、电视等现代传媒手段多渠道收集学习对自己有用的医学知识，以此来丰富完善自己，同时还注重修身、养性、修德，践行“老吾老以及人之老，幼吾幼以及人之幼”的古训，病人无论贵贱、贫富、老少，一视同仁，均给予全力救治。

兴趣广泛，受家庭环境熏陶，对医药悟性极高。从小认识了祖传医药的价值和意义，又在父亲耳提面命中坚定了传承家业的决心。他利用学校不受外界冲击的环境，把祖传医药资料带在身边，逃避了历次运动抄家被毁的危险。在校学习期间，十分关注国内外烧伤治疗进展和水平。高中毕业时，原本可以报考医学院，因当时医农属第二类大学，凡是能考取第一类理工大学的学生，学校不让报考第二类。在大学期间，肖建农就反复思考过，选什么课题做为将来的研究课题和终身职业？他认为大多数研究都要求巨大的资金和众多长期的协作者，唯有研究中医药受此限制相对较小，自己又有家传作为基础，前景乐观又可保存祖传医药。经过深思熟虑，肖建农工作之余一直没有放弃对家传中医的研究整理，刚走上工作岗位不久，1969年曾经向当地卫生行政领导提出组建烧伤专科医院。由于种种原因未能如愿。1977年，洛阳郊区某公社邀请肖建农前去指导办烧伤特色专科医院。该医院赢得了一定的口碑后，郊区卫生局以组织名义与肖建农单位商谈合作办洛阳烧伤医院。洛阳烧伤医院建成后，肖建农任业务院长和科技中心主任等。后因管理体制方面的原因，肖建农退出了洛阳烧伤医院，但一直没有停止对家学的实践应用。2008年由国家中医药管理局领导的中国民间中医药研究开发协会授予“中国民间中医中药特技人才”称号。并吸收为全科医师协会会员。2004年，中国经济杂志社编辑的《强国丰碑》刊载了“治病疗伤独树一帜　弘扬祖国医学精粹——‘自治疗法’创始人肖建农”的文章。

肖建农多年来一直关注中医药实践和发展，历年参加多次行业会议并提交会议论文。1990年，在河南省医学美容学术大会上发表了“自然疗法治疗烧伤后遗症的总结”论文。2003年，在中华中医学会主办的中医药创新发展高级论坛大会和论文集上发表了“影响中医药疗效与发展的主要原因及其解决方法”的论文。2006年，在“十一五”国家科技发展交流大会和会刊上发表了“自体培育疗法——治疗烧伤的特效方法”。2008年在《首届全国民间名中医经验交流大会和论文集》上发表了“自体培育疗法治疗烧伤”的论文。2009年，在由卫生部、国家中医药管理局、科技部、民政部、上海市政府等单位举办的国际健康生活方式博览会：中医治未病及生活方式干预模式论坛上，发表了“治未病是保障机体健康的重要措施和时机——‘自治疗法’是治未病的理想方法”的论文。2009年6月，应邀参加第六届全国烧伤救治专题研讨会（创面愈合与修复临床治疗及基础研究进展），向大会介绍了“修复烧伤创面全息组织的自体培育疗法”理论和方法及解决的问题，

第十三代继承人肖乐山，自幼跟随父亲肖建农学习家传烧伤疗法，1994年自医科大学毕业后没有接受分配，肖建农力排瞧不起民间中医药的世俗看法，让儿子跟随自己传承家学。

学术经验

肖氏烧伤疗法是一种以中药内外兼治，不植皮、无刺激性痛苦状态下愈合创面的疗法。该疗法以机体为治病主体，通过药物等手段启动、诱导、掘发、扶植机体抗病愈伤本能和能力，利用创面坏死组织建立生理环境体系，改善微循环，防止休克和感染；利用体液和机体的调控能力，在创面上建立生理培育系统，培育创面组织修复创面。1988年4月，洛阳广州市场农贸市场发生火灾事故，烧伤数十人。其中重伤21人，分配给肖建农四个重伤员。这四名伤员在两月内全部治愈上班，无疤痕和残疾，费用最高不过三千元。2002年6月，“肖建龙烧伤疗法”即“自体培育修复疗法”经国家民委和国家中医药管理局联合举办的“首届全国民族医药特色疗法总结展示推广大会”批准为展示推广项目。

轶闻趣事

留下一线光明

病例19880720、病例19881023是同一病例两次就诊的李某，男，20岁。1988年7月13日晚，整个脸眼、耳颈、胸、臂等被泼硫酸烧伤。住某医院治疗，因医生说脸上一定会留疤，家长与医院领导商量同意，特邀肖大夫前往用自培修复疗法治疗除眼以外的创面。眼睛由该医院治疗，经治28天后，眼以外99%的创面已愈，没有疤痕等后遗症。但右眼视力越来越差。该院把他转送上级专科医院，治疗两周后，摘除了右眼球。治疗两个月后，左眼球溃烂象烂桃，诊断摘除。患者和家长不同意，转院去上海和北京。也都诊断摘除左眼球。

无奈返回洛阳，请求肖大夫保留左眼球。经查感染绿脓杆菌，经肖建农用自培疗法治疗一个星期后复查分泌物，培养不出细菌来。治疗一个月而愈，保住了左眼球。

医学感悟

果实只会报答精心耕耘的人。提高救治水平，医学永无止境。

河南 楊氏世家

世家传略

年过七旬的杨国祥，出生于河南一个传承近三百年的中药世家，但他年轻时期初入家学之门不久就投笔从戎，转业后以教师为职业，直到从中学高级教师岗位退休，才得以回归家学，专心整理家传品牌“杨荣先铁鹿牌眼药”。经过杨国祥老人系统挖掘整理，“杨荣先铁鹿牌眼药” 被河南省委宣传部、省文联公布为首批河南省“老字号”。

“杨荣先铁鹿牌眼药”是河南舞阳县最早的老字号，是民国时期舞阳最早的一家注册商标，至今已历七世家传。

杨荣先是清朝乾隆最初年间人，不第秀才，弃官场而转道岐黄，修养颇深，为当时以眼科为主的一代名医。铁鹿牌眼药由他始创，是继承而来或他学而来已无从考证。

杨荣先的祖上原本从山西大槐树迁徙至舞阳，

最早祖居于城西“王行义”，后迁居于卸店东门外郑庄。卸店位于舞阳城西12公里，由西汉末年王莽篡

位，光武东兴，昆阳之战刘秀大败王莽，过此曾卸下盔甲休整而得名。杨荣先便在卸店东门外的郑庄官道南侧，买地建宅，行医看病。

清道光年间，杨荣先的三世孙，在社旗、小史两地开设杨荣先眼药铺和棉花行，生意兴隆，家道兴旺，很快成为当时的名门大户和闻名遐迩的眼科世家。

到了杨荣先的四世孙（大约是咸丰、同治年间），其家发生了一次重大历史变故，因吃官司、遭抢劫、失火，灾祸连发，劫难惨重，可谓家破人亡，最后仅幸存下杨廷兰兄弟二人，即杨荣先五世孙。

杨荣先六世孙弟兄四人：大哥杨培麟、二弟杨培金、三弟杨培容、四弟杨培钧，都已结婚，子女多出。抗战胜利后，全家人口由杨廷兰夫妻二人发展到二十一口。扩充门店，多方经营，解决人口众多的生计，已成为迫在眉睫的现实问题。除杨培金、杨培钧留守舞阳老店经营外，1946年至1947年，杨培麟在遂平县城内开设“杨荣先眼药”铺，杨培容在遂平诸市店南街开设“杨荣先眼药”铺。1947年秋杨培麟又在漯河选址赁房，准备开设第四处，刚刚办好不久，因情势有变而撤回遂平。当时，杨荣先的七世孙杨国祥已上初中三年级，作为长门长孙，父辈要求他：努力考入大学专攻眼科，光大杨荣先铁鹿牌眼药。

1947年冬舞阳解放，1950年土改，家里被划为地主兼工商业者。杨荣先眼药铺作为民族工商业而保存下来，生意兴隆，眼药畅销。1953年春，杨家分家，分店经营。杨培麟病逝，遂平县城内的眼药铺停业。身在遂平诸市街的杨培荣仍在继续经营杨荣先眼药。1956年实行工商业公私合营，进行社会主义改造。舞阳以杨荣先眼药铺为中心，组建改组为“红旗药店”。杨家有六人参加：杨培金、杨培钧、柴大妮（杨培麟之妻）、王祺云（杨培金之妻）、余静贞（杨培钧之妻）、杨国治（杨培金之子）。杨培容（字子清）在遂平诸市街的杨荣先眼药铺并未实行公私合营，他仍在私下里配制销售，小买小卖，亦农亦商，从未停歇。

杨国祥是杨廷兰的长孙，视之为杨荣先七世长门传人。1937年杨廷兰亲自主持，选聘清末老秀才杜时贞来家做家庭教师，悉心教导，使之成才，读四书五经至1941年杨廷兰逝世。他自幼沉默好学，四年私塾读过之后，便在其父辈的熏陶、感染、指导下，开始阅读一些中医眼科典籍，如《银海精微》、《审视瑶函》、《眼科纂要》等。遇有患者就医，父亲总给讲一些这类眼病的有关症状和治疗方法等。1942年开始上洋学堂。

客观的现实是不以人的主观意愿为转移的。阴差阳错，杨国祥在信阳上高中时，为抗美援朝、保家卫国而参军，转业后成为一名职业教师。事实上他在部队和教书期间，都在习读其父留给的典籍和方术，并给亲友和知情者出具方药、医治眼病，直到1989年退休，才开始配制杨荣先铁鹿牌眼药服务患者。在家设铺，下乡赶会，并利用自己是高级教师的身份，到各乡镇中学送医上门，为学生看眼治病。在防治红眼病、砂眼、假性近视上取得良好效果，在治疗角么溃疡、青光眼、视网膜炎、视神经炎、麦粒肿、散粒肿、迎风流泪方面，都有独特疗效。

杨国彬是杨培容的独子，他一直跟随其父看眼治病，配制销售杨荣先铁鹿牌眼药，在杨荣先七世孙中排行老四。在治疗眼病上经验颇丰，也很有造诣。其父逝世后，除在遂平诸市南街设铺立门头外，并继续赶庙会。如一年两度的老槐树会上（杨廷兰当年闯江湖卖眼药的老根据地之一），仍然名声犹在，眼药畅销。

此外，杨培金的两个儿子排行老三、老五也在销售杨荣先眼药。配方虽同出一宗，但鉴选药材、煅烧火候、炮制工艺、精细成度是会有不同的。

杨国祥与其他家族人等虽属同宗，但1953年分家后，至今已逾半个多世纪，早已不是一家。各门各家，各有秉承，各得所传，各有优劣。2005年杨国祥提供给抢救古代文化遗产工程领导小组的“祖传七代杨荣先铁鹿牌眼药”老字号申报材料是第一手原始材料。2007年10月25日被省委宣传部和省文联公布为“首批河南老字号”之一。总体上说，他是就杨荣先五世掌门传人杨廷兰、六世掌门传人杨培麟、七世长门传人杨国祥一脉相传的传承而言，不对其他各家详说细论。杨国祥认为，其他各家有更丰富精彩的史实，可自书其实，详论细说。

学术经验

杨荣先铁鹿牌眼药，属中医眼科外点用药。他之所以畅销七代，历经二百八、九十年而不衰，并非它是自天而降的灵丹妙药，而是它对祖国中医眼科学的继承发扬，并日臻完善的一种成果。

远代如杨荣先，近世如杨廷兰都是以眼科为主兼善它科的一代名医。六世孙中如杨培麟、杨培金、杨培容都是中医眼科医生。据杨国祥回忆，他家原本保有大量古代医药和眼科论著，如《目经大成》、《审视瑶函》、《银海精微》、《秘传眼科龙木论》、《眼科七十二症》、《眼科纂要》、《普济方》、《证治准绳》、《本草纲目》、《医宗金鉴》……，那些书都是祖辈和父辈常读的，现在他还放有其祖父杨廷兰署名批阅过的《审视瑶函》、《银海精微》等。以中医经典作为基础，杨荣先祖传中医眼科是整体论治，而非头疼医头，脚疼医脚的局部论。杨氏认为，“目者肝之外候也”，“五脏六腑之精气，皆上注于目而为之精”，“脏腑之疾不起，眼目之患而不生”。因此医治眼病，必须辨五轮、明部位、通脏腑、知归属、辩八纲而施治。外点内服，选用最佳方剂。杨氏还认为：人有两眼，犹天有日月。天有日月才能光耀大地，人有两眼方可明察秋毫。日月有暂时之阴晦，乃风霜、雨雪、烟尘、云雾之所致；两眼有旦夕之病患，因风热、湿毒、七情、六淫之为害。由于发病部位、致病原因、时间长短、危害浅深、脏腑病变之不同，其祖传眼科将它分为两大类而治之：

1、外障眼病：如暴发赤肿、涩酸痒疼之结膜炎、角膜炎、虹膜炎、泪囊炎、胬肉攀睛、眼睑炎等等，多为外感六淫。主表、主阳、主实、主热，以外点眼药为主，若辅之以内服汤药则相辅相成，收效更捷。

2、内障眼病：如青光眼、视网膜炎、视神经炎、眼底出血、青盲、夜盲、白内障，多为内伤七情。主阴、主里、主虚、主寒，以内服汤药，调理脏腑机能为主，辅之以外点眼药，标本兼治，得力及时方可收到捷效。否则，治疗失误形成沉疴痼疾或失明，将成为终身遗憾。

若外障眼迁延时日，治疗失误，也会转化成内障眼，久则顽而成瘼为害终身。如当前青少年学生中，大量出现的假性近视，并非一般的所谓坐姿不当、光线不足造成的。其根本原因在于慢性结膜炎或沙眼长期失治，双目辄处于干涩昏羞、酸胀痒疼、马虎流泪之中，视力逐渐下降，日日为甚，即使配戴眼镜已不能控制其发展，致使病入腠理，伤及脏腑调节机能，而成为终身近视。

内障眼虽多为阴症、里症、虚症、寒症，但也不能固执一端而守之，必须善于因病达变，辩证而施治之。治病如打仗“知己知彼，百战不殆。”攻其要害，所向披靡，才能战而胜之；用药如用兵，运用之妙存乎一心。心之所使，药之为用，病之见除，功之卓著，赖医道之精通，方术之清纯。

角膜溃疡是外障眼病中较难医治的眼病一般治疗极易造成角膜云雾，一旦形成，往往判之曰角膜溃疡后遗症，不能消退；视神经萎缩（中医叫青盲症）是较难治的一种眼病。大医院治疗住院也需二年上下，二年内治好就是最佳效果；青光眼的治疗，现在西医的治法主要是开刀。开刀有治好的，也有治残的。对这些较为难治的眼疾，杨氏眼科都有相应的方药予以治疗。

学术成果

在外点用药上杨荣先铁鹿牌眼药的系列产品有：①“硇砂退云膏”：主治酸胀痒疼之结、角膜炎，星点白快、胬肉攀睛。②“琥珀白玉膏”：主治眼昏流泪。③“珍珠清凉散”：主治红肿涩酸、马虎昏蒙。④“七宝烂眼丹”：主治眼睑糜烂、化脓。⑤“紫金碇”：主治爆发赤肿眼。

内服药，除因病施治、对症开方喝汤药外，还配有确保疗效的多种丸药和胶囊，其代表产品有：①“30号丸”：主治清热解毒。②“20号丸”：主治平肝明目。③“三参胶囊”：主治化淤止疼。④“翳散明”：主治云翳白块。⑤“青光安”：主治眼胀、眼疼。⑥“近视明”：主治假性近视。⑦“视萎平”：主治视神经萎缩。

轶闻趣事

1、杨氏眼药的“外资背景”

自1932至1947年，为了选购上等药材，杨培麟曾四下香港。香港有一家德国人投资开设的“永盛和药栈”，专门经营参茸、上等梅片、熊胆、麝香、珍珠、牛黄、猴子枣、犀牛角、羚羊角、海南沉等地道稀有贵重药材，是他们家与之建立密切联系的商栈。签有契约：“永盛和”供给所需药品；他们向“永盛和”供给杨荣先铁鹿牌眼药，销向港奥和南洋。各记各价，定期结算。所以杨国祥少年时期就见过并知道什么是上等梅片和其他贵重药材。

2、独特工艺震惊邻里

杨荣先铁鹿牌眼药中，相当一部分用药都需自己加工炮制，一定要煅、烧、熬、炼适度，不惜功夫，精益求精。据杨国祥讲，他记得有一次家里用二十一个大铁罐烧药长达七天七夜，每到夜晚火光耀目，左右邻里误以为他家失火，奔走相告，跑来救助。

3、仁心养仁术

杨荣先铁鹿牌眼药之所以能影响布于古今，杨家自己总结了几条经验：在产品质量上，选用上乘药材、配制精益求精；在经营道德上，药真价廉，童叟不欺；保质保量，薄利广销，使广大眼病患者治得起病，买得起药；在服务态度上，堂堂正正，和蔼可亲，体恤病人。以患者之忧而忧，以患者之乐而乐。杨家一直有年节免费为贫困者治病的传统，曾在眼病大流行期间，将成筐的“紫金锭”眼药端到大街上，撒给民众，分文不取。

由于“杨荣先铁鹿牌眼药”载誉四方，有人便假冒其名而卖之者。一次一个假冒者竟然把摊子出在杨家生意门口的东边。街坊行人对他班门弄斧、肆意妄为的行径都很气愤，因而痛斥其不义所为。但是，杨国祥的祖父杨廷兰却把他邀请到生意后的套房内，热情地宾客相待，促膝畅谈，留住三天后，送给路费，归还行装，送他走了。当别人惊奇的问及此事时，杨廷兰说：“人家跑着到处替“杨荣先眼药”宣传，既有功劳也有苦劳，怎能不热情地加以款待酬谢呢？”大家无不为他有容乃大的胸怀而赞叹。

制三大程序，一个也不能少。比如，第一道程序精选，为的是选取药材的药用部分，除去非药用的部分和异物、杂物，达到清洁纯净，将药材按形状大小分开，便于操作处理。在净选过程中，严格遵循拣选、筛选、风选、清洗、刷净、刮除、剪片等10多道工序，将所有药物都清理得干干净净，去除非药用部分。

药材经净选、切割后，采用炒制、煮制、蒸制、炙制、煅等办法进行炮炙。达到药材加热，使辅料炙入药材组织内之目的。“除风活血壮筋丸”所含30多种中药，其中18种中药材炮制技术佑家有独到之处，这也是祖传秘方的秘密之处。举例：马钱子炮制的秘诀：马钱子有大毒，质地坚硬表面密生绒毛，有解毒、散结、活络、止痛之功能，属必选药物。经过多次试验，佑家发现用油砂炒至它能起到特有功效程度时，取出，筛去油砂，用水浸漂2～4小时，取出，刮净绒毛，切片，烘干。这样能使毒性减低，功效提高，质变松脆，易于去毛及粉碎。

趣闻轶事

“游城三日的郎中”

北洋军阀时期，有一师长张大龙因风湿病常年困扰，痛苦至极，走到哪里就在哪里张榜求医，后到河南听说驻马店佑建业治疗风湿骨伤在当地颇有名气，就慕名找到佑建业老医生，经佑老的精心治疗，他的风湿顽疾终于得以康复，张师长非常高兴，派专人制作“妙手神医”金字匾牌一块，用车马拉着管弦乐队游城三日，家喻户晓，从此传为佳话。

医学感悟

同情与怜悯也许能给患者安慰，精湛的医术和可靠的药物，才能解救患者的疾苦。

河南 袁氏世家

世家传略

袁希福，男。中国共产党党员、主任中医师、

中国卫生联盟客座教授、中华中医药学会肿瘤专业学会委员、上海希福抗癌免疫研究所所长、郑州希福中医肿瘤医院院长。

袁氏中医世家从乾隆年间便开始行医，到嘉庆年间已经远近闻名，独成一派，收集大量民间秘方，尤其善治疑难杂症。袁希福12岁时，就在祖父指导下开始熟读《药性总论》、《本草备要》、《汤头歌诀》等中医名著，在家庭熏陶下，积累了一定的临证经验。中医药大学毕业后参加工作，除每日临床应诊外，还经常利用休息时间，深入广大农村，为缺医少药的父老乡亲义务诊病。其中，有许多身患癌症的农民，已在大城市几经周折，倾家荡产，无望而归。望着他们焦急、绝望而又期盼的目光，袁希福暗自发誓，决心拼上毕生精力降服癌魔！为进一步提高临床水平，他曾先后到北京中医药大学及中国中医研究院深造。袁希福认为：癌症不是一个

单一的局部病变，而是全身性疾病在局部的反应。可以用“虚、瘀、毒”三个字来概括本病的实质。他强调：在治疗中仅仅着眼于局部是不够的，要想达到治疗目的，必须全面调理、重点用药，最终达到自然状态下的阴阳平衡，化有形于无形之中。他对数十年来所搜集到的6000多个抗癌秘、单、验方和2000余种中草药进行了精心比较、筛选、整理，并与家传的袁氏医方进行优化组合，在临床实践中对治疗效果进行仔细观察，悉心研究，每味药都不轻易放过。多年来，他在治疗肺癌、肝癌、食道癌、胃癌、肠癌、乳腺癌、子宫癌、膀胱癌、脑瘤等多种恶性肿瘤方面积累了丰富经验，早在2002年，受邀与上海同济大学科技园合作创建上海希福抗癌免疫研究所，并担任所长。

学术经验

袁希福知道药典中记载有一种叫天南星的抗癌中药，毒性很大，在很多医院，如用药超过药典规定量则必须由院长签字。但在他搜集到的一些民间抗癌经验方中，天南星的用量都比较大。他想起小时候听祖父说，甘草能“调和诸药、解百毒”，为了提高方剂疗效，他用自己亲口尝试的办法，运用甘草降低天南星毒性，适当加大剂量以提高治癌疗效。袁希福致力于中医药治癌数十余年，形成了“三联平衡疗法”的个人经验，总结出“天蟾消瘤汤”、“消瘤透骨砂喷涂液”经验方剂。

轶闻趣事

为村支书家救急解难

上世纪80年代，在盛夏割麦期间，邻村的村支书神情惊慌地找到袁希福，诉说其父亲近些日子滴水不进，怕是危在旦夕，现在是麦忙时节恐无力拉其父亲外出医治，让袁希福先救救急，一定要让老父亲的病拖过收麦期。当时刚刚中医药大学毕业的袁希福，根据老人的症状给配制了一剂药方，拌入奶粉中服用下去，不多时老人渐能进食，看到老人家躲过了这一难关，袁希福自己也信心倍增。

医学感悟

医学的历史，也是不断攻克“不治之症”的历史。哪怕用自己的一生来攻克一种顽症，都将是非常有意义的。

湖北 王氏世家

世家传略

王岳，男，生于1933年11月，现年77岁。湖北省咸宁市人。中西医结合主任医师，先后任咸宁市中医院、咸宁市肝病医院院长、湖北省咸宁制药厂首席技术顾问，现任武汉王岳国医馆主任。王岳医师从事肝病临床、科研40余年。临床经验丰富，屡起沉疴，远近闻名。撰写《乙肝咨询》、《浅谈黄疸》、《病毒性肝炎防治与康复》、《肝病硬化病学》等专著。他多次应邀前往欧洲、日本、东南亚等地，医学特技现场演示、学术交流。

王岳生活在一个传承过百年的中医药世家。高祖王国定，生于乾隆庚戌年正月，享年47岁，王国定通过科考成为“秀才”，兼修传统医药，开设了一家“王国定中药铺”，为地方群众治疗疑难杂症一举成名。

曾祖王逢吉，生于道光末年五月，享年63岁。从小熟读诗书，全国科考中“举人”入朝为官，任福建总督。鸦片侵入中国后民不聊生，告老还乡，专门研究戒毒药，成功研究了“桃花戒烟散”，受到朝廷及群众的高度赞誉。

祖父王凤溪生于咸丰乙卯年冬月，享年68岁，科考三考连中三元入朝为官。后继承父亲王逢吉太医馆，发明胃痛竹纸丸，远销南洋，光大家业

父辈王筱洲。生于光绪癸卯腊月，享年80岁。曾为军阀吴佩孚部队治疗霍乱名震京都，是双宁县县参议员，商会会长，中医学会会长。解放后任威宁县人民医院儿科主治医师。

王岳的儿辈王建东，于2001年湖北威宁中医肝病医院成立时担任首位法人代表，从老祖宗的“小药铺”发展成大医院。

孙辈王韬华，医学院毕业后，创造性的将老祖宗的“小药铺”发展为谱爱医院。

后告诉她：已经晚期，时日不多，药物难以回天了，并建议赶紧去大医院。何女士的丈夫住进医院十多天就不幸去世了。后来，何女士又为亲哥哥肝硬化而腹水而向王岳先生求助，手足之情使她万分诚恳，暗示只要能救哥哥一命，她愿以身相许。在治疗过程中，王岳先生用心治病，何女士为王先生分担家事，两人终成连理。

2、善心开辟新家园

2004年元月，王先生携夫人何女士到武汉定居养老，何在陆军总医院对面的菜场见有一位妇女在街上痛哭，求好心人救她患有肝腹水的儿子。何好心地将她带回住处。王先生开方后叫她到街上药店取药，服药后病情好转。她当面致谢并介绍她的亲友帮王老办证正式开业行医，从此王老对特困户急重肝病人进行了减、免、缓的方针，被传为佳话。2006-2009年被湖北省人民政府连续评为“湖北省诚信医疗单位”。

学术经验

王岳查阅了大量经典文献，总结了百万字的心得体会，并将自已掌握的一百多个民间单方、验方、秘方、十方反复重组试验，从一百余种中草药中进行筛选，借鉴逐水法之长，打破传统的条条框框，从改变排水途径入手，探索出从大便消腹水的思路。从动物、细胞、分子和临床四个方面进行研究，并以神农尝百草的精神，配制出经验方组，服用后一至七小时可以排便七至十二次，若要想停止，服二枚“溏心蛋”即可。

“论小儿泻得康低位保留灌汤剂临床与研究”入编中国中医研究院首届医圣杯国际中医药学术著作和论文集。

学术成果

王岳在退休后十年里主持完成多项肝病药物课题，部分成果荣获国家新特药证书。主持研究新药课题“速效牙痛宁”，获国家新药准字号新药证书，批量生产，投放市场。

治疗乙肝新药课题诺贝得临床与研究，获评湖北省重大科技成果。

轶闻趣事

1、仁心仁术结佳缘

一位湖南籍何姓中年女士，丈夫患肝病，她向王老先生求助，请为丈夫治疗。王老先生细心诊察以

医学感悟

百年传承，医学无止境；每一位传承者均是一个亮点，众星捧月构成一幅壮观的画卷。

湖南 戴氏世家

世家传略

戴求义，男，1926年1月生，湖南省双峰县人。中医世家。教授。大专文化，曾祖父乃清代宫廷御医。戴教授自幼受家庭熏陶，勤奋好学，少年熟读私塾15载，精医理，擅临床，习经方，解放后参加革命工作加入中国共产党，在邵阳市委、市政府管理挡案，同时继承祖业，义务行医。1962年至1963年进修于北京中医学院附属医院，从此研究中医药治疗肿瘤。1964年任邵阳市中医院业务院长。1976年初与湖南中医学院谭日强院长到北京为周恩来总理治癌，

同年创办了湖南省第一家地方级中医肿瘤专科医院——邵阳市中医肿瘤医院。退休后南下悬壶，曾在广州天河区红十字会医院担任肿瘤科主任，喜讯频传，深得国内外病人的好评。被聘为世界中医学会高级顾问、世界中西医结合学会副理事长等职。1996年参加美国世界中西医结合学会学术会议荣获金杯奖。

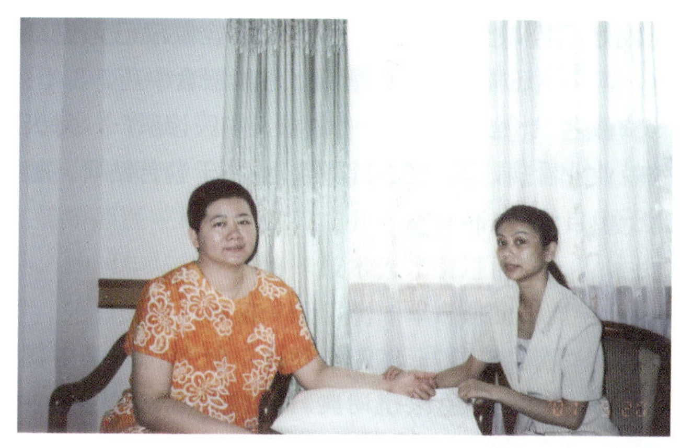

戴求义医师曾祖戴炳奎出生于公元1821年，官居朝中五品，清代御医。高祖戴静轩生于1801年，诰封中医大夫，太学生，官居朝中三品，清代御医。

戴教授四个女儿：长女戴速伶医师在广州市中医院工作、次女戴速俐医师在邵阳市制药厂工作、三女戴速改为美国南加洲医学院医学博士、四女戴速品湖南中医学院本科毕业，世界中西医结合学会骨干会员，随父行医18年，女儿都是他的接班人，每年戴老都会带着女儿去湘西、邵阳等地的大山采摘中药多次，这个传统延续至今。正是这种执着和坚持不懈的精神，使他为中国医学发展作出贡献。治肿瘤50载，走遍了洞庭波、潇湘月、长白山岭并大江南北，积累了丰富的实践经验。戴教授今年84岁，主任医师，为了解除癌症患者的疾苦，经常受到美国、马来西亚、新加坡等国家医学会邀请前去进行学术交流，并成功救助了许多当地的癌症病人，给病患带去了福音，也受到各国领导人的亲切接见，当地的报纸媒体纷纷整版报道，得到强烈反响。如外媒记者陈春钿报道：“我国前华校棉中学生暨雅加达绿鸽子合唱团成员朱国华，于2007年4月25日曾往中国上海东方肝胆外科医院，本欲进行切除肝癌手术，但经院方就绪查核认为病况已不可能做切除手术而束手无策，只好改求中医即戴求义教授，在经中医戴求义就医时，朱国华肝癌肿块有8.9公分，已转移到胆囊管1公分，重181毫升，而最后检验成果肿块只有2.4公分，重23毫升。此便将Siloam医院经Sidharta医生B超检验（USB.）屡次效果如下：2007年12月1日肿块大为69×58×89mm；2008年11月29日肿块大为39×33×33mm；2009年2月21日肿块大为35×26×24mm。以中医中药治疗，经过3个月一个疗程后，检验才有见稍微成效，进入第四个月后才看到病

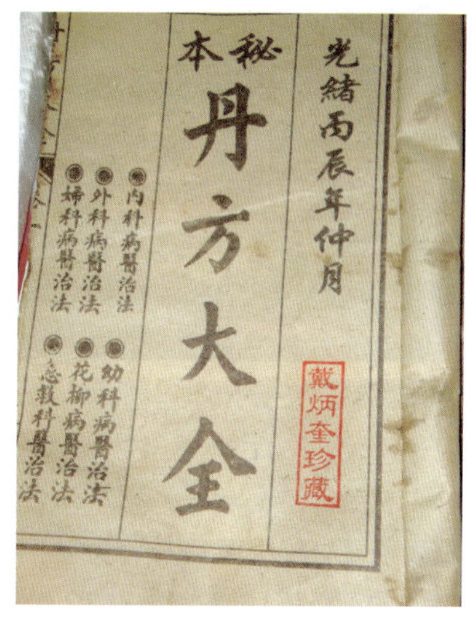

光緒丙辰年仲月

秘本 丹方大全

内科病醫治法 外科病醫治法 婦科病醫治法

幼科病醫治法 花柳病醫治法 急救科醫治法

戴炳奎珍藏

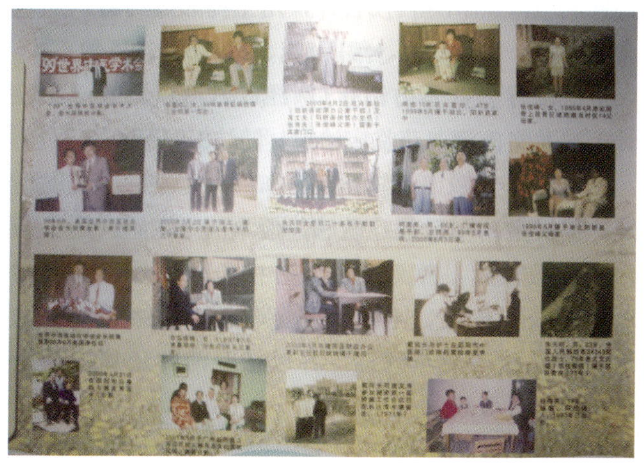

医大师、博士生导师路志正教授。是山西省人民政府文史馆员、山西省委联系的高级专家。现任吕梁市中医药研究院、吕梁市红十字会医院、山西仁爱医院院长，吕梁市关公委副主任。兼任全国高等中医院校骨伤教育研究会副会长，中国骨伤人才学会副理事长，全国骨病学术研究会执行主任委员，中华中医药学会理事并风湿病专业委员会常委等社会职务。

据长辈们说，李家祖上出过若干声名显赫的文人、官吏，后来经历时局动荡等坎坷遭遇，近代才衰落成普通的农户。李廷俊13岁那年，仅有高小文化的他当上了村里的小学教师。15岁时，他偶然与父亲的莫逆之交、当地名医石长华结缘，从此正式入门中医。

也许得益于先天的聪慧，也许更得益于后天的勤奋。李廷俊拉药斗、记配方、试草药、查典籍，几年下来，成为医道能人。18岁那年的中秋节，千家万户沉浸在佳节的欢乐中，一位离石县的领导干部突然发高烧神志不清，西医输液打针、中药清热解毒，效果甚微。情急之下，他被病人家属请去，大胆采用参附汤加石膏治疗，两剂药而安，一时传为佳话。

19岁那年的除夕，伴着噼噼啪啪的爆竹声，李廷俊走进相邻的阳塔村。村民李六斤因患骨结核高位截瘫，天天高烧，日日昏迷，滴水不进，生命垂危。面对如此凶险的顽疾痨病，李廷俊抱着初生牛犊不怕虎的犟劲，愣是吃住在病人家的窑洞里，随时观察病情、调整药剂，整整七天七夜，李六斤命保住了。接下来按疗程诊治，一年后李六斤全部康复，让方圆百里的医界同行拍案称绝。

1980年，当了20年乡镇医生的李廷俊考入山西医学院中医班深造；1984年，迈入不惑之年的他大学毕业后被调到吕梁地区骨结核专科医院工作，为骨结核医院的科研医疗付出了不少心血。1990年，他又被调往离石卫校附属中医外科医院任职。1992年，适值邓小平南巡讲话发表，民营经济如雨后春笋般破土而出。李廷俊凭着过硬的业务能力承包了自己所在的医院，迈出了自负盈亏的头一步。1993年，李廷俊恭恭敬敬地拜在中国中医研究院教授、博士生导师、著名中医学家路志正门下，当了一名虔诚的弟子。从那一刻起，几乎与中国医疗改革同步，他在创业路上留下了一串艰苦而又清晰的足印。从几千元、几间平房起家，他拥有了包括吕梁市红十字医院（现为吕梁市中医药研究院）、山西仁爱医院在内的两所基地。

李廷俊从15岁拜师学医，到45岁拥有一个救死扶伤的基地，三十度春夏秋冬，可谓酸甜苦辣。他常说：“名医生要知柴门冷暖，小医院要解大众疾患。”这两句话言简意赅，既道出了国际红十字会崇尚的宗旨，也诠释着他矢志不渝的从医理念。

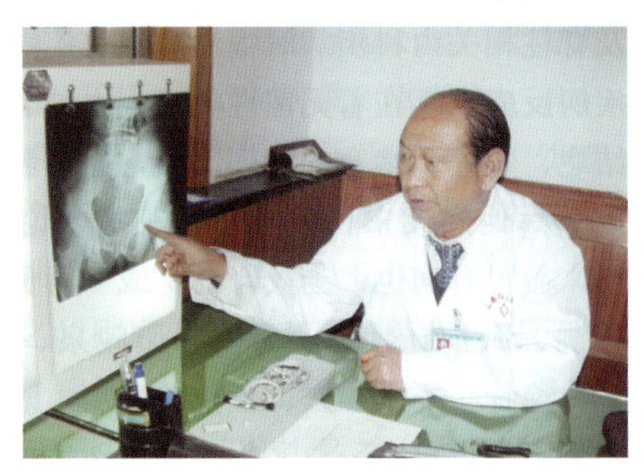

李廷俊获得众多殊荣：“第五届跨世纪人才十大新闻人物”、“全国十大杰出医学跨世纪人才”、“中华骨伤医学大师”、“全国百名道德模范”、“全国敬业奉献模范”、“山西省劳动模范”、“山西省卫生系统有突出贡献人才”，山西省“道德楷模魅力人生·十大文明形象大使”，在庆祝新中国成立60周年之际，获得“时代功勋——第六届感动中国十大杰出医院院长”，还参加了庆祝建国六十周年共和国功模人物代表大会，并被授予“共和国功模人物”。他在国内外刊物发表及学术会议上交流的论文

达50余篇，主编和合编出版医学专著10余部。曾受邀赴二十多个国家和地区讲学、考察访问。他的成果先后获得中科院、省、市科技进步奖、“美国五项药品金质奖”、“世界自然医学功勋奖”、“全国首届中医药传承高徒奖”。

李廷俊的学术传人（儿子）李振平，本科毕业，副主任医师，现任吕梁市中医药研究院(吕梁市红十字医院)、山西仁爱医院副院长，兼任中国骨伤人才学会副理事长，全国骨病学术研究会常务委员，全国骨髓炎骨结核学术委员会副主任委员，山西省骨伤人才分会副主任委员等职，是第二届吕梁市政协委员。他全面继承了李廷俊教授的医德医术，勤奋好学，刻苦钻研，在学术方面颇有建树，被患者誉为“后起之秀”、“医德典范”。 他还参加编写医学著作5部，在全国学术会议和国家、省级医学刊物上发表学术论文20余篇，获得科技进步等国内外大奖多项，曾被评为“离石市十大杰出青年”、“吕梁市第一届青年专业技术学科带头人”， 2006－2008年均被评为全市卫生系统先进个人。

学术经验

李廷俊从事中医药临床研究50年，致力于中医骨病结核病研究30多年，是国内较早研究中医治疗骨病结核病的专家之一，在治疗骨病结核病疑难病症方面有独到见解。他承恩师路老学术“辨证与辨病结合”，不少在西医认为“不治之症”或“治后无法恢复正常生活”的疾病，经他治疗后得到康复，过上了正常人的生活，得到社会和患者的赞誉；他擅长诊治骨结核、骨坏死等骨病结核病及脉管炎、脊髓空洞、肿瘤等多种疑难病症。他善于攻克大医院认为不治之症的病例，而大部分经他治疗后得到康复。他主持研究的骨结核、骨坏死、截瘫、肺结核、颈椎病等5项科研课题，经山西省科技厅组织国内权威专家鉴定，达到国内领先水平。灭痨复肺丸获国家专利。

轶闻趣事

1、一块石头的两面观

2007年夏季，吕梁市红十字医院扩建工地上挖出了一块形状奇特的巨石，后来就做为一道风景矗立在医院大楼后庭。一位外院的行政主管和李廷俊曾经在巨石前引发激烈的争辩。行政主管例举若干南方商人投资的民营医院，通过铺天盖地的广告战略抢占医疗市场，获取不菲收益的案例，劝李廷俊为人不要太内敛，宣传不要太谨慎。他指着巨石的一面，口若悬河，说巨石外形像一条跃起的鱼，鱼象征着医院，鱼靠什么生存？靠水。他所比喻的水就是利润，利润少了医院就无法生存。李廷俊对巨石琢磨得更为透彻，他指着巨石的另一面雄辩，说这一面像是山西省地形图，鱼也罢，医院也罢，离开了这方土地的滋养只能枯竭亡。

那位自以为是的行政主管辞别而去，他带走了李廷俊在巨石面前的言论，其中有"以义制利"四个字，它是山西古代商人生存发展之本，也是吕梁市红十字医院和山西仁爱医院让患者及家属崇敬的根源。

2、李院长的智商、财商和情商

有些不摸底细的人误会，以为李廷俊擅长把脉、开方、治病救人，缺乏经营管理才能，更不通商道取财诀窍。其实不然，他早在青少年时期兼职管理区会计时就研学经营之道。尤其是他在山西医学院进修时，月薪28元，要养活老老小小九口人，还要支付自己的学杂费、伙食费、路费等等。为摆脱经济窘境，他敏锐地发现了河北开放之后与太原之间的商品差价，利用星期天奔波在石家庄和太原之间，将石家庄贩回来的商品委托中阳、柳林的朋友代销，一次净赚几百元。

客观地讲，李廷俊智商不低，财商也居中，唯有情商遥遥领先。他重情重义，每每视患者为亲人，处处为患者着想。在他开办医院的十五年，几乎年年春节都要在自家摆几桌饭菜，请那些因住院不能返家的患者及家属来吃年夜饭。设身处地地想象，人在病中，又处异乡，除夕之夜能与主治医生、医院院长同桌共餐，心中该有几多温馨。这种温馨让人体味，让人感动、感恩。若干年过去，怀揣感恩之心的患者何止成百上千？

湖北宜昌农民胡邦昌刻骨铭心：他身患胸椎结核，在当地医院做了手术后效果不佳，不远千里来到吕梁。他是被亲友们用担架抬进医院的，当时身上7处窦道串通，从后背到脚底流脓不止，亲友们因家中有事，几天后便各自离去。他身上仅有400元钱，神

2010

國醫年鑒

4 “治未病”

“治未病”健康工程进展

第二届“治未病”高峰论坛

2009年1月14日上午，卫生部、国家中医药管理局及总后卫生部有关领导、部分院士和知名专家、全国各地中医药主管部门领导，以及国家中医药管理局“治未病”预防保健服务试点单位代表和有关机构代表，再次相聚在钓鱼台国宾馆，以“治未病——把握健康”为主题，在回顾总结“治未病”健康工程的基础上，进一步传播“治未病”理念，交流推广“治未病”的最新研究成果及工作经验，探讨完善中医特色健康保障服务模式，促进“治未病”健康工程的实施，推动中医特色预防保健服务体系的构建。

一年来，国家中医药管理局大力推进“治未病”健康工程，取得了良好的社会效益。去年8月出台了《“治未病”健康工程实施方案（2008－2010年）》。《方案》确定了工程的阶段性目标、组织实施载体、主要任务措施等，明确提出，经过3年努力，建立健全“政府引导、市场主导、多方参与”的“治未病”工作运行机制，探索完善以“治未病”理念为指导的融健康文化、健康管理、健康保险为一体的中医特色健康保障服务模式（KY3H模式），建立健全“治未病”服务提供、服务技术产品和服务支持的示范体系，初步形成中医特色明显、技术适宜、形式多样、服务规范的“治未病”预防保健服务体系框架。国家中医药管理局遴选确定了两批、共46家“治未病”预防保健服务试点单位，涉及17个省（区、市）和局直属直管医院。各试点单位加强服务平台建设，建立“治未病”服务科室；加强人才队伍建设，形成了“治未病”服务专业技术队伍；加强服务规范建设，丰富了服务技术方法。同时，确定了上海、广东为实施“治未病”健康工程试点省市，开展区域性试点工作。研究制定了“治未病”科研规划，组织实施了一批科技项目并及时转化推广成果。在2008年1月成功举办首届“治未病”高峰论坛基础上，国家中医药管理局与有关机构共同“走下论坛、走上讲坛、服务群众”，在上海、杭州、广州连续举办了3期4场“治未病”高峰论坛系列专题讲坛和现场展示和体验活动，并在上海、浙江、广东启动了为期一年的中医特色健康保障服务体验活动，编发了大量音像、文字、图片资料。10月，第一期“体质-肝/胆-易发疾病防治”专题讲坛在上海黄浦江畔开启破冰之旅；11月，第二期“体质-肺/大肠-易发疾病防治”专题讲坛在杭州钱塘江畔顺势前行；12月，第三期“体质-肾/膀胱-易发疾病防治”专题讲坛穗沪同步举办，在宣讲、展览、演示、体验等方面更具特色，把“治未病”工程不断引向深入。

在本期论坛的主旨讲话中，卫生部王国强副部长说，我们欣喜地看到，经过大家一年来的努力，“治未病”健康工程已经有了一个良好的开局。一是社会影响不断扩大，广大群众对“治未病”的认知度和认同度有了明显提高。二是行业内对“治未病”重要意义的认识不断提高，开展“治未病”工作的积极性不断增强。三是“治未病”服务提供平台建设模式基本形成，服务规范开始建立，服务数量明显增加。四是科研推动初见成效，中医特色健康保障服务模式（KY3H）内涵更加充实，服务技术方法不断丰富。五是凝聚了一批多学科的专家学者和专业技术人员，在服务、研究、传播等领域积极开展工作。

王国强还强调，实施“治未病”健康工程，是弘扬中华民族健康文化的重要行动，是引领人类健康发展方向的重要举措，是促进全民健康素质提高的重要途径，也是推动中医药事业发展的重要动力。初步的实践证明，“治未病”健康工程是一件群众得实惠、事业得发展的大好事，已经显现出强大的生命力。2009年“治未病”工作一加快建立服务提供体系，二要加快推进科学技术研究，三要加快建设服务人才队伍，四要探索完善中医特色健康保障服务模式，五要总结完善工作运行机制的实现形式。

论坛期间，上海中医药大学校长陈凯先院士、上海市卫生局徐建光局长、广东省卫生厅彭炜副厅长、中国中医科学院副院长刘保延研究员、北京中医药大学原校长郑守曾教授、浙江省卫生厅张平副厅长、上海曙光医院院长沈远东、浙江省中医院院长宋康和广东省中医院院长吕玉波，分别就医学目的的调整与健康保障服务模式创新、实施“治未病”健康工程，推进健康城市建设、“治未病”与中医强省战略、健康状态及其风险管理在“治未病”服务中的意义、脏腑易发疾病的“治未病”服务规范、浙江省开展“治未病”工作的实践、中医医院开展“治未病”服务的实践与启示等内容做了精彩的报告。

论坛专家认为，2008 年，在社会各界的关注和支持下，“治未病”健康工程这艘巨轮，顺利启航，开辟了新局面；2009 年，承载着行业内外人士的支持与希望，伴随着第二届“治未病”高峰论坛的相关活动，“治未病”健康工程作为落实预防为主的卫生工作方针、实现人人享有基本医疗卫生服务宏伟目标的重要举措，必将为增强全民健康意识、提高健康素质，弘扬中医药优秀传统文化、建设中华民族共有精神家园，做出新的更大的贡献。

第二届“治未病”高峰论坛卫生部副部长王国强的主旨讲话

尊敬的各位领导、各位专家，
同志们，朋友们：

一年前，首届“治未病”高峰论坛暨“治未病”健康工程启动仪式在这里隆重举行，时任国务院副总理吴仪同志亲临现场，卫生部高强书记主持论坛开幕和“治未病”健康工程启动仪式，陈竺部长宣布“治未病”健康工程启动并发表重要讲话。我在主旨讲话中，对“治未病”概念的把握、意义的认识、实践的探索以及发展的思考进行了阐述，并概要介绍了“治未病”健康工程。首届论坛以“治未病——健康的基石”为主题，引起了社会强烈反响，取得了圆满成功。

今天，第二届“治未病”高峰论坛在大家的共同努力下，顺利召开了。我们再次相聚在钓鱼台国宾馆，以“治未病——把握健康”为主题，在回顾总结的基础上，进一步传播“治未病”理念，交流推广“治未病”的最新研究成果及工作经验，探讨完善中医特色健康保障服务模式（即 KY3H 模式），促进“治未病”健康工程的实施，推动中医特色预防保健服务体系的构建。

下面，我讲几点意见，与大家交流。

一、精心组织，凝聚力量，“治未病”健康工程开局良好

一年来，我们按照“治未病”健康工程的总体部署，精心组织各方面的力量，积极开展工作。

1、是制定了实施方案。国家中医药管理局于去年 8 月出台了《“治未病”健康工程实施方案（2008-2010 年）》。《方案》确定了工程的阶段性目标、组织实施载体、主要任务措施等，明确提出，经过 3 年努力，建立健全政府引导、市场主导、多方参与的“治未病”工作运行机制，探索完善以“治未病”理念为指导的融健康文化、健康管理、健康保险为一体的新型健康保障服务模式，建立健全“治未病”服务提供、服务技术产品和服务支持的示范体系，初步形成中医特色明显、技术适宜、形式多样、服务规范的“治未病”预防保健服务体系框架。目前，各项工作正按《方案》有序、稳步推进。

2、是扩大了试点范围。国家中医药管理局遴选确定了两批、共 46 家“治未病”预防保健服务试点单位，涉及 17 个省（区、市）和局直属直管医院。既有中医医院、综合医院、专科医院，也有社区卫生服务机构和保健服务专门机构；既有政府举办的，也有非政府举办的。同时，确定了上海、广东为实施“治未病”健康工程试点省市，开展区域性试点工作。一些省市还开展了省级试点。

3、是推进了服务开展。各试点单位加强服务平台建设，建立了“治未病”服务科室；加强人才队伍建设，形成了“治未病”服务专业技术队伍；加强服务规范建设，丰富了服务技术方法。许多试点单位积极运用中医特色健康保障服务模式，组建 KY3H 治未病中心，开展以中医体质辨识为基础的“治未病”服务，在服务理念、思路、方法、机制以及模式等方面进行积极探索和总结，取得了许多有益经验。除试点单位外，还有不少机构也在积极开展“治未病”服务。

4、是强化了科学研究。研究制定了“治未病”科研规划，组织实施了一批项目。许多单位和专家学者以“治未病”为主题，围绕中医特色预防保健服务体系、健康保障服务模式、“治未病”服务技术方法等，多学科、多角度开展研究。“十一五”国家科技支撑计划项目中的有关课题组，深入开展 KY3H 健康保障服务模式研究，并对该模式进行了结构化设计，形成了一系列规范化的模块，为“治未病”健康工程的实施实现高起点、科学规范管理和服务奠定了基础。中医药行业科技专项的相关课题，创新性地提出了个体人健康状态分类框架，研究制定了 20 多种疾病的《KY3H 个体人健康状态辨识规范》，为规范开展“治未病”服务提供了有效方法。针对个体人健康状态干预的技术产品研发也取得进展，有关管理的标准规范研究也正加紧进行。

5、是加强了交流推广。在成功举办首届“治未病”高峰论坛基础上，我们走下论坛、走上讲坛、服务群众，在上海、杭州、广州连续举办了 3 期 4 场“治未病”高峰论坛系列专题讲坛，并组织现场展示和体验活动，编发了大量音像、文字、图片资料。国内主要新闻媒体对“治未病”高峰论坛及其系列专题讲坛等活动进行充分报道，一些网络媒体全程网上直播，许多媒体还专题深入采访。在世界传统医药大会期间的中国中医药展上，设立了“治未病”专题展区。各试点单位和地方也开展了形式多样的“治未病”宣传推广活动。

我们欣喜地看到，经过大家一年来的努力，“治未病”健康工程已经有了一个良好的开局。（1）是社会影响不断扩大，广大群众对“治未病”的认知度和认同度有了明显提高。（2）是行业内对“治未病”重要意义的认识不断提高，开展“治未病”工作的积极性不断增强。（3）是“治未病”服务提供平台建设模式基本形成，服务规范开始建立，服务数量明显增加。（4）是科研推动初见成效，中医特色健康保障服务模式内涵更加充实，服务技术方法不断丰富。（5）是凝聚了一批多学科的专家学者和专业技术人员，在服务、研究、传播等领域积极开展工作。这些成绩的取得，是大家共同努力、社会各方大力支持的结果，凝聚了许多试点单位、专家学者以及有关机构的心血。在此，我代表国家中医药管理局向大家表示衷心的感谢。

回顾一年来的工作，“治未病”健康工程的实施之所以能够取得良好开局，是因为坚持了以人为本、服务群众；坚持了继承创新、弘扬特色、彰显优势；坚持了高起点、规范化；坚持了“政府引导、市场主导、多方参与”的运行机制；坚持了试点示范、典型引导。

我们也应当看到，在“治未病”健康工程的实施中，还面临不少困难，存在一些不足。我们的思想认识还需要进一步提高，责任感、使命感、紧迫感需要进一步增强；“治未病”服务规范需要进一步强化，规范化管理和效果评价需要抓紧跟进；宣传推广力度需要进一步加大；体制、机制需要在实践中不断创新完善。

二、面对新形势，立足新实践，进一步深化对“治未病”健康工程意义的认识

形势的发展，实践的深入，思想认识必然随之深化。在深入学习实践科学发展观、全面建设小康社会、构建社会主义和谐社会和深化医药卫生体制改革的新形势下，我们更加深刻地认识到“治未病”的科学性、先进性和前瞻性，倍感倡导“治未病”理念、实施“治未病”健康工程，是一项对中医药事业发展具有重大战略意义、事关经济社会发展大局的开创性工作。

实施“治未病”健康工程，是弘扬中华民族健康文化的重要行动。“治未病”首见于中医理论奠基之作《黄帝内经》，经过两千余年的实践发展，形成了丰富而深刻的内涵，已成为中华民族健康文化的核心理念。实施“治未病”健康工程，就是要宣传、普及、践行“治未病”理念，使之成为普遍接受的大众文化，为提高民众健康素养发挥独特作用。这对于弘扬中华民族传统文化、促进民族文化认同、建设民族共有精神家园都具有重要意义。

实施“治未病”健康工程，是引领人类健康发展方向的重要举措。当今医学正在发生深刻的变革，由关注人的疾病转向关注人的健康。“治未病”，以健康为目标，着眼于把握健康，防患于未然，是一种积极主动的健康观和方法论。实施“治未病”健康工程，必将有力地推动医学模式的转变，必将更好地实现调整后的医学目的。

实施“治未病”健康工程，是促进全民健康素质提高的重要途径。健康是人全面发展的基础，是社会进步的重要标志和潜在动力。“治未病”，“未病先防”、“既病防变”和“瘥后防复”的三个层面，都凸显了“防”这一核心，这是维护人类健康的理性选择。主动的“治未病”，超越了被动的“治已病”。实施“治未病”健康工程，有利于人们主动把握健康，最大程度实现人民健康权益，保护和发展生产力，为全面建设小康社会、构建和谐社会奠定基础。

实施“治未病”健康工程，是推动中医药事业发展的重要动力。“治未病”是中医学伟大宝库中的精髓，是中医药独具的特色和优势。实施“治未病”健康工程，必将推动中医药的全面继承与创新，丰富发展中医药服务内涵，进一步彰显中医药特色优势，提高人民群众对中医药的认知度，扩大中医药服务需求，促进中医药事业又好又快发展。

三、坚定信心，明确方向，加快推进“治未病”健康工程

初步的实践证明，“治未病”健康工程是一件群众得实惠、事业得发展的大好事，已经显现出强大的生命力。全面贯彻落实科学发展观，构建社会主义和谐社会，深化医疗卫生体制改革，实现党的十七大确定的人人享有基本医疗卫生服务的战略目标，给“治未病”带来了更加广阔的发展空间。我们要把握战略机遇，按照已经确定的方向和目标，以更加坚定的信心、更加积极的态度、更加务实的作风，紧紧围绕工程实施的重点和难点问题，勇于探索，大胆实践，加快推进“治未病”健康工程。

1、要加快建立“治未病”服务提供体系。“治未病”服务提供体系应由医院设立的“治未病”中心、基层医疗卫生机构设立的“治未病”服务点和中医预防保健机构为主要结点组成，是开展“治未病”服务的基础。当前，“治未病”服务缺乏健全的服务平台，服务提供体系构架尚待形成，严重制约了“治未病”服务的有效开展。因此，要按照工程目标，切实加快服务平台建设，构建服务提供体系。目前，我们主要安排在三级中医医院中开展“治未病”服务试点，并作为实施“治未病”健康工程的主要载体，主要是为了借助其较雄厚的技术力量和其他资源进行探索，提供经验，并且将其作为服务提供体系的骨干结点，发挥示范幅射作用，带动服务体系的整体构建。

2、要加快推进“治未病”科学技术研究。实施“治未病”健康工程，急需科技支撑和推动。要汇聚骨干队伍，凝练研究方向，切实组织好“治未病”科研规划的实施。开展“治未病”研究，既要重视服务技术方法的研究，也要注重理论研究，还要加强服务模式、管理规范和效果评价等方面的研究；既要注重中医理论和“治未病”理念的指导，也要积极利用现代科学技术方法，加强多学科综合研究；既要重视单项技术方法的研究，也要注重系列技术产品的研究开发，还要加强研究成果的推广应用。

3、要加快建设“治未病”服务人才队伍。专业技术人员是“治未病”服务的提供者，数量多少和水平高低决定了提供服务的规模和质量。目前，“治未病”服务人才队伍不仅缺乏领军人才，而且数量偏少、水平参差不齐，建设任务十分繁重。要高度重视领军人才的发现和培育。进一步加强岗位培训，加快培养一批中医基本功扎实、临床经验丰富、掌握中医养生康复知识和技能的专业技术骨干。大力发展职业教育，加大技能应用型人才的培养力度。

4、要探索完善中医特色健康保障服务模式。我们开展的“治未病”服务，是一项创新性的健康保障服务，没有现成的模式可以借鉴，必须创建新的模式，否则难以做到高起点、规范化，难以实现可持续发展。凝聚了许多专家智慧和实践经验结晶的中医特色健康保障服务模式（即KY3H模式）是一种先进的模式，为“治未病”理念落实于社会实践开辟了道路，为建立既能满足当代人健康保障需求、又在经济上可持续的社会健康保障体系提供了范式，为实现高起点、科学规范管理和服务奠定了基础。我们要积极利用，在应用中及时总结，在研究中不断完善，在实践中不断发展，坚持服务理念，遵循服务准则，规范服务流程，完善服务功能，丰富服务内容。

5、要总结完善“治未病”工作运行机制的实现形式。我们已经确定了“政府引导、市场主导、多方参与”的运行机制。各级政府及其相关部门，特别是卫生、中医药管理部门，应当通过政策调控、规划方案、标准规范、宣传推广、加强监管等手段，积极加以推动引导。目前“治未病”工作还处于探索阶段，政策措施还不配套，标准规范还不健全，在政府引导中要加强协调研究，提供制度保障。要进一步强化市场意识，遵循市场规律，运用市场机制，从市场需求出发，注重培育市场，在满足需求的同时，注重引导需求、激发需求。要有效整合社会资源，调动政府部门、企事业单位等各方面的积极性，形成合力，共同推进“治未病”健康工程的顺利实施。

同志们、朋友们，加快推进“治未病”健康工程，是一项意义重大而富有创造性和挑战性的工作，值得我们为之付出，为之探索，为之奉献。我们完全有理由相信，在党中央、国务院的正确领导下，以科学发展观为指导，在各部门和社会各界的大力支持下，有我们大家的共同努力，“治未病”健康工程必将为推动中医药事业实现又好又快发展，为提高全民健康素质，为全面建设小康社会、构建社会主义和谐社会做出新的更大的贡献！

2009年1月14日

来源：中央政府门户网站

第二届“治未病”高峰论坛总后卫生部部长张雁灵的主旨发言

各位领导，各位专家，同志们：

在全国上下深入学习实践科学发展观，隆重纪念改革开放30周年，医疗卫生事业改革发展进入关键时期的新形势下，国家中医药管理局在这里举办第二届“治未病”高峰论坛，标志着“治未病”工作迈上了一个新的台阶，“治未病”实践上升了一个新的层次。在此，我代表总后卫生部对高峰论坛和系列讲坛的成功举办表示热烈的祝贺！对国家中医药管理局推动“治未病”工作取得显著成效，表示由衷的敬意！对各位领导和专家长期以来对军队卫生工作和中医药工作的关心、指导和帮助，表示衷心的感谢！

首届“治未病”高峰论坛成功举办和“治未病”健康工程启动一年来，在国家中医药管理局的大力倡导和各方的积极努力下，“治未病”工作起步良好，推进扎实，反响热烈，不断取得新进展、新突破和新成绩，突出体现在“治未病”健康工程全面实施、运行机制初步明确、服务模式逐步形成、试点范围不断扩大、服务效益日益显现。特别是以“治未病”高峰论坛及系列专题讲坛为引领和标志，进一步明确了目标任务，整合了优势资源，凝聚了各方力量，有效推进了“治未病”工作的深入开展，增进了“治未病”理念的广泛理解和认同，促进了“治未病”建设的不断发展和完善。论坛及其讲坛成为“治未病”健康工程的促进平台、“治未病”理念的传播平台和“治未病”工作的交流平台，已经并将更加发挥越来越重要的影响和作用。

早在《黄帝内经》时期提出的“治未病”理念一直是中医药的基础理论之一，始终贯穿于中医药发展的历史进程，曾经为抵御疾病和民族发展发挥过重要作用，也为中医药的发展进步做出了积极贡献。进入新世纪新阶段，随着健康观念的深刻变化、医学模式的深刻变革和医学目的的重大调整，“治未病”这一古老而前沿的理念，又增加了新的内涵，焕发了新的生机，产生了新的成效。近年来的工作实践证明，新形势下开展“治未病”工作具有十分重要的现实意义和深远的历史意义。“未病先防，既病早治，已病防变，瘥后防复”的理念系统阐明了人与疾病的辩证关系和“预防为主”的重要思想，全面深入持续地开展“治未病”工作对实现好、维护好、发展好人民群众的健康权益具有重要的推动作用。首先，“治未病”是减低医疗成本、提高卫生保障效益的重要途径。“看病难、看病贵”依然是我国医疗卫生工作面临的突出问题，通过“治未病”健康工程的实施，让人民群众少生病或不生病，生病后及时救治或促进康复、防止复发，对减轻群众和社会医疗负担，集中卫生资源和力量解决突出医疗卫生问题具有重要的协同作用。其次，“治未病”是缓解人口老龄化压力、促进社会和谐进步的有效手段。我国已经逐步进入老龄化社会，由此带来的社会问题和医疗卫生问题不容忽视。随着“治未病”在预防、康复和保健领域优势的不断发挥，将有效缓解人口老龄化带来的社会压力和医疗卫生供需矛盾，对构建社会主义和谐社会，夺取全面建设小康社会新胜利具有重要的促进作用。第三，“治未病”是增强人民体质、提高生活质量的重要内容。中医传统理论认为“正气存内，邪不可干”，预防疾病发生就是要保持良好的体质条件，使机体免受各种致病因素的干扰。“治未病”以中医体质学说为基础，从健康指导、健康管理、健康教育等方面进行终生引导和干预，全面普及健康知识，激发人群健康潜力，从而有效降低发病率，对提高全民族综合素质，改善群众生活质量和生存状态具有重要的支撑作用。第四，“治未病”是做好中医药工作、推进中医药事业科学发展的重要内容。“治未病”与“整体观念”、“辨证论治”等理念共同构成了中医药基础理论体系。大力倡导“治未病”，本身就是弘扬中医药基本理念，弘扬中医药传统文化，弘扬中医药特色优势，对实现中医药事业又好又快发展具有重要的引领作用。

同志们，当前全国正在掀起深入学习实践科学发展观活动新的热潮。科学发展观的本质和核心是以人为本，对卫生工作来说，就是要在医疗卫生服务实践中，充分尊重和切实维护广大人民群众的健康权益，不断提升人民群众的健康水平。“治未病”是构建中医特色预防保健服务体系的重要理论基础，是提高全民健康意识和健康水平的重要途径，是落实科学发展观的生动实践，必须切实突出“治未病”的重要地位和作用，把扎扎实实的行动寓于“治未病”的多个层面，以实实在在的成效惠及广大人民群众。借此机会，我谈四点体会：

一、是要进一步开拓创新。开拓创新是事物发展进步的内在动力。期望继续营造“治未病”工作开放、包容、团结、和谐的浓厚氛围，以改革创新的精神，求真务实的作风，积极进取的态度，敢为人先的勇气，全面推动“治未病”的深入开展、广泛应用和发展进步。

二、是要进一步丰富内涵。内涵建设是事物发展进步的前提基础。期望“治未病”实施进程中充分发挥特色优势，与预防医学、康复医学、保健医学、老年医学等紧密融合，与社区、农村等基层预防保健需求紧密结合，与中医药文化建设紧密配合，切实强化、细化和深化“治未病”内涵建设，不断提供“治未病”发展的活力源泉。

三、是要进一步建强体系。科学体系是事物发展进步的根本保证。期望以“治未病”为引领和带动，培养造就一批相关专业的创新型人才，建立一批骨干学科，产生一批优秀科研成果和技术，形成一批高新技术产业，不断打造“治未病”的坚强后盾，提高核心发展能力。

四、是要进一步完善机制。管理机制是事物发展进步的重要依托。期望“治未病”在运行机制和发展模式上把握特点规律，强调针对性，提高普及性，突出阶段性，增强长效性，为“治未病”工作的顺利开展不断提供健全和完善的机制保障。

军队“治未病”工作一直得到国家中医药管理局的关心重视和指导支持，“治未病”中心已经在军队有关医疗机构建立并正式运行，以俞梦孙院士为代表的军队专家积极参与“治未病”研究并参加论坛讲座，下一步还将在军队疗养院系统积极推进和深入探索“治未病”在疗养康复中的应用。相信在国家中医药管理局和有关各方的支持帮助下，军队“治未病”预防保健体系建设一定会越来越丰富完善，越来越显示优势，一定会为提高部队官兵和人民群众健康水平，促进社会主义和谐社会建设不断作出积极的贡献。

同志们，“治未病”工作已经进入了稳步快速发展的新阶段，正如初升的朝阳一般蕴含着巨大能量，充满了勃勃生机，昭示出光辉前景。衷心祝愿“治未病”工作不断取得新的成效，祝愿“治未病”健康工程全面惠及广大人民群众，祝愿“治未病”高峰论坛取得圆满成功！

2009年1月14日

来源：中央政府门户网站

第二届“治未病”高峰论坛中国科学院院士、上海中医药大学校长陈凯先的发言

刚才聆听了王部长的主旨讲话和总后卫生部领导的主旨发言，感到收益非浅，深受鼓舞。“治未病”作为中医学的一个经典理念，在现代科技迅猛发展的今天，能得到大力推广和应用，充分显示了中医的巨大魅力。

今天，我演讲的题目是“医学目的调整与健康保障服务模式创新”。围绕这一主题，我想讲以下三方面的内容：

一、健康保障服务模式创新的逻辑起点

21世纪，医学正经历着重大的变革。早在20世纪90年代，人们就指出:现代医学“已经进入一个以个体化医疗为特征的新时期”(R.McIntire,ALEA Lecture,1992)。这是生命科学和医学工程技术进步的必然。然而，更具根本性的变革来自两个方面。

1、是医疗费用恶性膨胀引发的全球医疗危机，迫使人们对医学的目的（GOM）进行深刻的检讨。为此，1992年WHO组织了GOM国际研究小组,1996年11月该小组在研究总结报告中明确指出:“目前医学的发展是在全世界制造供不起的不公正的医学”。“现在许多国家已经走到了可供性的边缘”。世界各国的医疗费用增长幅度普遍大于GDP的增长幅度。以全世界经济最发达、科技最先进、人均卫生投入最高的美国为例，1950-1976年，人均医疗费用（以不变价美元计）上涨了302.6%，而平均寿命无明显提高。1980-1990年，医疗费用从GDP1.2%上升至11.5%。针对这一危机，克林顿政府曾实行了一系列改革。但1992-2002年美国医疗费用还是翻了一番,2006年美国医疗费用已占GDP16.8%。按这一趋势,到2028年美国的医保体系将无钱可用。导致这场迫在眉睫的危机的根源，是医学目的出了问题。“错误的医学目的，必然导致医学知识和技术的误用”。“考虑到医疗服务可以获得巨大利润时，尤其为此”。要解决这场全球性的医疗危机，必须对医学的目的作根本性的调整，把医学发展的战略优先从“以治愈疾病为目的的高技术追求”，转向“预防疾病和损伤，维持和促进健康”。只有以“预防疾病，促进健康”为首要目的的医学，“才是供得起，因而可持续的医学”(GOM国际研究小组总报告，1996，11)。

2、是以征服诸如心、脑血管、癌症等非传染性慢病（NCD）为目标的第二次卫生革命的流产，启发了人们对生物医学模式的反思。一项对死亡率居前10位的疾病的致病因素大样本流行病学调查（1岁以上人群，美国）结果表明，对于NCD的发生而言，人的生活方式和行为的作用远大于生物学因素，以死亡率居前三位的心脏病、癌症、脑血管病为例，包括遗传在内的人的生物学因素分别为25%、29%、21%；而生活方式和行为则占54%、25%、50%；环境因素则分别占9%、24%、22%。90年代WHO的全球调查更表明，对于人的健康和寿命来说，生活方式和行为起主导作用(60%)，环境因素次之(17%)，遗传因素占15%，医疗服务条件占8%。显然，非传染性慢病的有效控制，要求医学模式的根本变革，即从生物医学转向生理－心理－社会－环境四者相结合的新医学模式(人的医学)。

显而易见，人类对医学核心价值的深刻反思，导致了医学目的的调整和医学模式的转变。而这样的调整与转变，必然引发健康保障服务模式的创新与革命。

二、健康保障服务模式创新的基本要求

按照调整后的医学目的，创建新型的健康保障服务模式，应当以“把握健康”为要义，在服务理念、服务准则、服务功能、服务流程、服务内容等方面体现下列基本要求：

1、是要具有先进的服务理念。应当符合医学目的调整的方向，从注重局部病变转向注重人的整体功能状态，从关注疾病治疗转向关注健康维护，彰显以人为本的价值取向。

2、是要具有创新的服务准则。应当在先进的理念指导下，充分利用现有的医学科学技术，并体现各医学的优势；应当从宏观、中观、微观三个层面，综合评估健康状态；应当针对不同人的不同健康状态，进行动态、系统、全程、递进的保障服务。

3、是要具有综合的服务功能。应当包括健康状态与风险评估功能、健康状态管理与服务功能、健康文化传播与教育功能、健康状态管理与经济补偿的承诺功能等方面。

4、是要具有规范的服务流程。应当按照服务准则，以控制健康风险、改善和提升健康状态为重点，将实现服务功能的各个要素有机组成前后贯通、系统全程的服务流程。

5、是要具有完整的服务内容。应当全面实现服务功能，具有整体性；应当体现对不同健康状态和不同健康风险的针对性，具有个体性；应当满足不同人群的不同需求和不同选择，具有多元性。

三、中医特色健康保障服务模式（KY3H 模式）的特点

中医特色健康保障服务模式（KY3H 模式），以“治未病”为核心理念，以个体人健康状态为中心，融健康文化、健康管理、健康保险为一体，通过结构化设计、规范化模块的系列服务，全面防范疾病发生、发展、变化，并在经济上实现可持续的健康保障-服务模式。

中医特色健康保障服务模式（KY3H 模式）的主要内涵是，服务理念--管理风险，固本治本，提升状态，祛病健人。服务准则--中医为体，中西兼用。服务功能--传播教育，提升状态，协助就医，实现健康服务与经济补偿的”两个承诺”。服务流程--建库而知己，知己而求己，知己而求医，个体、系统、全程、递进。服务内容--结构化设计、规模化模块的系列服务。这一模式的特点主要有三：

1、是以“治未病”为核心理念。“治未病”早在《黄帝内经》中就提出来了，经过历代医家的不断充实和完善，逐步形成了具有深刻内涵的理论体系，其核心就是一个“防”字，并特别强调要达到“防”的目的，关键是要保养身体、培育正气、提高机体的抗邪能力。中国传统医学的这一核心理念——“治未病”和 21 世纪医学目的调整的方向是完全一致的。

2、是以个体人为对象，以个体人健康状态为中心。应用系统工程的原理和方法考察人的生命运动（健康状态）参数的时序变化及变化趋势，对处于人生不同阶段的人的健康状态进行动态辩识、评估和干预。

3、是融健康文化、健康管理、健康保险为一体。体现了保障人的健康，必须围绕人的健康状态而非仅仅针对“疾病”提供保障服务，并且通过提供健康文化、健康管理和健康保险“三位一体”的服务来预防或减少健康风险，并提供经济上可持续的保障。其中健康文化是基础、健康管理是核心、健康保险是保障。

对于中医特色健康保障服务模式（KY3H 模式），有关专家学者运用系统科学的原理和系统工程的方法，与国内外已有的医疗服务模式、健康管理经验以及健康保险等，进行了多学科综合分析和系统的比较研究后认为，具有显著的先进性。

（1）提出了个体人健康状态风险的概念，把“治未病”这一传统医学理念融合于当代人的切实的健康保障需求之中，赋予了健康保险、健康管理以新的内涵，即：以个体人健康风险控制为目标的健康保险具有健康服务和经济补

偿两个承诺，而健康风险管理不仅仅是管理式医疗。

（2）提出了健康风险管理新思路，即防病前、病中、病后之病，并在“知己”的基础上指导、协助就医（简称“三防一治”）。

（3）以传统中医学和养生学为主，融合现代医学和医学工程技术等，提出了以中医体质和身心整体功能状态有机结合的个体人健康状态辩识、干预、评估的方法学体系。

（4）对健康状态风险和疾病发生、发展的不同阶段个体人面临的健康风险进行了系统的分析和归纳，提出了“三种人”、“八类健康状态”、“六个健康风险因素”和“五个管理方法要素”，形成了“KY3H健康保障服务”的规范化模块。

（5）规范了KY3H服务内容，提出了健康保障服务产品阵列构架（四类八款），在整体性、系统性中充分体现个性化、人性化以及服务提供特色化。

（6）以“治未病”理念为先导，个体人健康信息的智能系统为支撑，个性化全程健康管理与被保险人疾病损失的事后补偿相结合，实现了健康保险与健康管理服务融合、健康管理技术与健康文化传播结合的设计理念，体现了工程科学的方法在健康保障服务领域的成功应用。

我们正处在一个激荡、变化的时代，我们正处于一个医学目的发生重大调整、健康保障服务模式创新的历史进程中，让我们共同见证″治未病″这一古老而又年轻的伟大实践，共同迎接人类美好的、健康的明天！

2009年1月14日

来源：中央政府门户网站

“治未病”试点单位开展“治未病”服务的实践与启示

上海中医药大学附属曙光医院院长　沈远东

浙江省中医院院长　宋　康

上海中医药大学附属岳阳中西医结合医院院长　房　敏

广东省中医院院长　吕玉波

上海中医药大学附属曙光医院、浙江省中医院、上海中医药大学附属岳阳中西医结合医院和广东省中医院等作为率先开展试点的单位，在国家中医药管理局的正确引导和当地主管部门的大力支持下，积极探索，大胆实践，取得了初步成效。

一、开展“治未病”服务的实践探索

1、建设“治未病”服务提供平台，探索中医特色健康保障服务模式（KY3H模式）。2007年3月以来，四家医院相继成立了KY3H治未病中心，初步建立了“治未病”服务提供平台，包括：健康状态辨识中心（体质辨识中心）、健康干预中心（健康调养咨询门诊）、名医工作室、综合服务部等，建立了服务流程，面向公众提供了中医特色健康保障服务模式的部分服务内容，包括体质辨识、健康评估、健康信息库建设、中医健康指导和干预等中医特色健康保障服务。在此基础上，结合各自优势和市场需求，发挥自身特色。如浙江省中医院将妇幼保健中心纳入“KY3H治未病”中心，针对儿童和孕产妇提供“治未病”服务。曙光医院″治未病″中心还设立了妇幼保健中心和老年保健中心，并针对不同的服务对象，分别建立服务流程。岳阳医院积极引进应用“KY3H健康保障服务模式”，制定了全程连贯、动态管理、个性化、规范化的服务流程，并倡导“治未病从我做起”，面向全院医务人员实施健康管理，建设“健康医院”。广东省中医院将传统疗法中心纳入”治未病”中心，在全面挖掘整理引进中医药特色疗法基础上，以体质分类理论为指导，制定出具有中医特色的非药物疗法和中药外治法为主的中医干预方案。

2、争取多方合作，构建“治未病”服务网络。“治未病”服务的性质，决定了中医医院必须与其他医疗卫生机构紧密合作，构建开放的“治未病”服务网络，才能使更多人享受服务。四家试点单位，积极与市、县、镇医院、妇幼保健院、卫生保健站、社区卫生服务中心等多家医疗卫生机构以及企事业单位合作，构建“治未病”服务网络。曙光医院还与浦东新区 CDC 合作，建立了区域性防病网络；与亲和源等养老机构合作，积极推动“治未病”健康服务模式与新型养老模式的结合。

3、积极开展研究，促进科技创新。“治未病”服务需要技术方法、产品、规范等科技成果的支撑，科技创新是“治未病”服务持续发展的推动力。在试点工作中，我们从技术方法与产品、技术方案规范以及服务模式等方面开展研究，推动科技创新。如：岳阳医院开展养生保健功法的推广应用研究和技术方案的规范化研究。浙江省中医院结合服务人群特点，研究提出了儿童健康保健系统管理和孕产妇系统管理模式，开展了辨体养子调护方案和孕前一孕中一产后三位一体的孕产妇个性化调护方案研究，使生命从孕育开始就得到充分的呵护，为有效提高人口素质奠定良好的基础。

广东省中医院在文献系统分析的基础上，建立 21 种常见疾病的中医健康干预方案，并开展方案优化研究，为建立安全有效的干预规范奠定基础。

4、多途径传播中医文化，提高公众健康意识。“治未病”健康工程起步阶段，加强宣传是提高公众健康意识、推广“治未病”服务的重要途径。我们在国家中医药管理局的统一部署下，在上海、杭州、广州承办了三期四场“治未病”高峰论坛系列专题讲坛，并启动了为期一年的中医特色健康保障服务体验活动，推广肝/胆、肺/大肠、肾/膀胱等脏腑易发疾病的中医特色健康保障服务。与媒体紧密合作，充分利用报纸、电台、电视台、网络等多种手段，通过专栏、专题节目等多种形式，倡导健康生活方式，传播中医健康文化。举办院内、院外义诊咨询活动，开办健康系列讲座，印发“治未病”宣传资料，普及“治未病”理念，推广“治未病”服务。岳阳医院建立了“治未病”健康工程宣传平台，系统地宣传展示工程进展，宣传推广 KY3H 健康保障服务模式。广东省中医院与 CCTV-4“中华医药”栏目合作录制的 8 集治未病系列专题片“教你如何不生病”，受到海内外广泛好评，是该栏目开办 10 年来收视率最高的节目；与香港亚洲电视合作拍摄中医药系列专题片《方草寻源》，已播出 40 余集，成为香港亚视收视率最高的节目之一。

二、开展“治未病”服务的初步成效

1、是拓展了医院服务范围，带动业务快速发展。随着“治未病”健康工程的开展，医院服务对象从疾病人群扩大到“未病”、“欲病”、“已病”人群。服务范围的扩大，带动了医院业务的快速发展，业务量持续增长。浙江省中医院的统计数据表明，2008 年与 2007 年相比，儿童保健门诊量增长了近 3 倍，妇女保健人次增长了 53%，体检服务人次增长近 36%，“冬病夏治”、冬令膏方的服务量增长了三成以上，同时中医内科门诊量增长了一倍。广东省中医院体质辨识中心业务量从最初的不足 600 人次/月上升到近 1200 人次/月，健康调养咨询门诊量从最初的 300 多人次/月上升到近 2300 人次/月，传统疗法中心业务量从 970 人次/月上升到 3400 人次/月。

2、是拓宽了服务半径，提高医院影响力。

在“治未病”服务网络的建设过程中，医院与其他医疗机构、社区卫生服务中心、健康管理公司、机关、其他企事业单位等建立起更加紧密和更加广泛的联系，通过合作研究、技术支持、健康宣传、健康管理服务等多种方式，将服务半径从医院扩大到社区、农村和家庭，充分显示出医院开展“治未病”服务的综合实力和指导作用，大大提高了医院的影响力。

3、是提高了理论水平，技术手段更加丰富。通过系统开展“治未病”的理论研究和技术方法、产品以及技术规范的研究，试点医院的“治未病”理论水平得到大大提高，技术方法更加丰富。理论水平的提高和技术方法的丰富，增强了试点医院“治未病”服务的综合实力，提高了学术地位，从而使其能够更好地发挥龙头作用，引领区域内“治未病”服务和相关研究的进一步开展。

三、对中医医院开展“治未病”服务意义的认识

以实施“治未病”健康工程为抓手，构建中医特色预防保健服务体系，对解决人类的疾病预防控制和卫生保健问题，促进卫生事业的更大发展，具有十分重要的战略意义。作为试点单位的中医医院，是实施“治未病”健康工程的主要载体，必须解放思想、转变观念，才能全面落实“治未病”健康工程确定的各项任务。我们通过认真学习和深入实践，认识到开展“治未病”服务，利国利民，也有利于医院的自身发展。

1、从社会责任角度来说，开展“治未病”服务可以取得良好的效果，不但有利于维护广大人民群众的健康，同时可以减轻社会不断增加的医疗卫生压力，减轻个人的经济负担。

2、从突出中医院的特色优势角度来说，“治未病”是最具中医特色和优势的领域之一，开展“治未病”服务更有利于中医特色和优势的充分发挥。

3、从医院自身发展角度来说，我们应该抓住机遇，顺应由疾病治疗转向疾病预防的医学发展趋势，在保证医疗服务的同时，贯“未病先防、既病早治、已病防变、瘥后防复”的“治未病”理念，利用医院自身的资源优势和技术优势，拓展服务功能，发展自我。

4、从服务市场的角度来说，“未病”人群和“欲病”人群远远大于“已病”人群，开展“治未病”服务，医院服务对象从“已病”人群扩大到所有人群，市场空间更加广阔。

四、对中医医院在实施“治未病”健康工程中作用的体会

经过近两年的实践，我们体会中医医院在实施“治未病”健康工程中的作用，主要体现在以下四个方面。

1、是“治未病”服务的重要提供者。医院作为中医药服务的专业机构，掌握着大量养生保健和疾病防治技术，面对着大量的服务人群。通过应用和推广这些技术，可以很好地提供“治未病”服务。同时，中医医院具备“治未病”专业技术和人才，在区域性“治未病”服务网络中可以发挥指导和示范作用。

2、是“治未病”技术创新推广的重要基地。医院在“治未病”实践中，汇聚大量服务资料和市场需求信息，具有丰富的研究经验和雄厚的研究力量。通过不断总结、反复实践，更有条件形成成果、实现创新，更有条件推广应用、服务民众。

3、是“治未病”专业人员培训的重要场所。我们具备人才优势，能够从实践中选拔功底扎实、经验丰富的专业技术人员组建培训团队。了解行业需求，面向医院内外，形成理论联系实际的个性化培训方案，增强培训不同层次专业技术人员的针对性，提高培训效果。

4、是“治未病”健康文化传播的重要窗口。借助专家团队、专业形象和社会影响力等优势，医院在“治未病”健康文化宣传中更具权威性、专业性，传播的理念和方法，更易为公众接受。

中医医院特别是三级中医医院，应当成为

实施“治未病”健康工程的排头兵。

“治未病”健康工程仍处于起步阶段，中医医院开展“治未病”服务的实践刚刚开始。我们要按照《“治未病”健康工程实施方案》所确立的目标，承担起作为工程实施主要载体的职责和任务，根据“十一五”国家科技支撑计划等课题的研究成果，运用中医特色保健服务模式（KY3H 模式），规范院内的 KY3H 治未病中心，面向民众，提供中医特色保健服务模式中的结构化设计、规范化模块的系列服务，继续探索，扎实推进，做出示范，为“治未病”健康工程的顺利实施、构建中医特色预防保健服务体系做出应有的贡献！

来源：中央政府门户网站

实施“治未病”健康工程 2009 年工作计划

根据《国家中医药管理局关于积极发展中医预防保健服务的实施意见》，为加快推进“治未病”健康工程，切实做好 2009 年实施“治未病”健康工程的各项工作，确保工程实施方案确定的主要任务的全面完成和目标的全面实现，国家中医药管理局“治未病”工作领导小组研究制定了《实施“治未病”健康工程 2009 年工作计划》(国中医药办发〔2009〕23 号文件)，具体工作如下：

一、工作重点

1、按照中医特色健康保障—服务模式（KY3H 模式）服务基本规范要求，加快中医预防保健服务（“治未病”服务）提供平台建设，初步构建覆盖全国主要城市的“治未病”服务提供体系。

2、加强科学技术研究，加快科技成果转化，初步形成“治未病”服务技术（产品）体系。

3、加快中医特色健康保障—服务模式的服务人才队伍建设，完善运行机制，加快系列标准和规范的研究制定，加强研讨交流与传播推广，初步建立“治未病”服务支持体系。

4、加强“治未病”服务科技成果的推广应用，满足人民群众多层次、多元化的健康需求。

5、组织开展“治未病”服务效果评估的研究，建立完善评价指标体系，年内完成一定数量样本的服务效果阶段性评价，完善中医特色健康保障—服务模式。

二、服务提供体系的建设与运行

1、扩大试点单位和范围

（1）增加数量。国家中医药管理局进一步增加“治未病”预防保健服务试点单位，年内实现基本覆盖全部省份。有条件的省（区、市）可以根据当地实际，确定省级试点单位，并报国家中医药管理局“治未病”工作领导小组办公室（以下简称“领导小组办公室”）。

（2）扩大范围。由中医医院逐步扩大到综合医院、专科医院、社区卫生服务机构，以及中医预防保健服务专门机构。

（3）推进区域性试点。在上海市、广东省作为全国实施“治未病”健康工程试点地区基础上，再选择 2—3 个省份（或地市）列入试点范围。

2、规范试点单位内涵建设

（1）规范服务提供平台建设。各试点单位统一按照《中医预防保健服务提供平台建设基本规范(试行)》，开展服务提供平台的规范化建设，其中试点医院（包括中医医院、综合医院、专科医院等）设立组织结构和功能定位相对独立、业务工作与医疗服务科室有机联系的“治未病”中心，试点社区卫生服务机构设立“治未病”服务点，全面开展“治未病”服务，为中医特色健康保障—服务模式的服务提供体系建设发挥示范作用。

（2）规范服务提供的内容。按照中医特色健康保障—服务模式的服务基本规范要求，规范服务流程，为服务对象提供中医特色突出、结构化设计的“治未病”服务内容（KY3H—48Mn），真正做到以“治未病”为核心理念，以人为本，管理个体人健康状态风险。同时，为“治未病”服务技术（产品）的研发积累经验，奠定基础。

3、组建“中华‘治未病’服务网”

“中华‘治未病’服务网”，是“治未病”健康工程服务提供体系建设的形态和载体。

（1）主要功能。宣传、推广中医特色健康保障—服务模式，并提供相应服务。

（2）组织构架。由中国中医药科技开发交流中心（以下简称“交流中心”）会同昆仑—炎黄公司等有关机构，设立非法人性质的“中华KY3H‘治未病’中心”，作为“中华‘治未病’服务网”服务提供总平台，并以国家中医药管理局确定的“治未病”预防保健服务试点单位（以下简称“试点单位”）为主要结点，联合医疗卫生机构、功能社区及其他企事业机构，按照《中医预防保健服务提供平台建设基本规范》，组织设立KY3H“治未病”中心、分中心、服务站，联同各组成机构在其网站统一开设的《“治未病”健康工程》专栏（包括网站）中设置的有关专题，初步形成“中华‘治未病’服务网”，构建“治未病”服务提供体系的框架。

（3）运行方式。作为“中华‘治未病’服务网”的载体，“中华KY3H‘治未病’中心”及其分支机构、分中心、服务站，按照“中华‘治未病’服务网”运行规范，运用政府机构引导、企事业机构主导、社会团体参与、公益与市场并举的机制，统一部署、整体运行，分级管理、独立运营，相互依托、共同发展。

（4）组织管理。由交流中心会同昆仑—炎黄公司等有关机构，研究制定“中华‘治未病’服务网”建设计划及其运行规范，报请国家中医药管理局“治未病”工作领导小组（以下简称“领导小组”）批准后组织实施，并全面负责“中华‘治未病’服务网”的整体运行，并在“中华‘治未病’服务网”的运行中，加强服务质量管理，建立服务质量控制（监测）制度，及时组织分析相关数据，形成报告报送领导小组办公室。

三、服务技术（产品）体系的建立与完善

1、实施科研专项计划

（1）制定计划。国家中医药管理局组织制定“治未病”科研规划纲要，及年度科研专项计划。

省级中医药管理部门及试点单位，按照“治未病”科研规划纲要和“治未病”服务技术（产品）体系建设总体要求，根据“治未病”服务现实需求，结合当地及本单位实际，开展有关“治未病”的科学研究，其中试点省（市）的中医药管理部门应当设立“治未病”科研专项。省级中医药管理部门及试点单位自主开展的研究计划，报国家中医药管理局科技司。

（2）实施项目。领导小组统一部署，有关省级中医药管理部门协助管理，试点单位和国家中医临床研究基地、重点研究室等为骨干，协同有关机构，继续组织实施国家科技支撑计划、973计划、行业专项等相关课题，再重点部署一批培育性、基础性、集成性项目。

2、组建“中华‘治未病’研究院”

“中华‘治未病’研究院”，是由产、学、研、金相结合，实体研究和虚拟网络研究相结合的非法人联合体，是“治未病”健康工程服务技术（产品）体系建设的载体，是“治未病”服务技术（产品）的研发网络。

（1）主要功能。专业从事“治未病”理论和应用研究，健康保障和服务模式研究；开展有关服务技术（产品）研发、规范制定、成果推广、学术交流等工作。

（2）组织构架。由交流中心会同昆仑—炎黄公司等有关机构，在“十一五”国家支撑计

划、行业专项等相关课题承担、参与单位基础上，以试点单位和国家中医临床研究基地、重点研究室等为骨干，联合科学研究、医疗卫生、高等院校、文化、保险等有关企事业机构，建立布局合理、分工协作、功能完善、能力较强的研发单元，组建“中华‘治未病’研究院”，初步构建“治未病”服务技术（产品）的研发体系。

（3）运行方式。作为“治未病”健康工程服务技术（产品）体系建设的载体，“中华‘治未病’研究院”各组成单位、机构之间，以项目为纽带、课题为结点，按照“中华‘治未病’研究院”运行规范，运用政府部门引导、企事业机构主导、社会团体参与、公益与市场并举的机制，并利用现代信息技术和网络技术，统一部署、统一管理，分工合作、整体运行、集成创新。

（4）组织管理。由交流中心会同昆仑—炎黄公司等有关机构，研究制定“中华‘治未病’研究院”建设计划及其运行规范，报请领导小组批准后，组织实施“中华‘治未病’研究院”的组建，并负责整体运行。

3、推广科技成果

国家中医药管理局科技司，加强对“治未病”现有科技成果和适宜技术的筛选，及时组织专家对在研项目取得的阶段成果进行论证。经筛选和论证的研究成果、适宜技术，通过“论坛”与“讲坛”、以及国家中医药管理局和省级中医药管理部门的科技成果推广计划、继续教育计划、“治未病”服务专业技术人员培训、相关技术讲座等，及时组织推广，使科技成果不断为“治未病”服务提供支撑。

四、服务人才培养与队伍建设

1、管理人员与业务骨干培训

由领导小组办公室组织，交流中心会同有关机构具体负责，研究制定“治未病”服务培训方案及工作计划，并通过培训总结，完善规范化的培训计划，形成培训教材。特别要认真总结“治未病”服务技术业务骨干的培训，开展设立“治未病”服务专业技术职务系列的研究。

（1）举办若干期“治未病”管理培训班，培训对象以试点单位和地区，以及“治未病”健康工程实施参与单位等的管理人员为主。培训内容主要包括：“治未病”的理念及其内涵，发展中医预防保健服务的意义，“治未病”健康工程实施方案及其2009年工作计划、重点工作方案，中医特色健康保障—服务模式的主要内涵、特点与应用，有关建设规范、运行规范、服务规范等。

（2）举办若干期“治未病”服务技术业务骨干培训班，培训对象以试点单位及开展“治未病”服务机构的业务骨干为主。培训内容主要包括：“治未病”的理念及其内涵，发展中医预防保健服务的意义，“治未病”健康工程实施方案及其2009年工作计划、重点工作方案，中医特色健康保障—服务模式的主要内涵、特点和应用，有关建设规范、运行规范、服务规范，“治未病”服务效果评价方法及其指标体系，“治未病”服务质量监测，健康管理等。

2、试点单位内的岗位培训

（1）各试点单位开展“治未病”服务专业医务人员的全员岗位培训，培训的重点是“治未病”的理念及其内涵，实施“治未病”健康工程的主要内涵，中医特色健康保障—服务模式的主要内涵、特点和应用，有关建设规范、运行规范、服务规范，“治未病”服务效果评价方法及其指标体系，“治未病”服务质量控制，健康管理等。

（2）各试点单位开展全员培训，使全体医务人员全面了解发展中医预防保健服务重要意义，“治未病”健康工程的主要内涵，中医特色健康保障—服务模式的基本内涵、主要特点及其先进性。

3、职业技能人员队伍建设

（1）开展职业技能鉴定、人员准入试点。

以设立中医预防保健服务新型职业系列、建立准入制度为目标，由国家中医药管理局医政司协调，国家中医药管理局中医师资格认证中心（职业技能鉴定指导中心，以下简称“认证中心”）具体负责，研究提出开展中医预防保健服务职业技能鉴定、建立人员准入制度的试点工作实施方案，经领导小组批准后组织实施。

（2）推进职业技能培训。由认证中心会同有关机构，组织开展中医预防保健服务职业技能培训。鼓励现有中等中医药院校发展中医预防保健服务职业技能型人才培养，研究制定中医预防保健服务职业技能型人才培养的教学大纲、相关专业设置基本要求，做好教材编写。

4、培训基地建设

（1）依托高等院校及试点单位中高等中医药院校附属医院等，引导和促进相关资源的整合，建立“治未病”综合培训基地。依托试点单位特别是三级中医医院，建立“治未病”服务实践培训基地。

（2）交流中心、认证中心会同有关机构，研究制定“治未病”服务培训基地建设方案及其运行规范，经领导小组办公室批准后实施，并在试点的基础上逐步发展培训基地。

五、研讨交流与传播推广

1、举办第二届、筹备第三届“治未病”高峰论坛

第二届“论坛”以“治未病——把握健康”为主题，由国家中医药管理局主办，交流中心、昆仑—炎黄公司承办，中华中医药学会、中华医学会健康管理学分会协办。已于 2009 年 1 月中旬在北京举办。

第三届“论坛”的筹备工作，由“治未病”高峰论坛组委会秘书处负责，根据领导小组审定的“论坛”总体方案，拟订筹备工作方案，报请“治未病”高峰论坛组委会领导批准后，组织实施。

2、继续举办“治未病”高峰论坛系列专题讲坛

在 2008 年连续举办三期四场基础上，2009 年 5—12 月将连续举办九期“讲坛”。

“讲坛”由国家中医药管理局会同有关省（区、市）中医药管理部门等主办；交流中心、昆仑—炎黄公司和中华中医药学会、中华医学会健康管理分会，分别作为每期“讲坛”的固定承办、协办单位；结合每期专题，增加相关医疗卫生服务机构及有关企事业单位、社会团体、传媒机构等作为承办、协办、支持单位。

各期“讲坛”的实施方案，由“治未病”高峰论坛组委会秘书处根据领导小组审定的“讲坛”总体方案拟订，报请“治未病”高峰论坛组委会领导批准后组织实施。

3、丰富传播形式，创制传播产品

（1）体验展示。在各期“讲坛”的现场，由“治未病”高峰论坛组委会组织开展中医特色健康保障—服务模式的展示体验活动。

各试点单位和地区按照国家中医药管理局的统一部署，切实做好为期一年的中医特色健康保障—服务模式体验活动。

（2）巡回宣讲。充分发挥各期“讲坛”的后续效应，在“治未病”高峰论坛组委会的统一协调下，由各期“讲坛”的主要承办单位会同其他机构，深入社区、企事业单位等，开展巡回宣讲。

（3）媒体宣传。国家中医药管理局政府网站及参与“治未病”健康工程实施的各有关单位、机构的网站，设立形式统一、内容规范的“治未病”健康工程专栏（专题），宣传的内容，由交流中心报请领导小组办公室同意后统一提供；推广和服务的内容，一方面由交流中心报请领导小组办公室同意后统一提供，另一方面由各有关单位、机构，经交流中心审核并报请领导小组办公室同意后统一提供，或在本单位、机构的网站发布。

《中国中医药报》等中医药专业报刊，开设实施“治未病”健康工程专栏。借助各种活动，积极组织大众媒体开展“治未病”健康工

程的宣传。

(4) 产品创制。领导小组办公室组织，交流中心会同昆仑—炎黄公司、中华中医药学会等有关机构负责，总结试点经验和研究成果，以中医特色健康保障—服务模式的主要内涵为主题，组织专家编撰出版有关书刊等。

中医药管理部门、试点单位及中医药学术团体、有关专家，加强与电视、网络、广播、报刊等媒体及相关机构、单位的合作，根据大众传播、群体传播、组织传播等不同形式要求，积极创制"治未病"健康文化的传播产品。

六、制度建设与检查评估

1、研究制定标准规范

(1)"治未病"服务提供体系建设基本规范：

①中医特色健康保障—服务模式服务基本规范（试行）；

②中医预防保健服务提供平台建设基本规范（试行）；

③"中华'治未病'服务网"运行规范。

(2)"治未病"服务技术（产品）体系建设基本规范：

①"中华'治未病'研究院"运行规范；

②"治未病"服务技术（产品）应用指南（系列）。

(3)"治未病"服务培训与人员准入标准规范：

①"治未病"服务培训基地运行规范；

②"治未病"服务职业技能鉴定标准（职业标准）。

2、检查指导

(1) 将"治未病"试点工作及工程实施情况，纳入国家中医药管理局组织开展的综合调研督导工作。

(2) 领导小组办公室负责，组织有关专家对部分试点单位进行现场评估指导。

(3) 领导小组办公室委托交流中心会同有关机构，组织有关专家，对"中华'治未病'服务网"、"中华'治未病'研究院"的参与单位和运行情况，进行现场评估指导和督促检查。

3、效果评估

(1) 组织开展"治未病"服务效果评估的研究，按照中医特色健康保障—服务模式，建立完善评价指标体系。

(2) 领导小组办公室负责，研究制定评估工作方案，组织有关专家并依托试点单位等，年内完成一定数量样本的服务效果评价。

第一批军队系统"治未病"预防保健服务试点单位名单

为做好军队"治未病"预防保健服务试点工作，根据军队"治未病"预防保健服务体系建设需求，结合国家中医药管理局"治未病"工作总体要求，经审核，现确定沈阳军区第211医院等13个单位为军队系统第一批"治未病"预防保健服务试点单位（国中医药函〔2009〕124号），现予以公布：

沈阳军区第211医院

北京军区第252医院

济南军区第107医院

广州军区广州总医院

成都军区总医院

海军总医院

第二军医大学长海医院

第302医院

兰州军区临潼疗养院

济南军区青岛第一疗养院

济南军区青岛第二疗养院

南京军区杭州疗养院

成都军区司令部机关门诊部

中医预防保健服务提供平台建设基本规范（试行）

根据《国家中医药管理局关于积极发展中医预防保健服务的实施意见》和《“治未病”健康工程实施方案（2008—2010年）》要求，为切实加强中医预防保健服务（“治未病”服务）规范化建设，总结“治未病”工作开展以来的实践经验，并按照中医特色健康保障—服务模式服务基本规范的要求，我局组织研究制定了《中医预防保健服务提供平台建设基本规范（试行）》（国中医药函〔2009〕138号），各地在开展中医预防保健服务和组织实施“治未病”健康工程过程中，特别是国家中医药管理局确定的“治未病”预防保健服务试点单位和地区，要按照本规范进一步加强建设，切实为人民群众提供规范、良好的中医预防保健服务。具体内容如下：

一、服务功能

以“治未病”理念为核心，针对个体人健康状态，系统维护和提升个体人整体功能状态，管理个体人健康状态风险，实现“未病先防、既病早治、已病防变、瘥后防复”的目标，达到防病治病、健康长寿的目的。

二、服务内容

健康状态信息采集与管理、健康状态辨识与评估、健康干预（包括健康咨询与指导）、干预效果评估等全面、综合、规范的中医预防保健服务（“治未病”服务）。

三、服务流程

健康状态信息采集、健康状态信息管理（建立健康状态信息库）、健康状态辨识、健康状态评估、健康干预方案制定、健康干预措施实施、干预效果评估等。

四、服务区域及其基本要求

1、健康状态信息采集与管理区域。主要用于采集和录入服务对象的健康状态信息。健康检查（体检）区域应当满足设备与功能需要，可整合本单位的其他相关资源。

2、健康状态辨识及其风险评估区域。主要用于分析服务对象的健康状态信息并进行状态辨识及其风险评估。应当相对独立，每间面积不少于10平方米，至少有一间。

3、健康咨询与指导区域。主要用于根据服务对象的健康状态辨识及其风险评估结果，制定健康干预方案，指导服务对象进行健康干预，接受服务对象的健康咨询。应当相对独立，若因条件限制，也可与健康状态辨识及其风险评估区域合用，但区域面积应当满足开展业务工作的需要。

4、健康干预区域。主要用于根据健康干预方案，为服务对象提供各种中医特色的健康干预服务。应当相对独立，区域面积应当满足开展业务工作的需要。各种干预方法的服务区域应当相互隔开，服务环境的私密性能有效保护服务对象的隐私。

5、辅助区域。主要用于服务对象的等候休息，开展健康宣教、服务管理以及特需服务等。区域面积应当满足开展业务工作的需要。

社区卫生服务机构等，在满足上述服务功能要求及开展业务工作需要的前提下，相关服务区域可以设在同一区域。

五、人员配备

人员配备应当满足“治未病”服务功能的需要，应当包括中医执业医师、“治未病”服务职业技能人员、医技人员、中药师、护理人员、管理人员等。专职医护人员应当不少于6人，中医类别人员不低于70%，其中应当有一名具备副主任以上专业技术职务任职资格的中医执业医师。

中医执业医师、护理人员应当接受“治未

病”服务的专门培训。“治未病”服务职业技能人员应当通过相关职业技能的考核鉴定。

医技人员和中药师可整合本单位的其他相关资源。

社区卫生服务机构等在满足服务功能要求的前提下，可以适当减少人员配备。

中医预防保健机构可减少专职医护人员配备。

六、设备配置

1、健康状态信息管理设备。计算机、打印机、电话、专用文件柜。

2、健康状态辨识及其风险评估设备。中医健康评估设备，中医体质辨识评估系统，常规的理化、影像等辅助检查设备（可整合本单位的其他相关资源）。

3、健康咨询与指导设备。健康宣教宣传栏，影像等演示设备。

选择配置：多媒体教学设备及信息网络系统等设备。

4、健康干预设备。各类针灸、拔罐、刮痧板等器具，中医治疗设备等。

5、其他。根据本单位开展中医预防保健服务（“治未病”服务）需要，配置其他相关的设备、设施。

七、制度管理

1、遵照《国家中医药管理局关于积极发展中医预防保健服务的实施意见》及《“治未病”健康工程实施方案（2008—2009年）》等的有关要求，研究制定有关工作制度。

2、建立并执行基本服务规范和技术操作规范。

3、建立人员岗位责任制度、继续教育培训制度、人员考评制度等。

中医特色健康保障—服务模式服务基本规范（试行）

根据“十一五”国家科技支撑计划“中医‘治未病’及亚健康中医干预研究”项目的相关课题，以中国传统健康文化为基础，运用系统科学的原理和系统工程的方法，对国内外已有的医学模式和健康管理经验、健康保险等进行了多学科的综合分析和系统的比较研究，结合中医预防保健服务（“治未病”服务）的开展，提出了中医特色健康保障—服务模式，为“治未病”理念落实于社会实践开辟了道路，为建立一个既能满足当代人群不断增长的多层次多元化的健康保障需求、又在经济上可持续的社会健康保障体系提供了范式。

国家中医药管理局制定了《中医特色健康保障—服务模式服务基本规范（试行）》（国中医药函〔2009〕139号），具体内容如下：

中医特色健康保障—服务模式，是以“治未病”为核心理念，以个体人健康状态为中心，融健康文化、健康管理、健康保险为一体，通过结构化设计、规范化模块的系列服务，全面防范疾病发生、发展、变化，并在经济上实现可持续的健康保障—服务模式，以实现“未病先防、既病早治、已病防变、瘥后防复”的目标，达到祛病健人、健康长寿的目的。

中医特色健康保障—服务模式的服务基本规范，在服务理念、服务准则、服务流程、服务内容、服务功能、服务作用等方面，体现下列要求。

一、服务理念

1、管理风险——管理服务对象的个体人健康状态风险。体现了中医特色健康保障—服务模式的服务手段。

个体人健康状态，是个体人“天人是否合一，身心是否合一”，也即身心整体功能状态，包括对自然、社会（含道德）的适应能力，是人的生理状态（体现于生理参数和生化参数等）、心理状态（体现于情绪、情感、心智、个性等）和行为（体现于生活方式、人际关系等）的综合。

个体人健康状态的种类，是指针对某种“易发疾病”（主要指与脏腑功能相关、对健康危害严重、人群高发、中医干预有效的慢性非传染性疾病），将所有人群首先分为“未病之人、欲病之人、已病之人”三种。其次将“未病之人”分为“健康”和“未病”两类状态；“欲病之人”、“已病之人”依“病态”程度的轻、中、重，各分为欲病轻、中、重三类状态，已病轻、中、重三类状态。由此，可将所有人群的健康状态，针对某种“易发疾病”，分为三种人、八类状态。

个体人健康状态风险，是指疾病发生及其不同阶段的各种风险，该风险发生、发展、变化和转归的要素，是“生、成、发、传、复”及“源(医源性和药源性疾病)”，即或“生”、或“生并成”、或“成并发”、或“发并传”、或“愈而复发”，或因“源”而“生、成、发、传、复”，其发展、变化过程是由渐变到突变、量变到质变的过程。因此，疾病发生、发展、变化的过程，也是各种风险演变的过程。

2、固本治本——防止服务对象整体功能状态失调，改善服务对象失调的整体功能状态并防止其进一步失调。体现了中医特色健康保障—服务模式的服务路径。

3、提升状态——系统维护和提升服务对象的整体功能状态，防止整体功能的失调、或更失调、或再失调。体现了中医特色健康保障—服务模式的服务目标。

4、祛病健人——通过提升状态，使服务对象不生病、少生病、迟生病、带病延年，提高生活质量，健康长寿。体现了中医特色健康保障—服务模式的服务目的。

二、服务准则

1、中医为体，中西兼用——以中医理论和技术方法为基础，积极借鉴应用西医学及其他现代科学技术方法。

2、三观并用，动态辨识、评估、干预——个体人整体功能状态，宏观体现于个体人的体质等，中观体现于个体人的脏腑、经络、气血状态及证侯等，微观体现于理化参数、组织形态/功能“影像”和高危因素等。从“宏、中、微”三观，辨识服务对象健康状态变量（参数）的时序改变和变化趋势（它们必然是个体的、动态的、系统的），并据此评估个体人健康状态的种类和风险。在辨识、评估的基础上，针对服务对象的健康状态及其风险，应用中医的方法进行调理（调理体质、脏腑、阴阳、气血等），并应用健康管理方法和现代医学针对疾病的治疗手段，系统改善和提升服务对象的整体功能状态，防范健康风险的发生、发展和变化。

3、全程递进——服务过程的各个环节前后贯通、循环运行，在整个服务过程中对服务对象的健康状态及其风险进行系统、全程跟踪，并循环递进地改善和提升服务对象整体功能状态，防范健康风险的发生、发展和变化。

三、服务流程

1、建库而知己——适时、实时采集服务对象健康状态的宏观、中观、微观信息，并将信息录入“私人健康状态信息库”进行存储、整合。通过“私人健康状态信息库”，协助有关机构和专业技术人员，对服务对象的健康状态进行适时、实时的分析、评估，并形成报告(“知己”报告)，使服务对象时时自知全面的健康状态及其风险。

2、知己而求己——根据“知己”报告反映的服务对象健康状态及其风险，以“中医为体、中西兼用”为准则，以系统改善和提升整体功能状态、防范健康风险的发生、发展和变化为核心，指导服务对象进行自我管理（包括自助干预和他助干预）。

3、知己而求医——根据“知己”报告反映

的服务对象健康状态及其风险，在服务对象需要治疗时，为其提供医疗服务指南，并协助服务对象治疗相关疾病。

4、个体、系统、全程、递进——强调服务对象的个体性，体现服务过程的各个环节前后贯通、循环运行，在整个服务过程中对服务对象的健康状态及其健康风险进行全程跟踪，并循环递进地改善和提升服务对象整体功能状态，防范健康风险的发生、发展和变化。

四、服务内容

按照中医特色健康保障—服务模式的服务理念、准则、流程，为服务对象提供 4 类、8 款、M 项、n 个健康保障服务。

四类、八款、M 项、n 个服务内容构成有机整体，四类、八款是服务内容体系的框架，构成服务内容体系的结构；每款服务的 M 项是 n 个服务内容的结构，M 项下服务的 n 个是具体的服务项目。

四类服务——建库、知己、求己、求医，有序组合、形成机制。

八款服务——智能建库—辨筛检测、评估报告—全程跟踪、干预服务—保险服务、求医指南—就医金通，前后贯通、系统全程。

M 项、n 个服务，动态扩展、因人而异。

4类	8款	M项	n个
1. 建库（辨识）	1.1 智能建库	1.1.1 建立私人健康状态信息库”	1.1.1.1 各“治未病”服务机构负责为服务对象建立“私人健康状态信息库”
			1.1.1.2 专门网站负责为服务对象自助建立“私人健康状态信息库”
4类	8款	M项	n个
1. 建库（辨识）	1.1 智能建库	1.1.1 建立私人健康状态信息库”	1.1.1.3 各“治未病”服务合作机构负责协助为服务对象建立“私人健康状态信息库”
			1.1.1.4 为服务对象阶段或永久维护和管理“私人健康状态信息库”
	1.2 辨筛检测	1.2.1 中医体检	1.2.1.1 辨体质、易患疾病、环境适应能力、生命周期
			1.2.1.2 辨证候
			1.2.1.3 辨脏腑经络状态
			……
		1.2.2 健康体检	1.2.2.1 常规体检
			1.2.2.2 “易发疾病”专项体检
			1.2.2.3 特殊人群的专项体检
			……
		1.2.3 健康测评	1.2.3.1 SF-36 生存质量测评
			1.2.3.2 SDS 心理指数测评
			……
		……	……

4类	8款	M项	n个	
2. 知己（评估）	2.1 评估报告	2.1.1 知己报告	2.1.1.1 总报告——（易发疾病）个体人健康状态辨识报告	
			中医评估	2.1.1.2 中医体质辨识、易患疾病风险评估
				2.1.1.3 环境适应能力评估
				2.1.1.4 中医生命周期诠释
				2.1.1.5 中医证候风险评估
				2.1.1.6 脏腑和经络状态评估
				……
			健康管理评估	2.1.1.7 体检报告
				2.1.1.8 已患疾病风险评估报告
				2.1.1.9 生存质量评估报告
				2.1.1.10 心理指数评估报告
2. 知己（评估）	2.1 评估报告	2.1.1 知己报告		2.1.1.11 睡眠质量监测报告
				……
			……	
	2.2 全程跟踪	2.2.1 全程服务	2.2.1.1 实时/适时采集/录入、存储/整合服务对象的健康状态信息（包括服务信息）	
			2.2.1.2 维护和管理服务对象的健康状态信息	
			2.2.1.3 健康状态预警	
			2.2.1.4 专家电话咨询	
			2.2.1.5 健康提示短信	
			……	
		2.2.2 自助服务	2.2.2.1 服务对象可登录相关网站，进入自己的“私库”，自助录入、查询个人健康状态信息（包括服务信息），并可修正自助录入的有关信息	
			2.2.2.2 服务对象可登录相关网站，查询“治未病”高峰论坛，各期体质-脏腑-易发疾病防治专题讲坛的有关信息，健康保障服务的有关信息等	
			……	
		……	……	
3. 求己（干预）	3.1 干预服务	3.1.1 自助干预	3.1.1.1 《求己方案》——个体人健康状态风险管理方案（含“易发疾病”的预防）	
		3.1.2 他助干预	3.1.2.1 体质调理——针对个体人的体质类型，提供调理体质的食品等产品和有关技术方法	
			3.1.2.2 “易发疾病”调理——针对“易发疾病”的预防，提供调理整体功能状态的非药物特色技术方法和产品	
			……	

4类	8款	M项	n个
		3.1.3 文化干预	3.1.3.1 书刊产品
			3.1.3.2 音像制品
			3.1.3.3 “讲、展、演、验”活动
			3.1.3.4 自助查询相关网站的有关信息
			……
	3.2 保险服务	3.2.1 综合性保险	3.2.1.1 “治未病”健康保障计划
			3.2.1.2 易发疾病综合保障计划
			……
		3.2.2 特殊人群保险	3.2.2.1 女性孕期易发疾病保险
			……
3. 求己（干预）	3.2 保险服务	3.2.3 特定易发疾病保险	3.2.3.1 肝脏易发疾病保险
			3.2.3.2 眼睛易发疾病保险
			3.2.3.3 糖尿病易发疾病保险
			3.2.3.4 高原易发疾病保险
			……
		……	……
4. 求医（金通）	4.1 求医指南	4.1.1 指南服务	4.1.1.1 相关医生的有关信息
			4.1.1.2 相关专科的有关信息
			4.1.1.3 相关医疗机构的有关信息
			……
		4.1.2 咨询服务	4.1.2.1 就医前的咨询、指导
			……
		……	……
	4.2 就医金通	4.2.1 就医安排	4.2.1.1 预约诊疗服务
			4.2.1.2 专人导医导诊
			4.2.1.3 贵宾接待室服务
			……
		4.2.2 诊治附加	4.2.2.1 预约“易发疾病”的专家会诊
			4.2.2.2 住院安排
			4.2.2.3 转院安排
			4.2.2.4 上门诊疗
			4.2.2.5 上门护理
			……
		……	……

五、服务功能

1、传播教育——向广大群众特别是服务对象宣传“治未病”的理念、中医特色健康保障—服务的实用知识与方法等。

2、提升状态、协助就医——系统提升服务对象的“易发疾病”病前、病中、病后的整体功能状态，并协助服务对象治疗“易发疾病”。

3、“两个承诺”——为服务对象提供病前、病中、病后的健康服务和经济补偿的承诺。

六、服务作用

1、普及知识——在服务对象乃至广大群众中普及“治未病”理念，并使其了解、掌握中医特色健康保障—服务的知识与方法。

2、三防一（协）治——针对未病之人、欲病之人、已病之人，分别采取固本培元、治本与固本并举以及治标为先、治本为主、固本为根的干预措施，防止服务对象的整体功能失调、或更失调、或再失调，并协助服务对象治疗易发疾病，从而实现防病前“病”、防病中病、防病后病。

3、健康效益和经济补偿——使服务对象不生病、少生病、迟生病、带病延年，提高生活质量，健康长寿，从而产生良好的健康效益。通过健康保险，使服务对象获得病前、病中、病后的经济补偿，从而实现经济上的可持续。

第四期“治未病”高峰论坛系列专题讲坛

——“体质—心/脑/小肠—易发疾病防治”

5月10日，“治未病”高峰论坛系列专题讲坛第四期——“体质—心/脑/小肠—易发疾病防治”在福州举办；同时“中医特色健康保障服务模式（KY3H模式）”的展示、演示和体验活动也在讲坛现场福建会堂同步展开。继续举办“治未病”系列专题讲坛，是国家中医药管理局实施“治未病”健康工程的重要举措，本期讲坛的举办标志着2009年度的“治未病”系列讲坛正式拉开了帷幕。

据悉，“治未病”健康工程是2008年1月25日，国家中医药管理局在北京钓鱼台国宾馆隆重举办首届“治未病”高峰论坛的同时启动的。为深入开展“治未病”工作，探索构建中医特色预防保健服务体系，在继续举办“治未病”高峰论坛的同时，国家中医药管理局决定连续举办“治未病”高峰论坛系列专题讲坛。讲坛着重体现实践性、应用性以及科普教育性，主要介绍在中医“治未病”理念指导下的健康文化和养生保健知识介绍疾病防治的最新研究成果，介绍以个体人健康状态管理为核心的疾病防治知识和方法，推广相关的科技成果，展示相关技术、产品和服务，普及新型的健康保障服务模式，推动以“病”为中心向以“人”为中心的健康保障服务的根本转变。

2008年10月，第一期“体质—肝/胆—易发疾病防治”专题讲坛在上海黄浦江畔开启破冰之旅；11月，第二期“体质—肺/大肠—易发疾病防治”专题讲坛在杭州钱塘江畔顺势前行；12月，“体质—肾/膀胱—易发疾病防治”专题讲坛在穗、沪同步举办；本次“体质—心/脑/小肠—易发疾病防治”在福州举办，使得“治未病”健康工程在全国的推广范围更为广泛，在宣讲、展览、演示、体验等方面继承了“中医特色健康保障服务模式（KY3H模式）的特色，将“治未病”工程带入一个新的阶段。

今年1月14日上午，国家中医药管理局在

北京钓鱼台国宾馆召开了第二届“治未病”高峰论坛。论坛以“治未病”——把握健康为主题，围绕总结“治未病”健康工程的实施经验，交流推广中医特色健康保障—服务模式（KY3H模式）的实践效果，规范促进“治未病”服务发展，以进一步扩大实施“治未病”健康工程、构建中医特色预防保健服务体系以及中医特色健康保障—服务模式（KY3H 模式）在国内外的影响力，提高社会对中医“治未病”预防保健服务及中医药的认识，从而促进“治未病”理念及知识的深化和传播，推进“治未病”健康工程的实施。

本期讲坛由国家中医药管理局、福建省卫生厅主办；福建中医学院、福建中医学院附属人民医院、福建中医学院附属第二人民医院、中国中医药科技开发交流中心、昆仑健康保险股份有限公司、炎黄东方（北京）健康科技有限公司承办。协办和支持单位包括了中华中医药学会、中华医学会健康管理学分会等相关单位。

来自北京、福建等地的一批专家学者齐聚讲坛，就“治未病”与医学目的调整和医学模式的转变，中医脏腑功能与养生保健，体质、脏腑、易发疾病与人的健康状态，中医特色健康保障服务模式的服务理念、准则、路线、模式，心/脑/小肠易发疾病的演变规律，及老年性痴呆症、中风、冠心病、心悸、失眠 5 个易发疾病防治的 KY3H 模式，医院建设 KY3H 治未病中心的意义和服务提供等方面，作专题宣讲、专题讲座和专题发言。

同时，为进一步扩大讲坛的社会影响，更好的推广科技成果服务群众，本次讲坛还在现场福建会堂开展“中医特色健康保障服务模式体验活动”。该体验活动集中展示“治未病”健康工程、中医特色健康保障服务模式、“治未病”科技成果和技术产品、“治未病”服务提供平台建设等相关内容，演示 KY3H 模式的服务技术和产品，并为广大群众提供相应的体验服务。

据介绍，本期讲坛的显现出以下几个突出特点，一是采用了第二届“治未病”高峰论坛“治未病——把握健康”的主题，加强了论坛与讲坛之间的联系，进一步推动了“治未病”理念及知识的深化和传播，二是在福州举办，要求参与主、承、协办和支持的单位的辐射范围进一步向南扩展。充分显示出“治未病”理念的广泛认同，也体现出我国相关医疗机构参与“治未病”健康工程的极大热情与积极性。三是“治未病”服务手段更加丰富。本期讲坛继承了前三期讲坛的特色服务，增加了更多更具实效的干预手段，为广大受众提供了更为丰富的 48Mn（即 4 类 8 款 M 项 n 个服务）套餐服务项目，服务方法多为相关科研成果。

2009 年，承载着社会各界的支持与希望，伴随着第二届“治未病”高峰论坛系列专题讲坛的相关活动，“治未病”健康工程作为落实预防为主的卫生工作方针、实现人人享有基本医疗卫生服务宏伟目标的重要举措，必将为增强全民健康意识、提高健康素质，弘扬中医药优秀传统文化、建设中华民族共有精神家园，做出新的更大的贡献。

全军卫生系统正式启动“治未病”健康工程

7 月 8 日上午，首届军队“治未病”论坛在青岛举行，标志全军卫生系统“治未病”健康工程正式启动。

卫生部副部长、国家中医药管理局局长王国强、总后勤部卫生部部长张雁灵出席了开幕式。

2008年8月，国家中医药局出台了《“治未病”健康工程实施方案（2008-2010年）》，军队卫生系统专家学者普遍认为，“治未病”对提高部队战斗力有特殊意义，它使军人不得病、少得病、迟得病，养生健体，全面提高生理机能和健康水平。

本次论坛致力于强化“治未病”理念，探讨军队“治未病”的基本途径和方法。第二军医大学长海医院等6个单位做了开展“治未病”工作经验介绍，8名专家做了主题学术报告。总后卫生部保健局席立锁副局长宣读了13个全军“治未病”试点单位名单。

张雁灵要求，参加试点的单位要以科学发展观为指导，围绕提高部队战斗力开展“治未病”试点工作，要大胆探索，勇于实践，找出一条适合部队特点的“治未病”路子。

王国强在讲话中充分肯定了军队卫生工作近年来取得的突出成就，并希望军队卫生系统在“治未病”纲要落实中做出新努力，取得新成绩。

论坛由总后勤部卫生部和国家中医药局联合主办。部分院士、医学界的知名专家教授、军队各大单位的卫生部长以及全军首批13个“治未病”试点单位的代表共100余人出席了论坛。

来源：中国中医药报

“治未病”健康工程的技术展示

中和能量平衡健脊术

湖南中和亚健康管理有限公司

在日常生活中，脊柱病和脊柱相关病变十分常见，特别是颈项和腰背酸痛症状十分普遍。有研究表明，50岁以上的中老年人有50%以上的颈腰腿痛患病率，且发病有年轻化的趋势。由于伏案工作因其慢性劳损、外伤、椎间盘病变如椎间盘膨隆、突出和骨质增生等，引起脊柱力学结构失去平衡，脊柱关节移位，刺激了相应的神经和血管，引起各种疼痛、麻木和肌肉萎缩。若没有用有效的防止手段及时地进行调整，形成恶性循环，会严重影响人体健康。所以为了保持脊柱的力学平衡，增加脊柱的稳定性，防止脊柱骨关节的移位，注意脊柱的保健是十分重要的。

中和平衡健脊术是湖南中和亚健康服务中心组织专家，专门针对脊柱亚健康研发的调理技术，经湖南中医药大学附属第一医院和长沙按摩医院临床应用200余例，证明可以有效地激发经气，畅通血脉，促进气血运行，对由脊柱问题引起的各型病变及疲劳、肌痛、失眠、健忘、情绪低落等各型躯体性亚健康具有良好效果，同时也是一种强身保健的良好技术手段。

该技术根据中医经络理论和现代医学理论，运用传统的中医推拿手法及现代康复技术，通过对脊柱两侧肌肉、肌腱、关节囊、韧带等软组织及脊柱小关节的调节，起到行气活血，疏通经脉作用，使脊柱及脊柱相关组织处于一种相对平衡状态的操作方法。其调节机制主要表现在三个方面：

一、整体调节

中医的脏腑，所反映的是人体整体的功能。

脏腑居于内，通过经络气血外络肢节，维持生命机能正常运转。督脉循行于身后正中线，为“阳脉之海”；任脉循行于身前正中线，为“阴脉之海”，中和平衡健脊术通过对任、督二脉的补益与调节，以达到通行溢蓄全身之气血，输布后天精气，濡养五脏六腑的目的，体现出整体调节的特性。

二、平衡调节

脊柱是人体的中轴骨骼，由24块椎骨和一块骶骨、一块尾骨，凭借软骨、韧带和关节连接而成，靠左右两侧对称的肌肉、肌腱和韧带等软组织而处于一种动态平衡中。但由于外伤、慢性劳损、炎症、姿势不当等诸多因素导致脊柱失去平衡后，椎体位置发生微小变动，刺激或压迫到脊神经，从而影响到响应脊神经的正常功能。中和平衡健脊术作用于脊柱两侧的浅层肌肉及深层组织，并在生理活动范围调节错缝的脊柱小关节，运用手法使脊柱重新趋向新的平衡，以达到治疗疾病、保健强身的目的。

三、反馈调节。

中医学理论以五脏之间相互联系协调，来调节生命运动。现代医学则以神经调节、体液调节和内分泌调节等方式，实现对生命有序状态的调控。因为脊背部是中医经络学说中五脏六腑的背俞穴、现代医学中神经节的体表对应点，是调整生命信息的重要部位，所以二者都十分重视脊背部的特殊性。显然，中和平衡健脊术的手法信息可通过经络及神经通路，根据人体组织器官所处的不同状态而起到正反馈调节或负反馈作用。

本方法基本保健手法包括揉法、推法、擦法、搓法、点法、拿法、弹拨法、抖法、振法、摇法和扳伸法。操作者通过对脊柱保健区域内相关联的督脉、膀胱经等经络的推拿和重要穴位的点按，对腰背腹四肢肌肉推压、搓揉、按揉和弹拨，对颈、胸、腰椎及四肢关节的推拿调节，达到激发经气，促进气血运行，使血脉通畅，滋养全身器官而强身保健。

中和温体通络祛痰利湿降脂术

湖南中和亚健康管理有限公司

中和温体通络祛痰降脂术是湖南中和亚健康服务中心，针对中医痰湿阻滞人群进行亚健康调理开发的一套推拿按摩手法，本技术入选我国与世卫组织合作研究中医药防治干预亚健康项目。根据中医经络理论和现代医学理论，运用传统的中医特色推拿，配合介质通过对人体经络穴位的刺激，起到疏通经络，调和气血，健脾祛湿化痰的效果，最终使人体处于“阴平阳秘”的状态。西医学认为推拿按摩能大量消耗和祛除血管壁的脂类物质，扩张毛细血管，增加血流量，改善微循环，不仅能减轻体重，重塑健美身材，而且能增强机体抗病能力。

一、适应人群：不限于痰湿人群，凡具有身重不爽，易困倦，睡眠不佳，体形肥胖，多汗且粘，胸闷，痰多，面色淡黄而暗，舌胖苔白腻，口粘腻或甜，脉滑者均能适用。

二、基本功效：温通经络，振奋阳气，化痰除湿，降脂瘦身，养心安神。

本方法法主要针对脾经、胃经、任脉、督脉等及在脂肪易堆积处（因脾胃为后天之本，气血生化之源，脾胃二经又经过人体脂肪最易堆积的位置，又脾为生痰之源，故通过对脾胃经的调理能很好的祛痰利湿），如腹部、腰部、臀部、大腿及上臂等部位进行经穴按摩。

本方法对手法有一定要求，手法的熟练程度及如何适在刺激穴位时恰当地运用，对疗效的好坏有直接的影响。手法要求"持久、有力、均匀、柔和、深透"，从而达到"柔和节力"。"柔和"指手法柔而不浮，重而不滞，用力深透，变换动作自然有舒适感。"节"指手法须按循经走穴的要求持续一定的节律，手法动作要有节奏感，速度不要时快时慢，时轻时重，"力"指具有一定深透的力量。其常用手法包括揉法、摩法、擦法、推法、搓法、按法、点法、捏法、拿法、振法、颤法、叩击法，须根据服务人群体质辨证变换使用。

三、基本操作方法：

1、推任督二脉：督脉为"阳脉之海"，总督一身之阳，任脉为"阴脉之海"，总领一身之阴，中和祛痰利湿瘦身术通过对任督二脉的补益调节以达通行蓄溢全身之气血，输布后天精气以致各经脉。

2、推脾经（3—5 次）：脾主统血，主升清，主运化水谷和运化水湿，故推脾经以加强运化水湿功能。

3、推胃经（3—5 次）：胃为水谷之海，其经多气多血。

4、摩腹：环摩脐周，稍用力（2—3 分钟）：

5、提拿腹肌：一手提拿中脘部肌肉，另一手提拿气海部肌肉 27 次，提拿面积宜大，力量深沉，拿时可带捻压动作，放下动作应缓。

6、推擦腹部：双掌自肋下腹部用力推擦，以透热为度，然后分推腹阴阳，两手曲指分别置于剑突下，自内向外下方沿季肋下缘分推 27 次。腹部有 12 条经脉，所以推摩腹部，可以同时对多条经脉的疏通产生作用。

7、拿胁肋：双手从肋下由上自下拿胁肋部肌肉，一拿一放，拿起时用力捻压

8、重要穴位点揉：对中脘、梁门、天枢、气海、关元、大横、丰隆、足三里、阴陵泉、阳陵泉、公孙、三阴交、内关进行点揉，根据服务人群体质和症候进行相应配穴，确定点揉力度和次数。

本技术在对入选"中国/世界卫生组织者合作项目：痰湿体质人群治未病活动"项目的人员的服务中显示出了良好的调理效果，所有接受服务的人员体质都有不同程度的改善，其中如体重有下降，腰围缩小，血脂指标都有不同程度的下降，胸闷状况有明显改善，痰量减少，容易困倦、口腻、大便不爽、多汗及面部皮肤油脂多的症状明显减轻或消失；个人精神状况、饮食睡眠均普遍好转，部分有血糖升高者，血糖恢复正常，部分腰腹冷的感觉明显消失，舌苔腻、脉滑好转。

扶阳罐温刮温灸亚健康调理技术

株洲扶阳医疗器械有限公司

传统中医学在中华民族的繁衍和发展过程中起了重大保障作用。自古以来医家们重视阳气的养护。扶阳养生亦是中医养生法里面的重要学派之一。艾灸、刮痧、拔罐、按摩等方法，是我国传统医学的重要组成部分，是独具特色的治疗手段，为中华民族的医疗保健起到了非常重要的作用。而扶阳罐养生是通过扶阳罐作用于人体皮肤，经络穴位和病变部位，达到养生治病的效果。

扶阳罐产品特点：扶阳罐是集刮痧、拔罐、温(艾)灸、推拿、热疗、磁疗、红外线七合为一集成创新高科技专利产品。是目前唯一具有

此综合功能的革新型温通经络的理疗产品。用扶阳罐进行理疗，“补而不过，去邪而不伤正”，其无痛恒温刮痧世界首创。更具有温通经络，祛风散寒，扶阳固脱，升阳举陷、扶正祛邪，调和气血，协调阴阳的作用。从现代医学角度来说扶阳罐能够改善血液微循环、软化血管、促进新陈代谢、活化细胞、平衡内分泌、改善组织营养状态，快速将阻滞在人体内的病理代谢产物通过皮肤和血液循环排出体外，最终增强和改善人体免疫系统的功能，达到抗衰老，消除疲劳，促进体力恢复的效果。

扶阳罐养生法是一种新的自然养生治病疗法，尤其在治疗某些痛症和处于亚健康状态的人群疗效显著。扶阳罐疗法因其操作简单、见效快且无毒副作用等特点，越来越受到人们的青睐。

一、扶阳罐结构：罐身为橡木，罐底边为特制陶瓷（用于无痛刮拭），罐底为硅胶，罐内装有恒温发热装置，外形美观且均为绝缘体。

二、扶阳罐介质：经络通，玉凤回春精油，芳香醒脾素，强力健龙精油等。

三、扶阳罐操作体位：坐位，仰卧位，俯卧位，侧卧位。

四、扶阳罐适用部位：头颈部，肩背部，腹部，腰部，四肢部。

五、扶阳罐禁忌症：

1、有严重心脑血管疾病，肝肾功能不全者；（尤其带有心脏起搏器患者）

2、孕妇的腹部，腰骶部及月经正常的妇女月经期间；

3、有传染性皮肤病或皮肤有破损处不宜做；

4、血小板减少性紫癜，白血病及血友病等出血性疾病及有出血倾向者；

5、急性外伤性骨折，严重水肿；

6、婴幼儿

7、精神紧张，过饥过饱及饮酒后等情况下不宜使用扶阳罐。

六、扶阳罐调理亚健康：

1、 疲劳：

疲劳是亚健康的常见症状。人过 30 岁，阳气不断衰减，体力处于下降趋势，身体对疲劳的调节作用差，不能及时恢复体力。日久天长，导致机体免疫力下降，长期疲劳会加速衰老，缩短人的寿命。（中医认为）疲劳与五脏失调密切相关，阳气足则精力旺，若阳气虚了，那么就容易感到疲劳。因此，治疗亚健康的疲劳应以调节五脏阳气为关键。具体方法如下：

（1）扶阳罐通电 5-8 分钟，受术者在此期间做深慢呼吸以凝神定志；

（2）温灸如下穴位：百会，双侧风池，大椎，肩井，命门，双侧肾俞，关元，每穴 1-2 分钟。

2、失眠：

失眠是亚健康的常见症状之一。睡眠是预防疾病的第一道防线，身体防卫系统的增强主要是在睡眠中进行的。上半夜深睡眠，是增强人体免疫机能的最佳处方。失眠少睡，精力明显下降，衰老也就快。失眠在中医归于“不寐”“不得眠”范围，认为多由情志所伤，劳逸过度，久病体虚。饮食不节等。引起阴阳失交，阳不入阴而形成。又《黄帝内经》有云：胃不和则卧不安，通过扶阳罐可补虚泻实，引阳入阴，从阳化阴，达到阴阳平衡。（通过扶阳罐）操作如下：

受术者轻闭双眼，做深慢呼吸以入静；

术者滴芳香腥脾素后推拿腹部，然后用扶阳罐温灸任脉脾经，胃经上的穴位（如中脘、神阙、气海、关元等穴位），再以神阙为中心环行顺时针推动扶阳罐，最后还可温灸三阴交，涌泉、神门以引火归元，宁心安神。

3、风寒感冒：

由风寒之邪侵袭人体肺卫引起的常见外感病，以冬春季节多见。临床以鼻塞，声重，喷嚏，流清涕，喉痒咳嗽，痰白稀薄；舌淡红，苔薄白，脉浮紧。治法以祛风散寒为主，通过扶阳罐温灸穴位，温刮经络达到扶正祛邪的目的。操作如下：

（1）温灸头部穴位：风池、风府、大椎、翳风、太阳、肩井穴；

（2）温刮颈项部：风府至身柱，风池到巨骨，天柱至肺俞，（备：温刮前涂抹经络通，以出痧为佳）。

4、颈肩酸痛：

颈肩酸痛是长期伏案或整日在电脑前工作的人最常见的亚健康症状之一，是由于颈肩部气血瘀滞所致。温灸温刮疗法可以舒筋通络，活血化瘀，促进局部新陈代谢，使原本僵硬的肌肉放松。从而提高生活质量，调整亚健康状态。具体操作如下：

手法放松颈肩部；

温灸穴位：百会、风府、大椎，双侧风池、颈百劳、肩井、肩髃，天宗等穴；

温刮经络：风府至身柱、风池至巨骨，天柱至肺俞（即胸锁乳突肌，竖脊肌）；

5、腰酸背痛：

腰酸背痛指腰部一侧或双侧以及脊椎疼痛的一种症状，是亚健康的常见症状之一。腰部是督脉和膀胱经的循行之处。腰酸背痛主要与督脉和膀胱经经气不畅有关。长期保持同一种姿势，加之风寒外袭，使腰背部经络气血阻滞，不通则痛。此外亚健康与肾气虚损密切相关，“腰为肾之府”，肾虚导致腰部脉络失于温煦，濡养，也会导致腰痛。扶阳罐温灸温刮法可扶正固本，补益肝肾，疏通经络，祛风除湿，缓解肌肉疲劳与痉挛，从而缓解腰酸背痛。操作如下：

（1）俯卧位：温灸长强、腰俞、命门、至阳、大椎、肾俞、志室、腰眼、秩边、委中。

（2）温刮督脉（自大椎~长强）膀胱经两侧线；（备：温刮前涂抹经络通）

6、痛经：

女子正值经期或行经前后，出现周期性的小腹疼痛，并因痛影响生活及工作。现代物质生活条件好了，人们夏日狂饮狂食生冷食物，冷空调不停，为了时尚时髦冬日穿低腰裤、露脐装，以致寒邪侵犯人体。时下痛经者屡见不鲜。而扶阳罐有温通经络，祛风散寒的功效，针对痛经者屡试不爽。操作如下：

(1)疼痛时直接温灸小腹部，重点是关元、气海、中极、子宫等穴；

(2)平素多灸小腹部穴位，尤其在每次月经来前1周为最佳治疗时期。

“莱香三养疗法”亚健康经络调理干预技术与产品

上海莱香化妆品有限公司

“莱香三养疗法”亚健康干预技术与产品是由国家中医药管理局亚健康干预技术实验室战略合作单位上海莱香公司自主研发的亚健康调理干预技术与产品。“莱香三养疗法”亚健康经络调理干预技术与产品已入选我国与世卫组织合作研究中医治未病防治干预亚健康项目。

一、“莱香三养疗法”原理

“莱香三养疗法”，即“养气”、“养血”和“养经络”。这里的“养”不单是补养、还有调养、调理、养护的含义，如“养气”包括补气、调气、理气、行气等含义；“养血”包括补血、活血、祛瘀等含义；“养经络”包含经络调理，疏通经络等含义。亚健康调理的实践中，在整体观念指导下，以“养气、养血、养经络”为基础，运用独特的“莱香三养疗法”产品与亚健康经络调理干预技术，顺应四时五季养生，根据不同的亚健康症状辨证调理。

二、“莱香三养疗法”功用

疏通经络，行气活血；调节脏腑，沟通内外；平衡阴阳，补虚泻实；改善体质，面容红润。促进新陈代谢，活化细胞，调和体内营养状态，平衡内分泌，将阻滞在人体内的毒素排出体外，养气、养血、养经络，使身心恢复保持气血充盈、经络通畅、脏腑安和、阴阳平衡的健康状态。

三、“莱香三养疗法”适应症

亚健康状态，如头晕、头痛、疲劳、失眠、健忘、目干涩、便秘、身体酸痛、月经失调、无食欲、面色晦暗、内分泌失调、乳腺增生、畏寒、情绪低落、烦躁易怒、下肢无力等症状；痰湿质等体质偏颇。

四、“莱香三养疗法”调理方法

1、泡浴：

“养元固本化积排毒浴”套盒

A、产品组成：养元固本化积排毒浴药包 5 袋（120g/袋）、养元固本化积排毒浴原液 1 瓶（20ML/瓶）

B、主要成分：荷叶、桃花、野玉桂、黑钩藤、大水枫、威灵仙等

C、使用方法：将药包 1 袋放入水中煮开 3-5 分钟，然后将煮开的药包和药汁放入浴桶浸泡，同时加入原液，最后将浴桶水温调到 43-45 度左右进行泡浴。15 次/疗程，每隔 1 天泡浴 1 次（前 5 次泡浴，每次用浴包 1 袋+原液 8-10 滴；后 10 次泡浴，每次用原液 20—30 滴）；每次泡浴下水 3-4 次，累计下水时间 20 分钟，休息时间 10 分钟以内，泡浴时可用药包摩擦按摩全身，出浴后不必用清水冲洗。

2、内服：

（1）“益生通畅饮”套盒

A、产品组成：12 袋/盒，5g/袋（粉末）；

B、主要成分：果蔬草本萃取综合酵素、首乌、桂枝、麦冬、桂皮、五味子、杨桃、荔枝、榴莲、冬瓜、玉米、西兰花等

C、使用方法：每天早饭前服 1 次，每次 1-2 袋；每袋用 300ML 以上的温水（冷开水，水温不能超过 40 度）搅匀后饮用。

（2）“青春泉生命饮”套盒

A、产品组成：10 瓶/盒，60ML/瓶（液体）；

B、主要成分：果蔬草本萃取综合酵素、人参、牛樟芝、百合、灵芝、冬虫夏草、木瓜、海苔、火龙果、无花果、龙眼、菠菜、山药等.

C、使用方法：每天早（饭前）、中（饭前）、晚（睡前）各服 1 次，每次 20ML 以上（1 瓶更佳）；每次用 200ML 以上的温水（冷开水，水温不能超过 40 度）搅匀后饮用。

3、外调：

（1）“皇家穴疗精品套”：

A、产品组成：皇家穴疗神阙元气液 1 瓶（10ML/瓶）、皇家神奇开穴油 1 瓶（20ML/瓶）、皇家祛疼痛精元露 1 瓶（10ML/瓶）

B、主要成分：植物精华、人参、艾叶、香附叶，麻黄、桂枝、羌活，冬青、薄荷、细辛等

C、使用方法：

①用皇家穴疗神阙元气液 2 滴，滴入肚脐中。

②用皇家神奇开穴油，点按脐周四穴（水分、气海、天枢）。

③用皇家祛疼痛精元露，按摩腰部与疼痛部位。

（2）“三焦气血阴阳调理精品套”：

A、产品组成：三焦气血元液（50ML/瓶）、生命气血精元 1 号（10ML/瓶）、生命气血精元 2 号（10ML/瓶）

B、主要成分：植物精华、当归、红花、杏仁、西洋参、薄荷、柠檬草、丹参、桃仁等

C、使用方法：

①用三焦气血元液 3ML，按揉背部三焦经、膀胱经、小肠经。

②用生命气血精元 1 号 5-8 滴，点按背部大椎穴、肺俞穴、天宗穴、肩井穴、高盲穴，

每穴 3—5 分钟。

③用生命气血精元 2 号 5-8 滴，刮背部膀胱经、三焦经、小肠经。

（3）“阴阳五行能量精品套”：

A、产品组成：金-能量元素（10ML/瓶）、水-能量元（10ML/瓶）、木-能量元素（10ML/瓶）、火-能量元素（10ML/瓶）、土-能量元素（10ML/瓶）

B、主要成分：植物精华、益母草、灵芝、雪莲、玫瑰、红花、冬虫夏草、香柏木等

C、使用方法：

①依次用金元素、水元素、木元素、火元素、土元素各 5-8 滴，依次用双手拇指推督脉，从尾椎长强穴到百汇穴，各推 21 遍。

②依次用土元素、火元素、木元素、水元素、金元素各 5-8 滴，依次用双手拇指推任脉，从咽喉向下绕脐至关元，各推 21 遍。

（4）“十二正经诊疗套”：

A、产品组成：通经活络导引元液（100ML/瓶），肺经元液、大肠经元液、胃经元液、脾经元液、心经元液、小肠经元液、膀胱经元液、肾经元液、心包经元液、三焦经元液、胆经元液、肝经元液（10ML/瓶）

B、主要成分：植物精华、灵芝、牡丹皮、香附、柴胡、人参、檀香、玫瑰、姜等

C、使用方法：

①用通经活络导引元液 8-10 滴分别在各经脉上，从下至上推 3 遍。

②用十二正经元液各 5-8 滴分别在各经脉上，从下至上推 21 遍（例如：肺经-用肺经元液滴在肺经整条经脉线路上从少商至中府揉推 21 遍）。

五、“莱香三养疗法”健康提示

1、调理期：1 次/3 天，连续七次；巩固期：1 次/5 天，连续七次；保养期：1 次/7 天，连续 7 次以上；每 21 次为一个疗程。

2、保持良好习惯。如饮食有序，劳逸结合，生活规律，坚持锻炼。

3、每天饮水量保持 2000-3000ML，多食五谷杂粮和蔬菜水果。

“治未病”健康工程产品展示

中和泽乌健脾降脂膏

湖南中和亚健康管理有限公司

中和泽乌健脾降脂膏是湖南中和亚健康服务中心，针对中医痰湿阻滞人群进行亚健康调理开发的精制膏方，本技术入选我国与世卫组织合作研究中医药防治干预亚健康项目。痰湿人群，多因饮食不节，伤脾伤肾，以致痰湿停于脏腑，阻滞经络，阳气不振，气血不畅，出现身重不爽，易困倦，睡眠不佳，体形肥胖，多汗且粘，胸闷，痰多，面色淡黄而暗等种种症状。中和泽乌健脾降脂膏，以健脾补肾为本，以达祛湿化痰降脂之功。

在我国与世卫组织合作研究中医药防治干预亚健康项目中，项目专家组选择 54 名痰湿阻滞体质人员提供中和泽乌健脾降脂膏服务，膏方服用时间一个月，取得了比较理想的效果。服务期结束后，临床观察所有人员体质都有不同程度的改善，个人精神状况、饮食睡眠均普

遍好转，80%以上的人员体重有下降，腰围缩小、血脂指标都有不同程度的下降；其他症状如胸闷，容易困倦、大便不爽、多汗等症状都有明显减轻或消失。

组方：制首乌 200g 茯苓 200g 黄精 100g 枸杞 100g 荷叶 100g 蜂蜜 300g

制法：将生首乌加入小黑豆、黄酒九蒸九晒，茯苓、枸杞、荷叶洗净。把上药入铜锅（或搪瓷锅亦可），加入清水煎 3 个小时，取药汁 1 次，共煎 3 次取汁去渣，再把药浓缩煎至用筷子挑起成丝状即可，然后加入蜂蜜搅匀，存瓶、罐中。

服法：每次 1 汤匙，每日服 2-3 次，饭后半小时用开水冲服。

禁忌：服用膏滋不能吃生冷水果，辛辣之品等。

功能：补肾益精，益脾和胃，滋肝补肾，宁心安神，延缓衰老

主治：痰湿体质，症见中老年人痰多、汗多、舌胖、苔白、易疲劳，喜食甜食，脉滑等

加味：如经常大便溏薄者，加白术 200g，泽泻 100g，淮山 200g；经常大便秘结者，加松子仁 200g，黑芝麻 200g，桑葚子 200g；食欲不振者，加白术 200g，山楂 200g；身体肥胖者，加山楂 200g，泽泻 150g；头晕耳鸣者，加桑葚子 200g，菊花 200g；腰膝酸软者，加补骨脂 200g，核桃肉 100g；面部烘热，手足心发热者，加女贞子 200g，生地 200g，地骨皮 200g，龟甲胶 200g；平时畏冷，手足寒凉者，加巴戟天 200g，肉苁蓉 200g，鹿角胶 200g。

本膏制作特别讲求炮制遵循传统，药材地道纯正。例如加工首乌，用小黑豆煮熟取汁加黄酒，再用汁浸泡生首乌，吸干黑豆汁、黄酒后，隔水蒸 8 至 10 小时后，再晒干，再蒸，共七次。熟地，首先选好优质生地切断成块，加黄酒，以生地把酒吸干后，再隔水蒸 8-10 小时晒干，每蒸一次，加黄酒 1 次，共九（酒）蒸九晒；黄精洗净泥土后，七蒸七晒；女贞子要采用冬至那一天的，用黄酒蒸熟晒干，不少于三蒸三晒。

中医电子诊脉保健器

郑州市康健电子产品研究所

郑州市康健电子产品研究所成立于2005年5 月，以研究所张勋华所长为指导中心研发的“中医电子诊脉保健器”项目属产业化技术政策鼓励发展的开发项目，经过 3 年的努力使我省电子医疗产业总产值达数亿元，培育一批电子医疗特色产品和形式一批骨干生产企业，同时带动相关产业的经济发展。

中医电子诊脉保健器主要构成有震动装置、压力传感器、程序芯片和液晶显示器等，将该诊脉器戴在使用者的腕部并使压力传感器贴近腕部动脉。开启电源后振动泵开始向腕部环带内冲入一定压力气体，使压力传感器更加贴近腕部的动脉，便于更准确的采集数据。在达到预定压力之后振动器停止工作并开始缓慢的释放腕部环带内的气体。与此同时，压力传感器采集压力信号并把压力信号发送到数据处理芯片。数据处理芯片首先将接收到的压力信号转换成数字信号并分别与预先存储在程序芯片中的数据相比较，依据比较结果将数字数据分类并分别将分类代码发送到程序芯片。程序芯片接收到分类代码后，依据分类代码访问程序芯片中预先存储的数据，并将该数据传输给

液晶显示屏显示出各种诊断结果。

通过人体血、气压力震动进入检测处理，由压力信号转换成数字信号进入程序芯片，根据数字信号分辨后传入到液晶器上。快速定位定性诊断，精确显示出人体健康状况，数据处理芯片与程序芯片都是快速电可檫写只读存储（EEPROM)，则是该项目的关键技术。

一、产品的主要功能

1、它能体现中医八纲辨证的思想而进行“表、里、寒、热、虚、实、阴、阳”的定位与定性诊断。

2、能准确的测出人体五脏六腑的现状，包括关于1、心与小肠2、肺与大肠3、肾与膀胱4、脾脏与胃5、肝脏与胆等人体器官的健康状况，并提供治疗、食疗、音乐疗法及预测措施；

3、能准确预测预报未来健康状态和发展方向，如预测预报中风病等；

4、能快速诊断“亚健康“症状；

5、诊断速度≤2分钟。

6、产品的特点及指标

（1）显示：大屏数字液晶显示，4个按键操作，20次测量结果记忆，显示、日期、时间

（2）测量方法：示波方式，全自动操作

（3）血压测量范围：40至220mmHg

（4）脉搏测量范围：40至180每分钟脉搏数

（5）静态压力测量精度：±3 mmHg(0.4kPa)

（6）脉搏测量精度：±5%

（7）血压计（主机）尺寸：78mmx75mmx28mm

（8）重量：约135g　（不包括电池）

（9）电源：两节（7号）“AAA”型电池

（10）使用环境温湿度：　5℃至40℃　≤85% R.H

（11）全自动语音中文报读诊断结果、相应症状、食疗方法、理疗建议

（12）手腕便携式结构

“中医电子诊脉保健器”的问世，给人们提高了随时了解和掌握自身的健康状况的先决条件，就可以让人们自觉地采取相应措施去保健，去防患于未然。进入千家万户，成为家庭医疗保健的必须品。

传统养生文化在保健品开发中的重要意义

天狮集团全球研发中心　王大平

中国是文明古国，有几千年的历史。中国传统文化历史悠久，源远流长，具有完整理论体系并独具特色。是几千年中华民族为了生存和发展，同疾病和自然界作斗争的经验总结，是中华民族献给人类文明的宝贵财富。

天狮集团专注于继承、发扬祖国传统养生文化、立志传承和弘扬祖国传统医学，将博大精深的文化、各民族千年智慧的结晶奉献给全人类，服务全球，健康全人类。全家分享，全球共享。

一、传统养生文化理念在产品开发中的应用——继承、发展篇

中医学、藏医学、古印度医学、西方（希腊-罗马-阿拉伯）传统医学被称为世界四大传统医学。

中国传统医学包括中医学、藏医学、蒙医学、维医学等。

中国传统养生之道是经过数千年的传承、发展，融汇多个民族、不同地域的养生文化、养生方法而形成的。经历了五千年的文化沉淀，以中国古代的天、地、生、文、史、哲为深厚底蕴，融会了历代养生家、医学家的实践经验

和研究成果，形成了博大精深的养生理论体系，至今影响、指导者中华民族的繁衍生息。

1、继承“不治已病治未病”传统养生思想，提出清调补防现代养生理论

《黄帝内经》中《素问·四气调神大论篇》中说：“圣人不治已病治未病；不治已乱治未乱，此之谓也。夫病已成而后药之，乱已成而后治之，譬犹渴而穿井，斗而铸锥，不亦晚乎”。就是说在疾病还没有发生、发展的时候就采取正确的预防措施，否则的话，就像口渴了才开始挖井，该打仗了才开始铸造兵器，不是太晚了吗？这段话从正反两方面强调治未病和预防疾病的重要性，蕴含着预防的思想，当代预防医学的兴起正是来源于此，这句话在今天仍有现实意义。这种防重于治的思想，不仅仅体现在人体未病之前就应采取各种措施积极预防（即未病先防）方面，同时还体现在一旦患病之后仍应运用各种方法防止疾病发展、传变或复发（即既病防变）方面。治其未生—健康人群、治其未成—亚健康人群、治其未发—高危人群、治其未传—慢病初期人群、瘥后防复—康复人群。

先秦哲人之“良医者，常治无病之病 ，故无病；圣人者，常治无患之患，故无患”。

古人所说的“治未病”包含未病先防和既病防变两层意思。但随着社会的发展，“未病”不仅是指机体处于尚未发生疾病的时段及其状态，而且包括疾病在动态变化中可能出现的趋向和未来时段可能表现出的状态。因此中医“治未病”可以分为“未病先防”、“既病防变”、“病后康复”三个层次，贯穿于疾病隐而未显、显而未成、成而未发、发而未传、传而未变、变而未果的全过程。比如既病防变：就是早期诊治，根据人体阴阳失衡、脏腑功能失调的动态变化，把握疾病发生发展与传变规律，防止疾病的发展。在疑难性疾病和慢性病治疗中，如防止心脑血管疾病向心衰的演变、减少糖尿病并发症的发生发展以及延长肿瘤病人的生活质量和生存时间，都能充分体现“不治已病治未病”传统养生思想的先进性、科学性。

《庄子 内篇》，所谓“养”就是保养、调养、护养之意，“生”就是生命、生存、生长之意。“养生”的内涵就是健康长寿，有质量的生存状态，达到一个协调平衡。当一个人的心情平和了，身体达到平衡，就是最健康的，即是“治未病”。

2、当前健康的概念也从单纯的生物医学模式转变为生物-环境-社会-心理的医学模式，充分体现了中医药养生文化的核心

《黄帝内经》提出：人以天地之气而生，四时之法成。认为人生活在自然界中，与其他物质一样，都是阴阳之气相互感应的产物，人与自然界是不可分割的一体。以“天人相”、“阴阳平衡”为哲学基础，以“整体观念”、“辨证论治”为特点，以使用产品等为主要手段来调整、激发人体的自我康复能力-扶正，纠正人体的偏常之性-祛邪而达到防病治病的目的。传统医学所提倡的人与自然（包括细菌、病毒等）和谐共处，而不是对微生物大规模灭活的理念，维持了微生物与人类之间微妙的生理平衡，这正是医学未来的发展方向。

天狮集团就是在总结先人的基础上提出了“清、调、补、防”健康理念，并以“清、调、补、防”养生理论为依据，运用现代最新营养学研究成果和现代高科技生物技术手段相结合开发健康食品。

(1)清--清除体内有害物质

(2)调--调节机体平衡

“调”是在“清”的基础上，使用各种具有营养保健功能的物质对人体进行各方面系统的调理。调理是为了平衡，中国传统医学以及现代医学都强调机体平衡的重要性。

调就扶正的过程，正气与邪气博弈的过程，调动机体向好的方向发展。使正气内存，邪不可干。

(3)补--补充均衡适宜的营养

要先清后补，当身体多余有害物质，甚至体内垃圾积聚时，会使得我们体处于一种活力减弱的负担状态，必须先清除体内多余有害物质，使机体的反应及接受能力改善，从而提升机体的运转机能。

补就是有针对性地补充，补其不足，补其所需

(4)防--提升免疫、预防保健

通过“清、调、补”的手段使人体处于平衡协调中，达到去邪扶正的状态。

这是天狮继承祖国传统医学治未病理念发展养生文化，与时俱进发展创新的结果。

一般产品分类方法：有按功能分的，如在中国申报保健食品有 27 种功能。（如抗氧化、辅助降血脂、降血糖、减肥、改善睡眠……）；按照人群：老年人群、儿童、女性、男性……；按产品本身属性：氨基酸类，中药材……。

天狮是按照清调补防建立产品分类，清有--系列产品，补有--系列产品、调有--系列产品，最终形成一整套完整的产品体系，更科学更接近人体复杂的情况，更有利于预防的概念在实践中应用。这套产品理论体系通过在天狮大样本条件下的应用实践，产品本身以及产品组合创造了很多奇迹，它是循证医学最好的实验证据。由点及面、全身调理，全面、系统，更符合中医整体观。

二、运用先进技术和手段，采用现代研究方法研究开发保健产品—提升篇

发展保健食品是时代发展的需要，是人们迫切向往健康长寿的需要。只有将高科技引入开发与研制保健食品工作中去，不断提高保健食品的科技含量，在国际市场上才有竞争力。所以我们需要探讨保健食品研究的新思路、新方法、新观点。

我们承担的国家“十一五”科技支撑计划：特色资源与保健品的研究开发项目，就是希望通过研究总结出一套保健产品研发的经验，为保健品研究工作开创新局面。

“治未病”健康工程试点单位展示

深圳市宝安区中医院治未病工作简介

深圳市宝安区中医院筹建于1988年，经过20年的建设与发展，在临床医疗、学科建设、科研教学等方面取得了显著成绩，已经是一间集医疗、教学、科研、预防、保健为一体的国家二级甲等中医医院。目前，医院是广东省中医名院、广东省高等医学院校教学医院、广东省“百家文明医院”、全国第三批治未病预防保健服务试点单位，广东省中医“治未病”健康工程试点单位，全国第二批中医医院中医药文化建设试点单位，深圳市“绿色医院”，深圳市9家名中医馆建设单位，康复科是广东省中医名科，宝安区重点专科，康复科、糖尿病专科、骨伤科是广东省“十一·五”中医特色专科，康复科，糖尿病专科、骨伤科、妇科是市级特色专科；宝文社康中心、翻身社康中心被评为“深圳市示范中医药社区健康服务中心”，上合社康中心被评为“深圳市示范中医药社区健康服务中心建设单位”。

宝安区中医院于2008年初启动中医“治未病”健康工程试点工作，不断拓展中医药服务

领域，切实发挥中医药特色优势，该院中医治未病中心下设健康管理中心、传统医疗中心、养生保健中心三个分中心，中心整合三个分中心的资源、优势和特色，提炼中医“治未病”的精髓，积极开展中医“治未病”工作，同时不断探索中医“治未病”的新模式、新方法。目前开展中医“治未病”主要工作有研发体质辨识软件、开展体质辨识、发挥传统中医药特色疗法、构建中医药特色的社区健康服务中心、将中医“治未病”理念贯穿于日常医疗工作中。对健康、亚健康及发病人群根据中医“治未病”理论开展相应干预模式。

同时该院不断拓展中医药服务领域，切实发挥中医药特色优势，而中医“治未病”预防保健体系也日臻成熟，将“简、便、验、廉”的中医药服务覆盖社区，结合社区开展的“六位一体”服务，积极探索实现“治未病”理念的有效途径和模式，在社区推出肝肾养护、脾胃养护、元气养护等系列中医养生方法，提供四季养生药膳、五脏调养药膳、滋补养生药膳、常见疾病调理药膳等养生药膳服务，为居民提供防感茶、利咽茶、降脂茶等养生保健系列产品。在社区内开设中医养生药膳、药茶服务，方便、快捷、易行。社区居民不用到医院就可以在家门口享受中医药膳服务。

中医治未病中心还结合深圳市名中医馆宝安馆，集中一批著名的全国、省、市名中医及院内专家门诊，针对每个人的不同体质、不同健康状况，通过排查危害健康因素，在中医“治未病”理论指导下，提供系统的个体保健建议，通过采取调节心理、平衡膳食、中药调理、运动调摄、针灸按摩、熏蒸沐足等系列健康干预措施，从而增强体质、改善健康，防治疾病。充分体现中医学“未病先防、既病防变、瘥后防复”的“治未病”理论。同时借助名中医馆这个平台，启动中医师承教育，培养更多的中医人才。

宝安区中医院将切实发挥中医药特色优势，不断创新新技术、探索治未病新模式，努力创建广东省中医“治未病”健康工程示范单位。

上海莱香企业中医治未病建设思路

近年来，作为“国家中医药管理局主管的中和亚健康服务中心”战略合作伙伴和“中华中医药学会亚健康分会”战略协作单位，莱香企业及其旗下的三大公司积极推动“治未病”健康工程与亚健康产业发展，大力开展亚健康科普知识宣传教育，在硬件和软件上发展迅速，在治未病方面拥有自己独特的发展理念和建设思路，因此被选为“全国亚健康经络调理师培训与考试项目”唯一推广单位、“中医治未病 ·亚健康经络调理干预技术”及“合力防治亚健康 · 健康科技中国行”全国推广合作单位。

一、莱香企业概述

1、莱香企业缘起

中华五千年中医文化源源流长，《素问 · 四气调冲大论》里说：““故圣人不治已病治未病，不治已乱治未乱，此之谓也。夫病已成而后药之，乱已成而后治之，譬犹渴而穿井，斗而铸锥，不亦晚乎！”，说得就是治未病的重要性和必要性。现代社会物质生活水平不断在提升，但现代人却普遍生活在压力和紧张状态下，不良的生活方式、盲目的健康观念、生态环境的日益恶化、人性不断膨胀的欲望，致使越来越多的人身心过早失调，亚健康人群与日剧增，整个人类的健康状况着实令人堪忧。

据统计我国人口总数为13亿，按70%计算就有9亿1千万人口处于亚健康状态，而这种亚健康状态随着自己对其不重视或不注意，又可能引发各种真正的疾病，最终让自己和家人后悔莫及。由于亚健康人群数目如此庞大，引起了我国政府的高度重视。亚健康人群关呼百姓的民生问题，是国家乃至政府的大事！

莱香在全国率先倡导和提出了“新现代美容主义”思想理念主张，即全面倡导“衣、食、住、行、美丽与健康”的人生需求理论，提出“个性唯美”的美学思想，认为“美丽与健康”将成为现代人“衣、食、住、行”后的“第五大需求”，是崇尚“个性唯美”的完美结合。莱香（国际）首创的“新现代美容主义”，个性鲜明、独树一帜，引领健康养生美容产业的发展。

2、莱香企业理念

莱香（国际）始终秉承着“新时代，新女性，由内而养外，做完美女人”的养生美容文化理念，并先后与“国家中医药管理局亚健康干预技术实验室”、“中华中医药学会亚健康分会”、“湖南中医药大学”、“法国 AUBADE·PARIS 生物技术研究中心”、“台湾博士群生物技术研究中心”、“中国连锁经营协会”、 “全国亚健康经络调理学科组”等单位进行全方位的技术交流与合作，投资成立了“上海莱香化妆品有限公司”、“莱香亚健康调理养生美容连锁中心”、“ 莱香健康管理公司”等，形成以莱香（国际）美容连锁为“总部”后台，亚健康调理养生美容直营连锁和加盟连锁为网络规模，单店运营为基础的“点、线、面”一体化连锁经营战略格局。

3、莱香企业主营产品

在“养气·养血·养经络”这独具魅力的“莱香三养疗法”指导下，由莱香自主专家团队研发的多个特色“亚健康调理养生项目”及莱香神奇天然植物精华组合而成的“植物生命精华（精元、元液、元露）”等产品。

4、莱香企业使命和远景

积极推动“治未病”健康工程与亚健康产业发展，大力开展亚健康科普知识宣传教育，为全人类的健康作出应有的贡献！

二、莱香企业治未病组织和专业支持体系

1、组织领导体系

莱香企业员工均为中医院校专科和本科毕业，管理者均接受过专业的中医和现代管理教育和培训，为中医养生领域资深人士。

2、专业支持体系

莱香企业与全国亚健康经络调理学科组合作，特聘请湖南中医药大学副校长，高校亚健康专业系列教材总主编何清湖教授、北京中医药大学针推学院副院长于天源教授、国家中医药管理局中医药继续教育项目办公室副主任樊新荣博士、全国亚健康经络调理学科委员祝培伦教授、徐金佐教授、何常均教授、迟伯乐博士、李佳林委员、湖南中医药大学基础医学院院长肖子曾教授等为莱香专家团常年顾问。

三、莱香企业治未病工程体系

1、“治未病”项目及产品的研发平台

莱香（国际）美容连锁以市场需求为导向，推出了以“莱香”品牌为核心的“AUBADE 欧宝品牌”、“莱香亚健康调理养生美容连锁品牌”，以全力打造“莱香”品牌为“中国亚健康调理养生美容第一品牌”为己任，全面致力于中国健康养生美容产业领域的发展，全新构建“中国健康养生美容新产业”！莱香（国际）美容连锁先后在中国二十几个省区拥有全国近千家的各类型直营及加盟店和数家教育培训基地。

2、“治未病”养生文化宣传教育平台

（1）2009 年 10 月 20-22 日独家承办，由中和亚健康服务中心主办的在北京人民大会堂召开的“中医治未病与亚健康高峰论坛暨首届经络调理学术研讨会”

（2）2009 年 11 月 23-25 日独家协办，在澳门科技大学召开的“第二届国际中医药与亚健康学术研讨会”

（3）2010-2012 年独家承办全国“合力防治亚健康·健康科技中国行”大型公益系列活动

包括：

① 以亚健康专业系列教材为蓝本，开展“亚健康科普知识宣教活动”

A、 在美容院店内设立“合力防治亚健康·健康科技中国行”文化长廊：

通过展架、KTV板、画卷、文化墙等多种形式图文并茂的向人们传播“亚健康调理养生科普知识”。

B、在美容院店内设立“合力防治亚健康·健康科技中国行”图书角

通过陈列亚健康专业系列教材等书籍，专业系统的让人们逐渐认识、熟悉、学习“亚健康调理养生科普知识”。

C、在美容院店内设立“合力防治亚健康·健康科技中国行”声像传播系统

通过播放国内与国际亚健康学术交流活动及亚健康调理养生知识的DVD碟片等，向人们更加生动立体化传播“亚健康调理养生科普知识”。

D、“合力防治亚健康·健康科技中国行”大型公益系列活动——走进企业、学校、社区……融专家讲座、文艺演出、文化长廊与亚健康专业系列教材展示等多种元素于一体，邀请亚健康调理养生专家（领导、学者、全国亚健康经络调理学科组专家等）为人民大众宣讲“亚健康调理养生科普知识”等

E、其他多种形式的宣教活动（如制作“亚健康调理养生文化期刊”向大众免费发放等）

②. 以亚健康专业人才为基础，推广“亚健康调理干预技术项目”

帮助美容院培养亚健康专业人才，规范并推广“亚健康调理干预技术项目”

3、“治未病”人才培养平台

莱香企业积极与“北京中医药大学”、“上海中医药大学”、“湖南中医药大学”、“辽宁中医药大学”等多所知名院校广泛交流合作，大力筹建亚健康学科人才教育培训基地，为全国各地输送大批优秀亚健康专业人才。

4、“治未病”服务项目和产品体系

（1）“莱香三养疗法”:即以“养气、养血、养经络”三养之法，塑造“好气色、好容颜、好身材”三好之人！

（2）莱香特色“亚健康调理养生项目”

开　穴	1、 欧宝·亚健康调理 皇家穴疗 养生美容系列
调　气	2、 欧宝·亚健康调理 气血阴阳 养生美容系列
补 血	3、 欧宝·亚健康调理 阴阳五行能量 养生美容系列； 亚健康调理口服养生美容系列
通经络	4、 欧宝·亚健康调理 十二正经阴阳 养生美容系列； 5、 欧宝·亚健康调理 奇经八脉 养生美容系列
顺天道	6、 欧宝·亚健康调理 脏腑五季 养生美容系列
专　项 亚健康调理 养生美容	7、 欧宝·亚健康调理 御方乳腺 养生美容系列
	8、 欧宝·亚健康调理 御方妇科 养生美容系列
	9、 欧宝·亚健康调理 便秘净化排毒 养生美容系列
	10、欧宝·亚健康调理 三焦排毒轻身纤体 养生美容系列
	11、欧宝·亚健康调理 宫廷浴疗 养生美容系列
	12、欧宝·亚健康调理 酵素 养生美容系列

（3）莱香神奇天然植物精华组方成份“植物生命精华（精元、元液、元露）”

（4）顾客亚健康调理后“温情服务系统”

①参照档案管理模式，将顾客基本情况，如年龄，婚否，生育，工作性质等信息，做过的亚健康干预的方法，前后效果如何等情况记录保存存档，保持私密。

②定期回访顾客，包括电话、网络、上门等方式，了解其健康情况和养身情况；

③定期预约回店通过体质、体格检查及中医四诊等方式结合SH亚健康智能诊断管理系统进行调理后服务跟踪，及时针对顾客个人反馈制定新的亚健康调理计划或养生计划，以保持顾客始终处于良好的健康状态。

④定期举行由内、外、妇方面的专家针对顾客在防病治病方面的健康讲座和针对不同人群在不同季节或不同地点进行亚健康自我调理和中医养身方法的座谈会或养身论坛。

通过以上方式真正使客户感受到我们对人性和生命的温情和关怀，使客户在身体和身心各方面都得到莱香的保养、滋润和呵护。

“一枝独秀不是春，万紫千红才是春”!“传承国宝中医，时尚养生美容”，莱香企业愿与全国各界同仁：携手共进，积极推动“治未病”健康工程与亚健康产业发展，大力开展亚健康科普知识宣传教育，为全人类的健康美丽，做出应有的贡献！

“治未病”健康工程论文

把握时代脉搏，创新发展思路

——积极推进亚健康服务产业

中华中医药学会亚健康分会　孙涛

为进一步扶持和促进中医药事业发展，落实医药卫生体制改革任务，2009年4月22日，《国务院关于扶持和促进中医药事业发展的若干意见》（以下简称《若干意见》）正式发布。这是一部当前乃至今后一段时期中医药事业发展的纲领性文件，为中医药事业在新世纪新阶段又好又快科学发展提供了坚实的制度保障。《若干意见》明确提出要积极发展中医预防保健服务，充分发挥中医预防保健特色优势。而亚健康作为当代社会面临的“通病”，中医学对其认识起源较早，古代先贤早就认识到医学的目的首先是治未病。近年来中医“治未病”思想也不断充实着亚健康领域。预防亚健康的发生和阻断亚健康的发展，将成为中医主要特色—“治未病”最直观的表达。在新时期大卫生环境下，积极构建中医药预防保健服务体系，必须紧紧把握时代脉搏，不断创新发展思路，以亚健康服务产业这一预防保健服务的重点为抓手，推动中医药预防保健工作又好又快科学发展。

一、创新思维，科学构建亚健康学科理论体系

20世纪90年代，亚健康（Sub-Health，SH）作为一个新的医学概念，被纳入科学视野，从千百年来固有的健康、疾病概念中剥离出来，它的提出顺应了时代发展的要求，是对健康作

出的新的阐释。随着亚健康概念得到越来越多人的关注和认可，亚健康学也正以一门独立的学科不断发展。科学构建亚健康学科理论体系，是亚健康学科学发展的前提。下面我将亚健康学科体系建设的设想简要阐述一下，供大家参考。

中医药在预防保健方面具有独特优势，中医养生是调治亚健康的有效方法。因此，亚健康学科体系的构建，要把握“一个突出”、“三个结合”，即中医特色要突出，基础与临床相结合、理论与技能相结合、传统与现代相结合。亚健康学科体系应由以下四部分组成，即理论知识体系、应用知识体系、工程技术体系和工具学科体系。这四个部分涵盖的内容各不相同，但各部分之间又密切相关，共同构成完整的亚健康学科体系。

1、着力加强亚健康基础理论知识体系建设

基础理论知识体系是应用知识体系的基础。扎实的基础理论知识，将会对亚健康知识的应用具有很好的指导作用。反之，如果缺乏必要的基础理论知识，将无法辨别复杂的亚健康症状，无法对亚健康的辨证分型等做出正确的判断，从而影响亚健康的合理调治。加强亚健康基础理论知识体系建设，努力构建以中医基础理论知识为基础、以健康和亚健康相关概念及中医辨证等理论为核心的亚健康基础理论知识体系，设置《亚健康学基础》、《亚健康中医基础理论》、《亚健康管理》等相关学科，促进亚健康基础知识体系更加充实、科学。

2、积极发展亚健康应用学科体系建设

亚健康应用学科体系建设是亚健康学科体系建设的重点。一方面，它综合应用亚健康基础理论知识，以基础理论知识体系为指导；另一方面，随着应用学科体系的不断发展进步，又能不断丰富和发展亚健康学科的基础理论研究，促进亚健康整体学科体系建设。应用学科体系主要包括以下内容：一要介绍临床常用的亚健康诊疗方法和技能；二要针对亚健康人群常见症状和某些疾病倾向，重点介绍亚健康调治方法，包括中药、饮食、针灸、推拿、运动、心理、音乐等多种养生方法；三要开设《亚健康诊疗技能》、《亚健康药膳与食疗》、《保健品与亚健康》、《足疗与亚健康》、《中医养生保健与亚健康》等相关应用课程。

3、大力推进亚健康工程技术学科体系建设

亚健康检测、评估等一系列工程技术的出现，丰富了亚健康基础知识及亚健康应用知识的内容，为亚健康服务产业发展提供了必要的条件和技术设备保证，如辅助性常规医学检查类、常规体液微观筛查类、功能影像检测类、量表和问卷调查类等亚健康检测类技术的进步及应用，极大地促进了亚健康学术及产业的发展。反之，基础理论学科体系、应用体系及亚健康服务产业的发展，使亚健康工程技术不断面临新的挑战，加快其发展速度。大力推进亚健康工程技术学科建设，掌握亚健康的各种检测仪器、评估设备，更大程度地发挥工程技术对亚健康学科体系及亚健康产业的拉动作用。

4、继续完善亚健康工具学科体系建设

工具学科体系能为亚健康学的发展提供科学的工作思路和方法。借助工具，可以培养亚健康从业人员树立良好的道德观念、拓展他们的视野和思维、丰富他们研究亚健康知识和方法，为亚健康学科又好又快科学开展提供科学、有效的手段。继续完善亚健康工具学科体系，掌握《医学统计学》、《亚健康数据库管理》等课程，为亚健康学发展插上腾飞的翅膀。

二、更新理念，加强亚健康服务行业从业人员的培养

《若干意见》指出，“制定中医预防保健服务机构、人员准入条件和服务规范，加强引导和管理。”亚健康服务专业技术人员是亚健康服务的提供者，为中医药预防保健服务体系的构建提供人才支撑和智力支持，其数量的多少及水平的高低直接决定了提供服务的规模和质量。当前，我国亚健康服务行业人才队伍不仅缺乏领军人才，而且数量偏少，水平参差不齐，人才培养的任务十分繁重。我们要加快培养一批中医基本功扎实、掌握中医养生康复知识和技能的专业骨干，大力发展职业技能教育，加大技能应用型人才的培养力度，为各类型亚健康服务机构输送大批专业技能扎实的优秀人才。亚健康服务人才的培养应兼顾中医本身的特点，立足传统与经典，鼓励改革与创新，全面权衡，培养其专业精神和社会服务能力。

1、加强亚健康服务高级人才的培养

各高等中医药院校及其附属医院应当充分利用自身的人才资源优势，精心选拔一批具有深厚中医理论造诣和丰富临床实践经验的人才，认真总结中医药调治亚健康实践经验，研究制定规范化培训计划，组织编写亚健康人员岗位培训教材。

各高等中医药院校要逐步开设亚健康学科相关课程，加强对中医专业学生的亚健康相关专业知识的灌输。一方面，要对他们进行亚健康思想及内涵的教育，提高他们对中医药调治亚健康重要性和必要性的认识；另一方面，还要对他们进行中医药调治亚健康基本技术、基本技能的培训，加强他们亚健康调治服务中的实际操作能力，为中医药调制亚健康培养更多优秀的人才。

2、加强亚健康服务职业技能人员队伍建设

按照《若干意见》中关于“加强中医药职业教育，加快技能型人才培养”的要求，根据亚健康服务产业发展的需求，应积极加强亚健康服务职业技能人员的培养。一方面，鼓励现有中等中医药院校开展亚健康服务职业技能型人才的培养；另一方面，设置相应亚健康服务职业技能鉴定机构，确保中医药预防保健服务职业技能培训工作规范化开展。

三、产学互动，促进亚健康事业全面发展

社会需求对亚健康学术及产业发展具有重大的导向价值，学术只有对社会进步作出贡献就其自身才能得以发展，我一直主张以亚健康产业拉动学术，学术和产业二者应以跷跷板式互动性发展为模式。

1、亚健康产业的现状

随着人们渴望健康的需求日益增长，亚健康产业逐步崭露头角，专门致力于亚健康学术研究和服务推广的各种形式的亚健康服务机构应运而生。一些公立医院及民营医疗机构的“亚健康研究室”、“亚健康服务中心”等不断涌现，亚健康产业逐步形成。然而，亚健康行业在蓬勃发展的同时，也存在诸多问题：如亚健康服务整体水平不高，服务手段普遍粗糙，管理较为混乱，专业人才严重匮乏等，这些已成为制约亚健康事业发展的主要问题。因此，理顺亚健康学发展思路，科学构建亚健康理论体系，进一步推动亚健康学术系统化和规范化，促进亚健康产业健康发展。

2、亚健康产业发展的趋势

如果说大健康产业是二十一世纪经济的核心产业，那么医药事业就是二十一世纪的黄金行业，如果把医药事业比喻为浮在海面上的冰山一角，那么亚健康服务产业就是尚隐藏在水面下惊人的整个冰山。作为二十一世纪人类共同面临的三大健康问题即亚健康问题、慢性复杂性疾病问题、老年人健康问题三者之一，亚健康既是一门新兴学科，更是一个朝阳产业，亚健康事业仍有广阔空间有待开发与研究。

（1）突出中医特色优势，推动亚健康产业快速发展

中医学在长期的发展过程中形成了较为完整的预防思想和有效的防治原则，中医养生文化在调治亚健康方面具有独特的优势。中医“治未病”蕴含了未病先防、既病防变和愈后防复的思想，是干预亚健康的基本原则。基础研究方面，可否进一步以现代医学的功能系统（如消化系统亚健康、循环系统亚健康等）、结合中医的证与体质“三位一体”地对亚健康进行分类，是未来亚健康研究值得探讨的一个方向；应用研究方面，充分发挥中医药特色优势，运

用针灸、推拿、足疗等养生保健方法调治亚健康，对提高亚健康人群生活质量与国民健康水平具有重要的意义。

（2）结合社区卫生服务，建设亚健康服务平台

社区卫生服务中心开展针对亚健康人群的卫生服务有着广阔的需求和前景，同时在各社区卫生服务中心开展亚健康服务，对进一步拓展社区卫生服务中心的可持续发展道路也有着积极的意义。因此，社区卫生服务中心不仅应该成为健康教育中心和慢性病防治中心，还应该成为亚健康服务的平台。目前，我国亚健康产业还处于起步阶段，社区卫生服务建设也有诸多不足，将二者有机结合，探索社区卫生服务中心和亚健康产业新的发展道路，将是一种有益的尝试。

（3）探索亚健康服务模式，实现服务规范化、多样化

目前我国的亚健康产业主要以健康体检服务为核心，属于“发现健康问题、但不能充分解决健康问题”型的服务，并且大多数服务是一次性和非连续性的，这样的服务模式已经落后于市场的需求。此外，当前体检行业还存在服务机构进入门槛低、总量过剩、服务质量参差不齐等问题，这些问题直接导致服务需求量下降、不良竞争增加、一些机构难以为继的局面。为保证亚健康服务产业健康发展，亚健康服务机构必须引入正确的管理理念，实现服务升级，增加服务内容，扩大服务范围，吸引更多的服务对象。

（4）拓展亚健康服务领域，促进产业多元化发展

围绕亚健康防治工作形成的亚健康产业已经渗透到多个领域，这些领域正日渐形成一个庞大的产业群。在教育方面，有亚健康教材推广亚健康教育、亚健康管理师培养等；在基础研究方面，有亚健康理论研究、亚健康中医辨证研究等；在食品工业方面，有亚健康营养补充食品、防衰老益寿食品等；在农业方面，有无公害食品、健康食品、绿色食品等；在制药业方面，有防治亚健康状态的各种化学药、植物药等；在休闲业方面，有亚健康旅游、运动健身等；在传媒业方面有亚健康网站、书籍刊物、音像制品等；在医疗业方面，亚健康检查中心、亚健康调理中心等；在设备制造业方面，有亚健康检测设备、治疗设备、家用亚健康治疗设备等。

总之，现代信息高速公路为开展亚健康的研究提供了极大的便利。亚健康作为一门新的学科和事业也得到越来越多人的关注和认可，将中医药引入亚健康基础研究和调治，如同为亚健康学术和产业发展注入了源头活水。相信未来的亚健康研究成果会越来越丰富，未来的亚健康事业定会蒸蒸日上，也必将促进中医药预防保健服务事业的发展。

参考文献：略

0-6 岁儿童常见中医体质辨识与保健

广州中医药大学附属南海妇产儿童医院　潘佩光

小儿中医体质历来是中医儿科学研究的重点之一。小儿体质是在先天禀赋和后天各种外在因素及自身调节的基础上形成的阴阳消长的特殊状态。在一定时期内，它具有相对的稳定性，稳定是相对的，可变是绝对的。祖国医学在小儿体质研究方面积累了丰富的经验，我们

在复习文献后，进行了临床研究，发现 0-6 岁儿童常见中医体质可以分为 7 型，并初步制定出了针对各型体质的中医保健方案。

王琦以为，体质是由先天遗传和后天获得所形成的在形态结构、功能活动方面固有的、相对稳定的个体特征性，并表现为与心理性格的相关性。体质表现为在生理状态下对外界刺激的反应和适应上的某些差异性，以及发病过程中对某些致病因子的易罹性和病态发展过程中的倾向性。《内经》即对体质开始有了认识，《内经》根据阴阳五行学说，将人分为木、火、土、金、水五种主要类型，又根据五音的属性再分为五类，创立了最早的阴阳二十五人的体质类型。而小儿之体质特点首见于《灵枢·逆顺肥瘦篇》：“婴儿者，其肉脆、血少、气弱。”此论开小儿体质理论之先河。现代学者对儿童中医体质分型进行了许多研究。朱永芳通过临床的体验，以四诊合参作为体质分型手段，按中医的寒热、虚实、气血、神色、形态等基本理论，认为小儿体质类型可分为正常体质、燥热羸瘦质、虚冷瘦弱质、腻滞肥胖质、晦涩浮胖质、倦怠萎软质六种。苏树蓉认为小儿体质可以分为均衡质和不均衡质，不均衡质包括阳多阴少型（包括肺脾质和脾肾质）和阴多阳少型（包括肺脾质和脾肾质）。

0-6 岁儿童是人生命过程中非常重要的一个阶段，儿童体质是发育过程中的一种现象，与先天禀赋有关，与后天保健、养育、教育、饮食、环境等因素密切相关。一些常见中医体质类型，通过保健调整后，可以很快改善体质。异禀质外的其它体质均可以通过中药、传统疗法、教育等保健来得到较明显的改善，异禀质的改善相对较难。儿童体质正常与否，与疾病发生发展关系密切，常常影响到儿童生长发育和智力发育，关系到整个中华民族的素质，因此研究 0-6 岁儿童中医体质辨识与保健，有着非常重要的意义。我们阅读了大量的医学文献，在参考前人研究的基础上，研究认为 0-6 儿童中医体质分为 7 型：生机旺盛质、脾虚质、积滞质、热滞质、湿滞质、心火偏旺质、异禀质。

一、生机旺盛质

1、定义。正常体质状态，生长发育正常，智力发育良好，精神状态好，疾病少，恢复快的体质状态。

2、形体：身体健壮、匀称、生机勃勃、生长旺盛。

3、素体表现：毛发润泽，皮肤柔嫩，面色红润有光泽，唇色红润，精力充沛，活泼强健，语声清晰，哭声洪亮和顺，耐受寒热，睡眠安静，饮食适度，辅食添加规律，无盗汗自汗，大便每天 1 次，成形不干燥，小便正常，舌体正常，舌淡红，苔薄白，脉滑或缓。

4、饮食：食欲正常，饮食量按期增加。自我调节能力强，进食寒热食品，体内阴阳都能自行调和，不会出现明显不适。

5、生长发育：小儿身体发育正常，身高、体重发育规律，智力发育达到或超过正常同期水平。

6、外界环境：对寒热风雨等天气变化，能够很好的适应。不会因为突然的天气变化发病或出现明显不适。

7、转化：平素不容易发病。即使发病，容易也治愈。

8、成因：先天禀赋良好，后天保健得当。

二、脾虚质

1、定义。由于元气不足，脾气亏虚，以脾胃嫩弱、功能状态低下为主要特征的一种体质状态。

2、形体：身体偏廋或虚胖，体弱。

3、素体表现：神疲懒言，哭声较低，身体廋小或虚胖，安静少动，面色苍白或萎黄，自汗乏力，出汗多，动则尤甚，食欲减退，饮食量少，大便溏软，或夹不消化食物残渣，每日 2-3 次，小便量多或正常，舌色淡，舌体胖有齿痕，苔薄白，脉细。

4、饮食：食欲不佳，食量偏少，偏食、挑

食。自我调节能力差，进食寒热食品，或饮食量稍多，即觉明显不适。

5、生长发育：小儿身体发育不佳或较差，身高、体重发育不达标，智力发育达到或低于正常同期水平。

6、外界环境：对寒热风雨等天气变化，不能很好的适应。突然的寒、热天气，常会导致小儿发生感冒、泄泻等疾病的发生。

7、转化：易患疳积、泄泻、厌食、呕吐等疾病。容易反复发作感冒、泄泻、厌食等疾病。患病之后易于转化为脾虚证型，患其他系统疾病之后易于出现脾虚夹积生湿的病理变化。

8、成因：先天禀赋欠佳，后天饮食失调，乳食不节，饥饱失调，过食生冷或妄加营养等。

三、积滞质

1、定义。由于脾胃嫩弱，功能减弱，伤食停乳，积聚中脘，滞而不消引起，以脾虚积滞、纳呆厌食、食而不化、腹满胀痛为主要特征的一种体质状态。

2、形体：形体日渐羸瘦。

3、素体表现：面色苍白或萎黄，精神欠佳，易发脾气，时有哭闹，夜寐不安，有时可见吐乳或酸馊食物残渣，不欲吮乳，不思饮食，食而不化，腹部胀满，大便不调，酸臭或便秘，或夹有食物残渣，舌色淡，舌体胖有齿痕，苔白厚，脉细。

4、饮食：食欲不振，饮食量较少，饮食不慎则觉明显不适。平素喜食油腻、生冷等难消化食物。

5、生长发育：小儿身体发育不佳或较差，身高、体重发育不达标，智力发育达到或低于正常同期水平。

6、外界环境：寒热风雨等天气变化，容易发生疾病。突然的寒冷或天气太热，会导致感冒、外感发热、泄泻等疾病的发生。

7、转化：易患疳积、厌食、便秘、泄泻等疾病，可转化为营养不良，严重时可以影响小儿营养吸收和生长发育。

8、成因：体质虚弱，饮食不当，乳食不节、饥饱失常，或过食肥甘生冷和难以消化之物，停聚不化，气滞不行。

四、热滞质

1、定义。由于脾气亏虚，饮食不节，以积滞化热，功能状态亢奋为主要特征的一种体质状态。

2、形体：形体偏廋。

3、素体表现：面红，下午或夜间面色潮红，或有低热，烦躁多啼，夜卧不安，或睡中头汗出，不耐热，口干，口臭，口渴喜冷饮，大便干燥，小便黄，食欲好，舌质红，苔黄厚或腻，脉滑数。

4、饮食：平素恣食肥腻辛辣煎炒等食品，有时喜食冷的食物。自我调节能力差，尤其进食热气食品后，感觉明显不适。

5、生长发育：小儿身体发育不佳或较差，身高、体重发育不达标，智力发育达到或低于正常同期水平。

6、外界环境：对寒热风雨等天气变化，不能很好的适应。尤其天气突然转热，或者处于高温环境时，出现明显不适。

7、转化：易患口腔溃疡、感冒、外感发热、便秘等疾病。患病之后易于转化为热滞证型，患其他系统疾病之后易于出现夹热滞的病理变化。

8、成因：饮食不知自节，恣食、偏食，宿食不消，气机郁滞，久蕴化热；或气郁、血郁、痰郁、湿郁、情志郁结等日久化热而成。

五、湿滞质

1、定义。由于脾气亏虚，湿浊阻滞，以脾虚湿滞为主要特征的一种体质状态。

2、形体：形体虚胖。

3、素体表现：面色萎黄或晄白，精神疲倦，不爱活动，食欲不振，口腻不渴，眼屎多，面垢多眵、神疲乏力，四肢困乏，厌食油腻，有时呕吐痰涎，纳呆，有时浮肿，脘腹痞闷，喜揉按，大便溏薄或泄泻，小便浑浊、量少或正常，舌质淡胖,边有齿痕，苔白腻,脉濡缓。

4、饮食：食欲差，食量不多，平素嗜食肥甘厚腻的食物。自我调节能力差，尤其进食湿气重的食物后，感觉明显不适。

5、生长发育：小儿身体发育一般，有时身高、体重发育不达标，有时体重超过正常水平，智力发育达到或低于正常同期水平。

6、外界环境：对寒热风雨等天气变化，不能适应。尤其对阴雨天气感觉明显不适。

7、转化：易患泄泻、痰饮、呕吐、黄疸、厌食、湿疹、痢疾、水肿等疾病。

8、成因：脾主运化的生理功能失常，体内水湿停聚。或长期在多雨或潮湿的环境状态下生活。

六、心火偏旺质

1、定义。由于小儿心常有余，心火易亢，以心火亢盛为主要特征的一种体质状态。

2、形体：形体消瘦。

3、素体表现：面红，心神不宁，多动不安，易兴奋，注意力不集中，挑食，纳差，口臭，时有口舌生疮，眼屎多、较急躁，易发脾气，大便干结，小便黄，入睡难，睡觉易惊悸，夜间啼哭，哭声大，咬牙齿，怕热，睡着时，容易踢被子、掀衣服，嘴唇偏红，舌质红，苔黄干，脉滑数。

4、饮食：平素恣食肥腻辛辣煎炒等食品。食用上述食物后容易出现口腔溃疡、失眠、便秘等疾病。

5、生长发育：小儿身体发育一般，有时身高、体重发育不达标，智力发育达到或低于正常同期水平。

6、外界环境：对寒热风雨等天气变化，不能很好的适应。尤其对燥热天气感觉不适。

7、转化：易患失眠、疳积、小儿多动症、口臭、口腔溃疡、便秘、感冒、外感发热等疾病。

8、成因：先天禀赋偏颇，后天保健失调；嗜食肥腻厚味及烟酒辛辣之物；有的因为过服温补药物，生火化热；或教育方法不当，情志失调，五志化火。

七、异禀质

1、定义。由于先天禀赋不足和禀赋特异性遗传等因素造成的一种体质。包括过敏体质、遗传病体质、胎传体质、免疫缺陷体质。

2、形体：可见先天性、遗传性的生理缺陷、肢体缺陷

3、素体表现：遗传性疾病有单基因病、多基因病、染色体异常等；胎传性疾病为母体影响胎儿个体生长发育及相关疾病特征；过敏性疾病因过敏情况不同，而有不同表现。

4、饮食：自我调节能力差，因异禀质特异情况而不同。

5、生长发育：小儿身体发育和智力发育因异禀质特异情况而不同。

6、外界环境：对寒热风雨等天气变化，不能很好的适应。过敏体质面对特定的过敏源会出现过敏反映。

7、转化：可见先天性疾病、遗传性疾病、过敏性疾病、免疫性疾病，以及肢体、生理缺陷等。过敏体质者易药物、食物、冷空气、花粉等过敏；遗传疾病如先天性聋哑，高度近视，白化病等；胎传疾病如“五迟”、“五软”、“解颅”、胎黄、胎弱等。

8、成因：先天禀赋不足，遗传因素、环境因素、食物因素、药物因素、免疫因素，或母亲生产时意外因素等影响。

针对各种不同中医体质，需要相应的保健调养干预，以改善偏颇体质，促进儿童生长发育、智力发育，提高中华民族素质。在文献研究的基础上，结合我们前期临床研究，初步制定了0—6儿童中医体质保健方案。我们的保健以健脾法为基本方法，再根据各种体质进行变化。

一、生机旺盛质保健方案

1、中药辨体保健方案

无需药物干预。

2、穴位按摩方案

处方：足三里

操作方法：足三里（双），平补平泻法按摩，使局部有麻胀感，每穴约 3 分钟。每天二次，早晚各一次，十天为一疗程。

3、穴位敷贴方案

处方：足三里、关元

操作方法：黄芪、白术打粉，以醋调敷上穴，贴敷 2 小时。每天一次，10 天为一疗程。

4、穴位针刺方案

处方：足三里、关元

操作方法：直刺 1 寸，用补法，得气后留针 30 分钟。每天一次，十天一个疗程。

5、穴位艾灸方案

处方：足三里、关元

操作方法：用艾条温和灸法，每穴灸 3-5 分钟，至皮肤稍起红晕为度。每天一次，十天一个疗程。

6、耳穴保健方案

耳穴取：脾、肾。

将王不留行籽贴在 0.6cm×0.6cm 大小胶布中央，用镊子挟住贴敷在选用的耳穴上，每日按压 2 次，每次每穴按压 30 秒，3-7 日更换 1 次，双耳交替。十次一个疗程。

7、膳食保健方案

饮食调养可选用具有健脾益气作用的食物，不可使用过于粘腻或难以消化的食物。饮食应营养均衡，适时调养。

二、脾虚质儿童保健方案

1、中药辨体保健方案

调理方法：健脾。

方药：四君子汤。太子参 10g、白术 10g、茯苓 10g、甘草 3g

每剂煎成 100ml，早、晚分服，每次 50ml。十天一个疗程。

以上为 2 岁以上儿童用量，6 个月一2 岁儿童中药剂量减半。

2、穴位按摩方案

处方：脾俞、足三里

操作方法：脾俞（双），补法按摩，每穴约 3 分钟；足三里（双），补法按摩，每穴约 3 分钟。每天二次，早晚各一次，十天一个疗程。

3、穴位敷贴方案

处方：脾俞、足三里、关元

操作方法：黄芪、白术打粉，以醋或黄酒调敷上穴，贴敷 2 小时，每天一次，10 天为一疗程。

4、穴位针刺方案

处方：脾俞、足三里、关元

操作方法：直刺 1 寸，用补法，得气后留针 30 分钟，每天一次，十次一个疗程。

5、穴位艾灸方案

处方：脾俞、足三里、关元

操作方法：用艾条温和灸法，每穴灸 3-5 分钟，至皮肤稍起红晕为度。每天一次，十天一个疗程。

6、耳穴保健方案

耳穴取：脾、皮质下、交感。

将王不留行籽贴在 0.6cm×0.6cm 大小胶布中央，用镊子挟住贴敷在选用的耳穴上，每日按压 2 次，每次每穴按压 30 秒，3—7 日更换 1 次，双耳交替。十次一个疗程。

7、膳食保健方案

应多食有补脾作用的食品，如牛肉、狗肉、鸡肉、太子参、山药、小米、粳米、糯米、扁豆、红薯、鸡蛋、鲢鱼、菜花、胡萝卜、香菇等。

三、积滞质儿童保健方案

1、中药辨体保健方案

调理方法：健脾消滞。

方药：四君子汤加味。太子参 10g、白术 10g、云苓 10g、甘草 3g、独脚金 10g，象牙丝 10g、白芍 5g、炒山楂 10g。

每剂煎成 100ml，早、晚分服，每次 50ml。十天一个疗程。

以上为 2 岁以上儿童用量，6 个月一2 岁儿童中药剂量减半。

2、穴位按摩方案

处方：脾腧、足三里、中脘

操作方法：脾腧、足三里、中脘，泻法按摩，每穴约 3 分钟。每天二次，早晚各一次，10 天为一疗程。

3、穴位敷贴方案

处方：脾腧、足三里、中脘

操作方法：厚朴、白术打粉，以醋调敷上穴，贴敷 2 小时，每天一次，10 天为一疗程。

4、穴位针刺方案

处方：四缝、脾腧、足三里、中脘

操作方法：四缝穴，挑治，1 月 1 次。脾腧、足三里、中脘，直刺 1 寸，用泻法，得气后留针 30 分钟，每天一次，十次一个疗程。

5、穴位艾灸方案

处方：脾腧、足三里、中脘

操作方法：用艾条温和灸法，每穴灸 3 分钟，至皮肤稍起红晕为度。每天一次，早晚各一次，10 天为一疗程。

6、耳穴保健方案

耳穴取：脾、胃、大肠、皮质下

将王不留行籽贴在 0.6cm×0.6cm 大小胶布中央，用镊子挟住贴敷在选用的耳穴上，每日按压 2 次，每次每穴按压 30 秒，3—7 日更换 1 次，双耳交替。十次一个疗程。

7、膳食保健方案

调整饮食，适当减少食物的总量，节制零食，避免吃巧克力，花生米等脂肪过多的食品，选择清淡可口易消化，富含维生素及蛋白质的食物，如豆腐，新鲜蔬菜，鱼，蛋，小米粥等。

四、热滞质儿童保健方案

1、中药辨体保健方案

调理方法：健脾清热消滞。

方药：四君子汤加味。太子参 10g、白术 10g、云苓 10g、甘草 3g、竹茹 5g、葫芦茶 10g、布渣叶 10g、生山楂 10g。

每剂煎成 100ml，早、晚分服，每次 50ml。十天一个疗程。以上为 2 岁以上儿童用量，6 个月—2 岁儿童中药剂量减半。

2、穴位按摩方案

处方：天枢、上巨虚、足三里

操作方法：天枢、上巨虚、足三里，泻法按摩，每穴约 3 分钟。每天二次，早晚各一次，10 天为一疗程。

3、穴位敷贴方案

处方：天枢、上巨虚、足三里

操作方法：山栀子、白术打粉，以醋调敷上穴，贴敷 2 小时，每天一次，10 天为一疗程。

4、穴位针刺方案

处方：天枢、上巨虚、足三里

操作方法：天枢、上巨虚、足三里，直刺 1 寸，用泻法，得气后留针 30 分钟，每天一次，十次一个疗程。

5、穴位艾灸方案

不宜艾灸保健。

6、耳穴保健方案

耳穴取：胃、大肠、三焦

将王不留行籽贴在 0.6cm×0.6cm 大小胶布中央，用镊子挟住贴敷在选用的耳穴上，每日按压 2 次，每次每穴按压 30 秒，3—7 日更换 1 次，双耳交替。十次一个疗程。

7、膳食保健方案

宜多吃性质寒凉，具有清胃火、泻肠热作用的食物，如小米、小麦、豆腐、绿豆、绿豆芽、苦瓜、冬瓜、黄瓜、苋菜、白菜、芹菜、西瓜、香蕉、枇杷、梨、桃子等。

五、湿滞质儿童保健方案

1、中药辨体保健方案

调理方法：健脾化湿。

方药：四君子汤加味。太子参 10g、白术 10g、云苓 10g、甘草 3g、绵茵陈 10g、扁豆 10g、薏苡仁 10g、炒山楂 10g。

每剂煎成 100ml，早、晚分服，每次 50ml。十天一个疗程。以上为 2 岁以上儿童用量，6 个月—2 岁儿童中药剂量减半。

2、穴位按摩方案

处方：脾腧、足三里、水分、天枢

操作方法：脾腧、足三里、水分、天枢，泻法按摩，每穴约 3 分钟。每天二次，早晚各一次，十天一个疗程。

3、穴位敷贴方案

处方：脾腧、足三里、水分、天枢

操作方法：苍术、厚朴打粉，以醋调敷上穴，贴敷 2 小时，每天一次，10 天为一疗程。

4、穴位针刺方案

处方：脾腧、足三里、水分、天枢

操作方法：直刺 1 寸，用补法，得气后留针 30 分钟，每天一次，十次一个疗程。

5、穴位艾灸方案

处方：脾腧、足三里、水分、天枢

操作方法：用艾条温和灸法，每穴灸 3-5 分钟，至皮肤稍起红晕为度。每天一次，十天一个疗程。

6、耳穴保健方案

耳穴取：脾、胃、三焦、内分泌。

将王不留行籽贴在 0.6cm×0.6cm 大小胶布中央，用镊子挟住贴敷在选用的耳穴上，每日按压 2 次，每次每穴按压 30 秒，3-7 日更换 1 次，双耳交替。十次一个疗程。

7、膳食保健方案

宜多吃具有健脾、祛湿、醒胃作用的食物，如猪肚、淮山、扁豆、芡实、苡仁、鸡爪，生姜、白术、党参等。

六、心火偏旺质儿童保健方案

1、中药辨体保健方案

调理方法：清心降火。

方药：导赤散加减。生地 10g，甘草 3g，淡竹叶 10g，麦冬 5g、通草 5、灯心草 5 扎。

每剂煎成 100ml，早、晚分服，每次 50ml。十天一个疗程。

以上为 2 岁以上儿童用量，6 个月-2 岁儿童中药剂量减半。

2、穴位按摩方案

处方：神门、大陵、下巨虚

操作方法：神门、大陵、下巨虚，泻法按摩，每穴约 3 分钟。每天二次，早晚各一次，10 天为一疗程。

3、穴位敷贴方案

处方：神门、大陵、下巨虚

操作方法：连翘、黄连打粉，以醋调敷上穴，贴敷 2 小时，每天一次，10 天为一疗程。

4、穴位针刺方案

处方：神门、大陵、下巨虚

操作方法：神门、大陵、下巨虚，直刺 0.5-1 寸，用泻法，得气后留针 30 分钟，每天一次，十次一个疗程。

5、穴位艾灸方案

不宜艾灸保健。

6、耳穴保健方案

耳穴取：心、小肠、神门、皮质下

将王不留行籽贴在 0.6cm×0.6cm 大小胶布中央，用镊子挟住贴敷在选用的耳穴上，每日按压 2 次，每次每穴按压 30 秒，3-7 日更换 1 次，双耳交替。十次一个疗程。

7、膳食保健方案

可以多食一些性寒而味苦，具有清心火作用的食物，如苦瓜、苦菜、百合、苦丁茶等。

七、异禀质儿童保健方案

因为异禀质包含内容广泛，难以归纳为几种大的类型，而且，异禀质表现多种多样，因此，本型体质的保健以健脾补肾，补养先天、后天为基础，以四君子汤合六味地黄丸为基本方，根据临床具体症状不同进行加减。太子参 10g、白术 10g、茯苓 10g、甘草 3g、生地黄 10g、山萸肉 5g、淮山药 10g、牡丹皮 5g、泽泻 10g。

在临床工作中，结合常规儿童保健服务，利用定期体检、健康宣教、孕妇学校等机会对幼儿园儿童保健人员和儿童父母进行健康教育，向其提供儿童中医体质辨识与保健服务，提供针对不同体质的中药辨体保健、穴位点按、穴位敷贴、针刺、艾灸、耳穴压豆等方面的综合服务，建立一套简便、易行、高效、科学、规范的中医保健干预方案及应用规范，探索构建针对0—6岁儿童中医“治未病”特色预防保健服务体系。发挥中医“不治已病治未病”的优势，能够达到保健在前，预防疾病为主，全面提高儿童身体素质的目的。

“治未病”运用于脊柱失衡及脊柱相关疾病

大连市神谷中医院　杨家象

健康是生命之本,而脊柱是生命的脊梁、健康的支柱，人体的中轴，垂直于骨盆，支起肩膀、上肢及头部、以肋胸骨保护内脏，内连五脏六腑，外接四肢百骸、督脉行于背部正中，足太阳膀胱经行于两侧，五脏六腑均有腧穴注入脊柱相应节段，因而对健康有着重要的影响。

随着人们生活水平的提高，科技的进步，生活节奏的加快以及巨大的生存压力和不良习惯的影响，对脊柱的创伤机会和慢性劳损大大增加，而脊柱自身伤害造成的颈、肩、腰腿痛及由脊柱引发的相关疾病，远远超出了中医骨伤，软伤的范畴。随着慢性劳损机会的增加颈、胸、腰椎的骨、关节、椎间盘及椎周软组织遭受损伤、或退行性改变。在一定诱因条件下，发生脊柱小关节错位、椎间盘突出、韧带钙化和骨质增生，椎旁软组织肿胀，痉挛或粘连等，直接或间接对脊神经根，椎管内外血管、脊髓或交感神经产生刺激和压迫，导致脊髓损伤疾患以外的多系统的症状和体征。已涉及到呼吸、消化、循环、泌尿、神经、内分泌等几乎全身各个系统。颈性疾病包括：眩晕、头痛、视力障碍、耳鸣、耳聋、血压异常、睡眠障碍、排汗异常等。胸椎性疾病包括：心律失常、咳喘、胃脘痛、慢性胆囊炎，糖尿病，胸背痛，腰骶椎性疾病包括：腹痛、排便异常、排尿异常、月经不调、痛经、性功能障碍等。

综上可看出脊柱病实为多种疾病，致病因素之一。严重影响人体健康，所以身体健康人人要重视对脊柱的保护。

一、未病养生，防病于先

宜从青少年时期入手，由于有些儿童先天不足，骨骼发育迟缓，成长过程中有易动特性，加之长期坐姿不正，缺乏锻炼，肌肉韧带力量较差，脊柱稳定性不好，极易发生脊柱某部位错位，引起脊柱不同程度侧弯。在临床上近年中小学生发生脊柱侧弯的比例也有明显上升，是造成青少年颈酸腰背痛常见原因之一。致中青年阶段症状明显普遍存在．出现神疲乏力、头痛、眩晕、失眠、体力下降、精神紧张、情绪低落，而临床检查都没有阳性指标，实为亚健康状态，其主要原因属肌肉痉挛，肌群损伤，脏腑气血功能失调，运行不畅，经络阻滞，阴阳失衡所致。治当以调阴阳和气血，通经络为先，祖国医学理论认为脊柱对应的督脉总督人体一身之阳气，各脏腑经脉都与督脉相关联。后背部脊柱两侧华佗夹脊穴，膀胱经穴与脏腑相关，脊柱失衡会致经脉不畅，影响气血运行，致脏腑功能失调，造成诸多病症，所以脊柱失衡前期的亚健康状态不容忽视，应及时调整，是防止疾病发生的重要手段，也是中医"治未病"及"欲病救萌"观念的体现。

二、已病早治，防其传变

脊柱失衡前期的诸多症状实属亚健康状态的表现为功能性改变，是量变过程，而颈椎生理曲线变直、偏歪，胸、腰椎侧弯、畸型，椎间隙变窄，关节错位，会随着年龄的增长，人体的退变而压迫神经，刺激椎动脉，必然导致除颈、肩、腰腿痛外诸多内脏疾病的发生，形成器质性改变。

在治疗上，用祖国医学整体观念，辨证施治为指导，筋骨并重，内外兼治，上下协调运用相应的手法，整复错位的关节，纠正小关节紊乱，解除压迫和粘连，恢复肌肉、韧带、骨骼平衡，同时以指代针，点按穴位，循经推运，使经络畅通，气血调和，改善血液循环，恢复人体的正常生理功能。

三、愈后防复

疾病初愈，正气未复，邪气未尽，气血未定，阴阳未平，易复感新邪，需在中医理论指导下运用整体观念，辨证施复。

万病皆责于阴阳失调，而其致病因素有外感六淫、内伤七情，此外又有跌仆伤损，房室金刃所伤。人体正常生理功能的外在表现为精，气，神，而心主血，肝藏血主筋，脾统血主肌肉，为后天之本，肾主骨生髓，为先天之本。

人体五脏六腑，四肢百骸，经络的联络作用，形成了统一整体，人体的肌肉、韧带、肌腱，筋膜等软组织的左右前后，上下之间也存在着相互依存，相互拮抗对立统一的关系，人体脊柱、骨盆、四肢、肌肉、骨骼、关节、韧带等均为统一的整体，脊柱生物力学平衡失调，可导致整体的阴阳平衡失调。

所以脊柱失衡及其相关疾病初愈，或尚未出现症状的间歇期，还属邪气未尽，正气未复，气血未定，阴阳未平，还须调理，方能渐趋康复。一是防复发，二是避免复感新邪，还应顺其自然，协调阴阳，慎起居，节情志和调脏腑通畅经络，节欲保精，益气调息，继以未病先防之理念，则能有效的“病后防复”真正保持身体健康。

中医治未病预防和治疗近视弱视

辽宁省本溪市千目明养生所　孟广千　刘金花

中国按人口比例计算，近视弱视患者居世界第二位，按患者总人数计算，约超过世界其他国家近视弱视患者的总和，在大中小学校中，有的班级戴眼镜人数达到95%以上，有的幼儿园视力 0.6 以下儿童占三分之一。因此我呼吁社会各界人士“救救孩子们的眼睛！”

产生近视弱视有外因也有内因。外因有以下几点原因：①上网玩电脑；②看电视时间过长距离太近；③看课外书过多时间过长；④躺着看书看电视；⑤玩手机游戏；⑥在过强过弱的灯光下看书；⑦看书写字姿势不端正；⑧看五线谱时间过长；⑨剖腹产婴儿在保温箱里眼睛受到伤害（火旺泻肝）。外因通过内因起作用，内因是五脏六腑。中医认为“肝开窍于目”，近视弱视的内因是：①肝虚证或实证；②胆虚证或实证；③肾和膀胱虚证或实证；④心和小肠虚证或者实证⑤脾胃实证。

中医治未病关键在诊断。治未病必须诊断出未病。我们采取传统的望闻问切诊断法和我们研究发明的“五行诊断法”相结合进行诊断，要诊断出肝胆、肾膀胱、心小肠是虚证还是实证，还要诊断出脾胃肺大肠谁是实证，对虚证要用补法治疗，对实证要用泻法治疗。

“五行诊断法”是根据中医阴阳五行学说发明创造的。中医阴阳学说中指出：肝（阴）胆（阳）为木，心（阴）小肠（阳）为火，脾（阴）胃（阳）为土，肺（阴）大肠（阳）为金，肾（阴）膀胱（阳）为水。世界很多医学专家早已指出：人的疾病和时间有关，中国纪年法是干支纪年法，而中医又确定把纪年法中的天干地支代表了五脏六腑，即乙与卯阳木为肝，甲与寅阳木为胆，丁与巳阴火为心，丙与午阳火为小肠，己与丑未阴土为脾，戊与辰、戌阳土为胃，庚与申阳金为大肠，辛与酉阴为肺， 与亥阴水为肾，壬与子阳水为膀胱，只要统计出生时间的五行即五脏六腑的多（实）与少（虚），根据中医治疗原则补虚泻实，补母泻子，就可以达到预防和治疗的目标。

在预防和治未病的近视和弱视时，采取三种手段。一是中药预防和治疗，首先要内服中药，调整肝胆平衡，实现阴平阳秘，因为八纲辨证中阴阳辨证是总纲，肝胆虚证补其母肾和膀胱，肝胆实证泻其子心与小肠，在内服中药时阴证阳治，肝病治胆，胆虚补其母膀胱，胆实泻其子小肠；脾胃实证，用中药泻脾胃之子肺与大肠，因为脾胃为土，土旺反克肝胆木，使肝胆虚衰，容易出现近视弱视；肺大肠为金，金旺克肝胆木，用中药泻肺大肠之子肾和膀胱。根据预防治疗眼未病近视弱视的需要，根据中医补母泻子的治疗原则，我在临床实践中研究发明了治疗了近视弱视的中药组合物，2007 年申请，2008 年公开公告。为了对脏腑固本培源，抑强扶弱，我又研究发明了 20 个五脏六腑补泻方，从 2001 年至今运用到临床上，从中国到新加坡，在一千例患者中进行临床实验，总预防治愈有效率达 95%以上。这 20 个脏腑补泻方，不但对预防治疗近视弱视有效，而且对五脏六腑治未病发挥了作用，把脏腑“已病，欲病，未病”之病归纳为 20 种病，即 10 种虚证，10 种实证。2004 年我写了一本小册子叫《养生长寿秘诀》，详细地讲述了五行诊断法及治未病预防治疗的原则方法和配方。其次，在内服中药的同时，要坚持里证表治，用外敷药进行外敷，外敷药大多采用疏通、止痛、渗透力强的中药居多。

二是运用中药经络学采取气针治疗法，坚持本经本病的原则，坚持虚证顺经治疗，实证逆经治疗，对治未病预防和治疗收到了事半功倍的效果。

三是“十字治疗法”。每个人眼球后面都有四条肌腱，患了近视弱视以后，肌腱会变长或者缩短，遵循“穴位在哪治哪病”的原则，用手指带药水在眼睛四周点穴，药水渗进穴位后，可以逐渐恢复肌腱正常的生理功能，使实力逐步提高。

总之中医中药不但在“已病、欲病”的预防治疗上治疗率高，而且在治未病预防治疗养生健康长寿上发挥了不可替代的作用。只要准确的诊断出五脏六腑是虚证还是实证，坚持用国家专利治疗近视弱视，坚持用 20 个脏腑补泻方补母泻子，固本培源，抑强扶弱；坚持运用综合预防治疗手段，即中药内服、外敷、一指禅气针点穴，对治未病预防和治疗，防微杜渐，把未病消灭在亚健康和萌芽状态中。

“治未病”思想在体质养生中的应用指导

北京军区天津疗养院针灸康复诊疗研究中心 赵 岩 蒋戈利

前言

当今，随着医学模式的转变、医学目的的再审视，面对医疗诸多问题的困扰，以及人们对健康提出的更高要求，“治未病”的理念与实践被提到了前所未有的高度。中医体质学认为，人类体质可以客观分类，而某些干预措施可以调整体质的偏颇，因而体质又具有可调性。正是由于如此，使得体质的预防成为可能，而这些，将在中医“治未病”的实施过程中发挥决定性的作用，而体质养生是中医“治未病”实施过程中的重要方面，在当代预防保健的社会实践中将产生积极的效果。

中医药学在几千年发展的历史过程中不仅有重视预防的思想，而且形成了比较完善的“养生保健、延年益寿”的理论体系，建立了许多行之有效的养生、保健和预防疾病的方法、药物和技术手段，形成了其在养生保健和许多疾病的预防中的特色和优势。中医学拥有中药、针灸、推拿、气功导引、养生、食疗等多种预防疾病的调理方法，这些丰富多彩的“自然疗法”，为“治未病”提供了多种有效的途径和手段。改善体质将是中医学防治疾病的新途径，在方药研究方面也有可能产生新的思路与成果。

“治未病”源于《内经》、《难经》，是中国传统医学理论体系的重要组成部分，也是中医学独具特色的内容之一。当今，随着医学模式的转变、医学目的的再审视，面对医疗卫生诸多问题的困扰，以及人们对健康提出的更高要求，“治未病”的理念与实践被提到了前所未有的高度。中医体质学认为，人类体质可以客观分类，而某些干预措施可以调整体质的偏颇，因而体质又具有可调性。而这些就决定中医“治未病”思想对体质养生进行指导成为可能，而且具有强大的理论指导意义，和可操作的实践促进作用。

一、“治未病”概念发挥

“治未病”的概念最早出现于《黄帝内经》，书中共有 3 处明确提出“治未病”这一名词。一处见于《素问・四气调神大论》：“是故圣人不治已病治未病，不治已乱治未乱，此之谓也。夫病已成而后药之，乱已成而后治之，譬犹渴而穿井，斗而铸锥，不亦晚乎？”从本篇内容来看，此处“治未病”主要是指在机体没有疾病时须顺从四时阴阳，适时调节人体机能状态，维护阴阳气血神形的平衡状态。积极养生，预防疾病的发生，当属平时“无病防病”的保健强身范畴，即“未病先防”。另一处见于《素问・刺热》篇：“肝热病者左颊先赤，心热病者颜先赤，脾热病者鼻先赤，肺热病者右颊先赤，肾热病者颐先赤。病虽未发，见赤色者刺之，名曰治未病。”此处“病虽未发”是指机体已受邪气但无症状或症状较少、较轻的阶段，即现代所谓“病前状态”，机体在这种状态下已开始发生某些异常变化，但病象尚未显露，或虽有少数临床表现，却不足以确诊病证。“病前状态”有可能发展为具有明显症状和体征的疾病，此时的“治未病”，是指通过恰当的调理、治疗以阻止其发展，从而促使、引导“病前状态”向健康方向转化，当属早期“防微杜渐”式治疗的范畴，即“欲病救萌”。还第三处见于《灵枢・逆顺》：“上工，刺其未生者也。其次刺其未盛者也。其次刺其已衰者也……上工治未病，不治已病。”此处的含义是多方面的，也是对以上二处阐述的深入与发挥，乃是高明医者之所为，具有多重意义：1、“刺其未生”，以防疾病发生；2、“刺其未盛”，以防病变加重；3、“刺其已衰”，以加速疾病向，以防病变之再现、加重或复发。不难发现，此处言简意赅地道出了“多级预防”的思想和方法，当属“复式防病”范畴，即“预防式调治”。

《难经》中也有“治未病”这一名词，见于《难经・七十七难》：“所谓治未病者，见肝之病，则知肝传之与脾，故先实其脾气，无令得受肝之邪，故曰治未病焉。”即内脏疾病有可能按照五行相乘或相侮的规律传变，在治疗时就应当首先辨明有可能被传的脏器，从而采取相应措施，以防传变。如果以上三处属“治未病”，那么《难经》属“治未病”评述或认识，又有发挥和深入。是根据疾病与脏腑传变规律，提出的更深层次的“治未病”思想和方法，属阻断性调治防病法，即“病势防变”。

从《内经》、《难经》中的论述来看，“治未病”至少有四层含义：其一为未病先防，其二为欲病救萌，其三为既病防变，其四为病后防复。下面我们就来探讨一下“治未病”的这几层含义在体质养生中的具体应用。

二、“未病先防”对体质养生的应用指导--养生保健强体质

1、增强体质，提高正气抗邪能力

体质决定了个体的正气强弱；而正气又是疾病发病与否的内在决定性因素。体质强则正气足，机体的抗邪能力亦强，就能够有效地预防疾病的发生。体质弱，则易于感邪而为病。因此，增强体质，提高正气抗邪能力是未病先防的体现。朱震亨在《丹溪心法·不治已病治未病》中说：“与其救疗于有疾之后，不若摄养于无疾之先……未病而先治，所以明摄生之理。夫如是，则思患而预防之者，何患之有哉？此圣人不治已病治未病之意也。”因为体质是个体生命过程中，在先天遗传和后天获得的基础上表现出的特质，所以体质特征受先天与后天多种因素的影响，要增强体质，提高正气抗邪能力，必须重视先天禀赋对个体体质的影响，同时还要重视后天调养的重要作用。因此，增强体质，提高正气抗邪能力，达到未病先防的目的，可从以下几个方面采取措施：

（1）优化先天：体质是先天禀赋加后天养成的。先天就是两性结合，孕育生命，胎儿在母体内生长发育，直至呱呱坠地这段时间。新生命带着父母、家族、种族的基因，延续着先辈的生命。每个人无不带着父母、家族、种族的烙印，所谓“种瓜得瓜、种豆得豆”，这是先天赋予体质的稳定性。

先天禀赋决定一个人的主线、主色调、主背景，像生命的原稿、初稿或生命乐章的主旋律，经后天的环境、修为反复修改，可能发生很大的变化，但是本质的东西则变化不大，这就是“撼山易，撼秉性难”、“江山易改，秉性难移”。因此，在某种程度上，我们摸透自己的体质，顺势而为。

在生活中，糖尿病、高血压、肥胖症、精神病、癌症、哮喘、过敏性鼻炎、湿疹等疾病常有明显的家族性，实际上这些疾病本身不遗传，而是家族体质对这些疾病有高度的易感性。所以，优生优育很重要。生育是影响后代身心健康的重要因素，优生优育是改善人的遗传素质，防止出生缺陷，提高人口素质的关键环节。人类很早就认识到择偶和生育的年龄影响后代的健康状况。要培养出健康的新生命，防止遗传性疾病和先天疾病的发生，提高人口质量，必须避免近亲结婚，重视婚前检查，注意结婚和生育年龄。除此之外，母体妊娠时的营养状况、精神情志状态、生活起居等亦影响胎儿的体质状态。要想增强人类体质，必须从优生优育做起。

（2）调摄情志：人的精神情志活动是人体对客观事物外来刺激的不同反映，与正气有着密切的关系。精神情志的改变，对人体的功能活动、病机变化有直接的影响。若情志失常，则气机紊乱，气血失调，容易加重病理性体质的偏颇，诱发疾病，在疾病的过程中，还可加重病情。《素问·疏论》说：“暴乐暴苦，始乐后苦，皆伤精气；精气竭绝，形体毁沮。”说明情志刺激，可导致正气不足而发病。医学界已发现很多疾病的发生与精神因素有着密切的联系，如胃炎、消化性溃疡、心脏病、中风、肿瘤等。反之，若精神愉快，心情舒畅，则气机调畅，气血和平，有利于人体健康。因此，要预防疾病的发生，必须调摄情志，做到经常保持精神乐观愉快，心情舒畅，尽量减少不良的精神刺激和过度的情志变动。

（3）体育锻炼：体育锻炼可促进气血的流畅，使人体筋骨强劲，肌肉发达结实，脏腑功能健旺，增强体质；体育锻炼还可调节人的精神情志活动，促进人的身心健康，因此，加强体育锻炼，是增强体质，减少疾病发生的重要手段。

（4）饮食起居调养：自然界之万物均循其自身的规律而运行，随季节、昼夜之变化不同。

中医学认为人处于自然界之中，与自然相应，人体生理和病理的活动与自然界的变化有着密切的联系。因此，人类应该根据四时阴阳的变化规律而加以调摄。春季阳气畅达，起居宜晚睡早起，初春乍暖还寒应防止感冒，饮食以辛甘微温以助阳气生发为宜；夏季阳气旺盛易泻，起居宜晚卧早起，饮食宜清淡易于消化，不可贪凉饮冷；秋季阳气内敛，阴气渐长，起居宜早卧早起，饮食宜防燥护阴；冬季阴寒盛而阳气闭藏，起居宜早卧晚起，饮食宜护阴潜阳，忌燥热辛辣之品。饮食起居等生活习惯，常能影响人体正气的强弱。要保持健康的身体、充沛的精力还要注意饮食的搭配、节制。脾胃为后天之本，人赖饮食以养身，生化气血。因此，应注意饮食的质量、数量、性味、摄取方法等，了解自然界气候变化的规律，顺应四时季节的变化，调节起居，节制饮食。除此之外，还要因人而异，因人制宜，从个体体质特征出发，确立适宜的食养原则。一般来说，体质偏热者，进食宜凉而忌温；体质偏寒者，进食宜温而忌凉；平和体质之人，宜进平衡饮食而忌偏。总之，起居有规律，饮食有节制，劳逸有结合，能增强正气，保持身体健康。

2、改善体质，防止病邪的侵害

人体的抗病能力是有一定的限度的，若邪气过盛，超越了人体的抵抗能力时，邪气就会成为发病的重要条件。所以要避免疾病的发生，还必须防止病邪的侵害。病邪的范围极为广泛，如六淫、疫疠、七情、劳逸、外伤等，种类繁多。避免病邪的侵害，可从以下两方面着手。

（1）自身调摄：注意养生，是防止病邪侵害的根本措施，如做到“顺四时而适寒暑”，就能防止六淫、戾气等外感病邪的入侵，如能“恬淡虚无”，“精神内守”，就可减少七情内伤；若坚持“饮食有节，起居有常，不妄劳作”，即可避免饮食劳逸的伤害。另外偏颇体质与相应病邪之间存在同气相求现象，个体体质的特殊性，往往导致机体对某种致病因子的易感性。如阴虚质对热邪的耐受力较弱，易感温热之邪；阳虚质对寒邪的耐受力较弱，易感阴寒之邪等。痰湿质易感湿邪，易患痰湿为邪的疾病，如眩晕、胸痹、痰饮等。因此，对于偏颇体质而未发病的人群，应根据不同体质类型的特点，采取相应的措施，避免治病因子对人体的侵袭。积极改善偏颇体质，增强自身的抵抗力，从而阻止相关疾病的发生。如痰湿质者以痰湿内留为特征，在饮食上宜清淡，选择一些有化湿健脾功能的食物，如蔬菜、水产类食物等，忌肥甘厚味。平时应注意体育锻炼。在临床用药上，宜健脾芳化，忌阴柔粘滞，当时值长夏雨季，痰湿质者易出现精神困顿，神疲不振，甚至胸脘痞闷、纳呆厌食、汗出不彻，这是在外界潮湿环境的诱发下，痰湿质由量变到质变表现为痰湿证。故在湿冷的气候条件下，痰湿质者应保持居室干燥，减少户外活动，避免受寒雨淋，以防止相应证候的发生。如有必要，亦可运用化痰利湿的方剂，改善病理性体质，消除疾病发生的内在因素。同时注意避免气候环境、药物、饮食等外在因素中湿邪的侵袭，防病于未发之时。

(2)药物预防:药物预防，是避免疾病发生的有效手段。早在《素问·遗篇·刺法论》中已有“小金丹……服十粒，无疫干也”的记载。在我国不同的地区，各民族有很多利用中药驱邪防病的习俗。如江南梅雨季节有熏艾祛湿防病、八月中秋喝雄黄酒等习俗。中药之所以能防止病邪的侵害，主要原因在于中药对人体体质有调节改善作用。具有不同偏性的中药，可以从不同的角度对人体发挥作用，或祛除侵入人体体内的病邪，或纠正失衡的阴阳，或和畅紊乱的气血，或调补脏腑的功能，最后达到调节改善或改变机体体质的目的。

三、“欲病救萌”在体质养生中的应用--早期调理固体质

通过普查、定期健康检查、高危人群重点项目检查等，在疾病临床前期做好早期发现、早期诊断、早期治疗的预防措施，未雨绸缪，防患于未然。对于具有发病体质而未发病的人可以通过改善体质进行病因预防，对于已患病者则予以相应的治疗。在疾病初期，一般病位较浅，病情较轻，正气的损害也不甚严重，故早期治疗容易治愈。正如徐大椿在《医学源流论》中云“病之始生浅，则易治；久而深入，则难治”，“，故凡人少有不适，必当即时调治，断不可忽为小病，以致渐深；更不可勉强支持，使病更增，以贻无穷之害”。疾病在早期被治愈，就不容易发展、恶化，若等到病邪盛、正气虚时才治疗，就比较困难了，因为“邪气深入，则邪气与正气相乱，欲攻邪则碍正，欲扶正则助邪，即使邪渐去，而正气已不支矣”。此即《素问·阴阳应象大论》所云：“邪风之至，疾如风雨。故善治者治皮毛，其次治肌肤，其次治筋脉，其次治六腑，其次治五脏。治五脏者半死半生也。”

四、“既病防变” 在体质养生中的应用--多重调治护体质

即对已患某些疾病者，及时治疗，防止恶化。注意患者的体质差异有利于确定证候的变化趋势。证具有变化的特征，证的变化趋向是由体质决定的。随着疾病的发展，证候始终不会脱离体质这根轴线，终归受体质制约。因此在疾病的发展过程中，应时时注意到体质对证候的制约与影响，从而掌握证候的转变规律，更好地为治疗服务。在治疗中注意积极改善患者的病理性体质，可以从根本上改善证候，治愈疾病。在证候消失、疾病痊愈的同时，由于患者的病理性体质得到了纠正，消除了证发生的基础，使机体增强了对致病因子的抵抗力，预防疾病的复发。

五、“病后防复” 在体质养生中的应用--病后防复救体质

疾病初愈，虽然症状消失或减轻，但此时邪气未尽，正气未复，气血未定，阴阳未平，必待调理方能渐趋康复。所以在病后，可适当用药物巩固疗效，同时配合饮食调养，注意劳逸得当，生活起居有规律，以期早日康复，从而避免疾病防复发。否则，此时若再新感病邪，或饮食不慎，或过于劳累，均可助邪伤正，是正气更虚，余邪复盛，从而引起疾病复发。

总之，“治未病”思想 和“体质养生”无不互相渗透。通过对未病之人采取相应的措施，避免致病因子对人体的侵袭，积极改善特殊体质，增强自身的抵抗力，从而实现对特殊人群的病因预防，阻止相关疾病的发生；对于具备了病理体质而未发病的人，可以通过改善体质进行病因预防；对于已患病者则予以相应的治疗，积极改善其病理体质，从根本上改善证候，治愈疾病。对于疾病初愈者则给予结合患者自身的体质的饮食、劳逸、生活起居等方面的养生指导，改善疾病复发的土壤，以预防疾病的复发。

整体自然疗法的实际应用

中国医疗保健国际交流促进会专家委员　汪帝钧

一、整体自然疗法

大自然造就了人，在上亿年的进化过程中，大自然赋予了人强大的生命力和自愈能力，使人类延续至今而没有被大自然所淘汰。大自然赋予人体精密的设计和神奇的能力，远比我们自己理解和想象要高明得多。长期以来，我们一直低估了人体的智慧，而高估了我们自己的知识。早在2000多年前，西方“医学之父”希波克拉底就曾说过："大自然治病，医生只是助手"、"身体是最好的医生，食物是最好的药物"。

整体自然疗法就是在充分相信人体具有神奇的免疫力和自愈能力的前提下，通过一系列有效的方法充分调动人体生理和心理的痊愈机制来保持和恢复健康的方法。在充分肯定人的自身能力，包括：生长能力、代谢能力、应激保护能力、修复能力、自愈能力、免疫能力、生理平衡能力等等基础上，采取营养疗法、食物疗法、草药疗法、物理疗法、运动疗法、断食排毒、释放压力等综合方式，注重发挥人体的自然抗病、治病能力，以提高人体自身能力为主要目的的治病、保健方法。

整体自然疗法的目的是治"病人"而不是治"病"；是祛除致病的真正原因而不只是症状；是治愈疾病而不是缓解疾病；是将人体作为有生命力的整体对待而不是简单的机器零部件。整体自然疗法致力于通过人体的自我排毒、自我修复以及自身免疫来提高人体的自然生命力。

二、临床实践与应用

本人在多年的临床医学工作中感到：单纯的医疗方法和手段，无法解决各种慢性疾病问题；不同的人使用同样的方法或药物，其结果是不同的；现代医疗注重"症状"的改善，而忽视了疾病的本质；医生成了药厂的"销售"代表，什么药物能解决什么问题是药厂说了算；医院强调药物对疾病的重要性，忽视食物、营养对恢复健康的作用；现代医疗把人看作是各种器官、组织的组合物，而不是一个有机的整体；等等。能否在自然医学的基础上，找到一种既能解决疾病问题，又不伤害身体的有效方法呢？答案是肯定的。

本人从 2003 年开始从事"整体自然疗法"的学习与研究，在不断的探索与实践中，针对各种慢性疾病和"亚健康"问题，综合运用"辟谷排毒"、"食疗"、"运动疗法"、"经络调理"、"针对性调理产品（营养素补充品和功能性保健品）"等干预手段，通过：清理毒素和垃圾、补充基础营养、修复受损细胞、恢复正常生理功能、改善循环和微循环、提升机体免疫力等有效措施，解决常见的各种慢性疾病及亚健康问题。通过几年来的临床实践证明，"整体自然疗法"确实在慢性疾病治疗和"亚健康"调理方面有显著的效果，值得大家在这方面进行研究和探讨。也是目前我们在"治未病"领域发展的一个方向。

特色疗法调理亚健康

安心美女子生活馆　安红梅

根据调查发现，处于亚健康状态的患者年龄多在 18 至 55 岁之间，其中城市白领、尤其是女性占多数。这个年龄段的人因为面临高考升学、商务应酬、企业经营、人际交往、职位竞争等社会活动，长期处于紧张的环境压力中，如果不能科学地自我调适和自我保护，就容易进入亚健康状态。

有鉴于此，各地的治未病机构或是调理亚健康的养生机构如雨后春笋，纷纷成立。而安心美女子生活馆在短短的几年内，本着质量诚信、技术扎实、完善品质、追求卓越的信念，在竞争激烈的行业中脱颖而出，独树一帜，逐渐形成了自己独特的安心美文化，成为了广大女性朋友健康美丽的摇篮。我与工作人员在长期的临床中，逐渐形成了独具特色的疗法：

一、舒经活络：这是一种综合正骨、针灸、

点穴、刮痧、拔罐的治疗方法，以放松为主，舒缓肩颈僵硬的肌肉，恢复椎间盘的弹性，活络通穴，改善风湿关节炎，类风湿性关节炎，关节痛，腰肌劳损，刮风下雨则关节隐痛，容易疲倦，全身无力等症状。适应人群：针对运动系统出现的亚健康症状，特别推荐颈椎肩周僵硬，肌肉酸疼的人群。

二、整肠健胃保养：对消化不良引起的反胃，胃酸胀气，帮助排气、打嗝、口臭等有特效。平衡胃酸，改善便秘。消除宿便，帮助排除废物，加强解毒功能，促进代谢，强化胆汁分泌，凝血等免疫等功能，改善因肠胃引起的长痘、暗沉、粗黑等肌肤现象，令肌肤焕发红润光泽。适应人群：针对消化系统出现的亚健康状态 ，特别推荐肠胃及肝胆功能不好的人群。

三、排毒引流保养：活化淋巴系统，强化免疫力，去除负能量，净化体内毒素、废物，加强脂肪代谢，减轻体内负担，还原很好的内环境。适应人群：面色黄暗、易上火、暗疮、斑点、常出虚汗、免疫力降低等多种亚健康症状的人群或正常人的常规保养。

四、五行经络π元素：五行是讲的人体的五脏六腑，经络讲的就是经脉和络脉，π元素讲的是由精油π化而成的精油，容易渗透。在临床中，我通过特殊的手法能够打通人体的经络，从而调节人体的九大系统，七大腺体，让身体处于一种平衡状态。

还有清肠的健康体饮，调节消化酶与代谢酶的比例，有效缓解肥胖症。

总之，我认为人体出现病变或亚健康状态大多都是因为人体内毒素、废物过多积累，打破了身体的平衡，所以最完美的人体内外排毒法可以通过五个步骤来实现：

第一步：清肠排毒；

第二步：泡药浴皮肤排毒，通过熏蒸皮肤给药；

第三步：冰火疗法排药毒、血毒、水毒、风湿类风湿、酸毒；

第四步：全身推拿，疏通经络，正脊，淋巴排毒；

第五步：晚上睡觉贴上树脂宝排毒贴，从涌泉穴排毒；

在实际临床中，我们“一切以客户为出发点”， 依托博大精深的中医文化、专业的技术、一流的服务，根据不同顾客的皮肤和身体的实际情况提出合理建议对症下药，帮助制定出相关的个性化护理方案，并利用内养外调相结合的原理，使顾客在最大程度上感到满足。在安心美所有人不懈努力下，已经有许许多多的社会各界人士慕名而来满意而归。这也验证了我馆特色疗法的可行性与成功性。

我虽然不能拥有天底下所有的美，但我梦想成为美和健康的创造者。很幸运，我正在实现，甚至超越自己的梦想。现在，我还有一个梦想，希望让所有的人更健康更美丽。

2010

國醫年鑑

5 优秀论文专著

优秀专著篇

《澄省与致远中西医并存下的医学思索》

著者/主编　孙　涛　樊新荣

出版者：中国中医药出版社（北京）

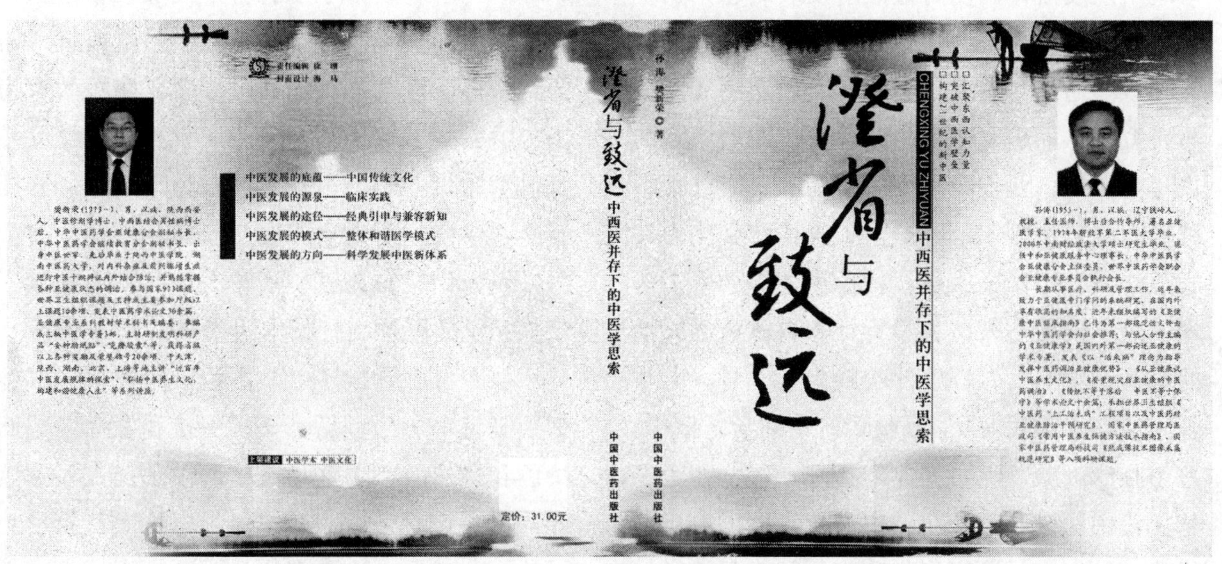

自序

中医学是中华民族在长期生产、生活实践和与疾病斗争中创造的医学，具有深厚的传统哲学理念和人文特征。中医学强调整体观念、辨证论治，坚持个性化、人性化的防治手段，善于运用联系自然、取类比象的方法，具有完整的理论体系，为中华民族的繁衍昌盛做出了不可磨灭的贡献。

近代以来，随着西方医学的传播，在我国逐渐形成了中西医并存的局面。在刚刚过去的一百多年里，现代医学汲取科技进步的成果，在基础研究、临床治疗、预防医学等各个方面均取得了巨大发展，医疗能力和服务范围与日俱增。直面现代医学，中医学虽然面临极大的困境与挑战，却仍然显示了其独特的优势和生存价值，同时也激发了中医界自强不息的精神。特别在上世纪五十年代乙脑大流行及本世纪初“非典”肆虐的日子里，中医药发挥的积极作用有目共睹，再次验证了其不可替代的特殊地位。中医药在防治多种常见病、多发病、重大疑难病症和新发流行传染病中具有独特优势；中医药文化深入人心，人们相信并运用中医药防治疾病。目前，我国共有各级中医医院3600余所，门诊量占全国各类型医疗机构门诊量的1/5；中医药是中国特色医疗卫生事业的重要组成部分，在维护人民群众健康中发挥着重要的作用，深受人民群众的欢迎和信赖。

中医学和现代医学，都在为人类健康这个永恒的主题不懈努力。回首中医学近一百多年来走过的发展道路，特别是新中国成立以来的发展状况，面临过艰辛曲折，也获得过大好机遇，中医学顽强地生存与发展，在实践中与时俱进，“发皇古义，融会新知”，取得了一系列成绩，深受国人喜爱，并远播海外，引起世界范围的热潮。以往的工作经验启示我们，做好中医工作，要坚持解放思想，改革创新，不断科学发展。通过大力发展中医药事业，履行好中医医疗卫生公共服务的职责，不断满足人民群众日益增长的多层次、多样化的中医医疗保健服务需求，不断开创中医药工作新局面。

大力发展中医药事业，要认真分析几千年来尤其近百年来中医药走过的道路，努力把握中医学发展规律，以有效破解发展难题，实现中医药事业又好又快科学发展。

该书通过对近百年中医学发展道路的回顾与研究，从而引发了对中医学百年发展道路的思考与探索，我们发现中医学在其发展过程中遵循四个基本规律：其一，中国传统文化为其底蕴，具有中华民族传统特色和优势的中医药学，是一门兼有人文科学特性和自然科学属性的交叉产物。其二，医疗实践为其源泉。无数医家从临床实践出发，吸收传统中医学之精华，总结临床经验，深悟经典之奥理，吸收西医之长，使中医学在医疗实践中充分发挥了自身的优势。其三，经典引申与兼容新知为其途径。随着现代科学的进步，中医学发展也出现了两条不同的道路。一方面以深入研究中医经典为方向，另一方面以运用现代科学技术来研究和发展中医为方向，经典引申与兼容新知成为中医学发展的两条途径。其四，整体和谐医学为其模式。中医学认为，人作为自然界与社会的一员，除了人体本身的和谐外，还必须与外界环境统一和谐。这几则规律对本世纪中医学发展的启示为：一要以中医学体系固有特性为基石发展中医学。近百年中医学发展规律的探索表明，对中医学既要“执着”，又要与西医学相“和”；二要继续用现代科学技术揭示中医学的科学内涵，即通过科学实验，努力探索中医学原理；三要转变办学观念。继续加强中医药人才培养工作，提高中医药从业人员的素质，需要转变办学观念，改革教学模式，院校教育为主与师带徒教育为辅相结合，积极发展继续教育，努力培养塑造一批“时代型”人才；四要树立科学发展观发展中医学新体系结构，将中医学体系结构分为基础理论医学、应用医学、工具医学、医学工程技术四部分。

从中可以看出，推动中医药事业健康发展，必须坚持继承与创新；必须保持和发挥中医药特色和优势；必须坚持高层次中医药人才的培养，努力造就名医大师；必须坚持面对新形势下的医疗市场，在更多领域不断探索提高；必须坚持包容精神，中西医互相学习，共同提高；必须站在崭新的高度，坚持以开阔的视野，促进中医学的进一步发展和对外传播。该书力求主题鲜明，力求对中医工作作出有益启示，力求值得读者阅读、参考和借鉴。

《中式人体生物钟概论》

著者/主编　张承龙　张琳慧

出版者：中医古籍出版社(北京)

中式人体生物钟理论，是将中医理论直接应用于临床、预防、基础医学的一种尝试。《中式人体生物钟概论》全书共十八章近三十万字。以下从三个方面加以简介。

一、 基本概念

所谓中式人体生物钟（理）论的主要内容是：为了区别与国内外用人的出生年月日为基准，预测个体的体力、智力、情绪等周期变化的人体生物钟理论，我们把中医运气学说中记录运气特征的干支历作为工具，将其年月日时

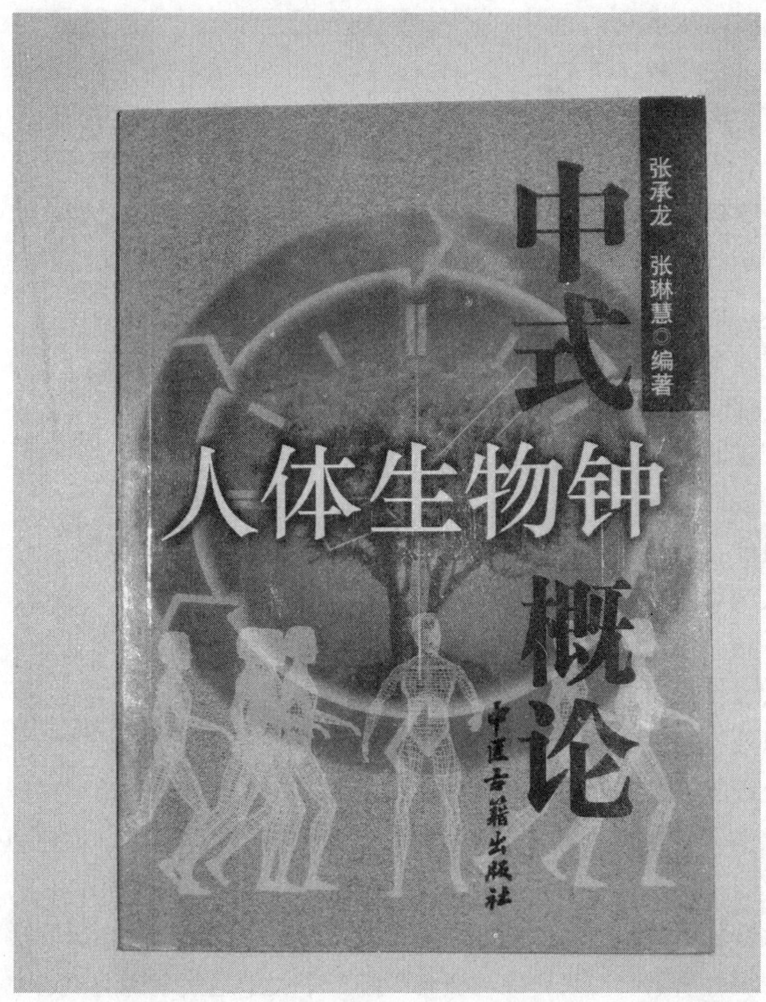

循环的建立开始的。这可称其为生物钟的正式启动。从人的个体生物钟的原始起点到正式启动运行，它客观反映了生命运行、胎儿基因表达的必然结果，这也是通常俗语所说的“瓜熟蒂落”的一种自然表现。它表达了人的个体在怀孕母体子宫内的生长内环境以及孕母生活条件、外界环境条件的共同作用的结果，是导致新生儿生物钟开始正式启动即出生的必然结果。一个个体从出生后肺循环建立起，其生物钟的正式启动，到其后的生长发育直至病老死，即生物钟的停止运行之间，应该与该个体生物钟的正式启动点，以干支历记录的干支组合其阴阳五行属性代表的该个体先天禀赋的体质，有着必然的联系。因此，我们应该重视人体生物钟正式启动点的准确时间和出生前后的自然环境条件这两个重要因素与人体健康的联系。根据中国人创立的中医基础理论和生物全息理论推论，其个体自然顺产的出生时间与其个体的生长发育有着必然的联系和重要的生理意义。而只是记录到出生的年月日，并以此来推算测定人的智力、情绪和体力等周期的生物钟理论虽然也具有一定的生理学意义，但与中式人体生物钟论推算的人体健康特征有明显不同。用干支历记录人的出生时间有深刻的天文背景，它反映了天人相应的深刻内涵，而用干支历等推算的中式人体生物钟的运行规律，不同干支组合所全息的自然界阴阳五行元素的特点及表达方式也与简单从出生年月日算起的生物钟理论有明显的不同。因而有必要对具有明显中国特点的生物钟理论进行深入探讨，以发现人的个体出生时间与其易患疾病、健康状况、心理特征、体质特征等情况有无联系也是十分必要的。

的干支组合用来记录人出生肺循环建立时的时间形式，称为中式人体生物钟记录方法。通过分析中式人体生物钟的干支组合、相互作用、运行规律、影响因素，并将其与人的健康、易患疾病等方面的可能联系称为中式人体生物钟论。这里需要特别提出的是：中式人体生物钟论所探讨的内容，与具体的个体的居住、生活、工作环境、地球气象气候变迁周期、健康特征、相关疾病的不同年龄表达等有直接联系；并可以用干支历的不同干支组合，进行可重复性的分析与探讨。

我们是否可以这样认为：人的个体生命的开始是从受精卵的形成继而在子宫内着床开始的。受精卵的形成这一时点，我们可认为这是人体生物钟的运行的原始起点。而人的个体在自然界外环境中生命活动的正式开始，从某种意义上讲，其生物钟开始运转是从人个体肺研究中式人体生物钟的正式启动时，从干支历的干支组合作用情况，以及某个体生物钟启动后到该生物钟正式启动不同大运这段时间，一般来说为 0 到 10 岁这段时间。在人生的这一时段内该个体体质的变化受环境气候因素的影响较大。另外，中式人体生物钟运行的另一个重要转折点是该个体的大运起点，因为从这一起点开始人体生物钟的制约因素才较明显受到体内因素与体外因素的共同作用。再就是，在研究中式人体生物钟的运行影响因子时，我们还要注意研究同日时同地出生的非同卵非同性别双胞胎或多胞胎的生物钟运行可能存在的差异。存在这种差异的原因，我们认为可能与这些个体遗传物质的提供者父母双方相关，还可能与受孕后孕妇的生活环境，如饮食饮水居住条件，是否在怀孕早期受过感染以及接触过相关的物理化学因素相关。由于以上因素的存在，很有可能造成虽是同一时间出生的新生儿其出生后生物钟的运行状况可存在一定差异，但这不影响我们应用中医基础理论来分析中式人体生物钟组成干支代表的阴阳五行属性所禀赋的人个体先天体质特征与人体健康联系规律的研究。

中式人体生物钟理论以《内经•素问》及《灵枢经》等著作阐述的阴阳、五行、藏象、经络、运气、诊法、治法等中医基础理论为指导，结合现代对运气等学说的研究成果及我们十余年来的研究成果，系统地提出了中式人体生物钟学说，中式人体生物钟的干支组合从理论上讲每种性别为 51.84 万种，并以生物钟干支组合中日干为中心，将其分为五大类，即日干需抑类、需扶类、强旺类、从弱类、合化类，并将生物钟干支组合中帮扶日干或抑制日干的不同属性归为利干支或害干支。通过分析生物钟运行的大运干支、纪年干支为主代表的客运客气对生物钟组成干支的作用，从中找出该生物钟干支代表的个体易患何种疾病，何时易出现病患的内在规律，并将其应用于常见病、多发病、

淄博市自然科学优秀学术成果

获奖证书

《中式人体生物钟概论》

论文被评为第十一届淄博市自然科学优秀学术成果

壹等奖

作 者：张承龙 张琳慧

编 号：111015

淄博市自然科学优秀学术成果评委会

二〇〇七年 九 月

遗传病、疑难病、流行病、亚健康的诊察辨证或防治，以及与优生优育、人体寿命、如何利用环境因素促进人体健康等内容做了探讨。

中医理论是应该发展的，这也包括运气学说，如《黄帝内经》中关于运气学说的论述中未涉及月干、时干支内容，不能完整反映运气学说的推演工具干支历先进科学的内涵。在中式人体生物钟理论中，主要是应用五行和运气学说中干支的本五行和化五行特性，不涉及纳音五行的内容，较易为人们理解。在干支本五行属性的相互作用关系中，天干主要是生克合的作用，地支除生克合外还涉及到冲合等作用关系，并从天文力学角度提出了万有冲力的概念在地支作用关系中的应用。在地支的本五行属性分析时，依据五行学说运气学说中主运主气的特征，将地支辰戌丑未土区分阳土辰戌和阴土丑未，戌为阳中之阳为含火之燥土，辰为阳中之阴土为含水之湿土；未为阴中之阳土、为含火之湿土，丑为含水之寒土。进一步细化了五行学说中土的属性与疾病的相关联系。另外，中式人体生物钟理论的中医临床应用方面，它可作为四诊之外从理论上进行辨证察病的一

种方法来应用，也可在治未病方面加以应用。需要说明的是，有部分疾病不能用该法进行辨证施治；只有涉及中式人体生物钟干支组合、大运干支运行的宿主体质、相关疾病内因和以运气学说代表的六淫学说的外因进行疾病诊察和治疗时才可应用。

二、国内外研究人体生物钟的情况简介

对人体生物钟理论的研究应用从现代生物学的角度来看也就是近百年的历史，而我国对人体生物钟理论的研究最迟已在唐代形成基本的理论体系，比较完整的理论形成于宋代。而我国对国外的人体生物钟理论的研究和应用是比较晚的，约在 20 世纪 80 年代前后开始，主要是用于指导安全生产方面的内容，如有的报纸报道了应用人体生物钟理论在安全生产中应用的事例等。国外的人体生物钟理论是近几十年新兴的一门科学，在 20 世纪初德国医生威廉•弗里斯和奥地利心理学家赫尔曼•斯沃博达他们各自独立对大量资料分析后发现：人的体力存在着一个从出生日算起的以 23 天为一周期的盛衰期，情绪以 28 天为一周期的波动周期。其后，奥地利的阿尔弗雷德•特尔切尔发现了人从出生日算起以 33 天为一周期的“智力强弱周期”，后人将其总结为“人体生物钟节律”三周期，又称作“人体生物钟”。从以上可以看出，起源于欧洲的人体生物钟理论未涉及人的性别及出生年月日时的准确时间（即精确到小时）等因素。我国在研究人的出生时间（即年月日时）与人体生理功能表达的生物节律方面涉及的内容就较多。如出生者的性别因素、出生年份以中国干支历记录的不同年份干支阴阳属性的因素，以生物节律的运行方式即生物节律依据出生者的性别和年份的不同从出生月起是顺运行还是逆运行等等就研究的比较多。如因性别的不同所致的女性以七年为一周期，男性以八年为一周期的不同生理功能表达是不同的。再如在生物节律的应用方面，王立早编著的《子午流注传真》中就介绍了应用时间节律在中医针灸领域的子午流注针法的应用，其中涉及了经络的开穴时间与所治疾病的应用。应用子午流注的原理通过针灸来治疗疾病的方法由来已久，最晚应不迟于金元时期。子午流注法它起源于《黄帝内经》，是以“天人相应”学说为理论依据的。它根据阴阳五行、天干地支的演变来推算一天中十二时辰人体经脉气血流注开阖的变异规律。有人将上述应用干支历记录人的出生时间及将干支历用于诊疗活动称之为“中国古代生物钟” 。我们认为这种称谓不能全面反映其深刻内涵，因而我们将人体生物节律涉及干支历的相关内容，并应用干支历来探讨与人体健康联系的相关内容称之为中式人体生物钟(理)论，它所包括的内容不但有显著的产生于中国的特征，并具有从干支历历元的角度讲，有着深刻的天文背景。它客观反映了以地球为相对静止质点来研究地球外时空对地球影响规律的中国古天文学的合理内核。

三、中式人体生物钟理论的一些特点及应用时注意的问题

1、组成中式人体生物钟的干支，可称为“中式人类遗传密码”。 徐道一先生曾在《周易科学观》中指出：“把人（包括生物）放在天地之中去考察，一方面通过这来观测和探讨生命本身的奥秘；另一方面用以掌握大自然的奥秘这推动了生命科学的发展，使我国古代生命科学方面发展到相当高水平。”这方面的现代研究同样取得了一些成绩。如在研究生命的本质特征方面，就有将古代的 64 卦与现代的生命遗传物质基础 64 密码子进行了对比研究。发现其中 64 卦与 64 密码子之间存在着一定的对应关系；但关于生命遗传物质基础的研究，不能只停留在这个范围。对此可从中医学的基础理论中找出与现代生物学之间的相关联系。有可能找到一种即能反映中医理论学说又能表达现代生物遗传理论的数理符号，即“中式人类遗传密码”。我们可在 64 卦与 64 种遗传密码子对应研究的基础上进一步探讨。我们认为用于推演运气学

说的符号60甲子，可在一定程度上起到这种作用。我们将其称为“中式人类遗传密码”。这是因为如上所述64卦与64种遗传密码子有对应联系；而十天干可以纳八卦，60甲子又可分别纳64卦。因而60甲子通过一定的转换就与64遗传密码产生了一定联系。我们可以通过间接研究60甲子的深刻涵义来解读人体生命现象。

2、组成中式人体生物钟的干支，可反映人如何禀赋了“天覆地载、万物悉备”的特点。中医学强调“天人合一”“天人相应”的观点。《素问•宝命全形论》阐述：“天覆地载，万物悉备，莫贵于人，人以天地之气生，四时之法成。”那么人是如何禀赋了天地之气生，四时之法成，并又如何显示了天覆地载、万物悉备的特点的呢？从某种意义上讲，以推演中医运气学说的干支历的干支组合为工具，来表示人出生肺循环建立时年月日时的四组不同干支组合是可以表达并显示以上特点的！这是因为十天干可以五行分为木火土金水这五种元素，十二地支同样可以阴阳五行的不同属性分为木火土金水这五种元素，并且干支间还存在着生克制化等作用规律。从中医角度讲，十天干十二地支不但可从阴阳五行角度分为木火土金水这五种元素，还可代表不同时间、不同方位、不同季节以及五种元素因每年所在的主运主气的不同时段而在生物钟组成的四组干支组合中五种元素的力量的大小也有所不同。根据以上特点，我们可依据中式人体生物钟理论，用干支历的六十甲子为记录符号，来记录人的出生时间。而干支历的六十甲子的不同组合如上所述可称为中式人类遗传密码。这是因为根据中医基础理论对中式人体生物钟的组合干支分析，在一定地区中每种性别人群，中式人体生物钟的组成干支组合是51。84万种。但60甲子一循环纪年中这种理论组合达不到，只达到一半左右。因为每年的一个月中只有30天左右，另相邻两个60甲子纪年中其组合也达不到这个理论值，只达75%左右，大约300年左右的时间才会出现理论上的51。84万种组合。与之相对应的是地球外时空背景出现相近的情况。我们认为这与人类健康相关的某些多基因病也不是60年内就会全部出现有联系。

3、组成中式人体生物钟的51。84万种干支组合，可用来建立中式人类遗传密码信息库。该信息库能使中医工作者在中医基础理论的指导下使诊疗疾病的过程中达到细化、量化、个体化的要求。每种性别不同生物钟干支组合的50余万种个案可为中医辨证施治打下坚实的基础。

4、应用中式人体生物钟理论注意的问题。在应用以中医基础理论为指导的中式人体生物钟理论时。应注意涉及社会、伦理和法律方面的相关问题；也要注意涉及知识产权保护、专利权保护甚至会涉及核心知识保护等问题。

总之，中式人体生物钟理论可对中医基础理论整理、创新和中医学科理论建设具有一定程度的参考价值。

优秀论文篇

"上工治未病"与"质量免费"*

——传统中医揭示西方现代质量预防理论精髓

中国糖尿病防治研究中心传播研究部　宋沐洋

【摘　要】我国中医药素来注重养生防病，在两千多年前已提出了"治未病"理论。"上工治未病"是我国现存最早的医学理论性论著《黄帝内经》提出的医学观点，与当代质量管理领域强调预防缺陷为主的"零缺陷"理论理念不谋而合。但是中国当今的质量管理水平却低于西方发达国家。本文对二者进行比较，强调质量预防在社会生活中的重要性，质量可以兴人、兴企、兴国，质量人应该以预防为本，期望中医药产业质量人应该争做"上工"去"治未病"，促进中医药事业的健康发展。

"上工治未病"是我国现存最早的医学理论性论著《黄帝内经》提出的医学观点，距今至少2500年。意思是高明的医生能够预防疾病的发生，阐述了预防的重要性。而笔者考察影响世界的现代质量管理理论，发现从1979年左右开始，强调预防缺陷为主的理念才开始诞生，并且深刻影响着世界经济。将这二者相关的"预防"核心理念进行对比，发现有异曲同工之妙。一方面，为关于天地自然人体的哲学中国中医文化感到震惊，为"上工治国，中工治人，下工治病"的哲学管理思想没有被国内企业等各个领域充分利用的现实惋惜；一方面，为质量免费的"零缺陷"理论对国家兴盛的深远影响感到惊叹。

"上工治未病"与《质量免费》

"上工治未病"源自《黄帝内经》，其中《素问·四气调冲大论》说："是故圣人不治已病治未病，不治已乱治未乱，此之谓也。夫病已成而后药之，乱已成而后治之，譬犹渴而穿井，斗而铸锥，不亦晚乎！"，《内经》里将医生划分为两个等级，即"上工"与"下工"。"上工"指的是非常高明的医生；"下工"呢？当然就是非常普通，非常一般的医生了。

在质量领域，1979年，"全球质量管理大师"、"零缺陷之父"和"伟大的管理思想家"的菲利浦-克劳斯比（Crosbyism）出版了《质量免费》一书，在现代企业质量管理中引发了一场深刻的变革，其中最重要的理念就是预防缺陷，所以他的理论被称为"零缺陷"质量管理。之前，人们普遍认为通过检验来确保质量。检验人员有必要将好产品和坏产品区分开，产品越多，检验人员也越多。这一思想认为优质产品和服务的提供必定会增加成本。而克劳斯比的观点有所不同：通过预防缺陷，而不是仅依靠检验来生产优质产品。不能忽视那些没有发生的潜在缺陷。对于开明进步的组织来说，质量是免费的。预防缺陷，而不是仅靠检验。1979年，美国成立了克劳斯比学院，零缺陷管理在IBM、GE、EDM、CM等全球500强企业中得到了很好的实践，建立起了具有卓越绩效的模式框架，在现代企业质量管理中引发了一场深刻的变革。

"治未病"与"预防为主"惊人的相似

再看中医理论，"上工治未病"中的"治未病"包括，既病防变、防微于杜渐、有病早治，治病要防止传里、传经、变症。其科学内涵符合当今医学界倡导推广的“三级预防”宗旨：“养生，保养生命，预防减少疾病发生；减轻、减少疾病的进一步加重变化；健康生存，提高生活质量，延年益寿的最佳生活方式”。也是 21 世纪中医药学发展的战略之一。如何“治未病”？古代《周易-既济》曰：“君子以思患而豫防之”。“豫”，预也。经曰：“道在于一”。一阴一阳为道，偏阴偏阳为疾，四时阴阳生病起于过用。“治未病”就是要使人体阴阳保持调和，谐调统一，“阴平阳秘，精神乃治”先而知之。调和阴阳、防患于未然，既病防变、争取主动、未渴挖井、未战铸器、治未乱的养生保健是高明医家治病首选。

“治未病”要“法于阴阳，和于术数”，“恬淡虚无，精神内守”，“饮食有节，起居有常，不妄劳作”。经曰：“阴之所生，本在五味；阴之五宫，伤在五味。”偏嗜五味，过食肥甘则易引起脏腑气血病变。如“高梁之变，足生大丁”，“肥者令人内热，甘者令人中满，”不节则百病丛生。

“治未病”还有类似论述，《难经》亦云：“所谓治未病者，见肝之病，则知肝传之脾；故先实其脾气，无令得受肝之邪故曰治未病焉。”仲景在《金匮》也有类似论述。《伤寒论》中诸多禁汗，禁攻、急下存阴的治法，也含防伤正、防引邪入里、防变证的“治未病”内涵。中医治病的整体观、脏腑相关论、五行生克、制化论、气血津液生化规律均体现既病早治、防传、防变、防误治的“治未病”的施治原则。

现代医学重治疗、重局部的杀灭、切除、植入，而轻防病和整体综合调理。有关中医现代化的指导思想提出，“辩证施保”，研究形成有效提高生存质量的养生、保健体系，明显降低疾病的发病率来延年益寿，这是 21 世纪中医现代化科技发展战略目标之一。“治未病”体现了《内经》的治病观，以增强体质为核心的健身、防病、治疗思想，以外适应自然变化，内促进机体抗病能力来治未病的治疗原则，从功能的、整体的变化把握生命。未病先防，有病早治，已病防变，病后调护，总之，“治未病”是人类保健养生，防治疾病的最高境界，充分体现了中医精华的内涵。

质量领域，1979 年《质量免费》(Quality is Free）出版，该书表述简单信息：高层管理者必须重视质量来变革组织，第一次将事情做对，这样不会增加产品和服务的成本。零缺陷特别强调预防系统控制和过程控制，克劳斯比向全世界的管理人员表明：过程失误会使成本猛增，管理不善是大部分质量问题的根本原因。克劳斯比有一句名言：“质量是免费的”。过去质量之所以不能免费是由于“没有第一次把事情做好”，产品不符合质量标准，从而形成了“缺陷”。美国许多公司常常耗用相当于营业总额的 15%-20%去消除缺陷。因此，在质量管理中既要保证质量又要降低成本，其结合点是要求每一个人“第一次就把事情做好”（Do it right at first time)，亦即人们在每一时刻、对每一作业都需满足工作过程的全部要求。只有这样，那些浪费在补救措施上的时间、金钱和精力才可以避免，这就是“质量是免费的”真实含义。引入零缺陷作为唯一可接受的绩效标准，因此该书极为畅销，自 25 前发行后便引发了公司思维方式的变革，为随后进行的六西格玛活动奠定了基础。

“零缺陷”思想提出后，美国开始推行零缺陷运动。后来，零缺陷的思想传至日本，在日本制造业中得到了全面推广，使日本制造业的产品质量得到迅速提高，并且领先于世界水平，继而进一步扩大到工商业所有领域。零缺陷主张企业发挥人的主观能动性来进行经营管理，生产者、工作者要努力使自己的产品、业务没有缺点，并向着高质量标准的目标而奋斗。它要求生产工作者从一开始就本着严肃认真的态度把工作做得准确无误，在生产中从产品的质量、成本与消耗、交货期等方面的要求进行合理安排，而不是依靠事后的检验来纠正。零缺陷特别强调预防系统控制和过程控制，要求第一次就把事情做正确，使产品符合对顾客的承诺要求。开展零缺陷运动可以提高全员对产品质量和业务质量的责任感，从而保证产品质量和工作质量。

国际标准 ISO9000《质量管理和质量保证术语》对全面质量管理做出了科学而严密的界定：其中要求一切以预防为主，质量管理与控制要以预防为主，消除隐患，杜绝重复故障出现。

“治未病”与“零缺陷”质量理论虽然表面词义不同，但实质内涵都是一致的，那就是防患于未然。防患于未然也是我们日常生活中的俗语，但是重视显然不够。工作中不少失误，伪劣产品四处横行，百姓食品安全受到威胁，药品质量令人担忧……

质量预防为本

企业如果产品质量伪劣仍然大肆广告宣传，从质量角度而言，迟早会失败的，从医药领域的“齐二药”、“奥美定”等假药事件可以得到证明。因为传播为表，质量才是根本。做好质量就要预防为本。关注质量观念。扁鹊三兄弟的故事发人深省：

魏文王问名医扁鹊说：“你们家兄弟三人，都精于医术，到底哪一位医术最好呢？”

扁鹊回答说：“大哥最好，二哥次之，我最差。”

文王再问：“那么为什么你最出名呢？”

扁鹊答说：“我大哥治病，是治病于病情发作之前。由于一般人不知道他事先能铲除病因，所以他的名气无法传出去，只有我们家里的人才知道。我二哥治病，是治病于病情刚刚发作之时。一般人以为他只能治轻微的小病，所以他只在我们的村子里才小有名气。而我扁鹊治病，是治病于病情严重之时。一般人看见的都是我在经脉上穿针管来放血、在皮肤上敷药等大手术，所以他们以为我的医术最高明，因此名气响遍全国。”

一位质量专业人士说，中国人长期习惯表扬救火的英雄而忽视防火的人员。原因就是“救火者”大张旗鼓，轰轰烈烈，而防火者默默无闻，防火者的目的是从源头、从根本避负灾害发生，而救火者只能从一团焦黑的现场中挽回损失。防火者前者是练内功，救火者是练外功，如果领导只喜欢和重视“救火”英雄而不重视“防火者”的功劳和作用，那么“火灾”就有可能越来越多，也许会有许多的“救火”英雄前仆后继地出现。战略问题指企业走不动了走错了或重大危机了才反省的思维方式，在检讨中成长很痛苦。战略思维是个系统论的掌握能力，企业家必须对企业走势布局的各种变术预测，做最好的计划，从战略角度最大限度控制质量，降低风险。

事后控制不如事中控制，事中控制不如事前控制，可惜大多数目前的事业经营者均未能体会到这一点，等到错误的决策造成了重大的损失才寻求弥补。弥补得好，当然是声名鹊起，但更多的时候是亡羊补牢，为时已晚，质量成本大增。曾经有家航运公司的船长在海上指导船员维护保养机舱设备时，有一个关键螺丝少拧三圈，造成了机器渗油机舱爆裂，经抢修直接损失 300 万元。失败在于细节，成功在于系统。企业走不动了走错了或重大危机了才反省的思维方式，在检讨中成长很痛苦，缺乏战略思维能力，企业家必须对企业走势布局的各种变术预测，做最好的计划，最大的努力，最坏的打算，凡事预则立，不预则废。

事实证明预防缺陷的质量理念为企业和社会能够带来巨大效益。美国竞争力委员会在一份标题为“21 世纪的美国质量”的报告中写到：“与其他活动不同，国家质量奖肩负着使质量成为国家的重要任务以及在美国推广优秀实践经验的使命”。实施质量推进制度还可以获得巨大的经济效益和社会效益。美国标准技术研究院、大学、商业机构和美国统计总局的研究结果表明，投资质量和追求卓越绩效，对于增加产量、增强员工和顾客的满意程度、提高顾客和投资者的收益起着至关重要的作用。保守计算，2000年，投入波多里奇国家质量奖相关社会成本为1.19亿美元，获得的净收益为246.5亿美元，投资与收益的比为1∶207。即：每投入国家质量奖1美元，就能收获207美元。

总之，质量在社会生活中至关重要，质量可以兴人、兴企、兴国，质量人应该以预防为本，质量人应该争做“上工”去“治未病”，因为质量是免费的。基于质量预防为本的观念，对于生产、服务、流通等过程，对于中医事业、社会经济水平的提高都具有重要的意义。

（*2009年10月获得卫生部和清华大学联合举办的中国健康传播大会优秀论文奖）

《灵枢·骨度》柱骨辨

北京刘山永中医诊所　刘山永

对于《灵枢·骨度》中“柱骨”的解释，大多指为颈椎骨。笔者认为，“柱骨”应为缺盆外横骨，即现代解剖学之锁骨。

李锄氏近著《骨度研究》说：“柱骨”：指第五、六和第七颈椎。此三椎的棘突易在体表触及，而其上四椎则否，故古人仅称此三椎为“柱骨”。沈彤《释骨》：“自颅际锐骨而下，骨三节植颈项者，通曰柱骨”。《类经图翼》：“柱骨，颈项根骨也。”然据《太素·身度·骨度》杨上善注：“缺盆左右箱上下高骨，名曰柱骨。”《太素·经脉之一》在大肠手阳明之脉的“上出于柱骨之会上，下入缺盆”一句下，杨注云：“柱骨，谓缺盆骨。上，极高处也。与诸脉会入缺盆之处，名曰会也。手阳明脉上至柱骨之上，复出柱骨之下，入缺盆也。”笔者认为杨注十分清楚而合理。《普济方·针灸门·针经直说》对手阳明大肠经的“上柱骨”一句，也注释为“缺盆外横骨是也。”这样，《素问·气府论》中“柱骨上（‘上’，《太素》作‘出’）陷者各一”为肩井二穴，“柱骨之会各一”。为天鼎二穴，均有了明确而恰当的解释。由此可见，柱骨，并非颈椎骨，系指缺盆骨，又名锁子骨、肩柱骨等。现代解剖学称为锁骨。至于颈椎骨，又有天柱骨、玉柱骨之称，因而易与“柱骨”混淆。

后世若干医籍和中医辞典，多将柱骨解为锁子骨。但须指出：过去“柱骨”亦写作“拄骨”，本是一物。但有的在同一部书中，却将“柱骨”作锁骨讲，而将“柱骨”作颈椎骨讲者（如《医宗金鉴》、《简明中医辞典》）。这也是一种误解。按：《说文》：“柱，楹也。”段注：“柱引伸为支柱，柱塞。不计纵横也。凡经注皆用柱，俗乃别造从手柱字。”段氏除说明“拄”即“柱”之外，还明确指出：不论横竖，均可称柱。

度量时，从“角以下至柱骨”起，“此下言侧人之纵度”。是从“后额角”（顶结节）垂直往下量，至柱骨（锁骨）计一尺，与前面发以下至颐端为一尺是等长的。其下各段，也是垂直度量，人体侧身的总长度，共计七尺五寸，（据《太素》杨注，包括柱骨本身四寸），与人体前面度量等长。这很合经旨。如果将柱骨指为五、六、七颈椎骨，那么：一、从“角”量至哪一椎？量这所量椎体的上缘还是下缘？二、“角”至颈椎骨，即是斜向身后量，如此能“言侧人之纵度”吗？三、《灵枢·骨度》云：“行腋中不见四寸。”从锁骨下度量，尚无不合，若从颈椎骨起，至腋中，岂止四寸？四、《素问·气府论》中有关柱骨的两句话，如何得到圆满的解释？总之，此说问题较多，难以信从。因此，笔者认为：“柱骨”（也可写作“拄骨”）为缺盆外横骨，即锁骨。

白癜风的新发现和治疗

云南省昆明市白癜风专科　冯德孔　冯　华

白癜风，清•吴谦等著《医宗金》称白驳风，病冈为，由风邪相搏于皮肤，致气血失和。经过调查，病因基本清楚。白癜风是-1 中色素脱失的皮肤病，而且是一种世界上最平安、最平和、不传染的皮肤病，但患者精神压力大，是易诊难治的皮肤病。但是可以治愈。

一、临床发现：

经过 41 年时间的门诊调查，笔者对 8 万白癜风患者建立 9037 份病历档案进行调查发现：近亲结婚家庭子女出现白癜风 155 个家庭和病例，占 1。71%，结合家族史的调查，遗传发病率在 12%左右。对长期以来的世界上认为病因不明的皮肤病白癜风现在已经充分证实和可以肯定：其中一部分患者是由遗传所致。而 80%以上的患者由营养代谢障碍所致。并发现：白斑部位痛感度降低，证实了实验室研究结果：“白癜风发生部位皮肤神经末梢发生退行性变化。”以及发现大面积白斑部位皮肤变得平薄、光滑等问题。（冯德孔的这些发现，得到了中国遗传学奠基人中国科学院资深院士、美国科学院外籍院士谈家祯教授的肯定和祝贺。）

笔者临床还发现：贫血、低血压、高血压、动脉血管硬化、肠胃病、偏食、失血、精神因素以及各种内、外科疾病等只要是影响到人体的血液总量，影响到微循环和皮肤的血液供给，进一步影响黑色素细胞的代谢从面产生白癜风。化妆品、化学用品等破坏黑色素细胞产生同形性白癜风。这些现代的发现和研究证实中国古代白癜风的病因“气血失和”是正确的，但是由于古代历史条件所限，对病因的了解不够完善。

二、治疗方法

对病因有了发现，治疗就有针对性。

治疗方法：内服外用云南热带植物药和部份传统中草药调和气血，外用高频电疗配合治疗以针对神经末梢发生退行性变化问题。电疗每日一次，疗五次间隔一天。中草药早晚各服一次。外擦中草药酊剂二次。三个月为一个疗程。对 9037 病例中，3200 例患者初步疗效观察：

三、疗效观察：

统计有效病历 3200 例，总有效率 98. 55%，其中痊愈 2736 例，占 85. 50%；显效 320 例，占 10%；好转 96 例，占 3%；无效 48 例，占 1. 5%。

萆■化毒汤治疗痛风 38 例临床分析

北京市第六医院　韩　洪

萆薢化毒汤出自《疡科心得集》，是治疗外痈，局部红肿热痛，多生于下部而属湿热者的一首方剂。笔者应用该方加减治疗原发性痛风，取得满意的疗效，现将 38 例临床观察总结如下。

一、临床资料

1、一般资料　本组 38 例，男 36 例，女 2 例(均为绝经期后发病)。患者年龄为 39-82 岁。其中以 45-65 岁发病者最多，共 26 例（68. 5%)，39-45 岁者 5 例（13. 1%)，65-82 岁者 7 例（18. 4%)。病程最短 3 天，最长 21 年。

均为原发性痛风，45 岁以上患者大多伴有 1-3 种慢性疾病：高血压 11 例（28. 9%），伴高脂血症 31 例（81.5%），糖尿病 6 例（15.7%），冠心病 15 例(39.4%)，肾功能损害者 4 例(10.5%)。本组病例均有中西药治疗史，其中服用秋水仙碱者 21 例（55.2%），服用别嘌呤醇者 28 例（73.6%），服用非甾类抗炎镇痛药者 31 例（81.5%）。服用中药者 6 例（15.7%），服用肾上腺皮质激素者 1 例（2.6%）。

2、诊断标准 参照美国风湿病协会 1977 年制定的诊断标准：①急性关节炎发作 1 次以上，并在 1 天内达到高潮；②急性炎症局限于个别关节；③整个关节呈暗红色；④第一跖趾关节肿痛；⑤单侧跗间关节急性发炎；⑥对可疑或证实的痛风结节；⑦高尿酸血症；⑧非对称性关节肿胀；⑨发作可自行缓解。以上 9 项中具备 4 项可诊为痛风。全部病例均符合诊断。

3、临床症状 起病急骤，突发性关节红肿，剧烈疼痛，常于夜间发病。侵犯第一跖趾关节者 27 例，累及踝关节者 16 例，累及膝关节者 17 例，累及时关节者 8 例，累及腕关节者 15 例，累及手指关节的 6 例上，伴有程度不同的发热者 11 例。患者口渴或渴不欲饮，舌苔多黄或黄腻，脉弦滑数。37 例血尿酸高于正常值，在 490-823mmo/L。

二、治疗方法

用萆薢化毒汤，药物组成：萆薢 20g、防己 10g、生薏仁 30g、当归尾 10g、丹皮 10g、木瓜 12g、秦艽 12g、牛膝 10g。急性期加生石膏 30g。痛甚者加全蝎 5g。每日 1 剂，水煎 300ml，分 2 次服，7 天为 1 个疗程，一般治疗 1-2 个疗程。

三、治疗结果

1、疗效标准 参照中华全国中医内科学会痹病专业委员会 1984 年制定的痹病疗效判定标准。临床治愈：症状全部消失，关节功能恢复，血尿酸降至正常，随访 1 年未见复发者。显效：主要症状消除，但随访 1 年有复发者。好转：主要症状基本消失，主要关节功能有明显进步，血尿酸有所下降。无效：症状控制不明显，各方面均无进步者。

2、治疗结果 临床治愈 6 例（15.8%），显效 18 例（47.4%），好转 13 例（34.2%），无效 1 例（2.6%）。无效病例有严重的合并症。

四、讨论

急性痛风性关节炎的病理特点为湿热交蒸，阻遏气血，络脉不通而出现关节红肿热痛，舌苔黄或黄厚腻，脉弦数等临床表现。萆薢化毒汤具有清热化湿，凉血解毒，通络止痛之功效。方中萆薢、防己、木瓜、秦艽、生薏仁清利热湿、舒筋通络，除痹止痛；当归、丹皮凉血活血，散瘀止痛；牛膝补肝肾、强筋骨、利关节、止痹痛且可引药下行。热象明显者加生石膏以增强清热泻火的作用；痛甚者加全蝎能解毒散结，以增强通络止痛之效。此方中既有分清别浊，通利小便的药物，可促进尿酸排汇，起到标本兼治的作用，又有清热解毒消肿止痛之药物。在症状缓解期采用体育和饮食疗法，或配合中药治疗，强健脾肾，运化水湿，可减少复发，达到治愈的目的。

布依药物苏脑王治疗精神分裂症的临床及实验研究

贵州省罗甸县中草药研究所 李正茂

【摘 要】目的：探索布依族药物苏脑王治疗精神分裂症的临床疗效及对该药的安全性进行评价。方法：对符合中国精神疾病分类方案与诊断标准（CCMD-2-R）精神分裂症诊断标准的

350 例患者使用苏脑王进行治疗，采用简明精神病量表（BPRS）、阳性症状量表（SAPS）、阴性症状量表（SANS）评定临床疗效，同时根据国内 4 级临床疗效评定标准进行疗效等级划定；从 350 例中抽取 30 例与服用氯丙嗪治疗的 30 例作配对疗效的量化观察；采用昆明种小鼠进行 3 个剂量组的苏脑王灌胃急性毒性实验，并对 350 例服用苏脑王的患者采用副反应量表（TESS）评定其副作用。结果：苏脑王对精神分裂症的阳性和阴性症状具有广谱的治疗作用，治疗作用确切、疗效好，且有效率高、疗效持久、复发率低、服药时间短、安全无毒的特点。结论：苏脑王治疗精神分裂症临床疗效肯定、安全性好，是值得临床推荐使用和进一步全面开发的布依族中药制剂。

【关键词】苏脑王；精神分裂症

精神分裂症是精神疾病中最常见、最具代表性的一种类型。我国新近进行的流行病学调查结果显示，城市中其患病率高达 8.18‰，农村高达 5.18‰。该病严重影响患者的健康，给患者、家庭及社会带来极大的危害。现有的以西药为基本治疗的方法疗效不甚理想，病人病情往往反复迁延，且该类药物都有较大的毒副作用。中草药是祖国传统医学的宝贵财富，而开发中草药资源用于精神分裂症的治疗报道甚少，尚未见获国家正式批准文号的抗精神分裂症中药上市。黔南布依族人民在长期的生产、生活中，形成了具有自身民族特色的医学方法，在治疗精神病上也积累了丰富的经验。本课题以李正茂家传秘方，以现代工艺制成纯中药制剂苏脑王，经贵州省科技厅及黔南州科技局立项，于 1998 年 6 月至 2002 年 6 月，由罗甸县中草药研究所主持，黔南州精神病院、电子工业部 414 医院、辽宁营口第一专科医院、黔南州药品检验所协同，完成了苏脑王治疗精神分裂症的临床及实验研究，现将结果报道如下。

一、资料和方法

1、临床资料及纳入标准　350 例病员中男性 227 例，女性 123 例，年龄 8-67 岁，平均 27.5±8.73 岁，病程 3.5 月—16 年，平均 3.60±1.47 年。均符合中国精神疾病分类方案与诊断标准（CCMD-2-R）中精神分裂症的诊断标准 [1]。对已服用抗精神病西药者于服用苏脑王一周前停用。对新发病、病程短及未服用抗精神病西药或服用量少且时间短者予苏脑王口服，其剂量为：冲剂 5-10g，胶囊 3-6 粒、煎剂 100-150ml（三种剂型服用量为等效剂量），每日 3 次，饭后服用：对病程长且长期大量服用抗精神病西药者，停药 1 周后，三种剂型均加倍给药。服药时间 1-8 周，治疗期间及愈后禁食诱发食品（鱼、牛、羊、狗、海鲜、公鸡肉等）1 年。对病例进行随访 1-4 年。

2、疗效评定标准及方法　采用简明精神病量表（BPRS）、阴性症状量表（SANS），阳性症状量表（SAPS），在服药前、服药后每 2 周进行一次精神症状的量化评分，治疗结束时评分，分别将治疗后的积分与治疗前进行比较，按国内 4 级临床疗效评定标准，并以量化评分的减分率进行疗效评定，即减分率≥75%为痊愈，50-74%为显著进步，25-49%为进步，＜25%为无效。量化评分由经统一培训的高年资精神病专科医师进行。

3、与经典抗精神病药物氯丙嗪比较研究　30 例（男 19 例，女 11 例）精神分裂症患者以经典抗精神分裂症药物氯丙嗪治疗，同时从上述 350 例苏脑王治疗的精神分裂症中，选取 30 例（男 19 例，女 11 例）年龄、病程、治疗前 3 量表（BPRS、SAPS、SANS）评分与氯丙嗪治疗组相似（经 t 检验无显著差异，$P>0.05$）的病员作配对研究。氯丙嗪 50-300mg/天。观察二药治疗 2 月后两组 3 量表的分值减少情况进行疗效的比较。

4、毒副作用观察研究

（1）动物急性毒理学实验　实验于黔南州药品检验所进行。昆明种小白鼠 90 只（体重 20±2g）分 3 组，每组 30 只。取苏脑王药粉 120g，以 2700ml 水分三次煎煮后合并滤液，浓缩至 40ml 备用。分别按小鼠体重 0.1ml/10g(30g/kg)、0.15ml/10g(45g/kg)、0.4 ml/10g(120g/kg，间隔 4 小时分 2 次)，。以浓缩苏脑王液灌胃给药，连续观察 7 天。

（2）临床副反应观察　对 350 例使用苏脑王治疗的精神分裂症患者采用副反应量表（TESS）[2] 进行副反应观察。在治疗前及治疗后每隔 4 周及治疗结束时进行动态的血常规、尿常规、肝功能、肾功能、心电图、脑电图及临床症状、体征共 35 个项目的量化评定观察。

二、结果

1、临床疗效评定

（1）症状控制情况　苏脑王对精神分裂症认识、情感及意志行为活动的障碍显示出良好的治疗效果。抗精神症状谱广（对阳性及阴性症状均有效），是控制该症常见临床症状的有效药物。详见表 1。

表 1　苏脑王治疗 350 例精神分裂症精神症状疗效观察

精神症状	治疗前症状出现例数	治疗后症状改善情况				有效率%
		痊愈%	显著进步%	进步%	无效%	
情感交流障碍	218	127（58.25%）	50（22.94%）	15（6.88%）	26（11.93%）	88.07%
幻觉	198	164（82.83%）	14（7.07%）	10（5.05%）	10（5.05%）	94.94%
妄想	210	136（64.76%）	40（19.05%）	30（14.29%）	4（1.90%）	98.09%
行为障碍	87	30（34.48%）	40（45.98%）	13（14.94%）	4（4.59%）	95.40%
思维障碍	345	218（63.19%）	84（24.35%）	30（8.69%）	13（3.77%）	96.23%
兴奋躁动	225	175（77.78%）	25（11.11%）	17（7.76%）	8（3.55%）	96.44%
情感淡漠	105	65（61.91%）	21（20.00%）	4（3.81%）	15（14.28%）	85.71%
紧张焦虑	185	115（62.16%）	40（21.62%）	26（14.05%）	4（2.16%）	97.83%
睡眠障碍	350	256（73.14%）	50（14.28%）	34（9.72%）	10（2.85%）	97.14%
违拗	93	35（37.63%）	35（37.63%）	——	23（24.74%）	75.26%
激惹	25	15（60.00%）	8（32.00%）	2（8.00%）	——	100%
社会行为退缩	28	——	2（7.14%）	6（21.43%）	20（71.43%）	28.57%
人格障碍	16	——	1（6.25%）	2（12.50%）	13（81.25%）	18.75%

（2）疾病疗效 4 级评定分析　采用苏脑王治疗的 350 例患者，痊愈 210 例，显著进步 82 例，进步 17 例、无效 41 例，总有效率达 88.29%。随访 240 例中仅有 12 例复发，复发率为 5.00%，显示出苏脑王对精神分裂症具有确切的治疗作用，且有效率高，复发率低，治疗彻底。

（3）BPRS、SANS、SAPS 3 量表评定治疗前后总分比较　350 例经苏脑王治疗，3 种量表评定分值治疗后均低于治疗前（t 检验 P＜0.01），进一步肯定了苏脑王的临床治疗价值，详见表 2。

表 2 350 例 BRPS、SANS、SAPS 治疗前后总分比较（X±S）

	BRPS	SAPS	SANS
治疗前	40.03±4.95	67.21±7.94	60.31±4.37
治疗后	26.32±5.79*	25.31±5.87*	38.94±5.06*

*治疗前后比较 P＜0.01

（4）与氯丙嗪对比研究　结果显示 2 药对精神分裂症都具有良好效果，治疗后量表总分均较治疗前明显下降（检验 P＜0.01）苏脑王治疗精神分裂症作用与氯丙嗪相当，3 个量表总分两组比较未见有显著差异（t 检验 P＞0.05）。详见表 3。在使用中还发现，对精神症状的控制，氯丙嗪作用较苏脑王迅速，而苏脑王起效相对较慢；氯丙嗪病人耐受差，而苏脑王病人耐受好。

表 3　苏脑王与氯丙嗪疗效比较（X±S）

组别	例数	BRPS		SAPS		SANS	
		治疗前	治疗后	治疗前	治疗后	治疗前	治疗后
苏脑王组	30	38.92±3.46	25.15±3.72*	65.35±6.18	26.42±5.74*	62.21±4.35	40.17±4.88*
氯丙嗪组	30	38.34±3.51	24.51±4.28*	66.01±7.31	24.31±6.53*	60.58±5.87	42.31±5.32*

*治疗前后比较 P＜0.01

（5）毒副作用　昆明小白鼠 3 个苏脑王剂量组灌胃 7 天后，小鼠饮食、活动好，无 1 例死亡。苏脑王小白鼠最大耐受量＞120g/kg，此剂量大于成人（以 50kg 计）日服量（2g/kg）的 60 倍，显示苏脑王的安全无毒性。TESS 量表观察苏脑王临床不良反应，15 例于首次服药出现恶心、胃肠不适，次日自行消失；3 例诉服药后有头昏，1 周后自行好转；有 1 例服药后诉双下肢活动无力、步态不稳，查无阳性体征，药量减半后，未见加重，半月后自行缓解。血常规、尿常规、肝功能、肾功能、心电图、脑电图服药后未发现有损害。TESS 总分及因子分治疗前后经 t 检验均无显著性差异（P＞0.05）。

三、讨论

精神分裂症居高不下的发病率，对患者、家庭、社会造成严重的危害。现有西药疗效短暂、易复发，服药时间至少 2-4 年甚至终生，同时长期服用氯丙嗪、奋乃静等经典西药可出现精神活动和植物神经系统方面的不良反应，出现锥体外系症状、高热、过敏、肝损害、粒细胞减少等，甚至突然死亡。因此，精神分裂症的治疗是精神医学界棘手而又亟待解决的问题。寻求一种低毒、高效、疗效持久的药物，是治疗的关键。祖国医学在精神病的治疗中积累了丰富的经验，尽管现在还没有成熟的、为世人公认的成药，但发掘其中对精神分裂症有效的药物、组方，具有广阔的前景，将为本症的治疗提供了一种新的手段和方法。

苏脑王系布依族治疗精神病的家传秘方，长期以来，在治疗精神分裂症为代表的精神病中显示良好的疗效，为民间广泛认可。该方由八角、茴香、花椒、文菊等二十余味布依药组成，具有开窍醒神、理气化郁、安神镇惊、活血化瘀、清热化痰、抑制虚烦不眠等作用。为开展苏脑王对精神分裂症治疗的科学系统研究，提供了基础性的资料，为全面开发该药的治疗价值及经济价值奠定了基础。

应用苏脑王治疗精神分裂症 350 例的临床研究显示，苏脑王对精神分裂具有良好的治疗作用。对该症的妄想、幻觉、紧张焦虑、睡眠障碍、激惹、兴奋躁动、思维障碍、行为障碍、情感交流障碍、情感淡漠、违拗均显示出很好的控制作用。从 BRPS、SAPS、SANS 3 个量表治疗前后的分值比较及 4 级疗效评定，证实了苏脑王在治疗精神分裂症上疗效确切，且治疗效果好，有效率高（经典抗精神分裂症西药报道为 66-90%不等，本药达 88.29%）、复发率低。与经典药物氯丙嗪的比较研究，显示出苏脑王药效与氯丙嗪相当，起效虽较氯丙嗪慢，但作用缓和持久，病员耐受情况好，急性动物毒性实验及采用 TESS 量表对病员服药后副反应的观察，苏脑王安全无毒，更无经典抗精神病西药诸多严重的毒副作用。

本研究结果表明，苏脑王与经典的抗精神病药物相比，具有高效确切、抗精神症状谱广（对阳性及阴性症状均有效）、有效率高、服药周期短、疗效持久、复发率低、安全无毒的特点。是治疗精神分裂症理想的药物。

苏脑王的治疗精神分裂症作用的研究，为其进一步的开发提供了科学的依据，也为苏脑王报批国家新药，走产业化大批量生产提供了必备的条件。苏脑王确切的治疗作用，布依药物的神功奇效，贵州特别是黔南地区丰富的少数民族药物资源，将为精神分裂症治疗，特别是中药治疗开创全新的局面。同时苏脑王的全面开发，也将会为黔南地区的经济发展、为黔南少数民族的富裕作出应用的贡献。

参考文献：略

参归三七汤治疗阳痿病 5 7 例临床观察

沅陵县中医院　张良圣　王德斌

【摘　要】目的：观察参归三七汤治疗阳痿病的临床疗效。方法：患者入院后分别进行阴茎硬度测试和 FSH、HCG、PR 测定，然后服用“参归三七汤”加减一日一剂水煎服用，并辅以精神疏导，组方为：人参、当归、丹参、枸杞子、田三七、川芎、鸡血藤等中药七味。结果：观察治疗 57 例中，治愈 15 例，占 26.32%；2 个疗程治愈者 22 例，占 38.6%；好转 15 例，占 26.32%；无效 5 例，占 8.88%；其总有效率为 91.23%。结论：参归三七汤加减治疗阳痿病疗效显著，尤其是中老年血管性阳痿。

【关键词】阳痿；中医药治疗；参归三七汤

一、临床资料

57 例阳痿患者中，原发性 22 例，继发生 35 例；年龄最小者 19 岁，最大者 65 岁；年龄在 19-37 岁者 18 人，在 38-65 岁者 39 人；病程最短者 3 个月，最长达 30 年；伴 PRL 升高者 17 例；伴早泄者 20 例，伴不射精者 15 例；伴前列腺炎者 12 例；伴精子异常症者 13 例；已生育者 35 例；尚未生育者 22 例。

二、治疗方法

1、患者入院后分别进行阴茎硬度测试和 FSH、H、PRL 测定，然后采用益气补血活血法为主治疗。

2、方药组成：“参归三七汤”由人参（口干、口苦、尿色黄者用白参或西洋参，无此症者用红参）、当归、丹参、枸杞子、鸡血藤、川芎、三七等药组成。

3、加减法：①偏肾阳虚者加附桂，蛇床子，羊睾；②兼有湿热者加苡仁、滑石、伸筋草；③肝郁者加柴胡、郁金，另配服“逍遥丸”；④兼前列腺炎者加红藤、露蜂房；⑤阳痿因外伤引起者加鸡血藤、泽兰，另加服“大活络丸”。

4、中药一日一剂，每剂水煎 2 次，共取汁 1000ml 左右，分 4 次温服。

5、辅以精神疏导，服药期间禁食萝卜、白菜。

6、服药3周内禁房事，50天为一疗程，出院时再作阴茎硬度测度的FSH、LH、PR复查。

三、疗效判断标准

1、痊愈：药后阴茎能勃起并可插入女方阴道性交，伴随症状消失，3个月内无复发者。

2、基本痊愈：药后阴茎勃起次数，硬度和持续时间均较治疗前明显好转，伴随症状减轻，但未达痊愈标准者。

3、无效：服药治疗2个疗程以上，病情仍无变化者。

四、治疗结果

57例中，经1个疗程治愈者15例，占26.32%；2个疗程治愈者22例，占38.60%；好转15例，占26.32%；无效5例，占8.88%；总有效率为91.23%；服药后大部分患者头晕、神疲、腰酸等症消失或改善；12例前列腺炎伴随者7例康复；13例精子异常症伴随者11例恢复正常；15例PRL升高伴性欲低下，不射精者，经治后PRL显著下降，性欲恢复并正常射精；18例早泄伴随者恢复正常；22例未生育者，12例其妻已孕。

五、典型病例

例1：童××，男，35岁，已婚，工作，江西高安人，住院号：941673，因原发性阳痿8年而于1994年6月经人介绍到我院就医。患者自述婚前就有阳痿难举病史，并几次欲与女朋友试交，但每举不成，婚后依然。在当地屡求医治，先后服用参桂鹿茸丸，延身护宝液无数，中药温肾壮阳之百余剂，仍阳痿不举，并伴有神疲乏力、头晕、头重，下身潮湿不舒、口苦、尿色发黄等症。入院时经阴茎硬度测度为“0”度，放免检查：PRL值升高达580min/ml。诊得舌苔黄腻，舌质偏红，脉弦。脉症合参，先宜利湿清热为治，后待湿祛热清，唯阳痿难举、头晕神疲犹存者，再改用益气补血法调治月余，病告痊愈，LRL基本恢复正常而出院，3月后随访无复发，其妻子已孕二月。例2：陈××，男，58岁，干部，已婚，山西芮城人，住院号：948815。自述初婚时，性生活正常，并育1子（年32岁，已参加工作），婚后10年无明显诱因便出现早泄，继之阳痿难举或举而不坚，房事勉行，直至痿而不用，并常伴头晕，神疲，心悸等症。病后曾多次就医于当地各大医院，均被诊断为继发性阳痿，动脉硬化，冠心病等，经中西医诊治十余年未效（因药方繁杂，不便记录），于1994年8月慕名寻医找余一试。

入院后经阴茎硬度测度为“0”度，PRL升高（638min/ml），并诊得其舌苔白滑，舌质暗淡，脉象细涩，证为气虚血亏挟瘀，治以益气补血活血法，方用“参归三七汤”加蛇床子15克，雄蚕蛾2只，每天一剂水煎服。药后三周，即感房事始兴，夜间阴茎偶有勃起，头晕神疲，心悸等减轻，效不更方，守方续调治二月，PRL恢复正常，阴茎勃起硬度测试为III度，阳痿已除，诸症若失，三月后随访无复发。

六、讨论

阳痿一疾，起病多缓慢，病程缠绵。基于病久多虚，多瘀及病多发于中老年之鉴，今拟益气补血活血法治疗阳痿不无道理，祖国医学认为：气血旺盛通行，宗筋得以充养，则阳物易兴，且勃而坚硬；反之，若气血亏虚或滞行，宗筋失养，阳物举而不坚，甚至痿而不用。故兴阳起痿应抓住调治气血为本，方可效验，若循规导旧，概予壮阳治肾，男科临床自然很少突破。况且一味温补，不仅阳痿难除，反生口干，口燥等阴伤之变；若不适当补益，纯除湿、舒肝、活血等，即便是对症下药，则痿却难起。

人体之阴阳气血本可相互为用和转化。气虚日久即见阳虚，阳虚者元气必伤。临床上壮阳不兼益气，则所补之阳犹如浮云，不久即失，就是痿起也难持续，先贤之附桂壮阳每多伍以参、芪益气，可谓圣裁。又气虚则不仅血亏，而且血运随之无力，往往致瘀。更何况宗筋之巅，非气血充而通行所不能达，故益气补血活血应同步进行，否则难奏其效。大凡祛湿、解郁、温肾壮阳等治疗阳痿，均应注重调理气血方可早日痊愈。

现代医学认为：阴茎的勃起程度与阴茎海绵体的充血情况有关，并证明动脉硬化和血栓形成等而致阴茎部供血不足或受阻是产生阳痿病不可忽视的原因，尤其是中老年阳痿患者，多归属于血管性阳痿，这与笔者于中医论治阳痿以气血为本的认识基本一致。方药中人参大补元气；当归，丹参，鸡血藤，川芎，三七补血，活血，行瘀，枸杞甘辛益精血，兴阳起痿而不燥。七药相伍共奏益气补血活血之功，据目前药理分析，此七药均有不同程度的强心，扩张血管和改善组织血液循环的作用，对治疗血管性阳痿病疗效尤著，鉴于上述，益气补血活血法的创立，为中医探讨对阳痿的治疗又开辟了一个新的途径。

从经带辨女性孕前常见中医体质的研究

广州中医药大学附属南海妇产儿童医院　潘佩光　潘奔前　周俊亮

【摘　要】目的：研究从经带辨女性孕前常见中医体质的方法及科学性。方法：研究总结祖国传统医学对女性孕前常见中医体质的认识，结合我们前期的研究成果，探讨从经带辨女性孕前常见中医体质的方法、分型及科学性。结果：将孕前女性月经、白带作为辨体质的标准，同时结合月经前后出现各种症状及其它表现，能准确辨别女性孕前中医体质并进行分型，分为自衡质、肝郁气滞质、情志化火质、脾肾气虚质、肝肾阴虚质、气血两虚质六型。结论：从经带辨女性孕前常见中医体质是科学的、切实可行的，是对体质研究有意义的探索。

【关健词】月经；白带；体质；体质学说；孕前保健

目前国内外已有许多关于中医体质的研究，但有关女性孕前常见中医体质尚未有人进行研究，女性孕前常见中医体质分型方法也没有统一的标准。要对女性孕前常见中医体质准确分型，首先要解决的关键问题就是，以什么作为辨体质的标准，辨女性孕前常见中医体质。通过我们多年的研究结果，我们认为以月经、白带作为辨体质的标准，同时结合月经前后出现各种症状及其它表现，能够准确的辨别女性孕前常见中医体质，也能对女性孕前常见中医体质进行准确的分型。

体质是对人体形态结构、生理功能、心理状态等方面的综合评价，是一种客观存在的生命现象，与人体的健康和疾病息息相关[1]。女性孕前体质是在没有外邪干预的情况下，由其自身先天禀赋，及后天饮食、环境、生活习惯、社会因素等各种因素影响下，形成的一种自身的特质。王琦等[2]指出，中医体质学说是以中医理论为指导，研究人类各种体质特征、体质类型的生理、病理特点，并以此分析疾病的反应状态、病变的性质及发展趋向，从而指导疾病预防和治疗的一门学说。在既往的体质研究中，针对的研究对象是一般健康人群，没有将研究对象进行细分，进行深入研究，如没有研究男性与女性体质的不同，也没有区分儿童、成人、老年人来进行研究。女性有不同于男性的特点——“经带”，月经和白带为女性所特有，经带与女性身体健康关系非常密切，女性身体的生理、病理有变化时，多在经带上有所反映。中医学认为人体是一个有机的整体，局部气血、阴阳的变化可以影响到全身气血、阴阳的变化。内脏的变化可以在肢体、官窍、肌肤等外在部位反映出来。《灵枢·本脏》说：“视其外应以知其内脏，则知所病也。”张景岳在《类经》中说：“有诸内必形诸外”。《丹溪心法》亦说“欲知其内者，当以观乎外；诊于外者，斯以知其内。盖有诸内者，必形诸外。”中医辨体质就是通过观察和收集孕前女性显现在外的各种表现和征象，然后分析、归纳、综合这些表现，了解孕前女性整体的反应状态，以得出“体质”。“有诸内者，必形诸外”在中医体质辨证中具有广泛的指导意义。因此，月经、白带、及围经期的各种表现，均可以准确反映孕前女性的体质情况。

正常的月经、白带是妇女生理的一种标志。“肝司血海”，“女子以肝为先天”，因此肝在气血的调和、月经的化生和期、量的调节方面起着重要的作用。肝的藏血与疏泄功能调整着血海的蓄溢，使月经如期潮止。同时经带又与脾肾有密切关系。五脏六腑皆受养于后天脾胃。脾胃运化，水谷精微化血生津，如雾露灌溉，津血遍布全身，滋养着十二经脉及五脏六腑、四肢百骸，肾气充盛，津血注冲任、胞宫，则有月经、生理性白带。经为血化，如潮有朝夕，每月一行；带为阴液，津津常润，泌之有节。血能生液，液能生血，津液、血皆来源于水谷精微，故月经、生理性白带俱为水谷精微所化，施泄于胞宫，异名而同类。经带与女性生理周期密切相关，女性的生理病理变化必将反应于经带。可见女性孕前中医体质与肝、脾、肾有密切关系，其中又与肝的关系最为密切。如月经不调的发病与肝、脾、肾功能失常、气血失调有密切的关系。若情志伤肝，肝气郁滞，或经孕产乳数伤于血，肝血不足，可致肝之疏泄功能失常，气血运行失调。肝之疏泄太过，或肝郁化热，或肝郁血瘀则可致月经先期或月经过多；肝之疏泄不及，或肝血不足，血海不能按时满溢，或肝郁血滞，胞脉瘀阻，血行不畅，则见月经后期或月经过少；若肝之疏泄时而太过，时而不及则见月经先后不定期。又如成熟女性在应届月经前 7-14 天(即在月经周期的黄体期)，反复出现一系列精神、行为及体质等方面的症状，月经来潮后症状迅即消失。由于本病的精神、情绪障碍更为突出，以往曾命名为“经前紧张症”、“经前期紧张综合征”。近年认为本病症状波及范围广泛，除精神神经症状外还涉及几个互不相联的器官、系统，包括多种多样的器质性和功能性症状，故总称为“经前期综合征”。可见女性孕前中医体质与肝的关系是非常密切的。

我们在2000年开始了女性孕前体质保健的研究工作，查阅了大量的文献资料，在临床研究中也积累了一定的经验。2005 年开始，我们根据中医体质分型的原则和方法，借鉴以往中医体质研究经验，进行了有关女性孕前常见中医体质的研究，结合临床研究结果，我们认为女性孕前常见中医体质分为六型，即自衡质、肝郁气滞质、情志化火质、脾肾气虚质、肝肾阴虚质、气血两虚质。其中肝郁气滞质、情志化火质最为常见。辨体质要排除外来因素的影响，如湿热、风寒等邪气的侵袭，及气滞日久，致瘀血、痰湿郁结等，而见的气滞血瘀体质、湿热体质及痰湿体质等，因为这些体质均是在前面六型体质的基础上，日久转化而来的，并不是孕前女性特有、固有的体质，故我们将这几个体质类型均归属于混合质。

我们认为女性孕前不同中医体质类型的经带、围经期表现及其它一般情况如下：

一、自衡质

1、经带：经期持续时间为 3-7 天，周期是 28 天±7 天，第一天淡红而量少，第二天色加深而量较多，第四、五天色转淡红而量渐少以至完全干净，总量一般在 30-80ml(平均 60ml)。质不稀不稠，且不易凝固，无较多较大的血块。带下色白或无色透明，质粘而不稠，量适中，无异味。2、围经期表现：无特殊不适。3、形体：健壮。4、素体表现：肌肤毛发润泽，目光有神，嗅觉通利，唇色红润，不易疲劳，精力充沛，耐受寒热，眠纳佳，二便正常，舌淡红，苔薄白，脉和有神。5、饮食：自我调节能力强，进食寒热食品，体内阴阳都能自行调和。6、转化：不容易发病。7、成因：先天禀赋良好，后天保健得当。

二、肝郁气滞质

1、经带：经行不畅，月经周期长短不定，经期提前推后不定，色暗红或有血块，量多少不定。带下量少色白，质地粘稠，无异味。2、围经期表现：①乳房胀痛，甚则有块。②少腹胀痛，按之不减。③经前精神抑郁，兼见胸闷胁胀，经后缓解。3、形体：多偏瘦。4、素体表现：情志不畅，性格内向不稳定、忧郁脆弱、敏感多疑，对精神刺激适应能力较差，多烦闷不乐，舌淡红，苔薄白，脉弦细。5、饮食：进食后易胃胀。6、转化：易气郁化火，伤阴耗气，引起情志化火、肝肾阴虚、脾肾气虚。7、成因：由于工作、生活压力大，情志不畅、气机郁滞。

三、情志化火质

1、经带：经期延长，月经先期或月经先后不定，经色鲜红量多，质粘，或有血块。带下色白或赤或赤白相兼，粘稠，量多，或有异味。2、围经期表现：①经前或经期烦躁易怒，甚或怒不可遏，头晕目眩，耳鸣，失眠心烦，口干咽燥。②经前或经期反复口舌糜烂。3、形体：偏瘦。4、素体表现：平素情绪急燥，易怒、头晕、头痛、失眠、口苦、胁痛，舌红、苔黄，脉弦数。5、饮食：喜冷食。6、转化：易伤阴血，致肝肾阴虚。7、成因：喜、怒、忧、思、悲、恐、惊情志失调化火。

四、脾肾气虚质

1、经带：经期延长，经行先后不定，或经行推迟甚至经闭不通，经色淡红，质稀薄，经量或多或少，量多如崩或淋漓不止。带下色白或淡黄，质清稀，量多，甚或绵绵不断，无异味。2、围经期表现：①易反复感冒。②大便溏泄，甚则五更泄，畏寒怕冷。③伴有腰酸、头晕、耳鸣。3、形体：偏胖。4、素体表现：语音低怯，气短懒言，易疲乏，精神不振，口淡，动则汗出，舌淡红，舌体胖大、边有齿痕，脉虚缓。5、饮食：喜热食。6、转化：易致痰湿内生。7、成因：先天禀赋不足，肾气亏虚；后天失养，致脾胃虚弱。

五、肝肾阴虚质

1、经带：经期偏短，经行先后不定，经色偏红而稠，经量偏少或淋漓不净甚则闭经。带下淡黄或赤白，量少粘稠，无异味。2、围经期表现：①阴液偏少，下阴、肌肤干燥瘙痒。②经时低热。③经后小腹绵绵作痛。④腰酸腿软。⑤经行、经后乳房疼痛。⑥经行、经后头痛、眩晕。⑦经行多见口疮。⑧经行风疹频发，瘙痒难忍，夜间加剧。⑨经行或经后午后潮热，伴五心烦热。3、形体：偏瘦。4、素体表现：易口燥咽干，喜冷饮，大便干燥，面色潮红、有烘热感，目干涩，视物花，唇红微干，皮肤偏干、易生皱纹，耳鸣，眠差，小便短涩，舌红少津，多见裂纹，苔少，脉弦细略数。5、饮食：喜清润食物。6、转化：阴血亏虚，筋脉脏器失于濡养，可见阴虚阳亢，血虚生风；阴血亏虚，虚热内生。7、成因：禀赋阴血不足，或久病失养，或经量过多，房劳过度，多产耗血。

六、气血两虚质

1、经带：经行先后不定，经期延长或偏短，色淡红，量偏少，质清稀。带下色白或淡黄，质清稀，量多或少，无异味。2、围经期表现：①心悸、气短、乏力，动则汗出，伴有面色恍白，口唇淡白。②经行少腹空痛喜按。③经行或经后头晕目眩。④易感冒。3、形体：偏瘦。4、素体表现：语音低怯，或气短懒言，易疲乏，精神不振，口淡，目干涩，视物欠清，皮肤偏干，舌淡苔白，脉细。5、饮食：喜食甘温补益之品。 6、转化：易致阴阳两虚。7、成因：禀赋脾肾虚弱，气血生化不足；或肝气犯脾，脾失运化；或大病失血，气随血脱。

辨孕前女性中医体质，最重要的是以经带情况为主，结合围经期的各种表现及其它一般情况，以准确辨女性孕前常见中医体质，同时对女性孕前常见中医体质进行准确的分型。将中医体质学说应用于孕前女性的研究，现代医学及中医学目前尚是一片空白，本文对从经带辨女性孕前常见中医体质进行了初步研究。我们进行本研究的目的，是为了将中医体质学说应用于孕前女性体质保健。我们期待在今后进一步深入开展女性孕前中医体质保健。进行女性孕前中医体质保健，能够提高中华民族乃至全人类出生人口素质，为孕产妇打造良好的体质康复基础，是从根本上推动我国现代化进程的一个重要保障，也是把中医学推向国际的一个重要方法。我们将坚持不懈地进行研究，为我国的妇幼保健事业贡献微薄的力量。

参考文献：略

蜂毒疗法的临床应用

辽宁省友谊医院类风湿脊柱炎蜂毒治疗中心　杨永伟

蜂毒疗法，一是用活蜜蜂蜂针对人体按中医经络穴位施行一定刺激以防治疾病的方法，二是运用现代高分子技术从晶体蜂毒中提纯的蜂毒注射液注射法统称为蜂毒疗法。

一、蜂毒的治疗方法

1、蜂针直刺法：主要针对患者阿是穴，一般采用活蜂直刺法，用摄子夹住活蜂直刺穴位；蜂针点刺法，用摄子夹住活蜂后拨出螫针，按中医经络穴位，在患部点刺；蜂针散刺法，用摄子夹住活蜂后拨出螫针，点刺5-8个穴位（穴位间距离1.5寸左右），适合全身性风湿，肌肉大面积凉痛患者。留针时间一般在30分-40分钟即可拨出。患者休息20分钟后无明显的蜂毒反应即可结束治疗。

2、蜂毒注射法

蜂毒注射液穴位注射，每日一次，每次0.5mg（阿是穴穴注，肌注均可），此方法适合不能接受蜂针疗法的患者。

3、蜂毒电离子导入法：晶体蜂毒加入中药导入药剂，用电离子导入机进行导入治疗，适合少关节、大关节类型重症患者。

二、蜂毒的治疗量：

根据我们二十年来的临床经验，蜂毒用量不是绝对的，对每位患者用量差距很大，年纪较大、体质弱、病程较短、未长期服用西药患者蜂针量一般较少，直刺控制在30穴以内，结合点刺、散刺30穴左右即可达到效果。病情较重、病程长、全身性风湿病患者、体质较好、长期服用中西药的患者可适当增加用蜂量，每次直刺量控制在50穴以内，结合点刺、散刺30针量即可。

三、蜂毒疗法的疗程

要因人、因病而宜，对一般的急性、病重患者一日一次，一个月为一疗程，一般需3个疗程。半年至一年可重复疗程。巩固治疗：坚持2-3年定期治疗，基本能治愈。病情较轻一般治疗二个疗程即可痊愈。如有复发现象第二年复诊一至两次。蜂毒反应：初次接受蜂针疗法的患者常有蜂针的过敏反应，在治疗7-20天左右出现红肿、发热、瘙痒、淋巴结肿大、腹痛、腹泄、全身关节疼痛加重，此其为蜂毒反应期，治疗20次以后，刚度过反应期，机体尚未完成适应，故此患者虽然可感觉到蜂针有一定的效果，但并未觉疗效非常显著（2个月以内），轻者一个月左右，重症患者在2个月左右可见病情明显好转，机体免疫力逐渐增强，食欲加强，体质好转，疾病基本控制，大部分可达到临床治愈的效果。

蜂毒注射液一般一个月为一疗程（30次，

每日一次，每次0.5mg)，穴位或肌肉注射。轻者2个疗程，重症患者3个疗程，以后坚持每星期注射一次，坚持一至二年可痊愈。蜂毒疗法不同于其他口服药物疗法，近期效果不太明显，大部分患者在停止治疗后3-6个月明显好转，告诫患者一定要坚定信心，坚持到疗程。重症患者要坚持长期、定期反复治疗，才能达到治愈效果。

四、蜂毒疗法的适应症与禁忌症

蜂毒疗法是将蜂毒的药理作用与针炙学原理相结合的一种疗法，临床已探明蜂毒疗法对于类风湿性关节炎、风湿性关节炎、强直性脊柱炎、神经痛等痹痛疾病，及某些骨关节疾病，有止痛、消肿等作用，有一般药物无法比拟的疗效，基本上针炙疗法的适应症、蜂毒疗法大多都可以应用。

1、适应症：

（1）神经、肌肉系统疾病：如各种神经痛、神经炎。如面神经炎、运动神经原疾病、周围神经损伤、头痛、多发性肌炎、中风后遗症、震颤麻痹、糖尿病的神经病变等。

（2）变态反应与免疫性疾病：如类风湿性关节炎、风湿病、过敏性鼻炎、强直性脊柱炎、皮肌炎、系统性红斑狼疮、硬皮病等。

（3）骨关节病：如颈椎病、肩周炎、腰扭伤、各种关节炎、椎间盘突出症、关节滑膜炎、骨质增生等。

（4）内科疾病：高血压、心悸、肝炎、支气管哮喘、甲状腺功能亢进、胃肠功能紊乱、老年性痴呆等。

（5）外科疾病：胆石症、腱鞘囊肿、腱鞘炎、纤维瘤、血栓闭塞性脉管炎、红斑性肢痛症、扭挫伤等。

（6）妇科疾病：卵巢囊肿、子宫肌瘤、痛经、慢性盆腔炎、更年期综合征等。

（7）儿科疾病：舞蹈病、小儿遗尿等。

（8）五官科疾病：听神经炎、耳鸣耳聋、下颌关节综合征、虹膜炎等。

（9）皮肤科疾病：荨麻疹、银屑病、带状疱疹等。

一般针炙科的适应证，蜂毒疗法也都适应，但必须注意蜂针与针炙有一定的区别，尤其要注意蜂针前期的过敏性反应。

2、禁忌症

（1）心肺功能衰竭、肝肾功能障碍者。

（2）严重过敏反应患者，体虚难以接受者。

（3）严重动脉硬化、月经期、孕妇、手术后慎用。

（4）淋巴结持续肿大、疼痛、蜂针处减量或停针也难以消肿者。

（5）血压过高，有高血压危象者、血液系统疾病患者禁针。

风湿、类风湿性关节炎、强直性脊柱炎是当代医学尚未攻克的顽症。1992年以来，我院采用蜂毒疗法对7900例风湿、类风湿关节炎、强直性脊柱炎进行治疗，临床验证疗效显著，其中临床治愈2979例，占39.5%；显效4316例，占52.5%；有效609例，占5.4%；无效282例，占2.5%例。总有效率、临床治愈率达90%以上。远期疗效：二年后随访病人1100例，有908例（82.5%）症状及阳性体征呈好转趋势，病情稳定，没有复发。181例（16.5%）有复发现象，但较治疗前为为轻。

经过长期临床验证，蜂毒疗支具备针刺、温炙、药物治疗效果，安全可靠，对人体无损害性的毒副作用。有必要系统进行临床验证，并深入探讨其作用机制，使蜂毒疗法得到继承和发扬。值此人类渴望回归大自然的今天，人们对沿用数千年的天然产物和自然疗法十分关注。一九九二年以来，由中国、日本、美国等70多个国家参加一至七届国际蜂毒疗法学术研讨会，分别在中国济南、南京、日本东京、韩国大邱等国家召开。2005年9月19日中央电视台科学教育频道《走进科学》、《百科探秘》、《科技博览》栏目分别以（以毒攻毒）（救命之蜂）为题对蜂毒疗法进行了专题报道。蜂毒疗法越来越被众多的人群所认识，所接受，得到了医学界的高度重视，进一步验证、探索、普及推广千百年来被人类用之有效的蜂毒疗法，为全人类健康做出更大的贡献。

复方前列清汤治疗慢性前列腺炎（非特异性）30例疗效观察

顾勇刚[1]　顾文忠[1]　黄爱民[2]
[1]上海市南汇区中心医院中医科；[2]上海市南汇区宣桥镇卫生服务中心

2004年4月-2006年4月，我们选择慢性前列腺炎中医辨证为“脾肾阳虚兼精室湿热、瘀阻络脉”证30例，应用本院老中医经验方“复方前列清汤”治疗，取得了满意的疗效，现报道如下。

一、临床资料

1、病例选择　本组30例，均为我院中医男性科专家门诊患者。年龄23-60岁，平均（34.87±10.17）岁，病程0.5-5年，平均（2.12±1.23）年。全部患者均已婚并曾接受过院外各种方法治疗。

2、诊断标准　参照《中药新药临床研究指导原则》[1]。即：⑴症状：表现为不同程度的尿频、尿急、尿痛、尿道灼热和尿道滴白，会阴部坠胀疼痛。⑵前列腺触诊：质地饱满或软硬不均，或有炎性结节，可有局限性压痛。⑶前列腺液镜检：WBC≥10个/HP，卵磷脂小体减少或消失。凡具备⑴和⑵、⑶中的任何一项即可确诊。

3、辨证标准　参考《中医证候鉴别诊断学》。“脾肾阳虚兼精室湿热、瘀阻络脉”的主症：⑴畏寒肢冷，⑵腰膝酸痛，⑶大便溏泄，⑷会阴坠痛，⑸尿道灼热。次症：⑴尿频、尿急，⑵尿后滴沥，⑶尿道刺痛，⑷尿道滴白，⑸阴囊潮湿，⑹精神萎靡，⑺舌质红或紫黯，苔厚腻，⑻脉沉细涩。凡具备主症3项及次症3项者即辨证成立。

二、治疗方法

应用本院老中医经验方“复方前列清汤”治疗。处方：生黄芪30g，党参20g，炮附子10g，炒苍术15g，焦黄柏15g，生苡仁30g，牛膝15g，瓦松花30g，土茯苓30g，生山栀12g，红藤30g，败酱草30g，水蛭10g，甘草10g等。用法：⑴口服：每日1剂，连续水煎3次，每次取汁150 ml，混匀后分早、中、晚3次服完。⑵坐浴：将上述口服汤剂煎好后剩余之药滓再加水2000ml煎出1000-1500ml药汤，待降温至45-50℃时行肛门坐浴10-15分钟，每晚睡前1次。治疗观察1个月，统计疗效。

三、观察方法

采用症状积分法，即观察治疗前后症状积分的变化。将各种症状（包括体征，EPS白细胞数）按照发生的频率、程度、数量变化及临床表现的特点，分为无、轻、中、重4级，分别记为0、1、2、3分。EPS白细胞按0-9/HP记0分，10-19/HP记1分，20-29/HP记2分，30-39/HP记3分，≥40/HP记4分。计算治疗前后症状总分，求得疗效指数，判定疗效。其计算公式如下：疗效指数=（治疗前总分—治疗后总分）/治疗前总分×100%。

统计学方法：计量资料采用t检验，等级顺序型资料采用u检验

四、治疗结果

1、疗效评定标准　临床痊愈：疗效指数≥90%；显效：疗效指数≥60%，＜90%；有效：疗效指数≥30%，＜60%；疗效指数＜30%。

2、临床总体疗效比较：见表1。治疗后愈显率为53.33%，总有效率为86.67%。

表 1　临床总体疗效比较　　[例（　%）]

例数	临床痊愈	显效	有效	无效	愈显率	总有效率
30	8(26.67)	8(26.67)	10(33.33)	4(13.33)	16(53.33)	26(86.67)

3、治疗前后症状积分比较：见表 2。治疗后积分与治疗前相比较，有显著性和非常显著性差异，说明“复方前列清汤”治疗“脾肾阳虚兼精室湿热、瘀阻络脉”型慢性前列腺炎具有显著的疗效。

表 2　治疗前与治疗后症状积分比较　（分，$\bar{x} \pm s$）

临床症状	治疗前 n=30	治疗后 n=30	P 值
畏寒肢冷	1.57±0.63	0.47±0.57	<0.01
腰膝酸痛	2.10±0.76	0.67±0.66	<0.01
大便溏泄	1.23±0.57	0.23±0.44	<0.01
会阴坠胀	2.10±0.76	0.67±0.66	<0.01
尿频尿急	1.57±0.57	0.43±0.50	<0.01
尿道灼热	1.47±0.80	0.42±0.57	<0.01
尿后滴沥	1.33±0.71	0.60±0.67	<0.01
尿道刺痛	0.90±0.66	0.26±0.52	<0.01
尿道滴白	1.37±0.81	0.56±0.57	<0.01
阴囊潮湿	0.70±0.75	0.26±0.52	<0.05
精神萎靡	1.30±0.57	0.42±0.63	<0.01
前列腺压痛	0.63±0.69	0.36±0.52	<0.01
EPS 白细胞	2.23±1.10	1.23±1.07	<0.01
总 积 分	18.49±9.29	6.56±7.89	<0.01

4、治疗前后 EPS 白细胞变化比较：表 3 示，治疗后 EPS 白细胞数与治疗前相比较有非常显著性差异（P<0.05），表明复方前列清汤消除和降低 EPS 白细胞数有显著的疗效。

表 3　EPS 白细胞变化比较　（例）

时　间	例　数	每一高倍镜视野内白细胞数				
		<10	10-19	20-29	30-39	≥40
治疗前	30	0	8	11	7	4
治疗后	30	8	12	6	3	1

u=3.36　P<0.01

五、讨论

慢性前列腺炎多归属于中医的“淋症”、“精浊”、“白淫”等范畴，其病位在肾、膀胱和精室，病机多为寒热错杂、虚实互现、阴阳紊乱，治疗颇为棘手，故本病为中、西医疑难病之一。本组病例中医辨证属“脾肾阳虚兼精室湿热、瘀阻络脉”，其病机为整体脾肾虚衰，气化障碍；局部精室（包括膀胱）湿热内蕴，久而导致络脉瘀阻，形成络病。“络病是多种临床疑难杂病共同的发病环节，是恶性病理循环的中介……络病大多起病隐匿，发展缓慢，病情缠绵，难以速愈”，此为本病难治的重要原因。

“复方前列清汤”处方，以黄芪、党参、附子、干姜温肾健脾祛寒，苍术、黄柏、生米仁、土茯苓清热燥湿利湿，生山栀、瓦松花、红藤、败酱草清热凉血解毒，水蛭、牛膝活血化瘀通络。全方寒热并用，补泻同施，具有温补脾肾、清热利湿、解毒化瘀之功，切中本病证之复杂病机，故有显著疗效。

本临床观察表明，复方前列清汤对“脾肾阳虚兼精室湿热、瘀阻络脉”型慢性前列腺炎能显著改善临床症状和体征，消除或降低前列腺液中的白细胞，有利于恢复或改善前列腺的生理功能。

参考文献：略

活血补肾丹治疗股骨头无菌坏死 228 例分析

山东省蓬莱市李氏骨伤科研究所　李承平

【摘　要】目的：了解活血补肾丹治疗股骨头无菌坏死的疗效。方法：采用回顾性研究方法，分析用药前后的症状改善情况及疗效。结果：患者用药一疗程后髋部疼痛明显缓解，患者大都能扶拐或支具保护下行走。治疗后 X 片示股骨头密度增加，囊状透亮破坏区减少或修复，但股骨头解剖形态变化不明显。结论：利用活血补肾丹治疗股骨头无菌坏死疗效满意，值得临床推广。

【关键词】股骨头坏死；中医中药；滋补肝肾

股骨头无菌坏死是临床常见病，股骨头坏死后易出现股骨头塌陷，髋关节功能障碍，给患者工作生活带来极大不便。许多人不得不选择行人工关节置换术治疗，但不仅手术费用昂贵，且手术后髋关节部分功能丢失，还会出现许多并发症。因此，如何早期能够改善股骨头局部的血液供应，消除患者髋部的疼痛是药物治疗该病的首要选择。我们自 1989 年 6 月-2009 年 9 月利用我们自拟的活血补肾丹（专利号 ZL200610045400.X）治疗股骨头无菌坏死患者 300 余例，疗效满意。其中治疗完整的 228 例（326 个关节），总结分析如下：

一、资料与方法

1、临床资料

本组病例 228（326 个关节），其中男 169 例（248 个关节），女 59 例（78 个关节）。年龄最大的 76 岁，最小的 27 岁。一侧股骨头坏死者 54 例，双侧坏死者 136 例。致病原因：酒精性者 103 例，药物性 65 例，外伤性 42 例，其他原因 18 例。诊断标准参照洛阳正骨骨伤病症诊疗规范诊断。

2、治疗方法

患者一般用药 1-2 个疗程（30 天为一个疗程）即可好转，6-24 个疗程，可达到治愈骨坏死的目的。该中药制剂对脏腑无副作用，多年来使患者得到康复。用法用量：口服，成人每日三次，饭后每次服 4-6 粒（体重 50kg-60kg 服 4-5 粒；60kg-75kg 服 5-6 粒；75kg 以上服 6 粒）。

3、统计学处理

所有数据采用 SPSS11.5 统计软件，采用配对 t 检验对治疗前、治疗后 1 疗程、3 疗程及末次随访时各检测数据进行统计学分析，$p<0.05$ 为差异有统计学意义。

二、治疗结果

患者用药一疗程后髋部疼痛明显缓解，患者大都能扶拐或支具保护下行走。治疗后 X 片示股骨头密度增加，囊状透亮破坏区减少或修复，但股骨头解剖形态变化不明显。疗效评定参照权毅等的标准为：优：疼痛消失，髋关节各方向运动度数的总和在 260° 以上（正常为 260° -320° ），行走正常，X 线或 MRI 示股骨头结构正常，患者满意。良：疼痛明显减轻，髋关节各方向运动度数的总和在 190° -260° 以上，行走基本正常，X 线或 MRI 示股骨头结构基本正常或静止未发展，患者较满意。可：疼痛减轻，髋关节功能及行走步态有所改善，X 线或 MRI 示股骨头结构继续发展。

本组病例 228 例（326 个关节）得到随访，最长者 19 年，最短者 2 年，平均 10.6 年。结果为优者 121 例(196 个关节)；为良者 86 例(98 个关节)；为可者 11 例（18 个关节）；为差者 10 例（14 个关节）。总优良率为 90.2%。服用药物后、及随访时较治疗前统计学处理均有显著性差异。

三、讨论

1、股骨头坏死的病因、机理

股骨头坏死的临床常见病，因其主要病理系股骨头血运受阻，遭受破坏而引起的头部骨质缺血，故多称为股骨头缺血性坏死或股骨头无菌性坏死。股骨头坏死的病因多种多样，比较复杂，难以全面系统的分类，这与发病机理不清有关。但大家认为与以下因素有关：①创伤导致股骨头坏死。如股骨颈骨折、髋关节脱位、髋关节扭挫伤等。②药物导致股骨头坏死。如因气管炎、哮喘、风湿、类风湿、颈肩腰腿疼、糖尿病、皮肤疾患等，而长期服用激素类药物。③酒精刺激导致股骨头坏死等。在上述各种可能引起股骨头坏死的病因中，慢性酒精中毒是一个重要因素。本组病例的观察也支持此点，本组病例中酒精性引起的股骨头坏死为 103 例，占 45%（103/228），这可能与本地区的饮酒习惯有关。

中医认为与股骨头坏死病变关系最为密切的为肝、脾、肾三脏。肾为先天之本，主骨生髓，肾健则髓充，髓满则骨坚。反之，则髓枯骨萎，失去应用的再生能力。肝主筋藏血，与肾同源，两藏荣衰与共，若肝脏受累，藏血失司，不能正常调节血量，“心主血，肝藏之，人动则运于诸经，人静则血归于肝脏。”若血液藏运不周，营养不济，亦是造成缺血性股骨头坏死的重要因素。脾胃为后天之本，万物生化之源，使脾健胃和，则不谷腐熟，化气化血，以行营卫，若脾胃失健运，生化气血无源，则筋骨肌肉皆无气以生。因此认为该病的发生与风、寒、湿导致气血瘀滞、经络不通肝肾亏虚所致。使股骨头失去血液正常的濡养，营养流通阻断，导致骨组织内部的骨小梁断裂，从而形成骨骼内部的微型骨折，中医称“骨蚀”。并认为，机体体质虚弱，肝肾精血不足，抗病能力下降，致使骨质疏松，是股骨头缺血性坏死的潜在原因。

2、股骨头坏死的治疗

无论何种原因引起的股骨头无菌坏死，虽然病因不同，但其共同的病理表现是股骨头缺血，比较一致公认的是血液供应受阻是股骨头无菌坏死的最终致病因素。因此在股骨头塌陷以前如何有效的、及早的进行诊断、治疗，如何改善股骨头的缺血状态，防止后期股骨头的塌陷及后期骨性关节炎的产生是股骨头坏死治疗的发展趋势。当前西医治疗该病主要以手术为主，无论是钻孔减压术还是股骨头置换术，都是治标不治本，不仅费用昂贵，而且患者还要冒手术的痛苦和创伤，为绝大多数患者所不愿接受。

中医根据治病求本和辨证施治的原则，在治疗该病方面有一定的优势。中医认为疾病的过程，从邪正关系来说，是正气与邪气矛盾双方互相斗争的过程。邪正斗争的胜负，决定着疾病的进退。邪胜于正则病进，正胜于邪则病退。正如《素问》所说："邪气盛则实，精气夺则虚。"治疗股骨头坏死，实质就是扶助正气，祛除邪气，改变邪正双方的力量对比，使之有利于疾病向痊愈方向过渡。另外，《素问》说"治病必求于本"，就是指首先找出疾病的根本原因，并针对根本原因进行治疗。病之"本"能除，"标"也随之而解。例如，病者出现跌行、行走疼痛、功能发生障碍。症属其"标"；病因病机是外邪侵袭脏腑，而后使脏腑功能低下，无能发挥各自应有的作用，尤其是对肝肾的功能。在人体脏腑内，各自有着独特的生理功能，也有着重要相互依存的关系，如果肝脏受到损害或不足，自然也就会累即于肾，肝肾功能虚弱，就无法去发挥以上所述的作用，慢慢的股骨头血流受阻断从而发生股骨头缺血性坏死，股骨头血流受阻断为其"本"，而行走疼痛等症状，则为其"标"。这种针对病因病机而治疗的方法，称之为"治病求本"。病本清除，则病标自然而愈。

3、活血补肾丹的特色与优势

活血补肾丹为本人多年临床治疗股骨头无菌坏死的经验结晶。2009 年获国家专利，本品为胶囊剂，内容物为棕色微红粉末，性温、味苦、微甘、有异性药香味。主要成分为鹿茸、人参、血竭、红花、白芨等。用多功能真空（提出、分离、蒸馏）浓缩机精制而成纯中药制剂。其药理作用具有滋阴益气、温补肝肾、活血化瘀、温经通络、强筋壮骨的功效。能够促进骨细胞的新生与代谢，使坏死的股骨头、骨质达到再生作用，加速坏死部位的愈合。

本药物治疗股骨头无菌坏死具有以下特点：①针对性强，疗效显著："活血补肾丹"是根据不同患者的具体病情所配置的适合该病人的个体化治疗用药，主药辅药配合使用，作为一种新的活性药物"活血补肾丹"它最大程度地体现了传统医药辩证施治的基本原则，用后疗效显著。②特异性强，见效快：据基础研究表明"活血补肾丹"药品中鹿茸、人参、血竭、红花、白芨等的某些活性因子，可直接进入患病部位，促使患病部位坏死的骨头吸收，可改变局部的血液循环长出新骨。③作用持久，不易反复："活血补肾丹"药品中的某些活性因子通过多层次，多途径，最大程度地发挥药物活性物质群，同时激活沉睡的免疫系统，使其充分发挥免疫调节功能，防御毒素再次侵袭，服用"活血补肾丹"的患者病情恢复后不易复发。

通过本组病例的观察均能体现上述特点，患者服用后疼痛缓解明显，总优良率为 90.2%，随着疼痛的缓解，其髋关节的功能得到不同程度的改善，患者能够早日下地活动，改善生活质量。总之，通过该药物治疗股骨头无菌坏死收到满意疗效。

参考文献：略

急性白血病临床治验报告

广西柳州市融安县中医院　吴国建

白血病现代医学成为血癌，是一种恶性疾病。祖国医学认为相当于"湿病""血证"及"虚劳"之类。本病内在因素，由于平素肝肾阴虚，饮酒嗜辛，肺胃热盛，或为风热所侵；

或正气不足，以致精髓内亏，温邪潜伏。其外部因素为复感瘟毒病邪，瘟毒病邪乘虚而入，深入心肝营血，使血液不循常道而妄行。外因通过内因起到了破坏肝肾造血机能的作用，而形成此病。

由于其毒邪直接侵犯人体气血，故急性的来势凶猛，治疗若不及时可造成迅速死亡。慢性的为严重消耗性疾病，常出现气血两亏症候。故对本病必须做到早发现，早诊断，早治疗。

笔者于1963年、1965年在融安县人民医院工作，曾与该院门诊部付主任、名老中医吴克礼合作，治愈两例急性白血病，经过三十余年随访，患者身体健康，从未复发，为振兴祖国医学，进一步发展中医事业，特作整理报告如下：

例一

林某某，男性，年龄6个月，融安县大乐乡东圩村铜鼓屯人，1963年9月15日入院，住院号763。其父代诉：小孩儿于9月13日开始发高烧，气促，烦躁不安，大便溏烂，日解2-3次，精神不好。入院后经西医观察治疗一般情况：发育良，身体肥胖，表情紧张，神智半醒，皮肤色泽苍白，其他无特殊病理变化。检查：小孩呼吸急促，两侧鼻翼轻微煽动，两肺呼吸音粗糙，心音弱而促，腹稍紧张、鼓胀，肝于肋下可触及一厘米，无黄疸现象。大便镜检：白细胞少许，粘液少许。小便镜检：无特殊病理变化。血液检验：血色素8克%，红细胞316万/立方毫米，白细胞19850/立方毫米，淋巴细胞8%，伊红细胞88%，分节92%，体温38℃-39。5℃。初步诊断：1病毒性感染；2急性白血病。经西医治疗病情仍未见明显好转。9月21日经中西医会诊后，决定由中医治疗。

中医检查：患者仍然发热不退，口干，鼻孔干燥，舌质绛，指纹青紫色直达气关。诊断：急性白血病（风热内困肺胃型）。治疗法则：滋阴退热清肃肺胃，方药：拟以泻白散、清营汤加减：桑皮6克，玄参6克，石斛6克，知母6克，生地6克，黄芩6克，勾[illegible]djdjdj6克，连翘6克，甘草3克，两剂。煎服法：每日水煎一剂药，每剂药煎两次，每次用水300毫升煎成40毫升，分两次服。第二次将药渣再用水300毫升煎成40毫升，分两次服用。总之，一天服四次，每次服20毫升，每3消失服一次，两剂药服两天服完。另，紫雪丹8分，分为8小包，每次用一包加入上面中药水调匀服下。患者经服两剂中药后，体温即下降至36℃-37℃病情好转，烦躁口干、呼吸均平静下来。

9月22日再次血液检验：血色素8。5%，红细胞360万/立方毫米，白细胞22000万/立方毫米。

9月23日患者病情好转，精神活泼如常人。方药：按前法方药再服一天量中药。

9月24日患者病情较前更好，体温控制在37℃以下，饮食睡眠，大小便均正常。舌苔正常，舌质微红，指纹紫红色。方药：按前方加生白芍6克，蝉衣3克，去紫雪丹不用。检两剂中药出院回家煎服。

例二

覃某某，男，11个月。1965年2月16日入院，住院号2282。其父代诉：小孩反复高热19天，烦躁不安，咳嗽并兼呕吐，胃纳不佳，大便溏泄，日解3-4次，小便短少。诊查：小孩面色淡白不华，重病容，五官端正，四肢运动自如，发育一般，体型肥大。呼吸平，口唇淡白，咳嗽声音尖锐，每咳则连声不止，喜啼哭。舌苔白腻根薄黄，指纹紫红色。咽喉粘膜充血，两侧可闻湿罗音。肝于肋下可扪及2.5厘米，脾大1.5厘米，腹部柔软。体温：39.8℃，大小便镜检：无特殊病理变化。血液检验：血色素8克%，红细胞376万/立方毫米，白细胞44200/立方毫米，淋巴细胞11%，伊红细胞220%，分节89%。胸部透视：左肺门外可见一片微密阴影。诊断1、急性白血病；2、肺炎。经治疗三天，患者体温仍未退，病情未见好转。2月19日再次血液检验：血色素8.5克%，红细胞350万/立方毫米，白细胞48700/立方毫米，淋巴细胞 17%，分节 81%。治疗法则：清肺滋阴退热止咳化痰，方药：拟以泻白散、勾芚饮加减。

1、勾芚 9 克，抗菊 4.5 克，桑皮 6 克，杏仁 6 克，桔梗 4.5 克，川贝 3 克，竹茹 6 克，黄岑 4.5 克，连翘 6 克，玄参 6 克，白薇 4.5 克，白芍 8 克，扁豆 6 克，地骨皮 8 克地龙 4.5 克，甘草 3 克，两剂。煎服法：每日水煎一包药，每包药用水煎成 400 毫升，一日服四次，每次服 30 毫升。

2、紫雪丹 8 分，分为 8 小包，每次用一包加入上面中药水调匀服下。

患者服两剂中药后，体温即下降至 36.5℃-36℃之间，呕吐止，大小便正常，咳嗽减轻，夜得安眠。

2 月 21 日再次血液检验：血色素 6.5 克%，红细胞 250 万/立方毫米，白细胞 20100/立方毫米，血小板计数 14%，淋巴细胞 16%，分节 59%。诊查：患者服上方热退后，惟仍咳嗽未止，咽间痰鸣，唇色白，指纹紫兼淡红色，舌苔根薄黄，舌质尖红。治疗法则：清肺养阴滋血，方药：拟以泻白散，四物汤加减：桑皮 6 克，杏仁 6 克，桔梗 4.5 克，冬花 4.5 克，生地 6 克，白芍 6 克，当归 4.5 克，山药 6 克，麦芽 6 克，神曲 4.5 克，地骨皮 6 克，炙甘草 3 克，三剂。煎服法如前，每天煎服一包。

3 月 4 日再次血液检验：血色素 8 克%，红细胞 370 万/立方毫米，白细胞 16700/立方毫米，淋巴细胞 21%，分节 79%。

3 月 5 日诊查：患者咳嗽及咽间痰鸣消失，颜面及口唇红润，精神活泼如常人，饮食睡眠及大小便均正常，指纹淡红色，苔常，舌质微红。方药：按前方检两剂带出院回家煎服。

以上两例急性白血病患儿，经治愈出院后随访三十余年，身体健康，从未复发，早已各自成家立业养育后代，正常生活。

急性白血病是小儿时期常见的一种恶性血液疾病。《急性白血病临床治验报告》里的两位患儿，均以发高热经用抗菌消炎退热类西药不降温为特点，经血液检验以白细胞数倍增多而确诊。例一的患儿属于“风热内困肺胃型”，做故而而出现高热不退，鼻孔干燥、气促、烦躁不安，大便溏烂等症状。治疗以滋阴退热、清菌肺胃为法，投以泻白散，清营汤方剂加减结合紫雪丹调服，仅几剂中药而降低白细胞、高热退至正常而收到显著效果。

例二中的患儿同属例一类型，蕴热偏重于肺，因而出现反复高热不退，烦躁不安，咳嗽并兼呕吐，大便溏烂，肝脾稍肿大并兼贫血等症状。治疗先以清肺滋阴退热，止咳化痰为法，投以泻白散、勾芚饮方剂加减结合紫雪丹调服，也仅服几剂中药高热退至正常，白细胞降低，后由于出现贫血，又以清肺养阴滋血为法，投以泻白散、四物汤方剂加减而收全功。

总之，对于急性白血病必须做到早期发现，早期诊断，早期对症运用中医学的“理、法、方、药”法则治疗，才能及时恢复患儿的身体健康。

贾氏骨盆脊柱矫正医学之矫正手法

北京蕴康之都国际中医药科学研究院 贾彦君

【摘 要】目的：诊治由于骨盆脊柱椎体多角度错动而导致的骨盆脊柱病，内妇科病的矫正手法。结果：其方法操作简单，疗效显著，安全无副作用，手法精炼，对症施治，有手到病除之功效。结论：由于骨盆脊柱部位的特殊性，更要求矫正手法的科学性，安全性。本文来源于本人二十年诊治实践体会，主要介绍颈椎、胸椎、腰椎、骨盆的特定部位特定椎体不同方向的矫正方法。属于中医（骨伤）正骨范畴。实践证明：此手法以矫正骨盆脊柱椎体错动，打通任督两脉为本，“扶其正，邪自去”；以推筋挪骨，按骨散结调动人体正气，战胜疾病为辅，并将诊治方法与治病手法融为一体，充分体验中医整体观念，辨证论治，中医整体论，人本论，治病必求本的一种绿色疗法。

【关键词】中医手法；骨盆脊柱错动；中医辨证

笔者二十年来在传统中医骨伤科正骨推拿技法基础上，将易理与医理多种手法融会贯通，结合临床实践体会，在临床中常用的骨盆脊柱矫正技术。部分手法现介绍如下：

触诊：“手摸心会”是中医骨伤科检查的基本方法。“心会”者就是在检查过程中，仔细体会手的感觉变化。触摸其损伤部位的轻重，并通过“手摸心会”做出判断的一种诊断方法。

脊柱检查法：患者多采取坐位或俯卧位，在光线温度适宜情况下暴露患者脊柱并保持自然姿态。首先整体观察脊柱及两侧的异常变化，背部肤色是否正常。医者采用单手拇指或双手拇指自上而下直接触摸棘突，做上下滑动进行触诊检查有无异常变化，根据压痛的变化，来判断椎体是否错动的一种诊断方法。

一、准备手法

理筋松肌法：“翻转之筋不得正，重叠之骨不得接”。选用四指或拇指在肩胛骨与脊柱两侧理筋手法数遍，然后根据触诊椎体错动的方向施以矫正手法。

二、矫正八法

1、颈椎寰枢椎矫正法

患者取低座位，保持自然姿态，医者站立于患者后方，以右手拇指抵住棘突左侧。左手大臂与前臂形成夹角托住下颏，手掌可放至对侧枕部，左侧胸部贴于患者枕部。让患者自动左转至极限，此时医者胸部突然鼓荡成“寸劲”，右手拇指下有复位感，复位成功。

要点：整个手法作用力要灵巧，缓慢；右手拇指不可推动棘突，手法过程中不可用牵引力，患者不可昂头。

2、颈椎3-7椎体矫正法

患者取低座位，医者站立于患者侧方，以右侧为例，医者右手四指自颈后扣住颈椎一侧，向斜下方用力，食指抵住4、5椎旁，中指抵住5、6椎旁，无名指、小指抵住6、7椎旁，前臂在肩上方固定，左手按于患者前侧额部，让患者自动右侧弯曲之极限突然闪动，复位成功，此手法主要用于颈部侧方错动受限。

要点：用力要均匀，闪动要用“寸劲”。

3、胸椎矫正法

患者取低座位，医者站立于患者后方，以胸1椎左侧错动为例，医者左腿膝部抵住患者左肩部。左手拇指抵住左侧胸1棘突旁，其余四指放于患者左肩上，右手放于右侧前额部。令患者低头左侧屈，医者右手左旋推按患者头部至最大限度即可复位。

要点：在复位过程中左手拇指不可用力推动棘突，复位口诀：耳侧贴肩不看肩，四指用力掌跟随。此手法可用于胸1-7椎错动复位手法。

4、万能胸椎复位法

此法是用于胸椎、腰骶椎复位法。患者俯卧于床上，以左侧为例，头转向右侧，枕头垫于胸部。医者站在其左侧，用双手拇指放于患者偏歪棘突左侧，令患者吸气，在呼气的同时双手拇指快速推动棘突，此时双手拇指有复位感。

要点：双手拇指紧贴棘突旁均匀施力，手法易于成功。

5、椎肋关节矫正法

患者取俯卧位，医者站立于患者左侧，双手交叉用两手小鱼际部分分别置于患者脊柱两侧，由胸1椎开始，用垂直压法由上经下依次做小面积颤抖性按压，常可听到清脆的回声，复位成功。

要点：垂直下压时，不可用猛力或追求回声，以免造成新的创伤，对体质弱者慎用。

6、腰椎矫正法

以棘突右偏为例。取一个有靠背的椅子，让患者骑坐在椅子上，面向靠背，令患者抱颈团身。医者坐于其背后，左手拇指抵住右偏棘突，右手自患者右腋下穿过，拉住患者左肩部，令患者放松，低头团身并向前弯腰，当旋与转的力传达到左拇指指下的棘突处时，医者右侧胸部贴紧患者右侧肩背部用内力鼓荡，可听到复位声，左手拇指下有复位感。

要点：旋与转的力传达至拇指下时施术，不可用猛力。

7、腰骶椎矫正法

以棘突左偏为例。患者取俯卧位，双腿反交叉于后臀部。医者站在左侧床旁，左手掌根推压左偏棘突旁，右手扳握患者右膝，借助腰力旋推，错动椎体可复位。

要点：此法可用于腰椎及腰骶椎椎体错动的复位，复位成功与否，双腿反交叉的角度是关键。

8、骨盆矫正法

患者取侧卧位，以右侧为例，患者右腿在上，医者站立于背后，左手掌根推按患者右侧髋旁，右手拉在其踝部，医者在转腰拧髋同时双手合力，掌根有复位感，复位成功。

患者取仰卧位，医者站于右侧床旁，令患者双手抱于腹前，屈右膝贴腹部。医者左肘臂压于患者膝下，右手扶按于踝部，在患者呼气的同时，向下垂直旋压。复位成功。此时量比双腿等长。

三、体会

《医宗金鉴·正骨心法要指》中说："手法者，诚正骨之首务哉"。手法的应用都是以活血化瘀，通经活络为目的。贾氏骨盆脊柱矫正医学是以矫正骨盆调整脊柱椎体多角度错动为主要治疗目的的治病手法。当骨盆偏移锥体错动必然导致经络阻滞。经络阻滞不通，气机运行不畅，就会影响脏腑的生理功能，而脏腑功能受累，又会影响整个机体的生理功能，这与中医骨伤科重视整体观念的理论依据是一致的。整脊手法不外两种，一种是旋转类，一种是推按类，其他手法皆从此手法中演变而来。以上八种手法是指脊椎或关节发生错动或位置发生异常变化，通过触摸量比后所产生的手法。使错动椎体复位的机制是欲合先离，动中求解，欲擒故纵。贾氏骨盆脊柱矫正手法要求定位要准确、安全、无痛。对施术患者，根据不同的部位，椎体错动方向，患者年龄体质、病因病机等，随症灵活应用，正《医宗金鉴·正骨心法要指》中所讲："一旦临症，机触于外，巧生于内，手随心转，法从手出。"而且要心手相应，"法之所施，使患者不知其苦。"要达到这样的水平，除熟练掌握基本手法之外，更重要的是临床实践，方能得心应手而达到不动则已，动则见效。

四、案例

患者刘某，女，38 岁，自述双侧乳房胀痛10年，月经前加重，服药无数，疗效并不明显。近来体检确诊为乳腺癌，医生建议手术治疗。经触诊量比发现右侧骨盆偏移，伴有颈椎、胸椎、腰椎多个椎体不同方向错动。实施矫正 45 次后，去医院复查乳腺癌消失，自觉 10 年的乳房胀痛也随之消失。

作者简介：贾彦君，毕业于首都医科大学中医药学院，北京东城区政协委员，北京蕴康之都国际中医药科学研究院院长、教授；台湾脊椎矫正协会顾问;《中国卫生产业大典》编委;国家人事部中国人才研究会骨伤分会常委；中国人才研究会骨伤分会全国高等中医院校骨伤教育研究会全国脊诊整脊技术学会委员会常委；全国高等中医院校骨伤专业软组织损伤临床研究学科委员会副主席。享有"当代中医骨伤名医""全国脊诊整脊杰出专家"荣誉称号，其学术论文《贾氏骨盆脊柱矫正医学·矫正手法》经国家人事部中国人才研究会骨伤分会全国高等中医院校骨伤研究会专家委员会评审为优秀论文一等奖，《贾氏骨盆矫正医学》已载入《中国卫生产业大典》。

幼承家训，专攻骨伤科，勤求古训，孜孜不倦，锲而不舍，同时又博采众长，融汇新知，治疗方法独特，19岁即通过北京市卫生局医师资格考试，开始独立行医。在传统骨伤科技法的基础上，将易理，医理与多种手法融汇贯通，形成自己独特风格。行医二十年来，擅以手法医人，解除病痛于顷刻，深受患者信赖。执业以来在对骨盆脊柱矫正临床医学的不断探索与研究中，提出了“骨盆脊柱错动偏移是多病之源”的学说。通过大量的临床实践和科学化的理论依据创立了骨盆脊柱错动（缝）轮廓框架医学的完整体系。

贾氏骨盆脊柱矫正医学是一种自然疗法，是以中医理论为基础，在经络学说与脏腑辨证的指导下，将脏腑经络与骨盆脊柱椎体具体部位相结合，通过精确的辩证，对骨盆脊柱加以矫正，使督脉气血运行通畅，而达到治愈疾病的根本目的。治疗上从脊论病，以骨盆为中心，矫正错动的椎体、偏移的骨盆为主要手段，使人体骨盆脊柱达到标准解剖位置。疏通督脉，恢复人体治愈疾病本身具备的自然治愈力，使人体生理机能得到根本调理。

解忧汤外洗治疗慢性皮肤溃疡临床观察

北京市第六医院 韩 洪

【摘 要】目的：观察解忧汤外洗治疗慢性下肢皮肤溃疡的临床疗效。方法：93例患者分为治疗组63例和对照组30例，观察治疗后和随访期溃疡面的治愈率及有效率。结果：治疗组的总有效率为96.8%，治愈率为84.1%，对照组总有效率73.3%，治愈率33.3%，两组相比有非常显著的差异P<0.001。结论：解忧汤能清热解毒祛腐，活血化瘀生肌，特别是对热毒血瘀型的慢性皮肤溃疡疗效更佳。从而提高临床疗效。

【关键词】慢性皮肤溃疡；药浴；清热解毒活血生肌法

慢性下肢皮肤溃疡，其特点是溃疡面经久不愈。无论是抗生素的应用还是局部换药、植皮，疗效均不理想。重症患者还需截肢、截趾。为此，我们自拟解忧汤进行临床观察，寻找治疗此病的有效方药，现将结果报告如下：

一、临床资料

本组93例均为1996-2000年诊断为慢性下肢皮肤溃疡的门诊病人（皮肤溃疡超过30天）。分为治疗组（药浴组）和对照组（换药组）。

1、一般资料

治疗组63例，男44例，女19例。年龄最小33岁，最大82岁，平均62.3岁。病程最短3个月，最长2年7个月，平均病程为9个月；其中糖尿病合并下肢皮肤溃疡或坏疽者31例，下肢静脉曲张合并溃疡（臁疮）者26例，外伤性溃疡者6例。对照组30例，男23例，女7例。年龄最小35岁，最大80岁，平均60.8岁。病程最短1个月，最长2年3个月，平均病程为8个月；其中糖尿病合并下肢皮肤溃疡或坏疽者16例，下肢静脉曲张合并溃疡者12例，外伤性溃疡者2例。

溃疡面大小测定：测量溃疡面（不包括溃疡浸润面积）最长直径（cm）和最短直径相加除2，作为溃疡面直径计算溃疡面积。分为小（溃疡面积<1.5cm^2）、中（溃疡面积1.5-4cm^2）、大（溃疡面积>4cm^2）。溃疡面深度测定，分为浅（皮下组织溃疡）、中（溃疡深达肌肉层）、重（ 溃疡深至骨膜）。两组溃疡部位、数量、大小、深度可比性分析见表1。

表1　两组溃疡部位、数量、大小、深度可比性分析（例）

分组	部位			数量		大小			深度		
	足	踝	小腿	单发	多发	小	中	大	浅	中	深
治疗组	38	16	9	45	18	21	33	9	28	31	4
对照组	19	7	4	22	8	9	17	4	15	14	1

两组在实验条件，性别构成比，年龄、病程合并病种分布以及溃疡部位、数量、大小、深度方面经统计学处理无显著差异 P>0.05，具有可比性。

（1）诊断标准

膝关节以下皮肤溃疡，疮口破溃疡烂或深陷，分泌物有臭味，伴有疼痛。病程超过 30 天。舌质红或暗红或有瘀斑，脉滑弦或涩。属热毒血瘀型。

二、治疗方法

1、解忧汤方组成：生大黄 30g，黄柏 30g，桃仁 30g，红花 30g，冰片 5g，生白矾 10g。

加减：重症加大生大黄、黄柏的剂量各至 50g；溃疡面脓性分泌物减少，周围组织色红，有肉芽生长者，加白芨 30g；病史较长，疮面下陷，周围组织黯黑色、局部血液循环差，加桂枝 30g，艾叶 30g。

2、治疗方法

将上药加水至 3500-5500ml，煮沸后，文火煎煮 30min，取药汁 3000-5000ml，将其放入较深的容器中，药汁一定要没过疮面，温度以皮肤的温热度为宜。先除去溃疡面上的坏死组织，再将溃疡面浸入药液中浸泡，每日 2 次，重者 3 次，每次 30min。药浴后疮面暴露，无需包扎。冬季要注意局部保暖。30 天 1 个疗程，共治疗 2 个疗程。

对照组：用归黄油换药，每 2 日 1 次。疗程同治疗组。2 组患者均不使用抗生素和口服中药治疗。对患者糖尿病的患者，要有效的控制血糖。疗程结束后随访 3 个月。

三、结果

1、疗效判定标准

临床治愈：溃疡面愈合，随访 3 个月溃疡处无复发。有效：溃疡面积为 1.5cm^2 以下者，经治疗缩小到 0.5cm^2 以下。溃疡面积为 1.5-4 cm^2 以下者经治疗缩小到 1cm^2 以下，溃疡面积为 4 cm^2 以上者经治疗缩小到 1.5cm^2 以下，或愈合后 3 月内有复发。无效：疮面无变化或继续发展者。

2、疗效比较见表 2

表 2　两组治疗前后疗效比较（例，%）

分组	治愈	有效	无效	平均治愈天数	总有效率
治疗组	53（84.1）	8（12.7）	2（3.2）	28	63（96.8）
对照组	10（33.3）	12（40.0）	8（26.7）	51	30（73.3）

*与对照组比较 P<0.001

两组比较总有效率及治愈率有显著差异（P<0.001），平均治愈天数治疗组明显低于对照组（P<0.001）。

四、讨论

慢性皮肤溃疡的特点是溃疡面经久不愈，常合并于糖尿病、下肢静脉曲张等疾病，是多种不同疾病中出现的相同临床症状。临床证型错杂，以热毒血瘀证多见，常涉及皮肤、外科、骨科等多个学科。中医把皮肤溃疡统称溃疡，在溃疡阶段多以溃腐流脓及机体组织损伤为主要症状。多由外感、内伤等因素造成气血瘀滞，经络阻塞，邪毒蕴结，蕴腐成脓。而脓的产生，系由火热熬炼血肉，以至肉腐成脓，即《内经》所言“热胜则腐”。因此可以说，疮疡的产生多有一个化火的过程，与热毒、火毒关系最为密切。另外溃疡的形成必因邪毒与气血相博，阻滞气血，导致气滞血瘀。因此治疗慢性皮肤溃疡的原则应以清热解毒祛腐、活血化瘀生肌为主。解忧汤的组成正是基于这一思路而产生。治疗关键是祛腐生肌。方中重用大黄、黄柏清热解毒。大黄有清热泻火，凉血解毒，祛瘀通络的作用。现代药理研究表明，大黄有抗病原微生物作用，对多种革兰氏阳性和阴性细菌有不同程度抑制作用，尤对葡萄球菌、链球菌最敏感，对白喉杆菌、枯草杆菌也较敏感。抑菌有效成分蒽醌衍生物。抗菌机理主要是抑制菌体糖代谢以及蛋白质和核酸的合成。煎剂对许兰毛癣菌、趾间毛癣菌等多种真菌有抑制作用；黄柏清热解毒燥湿，可减轻疮面水肿，外用可促使皮下渗血的吸收，有利于肉芽组织的生长。现代药理研究黄柏具有抗菌作用，水煎剂在体外对葡萄球菌、溶血性链球菌、大肠、枯草、绿脓、粪产等杆菌有不同程度的抑制作用；对多种致病性皮肤真菌也有不同程度的抑制作用。再配桃仁、红花活血祛瘀止痛。冰片可治疗痈疽肿毒，对部分细菌及部分致病性皮肤真菌有抑制作用。白矾外用去腐生肌，解毒敛疮，燥湿止痒。即有收敛、消炎、防腐、止血等作用。本品主含硫酸铝钾，有抗菌作用；在体外对金黄色葡萄球菌、溶血性链球菌、变异链球菌，变形、绿脓、大肠杆菌等多种细菌有抑制作用。六药配合共奏清热解毒以祛腐，活血化瘀以生肌之功效。特别是对耐药菌株引起的慢性皮肤溃疡疗效效佳。本方还观察了 15 例丹毒患者，全部治愈，治愈时间平均为 7 天。由此可见，本方对皮肤的急性感染疗效更佳。

归黄油是由当归、大黄制成的油沙条，用于治疗皮肤溃疡，也具有活血解毒之功效，与解忧汤有可比性。治疗组疗效好于对照组，可能与方药的组成及剂型有关。

参考文献：略

据体质辨邪气是《伤寒论》的证治精神

安阳市中医院　李国栋

【摘　要】《黄帝内经》讲致病因素，分析外邪的特点，其具体法则是用于指导刺灸。《伤寒论》述致病因素，辨析人的体质特点，其具体法则是用于指导方证。两部经典在基本原理上虽然相通，但在人体患病的特点和具体治则上却有所不同。《伤寒论》从人的体质因素出发，进行病、脉、证辨治，是其基本特色。感邪致病，决定患病部位和性质的是人的体质因素。阳盛体质之人感受寒邪，可感寒化热而病发温热病，阴盛体质之人感受温邪，可感温化寒而病发寒凉病。正气分为阳气和阴气。津液升发时是阳气，津液降敛时是阴气。邪气是指由外因或内因所致，使人体内的津液运行受阻而致郁滞，发生变性的、停运的水液。津液壅滞而停运为阳邪，津液凝滞而停运为阴邪。

【关键词】体质；津液；阳气；阴气；阳邪；阴邪

经络辨治法则是《黄帝内经》用于指导刺灸疗法的具体理论，脉证辨治法则是《伤寒论》用于指导汤液疗法的具体理论，两种辨治法则各具特点。《黄帝内经》和《伤寒卒病论》，都是中国医学的经典之作，其光辉可比日月。两部经典各具特色，一以问答式的文体谈中医的基本理论，并创立了经络辨治法则而主要运用在刺灸疗法上；一以论述式的文体讲中医的病、脉、证辨治，并创立了六病辨治法则而主要运用在汤液疗法上。两部典籍在基本原理上是一致的。然因其各自诞生基础的不同，一是诞生在刺灸的基础上，一是诞生在汤液的基础上，所以就决定了各自的具体治疗法则不同。“经络”法则在理论上概念抽象。“方证”法则在临证上概念具体。因此，用指导刺灸的具体法则指导方证，就难以精准。同理，用指导方证的具体法则指导刺灸，也难以到位。根据人的体质表现辨邪气性质，是《伤寒论》的证治精神所在。

《伤寒论》从人的体质因素出发，进行病、脉、证辨治，是其基本特色。论中关于人的体质因素有24种举例：强人、羸人、盛人、瘦人、风家、喘家、淋家、疮家、衄家、汗家、冒家、呕家、虚家、痓家、湿家、饮家、咳家、黄家、酒客、中寒家、支饮家、虚弱家、失精家、亡血家等。从条文中可以看出，风家，是指太阳中风荣气虚弱的厥阴型体质状态之人。中寒家，是指腹中寒凉脾胃虚弱的太阴型体质状态之人。何以说风家是指厥阴型体质状态之人？《黄帝内经 - 阴阳离合论篇》曰：“…是故三阴之离合也，太阴为开，厥阴为阖，少阴为枢。…”三阴三阳皆有表里　。太阴为开，是为三阴出里之部。厥阴为阖，是为三阴入里之部。可见太阴为三阴之里，厥阴为三阴之表。厥阴功能主阖；太阳功能主开。一阴一阳司人体表部的气化功能。太阳与厥阴谐和，开阖有度，人体气血在表部运行通畅，则邪气无隙可乘。若厥阴荣气虚弱而致腠理不阖，人体气血在表部运行失畅，就会出现荣气弱、卫气强、荣卫不和、发热汗出的桂枝汤证。所以可以认定，桂枝汤方是厥阴表虚证方。《伤寒论》第7条曰：“病有发热恶寒者，发于阳也；无热恶寒者，发于阴也。发于阳，七日愈；发于阴，六日愈。以阳数七、阴数六故也。”发热恶寒和无热恶寒，是医生对病人体质状态的辨别。古代没有体温计，发热和无热，当是指抚摸身体的感觉而言。邪气实滞太阳为阳病，体表无汗温度高，抚摸皮肤即觉热；邪气虚滞厥阴为阴病，体表汗出温度不高、抚摸皮肤不觉热。第10条：“风家，表解而不了了者，十二日愈。”十二日愈，就是指病发于阴。此条印证了第7条：发于阴，当为发于厥阴，风家当指太阳中风即厥阴型体质状态者无疑。第131条：“病发于阳，而反下之，热入因作结胸；病发于阴，而反下之，因作痞也。所以成结胸者，以下之太早故也。”此条再次印证了，病发于阳，是发于“伤寒”之太阳型体质状态的人。若是病发于阳明，不应有“而反下之”一说。若是病发于少阳，下之则悸而惊，不应作结胸。病发于阴，是发于“中风”之厥阴型体质状态的人。太阴病若下之，当为胸下结硬，即脏结。痞病部位在心下，脏结部位在胸下，胸下部位含胁。少阴病若下之，虚寒者必为结胸，亦不当作痞，何况还有少阴病急下证。

虽然临床也有病发于太阳，误下而成痞者。但此患者应是体质较平和的人，偶感太阳证。临床也有病发于厥阴，误下而成结胸者，此患者也应是体质较平和的人偶感厥阴证。因为太阳型体质之人，太阳部位正气足。太阳正气足，是由少阳正气充续，少阳正气又是由阳明正气充养。三阳正气充盛，若下之，邪气内陷，正气充足，与邪分争有力，必作结胸，没有作痞的理由。厥阴型体质之人，厥阴正气不足，是因阳明正气不旺，若下之，邪气内陷，正气不足，与邪分争无力，必作痞。阳病的性质属实、属热，阴病的性质属虚、属寒。桂枝汤证是阳虚发热，性质属阴。

《伤寒论》中桂枝汤证“名为中风”，麻黄汤证“名为伤寒”，白虎加人参汤证“为温病”，白虎汤证“名风温”，都只是取名而已。而非患桂枝汤证者都是中了风邪，患麻黄汤证者都是伤了寒邪，患白虎汤证者都是受了风温之邪。对比《伤寒论》第 6 条：“太阳病，发热而渴，不恶寒者，为温病。若发汗已，身灼热者，名风温。风温为病，脉阴阳俱浮、自汗出、身重、多眠睡、…”和第 176 条“伤寒脉浮滑，此以表有热、里有寒，白虎汤主之。”第 219 条：“三阳合病，腹满、身重，难以转侧，口不仁、面垢、谵语、遗尿。…若自汗出者，白虎汤主之。”就可以看出，太阳病之始，就有病发为白虎加人参汤证的“温病”。伤寒及三阳合病之始，就有病发为白虎汤证的“风温”。

人若感受六淫邪气而致病，决定患病部位和性质的，是人的体质因素。如少阳型体质状态的人，感邪致病可以直接病发为少阳证。少阳型体质之人，少阳部位阳气偏盛，若感邪郁表，少阳部位津液外运太阳不利而更壅聚。壅聚不运则变为邪气，即病发少阳证。第 101 条：“伤寒中风，有柴胡证，但见一证便是，不必悉具。”此条可以看出，柴胡证在表病初起就会出现。其它病位也是同理，如风家，感邪致病，因荣气弱而致厥阴闭阖失职，形成荣气弱郁、卫气强郁，津液在表部组织、脉络运行不利而凝滞，则病发自汗恶风的桂枝汤证。再如中寒家太阴型体质之人，里部阳气虚弱，胃中虚冷，若感邪郁表，里部阳气趋表御邪，则里部更虚，以致里部组织、筋脉拘挛，津液凝滞运行不利，即刻病发太阴证。临床实际证明，决定患病部位和性质的是人的体质因素，而不是外邪。外邪只是致病的条件，人的体质因素才是致病的根本。《黄帝内经》讲致病因素，着重分析外邪的特点，是为刺灸而用；《伤寒论》述致病因素，着重辨析人的体质特点，是为方证而用；这是两部经典明显的不同之处。不同体质的人感受六淫而致病，病发的部位和性质均不同。而不是感受寒邪之人都病发太阳伤寒，感受风邪之人都病发太阳中风，感受温邪之人都病发太阳温病。阴盛体质之人感受温邪，可感温化寒而病发寒凉病；阳盛体质之人感受寒邪，可感寒化热而病发温热病；这是《伤寒论》从临床实际中作出的定论。以《伤寒论》第 2 条“太阳病，…名为中风。”第 3 条“太阳病，…名为伤寒。”第 6 条“太阳病，…名风温。”为证。

事实上，六淫诸外邪，均不可能进入人的体内。人体内的邪气，是津液在组织、脉络中运行受阻而发生变性停运的水液。变性，其义是指积滞不运的津液由正气的性质变为邪气的性质。人体内的正气分为阳气和阴气。津液升发时就是阳气，如卫气、如汗液。津液降敛时就是阴气，如荣气、如尿液。津液升发时运行受阻，热壅而致积滞变性，是阳邪。津液降敛时运行受阻，寒凝而致积滞变性，是阴邪。津液若郁滞不运而变为水液停蓄体内，就是病理产物，就是邪气。无论是环境的外部条件因素还是人体的内部条件因素，致使人体内津液热壅而积滞、或寒凝而积滞的情况发生，人就有病痛的感觉，就是患病了。《伤寒论》中有关于此的论述比比皆是，如：“身疼痛”，是津液郁滞不运，正气变为邪气，压迫刺激身体而作痛；“脉浮缓”，是卫强荣弱，津液虚滞不运而变为虚邪，脉浮缓是与脉浮紧相对比，缓是缓弱无力的偏脉，而不是和缓有力的平脉；“脉浮紧”，是阴阳俱实，津液实滞不运而变为实邪；“脉阴阳俱浮”，就是脉浮滑，是气血俱热，津液壅聚不运而变为温邪；“项背强”，是津液积滞不运而变为表邪；“谵语、有潮热、反不能食者”，是津液壅滞于上，大便硬结于下而变为里邪；“脚挛急”，是津液虚滞不运而变为阴邪；“胸中窒”是津液实滞不运而变为阳邪。等等此类症状不胜枚举。

一切疾病的发生，都是津液在人体组织、脉络中运行不利、积滞停运变为邪气所致。辨邪气，就是辨别停聚不运的津液郁滞在人体何部位，属何性质，从而“知何部不利”而利之，这就是《伤寒论》的证治精神所在。如阳明里热津液壅滞于上，停聚不运而变为阳邪，阻遏津液不得下行，则大便秘结。用承气汤攻下湿热内阻的邪气，使津液得下即便通病除。再如太阴里寒津液凝滞于胃，停聚不运而变为阴邪，阻遏津液不得上行，则大便自利。用理中丸温通寒凝内阻的邪气，使津液得上即利止病除。

《伤寒论》中凡三阴证，就是寒性病，凡三阳证，就是热性病。病发三阳证，就是病发温热病。认真分析“六经”与“六病”辨治精神的不同特点，恰如其分的运用前贤创立的辨证法则，正确理解邪气的概念，具体明确地指导中医临床，达到卓越的临床效果，把祖国医学代代相传。

科学发展观与中国医药学展望*

张永鹏[1] 张武惠[1] 张静[2] 张 达[3]

[1]河南省安阳同生医院；[2]河南省安阳市妇幼保健院；[3]河南省安阳市第三人民医院

前言

中国的科学发展观离不开中华文化，中华文化的核心是“和实生物，同则不继”这一中国传统文化精髓使身和则健，家和则安，国和则兴，全球和则世界和平。这种亲和相处是发自内心的人性本能，是多元协和共存的有机统一体，其本质是“恒以一德”。在五千年中华文明史伴生的中国医药学发生，发展过程中，中医如海，能容百川，不拒细流。集千年文明之精华，聚万民求生之愿景。延续至今，不仅为我们的先祖健康长寿，为炎黄子孙的繁衍生息做出了不可磨灭的贡献，也为我们开创未来医疗卫生事业奠定了坚实的理论基础。然而在科学技术飞速发展，医药信息交流日益频繁，科技成果共享的今天，却出现了误解中医真正含义的中西医理论之争，甚至有要求取消中医的狂言浊语。为此用科学发展观定义中医，对中医流派进行新划分，实现真正意义上的中西医结合，树立大中医构想有为必要。通过设想我国的医学教育模式，和医疗模式，使我国医药学成为世界先进医药学的聚集地；世界主流医药学的发源地；人类健康的护卫神；使大中医光耀中华，恩泽世界。

一、用科学发展观定义中医

1、中医药概念

中医与西医：中医顾名思义就是中华民族的医药学或用中医药理论指导临床的医生。中国是一个多民族国家，56 个民族的民族医学皆可谓中医。西医应该是和东方医学对应的医学，何为东方医学不得而知，西医自当不必存在。在我国误把科技医学当西医，影响深远，理应拨乱反正，正本清源，纠正谬误。中医也可是以国籍身份划分为中国医生和外国医生；也可以是指会使用中国语言文字，能按照中国医疗特色诊治疾病，会使用中国诊疗技术和药物的所有医务工作者。中医是相对于世界各国医学和医生而言，不可与子虚乌有的所谓西医相提并论。

中医药学与外国医药学：中医药学也既中华民族医药学。是四大中华文明之一，是具有中华民族医药学特色的医药学总体；是中国古代医药学传承演化至今与中国现代科技医药学有机结合的整体。是与世界各国医药学相对应的医药学。其中中医药学的传承部分代表着中华民族医药学特色，科技部分代表着与世界各国同步的共识内容。外国医药学各具特色，特色成分是我们存异或日后借鉴内容，科技成分是我们必须了解、学习、掌握、运用的内容。

中医药学与传统医药学：传统医药学是中医药学的重要组成部分，从特色上讲传统医药学就是具有中华民族医药学特色的传承部分。没有传承部分的存在，中医药学就没有了中医药特色。因此我国的传统医药学就是中医药学的脊梁，核心、中流砥柱，特色性标志。

中医药学与科技医药学：我国科技医药学同样是中医药学的重要组成部分，从概念上讲中医药学含科技医药学和传承医药学两个子系统。中医药学包括我国的科技医药学。

中医药学与现代医药学：从时间上讲中医药学在我国是亘古达今从未间断的医药学，因此它既是古代传统医药学又是现代医药学。现代医药学内容包括现代的传统医药学和现代的科技医药学。未来的中医药学仍将是传统医药学和科技医药学的共同体，二者缺一不可。

中药与西药：中药就是在中国境内生长、种植、养殖、采集、培养、加工、生产制作的全部药物；同时也包括按照传统中医理论使用进口外国的药物。西药应该是和东方药物对应的药物，何为东方药物不得而知，西药自当不必存在。在我国误把利用科技方法提取加工、化学合成的药物当西药，是严重的概念和原则性错误，理应拨乱反正，取消西药称谓。名正言顺，才能理通，方向明确，前途光明。

中药与国产药：从概念上讲国产药理应全部归属中药，而中药还包括按照传统中医理论使用进口外国的天然动植物药、和矿物药。为便于临床应用可把国产药或中药分为如下几类：（1）传统中药：既按照传统中医药理论能够标明其性味、归经、功能作用、适应症并按传统方法炮制应用的天然动植物药、和矿物药。（2）中成药：既按照传统中医药理论和传统炮制方法加工而成的单方或复方制剂。（3）中草药：尚不能按照传统中医药理论标明其性味、归经、功能作用、适应症的天然动植物药、和矿物药。（4）提取加工药：从传统中药、中草药、或某些天然物质中提取有效成分应用的药物。（5）生物制剂：利用生物技术制成的药物。（6）化学合成药：利用物理化学等高科技手段提取、加工、合成的单体物质可作为药物应用的药物。（7）尚不能用上述方法归类的其它药物。

中药与进口药：中药与进口药本来是以产地划分的，但特殊情况下按照传统中医理论采购的外国进口天然动植物药、和矿物药，采购时就是进口药，应用时就是中药。

二、中医流派新划分

五四运动之后，随着新文化运动的兴起，中国延续数千年的封建社会土崩瓦解。国民党时期要取消传统医药学，民族虚无主义盛行时期诞生的科技派，以彻底背叛过去为荣，忘记了国藉，忘记了生身父母，忘记了中华文明的养育之恩，把自己打扮成西医，把自己学到与现代科技有关的医学知识冠名西医学。新中国成立后，大力推行学院教育，医学传承方式发生根本性转变。依法治国，打击非法行医，以原有的传承方式，无法取得行医资格证者被排除在医疗行业之外。取得行医资格的传承派，自认为是铁杆中医把现代科技拱手让人，困守在古代书籍和先师的经验传承探讨之中，不可自拔。从此中医理论发展受阻，医学划定鸿沟，中医流派论只能妄谈古人。因此正本清源，取消西医药称谓，重新划分中医流派刻不容缓。

1、中医流派的定义与特征

中医是指中国医药学总体；是以我国传统医学为主线、结合各个历史时期的医药学成果、延续至今、并代表未来发展方向的中国医药学；因此它包括我国古代、现代、和未来各个历史时期的医药学；包括我国境内外用中医理论指导临床为人类健康服务的全体医务工作者。

中医流派是指用中医理论指导临床的全体医务工作者中的某种学术思想、诊疗技巧、以某种方式传承并发扬光大的学术门派。

中医各流派的共同特征主要有如下几方面：（1）传承性：传承其核心观念和技巧是各流派得以存在的前提，没有传承，其核心观念技巧就不能发扬光大，其流派便不能成立。（2）封闭性：传承方式多限于特定人群，而非路人皆知，在特定人群内传承其独特的核心观念和技巧，使之对某一领域见解独到、技术娴熟、容易产生门户之见，而拒绝与其他流派有效沟通，具有封闭性。如科技派擅长微观分形思维；擅长外科；擅长辨病、辨征论治；擅长研发利用科技设备、化学药物等。传承派擅长宏观恒动思维；擅长内科；擅长四诊合参、辨证、辨症论治；擅长天然药物应用等。二者各有所长，互不兼容。学院派重视理论、重视教材学习，忽视实践、忽视民间发明创造，泛滥学霸作风。草根派注重临床实践、缺乏系统理论学习，常以偏概全，易染蛮横习气。（3）直接性：在某一流派内、面对面师承口授多为首要传承方式，但随着高科技运用，也有通过网络直接获取传承要领而成为流派成员的。（4）独特性：每一流派都有自己对某一领域的独到见解，其学术思想、诊疗技巧、方法方式多与众不同，具有其他流派的不可替代性。如科技派自认为是西医，无法与传统医学有效沟通，陶醉于现代科学研究，利用现代高科技设备诊疗疾病，技术娴熟；传承派自认为是铁杆中医无法应用现代科技，陶醉于浩如烟海的古籍探讨，利用简便廉验的物理方法诊查疾病，辩证施治技术娴熟。二者常相互指责，结而不合，各显其能。（5）前瞻性：各流派独到见解是中医发展的源泉，常常成为医学发展的原动力而具有前瞻性。科技派汲取现代科技成果充实中医内涵，使中医与世界同步；传承派汲取先人的智慧，高举综辨制宜观大旗，探索医学捷径，简便廉验的服务于大众，使中医能够在世界医学之林中独具特色。二者有机结合引领医学潮流，将是未来医学发展方向，趋势不可逆转。（6）局限性：中医流派是用中医理论为人类健康服务的各种医学流派，中医是相对于世界各国医学具有中国医药学特色的医学流派。当中国医药学的综辨制宜观被全世界医药界认可并推广应用时，中医作为世界医药流派便自动消失。

2、当代中医流派

（1）传承派的特征、历史根源、社会影响、生存优劣势

传承派是以拒绝叛逆，维护历史，尊崇先贤圣洁，传承奥旨，发皇古义，为特征的医学体系。没有传承派我国医学在世界上就不能称其为中医。传承派自认为是铁杆中医，是传统医学的守护神，他们反对学习和运用现代科技手段诊疗疾病，他们把现代科技诊疗疾病的手段和从事现代科技手段诊疗疾病的人称之为西医，把化学药物称之为西药。他们只承认传统医学是中医。古代书籍和先师的经验是他们传承的核心。

传承派是中医亘古达今永不衰竭的中流砥柱。但在清朝末期，中国科技落后于西方，具有民族虚无主义基础的科技派，和具有民族气节的传承派，共同把科技医药学罩上了西医的外衣，从此中医理论发展进入误区不可自拔。

国民党时期民族虚无主义和科学主义者把传统医学打入冷宫，新中国成立后伟人毛泽东，高屋建瓴结合国情，提出了中医药是一个伟大的宝库，应当努力发掘，加以提高的英明论断。务实的论断使传统医药从政策上重见光明，但老人家当时没有取消西医药称谓，把科技医药学纳入到中医概念之内，使日后中西医理论之争延续至今，中西医成了中国传统医学与科技医学两个极端的代名词，中医理论发展从此止步不前。

传承派由于自称铁杆中医应用望闻问切诊查疾病，宏观恒动思维，辨证论治、技术娴熟，传统中药经济环保，效如桴鼓，深受患者好评。但法制社会重视证据、经济效益重视收入的现实，又使他们的生存难以为继。他们在凭借经验和娴熟技术，为患者节约各项检查开支，在没有取得诊断证据背景下，为患者处方施药，效果满意没有收入；效果欠佳难辞其咎。相反广泛检查寻找证据，疗效欠佳更换处方，则名利双收，传承医学在误区中发展，难怪有人要取消中医。

（2）科技派的特征、历史根源、社会影响、生存优劣势

科技派也称革新派是以科技创新，割除传统弊端，突破传统束缚，勇于探索新知，为特征的医学体系。科技派破字当头，立在其中，引领潮流，促进跨越式发展。当今否认中医、自认为纯西医、只承认现代科技医学为医学的医务工作者，是科技派的代表。他们学习认可的现代科技医学或外国科技医学知识是其传承核心。

我国科技医药学自古有之，伏羲氏创针灸、神农氏尝百草皆可谓我国科技医学之祖始。此后的奴隶社会活体解剖实验奠定了古代科技医学理论的基本框架，成就了其后的扁鹊、华佗、葛洪、李时珍、王清任众名医。秦汉以后的封建社会独尊儒术、以人为本，在科技水平尚不能满足医疗需求背景下，废止了活体解剖实验，是现实中最符合实际的明智之举，虽然我国科技医学暂时落后和断档，但由表及里、有外测内，综纳合参，辩证剖析，因是制宜的指导思想，奠定了传统医学理论的基本框架，使其后的黄帝内经、伤寒杂病论、温病条辨等经典问世，成就了张仲景之后的一代代传统医药学名医。在科学技术快速发展的今天，用物理化学、电子信息、科学技术衔接和弥补我国落后的科技医学，本属当务之急，却将科技医学当西医公然出让中医主权，实属千古罪人！

清末政治腐败，社会黑暗，科技落后，人们渴望社会变革，世界文化科技大交流，使科技派得到了快速发展。特别是以孙中山、鲁迅等革命先行者弃医从政，以五四运动为代表的革命先驱，以推翻旧世界建立科技富强的新中国为己任，民族虚无主义盛行，才有了国民党时期取消中医的言论和政策。孙中山肺结核谢绝传统医药治疗、鲁迅撰文人血馒头讽刺腐败的社会制度与他们不信任传统医学不无关系。革命先驱们虽然在社会制度上推翻了清王朝，并未建立起科技富强的新中国，反而是中国惨遭东西方列强入侵，烧杀抢掠；思想上虽然引进了马列主义，但布尔什维克并未在中国取得胜利，还是伟人毛泽东结合中国实际带领中国共产党，建立了新中国。中国医学本应随着现代科技的应用快速发展，却因科技派利用国内外先进科学技术，使中国医药学跨越式发展的成果，罩上西医外衣，拱手让人，名誉上屈辱中医，成了刻薄评论家口中的汉奸医学。

中国医学科技派是以世界先进科学技术、物理化学、电子信息为载体快速发展的医学流派，因而迅速被广大人民所接受。并且成为当前法律认可的主流医学。但是科技派视人如机械，非解剖实验结论不能认可，否定传统医学理论、否定简便廉验的诊疗技巧和方法、否定草根树皮等天然物质为药物，否定天人相应恒动参变的不可预测性。处处以分科之学、动物实验为手段，使用化学药物、破坏生态环境又遭到人们的强烈反对。此外科技派受利益思维的驱动，过度使用高科技设备为诊断疾病寻找证据，过度使用新技术、新产品、新药物增加医疗开支，加重群众经济负担，是造成医患关系紧张的重要原因之一。在台湾只承认科技医学不承认传统医学实中医界之悲哀。

（3）学院派的特征、历史根源、社会影响、生存优劣势

学院派是各朝代政府意志的体现，是当朝主流医学的代表。我国现阶段学院派全部由政府主办，极少数民办学院也都以官办教材为蓝本，能自主编纂教学大纲者甚少。

新中国成立后，党和政府根据广大人民群众的医疗述求，和我国医疗卫生资源的现实，成立了以传承为主要学习内容的中医学院，和以科技创新为主要学习内容的医学院。二者在教学项目上各有取舍，教学时间上各有多寡，内容认知上基本一致，无明显差异。如中医学院学习传统中医理论、阴阳五行、脏腑经络气血津液、六淫七情、辨证论治、方剂中药等内容基础上，同样学习科技医学的生理、病理、

药理、解剖，内外妇儿等内容。医学院学习科技医学知识基础上同样学习中医传统理论，二者在各科学习内容认知上和学习理念上都是一致的。

中医学院和医学院是学院派诞生的摇篮，学院派医学水平是社会医学水平的象征，是社会认可的主流医学。学院派由于理论水平较高，相互承认的人员较多，极易滋生学霸作风，而蔑视务实的草根派存在。

（4）草根派的特征、历史根源、社会影响、生存优劣势

草根派是植根于民间，最原始、最古老、最务实、最具发明创造力，最普通的医务工作者。他们是相对于学院派没有学历、没有文凭、没有系统理论基础、也可能是不能取得相应职称和资格的实干家。农村赤脚医生、乡村医生、民间单验方持有传承者、身怀绝技者，是他们的代表。

在没有强调依法行医之前，草根派和其他医生一样被社会认可，在实行依法行医之后，一部分取得合法行医资格（包括赤脚医生和乡村医生证），一部分游离于医生行列之外。他们有的以医为业，有的兼职行医或义务行医。他们数量众多，却散在于民间各个角落。是广大人民群众的贴身卫士。

他们善于自学成才，善于在茫茫书海中发现新大陆，善于在现实中找到诊疗捷径。他们可能在民间跟师学徒，但不被政府部门认可。他们取得满意疗效，却无法得到相应回报，成果不能及时得到推广，治疗失败他们有可能要承担非法行医的后果。

草根派虽然创造了中医学，但在学院派当政，倡导依法治国的社会，草根派常常因部分人心术不正而被称为医骗；部分人虽然心地善良却因治疗失误而成为草菅人命的代表；部分人虽然治病疗效显著却因没有理论基础、缺乏与外界沟通，而使技术藏匿或沉溺于个人手中；绝大部分草根派凭借自己的一技之长，默默无闻地为自己、为家人、为朋友、为他人贡献自己的专长，不计报酬，无私奉献。他们时而行医、时而排除在医生行列之外。他们人数众多，是主流医学与患者之间，不可或缺的重要桥梁纽带，是医学发明创造的先头兵。

（5）务实派的特征、历史根源、社会影响、生存优劣势

务实派以承认现实为基础，具有各流派之间的择优传承性。他们并非为了流派传承而传承；而是为了工作、为了生活、为了理想、为了现实利益、为了感恩社会、为了探索未知而传承。他们在现实生活中、在临床实践中、随时随地都在寻找捷径，探索最佳诊疗方案，放弃不切实际的传承思路。在现实诊疗活动中他们以综辨制宜观为特征，综纳合参、辩证剖析、因人、因地、因时制宜的从事医疗保健活动。

务实派历史悠久，古代每次医学流派集约期，务实派总能坚持原则，传承符合临床客观实际的诊疗方法、技巧、思路，跟随潮流放弃原有不切实际的流派主张，而成为社会主流医学。

务实的草根派当自己的发明被证实先进适用时，他们便迅速并入学院派。务实的学院派一次次修改教科书，时时修正被强行灌输并接受的认知错误。努力提高更切临床实际的教材质量。务实的传承派当他们的独特疗效被科技医学证实时，他们便迅速接纳现代科技，扩大自己的视野，提高疗效的可信度。务实的科技派一次次否定刚刚创立的理论体系，时时修正过去的认知，创立新假说。一次次否定刚刚动物实验成功，但验之临床效果欠佳、或毒副作用明显、或毒副作用隐匿而持久的所谓新药。时时修正说明书以便更切临床实际，或将刚刚上市的新药淘汰出局。务实的医学家传承而不拟古，创新而不叛逆，理论验之临床，审果重在求因。

三、大中医构想

1、大中医概念

中医就是中华民族医药学，是相对于世界

医药学具有中华民族特色的医药学。56个民族传统医药学都是中医的重要组成部分，故称大中医。纵观历史，中医是千万年来中国人赖以生存的法宝，是无数医学家、科学家、哲学家、政治家、仁人志士，集体智慧的结晶。从黄帝内经、神农本草经、伤寒杂病论、针灸甲乙经、温病条辨无一不是众人的经验总结。特别是新文化运动之后，物理化学、电子信息、科学技术的普及推广，科技医学茁壮成长，更加丰富了中国医药学的内涵，因此大中医是传统医药学跨越时空与现代科技医药学有机结合的整体。大中医是世界医药学中，唯一具有从人类原始感性认知，逐步传承演化至今，漫步现在，并代表未来医药学发展方向的医药学。古人云：中医如海，能容百川，不拒细流，有容乃大，是谓大中医。

2、大中医特色

大中医以中国本土为基础、以中华文化为背景、以中庸之道为理想、以中原中国为中心、以德道儒法为依托、是兼容性极广的目标医学，是大中华‘和’文化的产物，是非排他性而万变不离其宗的中庸和缓医学。它休整于战乱变革年代，发展于和平时期。医乃仁术，无德不成医，大中医以仁德为本，以人类健康长寿为目标，以综辨制宜（综纳合参、辩证剖析、因是制宜）为特色，以人的性命完整为至尊。大中医以万物通息、顺应自然法则为大道，没有起点、没有终极，无须革命，永无完整可言的医学体系。它以中国文字为载体、以原始道德自律为准绳，理性化思维、全方位思考、人性化采集标本素材；充分利用智慧和一切可利用的技巧、设备为诊断疾病提供依据；充分利用天然环保药物、简便廉验的治疗技巧和方法，为祛除疾病，恢复健康，延年益寿服务。它充分利用高科技诊疗设备，但并不是优先利用高科技诊疗设备、而是优先利用简便廉验的治疗技巧和方法；它充分利用新技术、新方法、新药物，但并不优先利用新技术、新方法、新药物，而是优先利用简便廉验的传统方法、技术娴熟的诊疗技巧，天然环保传统药物为诊疗疾病服务。它承认一切先进的理念、逻辑的思维、科学的方法、但不首先选用新的理念、思维、方法，只有当传统方法技巧，不能满足客观现实需要时，才作为必要利用之。大中医的择优适宜性，是构建节俭、环保、和谐社会的必由之路。

3、大中医核心内容

大中医是具有我国56个民族特色的传承医药学，和科技医药学有机结合的整体，没有传统医药学，就不具有中医特色，没有科技医药学，就不能与世界同步，二者缺一不可，共同构成了独具特色的大中医。大中医核心内容如下：

（1）中华文化：①中国语言文字：学习、掌握、运用中国语言文字是学好大中医的基础，中国的语言文字是具有中国特色的信息传承载体。只有学好中国语言文字才能学好中医。②中华文化价值观：中国的‘和’文化、德、道、儒、法价值观，是中华民族赖以生存的核心所在，只有学好中华文化价值观，才能承认并接受传统医学和民族医学中目前尚不能被现代科技所证实的部分现象和观点。

（2）传统医药学：①中医药基础理论：学习、掌握、运用中医基础理论，是当今科技社会不用优先使用科技设备，而能简便廉验用于临床，起到效如桴鼓作用的法宝。②民族医药学：我国的民族医药学主要是指我国各少数民族具有地方特色的医药学。虽然我国民族医药学多数只具有地方特色，但它们却都是构成大中医的重要组成部分。大中医离不了民族医药，民族医药组成了大中医。③中国医药学发展史：忘记过去就意味着背叛，只有尊重历史才能展望未来。

（3）科技医药学：①现代科学技术：现代科学技术是构成科技医药的主体。物理化学、电子信息技术的运用，奠定了科技医药的基础。②分科之学基础上的医学知识：科技医学是建立在分科之学基础上的医学，人体组织结构的生理、病理、解剖，致病因素的物理、化学、微生物分析；诊断疾病用的声、电、光、磁、化验试剂、实验用仪器设备及其诊断机理；治疗疾病用的药物、器械工具等无不与科技医药有关。因此学好科技医药对于扩大中医视野、提高疾病诊断的精确度、明确诊疗效果都具有十分重要的现实意义。

4、现实中的社会、自然、法律、哲学知识：(1) 社会知识：人生活在现实社会中，人的生老病死、衣食住行、无不与社会环境、生活质量、工作性质、文化水平、自我保健意思息息相关。故中医把喜怒忧思悲恐惊等情志变化，也都作为病因而强调其重要性存在，注重心疗、食疗。(2) 自然知识：中医强调天人相应和谐共生、强调顺应自然，不是改造自然，而是加强锻炼改造自我，预防疾病，注重体疗。(3) 法律知识：中医虽然强调具有自我约束机制的医德，但在依法治国的大环境中，必须学习法律知识，依法行医。(4) 哲学知识：哲学是研究人的思维方式的学文，学习传统中医尤其重要。

5、古汉语、民族语、和外语：学习古汉语、民族语可更好挖掘、传承国宝，保持中医特色；学习各国医药学知识，可以丰富大中医内容，与世界同步。(1) 古汉语：我国自推广简化汉字以后，极大的方便了文字书写和信息传递，但繁简字有许多不对等性，使繁体字原载信息量丢失，传承出现困难。了解、掌握中医药基础理论之后再学习古汉语，挖掘、传承我国医药学宝库之精华，十分必要。(2) 民族语：虽然我国绝大部分少数民族都是建立在通用汉语基础上的信息传递，但也都有少量方言土语，或本民族文字。如蒙、藏、回、朝等民族都有自己的语言文字。因此学好我国各民族语言，是完善大中医的重要环节。(3) 外国语：世界上所有国家都有自己的医药学特色，和发展强项，择优选用是丰富大中医内容与世界同步，保持其先进性的重要手段。选派人员分别学习各国医药学，与其进行学术交流，使我国成为中医特色走向世界的发源地，世界先进医药学聚集地。

四、大中医未来

在人类文明史中，中华文明是唯一人类文明史中亘古达今而没有中断的伟大文明。其中发端于中国古代的四种大科学大道理，奠定了中华文明和中华文化的基石。中国汉语言文字、中国哲理、中医中药、中国周易四大中华文明大科学，在全球大整合时代的21世纪，将再次放射出奇异光彩。成为引导人类进步发展的灯塔。树立大中医观念就是要把传统医学继承下来，要把科技医学纳入到我们的认知、掌握、应用领域之内。

行政机构上：卫生部应更名为中医药卫生部，下属传统医药管理局、外国医药管理局、科技医药管理局、药品食品管理局、康复保健管理局等。

1、政策法规上：要突出中医特色，用大中医观念统领卫生工作，制定卫生工作政策。1、人才选拔与培养：要多渠道、多方向、多层次选拔培养实用人才：(1) 定期举办实用人才选拔赛，使自学成才或师承家技精英能够脱颖而出，给自学成才人员以出路；(2) 成立传统药学院：要以天然药物的生产、采集、筛选、炮制、加工、存储、资源保护、可持续发展进行研究，与农业、牧业、矿业等产业有机结合，形成具有中医药特色的产业链，培养传统中药养种植专业技术人员；(3) 成立传统药理学院：要以传统中医药理论为基础，从天然药物的性味、归经、作用、临床应用、效果评价、给药途径、药品剂型、毒副作用等方面进行研究，与制药企业、医院药剂科、医药零售店有机结合，形成产业链，培训传统中药制药司药专业技术人员；(4)成立传统医学院：要以传统中医理论为基础，研究病因病机、脏腑经络、遣方用药、辨病、辨症、辨征、辨证论治，以及诊断治疗、病情判断预后转归、特殊诊疗技巧等为学习内容。与临床有机结合，培训最基本的传统医疗卫生队伍；（5）成立康复保健学院：以传统中医理论为基础，研究心理咨询、营养膳食、针灸、推拿、按摩、拔罐、捏脊、体疗、康复训练等内容，形成医疗保健、康复训练队伍，应对亚健康和疾病康复期人群的生理、生活、保健需求；（6）成立科技药学院或科技药理学院：以生物化学、现代科技为基础，研究提取加工药、化学合成药的成分分析、药物制取、药理分析、功效评价、毒副作用实验、药品包装存储等内容，与生物化学制药厂、医院制剂室、药剂科、药品销售店合作，培训科技制药、司药专业技术人员；（7）成立科技医学院与科技护理学院：以物理化学、电子信息、现代科技为基础，研究人体生理、病理、解剖，疾病的诊断治疗、护理、方法措施，病情的预后转轨、判断分析。形成具有现代科技知识的基本医疗队伍和护理队伍。（8）成立科技设备学院：以物理化学、电子信息、现代科技为基础，研究疾病诊断分析用，仪器设备的制作维修、化验试剂的生产加工，治疗工具的研发运用等内容。与仪器设备厂、化验试剂厂、治疗工具厂和医院合作培训科技设备制造应用专业技术人员；（9）成立外国医药研究院：以学习世界各国先进医药学技术，推广我国医疗特色为基础，与外国语学院、世界各国医疗机构合作，使我国成为世界各国先进医疗技术聚集地，世界性中医特色发源地。使大中医造福人类。（10）教育要改革、学制要缩短，要因用施教，提倡多学历教育，间断性教育，避免大而全、杂且乱一学就是十几年的全程灌输式教育。

2、医疗执业与管理：医疗资源的核心是人才，人才的管理是关键。合理的政策法规，可使人尽其才，使医疗资源得到充分利用，社会和谐。不合理的政策法规，可成为人尽其才的绊脚石，医疗资源浪费的遮羞布，社会动乱的导火索。为此本人建议如下：（1）职称评定取消中西医之称谓，不论自学成才、师徒传承、学院教育，通过考核考试，达到传统医师标准的颁发传统医师资格证；达到科技医师标准的颁发科技医师资格证；既有传统医师资格证又有科技医师资格证的颁发全科医师资格证；仅有一技之长颁发专科医师资格证；如神经内科医师、神经外科医师、精神病科医师、五官科医师、耳鼻喉科医师、胸外科医师、心外科医师、骨伤科医师、妇产科医师、妇科医师、儿科医师、皮肤病科医师、疮疡科医师、肛肠痔瘘科医师、针灸医师、推拿按摩医师、康复训练医师、心理咨询医师、特技理疗医师等等。一人可取得多个专科职称，或取得全科职称后从事多个相关专科执业。（2）医师要作为国家医疗资源的重中之重，给予保护。允许医师为了治病救人多地点执业，建立多地点执业医师诚信考核公布制度。凡诚信考核不合格的医师，取消其多点执业资格，以骗取钱财为目的，性质严重者，取消其医师资格。

3、科研开发：从大中医观念指导医学科研开发，对于构建和谐社会，节约医疗资源，具有不可估量的现实意义。片面追求经济利益科研创新，是造成医疗资源浪费、医患关系紧张的重要根源。大中医科研开发要着眼于构建和谐社会，节约医疗资源的创新上，而不是一种药品改换包装、改变剂型、辅料增减、改变工艺流程等与疗效没有任何关系的所谓创新。如药品不搞名牌战略，而搞可持续发展、环保道地药材战略。不能一个厂家一个商品名，价格天地悬殊，要协调厂家生产品种不搞无序竞争。不搞厂家流于形式的认证，杜绝亏血本贿赂官方，危机转嫁于生产工人、转嫁于病人。鼓励使用天然药物按照传统程序制成丸、散、膏、丹用于临床，施行医院自制药品备案制，避免繁琐审批。一个能够确诊的病症要以取得疗效的简易程度定成果。如一个心脏冠状动脉狭窄的病人，能从形成冠状动脉狭窄的原因分析，用简便廉验的饮食调理、功能康复锻炼、天然环保的药物取得满意效果，就不去考虑人工支架的植入，具有科技含量的所谓科研开发、应用和推广，因为植入后的长期抗凝剂治疗费，手术费、支架材料费、会造成巨大的资源浪费和经费开支。一个骨折病人用传统方法小夹板固定，损伤小、投资少、恢复快、不用二次手术，要作为科研开发应用推广项目，而不要提倡手术钢板固定，骨折愈合后再二次手术去除钢板。股骨头坏死用传统方法分析形成股骨头坏死的原因，从肾主骨辨证论治，不用关节置换如果能够痊愈，终身受益，就可以申报成果，应用推广，而不用手术人工关节置换，关节磨损后再置换。用大中医观念指导医学科研开发就会减少不必要的浪费。再如各种严重危害人类健康的传染病，病毒分离成功后、优先考虑的科研课题是疫苗研制，对高危人群的预防，而不是发病后的确诊和诊疗。

最后祝愿全体中医似大鹏，中医理论如大道，借助他人之语以呼之！大鹏起兮云飞扬，道行天下兮观四方。九万里长空气鼓荡，天街圣火兮燃骄阳。风兮风兮贯天地，搏兮击兮血一腔。安得同道兮挟长剑，斩尽妖魔兮合万邦。

（*2008 年中国管理科学研究院重大理论研究立项课题）

老年痴呆症的研究探析

浙江省慈溪庵东中医诊所　周　震

老年痴呆症是发生在老年期及老年前期的慢性进行性精神衰退性脑病，在祖国文献中没有确切相对应的病名。按本病的临床表现，属于祖国医学的“文痴”、“癫证”、“老年呆病”等病范畴。主要表现为智力衰退和行为及人格的改变，包括记忆力、感觉机能、运动机能、思维机能、日常生活能力、语言能力、社会交往、社会职能和感情反应控制的障碍。近年来，中医药对老年痴呆的研究探析，取得了许多重大进展。本文对此作一重点综述报道，借以起到抛砖引玉。

一、流行病学研究

随着社会的发展，人类寿命的延长和人口结构的老龄化趋势，老年痴呆病的发病率明显增长。据调查，患重度痴呆约占老年人口的 1.2-6.2%，轻度或中度痴呆者约占 2.6-15.4%。在美国占常见死亡原因的第 4-5 位。据世界调查资料表明，65 岁以上的老人中，老年痴呆占 5%，且随年龄的增长有所增加，80 岁以上的老人大约 20%有痴呆，势将成为老年人的一种常见病。老年痴呆，多发生在 65 岁以后，女性多于男性。

目前我国 60 岁以上的老年人约有 9800 万人，按目前国际上通用的人口类型划分标准，一个国家 65 岁以上人口比率达到 70%以上，即跨入老年型人口国家的行列。据北京市西城区 60 岁以上的 906 人的老人中痴呆患者为 35 人，患病率约为 3.9%，如按这个比例推算，我国老年痴呆患者约有 350 万。所以，随着世界人口老龄化的发展，老年性痴呆已不仅是一个医疗性问题，而且是一个社会问题，已成为医学界集中研究的重点课题了。二十一世纪人类健康的大敌究竟是什么？权威的医学专家认为，随着老龄人口剧增，将是以阿尔茨海默氏病（Aizheimer，AD)，即早老性痴呆（简称 AD)。

目前，AD 是当代技术仍然无法克服的一种疾病。据专家预测，以现在的研究水平来看，治疗 AD 的有效药物，要在 2020 年以后才能问世。AD 是最为痛苦的疾病之一，老年人发病率为 7%-10%。因此，AD 日益成为老年医学中重要棘手问题之一。

二、现代医学研究

现代医学认为是退行性病变，病理解剖表现为脑神经细胞的个体萎缩和减少，脑血管病变，血液供应障碍当为其因。最近世界医学界人士又提示了对AD探源，认为该病患者脑组织里的β淀粉状白质沉积物，可能是引起老年痴呆的原因。AD病理学的主要组织改变是脑区，包括皮层、海马、白质等的萎缩；多种神经元尤其是胆碱能神经元的原发性变性；由淀粉样蛋白沉积形成的老年斑和神经纤维缠结的出现与增多等。科学家们认为，AD可能与环境、免疫、遗传、感染等因素有关。美国研究人员用核磁共振分光镜发现，AD病人大脑中特有的一种化学物质失衡，从而导致不正常物质生成。该化学物失调涉及脑细胞使用胆碱的方式，AD患者大脑中胆碱水平远远低于正常人。亦有造成痴呆症患者神经中，铝的含量比健康人高2-3倍。另有证据表明，AD可累及家庭成员（家庭性AD），这显然与遗传有关。研究人员发现，遗传的早老年性痴呆与病人细胞核内第14对染色体的基因变异有关，而过去认为与第21对及19对染色体有关。

三、祖国医学研究

祖国医学对老年痴呆虽无专门论述，但在一些医学著作中有关证候的描述与痴呆症很相似。历代医学多以脏腑虚衰，阴阳失调立论。《灵枢•天年篇》则从人进入老年期后对脏腑机能逐渐衰退老化过程作论述，如“五十岁肝气始衰，肝叶始萎，胆汁始灭，目始不明；六十岁心气如衰，善忧悲，血气解性，故好卧；七十岁脾气虚，皮肤枯；八十岁肺气衰，魄离故言善误；九十岁肾气衰，四肢经脉空虚；百岁五脏皆虚，神气皆去，形独居骸而终矣。”《灵枢•海论》说：“髓海不足，脑转耳鸣，胫酸眩晕，目无所视，懈怠安卧。”明•李时珍指出了脑与精神活动有关，谓“脑为元神之府。”《本草备要》更有“人之记性，皆在脑中”的记载。清代名医王清任明确指出：“脑为元神之府，灵机记忆在脑不在心”和“高年无记性者，脑髓渐空。”《医学衷中参西录•医论》也指出：“人之元神藏于脑，人之识神发于心。识神者思虑之神也。”《医学心语》说：“肾主智，肾虚则智不足。”中医从脏腑功能渐衰，精气神受损认识到了“虚”是老年痴呆病的实质。总之，老年人由于年老积损正衰，阳化风动，挟痰挟瘀，闭窍窜络，“元神之府”脑为之受损，脑主神明，靠肝肾之精及脾胃之血气上供以养。精血亏虚，髓海渐空，“脑气虚，脑缩小”。瘀血阻滞脑络，脑气不能与脏气相接；或为痰浊阻络，清窃被蒙，或痰火互虐，上扰心神，或痰瘀互阻，脑力为伤。

四、病因病机研究

1、中医认为肾主骨，生髓，通脑。脑髓与人的思维记忆能力有关。肾精充足，气血上荣则耳聪目明，思维敏捷，处事自如。老年痴呆病由于年事已高；或因青壮年时房劳太过，精泄无度；或因疾病缠身，五脏亏损；或失于情志阴精暗耗；或虚劳内伤等等皆可致肾精亏损。《素问•上古天真论》曰：“肾者主水，受五脏六腑之精而藏之。”肾藏精，精生髓，髓能充脑以补脑髓。故肾精的盛衰直接影响着脑髓的亏盈。由此可见，肾虚精髓不足，神明失养，是老年疾呆病的病变基础。

劳心伤神是本病的内伤因素。中医认为心有主宰人体精神意识思维的功能，并为五脏六腑之大主，神伤则五脏六腑皆摇，以致内脏功能紊乱。气血运行不畅则可发生气滞血瘀；或心气虚则鼓动无力，血脉运行迟缓，停而成瘀阻脑内。加之老年脾运呆滞，动作迟缓，最易停湿成痰，痰蒙清窍则神明无主。髓海不足，脾肾阳虚，肝肾阴亏属虚证；心肝火盛，痰浊阻窍，气滞血瘀属实证。其发病与五脏具有密切关系，与肾、脾、心、肝四脏关系尤为密切，在六腑中与三焦及胆有密切关系，七情失调是形成本病的重要原因。其次是七情所伤，肝郁气滞血瘀，易生痰化火。胡郭振球氏认为五脏之气渐衰，衰则气易滞，气滞多致血瘀，气滞而衰，血瘀壅气，气壅聚液成痰，痰气郁结留为邪气，气痹壅于五脏，影响五脏神志则致痴呆，气血痰郁的病邪损及心神，则成原发性、退化性痴呆；若老龄阳亢阴虚，阴不济阳，阳化内风，肝风内动，气血痰郁随风阳上冒蒙蔽心包心窍，则可形成血管性、梗塞性痴呆。病机总为虚、瘀、痰互为影响。临床表现较为复杂，有虚有实，虚实挟杂多见。

2、现代国内外学者，40 多年来对老年痴呆的生理、病理、生化、遗传、免疫及临床治疗等方面进行了多种假说。概括起来，有遗传假说、慢病毒假说、免疫假说、内分泌紊乱假说、铝中毒假说、营养性疾病假说。在病理改变上，所有的 AD 患者的脑中都可发现神经纤维缠结、神经突斑、老年斑、广泛而程度不一的脑萎缩，以及主为神经元和突触的缺失；9%或以上的 AD 患者还可见到颗粒空泡变性，常见于海马和杏仁核。生化研究表明，老年痴呆主要是神经递质代谢障碍，且累及多种神经递质，包括胆碱能系统、单胺系统、氨基酸类递质、肽类神经递质。脑血流及代谢的生化研究表明，痴呆病人脑中流量及脑代谢均降低。病理改变以脑神经细胞萎缩占多数，与乙酰胆碱缺乏有关及神经原纤维缠结，老年斑形成，超微结构观察，可见老年斑中心淀粉样物质，周围缠绕退化的神经和神经轴突。除年龄外，其它危险因素为女性、丧偶、低教育和低经济水平。

总之，AD 的病因病理尚未明确，以中医来说，AD 病位在脑，与肾、心、肝、脾、四脏功能失调有关，尤其肾虚，关系密切。其基本病机为髓减脑消，痰瘀闭阻，火扰神明，神机失用。其症特征以肾精、气血亏虚为本，以疾瘀闭阻脑络邪实为标。其病性不外乎虚、疾、瘀、火。其中痰瘀、火之间相互影响，相互转化。

五、中医辨治研究

中医学认为本病病位虽在脑，但与五脏密切有关，脏腑气虚，但不可勿视痰和瘀，因此辨证必须抓住虚、痰、瘀、火方能有的放矢。一般分七型治疗：1、精髓亏乏型。治宜填精补髓，养脑醒神。方用河车大造丸加减。2、肝肾阴虚型。治宜滋补肝肾，平肝潜阳，方用还少丹加味。3、心脾两虚型。治宜补益心脾，安神定志。方用养心汤。4、肝郁阳亢型。治宜平肝潜阳，醒神开窍。方用天麻钩藤饮加味。5、心火亢盛型。治宜清心泻火，镇静安神。方用泻心汤合导赤散加减。6、湿痰蒙窍型。治宜健脾化痰，醒神开窍。方用洗心汤。7、气滞血瘀。治宜行气活血，宣窍醒神。方用补阳还五汤加味。

六、中药临床研究

《神农本草经》中标有“益智”、“强记”、“增智慧”等益智功效的药物达 43 味之多。如人参“补五脏……安神益智。”党参醇提物、党参复方均有抗痴呆作用。首乌具有补益肝肾、抗衰老的功效。灵芝：“主耳聋，利关节，保神，益精气，坚筋骨，好颜色。”枸杞具有滋肝补肾、延身益寿、抗衰老、增强机体免疫力等功效。《手参》，又名藏旺拉，属于兰科植物，形似手掌，故名“佛手参”，生长在青藏高原海拔 3000-4200 米的林间草地，为一种稀有强身补脑良药，从古到今一直被藏医药称为“不老草”。对益智中药的研究，发现具有益智作用的中药含有丰富的蛋白质、脂肪、糖类、维生素和特殊氨基酸、卵磷脂及人体必须的微量元素等，并发现此类中药有消除自由基、抗衰老、增强机体免疫功能、抑制脑内单受氧化酶活性、增强脑内神经递质乙酰胆碱含量等作用。总之，中医药治疗本病具有良好的临床疗效和价值，具有广阔的发展前景。

七、预防对策研究

1、有病早治，无病早防。人到老年如患脑动脉硬化、脑萎缩、高血压、糖尿病、冠心病，应采取积极的治疗措施，以防转化为痴呆病。无病早防古人称“治未病”。老年人要经常做“健康体验”，以达到“见微知著、防微杜渐”。

2、顺应四时，慎防寒署。四时寒署既是人体赖以生存的重要条件，又是损伤人体导致疾病的主要原因。

3、饮食有节，起居有常。人到老年，脾胃渐弱，纳运减退，易致食滞，食滞易致虚，互为因果，以致“气血生化之源”匮乏，五脏奇恒之腑失养，神志失聪。因此老年饮食“宜少忌多”、“宜素忌荤”、“宜软忌硬”、“宜淡忌咸”、“宜茶忌烟酒”、“宜广忌偏”、“宜热忌凉”、“宜鲜忌陈”等。

4、调养情志，戒忧思怒。应根据老年情志特点进行调理情志，给予解释、鼓励、开展、安慰、暗示等心理疗法，使用移情易性，情怀舒畅，以避免激发本病的产生。

5、经常用脑，勤於思考。知识层次高，经常用脑的人很少患痴呆证，相反，知识层次低的人，不经常思考问题的人易患痴呆症。研究证实，积极思考的脑力劳动者，老年期大脑萎缩的现象比体力劳动者少。

八、讨论

对老年痴呆的治疗，目前还没有理想的特效疗法，所以预防本病的发生是很关键的一环。注重七情调养，如清心寡欲，淡泊名利，心情舒畅等外，饮食调养也很重要。应多食含卵磷脂丰富的食物，如鱼、豆类、蛋黄等。卵磷脂是脑内转化为乙酰碱的原料，乙酰胆碱是神经元之间传递息的一种最主要的神经递质，可增加记忆、思维、分析能力，延缓细胞功能衰退。卵磷脂还能使血液中的血清胆固醉和中性脂肪颗粒乳化变小，使血管畅通，改善大脑供血，是营养大脑，延缓智力衰退的物质之一。

多数老年人从工作岗位上退下来后，此时工作铁序及生活环境改变、户外活动相对减少，若过分安逸会产生一种忧悉及失落感，肝郁伤脾而致脾失健运，生化乏源，进而心神失养，脑海失充，加速脑的衰老。因此，强调精神治疗外，提倡老年人适当参加力所能及的户外活动，多听些音乐及参加有效身心健康的活动，以陶冶性情，读书、看报、练书法，使脑细胞不断保持活力。

老年痴呆病程长，表现不一，绝对不是一方一药能解决的。故要通过认识其不同阶段的病机和病性、病位等，从而分别辨治，以利于临床及基础研究，从而提高整个中医治疗痴呆的认识水平和治疗的可信度。

论腰椎间盘突出症的中医治疗

四川省宜宾市高县文江镇世光诊所　杨世光

一、概论

腰椎间盘突出症是西医学病名。不是肾病，也不是劳伤，更不是痨瘵，无须往中医学上生拉硬扯。客观地讲，腰椎间盘突出症是一种椎间盘组织衰退并发症，是一种微循环障碍性疾病。诱因和病理机制是多因素的综合。治疗上绝非简单地补、泻、切割所能了事。由于腰椎间盘突出症越来越多，严重损害患者的身体健康，引起了我的高度重视。经过近十年的研究，产生了以下的学术观点和临床治疗方法，现予阐释，作一个小结。

二、临床表现

腰椎间盘突出症的主要临床症状是腰腿痛。有的先产生腰骶痛，逐渐引起大腿、腘侧、小腿、踝、掌趾痛；有的先产生腿痛而没有腰骶痛；有的则两者同时发生。腰椎间盘突出症的腰痛常发生在腰骶部附近，在棘突旁和棘突间常有深压痛和反跳痛。疼痛沿患侧经大腿后向下过腘外侧走小腿外，出外踝向足背外侧放射。轻者呈钝痛、间歇痛，常被误诊为风湿，劳损或肾病。重者如刀剿电击，涕咳加重，昼夜不安，呻泪俱出，无法忍受。又常被误诊为急性腰扭伤或脱位闪挫。治疗经久不愈，令大小医生献丑无奈。

三、病因病机

腰椎间盘突出症，多发生在20岁至70岁这个年龄段。其中以30岁至60岁的壮年人为主，且男多于女，约为70%：30%。这就造成了一个劳损所致的假象。长期的临床经验证实，患者由劳损造成的证据不多，且尸解发现多数腰椎间盘突出者并不发病，故把病因归结为劳损的证据不足，理由不充分，论说不能成立。

长期的研究结果表明：造成椎间盘突出的基本病因是椎间盘的生理性退变。在人的生命过程中，人体随着年龄的增长，机体各部都产生不断的变化。椎间盘的变化，是随着年龄的增长而逐渐地丢失和减少水分，纤维化程度逐渐增加，胶原纤维和弹性蛋白逐渐减少，导致椎间盘及期附属组织代谢异常，生理性组织老化退变，失去弹性膨缩功能。继以正常活动的磨擦牵张，反复磨损，导致退变的椎间盘发生裂隙，或出现薄弱环节，成为髓核突出的病灶区域。由于退变的纤维环及其相邻组织的韧性减低，脆性增加，加之退变的髓核弹性下降，适应力变差，在生理活动力作用下一产生的髓核内在位移，出现向裂隙或薄弱区膨突甚至突出成为必然。

人在20岁以前为什么难患椎间盘突出呢？因为20岁以前的人，椎间盘还处在发育良好的强健时期，除严重损伤外，一般不会产生椎间盘突出。为什么70岁以后的人又很少产生椎间盘突出呢？因为人在70岁以后，椎间盘的纤维环和胶质髓核都已经均匀地脱水变性，常常形成整个椎间盘的萎缩僵陷，或者衍变成整个纤维盘的松驰性髓核等相膨出，故所以很难造成椎间盘突出症。

人在30岁至60岁之间，由于纤维环及其相邻组织的退变不均，髓核弹性下降，液化增强的生理改变最显著，故所以即便在正常的脊柱受力活动下，也会促成髓核向退变不均的椎间盘薄弱区膨突。

由于膨出或突出的椎间盘表面一般都被附着松驰的纤维质，纤维环或纤维韧性组织，所以造成髓核破碎而游离于椎管内外的情况极其罕见。膨出或突出的椎间盘对周围组织产生压力，造成对周围组织的过度牵张，引起异常，疼痛等感觉，形成临床的椎间盘突出症候群。这就是腰椎间盘突出症的主要病理机制。

四、诊断

1、症状：腰椎间盘突出症患者多因反复腰腿痛而就诊。因此，疼痛及疼痛的性质对临床诊断有重要价值。腰椎间盘突出的疼前有两个突出特点，一是反复发作，进行性加重。二是有明显的放射痛。甚至以骶髋痛，大腿后外侧痛，小腿外侧痛，外踝至足背外侧痛为主。有的根本没有腰痛的历史和感觉。腰椎间盘突出症的疼痛性质，大多呈锐、灼痛、电击痛、麻胀痛性质。有的在咳嗽、排便、转动腰股时加重。

2、体检：在L3至S1腰椎段内，棘突旁和棘突间常有深压痛。而且这种压痛常沿患侧大腿后边向下放射，至小腿外侧再向外踝和足背外侧放射。这是典型的腰椎间盘突出，并发根性坐骨神经痛的体征。因此，患者自诉的疼痛史和疼痛的性质，是诊断腰椎间盘突出症的重要依据，应当详细讯问，认真辩别。

此外，患腰椎间盘突出症的病人，突出的椎间盘髓核及其邻近组织常因机械卡压，化学刺激，生理牵张而导致发炎水肿，处于高张力状态。如体验时根据这一原理施行伸膝、弯腰、掰胯，直腿抬高等试验，常因此而引出疼痛加重的反射。另因马尾神经麻痹或功能减弱，做跟腱反射患侧常出现反射减弱现象，也有助于病理推断。

3、X射线检查和CT检查是定位、定性的必要手段。不仅可以确诊疾病，还可以为诊治方案奠定基础，所以在腰椎间盘突出症的检查中是不可或缺的环节。

4、腰穿作脑脊液生化检查或作椎管造影，有鉴别椎管内肿瘤或其他疾病的作用，不可忽视。

依据以上四项检查，可以对腰椎间盘突出症作出明确的诊断。

五、治疗

腰椎间盘突出症的治疗方法很多，也都有一定的疗效。但不能把任何一种治疗方法作为临床工作的万能钥匙，必须依病理的不同发展阶段，严格选择适合的治疗方案，才能达到给患者减轻病痛或临床治癒的目的。

1、治标法：腰椎间盘突出症的主要临床症状是疼痛，主要解剖发现是髓核外突。在过去的临床治疗中，中医和西医都采用消核止痛手段进行治疗。如中医的按摩、推拿、理筋搬伸、针灸、牵引、水针、小针刀。包括用中药舒筋活血汤，桃红四物汤等，目的都在消胀、通经、活血祛瘀，达到止痛的目的。而西医的硬膜外封闭注射，髓核化溶、汽化、热疑，手术切吸，切除重塑，射频仪治疗等，都是以消除突出的髓核为手段，而不是以去掉造成髓核外突的原因为措施。所以，我认为所有这些都是治标之法，而非治本之方。

急则治其标，故然是重要之一环，但不是治疗此病的目的。缓则治其本，使其长健久安，才是患者和我们医师的要求。所以我把研究的方向放在治本上。

2、治本法

本文化开头就指出：造成椎间盘髓核外突的基本病因是椎间盘的生理性退变。椎间盘随年龄的增长而逐渐丢失胶原纤维和弹性蛋白，导致微纤维积聚和水份丢失，产生组织代谢异常和生理性老化，降低弹性膨缩功能，不适应正常的生理活动，出现薄弱环节，给椎突以可能，是致病的根本原因。由此可见，椎间盘髓核的突出，只是椎间盘退化的一种并发症，而不是原发病。既然椎间盘突出的原发病是原纤维和弹性蛋白的丢失，及纤维盘和邻近组织的失水与老化，那就必须从这方面寻找原因，给以医治。

经过长期的临床观察和治疗实践，我深刻的认识到：椎间盘的软骨板和纤微环在20岁以前主要由胶原纤维和弹力纤维组成，是其保持良好功能的主要条件。因为这种纤维弹性好，适应性强，由这样的纤维与粘合物质组成的椎间盘，当然可以牢固地控制髓核，制衡脊柱的各种生理活动。随着年龄的增长，10岁时髓核内脊索细胞逐渐消失变软而成为胶冻样物，12岁时髓核变成疏松的纤维软骨和大量的胶原物质。再后，胶原物质变成软骨物质。到老年时，纤维环与髓核分界不清，髓核丢失水份，产生大量微纤维结构，脊柱发生质的退变。因此，提出以下治疗措施。10岁之后，应采取治未病的措施。

（1）未病之防

①避免超过30分钟的强迫体位，加强脊椎和骨连接组织的柔韧性锻炼，使骨连接组织弹性好，韧性强，血流通畅，运行营养物质和运出代谢产物的功能健全，延缓椎间盘的功能性退变。

②避免过度屈伸，过度负重和避免机械性创伤。

③用枸杞子2粒，苡仁2粒，每餐前嚼食一次。

④制黄精15g，杜仲15g，狗脊15g，猪蹄1只，炖服三天，每10天一次。

（2）初病之治

①晨起活动，旋腰、屈伸、杠架上悬吊摇摆，循序渐进，适可而止。

②推拿、按揉。

③服熟地苁蓉汤：熟地30g，肉苁蓉15g，锁阳15g，鸡血藤50g，骨碎补20g，地龙20g，丹参20g，乳香15g，没药15g，白龙须10g。二日一剂，八剂为一疗程。

（3）重病之治

①醋酸曲安奈德注射液25mg；盐酸布比卡因注射液0。375g%20ml；20ml注射器1具，抽取混匀备用。

②患者取患肢在下侧卧位，在CT定位病椎的上一椎间隙作圆心，常规消毒，20cm2，铺无菌手术巾三层，取消毒有蕊穿刺针，从中路或侧路穿刺硬膜外腔，成功后抽出蕊心，换上药液注射器，负压抽吸无血及脑脊液后，缓慢注入药液，从内面加压分离卡压点，并消尖镇痛。

③针刀松解病椎间盘紧张之纤维组织。减张疏松为外洗涤开路。

④曲克卢丁注射液60mg；正肾上腺素注射液0.2mg；0.375%布比卡因注射液40ml；50ml注射器1具，抽取上液混匀，沿病椎棘突二侧各自刺入至横突板，回退1cm，加压、分三点注入药液。从椎外组织液压分离，正压髓核回纳，并消炎镇痛。

⑤20%甘露醇250ml，60滴/分静滴，每日1次，连用3日，从循环通路用高渗法迫使椎间盘和髓核脱水回纳。

⑥骨泰注射液100mg+10%葡萄糖250ml，60滴/分静滴，每日1次，连用3日，补充微量元素，促进病灶修复。

⑦青霉素钠800万国际单位+盐水250ml，皮试阴性后60滴/分静滴，每日1次，连用3日。抗菌消尖，预防感染，保障康复。

⑧曲马多片50mg，每日2次或3次内服，连服3日，加强镇痛，放松病人紧张的思想，加速康复。

⑨休息十二天后，如病未痊瘾，重作二次或三次治疗。三次不能瘾者，建议进一步探查，改做直视手术。

(4)缓解期保养

①不负重，不跳高，不急性扭转屈伸，防止机械性复伤。

②酒炒蚕砂，每日热熨患部15分钟。

③服首乌汤调养：制首乌、制黄精、鸡血藤、续断、骨碎补、制燃铜、制乳香、制没药适量煎服。

④镇痛丹：土鳖粉，罂粟子粉各0.5g，装胶币，痛时适量服用。

六、小结

腰椎间盘突出症是一种微循环障碍性疾病。解决微循环障碍是我所的科研课题之一。我所反对加大创伤的硬手术，创新发展内洗涤术。本文突出液压分离。内洗涤特技在保障退变受损组织不再受创的前题下，成功给腰椎间盘突出的病人解除痛苦，促进康复。临床实践证实，效果良好，成就突出，100%不加重病性，100%没有医疗事故，除自动放弃治疗者外，95%以上临床症状解除。

论中国传统医学临诊“十问”

福州林宝栋中医所还春堂　林宝栋

中国传统医学具有五千年历史的民间传统文化，他从老子传儿子，儿子传孙子至现代发展为社会办校授学的两条腿传承与教学途径，传统中医以传承为主，教学为辅即为本末相继到位再发展。临床中医诊断办法主要归纳为四诊即望、闻、问、切，但其中以问诊为前提，以脉诊为主断，望、闻为助诊。

本医长年临床破症济事救生灵于危难，潜心沥血，破症累累，积累了大量丰富的临床经验，并博览古今群书，无论是学术理论还是临床技能均重在融会贯通。对于传统医学阅历宽广，悟及不少医书之精华与糟粕各有所掺，学者应当懂得剔浊纳真，旨在励学与发展，同心同德造福人类社会。兹为再度兑阅与当今高等教育《中医诊断学》教材中的临诊“十问”此项内容亟待适应于临床百病复杂症状的具体应用论治与学术发展的要求，必须来一次改革及更新。本医览于原有的传统中医临诊十问“一问寒热，二问汗，三问头身，四问胸胁脘腹，五问耳目，六问饮食与口味，七问睡眠，八问二便，九问妇女，十问儿童”内容，根据“十问”的不足之处进行修补并按照每一问项的主要与次要、先要与后要、大要与小要、相继及连带要的问诊规律顺序排列和调整，并此本医着重给添补上“三要问”内容，并之阐述如下：

其一要问面对临床上的病患者，“你以前有没有因此病或其它病症动过手术及脏腑器官等有没被切过”；其二要问“你是否患有过习惯性出血如鼻血、吐血、大小便出血包括痔疮出血等状况”；其三要问患者“你近期有痰无痰、痰多痰少、痰浓痰稀及痰的颜色如何”。

相对作此逐项分析敬请鉴阅：“问患者曾经是否动过手术，切除过某脏腑器官没有，譬如曾因某种病症切除过某一段肠子，那就要考虑到该患者日常大小便是否受到影响或失控，用药方面相应考虑到滋润及干涩性能的药味的慎用或禁用。如胃腑或脾脏曾因患某种病被切除过，那就必须考虑到患者的消化系统结构被更变，就应当考虑运用适当的补脾健胃等，选择相适应的药来调制。如果说患者肺脏、肝脏或肾脏等器官被切除或移植过，人体脏腑经验等原始结构被损伤及改变，那就应予多加考虑如何选用相对恰当的方法与药剂进行施治。无论是患者某一脏腑器官被切除或更换都必须相应考虑如何妥当地处方下药。这些第一要问的内容是不容不问的，否则盲目下药会出医疗事故的；第二要问患者有没有习惯性出血的相兼症存在，若患者素患鼻血、吐血、大小便出血或痔疮出血等症状，一旦有这种习惯出血的痼疾未根除，对此类患者处方时尽量避免使用活血化瘀及有刺激性的药物，以免加剧出血的症状发生，而且对病人饮食禁口方面多加医嘱，如禁吃生姜、辣椒、大蒜等刺激性强的食物防止再度出血；第三要问患者平常或近期有痰无痰、痰多痰少、痰浓痰稀、痰的颜色等现象，如无痰为干燥，痰多为脾虚，痰稀为冷，痰浓为热，痰白为寒，痰黄为湿热，痰带血多为肺或食道及口腔等出血，痰带黑为血瘀等痰的变异与内在证候有着密切的联系，所以俗言道‘痰生百病’之学说。诸如痰核、痰塞、痰阻、痰涎泛滥等现象直接影响人体脏腑功能及其气行则津行的输布和运转，反之气津运转失调导致痰症病变的加剧。例如痰胶凝聚喉中为‘梅核器’症；痰浓积聚脖前而患瘿瘤症；痰团堵于气道导致呼吸困难甚至窒息死亡；痰浊聚于肺部支气管内，支气管道可产生咳嗽与哮喘；痰阻脉道夹内封上涌而患眩晕症的发生等等；风痰夹血上功可至头痛头胀及突患脑溢血、脑中风偏瘫等现象；痰涎垂滴可见脑瘫或脾虚等的外在表现。”综此添补的传统中医临床“三要问”比原来的“十问”更具有着临证必问的重要性。

与此同时把原有的临诊“十问”与“三要问”再结合既病史与家族史和起病的因时因地因人而异，合并调整为传统中医临床问诊的“十三问”，统为一体学说，兹呈如下：“一问头身二问腰，三问胸胁至脘腹，四问饮食及二便，五问睡眠和起居，六问妇女与儿童，七问有无切除过，八问出血九问痰，十问寒热连问汗，十一问耳目鼻喉舌，十二问病史连家族，十三问起因始地人。”

综上所说内容中并首先把腰从一问头身的内涵中独立出来，因为腰在人体身段中起着承上启下的重要作用，腰肾腰椎自成一体，而且肾主阴阳，并主持着五脏六腑的蒸腾气化之人体生命活动的主宰作用，主持着上知与下身的正常沟通与调节活动。肾的精气运转为日常脑髓及四肢百骸提供重要营养物质的补充与代谢的功能，腰为肾之府，居于人体脏腑中具有举足轻重的功用，在发病方面如腰间盘突出、肾结石、肾积水、腰椎管狭窄病变等也具有着独特的疾病发生和影响，所以腰肾理应独立一问，是问诊中的关键一问，并此必须排列在第二问的独立位置。第二原临诊“十问”中的“一问寒热二问汗”，寒热与汗之间具有必然性的连带关系，所以两者可为一问，由于寒热与汗多为只在阴虚内热、气虚不固表及外感风热暑邪的状况下才出现自汗或益汗的发生，只有表证与部分里证伴有着出汗或无汗现象，但大多数病证很少伴有寒热与出汗的症状表现，而且临床上反患有寒热及有汗或汗闭的患者在诉症时绝大多数均会自觉地告诉医者，因此问寒热与汗宜排列在新确立的临诊“十三问”中为“第十问”的位置。第三原“十问”其中的“第五问耳目”，本医认为问耳目应于鼻孔、咽喉与舌动连带发问，相对而言目为肝之窍，耳由肾之主，肺通于鼻，咽喉为五脏六腑之门户和要口，临诊时不得不问之，舌通于心脑。一理外邪入侵或内因发病可常见有鼻塞、或流鼻涕、咽炎、喉痒、咽喉肿痛、咳嗽、哮喘、口臭、口苦等，如出现心脑血管故障等疾病发生好可影响到舌头的伸屈及摆动麻木等相兼症状。对于患者一旦自觉双目干涩刺痛、目黄目红等、耳鸣耳潮耳聋等症状出现，或者说觉得鼻塞、咽痒喉痛、舌头麻木伸不灵，在求医诉症时也会首先告诉医者，因此医者可以在必要的情况下连带问及“四窍”与舌动，鉴此把“五问耳目”加“四窍一舌”融为五官为适宜，摆列于“第十三问”的位置。第四原临诊中的“九问妇女十问小儿”，此二者为常人同样要问的内容之外，妇女要另加问其经、带、胎、产等状况，小孩要问生长发育过程的情况，如换齿、智商、麻疹、天花等以免疫方面的情况如何等等。对于哺乳中的婴儿有时出现母病及子，因此考虑到母子同治的方法，考虑到妇女与儿童虽为问法有所区别，但二者同列为“一问”以便于连带记忆，调整排列本临诊“第十三问”中的“第六问”的位置。第五把中医临诊所谓的既史和家族史合列入兹“十三问”中的“第十二问”，同时把起病的时间、地点及个人的身体素质特点状况合为一问即列入“十三问”，这样才能有始有终，循序递进的对患者进行全面具体连贯地采集患者整个发病过程的病案资料，为八纲辨证奠定了前提内容，再经过脉诊的鉴定与核对以便于临床上对症处方的准确辨治。第六原临诊“十问”中的“第六问饮食与口味”，实际上问饮食已包含口味在内，然而饮食应于二便连带诊问，因为先有饮食后有二便，二便主要是受饮食的影响而产业变化，所以二者是不可分割的，而且“此问”占患者及常人日常生活中的重要部分，因此把饮食及二便排列在本临床“十三问”的“第四问”的位置。第七原中医临诊中的“七问睡眠”应于起居相并论睡眠与起居合问可包括问及睡眠的质量和时间，如什么时间入睡，什么时间起床，睡眠中有无梦，梦多梦少，睡中有没惊醒，有没酣睡不醒，睡梦中是否有神志昏沉、胸口闷痛等症状出现；如患者是小儿，还需问及有没夜啼、尿床、咬牙、趴睡、梦语等症状。因此本临诊“十三问”中把睡眠与起居结合为一问排列在紧次于饮食与二便的位置即为“第五问”。

综合所述即本医所确立的传统中医临床“十三问”学说内容，根据临床医学的发展与发病与诊治的现实需求在原有的中医临诊“十问”内容中进行调整和添补，并把既病史及家族史和起病的因时因地因人而异及现在症状结合为一体组成兹确立的临床中医问诊“十三问”学说，以适应临床上面对各种各样的常见病、疑难病的准确问诊，具有重要的意义和参考价值，以资广大临床医者同仁志士得以领悟以借鉴，共同为振兴发展祖国传统医学及造福于社会广大求医群众。

内服中成药外敷扶正堂膏治疗股骨头缺血性坏死

广西桂平市中医院科研室 蓝世隆 蓝 钢 吴 骏 黎瑞英

【摘 要】内服健骨丸、抗痨丸，复方骨髓胶囊。外敷扶正堂膏，五天更换敷料，连续治疗3个月为一疗程，评定疗效。结论：内服健骨丸、抗痨丸、复方骨髓胶囊，外敷扶正堂膏，治疗股骨头缺血性坏死，疗效较理想。

【关键词】健骨丸；抗痨丸；复方骨髓胶囊；扶正堂膏；股骨头缺血性坏死

股骨头缺血性坏死是一种常见病，但难以治愈的顽疾，目前一般医师主张手术切除坏死股骨头，置换成不锈钢的股骨头，经5-10年后又有重新转换新的股骨头，这种方法成功率高，但医疗费用高，手术痛苦大，一般患者难以接受。而用健骨丸、抗痨丸及复方骨髓炎胶囊内服扶正堂膏外敷是笔者的祖传秘方，加上本人40多年验证基础上升发研制用于治疗股骨头缺血性坏死的中成药。从1996年至2007年6月，10年间，用健骨丸、抗痨丸及复方骨髓炎胶囊内服，扶正堂膏外敷治疗股骨头缺血性坏死96例，总有效率为86%，现报道如下：

一、临床资料

用本法治疗观察患者96例，年龄在8岁-76岁之间，男性56例，女性30例。按Fi-cat氏分期法、I期31例，II期42例，III期33例，全部病例均经全面体检排除其他疾病．并用X线摄片或CT检查证实。

二、治疗方法

1、健骨丸(海马、鹿角霜、黄精、熟地、血竭、入地射香、淫羊藿、仙茅、蜜糖等32种中草药研制而成)滋补肝肾，健身壮骨，舒筋活络。

2、抗痨丸(百部、炙甘草、不出林、黄精、桔梗、苦参、白鸡屎、蜂蜜)杀菌灭菌，化痰止咳，消炎止痛。

3、腹方骨髓炎胶囊(制巴豆仁、抗痨散、蜜腊)、补血益气、提高正气、增强人体免疫力。

4、扶正堂膏(血竭、乳香、没药、田七、十八症、通城虎、桐油、金耳环、丁香、麝香等51种中草药研制而成)活血化瘀，消肿止痛，改善局部血循环。

5、用法：健骨丸、抗痨丸，每天3次，每次各服1丸，开水送服，复方骨髓炎胶囊，每天3次，每次4粒，开水送服，忌咬破。

扶正堂膏于患部外敷，隔3天更换新药，连续治疗3个月，一般治疗1-2个疗程能治愈，治疗期间要卧床休息，禁止负重行走，忌服萝卜及酸辣食物。

6、疗效标准

治愈：疼痛完全消失，活动后无疼痛，临床检查功能正常，X线摄片显示已坏死的骨质复活，骨小梁连续完整，骨密度均匀；有效：疼痛完全消失，骨修复明显，坏死已明显减少；

好转：疼痛减轻或活动有转微疼痛，临床功能尚可；无效：治疗病情无变化或加重。

三、治疗效果

在96例中，治愈46例，显效18例，好转14例，无效18例，总有效率为86%。

典型病例

1、刘某，男，7岁，右髋部酸痛，行走肿痛加剧，被迫卧床休息6个月，请当地中草医治疗无效，于1995年6月到本所求治、检查，患肢比健肢缩短3厘米，坐腹股沟处有压痛，X片显示：右股骨头骨密度不均，呈虫蛀样改变股骨头，变扁平。诊断：右股骨头缺血性坏死。医者到患者家中，令患者平卧，患肢用粘胶布水平牵引，限制下地行走6个月，内服健骨丸、抗痨丸，每天三次，每次一丸，复方骨髓炎胶囊4颗，每天三次，开水送服，局部外敷，九皮膏，3天更换新药，连续用药半年。

2001年6月到本所复查，患者步行正常，两下肢等长，摄X片示：股骨头外观正常，骨密度均匀。

2、梁某某，男，35岁，右髋酸痛麻木，走路疼痛加剧，被迫借用双拐杖走路2年，于2005年6月5日到本所求医，检查，患者面黄消瘦，痛苦面容，右髓部有压痛，无波动感，患肢比健肢缩短2.5厘米，X片示：右髋关节模糊不清，股骨头变扁，骨密度不均匀，诊断股骨头缺血性坏死。Ⅱ期，医者在患者家中，令患者平卧，患肢用粘胶布水平牵引，禁止下地行走。内服健骨丸、抗痨丸各一只，每天三次，开水送服；扶正堂膏外敷，5天更换新药，连续用药半年，2006年右股骨头圆球状，髋关节清晰。

四、体会

本病的本质是正虚邪实。由于劳动或饮酒过多，淤血痹阻，经络不通，加上发病后治疗不当，长期滥用激素或抗生素，致使人的抵抗力低下，病延日久，气血不足，肝肾亏损，精血衰微，不能荣润筋脉，注于骨络。由筋脉骨络失养，致使股骨头缺血性坏死。宜选用滋补肝肾、强筋壮骨、提高正气的健骨丸及用具有补血益气，提高人体免疫力的复方骨髓炎胶囊内服，不但能达到消炎止痛，而且使人体免疫力增强，促进坏死的骨组织再生，预防复发。扶正堂膏外敷，药效直到病区，温通经脉，舒筋解痉，血流通畅，精血旺盛，肝肾得养，骨得填充，故坏死之骨得到修复而自愈，健骨丸、抗痨丸及复方骨髓炎胶囊合用，外敷正堂膏，内外兼治，达到扶正驱邪，标本兼治的目的。

参考文献：略

浅谈传统中医药发展的实际体验

永州市冷水滩区福寿康科技开发有限公司　潘寿砖　张翠娥

【关键词】中国文化；国学\国医；抗原；生物医药；免疫增强剂

古往今来，植根于传统，万事万物，肇始于阴阳，阳者基于实践与尝试，阴者基于理论及创新，通俗的讲，国学国医的发展是在口尝、身受、实际体验中不断的发展壮大，最终形成自己独特的理论体系，指导临床，实用于临床，为人类的生殖繁衍做贡献，而今中医创新理论的发展仍以古今中外理论为基础、为蓝本。

重组基因及中草药配对是依据笔者的发明专利，经过多年临床经验总结而成治疗慢性疾病的处方（1）黄芪、白术、三棱、水蛭、䗪虫、莪术、肉桂、干姜、附子、柴胡、枳壳、青皮、陈皮、厚朴、鹿茸、杜仲、锁阳、苁蓉18味药组成，温理之活、阴阳双补。用于因采用（厌氧、细小、胞疹、琏球、支原体、羊痘、口蹄、）

等抗原所产生寒化症具有温经通络、清阳升举、祛风燥湿之功。（2）红花、桃仁、郁金、厚朴、陈皮、麦冬、猪苓、茯苓、黄连、知母、石膏、柴胡、远志、川贝、桔梗、丹参、青皮、枳壳18味药组成凉理渗之活、滋阴降燥。用于因接种（丹肺、新支）时所出现的热化症，具有活血通络、滋阴降燥、导湿热于小便而下之功效。

一、一般资料

用上方治疗慢性病50例，其中单独使用生物治疗38例，生物与处方（1）治疗的10例、生物与处方（2）治疗的2例。50例中男性23例，女性27例，年龄最大70岁，最小9岁，以28—55岁发病率最高占70%，未病10例占（20%）、亚健康30例（60%），高危病人10例（20%）。胃疼伴肝病10例，妇科病症10例，皮肤病6例、椎间盘7例、癌症6例、癌胚抗原阳性1例、胃疼10例，经化验确诊为胃病者3例、癌症6例、癌胚抗原阳性1例、妇科病症5例、肝病3例、椎间盘3例，未经化验的：39例。

以温理之活、阴阳双补为基本方法（不包含生物配对、重组基因），水煎服，日一剂，结合中医望、闻、问、切四诊并用，了解患者目前疾病的情况，结合病原学及现代病原流行学、异性病原流行学（动物疾病）对机体细胞的特发性及亲和性，从而对病因的基本拟定，采取当前细胞学图片检查和具有更高特异性的标本筛查即杂交斑点的基因检测芯片等检测方法，检测该病例机体内有上述特异性的标本基因后，接种时，其对该基因所对机体产生的生物活性效应而采用不同的中药处方，偏寒则用温理之活（3-9副），偏热者采用凉理渗之活（1副），视情而定改用温理之活。基因一般采用联合治疗方法，一种抗原注射后3—7天可采用异性抗原，15-21天待抗体形成后视情而定再次加强某一抗原，高危病人需多次加强。如细菌链球有多种血清型存在可出现交叉免疫的表现。该法不能用于机体极度衰竭的病人以免加速死亡程度，观察时间为两年。

二、治疗标准及效果：

痊愈：症状全部消失，经化验血象正常，随访5年没有复发。基本痊愈：病人典型症状消失，化验外周血象正常，但仍有某些基因需要加强，有神经功能症的存在，但不需要支持性治疗。缓解：肿胀尚存，痛麻减轻，检验时与前期病理相比，各项病理指标有所改变。无效：接种多种抗原后，症状未见好转或者加重了的，视该病人的抗原无法检测。治疗效果见表一：

表一：50例慢性疾病治疗的基本情况

病种＼比例＼名称	例数	痊愈	基本痊愈	缓解	无效	有效
胃病	10	6（60%）	3（30%）	1（10%）		90%
胃病伴肝病	10	5（50%）	4（40%）	1（10%）		90%
妇科疾病	10	6（60%）	3（30%）	1（10%）		90%
椎间盘突出	7	5（78%）	2（22%）			100%
皮肤病	6	3（50%）	2（33%）		1（17%）	83%
癌症	6				6（100%）	
癌症抗原阳性	1		1（100%）			100%
合计	50					

50例中，对有化验检测确诊的16例病案中的表现：胃病、胃病伴肝病、妇科疾病、椎间盘突出、皮肤病、癌症、癌症抗原阳性。其治疗结果如下：痊愈2例，基本康复的6例，缓解2例，无效6例。

一、现以肝经病变为例分析如下：

祖国医学认为肝的生理功能是主疏泄、藏血、肝喜达条而恶抑郁，为脾输津，开窍于目，其华在爪。临床慢性疾病或多或少，无不涉及到肝，而肝胁作痛做胀，腹内结块有形可证，时有发生，病在血分，证有湿热、寒湿、瘀滞、痰浊。聚散无常，痛无定处，病属气分，多因肝气瘀滞或食滞痰阻所致。现代医学认为肝脏慢性弥漫性病变，其病理特点为肝细胞变性、坏死、纤维组织增生及肝细胞再生，从而发生形态及肝脏结构紊乱。从病原学的观点认为到有乙肝病毒、大肠杆菌、厌氧杆菌，单核性细胞增多症及异性抗原（新枝、羊痘、口蹄）待上述抗原进入机体后所形成各种生物活性效应（内毒素、外毒素、缓激肽、B肽、乳酸）等导致体现出中医内科提出的寒、湿、粘、硬、凝、浊等变化，也就是说，根据客观临床事实的表现，即病症与病原体对机体内细胞的特发性、好发性、选择性及亲和性的“病症对应”。当然生物治疗在一定的条件下对机体而言是有害的，只有认真对待已发的各种病态加以科学分析和辩证，现结合本草学、现代药理学对症配合治疗共同维护患者的生命安全是有效的，这一观点已得到了临床证实。那么用已知的抗原来检测被检血清中特异性的抗体，是符合中医学发展的必然趋势。现结合实际案例来试述三者的有机结合：

患者刘某某，女，湖南省祁阳县人，肝炎伴胃病、癌胚抗原阳性于2008年2月4日接受该生物性治疗。于2008年6月复查，各项病理数据有所改变。回访于2008年11月8日身体基本上康复，但仍有一种，二种病理因素存在或因某些基因的活跃须要加强的表现，如乙肝表面抗原阳性经治疗后转弱阳性，时后没有再接受肝炎治疗，此例患者有上消化道出血的表现，采用羊痘后而出现一次草绿色的大便，可见有瘀胆性肝炎的存在。（复查于2008年5月肝内可见6×5mm的钙化消失）。祖国医学则认为积聚湿热症。于2009年1-3月没有采用福寿康科技开发有限公司的生物治疗，采用苦寒清热中草药其结果表现为恶心，食欲减弱。于2009年3月28日不得不再次接受福寿康科技生物制品羊痘治疗，上述所症有好转，现有食道及后背灼痛的感觉，病理报告显示有食道溃疡疤痕及胃糜烂的表现，2009年4月13日采用链球多价，所出现心烦口渴、全身酸痛、失眠等症，中医认为湿热雍盛、痰浊阻络病位在脾胃涉及到心、肝、肾，病机为心失神明、营血不足、本虚标实、肝气郁闭等表现，药用处方一加减，加强于2009年5月19日链球多价后，经过剧烈的变态反应，腰背及两胁胀痛，后经纠酸扩容，血管活性物质及中草药综合治疗后，回访于2009年12月8日，心肾不交及黑便基本消失，此例患者经一年零十一个月后，病情基本稳定，基本康复。

患者钱某，女，永州市人，经永州市疾病预防控制中心检测为乙肝大三阳，谷丙转氨酶及谷草转氨酶增高，有肝外疾病的表现，下肢有大量的豆疹样免疫结节，初期表现为小粒血点及后出现绿豆大的血泡，并有溃疡结痂，少腹胃脘及两胁胀痛并有黄疸，咽干口燥，小便赤短，腰背疼痛，目眩耳鸣，乏力气短，舌苔黄，大便干燥，脉数无力，可视为湿热内结症，于2008年8月21日，接种羊痘及处方一加减，复查于2008年9月6号，总蛋白上升，谷丙转氨酶及谷草转氨酶下降，胆红素下降有好转。

患者张某某，男，湖南省永州人，于2009年11月21日永州市第三人民医院B超诊断，肝实际回声，肝内管壁纤维化声像，胆胰正常声像，胃炎，胃排空下降。双肾内多个强光点反射性质待查，考虑小结石声像，双输尿管未经异常声像，建议治疗后复查。主诉大便燥湿相济，口干粘苦、头晕、小便色黄、右下腹及右后背做胀做痛、胃脘做胀反酸、振寒支冷、舌苔微白黄，可视为寒湿郁痹、肝气郁结，由寒致热的病理变化。于 2009 年 12 月 6 日接种厌氧杆菌，处方①回访于 2009 年 12 月 8 日，接种处疼痛外，其上述所症得到缓解，回访于 2009 年 12 月 29 日，腹痛减轻、食欲增加，要求再次加强，有待于进一步观察。

综上所述，人体是个有机的整体，内在脏腑的变化可影响到全身，全身的病变也可以反应于某一局部，例如胃病可视为某一抗原的病变，胃体、胃角、胃窦、粘膜红斑渗出性改变，十二指肠球部溃疡等提法，实际上不止一脏器的病变，其生物毒素（内毒素、外毒素）所产生一系列的生物活性效应（寒、凝、粘、硬、痉挛等）及表现的临床现象：1、各种生物酶的存在引发血管内壁纤维蛋白功能亢进，消耗凝血酶原及血小板形成 DIC（淤血、出血）。2、肝生化保护性合成能力降低，各种激素灭活能力较差，大量的异性蛋白存积在体液中而引发肝性脑病等（肝风内动，气逆）。3、内分泌功能失调引发三大物质基础代谢异常，出现粥状硬化内壁网状损伤形成各种各样的皮疹（气滞）。4、由于植物神经及副交感神经的功能紊乱引发血管收缩紊乱，同时体内的体液质和量发生了改变，形成各种不同程度的心肌代偿的存在或存在心脏自身的病变（气虚、气陷）。各种基因作用机体内主要病机表现有：（1）为肝脾失调，肝失疏泄，脾失健运，本虚标实，视病情而变，顾及寒热，形成温理之活，阴阳双补，标本兼治的治疗法则；但严重腹水者、肝硬化者、少尿者增加渗水利湿之品，以防气血上逆出现大厥；（2）心肾不交、阴虚火旺、阴不及阳、胃气不和，责当治肝肾，从而形成凉理肾之活、滋阴降燥的治疗法则，但此方不能久服，以免化燥伤阳。（3）病于初期，寒热袭表，营卫失调，气滞失畅，表现发热无汗，湿热同病，则当采用凉理祛湿之剂。理病已久，脏腑功能失调，久病体虚，寒热内结不解，湿痰浊阻，阳气郁结，寒湿同病，尤以气滞血瘀的表现，故治气血同病为主。生物治疗法起源我的晋代葛洪，他在《肘后备急方》中记载了天花、狂犬病的种种地症状及治疗方法，却是毋容置疑的事实，这也是世界医学上第一次对上述病症的记载，同时认为人之所以会有疾病，是与外界环境有关系的，甚至还认为可以用病犬的脑髓作用于人体，使人从此不再患上狂犬病，这也是世界上第一次正式提出并实施的“免疫”学。我在此斗胆放言，只有弘扬优秀中华文明的传统思想为世界广泛接受和推崇，才是世界文化真正复兴的时代。真正做到返璞归真、回归健康的时代，让我们在已有的基因图谱及理论的指导下重新定位中医药发展的模式，即传统中医药家谱中增加新的一员——生物医药。

参考文献：略

浅谈中医中药临床研究抗衰老的体会

云南省德宏州潞西市光　诊所　李荣昌

【摘　要】随着人民群众生活健康意识的不断提高，生命健康需求不断增加。中医、中药、养生抗衰老开始呈现不间断热潮。目前，老龄化、抗衰老，可以发现较为重视，“保健”、“养生”也会助于社会主义精神文明建设。

【关键词】中医药；抗衰老；中医世家

随着我国经济发展，各项科学速度的加快，人民生活不断提高，有了良好的生活、生命质量，不仅是个人和家庭的幸福。而且为国家和社会减轻负担，增加财富，也是社会精神文明的重要体现。研究老龄化的生活中，吃饭、穿脱衣服、锻炼等都是生活责任事件，离退休、配偶、严重疾伤，配偶不和，生活受挫折、子女不和、邻居不和、经济困难，严重自然灾害等，是心理卫生差，有了严重影响，导致提前衰老。

归纳中医养生、保健，自古以来是养心与养生，重视形神共养的层面，对中医养生文化传统中医道德品性修养方面的关注更是微乎其微。中国传统哲学强调自然是一个普遍联系的整体，认为天地万物都不是孤立存在的，它们之间是互相影响、相互作用、相互联系、相互依存的。因此应从人和自然、人和社会的关系中探讨人体的健康与疾病。

一、老年人衰老的机制

从出生到死亡的存活时间即为寿命，一个人能达到的自然寿命称为寿限。二十世纪八十年代以来，我国的人口老龄化逐渐加快，60 岁以上的老年人迅速猛增，1999 年底，我国老年人总数已达 1.2 亿人，约占全球老年人口的 25。5%，目前上海 60 岁以上老年人已达 236 万，占人口总数的 18%以上，是我国最早进入老龄化的城市。我国目前老年人口绝对数为世界之最。

2000 年我国 60 岁以上老年人口达到 1.3 亿，超过 10%，2030 年将达到 20%，由于年龄本身就是许多老年病的危险因素。因此老年人口的增多，必然伴随着老年性疾病的患病率急聚增高。1999 年上半年国家有关卫生部门公布的资料显示，我国高血压患病率已达 1.1 亿，患病率约 9.2%，其中 60 岁以上老年患者约 4000 万人，老年高血压患病率约 33.3%，冠心病患者约为 6000 万人，推算老年冠心病患者约 1800 万人，占冠心病患者约为 15.0%。目前糖尿病患者约 2500 万人，并按年龄增加 5。5%的速度增长，其中老年糖尿病患者约 960 万人，患病率约 8.0%。根据流行病学调查测算，我国每年新发脑卒中 120 万-150 万人，死亡 80 万-100 万人，目前全国现有脑卒中致残者约 500 万-600 万人，还有癌症等其它的疑难疾病，绝大部份都是老年人。

二、衰老的病因病机变化

人体是一个有机整体结构，成为具有一定形态和功能的结构与器官、如：心、肝、脾、肺、肾、大肠、小肠，分为运动、消化、呼吸、泌尿、生殖、循环、内分泌、感觉及神经九个系统。这些系统，不断的工作几十年，到了一定的年龄和时间，会产生变化，平时靠自身的维护、保养，否则提前衰老，在加上一年四季都有外感风邪的特殊影响，引起脏腑功能失调，如六淫、风、寒、暑、湿、燥、火，还有精神面貌、思想状况都有着很大的影响，即：七情、喜、怒、优、思、悲、恐、惊。由于长期精神受到刺激或创伤，就会引起体内阴阳、气血的失调，脏腑经络功能活动紊乱，从而导致疾病的发生和衰老。

机体的各组织器官，有藏精气，主消化、血液、吸收和排泄的生理功能，同时皮、肉、筋骨及口、目、耳、鼻等组织器官，也是通过脏腑经络的动能活动，而得到气血、津液的需养。气血津液旺盛，皮毛润泽，面部红润，皱纹减少，精神强壮。气血津液不足，身体差，身体健康、皮毛干燥，白发增多，面色微黄，皱纹增多，耳聋、眼花、腰酸背痛等，是生理衰老的特征。还有认为衰老对神经元有关激素的功能下降，是衰老过程的重要环节，下丘脑垂体，肾上腺，又如机体的“生物钟”，是调节衰老过程的主要场所，衰老是神经内分泌系统的功能变化，导致或调控着全身功能的退行性变化。

随着年龄增长，免疫系统功能下降，T 淋巴细胞功能下降，引起自身免疫疾病增多。糖代谢、蛋白质代谢、脂肪代谢，引起缺血性的脑中风、脑出血。这种慢性病长期发展，可以累积多个器官的损害，衰老而死亡。

三、衰老与药理作用

依据《中华全国中医药学》、《黄帝内经》、《伤寒论》、《金匮要略》、《神农本草经》《温病条辩》、《中医诊断学》、《中医学基础》、《中医内科学》等，临床的常用药对老龄化、衰老、保健是有特殊的功效。如：人参：对中枢神经系统是强有力的兴奋剂，改善失眠、健忘、益汗等作用；红参：是人体血红蛋白上升，补气养血，红细胞稳步增长，节约血源；白术、灵芝、补骨胎、女贞子能升高白血球；三七：对抗脑垂体后叫素，所到的急性心肌缺血起预防作用；大枣：含有丰富的维生素 C；黄芪：含有叶酸、蔗糖和淀粉。

笔者在临床研究实践中发现，纯天然中草药对男女保健，养生抗衰老，经数十年的总结配方组合五十多味中草药抗衰老，有显著疗效。纯天然中草药，能促进电解质调节，增强脏腑的免疫功能，兴奋骨髓造血功能，增强机体细胞的再生能力，改善循环系统的影响，在增强机体抵抗能力方面作用相当广泛，促进肾上腺皮质激素，预防有害刺激因素的抵抗能力，加强大脑皮层的内抑制过程，却能增加体力或智力工作的效能。临床长期应用，无毒、无副作用、不但毒性较低，而且不引起兴奋，不扰乱正常的睡眠，全是向着对机体有利的方向进行，协作转化水谷精微。

《黄帝内经》“治已病治未病”一是未病先防，一是即病防变。人体疾病的发生，有内因和外因两个方面，但对内因更加重视，内在的抗病能力，在相同的外因条件下，有人得病，有人则不得病，所以“正气存内，邪不可干”。

根据继承传统中医药理论，“辩证论治”、“理、法、方、药”为基础，结合数十年的临床体会，纯天然中草药，抗衰老“培本扶正”、“活血化瘀”、“补中益气”、“通理功下”，对老龄化的保健养生，延缓寿命，是非常理想的。

四、临床资料和方法

衰老是自然界不可抗拒的规律，组织结构也不例外，只要加强自我保健，养生，预防，就完全可以延缓衰老，延长寿命，减少多种疾病的发展，病情可以缓解。高龄患者不论患何种疾病，都容易发生意识障碍，脑血管硬化，血压改变，感染、毒血症和电解质紊乱等，笔者研制的纯天然中草药帮助你从功能上恢复健康。临床应用患者 90 余例，其中男性 47 人，女性 43 人，年龄最大 75 岁，年龄最小的 38 岁，临床都有想当比例的患者，观察对象随机分为对照组和治疗组两组，一般情况详见表 1。

表 1：治疗组与对照组二组人员的一般情况（n=90）

项目	保健 治疗组 （n=8）	(n=14) 对照组 (n=7)	保健 治疗组 (n=10)	(n=20) 对照组 (n=10)	抗衰老 治疗组 (n=13)	(n=24) 对照组 (n=12)	健美 治疗组 (n=10)	(n=20) 对照组 (n=10)
性别								
男性	3	3	4	4	9	7	5	4
女性	5	4	6	6	4	5	5	6
年龄								
38—45 岁	6	4	5	6	7	6	6	5
45 岁以上	6	3	5	4	6	6	4	5

经临床检验，两组年龄、性别、病情均具有可比性（P＞0.05）

五、治疗方法

将上述复方中草药，按上述配方将原料药炮制浓缩合格，称量配齐，混合并粉碎成细粉末，压成片或散。对照组服用：“完美产品”

每天三次，每次15-20克（3-4袋），治疗组服用本发明的保健，养生纯天然中草药，每天一次，每次1.2-2克（3粒）一般不分疗程，灵活应用。对照治疗两组均按相同疗程，连服几个疗程，且在服药期间停止服用其它相关药物。

六、观察方法

服药期间，包括症状、体征改善情况，无不良反应，精神明显改善，无疲痨、骨质疏松恢复，绝经改善，肾功能增强，脸色红润，皱纹明显减少，运动不会疲痨、美丽。

七、疗效评判标准

1、疗效标准：治愈：精神改善，明显皱纹减少，体力恢复；显效：临床主要症状明显减轻，体力部分恢复；有效：主要症状减轻，体力没有恢复；无效：症状没有减轻、体力差。

2、统计学方法：计数资料采用补法是治病求本的措施之一，疾病与衰老是一个复杂的矛盾过程，临床表现千变万化。总有效率=治愈率+显效率+有效率。

八、结果

1、保健、养生、抗衰老、症状改善情况见表2。

表2 保健抗衰老改善情况（15例）

	治愈	显效	有效	无效	有效率
治疗组	8　1	2	3	2	75。00%
对照组	7	1	3	3	57。12%

治疗组疗效明显优于对照组（P＞0.01）

2、不良反应：治疗组患者无不良反应发生，对照组患者有燥热等不同程度症状。

临床治疗情况，鉴于我开办的是个体诊所，研究的纯天然中草药，保健、养生、抗衰老的课题是在没有任何外授条件下进行完成的，接受治疗的患者亲自就诊，跟踪服务而回访效果的。数十年来临床实践体会。研究出对老龄化、抗衰老的天然中草药、养血、养胃、补气、生精、化瘀、安五脏六腑、增强免疫力等特点。

由于继承传统中医药文化，经历了四十余年的艰苦斗争，到了今天，虽然如此，因我们水平有限，难免存在着这样那样的问题，期望得到同行、专家及有关人士提供宝贵意见，以便加以完善更好的造福于人类健康长寿。

强化生活方式干预对2型糖尿病疗效观察

郭立新[1] 张丽娜[1] 李　慧[1] 潘　琦[1] 王晓霞[1] 孙明晓[1] 周迎生[1] 迟家敏[1] 汪　耀[1] 李丽慧[2]

[1]卫生部北京医院内分泌科，[2]北京耀华康业科技发展有限公司

【摘　要】目的：探讨饮食，运动生活方式干预对2型糖尿病患者治疗的疗效。方法：选择无运动禁忌症的2型糖尿病患者65名，随机分为生活方式干预组（32人）和普通治疗组（33人），检测患者空腹血糖（FPG）、胆固醇(TC)、甘油三酯(TG)、低密度脂蛋白胆固醇(LDL-c)、高密度脂蛋白胆固醇(HDL-c)、体重指数(BMI)、糖化血红蛋白（HbA1c）及血压等指标，前后自身对照及组间对照评价其治疗效果。结果：(1)与单纯药物治疗组比较，生活方式干预组患者的体重、BMI、舒张压、FPG、HbA1c控制明显优于普通治疗组（P ＜ 0。05)。(2) 经过干预治

疗后，2 型糖尿病患者的体重、BMI、血压、FPG、HbA1c 极显著下降（P＜0。01)。(3）干预治疗组血脂谱有改善趋势，但缺乏统计学意义。结论：严格的饮食控制，适量的运动干预能更有效地控制糖尿病患者血糖、糖化血红蛋白、血压和体重等危险因素。

【关键词】生活方式干预；2 型糖尿病；饮食；运动

2 型糖尿病在我国的发生率逐年上升。糖尿病的治疗需要综合治疗，饮食控制，运动疗法是糖尿病治疗的重要手段，并日益受到人们的关注。部分糖尿病患者和临床医师对生活方式改进（饮食、运动治疗）的重要性认识不足，糖尿病患者对生活方式干预的依从性远低于药物治疗。本文对 65 名 2 型糖尿病患者进行生活方式干预治疗及药物治疗疗效的观察研究，以了解生活方式干预治疗对糖尿病综合控制的影响。

一、研究对象和方法

1、研究对象

糖尿病患者选自 2004 年 3-2004 年 8 月在北京医院内分泌科门诊就诊的 2 型糖尿病的患者。糖尿病的诊断及分型标准依据世界卫生组织（WHO）1999 年标准， 排除有运动禁忌症者，共入选符合标准者 65 例。其中男 36 例，女 29 例，年龄 38-73 岁，平均 56±8 岁。将入选者随机分为干预治疗组及普通治疗组。其中干预治疗组（简称干预组）32 人，普通治疗组（简称普通组）33 人。表 1 为治疗前基础临床数据的比较，各入选的临床指标在试验前无统计学差异，具有可比性。

表 1　治疗前干预组与普通组临床指标比较（x ± s）

	干预组	普通组	P
体重 kg	71.75±10.22	76.03±12.87	0.14
体重指数（kg/m^2）	26.49±2.81	27.72±4.14	0.17
收缩压 mmHg	125.62±15.78	126.27±16.33	0.87
舒张压 mmHg	79.46±10.16	77.27±10.92	0.41
空腹血糖 mmol/L	8.61±3.07	9.73±2.05	0.09
糖化血红蛋白（%）	8.60±1.13	8.41±1.42	0.32
胆固醇 mmol/L	4.74±0.67	4.69±0.56	0.48
甘油三脂 mmol/L	1.63±1.28	2.07±1.11	0.15
高密度脂蛋白 mmol/L	1.09±0.47	1.20±1.20	0.63
低密度脂蛋白 mmol/L	2.67±0.81	2.84±0.63	0.35

2、研究方法

（1）干预治疗组的患者在原药物治疗基础上进行糖尿病基础知识教育，糖尿病饮食及运动指导，包括量化饮食治疗及量化运动治疗。根据身高、体重及工作强度计算每日所需热卡，制定个体化的饮食处方，严格饮食控制。量化运动治疗包括根据患者病情拟定运动量，根据患者的年龄、病情选择快步走，慢跑，爬楼等耐力型有氧运动。使受试者掌握常见日常活动、锻炼与热卡消耗之间的关系。要求年龄大于 70 岁者每天运动量达 300kcal；小于 70 岁的患者每日运动量控制在 300kcal 以上。采用 UX-02 型运动能量监测仪（北京耀华康业科技发展有限公司）监测每日总热量消耗，治疗期间由专职人员进行一对一督导，包括饮食、运动、不良生活方式改进、健康心理指导等，根据监测结果调整干预治疗方案。干预治疗时间为 12 周。

（2）普通治疗组患者进行一般性糖尿病教育，维持原胰岛素或口服降糖药物的治疗。不进行强化管理，不监测每日运动能量消耗，不强调严格饮食控制。

（3）疗效评价指标：于开始治疗前及治疗后分别测定两组患者的空腹血糖（FPG）、胆固醇(TC)、甘油三酯(TG)、低密度脂蛋白胆固醇(LDL-c)、高密度脂蛋白胆固醇(HDL-c)、糖化血红蛋白（HbA1c)、体重、体重指数、腰围及血压。

3、统计学处理：采用 SPSS 11.5 统计软件进行统计学处理。符合正态分布的计量资料结果均以均数±标准差 （x̄ ± s）表示，治疗前后的干预组间相同临床数据的差异性行配对样本 t 检验；干预组与普通组之间的相同临床指标行独立样本 t 检验。P 值<0.05 定为有显著性差异，即有统计学意义。

二、结果

1、与普通组比较，干预组患者的体重、体重指数、舒张压、空腹血糖、糖化血红蛋白控制明显优于普通治疗组（P < 0.05)。（见表 2）

表 2　治疗 3 个月后预组与普通组临床指标比较（x̄ ± s）

	干预组	普通组	P
体重 kg	67.77±8.90	76.01±11.25	0.006
体重指数（kg/m²）	25.09±2.07	27.52±4.03	0.013
收缩压 mmHg	117.95±12.01	125.86±18.53	0.087
舒张压 mmHg	71.59±3.89	78.86±7.87	0.000
空腹血糖 mmol/L	6.14±0.99	8.49±2.11	0.000
糖化血红蛋白（%）	6.56±1.69	8.21±1.58	0.000
胆固醇 mmol/L	4.69±0.88	4.34±0.89	0.542
甘油三脂 mmol/L	1.29±0.40	1.94±1.96	0.124
高密度脂蛋白 mmol/L	1.18±0.44	1.20±0.63	0.914
低密度脂蛋白 mmol/L	2.46±0.75	2.66±0.72	0.994

2、生活方式干预组干预前后比较：2 型糖尿病患者的体重、体重指数、腰围、血压、空腹血糖、糖化血红蛋白（HbA1c）呈极显著的下降趋势（P ＜ 0.01)。（见表 3）

3、生活方式干预组干预前后比较：干预治疗后血脂谱有改善趋势（TC、TG、LDL-c 下降，HDL-c 升高），但缺乏统计学意义。（表 3）

表 3　干预治疗组治疗前后疗效比较（x̄ ± s）

	治疗前	治疗后	P
体重 kg	71.75±10.22	67.77±8.90	0.00
体重指数（kg/m²）	26.49±2.81	25.09±2.07	0.00
腰围 cm	89.28±7.91	83.50±7.18	0.00
收缩压 mmHg	125.62±15.78	117.95±12.01	0.01
舒张压 mmHg	79.46±10.16	71.59±3.89	0.00
空腹血糖 mmol/L	8.61±3.07	6.14±0.99	0.00

糖化血红蛋白（%）	8.60±1.13	6.56±1.769	0.00
胆固醇 mmol/L	4.74±0.67	4.69±0.88	0.56
甘油三脂 mmol/L	1.63±1.28	1.29±0.40	0.88
高密度脂蛋白 mmol/L	1.09±0.47	1.18±0.44	0.30
低密度脂蛋白 mmol/L	2.67±0.81	2.46±0.75	0.48

三、讨论

2 型糖尿病已成为严重影响生命质量和预期寿命的慢性疾病。预防糖尿病的发生，改善糖尿病的代谢紊乱控制，延缓其并发症的进程已成为当前糖尿病治疗的的首要任务。运动治疗是糖尿病治疗的基础方法之一。研究显示有效的生活方式的干预治疗可降低糖尿病的发病率，延缓其病理改变进程，对不同类型和各年龄段的糖尿病患者代谢控制均是一种经济有效治疗方法。适量的有氧运动在控制 2 型糖尿病患者的血糖、血脂、血压等多种危险因素方面起到重要作用。

本文显示，与单纯药物治疗比较，12 周后强化生活方式干预组患者的体重、体重指数、血压、空腹血糖、糖化血红蛋白降低有统计学意义，与国外研究结果相近。提示在药物治疗的基础上给予严格生活方式干预对糖尿病的多种代谢异常的改善作用更加明显。鉴于体重指数、血糖、血压等异常状态与糖尿病血管病变密切相关，因而强化生活方式干预对糖尿病血管病变的发生可起到延缓作用。一般认为，通过饮食控制及运动，可限制患者总热量的摄入，增加其能量的消耗，使患者的体重下降，周围组织对胰岛素的敏感性增加，且有效的运动还可提高患者残存的胰岛细胞的分泌功能，促进胰岛素的释放，使肌细胞内葡萄糖的磷酸化作用加强，肌糖原的合成增加，从而有效的控制其血糖，改善机体的代谢。国内有研究显示，对糖尿病患者强化管理可以使医疗费用平均降低 23.6%，考虑到我国糖尿病患者基数巨大，因此在糖尿病治疗过程中进行强化生活方式干预对多种危险因素控制达标，降低医疗花费意义巨大。

国外类似研究提示有效的生活方式的干预对糖尿病患者血脂的控制有益，但本研究中干预组治疗前后血脂谱有改善趋势，但没有统计学意义，考虑可能与本研究疗程较短且样本量较小有关。

参考文献：略

青藏高原局部地区季风气候对人体的影响

四川省新龙县人民医院　张　黎

【摘　要】目的：观察高原地区季风气候对人体的影响。方法：将川藏高原独特的区域性季风气候的产生以及对当地居民身体健康的影响，通过中医学理论进行阐述。结语：运用中医学理论原理对季风气候对人体疾病的防治。

【关键词】川藏高原；区域气候；健康影响

新龙县位于四川省甘孜藏族自治州中部，川西高原与横断山脉的连接地带，平均海拔在 3500 米以上。随着地壳上升、河流的深切和剥蚀作用，构成了深切割高山峡谷、中切割高山、高原低山丘陵、现代冰川及水蚀等复杂地貌特征，形成了独特的气候特点，对当地居民的身体健康带来一定的损害。笔者就气候特征以及

"天人相应"进行阐述，若有不妥之处，望同仁们批评指正。

一、气候特征

新龙县处于北亚热带气候带，由于青藏高原复杂的地形影响，形成了高原季风气候，日照充足，干、雨季分明，雨季集中，干季降水稀少，昼夜温差大，地方性大风明显，垂直气候变化显著。干旱季节从10月至翌年5月，干季后期的3-5月、属干湿季的交替季节，适逢气温回升时段，同时又受青藏高原和西南支气流影响，低层又与来自阿拉伯、巴基斯坦、印度北部的热带气团相配合，造成久晴无雨，空气湿度小，蒸发特别大，达到全年最高峰。历年的气象资料表明：春季(3月1日-5月31日)，平均风速15.2米/秒，相对湿度42%，总降水量88.9㎜，总蒸发量297.0㎜，平均每天降水量1.0㎜，平均每天蒸发量3.2㎜，平均降水量与平均蒸发量之差-2.2，太阳总辐射13.9千卡/㎝2，生理辐射6.8千卡/㎝2，形成了本地独特温燥气候。这些特征与太极气象图中少阳、应一年的春季、一日之早晨，标志气温渐高，气候温暖，对应震卦，风力最强，燥度最大，极为吻合。

二、风、燥二邪对人体的影响

风为春季主气，内通于肝，肝为刚脏，主升主动，风邪作用于肝，致肝阳上亢，出现头晕、目眩、眼干涩等症状。肝气旺则克脾（胃），脾胃虚则运化水湿失职，湿浊内生则泄，再与春季温热之气夹杂，为湿热内蕴留下伏笔。如《素问·至真要大论》说："厥阴司天，风淫所胜，则太虚埃昏，云物以扰，寒生春气，流水不冰，民病胃脘当心痛，上支两胁，鬲咽不通，饮食不下，舌本强，食则呕，冷泄、腹胀、溏、泄、瘕、水闭，蛰虫不去，病本于脾。冲阳绝，死不治。""岁厥阴在泉，风淫所胜，则地气不明，平野昧，草乃早秀。民病洒洒振寒，善伸数欠，心痛支满，两胁里急，饮食不下，鬲咽不通，食则呕，腹胀善噫，得后与气，则快然如衰，身体皆重。"和《素问·气交变大论》说："岁木太过，风气流行，脾土受邪，民病飧泄，食减……。"风邪外袭多自皮毛肌腠而入，从而产生痒疹、风疹等外疾病，正如《素问·风论》所说："风气藏于皮肤之间……腠理开则洒然寒，闭则热而闷。"

燥邪本应为秋之主气，与风邪相互作用，进一步加重燥邪力度，形成春季之温燥。燥性之干涩，最易伤津耗液，故可见口鼻干燥，咽干口渴，皮肤干涩甚则皲裂，毛发不荣等。肺为娇脏，喜润恶燥，燥邪多从口鼻而入，伤损肺津，影响肺的宣发肃降功能，从而出现干咳少痰，痰粘难咯或痰中带血以及喘息等。

天是一个大宇宙，人是一个小宇宙，天地气候无时无刻不作用于人体，病候是反常气候对生命体作用的结果。

三、结语

宇宙运动产生气化，气化形成风、寒、暑、湿、燥、火六气，六气的消长，再形成寒、热、温、凉四季的气候，万物在气候的影响下，发生生、长、化、收、藏的相应反映。自然气候的变化，关系到五运六气的运动，人体生理活动和病理变化，取决于五脏六腑和三阴三阳六气的协调，自然界五运六气的运动与人体五脏六经之气的运动是相通的，因而自然界的五运六气，可以影响人体的五脏六经之气，气候的变化不仅对人体生理产生影响，同时对人体的病理形成干扰。

局部独特的季风气候，导致局部环境阴阳的偏胜偏衰，致肝木亢盛、脾土不足的脏腑阴阳失调。而阴阳失调又是一切疾病的发生、变化的关键，故本地居民容易罹患肝阳上亢、脾土不足以及皮肤干燥、皲裂等方面的疾病，中医学提出"天人相应"和"因人、因时、因地治宜"的理论，因而纠正阴阳偏胜偏衰，抑肝补脾，协调阴阳，也就成为治疗的基本原则和最终目的。(本文得到新龙县气象局的大力支持，在此致谢)

榷议农村医疗改革中发挥中医药优势存在的伦理问题

国家中医药管理局中医药继续教育项目办公室 樊新荣

随着人民经济水平的提高，特别是农村经济的发展和农村医疗改革的实施，更多的农民遇到健康问题开始走进了医院，而不是有病待在家里，等酿成大病不能忍受时才进入医院治疗。但是在现阶段，农村医疗状况还存在许多问题，经济投入、医疗设施等问题都亟待解决，医学伦理方面也是其存在的问题之一。本文就农村医疗改革中发挥中医药优势存在的伦理问题进行简单描述，并对其原因和对策做一榷议。

一、中医学伦理学的特点

中国古代医学伦理道德观念的形成与发展，受到了主宰中国文化的儒、道、佛哲学和宗教思想的广泛而深刻的影响。以“仁爱”和以“孝”为核心的道德规范，“重生恶死，以生为乐”的生命观，“布施得福”、“因果报应”等宗教思想对中国古代的医学道德观念的形成都具有重要的影响作用。其主要特点包括：中医伦理学将社会伦理关系与自然法则、中医理论相结合，构建出了自然和谐的中医道德伦理观念；“以人为本”是中医伦理学思想核心。肯定人生价值，体现在医生对病人的痛苦、处境和命运，往往非常关心、同情和时时、事事把解除病人的痛苦作为医生第一要务；强调医德修养。不为名利金钱所诱、不为权势威武所屈，对待患者要“举乃和柔、无自妄尊”，当有博爱之心，对病人要有真挚的同情心；强调业务素质。但在下面笔者所说的伦理问题都是违背中医伦理学的规则的，背离了做为一名医生的基本要求。

二、农村医疗改革中存在的伦理问题

不论是古代中国和现在西医的伦理学要求，其内容虽然不太相同，但其宗旨是相同的：尽医生自己的所能，为病人谋利益。

实行的新型农村合作医疗制度改革给农村医疗改革注入了生机，也让农民感受到了党对农村医疗状况的关心和支持，从制度上保障了农民享受公费医疗的权益，减少了城乡在医疗制度方面的差距。但是笔者在小范围的简单调查中发现。中央政策是好的，但是下面的政策的执行偏离了中央的指导精神。实际上，新的医疗改革并没有给农民带来真正的利益。真正受益的而是具有合作医疗权利的医院和乡村卫生所，举一简单的例子加以说明，一副治疗中风后遗症的中药，在指定的医疗定点单位价格是 20 元，报销金额是 10 元，而同一处方，在不是医疗定点机构却只要 10 元钱，其价格高原因是多方面的：一是医院和个体诊所的差别，即医院要支付医生、护士和管理人员的工资，及一些日常的开支，收费相对比诊所要多。这是客观存在的，是可以理解的，但是不应该有太大的差距。二是个别单位和个人诊所利用可以报销这一手段故意抬高了价格，从中渔利。这一简单的例子不难看出真正受益的人并不是农民。这第二条原因也正是笔者想谈的关于医学伦理方面的问题。

医生从事的职业，是神圣的，是无私奉献的。早在希波克拉底誓言中已经写到：“我愿在我的判断力所及的范围内，尽我的能力，遵守为病人谋利益的道德原则，并杜绝一切堕落及害人的行为”。中国古代的名医孙思邈的《大医精诚》中也写道：“凡大医治病，必当安神定志，无欲无求，先发大慈恻隐之心，誓愿普救含灵之苦”。而现代许多医生，在经济社会中却不能认真履行，金钱至上的观念在医生的心中牢牢扎根。在医疗改革中，也渗透着这种观念，使得许多农民不能成为真正的受益者。

三、农村中医药运用中存在的医学伦理问题

1、医生医疗素质低，缺乏全面系统的医学知识

中医学可以说是起源于农耕时代，所以其在农村的影响，也比西方医学要深远，应用更普遍，农民从思想上更相信中医。农村也是中医药应用的一个最大阵营。但在农村，真正使用中医药的医生一部分是家传，另外一些则是只有中专或自学、成人教育出身的医生，对医药，尤其是中医药这个博大精深的东西略知一二，没有受到过系统的医学教育。所以，他们本身医学知识的贫乏，难以从更深层次去理解和运用中医药，因而在运用中医药看病时，常常不能灵活的综合四诊，辩证处方用药，而是大多通过一些医书的记载，某方治某病，或从病案记载某病人与其症状相似就用该方治疗。这种只知一二或比葫芦画瓢的做法，偶或一中，但有时根本是药与病相反，造成不良的影响或酿成大病。如在农村药物的运用上，一些药物是必须经过炮制后方可入药，但是由于条件的限制，有些药店根本不炮制，所以，可能医生处方时药物是安全有效的，可是抓的药物的安全性缺乏保证，也会影响到药效甚至危及病人的健康和生命。还有一种情况，有些医生在用药过程中，不明药物的毒副作用，擅用有毒药物，如川乌、草乌在治疗疼痛疾病时效果好，尤其是风湿性的腰腿痛，但该药药性大热有毒，使用时也只可暂用，不可久服，可一些医生不明其理，治疗疼痛性疾病时让病人长期服用，其结果是一病未愈，又添一病，甚则给病人造成终身疾患，这些都是医生本身的医疗水平低下，基础知识缺乏所造成的。这种为了自身的利益，舍病人身家性命于不顾，是有违医学伦理学要求的，这种现象尤其是在医学知识贫乏的农村当中尤为普遍存在。

2、医生为利益驱使，违反用药规则

医生为利益驱使，给病人处以禁忌药或不该服用的药物也是农村中医伦理学中另一个比较严重的问题。早在希波克拉底誓言中就有“我不得将有害的药品给予他人，也不指导他人服用有害药品，更不答应他人使用有害药物的请求。”但是现在的医生为了自己的经济利益却违背了做为一名医生最基本的伦理要求。

中药的组方有君、臣、佐、使的组方原则，药证相符即可治病，单方、对药均是其治疗的手段，也是其省钱的主要原因。但是在“经济利益至上”这一主导思想浪潮的推动作用下，有些医生为了能多获得利润，在方中大量运用不必要的药物。从疗效上说，使药物的作用特异性差，减弱了药物的疗效，加重了病人机体对药物的代谢，不利于病人健康的恢复。另外，增加了病人的经济负担，也浪费了有限的中药资源，这种做法是有违背医学伦理要求的。更有甚者，有些医生为了能够谋得最大利益，不惜以牺牲病人的健康为成本，运用禁忌药物，采用所谓的秘方形式，不公布药物成分对病人过行治疗。如对哮喘的治疗，笔者就曾听某地一治疗方法，号称祖传秘方治疗，疗效奇好，其原因就是在中药中添加了大量激素治疗。但是激素治疗是非严重哮喘的禁忌症，不能长期服用，久服后会产生许多不良反应，如可以引起水、盐、糖、蛋白质及脂肪代谢紊乱：表现为多毛、无力、低血钾、水肿、高血压、糖尿病以及诱发或加重感染等。所以其治疗结果是，如果疾病发展到激素也不能控制时，病人只有等死。这种做法，在农村是比较普遍存在的，也是违背医学伦理学的。其产生的原因：一是因为医生为利益驱使；其二是因为农民本身医学知识不足，更加之希望能更快更省钱的治好疾病，所以给不法医生以可乘之机，这些医生投其所好，进而从中获利。

四、基层中医药应用存在的伦理学问题对策

笔者认为，农村医疗存在的伦理问题，主要表现在医技和对病人的态度两个方面，要从根本解决这一问题，需要高技术、高素质的医药人才的加入，也需要政府的监管和社会的投

入。特提出自己的浅薄建议：

1、提高中医药补偿比例，促进中医药与新农合互动发展

中医药发展的根在农村。中医药行业要充分利用新型农村合作医疗制度的体制优势，通过适当增加资金投入，引导农民优先选用中医药服务项目。参照四川省旺苍县的成功经验，对参合农民大病产生的中医药费用与西医药费用分开核算并按80%报销，以调动农民群众选用中医药的积极性，提高中医药对农民健康的贡献率。

2、增加财政拨款，稳定现有中医药基层服务队伍

“以人为本”是科学发展观的核心。为调动现有农村乡镇卫生院中医药工作人员的积极性，使他们能够安心扎根基层，应当在政策上给予特殊照顾。例如政府应增加财政投入，对在农村乡镇卫生院工作人员的工资发放，可参照事业单位实行财政全额拨款，以保证工资按时如数发放，并为他们缴纳医疗保险和养老保险。有了基本收入和保障，才能在伦理上避免一味追求医疗利润最大化。

同时，进一步加强对民间医生的支持力度。将具有一技之长的民间医生经民主推荐、全省技能测试和理论考试合格后纳入乡村医生管理，各县级政府依据当地经济发展水平每月给予适当的从业补贴。

3、增加资金支持，采取配套措施，提升现有基层中医药从业人员服务能力

在广大的农村地区，医疗卫生条件较差，医疗卫生人员专业素质偏低，技术力量薄弱，服务能力低下，中医药特色和优势没能很好发挥。对此，中央和各级政府应加大资金扶持力度，加强对基层中医药从业人员的培训，以提高其服务能力。一方面，可以各县县中医院为全县中医药医疗、教学、培训、科研中心，免费接收乡镇卫生院中医药专业技术人员进修，并定期派出业务骨干下到乡镇卫生院带教；各乡镇卫生院每年必须保证有 1 名中医专业技术人员在上级中医院进修，对村卫生室的乡村医生还必须举办两次专门的中医药知识和技能的培训等，提高农村中医药人员中医药诊疗技能。例如陕西省两年来累计投入培训经费约 500 万元，培训农村中医人员 8940 人，使全省农村中医药人才队伍整体素质和服务能力明显提高。另一方面，针对农村医疗卫生条件差、农民收入偏低的情况，应充分发挥中医药“安、廉、便、验”的特色和优势。提高从业人员运用中医药适宜技术的服务能力，将“一听就懂，一学就会，一用就灵”的中医药适宜技术通过推广培训，将会更好地提高中医药人员服务能力和服务水平，更好地满足广大农民朋友的健康需求。例如，据贵州省卫生厅副厅长朱征明同志讲，该省遵义县通过开展适宜技术推广，使每个乡镇卫生院至少有 1 人掌握了不少于 10 项医药适宜技术，每个村医掌握了不少于 4 项中医药适宜技术，促进了中医药适宜技术在遵义县农村得到广泛应用。

4、加大教育投资与完善相关就业政策，定向为广大农村培养优秀中医药人才

在中医药毕业生普遍就业难的情况下，中医药管理部门可以会同各级财政、教育、人力资源和社会保障等部门，加大对中医药人才培养投资，改革中医药院校的招生和就业方法，实行定向招生、定向就业政策。即每年确定一定的定向招生指标，通过适当降低录取分数线、适度减免学杂费等优惠政策，定向为农村招生，毕业后必须到农村工作 10 年以上。如此，5 年后全国中医院校就会为农村输送一大批中医药人员。

5、配合新农合，制定相关激励政策，吸引优秀大学生深入农村工作

2007 年，全国普通高等学校本专科医学门类在校生达 138.6 万人，中等职业学校医学门类在校学生达 137.2 万人。而截至 2007 年底，我国农村卫生人员的现状是，在 86.37 万乡镇卫生技术人员中，大学本科及以上学历仅占

2.2%，大学专科学历占 20.3%，中专学历占59.0%。在村卫生人员中，乡村医生 88.22 万人，执业医师仅 11.00 万人。农村卫生人员学历偏低、人才匮乏已经成为实现“人人享有基本医疗卫生服务”的瓶颈问题。

针对此瓶颈问题，并结合新型农村医疗合作对基层医药卫生人才的需求以及解决大学生就业困难的问题，国家应出台相关激励政策吸引广大中医药学子到农村去。如政府应对到乡镇卫生院就业的大学生在编制、职称晋升、进修学习等方面优先照顾，并给予高于城市医疗机构同等水平医疗人员的工资，这将极大地提高中医药大学生赴农村工作的积极性。据统计，如果全国中医院校每年有 1 万名大学生深入基层，每个县就将增加 3 到 5 名中医药人才，这样既解决了就业问题，又充实了农村中医药队伍，对推进我国农村中医药工作具有重要意义。

吸引优秀中医药大学生深入农村工作，符合国家“扩大内需”的政策。由于农村医疗养老保险制度的不健全，尽管面对全球性金融危机，绝大部分农民还是会选择到银行存钱。如果能推动中医药大学生进农村服务的工作，定会提高农村医疗服务能力，以其“安、廉、便、验”的特色，减轻农民看病负担，相信会对刺激农村消费起到良好的促进作用。

6、搭建继续教育平台，构建继续教育网络基地，完备基层中医药服务队伍能力提升保障体系

在我国，我国农村卫生人员的现状是，在86.37 万乡镇卫生技术人员中，大学本专科学历仅占 22.5%，这样一支队伍如何为广大农民群众提供优质高效的服务？加之，我国中医药继续教育资源分配极不平衡，广大农村中医药工作者不能很好地享受继续教育的权利，农村中医药继续教育存在“线断网破”的窘状，制约了广大从业人员提高服务能力和服务水平。为此，无论是从当下还是从中长期着眼，搭建继续教育平台，构建继续教育网络基地，完备基层中医药服务队伍能力提升保障体系实为迫切。每省应建立一定数量的省级继续教育基地和农村、社区中医药人才培养基地，利用高等院校教学资源，实施乡村医生中医药中专学历教育项目、农村基层优秀中医成才规律与临床经验总结推广项目等，系统进行中医理论培训和临床技能培训，提高农村中医药人员学历水平和运用中医药方法防治疾病的服务能力。

总之，解决广大农村中医药应用中存在的伦理问题关键在于培养和造就一大批思想道德高尚、中医基础理论扎实、中医临床技能熟练并且“下得去、留得住、用得上、可发展”的基层中医药医疗卫生服务人才。同时政府和社会辅以对自制中医药制剂的管理，辅以对广大农村中医药药品安全使用的科普宣传，相信一定程度上会更好地解决农村医疗改革中发挥中医药优势存在的伦理问题，会更好地让中医药惠及广大农村。

烧伤创面组织的“自体培育修复疗法”

洛阳军分区第三干休所卫生所 肖建农 肖乐山

【摘 要】目的：从根本上改革烧伤治疗的理念和方法，从根本上解决治疗烧伤的系列难题，提高救治能力和创面修复质量。方法：首创以机体为主体内外兼治，通过自治疗法启动诱导掘发调控扶助利用机体抗病治病愈伤能力；保护利用坏死组织；在创面上建立多功能生理环境系统和创面组织细胞生理培育系统，全面培育创面组织，高质量修复创面。结果：解决了

当前治疗烧伤的系列难题，彻底消除了烧伤和治疗中及愈后的巨大痛苦；全面提高了创面修复质量；基本消除了后遗症；大大提高了烧伤治疗的成功率。结论：通过治愈的数万例烧伤和其他创伤病人证明："自体培育修复疗法"的理念和方法是正确的。它突破了烧伤治疗现状的困境，解决了治疗烧伤的系列难题，取得了理想效果，开辟了烧伤治疗新途径。它不仅适用于烧伤治疗，也适用于治疗其他创伤修复缺损组织，全面恢复创面形态和功能。从根本上消除了烧伤治疗中和治疗后的痛苦，使创面修复质量达到了空前水平。

【关键词】自体培育修复疗法；机体抗病治病愈伤能力；烧伤

烧伤是人类经常发生的疾病，其形式是多种多样的。它们的共同特点是机体组织被能量零星小面积或连片大面积损伤。烧伤是创伤中最复杂程度、跨度大而难治的创伤。目前，全世界治疗烧伤的主流方法是干燥创面大量输液与抗菌素，以削除坏死组织把烧伤转变成刀伤，然后取植自体皮愈合创面的疗法。该疗法遇到了一系列难题长期不能解决。其治疗效果很不尽人意，往往产生严重疤痕等后遗症或残废，造成终生痛苦。烧伤与机械损伤不同。烧伤创面是由热能、化学能、电能、光能、放射能等无形能量造成。创面组织和细胞受能量作用，或坏死或侵润受伤或存活，创面组织和细胞受损程度分三个层面。近能量者可能坏死，远能量者可能受伤，底部为存活组织和细胞。如果接受的能量超过了组织和细胞的致死量则坏死；否则随其接受的能量多少产生相应的受伤程度；其底部残存的活组织和细胞的功能和生命，也会受创面的坏死组织和受伤组织牵累衰败。坏死组织、受伤组织、存活组织间没有明显的分界面。烧伤初期在一般情况下，它们朝着这样的方向发展存活组织→伤败组织→坏死组织。烧伤可以发生在任何体质的机体上，使烧伤治疗显得更加复杂，需要全科医生来胜任。

深度烧伤和大面积烧伤是一种复杂的综合症，其治疗是世界性医学难题。治疗中存在系列世界性难题至今没有解决。为此，作者从事了临床实践和理论研究60年。上世纪六十年代，在祖传滋润疗法的基础上创造了"烧伤自然疗法"。上世纪八十年代创造了更理想的烧伤创面缺损组织的"自体培育修复疗法"，解决了系列难题，获得了理想疗效。下面是该疗法的施治原则、原理、方法和效果。

一、施治原则和原理

当伤员受伤后，尽快口服适当的抗菌药物和解毒剂及调整生理等功能的药物。清除体内病菌，防止它们转移创面；清除体内毒素，调理脏腑，提升机体生理机能，提高机体抗病治病愈伤能力和调控能力。同时在创面上，建立药物生理系统，或多功能药物创面组织细胞生理培育系统。其主要功能有：

1、动物在亿万年的生存进化中，造就了抗病治病愈伤本能和能力，我们应该开发利用它来保健和治病。"自体培育修复疗法"就是建立在这种基础上施治的。

2、及时挽救受伤组织复活，阻止受伤组织和活组织进行性坏死。减轻病情，减少创面组织修复量，提高创面修复质量。

3、防治水肿和渗出。伤员受伤后迅速治疗防止水肿产生，已产生水肿者迅速消除。

4、保存利用创面坏死组织和拯救受伤的组织，重建循环等生理功能，对机体避免一切再伤害。让机体尽快恢复生理平衡和平稳度过艰难危险的初伤时期，为以后的创面修复期打好基础。

5、在多功能药物生理系统的作用下，使创面内外沟通，让体内抗菌药物与免疫细胞和创面药物共同构筑了创面高效能的防卫系统，有效地控制创面病菌和毒素产生与聚集，危害机体。

6、调动机体免疫功能和多功能药物生理系统联合去除坏死组织，最大可能保全残存活组织，有利于全息组织培育修复创面缺损组织。

7、保存、保护、培养、利用每一个存活的组织细胞和干细胞，作培育种细胞。在创面上，就地利用分泌的体液作培养液，建立培育系统。在内外药物的启动、诱导、掘发和扶助机体抗病治病愈伤本能和能力，在机体的调控下，按照创面组织结构和创面原有功能的需要，培育各类组织细胞，有序地繁殖或分化——繁殖，或组织转化，修复创面缺损的组织，使创面恢复正常形态与功能。

8、对于某些深度创面某些组织繁殖困难时，引导干细胞移向创面分化成某些组织细胞封闭创面。

9、皮肤难以覆盖创面的肌肉外膜会转化成类皮物封闭创面。

在烧伤后的不同时期，其治疗方法是不一样的。自体培育疗法根据烧伤创面的发展规律，分为以下两个时期：烧伤初期和创面修复期。烧伤初期包含生理紊乱生命活力下降和组织进行性坏死两个阶段。也即疼痛、渗出、肿胀易感染和循环阻塞组织进行性坏死，在这时期会重建生理平衡。创面修复期又可以分为：创面修复前期、中期和后期三个阶段，前期即过渡期或创面修复前期脱痂期；中期即创面组织细胞培育修复期；后期即是新生组织的抚育期。

西医把烧伤临床发展过程分为四期：即，A、体液渗出期，B、急性感染期，C、创面修复期，D、康复期。

二、在烧伤初期的治疗任务与方法及效果

1、任务

（1）保护创面坏死和受伤组织。保护保存坏死组织防止坏死组织感染崩溃。恢复利用其通运能力。

（2）急救受伤组织复活。一般情况，受伤组织占烧伤总体组织的60%以上。拯救它对治疗烧伤的意义重大。受伤组织仍然具有活力和完整的结构。把它们救活后可以仍然成为原来的组织，使坏死深度变浅度，使大面积变小面积，减轻病情提高成活率；减少创面组织修复量和难度，提高创面修复质量。

（3）防治水肿和水泡。烧伤水肿和起水泡，是管网受伤后渗漏增加的原因，减少和消除受伤组织变形扩张会防治水肿和起水泡。

（4）止痛。烧伤疼痛的原因是能量（热能）使受伤组织变形牵拉刺激神经末梢，向大脑中枢发出疼痛信息而产生痛觉。这种变形牵拉刺激神经最剧烈的时期，是刚受伤的一段时间内，而且随时间推移，这种变形量越来越小，其变形速度也越来越小。痛觉与神经末梢变形的线速度有关，线速度过小或过大使神经断裂都不会产生痛，因此，终止受伤组织变形是根本解决疼痛的方法。

（5）救治创面循环。创面组织坏死或受伤后，会影响创面和整个机体的循环。保护利用坏死组织和受伤组织恢复创面和机体循环，对维持机体生命和改善机体生理状况有重要意义。

（6）防治感染。防治感染的途径有三：①建立多功能药物被防治外源性感染。②疏通创面坏死组织和受伤组织管网，恢复其循环扶助免疫功能，从创面内部杀菌消炎。③初伤后立即口服或注射广谱抗菌素三天，消除肠道等体内病菌，防止转移创面，成为内源性感染。对于已感染创面针对菌种用药。

（7）纠正生理紊乱。受伤后，因烧伤疼痛和精神恐惧、心理打击会引起循环障碍，体液流失、血容量降低会引起口干、烦躁、休克、失眠、食欲差、难受、大便干结等生理紊乱。影响存活。

（8）防治体液流失。尽快用多功能药物被封闭开放创面，防治体液流失。

2、治疗方法：对上述任务，统筹兼顾，同时防治。具体方法是，以中药为主内外兼治。

（1）内治：①立即口服或输入广谱肠道菌抗菌药物和解毒药物。清除体内病菌和毒素，防止它们转移创面。②内服药物调整生理尽快恢复平衡，提高体质，改善创面循环救助受伤组织复活，提高创面抗菌消炎能力。

（2）外治：在创面上建立多功能药物被，与坏死组织、受伤组织和存活组织及整个机体共同构成一个多功能生理环境系统。它具有如下性能：良好的多功能疗效、柔韧性、附着性、透气性、可视性、操作性、易更换性、与创面有良好的随动性、可靠安全性等。它的作用功能如下：

①疏通创面坏死组织和受伤组织中管网与经络，恢复创面生理循环功能。消除引发多种问题的根源。及时清除病菌和毒素，避免病菌和毒素积累及内侵。

②救治受伤组织复活，防治创面受伤组织和活组织进行性坏死。通过内外中药的作用，疏通循环系统恢复创面养料的供应，修复救治受伤组织和维护受连累的基底存活组织的生命。烧伤创面组织不是位移性损伤，而是原位损伤。在受伤的初期，尤其是刚受伤时，只要组织不是立即死亡，其组织结构大部分仍然保持，受伤后只是暂时性脱水，和生理障碍。如果立即改善循环，消除生理障碍是可以修复和救活受伤组织的。

③防治创面及其深部体液和血液凝固堵塞创面及周围管网和经络。

④有良好的随动性，随时附着于创面上发挥各种作用。比无菌病房更有效、更可靠、更省钱，功能更多。从(1)至 (4)对烧伤治疗和创面修复质量意义重大。烧伤后立即用内外药物防治创面组织中的管内体液与血液凝固。

⑤改善和维护整个机体循环功能。有效防治休克。

⑥疏通和维护免疫细胞的通行，保障免疫细胞在创面活动杀菌和脱痂，保障内外抗菌药物能达到创面联合杀菌消炎。有效地控制创面感染，有效地清除和阻止创面毒素与细菌内侵，引起并发症和毒血症、败血症。

⑦创面坏死组织和受伤组织对机体是双刃剑。药物被的有力作用，变废为宝，不仅消除了它的有害面，而且使他成了治疗的重要帮手，替代了异体皮、异种皮及各种人工皮，也不会因排异反应伤害机体。既不伤害机体，又省事、省钱、省工、省材料、省污染、免后遗症。如果措施不力，受伤组织会坏死、坏死组织会变化成为细菌毒素滋生源，危害机体。

三、在创面修复期的治疗任务与方法及效果

1、在创面修复初期即过渡阶段的治疗任务与方法及效果

（1）该时段的主要任务是分离坏死组织。

浅度烧伤，坏死组织可以一直保护其下组织修复后，才会自己干枯剥离。

深度烧伤，在生理紊乱期过后，和创面修复期的中期之前，有一个脱痂过渡期。这个时期是深 II° 和 III° 及其以深坏死组织，从开始分离到分离完全的一段时间。在该时段里分离坏死组织是其主要任务，是自培疗法的重要环节。坏死组织分离过程是一个逐渐过程，坏死组织是一片片地分离，每分离一片，其下的存活组织和细胞就会迅速繁殖，封闭糜烂性创面。这一过程一直进行到全部坏死组织分离。

（2）治疗方法

在这段时间中，在创面上建立该时间需要的多功能药物被。创面坏死组织在机体免疫功能与多功能药物被的共同作用下，逐步与存活组织分离脱落。坏死组织分离脱落的时间快慢与伤员身体素质和多功能药物被的配方及口服药有关。身体强健者坏死组织分离快，年轻体健者分离快，体弱年老者分离慢。这种坏死组织分离是逐渐的过程，不是突然的过程。这种分离是从坏死周边向中心发展的过程。当坏死组织全部分离脱落后，残存活组织会按照原有结构层次快速繁殖生长。一般情况是坏死组织的分离速度比创面残存活组织繁殖生长速度要快。坏死组织刚从活组织上分离后，残存活组织和细胞是残缺的，经过一、二天的治疗修复后，残缺细胞才会建立完整的细胞膜，这时候活组织的痛觉就会减轻。当残留在活组织上的坏死结缔组织最后从活组织上全部分离脱落之

时，即宣告过渡阶段结束。需要时间与伤员年龄、体质、部位、创面深度有关，年龄越大、体质差、创面深需要时间长。在这全过程中，伤员是无痛的，也不伤及任何活组织，全部保存了幸存的活组织。

2、在创面修复中期即创面组织培育阶段的治疗任务和方法及效果

（1）该时段的任务是，培养创面全息组织全面修复创面。

（2）治疗方法：

过渡阶段结束后，所有活组织全部暴露。在其上建立该阶段需要的多功能药物被，与活组织细胞和体液及整个机体构成创面组织培育系统。每天更换其上的多功能药物被。当打开药物被时，各种组织细胞繁殖发育生长情况一目了然，如出现不正常情况可以及时发现处理。在组织细胞培育系统的浸浴中，各种组织细胞在机体的统一调控下按其原来结构有序地繁殖修复创面。II°创面因其各种组织的种细胞齐全，从整个创面同时繁殖生长，可以迅速愈合创面；深II°创面，在培育系统中，创面也可以迅速愈合；III°以深的创面，只有当各种组织生长到位后，皮组织才会覆盖愈合创面。III°和III°以深创面，各种组织依次修复，当各种组织把创面修复平后，在新生组织上会出现比小米小很多的白点，逐步长大连片愈合创面，这可能就是在机体治病愈伤调控系统的调控下，诱发创面干细胞分化成皮细胞繁殖愈合创面，或肌组织外膜转化成类皮组织愈合创面。这种类皮组织，经20多年的生活证明，完全能满足人的正常生活，没有不适感。通过这样培育形成的新生组织与幸存的活组织结合合理、融洽自然、密切、连续一致。其愈后形态功能恢复完全，能满足愈后伤员的正常生活和劳动需要。比植皮更适应人体 生活和劳动。被感染过的II°深II°创面容易产生红、痒、疤痕等后遗症。III°以深创面，愈后一般不易产生突起疤痕。各种深度烧伤如果治疗不合理，一般都会因感染变深。

在这一阶段中，主流疗法是以植皮来封闭创面的，往往创面各组织是缺损和修复不完善的，植皮和机体的结合也是很不完善的，伤员长期感觉植皮和正常皮不一样、直觉差、血运差、色暗无光泽。在主流疗法中，体液白白流失，而靠补充与体液相差甚远的人工液体来填充失去的体液。需要人体消耗更多能量和生命力来调节生理平衡。

自培疗法与此相反，把创面渗出和分泌的体液作组织和细胞的培育液。这是最理想的组织细胞培育液，比任何人工的培育液更符合创面全息组织培育的需要。其培育出来的新生组织也一定是最符合创面需要的。组织培育系统与机体紧密结合，成为了机体的一部分，不仅随时更新和补充组织培育的体液，而且随时得到机体调控信息，规导创面各缺损组织按原来结构秩序修复。这是创面最理想的修复。

自培疗法把创面各种存活组织细胞作为培育的种细胞，在机体的统筹调控下，各种细胞按创面的需要，全面有序地、同步谐调繁殖生长，全面修复创面的形态和功能。

在这里，自培疗法把机体当作组织培育系统的统筹调控指挥部，以内服外敷药物为诱导，通过神经和活组织细胞及体液向创面传递信息，把创面组织培育系统与机体连系成了一个整体。从整体调控培育系统，按创面需要修复创面缺损组织。完全体现了机体在修复创面中的主导作用。这样培育的组织也一定是符合机体和创面需要的。

自培疗法的多功能药物被，是根据现代生命科学和中医药临床实践经验设计的补偿、催化、维护的多功能系统。

由以上四方面构成的创面组织细胞培育系统，是充分利用了以机体的客观生理规律为主导作用的，所以在治疗中很顺利地获得了高质量的创面修复。

3、在创面修复后期，新生组织抚育阶段的

治疗任务与方法及效果：

（1）该时段的任务是把新生组织抚育成具有正常形态、色泽、功能的正常组织，预防后遗症发生。

目前世界主流的“干燥创面植皮疗法”治愈的烧伤创面，大量缺损组织并没有修复，仅仅只是追求封闭创面，使其体液不再渗出即为愈合。植皮与创面各组织在结构、形态、功能的融合全然没有顾及。所以在愈合后的多年乃至几十年中，伤员都达不到正常生活水平。在自培疗法中，该时期创面坏死组织已被修复的新生组织替代。创面上的新生组织也和自然界一切幼小生命一样脆弱、娇嫩，其中水分含量大，结构不稳定，承受不了外界冲击，还需要一个老成、稳定趋同周围老组织与之自然化的治疗过程，才能达到人体正常生活的需要。我们把这个过程称之为抚育阶段。在该阶段的任务是：老成完善新生组织的结构，稳定形态，防治新生组织结缔组织增生硬化成疤痕。防治新生组织血管紊生、猩红或黑变，恢复功能和与周边老组织同化，预防后遗症产生。

（2）治疗方法：

通过内服外敷适当的药品治疗达到上述目的。通过这种治疗可以巩固完善前期疗效，消除各种后遗症，迅速恢复机体的正常生活和劳动能力。对于中途接受自培疗法治疗的创面，尤其要重视后期治疗，而且其治疗难度比一开始接受自培疗法治愈者难很多。根据各伤员情况补充营养、消炎、疏通经络管网、调整生理是治疗手段。

四、防治烧伤后遗症

预防疤痕等后遗症，措施应该贯穿烧伤治疗的初期、中期和后期的全过程。如果伤后立即接受“自体培育疗法”和“自治疗法”治疗，那么愈后新生组织只通过抚育治疗就可以痊愈，恢复正常生活，不会产生后遗症。如果是中途接受该疗法治疗，愈后除了要进行抚育治疗外，还需进行预防后遗症治疗。如果是经其他疗法治愈初的创面，需进行抚育治疗和预防后遗症治疗。如果已经产生了痛痒、猩红、疤痕等后遗症的伤员，则需要进行后遗症治疗，治疗方法根据伤员具体情况施治。主流西医疗法用紧身衣加压控制疤痕增生，其效不好，相反影响小儿正常发育，和大人正常生理，用洗温泉治疗痒，其效也不佳。用削痂植皮治疤痕不仅消除不了疤痕，相反疤痕更多更严重，幼儿和儿童还需重复多次削痂植皮。所以治疗烧伤应该按系统工程，从终极效果全程综合考虑设计治疗方案和措施。这就是“自体培育疗法”和“自治疗法”的理念和施治原则。

神经再生丹复方治疗脱髓鞘疾病探讨

谢胜利[1] 黄博明[2]

[1]北京市永寿中医院；[2]中和亚健康服务中心

脱髓鞘疾病是一急性发作或亚急性损害神经中枢神经白质的疾病，临床多见脑白质脱髓鞘、脱髓鞘脊髓炎，视神经脊髓炎、播散性脑脊髓炎、多发性根性周围神经脱髓鞘(称格林巴利)、进行性多灶性白质脑病（变性)、脑桥中央髓鞘溶解症、髓鞘代谢的遗传性疾病 肾上腺白质营养不良 异染性白质营养不良缺氧 放射性神经损害等。一般患者发病高峰期为二至三周，也可见于突发和慢性继发以迟发型和诱发型。早期多见于感冒症状及身体区域性麻木或偶有腹泻症状，故已被忽视，等病发损伤之脑、脊髓中枢神经功能出现肢体严重麻木、瘫痪等临床症状时才重视到医院进行磁共震和脑脊液检查后确诊，部分患者通过激素抗炎疗法和蛋白脱水疗法治疗可使渐时性的恢复，但部分患者由于神经受累严重，功能恢复不佳。在确定病情后的治疗过程中，过多的应用激素导体的免疫机能低下（激素可使人体发挥最佳的抗病体能而不治病），偶与病毒或炎症感染而诱导致病情再次复发，故急性脱髓鞘疾病发病后一次未能根本性的治愈，则会转为慢性脱髓鞘疾病，并迟发缺血性病灶修复异常而纤维化-多发性硬化。反复的复发和治疗不当迟发神经再度受损后，会严重的损害神经中枢，从而继发受累神经支配区运动及脏器功能障碍并发衰竭危及生命。从治疗角度来讲，本病的治疗恢复关键在于早期，其治疗需对病情辨证施治，立方用药使体内产生病毒抗体控制或阻止病情复发，才能在控病复发和迟发神经损害基础上恢复改善部分神经功能。且治疗需以中医理论为指导方针，多方面考虑缺一不可，需采用免疫疗法补气养血增强人体抗病能力使体内产生病毒抗体、慢性抗炎疗法预防炎症侵袭受累神经诱发病情、预防神经变性疗法阻止病灶迟发多发性硬化、营养神经疗法使受累神经微循环部得到充分的血液供养、兴奋激活神经疗法使病灶得到再生修复。只要能控制病情复发或延缓病情复发，并使病灶得到再生修复或部分再生修复缓解病痛，获得近于正常的功能恢复既为最佳的治疗措施。

本病与中医的痿证，风痱，喑痱，眩晕，骨繇等相类似。认为其所成外因为感受温热之邪、燥邪，湿邪等可致病，《素问·玄机原病式》“手足痿弱，不能收，由肺金本燥，燥之为病”，《症因脉治》“燥热痿软之因”，感受湿邪，如久处湿地，涉水淋雨等感受湿邪，积渐不去，郁而生热致痿；内因为脾胃虚弱，脾胃受纳运化功能失常；先天禀赋不足，体虚，阴精气血亏损，肌失濡养则可致痿；肝藏血，肾藏精，肝肾亏虚，精血不足则“视力障碍”。髓海不足可出现“眩晕”、“共济失调”等；不内外因为血液瘀阻不畅及久病必瘀，气血不畅四肢失养而致痿。我们结合长期临床经验，将其分为五型进行辨证论：

一、痰热阻络：

【主证】 肢体痿软无力或麻木，偏瘫，口渴不欲饮，语言不清，痰多血稠，苔黄腻，脉滑数

【治法】化痰清热，启窍通络

【方药】涤痰汤加减配合神经再生丹

茯苓、人参、甘草、橘红、胆星、半夏、竹如、枳实、菖蒲、等辨证施治，立方用药

二、湿热阻络：

【主证】四肢痿软无力，手足麻木，微肿，身重，胸腕痞闷，苔黄，脉濡数

【治法】利湿清热，舒筋通络

【方药】四妙散加减

威灵仙、羊角灰、白芥子、苍耳、等辨证施治，立方用药

三、瘀血阻络：

【主证】四肢痿软，手足麻木，时作制痛，唇舌紫暗，脉细涩

【治法】益气活血通络

【方药】补阳还五汤加减

黄芪、赤芍、川芎、桃仁、红花、等辨证施治，立方用药

四、阴虚风动

【主证】视物昏花，头晕头痛，肢体拘挛，震颤，行走不稳，烦躁易怒，舌红苔少，脉弦细数

【治法】滋补肝肾，柔润通络

【方药】二至丸天麻钩藤饮加减

天麻、栀子、黄芩、杜仲、益母草、桑寄生、夜交藤、朱茯神、川牛膝、钩藤、石决明、熟地黄、生地黄、山茱萸、肉苁蓉等辨证施治，立方用药

五、血虚风动

【主证】拘挛震颤，行走不稳，四肢无力，

头晕眼花，心悸，舌淡，苔薄，脉细弱

【治法】益气养血，熄风定振

【方药】定振丸加减

天麻、秦艽、全蝎、细辛、熟地黄、生地黄、当归、川芎、芍药、防风、荆芥、白术、黄芪、威灵仙等辨证施治，立方用药。

总之，本病缠绵难愈，需医患长期配合，只有通过复合治疗使病灶得到再生修复才能阻止瘫痪或严重症状的发生并达到最佳的恢复和改善。

神效止泻散敷脐加点刺四缝穴治疗小儿腹泻

沈阳市于洪区桃园社区卫生室 孙多治

用一种中药制剂“神效止泻散”外用敷脐加双手点刺四缝穴，治疗小儿腹泻。

根据中医学理论，“脐”名神阙，即神阙穴，自古以来只灸不针，至晋、唐以后随着穴位敷药疗法的诞生，在神阙穴上贴敷中药已达治病的方法开始出现，因其使用方便，无毒副作用，而且患者易于接受而得到迅速发展。

神阙穴敷药作用及解剖学原理，神阙穴属任脉，经神阙穴敷药具有渗透力强、渗透作用快，有利于药物穿透吸收。因神阙穴位于任脉通过经络联系，可总理人身诸经百脉，内可联系五脏六腑、四肢百骸、五官九窍，皮肉筋膜的生理特点。可使药力经神阙穴迅速渗透到各组织器官达到调节人体气血阴阳、扶正驱邪治愈疾病的目的，此疗法属中医学的内病外治法。

神效止泻散的药物组成：儿茶、白胡椒、公丁香、苍术、炒车前子、黄芩、吴茱萸、苦参、矾石等。

用法：取儿茶18-25克、白胡椒18-25克、公丁香13-18克、苍术13-18克、炒车前子13-18克、黄芩13-18克、吴茱萸8-13克、苦参8-13克、矾石50-60克。上药，矾石研细末单放备用，其余药物晒干除去杂质，研细末备用。用时取“神效止泻散”2.5克、矾石1克，用温开水调合成丸置于神阙穴中，外用麝香壮骨膏贴敷1-2天换药一次。同时用消毒的三棱针取双手四缝穴消毒后点刺放出黄白色液体和少许血即可，轻者2天1次，重者可1天1次。

实例1：

患儿姚某某，男，5个月。2006年6月13日来诊。患儿精神状态尚可，面白、干、舌淡、苔薄白，每日排便6-7次排稀水样伴奶瓣样便，病程8天。

诊断：脾虚型消化不良性腹泻。

治疗：健脾和胃，祛寒除湿止泻。方剂：取“神效止泻散”2.5克、矾石1克，外敷脐部。1日1次。取双手四缝穴点刺1日1次。

共敷脐2次，点刺四缝穴2次痊愈。

实例2：

患儿师某某，男，9个月。2007年3月5日来诊。患儿精神状态欠佳，面白、口干、小腹凉、舌淡、苔薄白，每日排便8-9次，为稀水样伴奶瓣样便。病程11天，多方治疗未效而来就诊。

诊断：寒湿脾虚型消化不良性腹泻。

治疗：健脾和胃、驱寒除湿、止泻。方剂：取“神效止泻散”2.5克、矾石1克，敷脐1日1次，取双手四缝穴消毒后三棱针点刺1日1次。

共敷药3次，四缝穴点刺2次痊愈。

实例3：

患儿吴某某，男，4 个月。2007 年 6 月 12 日来诊。精神状态佳、舌淡、苔薄白、每天排便 5-6 次，排稀水样伴奶瓣样便，病程 2 天。

诊断：脾虚型消化不良性腹泻。

治疗：健脾和胃、驱寒除湿、止泻。方剂：取“神效止泻散”2.5 克，矾石 1 克敷脐。

敷脐 1 次痊愈。

四围一体治疗妇科子宫▮瘕

陕西省宝鸡市陈仓区虢镇西堡中医门诊部　杨乖仕

【摘　要】目的：讨论中医治疗子宫癥瘕的临床疗效，方法：采用中药内服、热敷、灌肠、阴道冲洗治疗子宫癥瘕，结果：总有效率 98%，提示：活血化瘀，温通经络，消散癥块为治疗总则，内服、热敷、灌肠、阴道冲洗。

【关键词】子宫癥瘕/中医疗法；复方（中药）/治疗应用；医案

妇科癥瘕多因正气虚弱，加之情志所伤或外感风寒之邪乘虚内侵，产生气滞，血瘀等气血失调所致。

一、临床资料

本组 45 例都为门诊患者，30 岁以下 15 例，31-0 岁 20 例，41-50 岁 10 例，已婚已育 35 例，已婚未育 10 例，月经周期短于 24 天 25 例，25-36 天 10 例，37 天以上 10 例，经期 7 天以内 10 例，8-15 天 25 例，16 天以上 10 例，经期正常者 6 例，增多 1 倍者 25 例，2 倍者 12 例，3 倍以上 2 例，伴痛经 30 例，腹痛 15 例。

二、治疗方法

1、内服方法：桂枝，茯苓，桃仁，丹皮，赤芍，莪术，三棱，蒲黄，五灵脂，香附，血竭，小香，炮姜，益母草，白花蛇舌草等。2、灌肠冲洗方药：桂枝，茯苓，桃仁，丹皮，赤芍，莪术，血竭，小香，炮姜，三七等。3、外敷方法：将内服方中药渣，微晾干，加芒硝 250 克，酒，醋各适量放锅内炒热装布袋内，于此日傍晚敷患部，上加热水袋以保温，每次热敷不少于一小时。

三、治疗效果

痊愈 29 例（月经周期，经期正常，B 超子宫正常大小，实质占位消失，宫内回声均匀）。显效 10 例（月经周期，经量明显好转，B 超检查癥块小于一半者）。无效 1 例（月经周期，经期未见明显好转，B 超检查癥块未缩小）。总有效率 98%。

四、典型案例

张某，女，35 岁，2005 年 4 月 10 日就诊，自述婚前人流 3 次，婚后生一子，上环后又怀孕 3 次，复行人流术，每次月经前后即出现腰腹部酸困疼痛，月经量多，伴紫色血块，月经周期延长至 10 天左右，B 超检查示：子宫内膜异位，腺肌瘤，盆腔炎，多方求治，服中西药无效，后多位妇科专家医生建议切除子宫，患者不同意，寻求中药保守治疗。诊时患者面色㿠白，畏寒怕冷，乏力头晕，舌质淡暗有瘀点，脉细涩。中医诊为：癥瘕伴气虚血瘀。治疗。益气活血化瘀、通经活络。经用上法，治疗一月症状消失，月经周期正常。

五、讨论

现代医学认为妇科癥瘕的形成与雌激素胎盘生成素，免疫因素及炎症等有关。过多的雌激素能刺激子宫平滑肌细胞的增生肥大，肌层变厚，子宫增大，内分泌功能失调，多表现为月经失调，中医认为，胞宫，胞络等部位的包块并伴有获胀，或满，或痛，或影响女性经、带、胞、产等生理的正常维持。

《按注妇人良方》曰："妇人腹中淤血者，由月经闭积，或产后余血未尽，或风寒，滞瘀，久而不消，则为增积聚癥瘕矣"。本病人采用四围一体疗法，内服宜遵法，守方灵活加减久服才能取效，冲洗可直接作用于病灶，外敷效佳可常用，外用煎煮过药渣加入是有软坚散结，化滞消症的芒硝和食醋，酒，消肿化瘀，活血通络，通过对脐与小腹的湿热刺激，直接将药物作用到病灶处，直肠给药，可通过局部渗透直接进入病灶，在一定时间内形成较高的药物浓度，有利于病灶的吸收，多出用药充分作用子宫癥瘕，加速了消除癥瘕的作用。

谈谈对运气学说的研究与运用

深圳万里云天饮品有限公司　萧　力

【提　要】《内经》论述的时运之气，是宇宙的物质时空结构，是细胞记忆中最基本的概念物质（六气），是了人体禀质特征形成的最基本的客观因素。依据这些信息，可以分析、破解各种疾病之谜，可以对人体禀质特征和疾病根源，作出分析、判断与预测，用以指导养生保健与临床治疗。

【关键词】中医学；基因分析；治未病

运气学说是华夏民族的宝贵财富，二千多年来仍未能得到普及与广泛的应用，不能不说是一件憾事。如何将这一华夏学术殿堂的瑰宝，变为普罗大众日常保健养生与疗疾治病的工具，这是一件具有巨大社会效益的工作。

查阅历代对运气学说的认识与运用，唐代有王冰的《玄珠密语》，宋代刘温舒的《素问入式运气论奥》，明代熊宗立的《素问运气图括定局立式》，张景岳的《类经图翼》，清代吴谦等的《医宗金监·运气要诀》。这些学说虽对运气学说有所总结和阐发，但并未整理成完整的理论体系，更谈不上临床运用。《三因方》、《圣惠方》等按五运之气胪列方药，简单归纳，并不合乎现实使用。近年来研究运气学说的，有南阳黄天锡、刘含堂的《实用运气学说》。更为深入的研究，当数山西田合禄教授。其《五运六气临床运用大观》将内经原著与伤寒论原著结合进行了深入详细的阐释。其《中国运气学解密》则进行了更为深入的研究，破解了许多学术上的未解之谜，堪称大家之作。

而《伤寒论》与《温病条辩》等，则是在内经运气学说基础上，对时运疾病辨证施治的具体论述、运用和发展。《园运动古中医学》阐发了人体气机升降出入的园运动生命原理，是对内经理论的深入运用和发展。其对各种疾病的辩证施治，以真知灼见和丰富的临床经验，纠正了医学界不少错误观点与方法，将中医学正确的指导理论和辨证施治提高到一个全新的境界，被称为华厦第二位医圣。

医学的目的，是促进人体的键康。近代人非常重视保健养生，重视治未病。"治未病"观点是《内经》提出的，内经运气学说就是治未病最重要、最基本的指导理论。依据运气学理论，可以分析、研究人体时空结构物质状态。通过对人体时空结构物质基本因素的分析，可以破解各种人体致病之谜。

人与自然界的接触从胚胎细胞开始。胚胎细胞通过母亲血液送来的东方之风和营养物质，吸纳了大自然的天地之气。经过十月怀胎，将物质时空结构信息铭刻在细胞记忆之中，形成了人体初始的体质特征。

人降生之时，皮肤也在这一刻输入了大自然的信息。怀胎十月和降生之月属于先天，形成的物质时空结构影响一生，较难改变。降生当日、当时输入细胞的记忆，将会随着年轮信息的不断改变得到补充和调整，"五类衰盛，各随其气之所宜也”，“同者盛之，异者衰之”《内经》。

分析一个人的禀质特征，从出生年、月、日、时的物质时空结构状态作出分析判断，切合客观实际。年柱十月怀胎，铭刻在胚胎细胞中的记忆就是禀性，但不是人体禀质和疾病形成的全部。禀性较难与轮值之年结合，而日柱、时柱则不断地密切地与流年进行结合，发挥着重要作用。中国命学断命为什么以日柱时柱为准，而不以年月柱为准，究其实也就是这个道理。

运气每年不断变化，土、金、水、木、火五运十年一次轮换。各种物质能量因此得到增强或者削弱，对人体起着不可忽视的影响作用。人体胚胎形成之时的时空结构物质--五运六气，就是人体产生疾病的基本物质因素。依据运气学理论，进行关乎人体的时空结构物质因素的分析，就是中医的基因分析方法。中医认为，物由气化而成，人体也是由气化而成。气与气是“同者盛之”，还是“异者衰之”，通过中医的基因分析，通过流年运气分析，对许多疾病形成的根源可以准确无误地作出辩断。《内经》论述的时运之气，是宇宙的物质时空结构，是细胞记忆中最基本的概念物质（六气），是人体禀质特征形成的最基本的客观因素。依据这些信息，可以分析、破解各种致病之谜，可以对人体禀质特征和疾病根源，作出分析、判断与预测，用以指导养生保健与临床治疗。如：为甚麼其人一生疾病缠身，为甚麼其人该年要做大手术才保住一命。同一种药物为什么有人合适，有人不合适。那些婴儿适合用黄连，那些不适合用黄连。什么人可以用附子，什么样的人不宜用附子等等。

人就象一个电瓶，降生的时候，大自然给他充了多少的电，他就有多大的能量。如果遇到值年可以继续充电，并且得到碰撞激发，就会迸发出更大的能量。人的一切作为，都是由先天物质时空结构与流年物质时空结构相结合时，产生的能量迸发出来的。先天能量遇上后天能量的激活才能得到更大的发挥。这种发挥会往好的方面发展，也有可能往坏的方面发展。这就是有人会走向辉煌，有人会走向死亡的基本原因。人体的禀质特征，是大自然造物所形成的，是宇宙物质时空结构所决定的，是人体产生疾病的最基本的物质因素。一个人的体质特征和疾病根源，由初始形成的物质时空结构与流年物质时空结构的影响所决定。

六气太过不及，人感之，为时运之病。六气太过不及，胚胎细胞感之，形成了脏腑阴阳偏颇、气血盈亏，成为日后疾病的根源。“五行的圆运动，合成一气，木升金降，木不病风，金不病燥。水升火降，火不病热，不病暑，水不病寒，土运于中，土不病湿。运动不圆，升降不交，各现各气，则病风、热、暑、湿、燥、寒，大气病也。人身之气，亦是如此”。“表里本是一气。表气的营卫偏盛，里气的脏腑即愈郁。营卫不得复和，则表气的营卫偏得愈甚，理气的脏腑即愈郁愈偏。遂成阳腑病热，阴脏病寒之病”。“外感病，六气运动失园之病。初则一气偶偏，继则一汽独胜，一气独胜，诸气败亡，中气消灭，所以人死”。“园运动的天人一气，时令病上，最为显著。内伤杂病，亦属六气，特不似时令病关系生时之速耳。因时令病，乃整个六气分散，中气消灭极易，故生死甚速也”。“一气独胜，诸气消灭，园运动解体，所以人死”《圆运动古中医学》。时运病原因是六气之偏，人体内因的疾病也是六气之偏，原理相同，治则也相同。

时运疾病的治则，其核心宗旨是调整和收复人体脏气功能。比如“肝欲散，急食辛以散之，用辛补之，酸泻之；心欲软，急食咸以软之，用咸补之，甘泻之；脾欲缓，急食甘以缓之，用苦泻之，甘补之；肺欲收，急食酸以收之，用酸补之，辛泻之；肾欲坚，急食苦以坚之，用苦补之，咸泻之”《藏气法时伦》。“寒者热之，热者寒之；微者逆之，甚者从之；坚者削之，客者除之；劳者温之，结者散之；留者攻之，燥者濡之；急者缓之，散者收之；损者温之，逸者行之，惊者平之；上之下之，摩之浴之，薄之劫之，开之发之，适事为故”《至真要大论》。这是治疗时运疾病的理论方法，同时也是调整修复脏腑功能的理论方法。内经治疗时运之病有三十种治则方略，本人按此治则组编了三十条配方。此不为时运之病而设，只为内脏之病治疗而立。目的用于调治内在体质特征产生的疾病，可以作为人体治未病的参考，可以作为临床治疗与保键养生的参考。下面通过几个案例进行详细分析研究（附后）。

在《内经》运气学说中，对运气疾病的治疗，为什么都是只给出当年的治疗原则而没有配方呢？这个问题田合禄教授书中有所提及。本人理解是，由于值年客主加临的变化，以及不同地区、不同人群的实际情况。运用四诊八纲裁方用药，才能切合临床实际。依据当年中运客主六气加临制定的治则，随着年轮改变而出现变化，如果给出了配方，反而是不恰当的。治则只是一种方略和治疗原则的指导，所以《内经》不给配方。但是这种治则方略制定的配方，用于当年太过不及形成脏腑之病的治疗，则具有不可低估的临床运用价值。

两千多年的中医学，无不是以四诊八纲为诊病手段。而四诊八钢的准确性，靠的是人的悟性，和临床经验的积累。毕竟人身隔着肚皮，单凭四经八纲，很多问题难以确定。“天地之气，胜复之作，不形于诊”《内经》。中医易学难精，中医辨证准确性差异大，所以中医越老越值钱。有了中医人体物质时空结构基本因素的分析方法，人体禀质特征和疾病根源了然于胸。如果将此方法编入中医诊断学，对提高中医辩证准确性，将是指日可待的事情 。通过中医人体基因分析，对各种疾病根源，可以准确无误地作出正确的辩证与治疗。

研究运气学说的目的，除了时运病治疗，最重要的是治未病。通过中医的基因分析方法，确定脏腑阴阳偏颇、大过不及、气血盈亏，把运气学说的治则方略，运用于基因物质（六气）形成的内因疾病治疗，才能真正做到治未病。

依据运气学说创立的人体基因分析方法，结合内经的治则方略，运用于各种疾病的分析、辩证、治疗和预测，可以为现代人的保健养生与临床治疗作出新的贡献，使运气学说在临床实践中发挥更加重大的价值和指导性作用。

西医有一种利器叫作基因分析，中医也有自己的利器，这个利器就是人体物质时空结构的基本因素分析。这一学术观点，其理论方法与临床运用，是否正确可行，希望能得到专家和大师们的考核与验证，让中医运气学说更好地为世界人民做出新的贡献。最后引用伟大领袖毛泽东的一句话作结“中国医药是一个伟大的宝库，应当努力发掘加以提高”。

人体物质因素分析辨证与治疗实例：

一、快速确定人体禀质特征方法（查六十甲子时运疾病辩证分析表）

1、（燥）庚寅（风火）
（燥）庚辰（寒湿）
（风）巳丑（湿寒）
（火）戊辰（寒湿）
→ 寒③湿③燥②风②火②

2、（风）壬戌（寒湿）
（燥）庚戌（寒湿）
（寒）癸巳（火风）
（燥）丁巳（火风）
→ 风③寒③湿②燥②火②

3、　（火）乙巳（火风）
（燥）丁亥（火风）
（火）戊寅（风火）
（湿）辛酉（燥热）

}火⑤热①风③燥②湿①

对上面人体禀质特征作出以下分析：

1、庚寅、庚辰、巳丑、戊辰（1）天干庚庚，燥气强旺。天干已，土运不及，风气当道。天干戊，为火气旺。（2）地支寅，为风火旺，与天干戊火结合，风火合势。二辰加丑为寒、湿气强旺。（3）总体是燥气强旺，风火气旺，寒湿气重。（4）治则方药：甘寒泄火润燥，甘温暖中，酸温扶肝，甘淡渗湿。少用苦寒，忌用辛热。甘寒药：麦冬、玉竹、生地、玄蓡、甘温药：白术、茯苓、山药、党参、酸温药：乌梅、五味子、甘淡药扁豆、薏米、（5）为甚麼寒湿气重，又忌用辛热药呢？因为从物质结构分析，燥气旺，天干透火，地支风火，土重郁热，多病湿热，所以忌用辛热（附子）。寒湿气重，所以少用苦寒。

2、壬戌、庚戌、癸巳、丁巳（1）天干壬丁合木，风气强旺。天干庚金无力克制风木，反被侮。天干癸，为火运不及，寒水当道。（2）地支戊戌，为寒湿气重，地支巳巳为火风气旺，被寒所郁。湿土气偏无力，火气不足。（3）总体是风气强旺，寒气强旺，地支寒湿之气助天干壬丁风木为病。地支火气被郁，湿土气偏无力。（4）治则方药：辛温平肝木，甘温补土金，辛热壮阳火，咸温酸补益藏气。不用酸寒，忌用苦寒。辛温药：姜活、白术、艾叶、干姜、甘温药：党参、北芪、山药、茯苓、当归、辛热药：附子、咸温酸药：阿胶、磁石、五味子。（5）为什么风木强旺却不能用酸寒呢？酸寒泄火，苦寒泻火，为本病所忌，所以不用酸寒，忌用苦寒。

以上二个案例，第一步分析都有寒湿气重，二者性质相近。第二步分析则明显不同。为甚麼一个可以用附子，而另一个不能用附子？希望读者细心体会。

3、乙巳、丁亥、戊寅、辛酉（1）天干乙，为金运不及，火气当道。天干丁，为木运不及，燥气当道。天干戊，为火气旺。天干辛，为水运不及，湿土当道。（2）地支巳亥寅合势为风气、火气强旺，地支酉为燥火旺。地支一派风火燥气，成番灼之势，炎烈沸腾。（3）总体来看天干火燥气旺，水运不及，地支风火成番灼之势。（4）治则方药：咸寒泻火，酸甘敛火养阴，甘寒滋阴养液。咸寒药：石膏、玄参、牡利、石决明、酸甘药：乌梅、山楂、玉竹、黄精、甘寒药：天冬、麦冬、生地、石斛。

“运动不圆，升降不交，各现各气，则病风、热、暑、湿、燥、寒，大气病也。人身之气，亦是如此”。“初则一气偶偏，继则一汽独胜，一气独胜，诸气败亡，中气消灭，所以人死”。第一个案例燥气偏重，寒湿偏盛。第二个案例风气偏盛，寒气偏盛。第三个案例火热之气偏盛。主要矛盾找到了，解结问题就有办法了，结合四诊八纲，可以药到病除。（详见《黄帝内经运气学说的临床运用与发展》）。

吴登清膏药（痛敌膏）治疗风湿病12288例

江苏盐城颈肩腰腿痛专科门诊　吴登清

颈椎病、肩周炎、腰椎增生、腰椎间盘突出、关节炎、类风湿关节炎、足跟痛、强直性脊柱炎及跌打损伤均属风湿古上课骨伤病范畴。这类疾病病因复杂，病程漫长，易反复发作，在临床上属常见病，多发病，治疗较为棘手。长期以来，被称为疑难病，并被列入世界五大医学难题之一。据世界卫生组织统计，全球有风湿类病患者约 4 亿人。我国相关组织调查显示，患骨关节炎患者逾8000万人。由于这类疾病轻者给患者带来痛苦，重者造成终身残疾，甚至生命威胁。由患者疾病引起的连锁反应给家庭和社会增添了诸多困难。因病致贫，因病返贫的患者牵涉千万个家庭，严重危害人民的生命健康和社会发展。

本文作者吴登清幼年病残，历经磨难，承受着病痛造成的肉体和精神双重折磨，矢志学医，勤求古训、博采众长、反复研究，为减少和避免患者长期口服药的副作用，不易坚持的现状。经过10多年的艰苦探索，研制出辨证明确、组方合理、剂型适宜、工艺先进、质量可靠、疗效显著的安全、有效、稳定的新型膏药——吴登清膏药（痛敌膏），已获国家中药发明专利。本膏药经临床验证，在同类产品中处于科学性、先进性、实用性的领先地位。

一、临床资料

本组患者 12288 例，男 5270 例，女 7018 例，年龄最小 11 岁，年龄最大 92 岁，病程最短的 1 周，最长 52 年。其中颈椎病患者 1320 例，肩周炎患者 124 例，腰椎增生患者 3245 例，腰椎间盘突出症患者 5650 例，类风湿关节炎患者 447 例，膝关节炎患者 1114 例，足跟痛患者 87 例，强直性脊柱炎患者 42 例，各类跌打损伤患者 1223 例。

二、治疗方法

1、药物组成：当归、川芎、三七、红花、续断、威灵仙、独活、羌活、透骨草、伸筋草、细辛、白芷、防风、骨碎补、川牛膝、乳香、没药、血竭、麝香、自然铜、制川乌、制草乌。

2、配制方法：将上述药品按药典要求，炮制规范的道地药材，用传统工艺制成“黑膏药”；或按本诊所发明的其他两种剂型配制成膏（国家专利，方法保密）……上述三种剂型膏剂，可根据不同体质，不同肤种的人群外贴敷用、涂搽等。

3、膏药性能：消炎消肿、活血化瘀、祛风除湿、通络止痛、接骨续筋。

4、使用方法：将疼痛部位洗净，直接直接贴膏药于疼痛部位。每张膏药可贴 4 天，间隔 1 天，20 天为 1 疗程，大多数患者同时口服本所研制的的骨质灵，并从整体观念和辨证论治出发，针对上述疾病分别配制的相关内服方药，效更好。

5、注意事项：本品仅供外贴，严禁入口、眼；皮肤破损者禁用；孕妇及体质过敏者忌用。贴后皮肤若出现轻微的搔痒，属正常现象；严重搔痒者，可暂取下，待搔痒消失后可继续使用（亦可用皮炎平、氟轻松软膏外涂于皮肤搔痒处）。本膏药贴后几天，皮肤有痒感或局部疼痛加重，此为药力产生作用，属正常现象，不可停止用药。在药力没有完全吸收之前，不可将膏药撕下，否则会使膏药残留在皮肤上，弄脏衣服。

三、疗效标准

临床症状全部消失，能进行正常生活和工作为治愈；临床症状基本消失，能正常生活，劳累阴雨时有酸痛感的为显效；临床症状部分好转，基本能生活自理的为有效；临床症状未见改善者为无效。

四、治疗结果

本组患者12288例，治愈9756例，占79.4%，显效1126例，占9.1%，有效623例，占5.1%，无效783例，治愈显效率88.5%，总有效率为93.6%。

五、典型病例

杨某某，男　31岁，初诊日期：2003年12月6日。病者患强直性脊柱炎10年，1993年在天津254医院诊断HLA-B27（+）。诉因野外训练受凉引起，腰骶部疼痛，活动不便，腰部发僵，严重时整个脊柱僵硬。先后服多种镇痛、抗炎药不效。1998年用小针刀等治疗亦未好转。曾服用柳氮磺胺吡啶1年余，后因脾大而停药。现感腰骶部疼痛，转侧不利，晨起明显加重。阴雨受凉亦是，纳一般，二便调，舌淡苔薄，脉缓。拟方以痛敌膏为主，配合益肾壮督，健脾燥湿，活血化瘀，先后调理月余，患者自觉体质好转，疼痛明显减轻，嘱在家调养配合功能锻炼，情况良好。

临床体会：强直性脊柱炎是一种慢性、进行性的炎性疾病，至今病因尚不明确。本病的治疗目的，以解除疼痛，减轻和防止畸形为目的，在一定程度上保留和改善功能。本病坚持“三早”　原则（早期诊断、早期治疗及早防畸形）。患病后应尽量卧木板床，使用较薄的扁平枕，这样能使脊柱生理曲度保持在良好的位置上，减轻或避免脊柱后凸畸形。强直性脊柱炎与类风湿关节炎鉴别要点：本病血沉快，HLA—B27阳性，类风湿因子，粘蛋白正常。类风湿关节炎，血沉亦可增快，但类风（RF）因子阳性粘蛋白增高，血HLA—B27阴性。

六、体会

本所近20年来，来我所治疗的病例数以万计，上述病例是有完整病史资料的统计。通过临床治疗，使我们对本膏药的市场前景充满着信心。中医药学是我国劳动人民长期以来同疾病斗争的经验总结和理论升华，是中华医学精髓之一。在党和国家“坚定不移地扶持和发展中医药事业”的政策感召下，吴登清医师将师授验方、民间秘方及中医前辈治疗外治风湿病的精髓有机结合起来；经过艰苦的反复临床研究实践，并将其发扬光大，获得广大患者认可的膏药方总结成文，该膏药市场价值合理，相信在国家产业政策的扶持和巨大的市场需求下，必能创造良好的经济效益和社会效益。随着我国进一步的改革和开放，我过国际威望显著提高，中医药在世界各国的知名度不断上升，国外许多病人正在寻求好的中药产品，这对于本项目也是一个良好的机遇。本专利投资少、见效快、成本低廉，能起到很好的经济效益和社会效益。

薛立功教授经筋理论及长圆针疗法概述

管宏钟[1]　指导：薛立功[2]

[1]吉林市中医院；[2]中国中医科学院针灸研究所

【摘　要】薛立功教授从事临床、科研、教学三十余载，擅治经筋痹痛，学验俱丰。而其经筋理论，独树一帜。其中包括经筋病的概念，经筋与经脉的区别，十二经筋的解剖学基础，经筋病因病理，经筋病的特殊治疗原则，治疗针具及其操作方法。薛教授的长圆针疗法对临床经筋痹痛（软组织损伤），疗效卓著。

【关键词】名医经验；经筋理论；经筋痹痛；十二经筋；长圆针疗法；解结；筋结点；结筋病灶点

薛立功教授系中国中医科学院针灸研究所经筋病研究室主任，研究生导师，从事经筋疾病的临床、科研、教学工作30多年。薛教授通过对肌肉、韧带、骨关节疾病深入探讨和研究，最终确立经筋理论体系。对临床疼痛机制与痛证论治提出新的理论，发掘整理出“长圆针疗法”，对中医经筋理论的研究和应用贡献卓著。笔者有幸跟随薛教授3载，对薛教授治学严谨深为叹服。现不揣浅陋，将其经验作一介绍，与同道共享。

一、经筋概念

薛教授认为《黄帝内经·灵枢》专立“经筋”篇，其与“经脉”篇相映对举，其在书写风格、主病、治则诸方面均分别对应描述，充分体现了“经筋”与“经脉”的独立地位和各自的相应学术体系和应用范围。《内经》时代以后，对经筋理论和应用的研究是不够的，尤其是与经脉理论的研究相比较，就更显欠缺。然而经筋痹痛是多发病、常见病。经筋痹痛有其特殊的发病机制和发生、发展、传变规律。经筋理论终将成为中医学辩证论治体系的一门新学科。

中医经筋可作如下的表达：十二经筋是古人运用当时解剖学知识，用当时的医学术语，以十二条运动力线为纲，对人体韧带学、肌学及其附属组织生理和病理规律的概括和总结。其中十二经筋系统包括：足太阳经筋、足少阳经筋、足阳明经筋、足太阴经筋、足少阴经筋足厥阴经筋、手太阳经筋、手少阳经筋、手阳明经筋、手太阴经筋、手心主（厥阴）经筋、手少阴经筋。经筋分布特点概括有五：向心性、不入脏腑、结聚关节、中无有孔、伏行经脉。

1、经筋与肌学

（1）经筋的“筋”字是一个惯用的会意字，分析它的部首可以推断出它的解剖学的组织学内容。筋字从竹、从力、从月（肉）旁。竹者节也，说明为筋之物可以有竹节样的外形变化。从力，指出了随着筋出现竹节样外形变化的同时，可以产生力量。从月肉旁者，则更明确了筋是肉性组织。在人体中，筋可随人的意志伸缩变形并产生力量，有牵拉肢体产生相应活动的组织，毫无疑问，就是现代医学所指的骨骼肌。

（2）在肌组织中，受到主动收缩力或被动牵拉力时，其应力点基本在肌的起止点（即肌在骨骼的附丽点，《灵枢》经称“尽筋”）处，可称作筋结点。这里也正是劳损并引起关节痹痛的重要部位。而在该部位的附属组织更首当其冲，是劳损最早发生的部位，筋结点反复损伤，尤其有“横络”形成时，则称之为结筋病灶点。神经纤维管、骨性纤维管、腱鞘、滑液囊、滑车、籽骨、脂肪垫等作为保护筋结点的附属组织，是更容易出现结筋病灶点的部位。

2、经筋与韧带学

《素问·痿论》提出：“宗筋主束骨而利机关者也”。束者约束也，束骨即指骨的关节联结问题，涉及的是解剖学的韧带学内容。关节的主要组织有关节面、关节囊和关节腔。关节的辅助结构有滑膜皱襞、韧带、关节盂、关节盂缘等属于经筋学的范畴，同样，在关节韧带受到被动牵拉力时，其应力点，即韧带在骨骼的附丽点，出现结筋病灶点。

3、经筋与运动力线

（1）经筋主束骨而利机关，即主人体百骸的联接与关节运动。而非生理的运动又可以造成肌肉及其相关组织的损伤。损伤性的肌肉收缩时，在肌肉的两端，即起止点施加同样的力，故肌肉起止点会同时受到损伤。虽然，由于解剖结构不同，可以先在某一端出现，或表现的比较显著，但是，反复、长期的非生理的肌收缩，必然会使两端受力点受伤。将两点相连，则成为一条痛点联线。而这一联线，也恰恰是该肌肉的运动力线。

（2）生活中的活动都不是一块肌肉所能完成的。除上述主动肌的运动损伤外，一般都会殃及相关的其他辅助这一运动的肌组，甚至要累及参与这一运动的所有肌群，从而出现极长的损伤线。从生理上概括出参与同项运动的肌肉组分布规律；在病理发展过程中，又是病痛传变的潜在扩延线，这一临床现象基本符合《灵枢·十二经筋》的描述。这种规律性总结，可以称作**点线规律**。

（3）人的主动运动，不仅是主动肌及其相应力线上肌肉组参与，而且有固定、协同肌参与协助。 协同肌损伤的痛点就分布于主动肌力线的两旁。将这些病痛点与主动肌力线上痛点相连，则往往形成一个“面”，这又可称作**线面规律**。除主动肌外，任何运动都需要固定肌的参与。起着固定原动肌起或止点所附着骨骼作用的肌群叫固定肌。故经筋的损伤范围会进一步扩大。

（4）除上述几组肌肉参与关节活动外，尚有与主动肌相对抗的肌肉参与，这就是“拮抗肌”。借助拮抗肌主动弛缓或伸展，使主动运动平稳，节制其运动过度，防止出现急跳或痉挛运动。不协调的运动和劳损性伤害，它不仅损伤主动肌，而且可损及拮抗肌。拮抗肌分布在肢体对侧面，当其损伤时，其病状会出现在肢体对侧，使痹痛病状向立体方向发展，“由面到体”的逐渐进展规律可称为**面体规律**。

二、经筋病因病机

1、外感六淫与疫毒

经筋感受六淫，即风、寒、暑、湿、燥、火，可使经筋束骨而利机关的功能失常，引起相应的筋肉、关节疼痛甚至变形。如果长期不能清除外邪，经筋持久处于挛缩拘急状态，可造成关节功能的器质性损伤，留下难以恢复的残疾。

2、外力伤害

外力致伤，是指外界暴力所致的经筋损伤，诸如挫伤、碾压伤、扭伤、堕落伤等。

3、劳损

劳损又称积累性劳动损害，多因职业操作，长年重复相同姿式和劳作，使相关经筋反复慢性损伤，经过多年损伤的积累，最终表现出症状。从事剧烈 暴力性运动的人发生较早，一般劳动者多在中年以后逐渐显现病痛并逐渐加重。因一般治疗较难奏效，常常成为临床上的顽症，古医家称之为“顽痹”、“深邪远痹”、“痼痹”等，说明它是临床棘手的顽证。

劳损性疾病是经筋痹痛的重要内容，正因为其为慢性、细小损伤的积累，发病初期往往因症状轻微而不被人注意，缺乏防卫意识，当其显现症状时，常常已是“冰冻三尺，非一日之寒”。

4、机械卡压

人体某些硬度较高组织（椎间盘纤维环）或因损伤而诱发的组织病理变化和修复过程所形成的赘生物（机化纤维组织即横络、钙化而形成的骨性赘生物）等可直接或间接卡压经脉即血管、神经等（迫切而为沫），引发渗出（津液涩渗），其中所含的致痛物质刺激痛敏组织而引起疼痛，即不通则痛。

三、经筋辨证

1、经筋辨证论治是针对经筋病的辨证论治方法。所谓经筋病就是原发于筋肉韧带上的疾病，包括因经筋而继发的经脉和内脏疾病。经筋病有其发生、发展规律，这些规律可归纳为点、线、面、体的发生发展规律，这其中点线规律是总纲。

2、十二经筋是古人运用当时解剖学知识，用当时的医学术语，以十二条运动力线为纲，对人体韧带学、肌学及其附属组织生理和病理规律的概括和总结。根据某经筋病病痛处所处经筋，沿其循行分布的点线规律，检出所有的阳性和隐性的结筋病灶点，并根据点线所在的经筋再检查左右相临经筋上的结筋病灶点，乃致肢体对侧的相对经筋上的结筋病灶点，从而从整体上把握经筋疾病的治疗范围。

3、经脉主运行气血，它常受脏腑之气的盛衰影响，其推动力有强有弱，故治之有补泻之别。经脉容易受外邪的侵袭，尤其风、寒、湿邪侵入脉道，则血脉壅塞不通。若寒邪重，使脉管收缩，筋脉拘急不舒，将加重不通而痛的症候。然而，临床上常见的另一种情况却被忽视，这就是经筋损伤发生病理变化时，亦可直接或间接地影响经脉的畅通，阻碍气血的运行，从而导致临床症状。正如《灵枢·刺节真邪》篇所指出的："一经上实下虚而不通者，此必有横络盛加于大经之上，令之不痛。视而泻之，此所谓解结也"。显然，解除此横络的卡压是解决大经不通的关键。解除经筋粘连而形成的横络，松解强加于经脉上的结络、条索压迫，这就是"解结"法。

4、经筋主束骨而利机关。人一生都处于不停的运动和劳作之中，经筋在关节附着处的损伤也就成为必然。一旦经筋附着处反复损伤，粘连形成条索结块，就必然阻滞经脉气血的通行，从而影响经脉所属络的脏腑功能，出现十二经脉病候。

四、经筋的治疗原则

薛教授集多年临床之所得，提出了经筋病与经脉病的病位不同，故其治疗原则不同。经筋疾病治疗原则是"针至病所"，即用"解结"法直接松解结筋病灶点，以治疗骨解深邪远痹，不同于传统针灸的"气至病所"。

经云："善行水者，不能往冰；善穿地者，不能凿冻；善用针者，亦不能取四厥……故行水者，必待天温冰释冻解，而水可行，地可穿也。人脉犹是也，治厥者，必先熨，调合其经……火气已通，血脉乃行。然后视其病，脉淖泽者，刺而平之；坚紧者，破而散之，气下乃止，此所谓以解结也。"本段经文从广义上详叙了解结的原理和治则。其指出：针灸治疗的先决条件是解除引起气血痹阻的器质性原因。只有在脉道通畅，气血周流的情况下，才有可能发挥其他针法"虚则补之，实则泻之，寒则留之，热则疾之，不盛不虚，以经调之"的作用。解结是前提，是必须首先考虑的关键治则。只有掌握了解结的原理和针法，才能排除障碍，达到气至病所的目的。

《灵枢·官能》中强调指出："用针之理，必知形气之所在……谋伐有过，知解结……知决而通之……得邪所在，万刺不殆，知官九针，刺道毕矣"。经脉与经筋相互关联，故在治疗上亦相互影响，虽然，两者在治则上不同，但它们相互关联使我们在治疗时，不能不相互兼顾，协调为用。

五、长圆针疗法

长圆针疗法是从《内经》挖掘整理的新疗法。是在经筋理论指导下，运用长圆针，以解结法，辨证松解结筋病灶点，以治疗骨解深邪远痹（关节顽痛）及筋性经络、内脏疾病的诊治疗法。

《灵枢·官针》篇指出"九针之宜，各有所为，长短大小，各有所施。"可见，古代创制九针是各有其形状及使用范围的。九针中第八针为长针，"长针者，锋利身薄，可以取远痹。"（《灵枢·九针十二原》）。同时，在《灵枢·九针论》篇亦说明了其应用范围、机理和形状，"八者应风，风者股肱八节也。八正之虚风，八风伤人，内舍于骨节、腰脊节、腠理之间，为深痹也。故为之治针，必长其身，锋其末，可以取深邪远痹。"1968 年河北满城出土的公元前 154 年的汉墓金针，其中一只长针：长 4.5 公分，直径 1.8 毫米，针末有锋刃，经考证此为古九针第八针"长针"的原形。薛教授据以上经文的描述，参考长针、员针和河北满城出土的金针，而研制了现代"长圆针"。长圆针兼有长针和员针的特点。长针锋利身薄，针末有刃，可以行锐性操作，可切割、横断"横络"，适应于在粘连条索与瘢痕内的锐性分离术。员针之末，开如卵状，圆钝无刃，可行钝性操作，亦可沿分肉间隙挑拨，分离分肉间"横络"，且不损伤分肉，适宜于粘连、瘢痕边缘与正常组织连接部位的钝性分离术。长圆针是将两者结合，使平刃状针末，一端保持锐锋状，一端保持圆钝状。将锐锋与钝锋有机结合成为一体，使长针之锋利结合员针的圆钝，制成针末锐而不利，圆而不钝的形状。这样既可有利于治疗，又保证操作过程的安全性。

薛教授应用长圆针治疗经筋疾病针法有七，此简介其三。

1、关刺法：“直刺左右尽筋上，以治筋痹。”（《灵枢·官针》），即直刺腱末端结筋病灶点浅层，然后向左再向右刮剥数次，以松解结筋病灶点表层的粘连。

2、恢刺法：“直刺傍之，举之前后，恢筋急，以治筋痹。”（《灵枢· 官针》），指关刺法之后，再移向腱两侧，对腱周结筋病灶进行解结治疗：即深刺至结筋病灶点深面，然后沿肌腱向前和向后挑割，以松解腱周结筋病灶。

3、短刺法 “致针骨所，以上下摩骨也”（《灵枢· 官针》），对有骨膜下出血或渗出的患者，疼痛顽固不愈，可直刺结筋病灶深处，做摩骨样切割，使近骨“横络”松懈减压，这就是短刺法或输刺法。

长圆针疗法是古代的闭合性手术方法之一，薛教授充分借鉴了现代医学的无菌操作方法及麻醉方法。使长圆针这一古老的针具在当代的应用中既增加了操作的安全性，同时也减少了术中病人的痛苦。

六、小结

薛教授学识渊博，经验丰富，精于经筋辩证诊治。薛教授强调，经筋病贵在辩证，随证诊查，不可胶柱鼓瑟，墨守成规。薛教授的专著《经筋理论与临床疼痛治疗学》充分展现其学术思想的精髓。薛教授对《内经》中的经筋部分继承中有发展，发展中有创新。从挖掘、整理、提高、发扬内经针刺方法出发，援引现代医学之理、解剖之学，按中医经筋理论体系予以重组和剖析，使古今互参，中西结合，终于确立适合现代经筋病辩证诊治的长圆针疗法，也体现出中医辩证施治特点的经筋理论。长圆针疗法每于临床收到奇效，为临床诊断治疗疑难骨痹、筋痹，提供了宝贵的新疗法。正如中国工程院院士王永炎院长所言：“薛立功主任医师立足临床诊疗实践，对于经筋和针刺镇痛刻苦钻研，多有著述，成绩斐然，其成果的辐射与推广，对发展针灸学术，提高疗效多有裨益。”

一种全新的中医理念——太极系统

江西省南丰县赵子仙中医针灸诊所　赵子仙

【摘　要】人体是个太极系统，由天人合一太极系统和形神合一太极系统所组成。人体太极系统是由无数个微太极、小太极、中太极等局部太极所组成。每个太极无论大小，都是相反相成阴阳二气的统一体，相互对立，又相互依存；相互消长，又相互转化；环环相扣，圆圆相通，彼此圆融，合一不分，始终处于不断旋转循环往复运动变化之中，维持着生命的相对平衡的有机整体。任何病症或疼痛，不外乎是太极系统失去相对平衡而导致，并且都循着太极系统有一个或多个明显的反馈点，这些反馈点不一定是穴位，称之为“灵枢点”，而正确找准灵枢点则是治疗关键。运用物理学波的原理和数学定理寻找灵枢点十分精确迅速，肉眼可以精确到毫米。人体太极系统是客观存在的，它不依赖于任何观察主体而遵循自身固有规律而旋转运动着，不因任何人的学识、经验而有所区别。人体太极系统不仅能有效的指导临床实践，而且集养生、保健、防病治病于一体。人体太极系统揭示的是一种生命过程的本质规律，重在整体和谐与平衡，它对传承创新中医药事业发展和当代生命科学研究有重大意义。

【关键词】中医；太极系统；灵枢点；疗法

说起中医，无论是中医界或者外界人士，普遍地认为："中医理论偏向模糊、笼统，过度注重整体和功能的概括，忽略了对结构、细节的分析。概念和理论范畴存在着意会性、非确指性等模糊的特点"。与现代科学相比，"阴阳"水平上的中医学，表现出的最大弱点就是不能用实证来说明中医的原理。两千余年来，中医学为中华民族的繁衍昌盛作出了卓越的贡献，至今仍在为人类的健康服务，其科学性不容置疑。但近一百年来，中医学屡遭非议，其根本原因是不能用严密的逻辑推理来实证中医学的原理。因此，中医学必须建立一种具有严密逻辑性的中医系统方法论。

一、人体是个太极系统

我们存在于地球上，而地球既自转着也围绕太阳沿轨道公转着，相对太阳而言，我们地球上的万事万物都是旋转运动的，人类也不能例外。人体气的运动应是同步的，均是螺旋式运动，循环往复，这就是中医所言气的运动形式，类似中国传统文化的太极图。《现代汉语词典》解释说："《太极图》，是我国古代说明宇宙现象的图，一种用圆形的图像表示阴阳对立面的统一体……"

我国古代的哲学认为：宇宙的本源为原始的混沌之气，是为太极。《易•系辞上》"易有太极，是生两仪，两仪生四象，四象生八卦。"气运动而生阴阳，阴阳交感化合而生万物。所以，南宋的朱熹认为"人人有一太极，物物有一太极。"又说："总天地万物之理，便是太极。"北宋的张载则借用"太极"一词来说明"气"，如说："一物两体，气也"。(《正蒙•参两》)"一物而两体，其太极是谓也。"(《正蒙•太易》)由此可以看出，张载认为太极本身包括两个方面，既非一，又非两，而是阴阳二气的统一体。明朝的张介宾在《类经图翼》中更是直截了当地说："太虚之初，廓然无象。自无而有。生化肇焉，化生于一，是名太极。太极动静而阴阳分，故天地只此动静，动静便是阴阳，阴阳便是太极，此外更无余事。"太极其大无外，其小无内，大寓有小，小涵有大。正如《素问•阴阳离合论》所言："阴阳者，天地之道也。数之可十，推之可百，数之可千，推之可万，万之大，不可胜数，然其要一也。"一，即是太极也！中医经典《黄帝内经》是一部研究生命科学的著作，其中，对"气"、"阴阳"的论述尤多，其核心理念即是太极系统，又可分为天人合一太极系统和形神合一太极系统。下面略举一二。

"人之有形，不离阴阳。"(《素问•宝命全形论》)。

"夫言人之阴阳，则外为阳，内为阴；言人身之阴阳，则背为阳，腹为阴；言人身之脏腑中阴阳，则脏者为阴，腑者为阳。肝、心、脾、肺、肾五脏者皆为阴；胆、胃、大肠、小肠、膀胱、三焦、六腑者皆为阳…故背为阳，阳中之阳，心也；背为阳，阳中之阴，肺也。腹为阴，阴中之阴，肾也；腹为阴，阴中之阳，肝也；腹为阴，阴中之至阴，脾也。此皆阴阳、表里、内外、雌雄相输应也，故以应天之阴阳也。"(《素问•金匮真言论》)"腰以上为阳，腰以下为阴。"(《灵枢•阴阳系日月》)这里讲的是表里、内外、上下、腹背位置的形体太极。"人受气于谷，谷入于胃，以传与肺，五脏六腑，皆以受气，其清者为营，浊者为卫，营在脉中，卫在脉外，营周不休，五十而复大会，阴阳相贯，如环无端。"(《灵枢•营卫生会》)这就从营卫生理功能上寓有太极阴阳之意。"百病之始生也，必先于皮毛，邪中之则腠理开，开则入客于经脉，留而不去，传入于经，留而不去，传入于腑，廪于肠胃。邪之始入于皮毛也，泝然起毫毛，开腠理，其入于络也，则络脉盛，色变；其入客于经也，则感虚乃陷下。"(《素问•皮部论》)这里指出了外邪侵入人体后，沿着太极系统由表入里，由浅入深的途径和临床表现与病理变化。

何谓人体太极系统？《灵枢·卫气》说："阴阳相随，外内相贯，如环之无端，亭亭淳淳乎，孰能穷之。"太极系统即是：由无数个微太极、小太极、中太极等局部太极所组成，每个太极，无论大小，都是相反相成阴阳二气的统一体，相互对立，又相互依存；相互消长，又相互转化；环环相扣，圆圆相通，彼此圆融，合一不分，始终处于不断旋转循环往复运动变化之中，维持着生命的相对平衡的有机整体。

二、人体太极系统的组成与分类

人体太极系统，由天人合一太极系统和形神合一太极系统所组成。具体到组织器官，则以五脏太极为中心，通过经络太极，把六腑太极、五官太极、九窍太极、四肢百骸太极等全身组织器官联系成一个不可分割的整体太极系统。整体太极可以一分为二，即：形体太极（阴性太极），心神太极（或称功能太极、阳性太极）。形和神是统一体，形为神之体，神为形之用，无神则形不可活，无形则神无以生，两者相辅相成，不可分割。形体太极又可称之为全身太极，可分为多个局部太极。如：头部太极、背部太极、腹部太极、上肢太极、下肢太极等等，每个局部太极还可继续按局部的局部细分下去。

传统中医理论的经络系统，是人的整体太极系统的重要组成部分。"经脉流行不止，环周不休。"（《素问·举痛论》）讲的就是经脉太极。十二经脉和任督二脉，总称为经络太极。

经络太极可分为：阴经太极，即太阴、厥阴、少阴合为一个太极；阳经太极，即太阳、阳明、少阳合为一个太极。又可进一步细分为：

1、本经太极，即十二经脉各自是一个太极，如手太阴肺经太极；

2、同名经太极，即手足同名经，如手太阴肺经与足太阴脾经合成一个太极，其余以此类推；

3、表里经太极，如手太阴肺经与手阳明大肠经相表里，合为一个太极，其余以此类推；

4、开、合、枢太极："太阳为开，阳明为合，少阳为枢…，太阴为开，厥阴为合，少阴为枢"（《灵枢·根结》）。所以，太阳与太阴、阳明与厥阴、少阳与少阴各合为一个太极。

人体太极，如果按几何形态，可分为平面太极和立体太极。

凡是人的肉眼所看到人体表面即是平面太极。而从上到下，从左到右，从前到后，从内到外所构成的空间即是立体太极。五脏六腑与十二经脉各自合为一个不可分割的立体太极。如：肺与手太阴肺经合为一立体太极。平面太极、立体太极的划分，在临床上具有不同的重要作用。

三、太极系统的应用——太极灵枢点疗法

二十一世纪的医学正经历着从"以治愈疾病为目的的高技术追求"转向"预防疾病和损伤，维持和促进健康"的重大变革。太极系统的应用旨在维持形体太极和心神太极的动态平衡。着眼于改善、提高人的身心系统自动调控功能，使其内外环境达到和谐统一。病症和疼痛的发生，不外乎是形体太极和心神太极遭到破坏，失去相对平衡，使太极系统气血循行受阻而导致。

本人在长期的临床实践中，通过对所有病例的仔细观察、分析、比较、学习、探索和研究，经过不知多少次的苦思冥想，发现任何病症或疼痛，都循着太极系统有一个或多个明显的反馈点，这些反馈点不一定是穴位，本人把反馈点称之为"灵枢点"，其意为：一是经络太极理论源自《灵枢经》；二是刺激（针刺或手法点按）相应反馈点，可使疼痛或症状立即缓解或消失，有如灵验止痛的枢纽。刺激灵枢点的方法即为太极灵枢点疗法。

中医太极理念重视整体与局部，局部与局部的相互协调关系。任何局部太极阴阳失去平衡，都将影响整体太极阴阳的平衡，在整体上有所反映。这种反映的途径即是太极系统，反映到另一局部的点即是灵枢点，而正确找准灵枢点则是治疗的关键。本人试用物理波的原理以及数学的定理来寻找灵枢点，几经曲折，终获成功。经过几年的临床检验，证明运用数学定理寻找灵枢点十分精确、迅速，肉眼可以精确到毫米。这是一种前所未有的方法，该方法也足可以证明中医的科学性！这也正是《素问•阴阳应象大论》所言："善用针者，从阴引阳，从阳引阴，以右治左，以左治右。"

四、太极系统的特点

1、能有效指导临床实践　中医研究的目的是服务临床，提高疗效。中医太极理念对临床各科都有非常重要的启示作用，对针灸、推拿更具指导作用。临床中遇到各种疼痛症状和其他病症，只要辨明具体部位，越细越好，运用太极理念，就可以精确地找出灵枢点，一般只扎一针，即可收到意想不到的效果。单用点、按、揉的推拿手法，同样奏效。若是针推双剑合壁，更是锦上添花。慢性病、疑难病，运用太极理念，找出太极系统失衡的具体局部位置，从整体太极上调理，结合灵枢点的治疗，假以时日，人体不可估量的自愈能力就会显现出来。

2、突破现有的医学模式　许多常见病、疑难病、慢性病，不管是中医的病症，还是西医的病症（急、危、重症除外），均可运用太极理念参照治疗。太极理念既不同于现代医学的理论，也不同于传统中医模式，与传统经络观念有别，是一种全新的中医理念。它遵循的是中医的理论原则，遵循的是中医自身的发展规律。因此，太极理念是属于中医的！

3、客观性、规律性、普遍性　人体太极规律是客观存在的，它不依赖于任何观察主体而遵循自身固有规律而旋转运动着，不因任何人的学识、经验不同而有所区别。无论谁对中医有什么不同的看法，当了解太极规律后，也会给予客观、公正的答案。

4、原则性、灵活性的统一　人的疾病千变万化，单就疼痛来说，人体任何部位都有发生疼痛的可能。同样，全身任何部位都是治疗不同部位疼痛的灵枢点，而不限于传统的经络穴位。但是，寻找灵枢点的原则只有一个，它可应对任何部位的病变。疼痛的位置有所改变，治疗灵枢点的位置也就相应地改变，这就是灵活性。"运用之妙，存乎一心"！

5、规范性　一般人都认为中医治病欠规范，不可重复与验证。太极理念取灵枢点规范化，可重复，可验证。

6、简单、安全、无风险　太极灵枢点疗法多采用一针浅刺、斜刺、平刺，无伤及内脏之风险。也可单用点、按、揉推拿手法，无副作用。

7、精确性、有效性　运用数学原理，找取穴位灵枢点十分精确，即时效应和远期效应均十分明显。

8、集养生、保健、防病治病于一体　"恬惔虚无，真气从之，精神内守，病安从来。"（《素问．上古天真论》）这是养生的重要原则，也是心神太极相对平衡的状态。保持形体太极的均衡，正确选择刺激适当的灵枢点，可以增强体质，维护健康，防止疾病的发生。

五、太极系统的价值

人体太极系统揭示的是一种生命过程的本质规律，重在整体的和谐与平衡，它对传承创新中医药事业发展和当代生命科学研究有重大意义。

1、改变中医天人合一太极系统的失衡　中医学重视人与自然的和谐、统一。人与社会的和谐相应。然而，中医学本身却与社会和谐关系失去平衡。社会的市场经济价值取向，生活的快节奏和高科技的发展，使得中医学始终跟不上时代的步伐。中医界普遍存在着对中医信心不足的这种不平衡的心理，"表面辉煌，内涵衰微"，这就是中医学天人合一太极系统失衡的现状。要改变这种失衡现状，首先是中医界在理论上要取得统一的认识，这种认识要具有公理性，就像数学的公理一样。所有中医学的相关理论和实践（各种中医特色疗法），都可以从中得到解释，要说得清，道得明。这样，才能被社会所认可，才能与社会协调互补共进。中医太极理念应该是中医学的最佳的发展方向和途径。

2、极具科研价值　我国著名科学家朱时清院士在《当代科学与中医的交汇点》一文中指出："现代科学难题是还原论方法不适合复杂体系。自然界的各种基本单元的规律已经大致清楚，科学开始转向复杂事物本身。许多复杂事物的规律不能由其基本单元的规律推出……复杂性特点就是初始位置的小差异会造成结果上的大变化。"

初始位置是否有点类似太极理念的灵枢点？痛和病症为什么会按太极规律传至灵枢点？灵枢点是由什么物质构成？灵枢点为什么又能有效地缓解症状，消除疼痛？其信息传递机制是什么？我们既然已经知道人体的太极系统运行功能，在此基础上逐步向局部进行科学的还原分析，应该是可行的。期待关注中医事业，并具不凡眼光的科学家来破译这些难题。相信聪明智慧的中国科学家一定会得出圆满的答案。那时，中医必将插上高科技的翅膀，展翅腾飞！

3、打破中西医壁垒，合壁于太极系统　就目前来讲，中、西医是两种文化、两种哲学背景下产生的不同医学体系，都是研究人类生命过程以及同疾病作斗争的科学。中医重整体论，西医重还原论。而太极其大无外，其小无内，它必将成为中西医合壁的纽带，使中西医互通互融。

4、人体太极是美学　美的标准有两条：一是"一切绝妙的美都显示出奇异的均衡关系"（培根）。二是"美是各部分之间以及各部分与整体之间固有的和谐"（汤森伯）。人体太极首重心神太极平衡和谐完美，也就是我们常说的"心灵美"、"真善美。"一个人只有心灵美，心神健康平衡，才能有健康的身体。形体太极的左右对称，协调均衡也至关重要，也就是"形态美"。当生活中的不良体态或其他因素破坏了形体的对称协调平衡关系，疼痛不适也就随之发生，例如常见的颈肩腰腿疼痛。太极理念，重在预防形体、骨骼、肌肉的失衡，拒绝不良体态。形体一旦失衡，疼痛发生。运用太极理念就可找出失衡局部，予以纠正，人又可重现完美身姿。人体太极是简单对称的美、均衡完备的美、统一和谐的美、松柔奇异的美。

5、有利于弘扬中华优秀的传统文化　伟大的中华民族有着光辉灿烂的传统文化，太极文化和中医文化都是其中的瑰宝。而《易经》的"一阴一阳谓之道"，《老子》的"道生一，一生二，二生三，三生万物。万物负阴而抱阳，冲气以为和。"这些古圣先贤智慧的结晶均与中医太极理念有着不解之缘。它们融为一体，使我们更清楚地认识到生命运动与宇宙的旋转遵循同样的规律。

六、创立中医太极系统方法论

系统论的核心思想是系统的整体观念。一般系统论创始人贝塔朗菲强调，任何一个系统都是一个有机的整体，它不是各个部分的机械组合或简单相加。系统的整体功能是各要素在孤立状态下所没有的新质。他用亚里士多德的"整体大于部分之和"的名言来说明系统的整体性，反对那种认为要素性能好，整体性能一定好的，以局部说明整体的机械论观点。同时认为，系统中各要素不是孤立地存在着，每个要素在系统中都处于一定的位置上，起着特定的作用。要素之间相互关联，构成了一个不可分割的整体。要素是整体中的要素，如果将要素从系统整体中割离出来，它将失去要素的作用。正象人手在人体中它是劳动的器官，一旦将手从人体中砍下来，那时，它将不再是劳动的器官了一样。

中医太极系统理念是中华优秀传统文化与中医经典的有机结合，又是经典理论与现代意识的有机结合，我们可以从上述系统论思想来构建中医太极系统体系。从前面所述的太极系统的组成与分类来组成一个框架。如果能集中医界、科技界和社会各界关心支持中医事业人士的聪明才智，共同努力，本人相信，中医一定有所作为。

回想70年代末80年代初，电脑技术发展迅猛，计算机文字输入都是按拼音文字思路设计，当时汉字根本无法输入计算机。于是，洋人聒噪，国人也一片悲叹：汉字的末日来了！但是，中国人的智慧使计算机汉字输入技术在80年代就取得重大突破，而且还证明汉字有许多优势。

当年“汉字落后论”和“中医落后论”有许多相似之处，正是“山重水复疑无路”，和汉字同源的中医学也必将“柳暗花明又一村。”

中医太极理念如能得到科学的实证，可以肯定地说，没有谁会不喜欢中医，没有谁会不对中医感兴趣，没有谁会不从中医太极理念中受益。中医影响世界只是迟早的事，走中国人自己的路！

七、结语

本人才疏学浅、孤陋寡闻，几十年默默致力于中医临床，从临床中的一些现象发现了太极规律，心中深深感到古圣先贤的深邃智慧，感到中华传统文化的博大精深，同时感到太极规律对中医学发展的重大意义。所以，不揣浅陋，决定把太极系统的大致轮廓写出来。书不尽言，言不尽意，期盼各位专家、同仁的赐教。既然现代人的科学技术水平能够继承并超越古代且呈现加速度式的发展，那么未来我们必定能够从中医经典著作中发掘出更多奇妙无比的珍宝，而中医学的研究水平也必将在今人的努力下，更上一层楼。

“我们知道的，的确很少很少；我们未知的，却是无穷无尽。”

参考文献：略

阴阳为纲判万病　消症愈疾靠扶阳

——扶阳理论在临床中的运用

山西省绛县中医医院　赵作伟

余滥于杏林凡30年，苦苦追求为医之道，以园治病活人之梦。然总感有些理悟不透，有些证认不准，有些病无法治。总觉未入仲景之门。抱着唐僧取经的虔诚，参加了2008在北京举办的第二届扶阳论坛及火神派理论及临床应用培训班。会上聆听了各位火神派大师的讲座，会后又咀嚼了火神派的有关著作，收益匪浅。火神派理论给我指明了方向，象一轮红日拨去了我心头的迷雾，只觉眼前一亮，大有登堂入室之感觉。深感用所学理论指导辩证则简单明了，认证准确；指导治疗则能抓住根本，疗效显著。

一、阴阳为纲　两把尺子判万病

临床中常常遇到一些病症，不能用六经辨证、卫气营血辨证或是脏腑辨证、八纲辩证的方法去套用，使辩证无法下手，治疗更无从谈起，甚感束手无策。我曾想如果能有一种简单的诊病方法，它既可适用于几乎一切疾病的辩证，又简单易学便于掌握该有多好。就象杨影在解说王楠打乒乓球时说：王楠把打球简单化了。不管多么复杂的球打过来，她只要那么一个简单的动作，就可化解对方的狠招，并把球回过去给对方造成威胁。并说“这是打球的最高境界”。这也正象人们说得那样：哲学家的高明之处，就是把复杂的东西简单化。遗憾的是，我苦苦探寻这种方法，努力攀登这种境界几十年，却始终未果。

扶阳论坛上诸位大师的讲座，火神派名家

的著作中给我指出了这样的方法，那就是以阴阳为纲，判分万病。“认证只分阴阳”，“功夫全在阴阳上打算”。

正如火神派始祖郑钦安所讲：“医学一途，不难于用药而难于识证，亦不难于识证，而难于识阴阳。阴阳化生五行，其中消长盈虚发为疾病”（医理传真•郑序）。云南名医吴佩衡也说：“识病之要在于识证，识证之要在于辨阴阳。唯辩证确凿，方能对症下药，得心应手。”（医验一得录）

那么，临证中怎样去辨“阴阳的消长盈虚”呢？郑钦安在《医理真传》中给我们列出了明确的标准，这就是：“阳虚病，其人必面色唇口青白，无神，目瞑，倦卧，声低，息短，少气，懒言，身重，畏寒，口吐清水，饮食无味，舌青滑或黑润青白色，淡黄润滑色，满口津液，不思水饮，即饮亦喜热汤，二便自利，脉浮空，细微无力，自汗肢冷，爪甲青，腹痛囊缩，种种病形，皆是阳虚的真面目。用药即当扶阳抑阴”。“阴虚病，其人必面目唇口红色，精神不倦，张目不眠，声音响亮，口臭气粗，身轻恶热，二便不利，口渴饮冷，舌苔干黄或黑黄，全无津液，芒刺满口，烦躁谵语或潮热盗汗，干咳无痰，饮水不休，六脉长大有力，种种病形皆是阴虚的真面目。用药即当益阴以破阳”（医理真传•卷一）。此即是被张存悌教授称为是衡量阴阳确证的“两把尺子”。吴佩衡则更简单地将其概括为寒热辩证的“十六字诀”纲领，这就是热证“身轻恶热，目张不眠，声音洪亮，口臭气粗。”和寒证“身重恶寒，目瞑嗜卧，声低息短，少气懒言”。

以阴阳为纲判分万病，是火神派理论的一个突出特点。以阴阳为纲，遇到问题“只在阴阳两纲上求根本，不在诸病名目上寻枝叶；认证只分阴阳，不在五行生克上追求。”（张存悌语），就可以使我们摆脱各种繁杂的辩证方法，提纲挈领，执简驭繁。利用“阴阳确证”的两把尺子和“十六字诀”去分析错综复杂的病证，就可使我们透过各种疾病的假象看清其本质，从而为下一步立法选方用药提供可靠的依据。

二、重阳扶阳　治病求本除顽疾

重视阳气是火神派学术思想的核心内容。郑钦安首先从易学角度讲，天地氤氲，天一生水，在人为肾，坎中一阳乃“人身立命之根，真种子也。人身立命，全在这坎中一阳。”（医理真传•卷一）他反复强调：肾火是真火，心火为君火，真火旺，君火则旺，五脏六腑之火皆旺；真头衰，君火亦衰，五脏六腑之火皆衰。

人体由阴阳二气构成。阳化气，阴成形。阳者，气也，火也。阴者，血也，水也。此二气中阳为主导，阳生阴长，阳主阴从，阳统乎阴。“阳者，阴之主也，阳气流通，阴气无滞。”“阳者，阴之根也，阳气充足，则阴气全消，百病不作。”（医理真传•卷二）。阳气充斥人身的上下四旁，维持正常的生理活动。历代火神派大师，特别重视阳气的盛衰在发学上的作用。郑氏说：“发病都是因一阳受伤导至，万病均发于一元。”（医理真传•卷二），芦崇汉教授强调：“阳为主导的情况不存在就会发病。”李可老中医则更简单明了地道出了阳气在生理病理上的作用。他说：“下焦命门真火发动。十二经循环不息，五腑六腑气化同行，生命欣欣向荣。此火一衰，诸病丛生。此火一灭，生命终结。”

既然生病都是因为阳气受伤，是因为阳的主导地位发生了改变，那么益火扶阳，尤其是补命火扶肾阳就成了主要的治疗手段。在诸多扶阳药中首推附子。因附子辛温纯阳大热犹如一团烈火，最能补先天之阳。在危急时刻，可力挽“先天欲绝之火种，救生命于垂危”。四逆汤是仲景少阴病之主方，是回阳救逆之方。故善用、广用四逆，重用广用附子又成为火神派治病时选方用药的一大特色。

医学理论是用来指导临床实践的，又必定受临床实践的检验而验证其正确与否。

我回顾总结了原先的门诊病历记录。通过分析成败之病例，使我惊奇地发现：凡是治疗成功的病例，都是在治疗中使用了一些补阳药物；凡是治疗失败的病例，要么是诊断中没有认清疾病的阴阳本质，要么是用药不得体，未用扶阳。我首先从失败病例中总结教训，如：

例一：某男，28岁，本地人在深圳打工，因喷嚏连连，清涕不断，在当地治疗无效，而返乡慕名求治。诊中连续喷嚏，流涕不止，诊为过敏性鼻炎。与过敏煎合苍儿子散加减。服十余剂，症虽有减，但终未治愈，抱憾而返。现在以阴阳为钢分析其失误：南方气候炎热，空调常年开放。每从外面入室，婉若一次寒邪袭表的经历。加之常年饮冷，冰镇啤酒几乎不断，这就使寒邪直中，克伐阳气，阳气内伤，卫外不固，才是病之根源。再看患者舌淡体大，齿痕苔滑，已具“阳虚确证”。因为当初没有能够识得坎中阳虚的本质，也没有应用有力的扶阳药物，才使患者抱憾而归。

例二，也是一名慕名来诊的哮喘患者。哮喘发作已5年，遇异味，过劳可诱发。发作时胸闷气短，胸中水鸡声，吐大量白色泡沫状痰。症状常于半夜1点后发作或加重，屡治少数。本次发作半月。当时诊为过敏性哮喘。给小青龙汤加减。药后少效：喘憋减轻，稀痰减少。二诊时患者诉大便一贯干结，状如羊矢，排解困难。加之患者身高体壮，认为是大肠燥热，腑气上逆，影响肺气不降，发为哮喘。于是在上方中加大黄、元参，意在通大肠以泻肺气。岂料服后即喘憋加重，未再来诊。分析此例之失误：发病多年，久必及肾。白色泡沫状稀痰，又在子时后发作或加重，均是坎中真阳不足之明证。初诊服小青龙少效，说明认证用药尚对路（但扶阳之力不足）。可悲的是二诊时被大便燥结蒙蔽了对阳虚本质的认识，误将虚寒认为实热，犯了虚虚、寒寒之戒，治疗岂有不败之理。

论坛之后，我便处处时时主动地以阴阳为纲，去分析每一个病例，“功夫全在阴阳上打算。”象刘力红教授说得那样“抱定这个阴阳，朝于斯，夕于斯，颠沛于斯，流离于斯”。这样以来，自觉心中有据，辨识有谱；疗效也明显提高了一个台阶，自己也由此充满了自信。

如治女患陈某，48岁，患哮喘40余年，加重3年。患者幼儿时期患麻疹落下咳喘病根，每年数犯，久治不愈。原来热天多犯，近3年冬天也犯，且渐加重。今年深秋天不太冷时就已犯病20余天。延医4人，屡用中西药物，终未控制喘息来诊。刻诊胸闷气短，胸中哮鸣，痰少色白，伴畏寒，口不渴，大便干结，小便清长。诊见：张口抬肩，气难接续，面色晄白，神疲倦怠，声低气短。唇绀舌谈，满口津液，鼻中呼气甚凉。脉细软无力，听诊两肺满布哮鸣音，诊为支气管哮喘，中医属哮证。此患全是一派阳虚确证，肾阳虚衰，阴邪上僭，肺气不降，发为哮喘。治宜补肾纳气，止哮平喘。与四逆汤加麻桂苏辛，附子用30g（先煎），2剂。

2日后患者来诉，药后当晚喘息渐平。效不更方，附子加至45g，5剂。三诊时已停服一切西药，未再发哮喘，饮食增加，精神好转，畏寒减轻。附子加至60g，并酌加健脾药，以培后天之本。前后5诊，药虽少有增减，但始终不离益火化阴之宗旨。共服药27剂，未再犯病，且三九寒天尚可在室外操持家务，达临床治愈。

按：此案与前失误之例2同为哮喘，此案明显重于前案，但治疗结果却明显优于前者。究其原因，是因为在诊断上，此案用阴阳为纲衡量，明确诊为肾阳虚衰，肾不纳气；前案则误诊为大肠燥热，肺气不降。治疗上此案则始终重用附子温补坎中真阳，使阳复阴散，哮止体健；前案则误以元参、大黄滋阴泻火犯虚虚之戒，更伤其阳使治疗失败。由此可见，用火神派理论指导临床是非常实用有效的。

又如郝某，女，65岁，因口干引饮近月屡治不效来诊，近月来患者口渴夜甚，饮大量热水，喝而益渴。曾易医数人服中西药物无效。化验血糖不高，头部CT未见异常，排除糖尿病及尿崩症。诊时除主症外，尚有大便不成形，小便清长。查双脉沉细无力，舌淡苔少黄滑润，咽部不红。脉沉无力，苔滑热饮此为阳虚明证。诊为肾阳不足，气不化津，津不上承，发为口干引饮。治以温阳化气。给真武汤原方二剂。当晚口渴即减，剂尽而愈。

按：这种病例并不少见。一般市医会以滋阴降火，甘寒润燥之法治之，难免治不见效。今以阴阳为纲辨为命火不足，气不化津，津不上承。治从温补肾阳这一根本入手，故能效如桴鼓。再次证明饮安医学对临床的指导意义。

实践是检验真理的唯一标准。从以上正反两方面的案例分析可以看出用扶阳派的理论指导临床是完全正确的，适用的。

目前正处于中医发展的最有利时期，在此大好形势下，开展吴佩衡学术思想研讨，学习和弘扬火神派扶阳理论必定对复兴中医、发展中医、促进中医走向世界造福于全人类，产生重大的影响，并有着深远的历史意义。

银屑病的日常保健康复

陕西华西医院 贾淑芳 高 山 姜 玲 朱熔辉

对于银屑病发病机理的认识，是一个逐步深入的过程。目前普遍认为：银屑病属多基因病。一般寻常型经适当的治疗可获近期疗效，预后良好，但多数患者仍可复发。泛发性脓疱型及红皮病型预后较差，少数可死于慢性消耗或严重并发症。关节病型长期迁延可致关节损坏而致残。

然而，据我们的临床经验，只要以相应不同组方，务必达到“对症下药”，并做到银屑病日常保健康复工作，多基因病的治愈机会还是很大的。日常保健康复主要包括：

一、坚持银屑病症状基本消除后的巩固治疗，明确银屑病的治愈标准。应该认识到，银屑病症状只是人体基因缺损，在皮肤组织基因表达过程中的一种实现。是内外因素综合作用的结果。内因是主要的，外因只是发病的条件。在遗传概率30%的患者中，直系亲属中都有发病经历。开始年龄尚小时，他（她）们并未发病，十几岁后，到四十岁左右，发病率大增。就是因为人体生命力旺盛，缺损基因表达机会增多，接触外界环境条件复杂所致。不发病，不等于基因缺损不存在。要彻底治愈，首先经治疗，要达到使患者皮损全部变薄、脱落后，皮肤光滑，仅留有色素沉着，这时病情并未完全康复。还要修复基因，加巩固治疗，直到皮肤的颜色与正常部位完全一样，才能长期不复发。这就是银屑病治愈的起码标准。

二、治愈后，还需要保持一个较长期安全的生理环境。潮湿的环境、在温差过大的环境中生活、遇冷雨激、洗冷水澡，在人体免疫力低下时，会引起湿毒浸入；与化学物、农药接触、受化纤类衣物刺激、外伤后受生水浸等，是造成基因缺损的外界因素；而饮食上未忌辣椒、酒、鸡蛋、鸡、鱼、羊肉、海鲜、香菜、香椿等刺激性食物也是重要诱因。因为这些食物，既容易入人体经脉，又含有能经人体代谢系统，分解合成有利于基因缺损的氨基酸、核苷酸类物质。引发新一轮基因缺损与表达。我们要求：治愈后6至10年内，除了避免以上外部环境要求的条件，坚决不能吃辣椒、酒、鸡蛋、海鲜，使患者基因修复被自身调控系统固化。否则还会复发。

三、要保持长期乐观向上的处世情绪、作到精神舒畅、经脉和谐。基因缺损的深层次原因，是人类长期繁衍进化中的一种变异性延续。当人体经脉纹乱，失去基因自我修复调控的临界限，又处氨基酸、核苷酸类物质供应过盛之时，就易形成新一轮基因缺损与表达。这是诱发各种恶病顽症的罪魁祸首。

经我们治愈的 3 万余名患者，多数能遵医嘱，实现长期不复发的愿望。有的经治疗后，达 30 余年都未复发，其子女后代也未见患有此病的现象。这就是在银屑病日常保健康复过程中的成功病例。

运用吴佩衡温阳扶阳法治疗危急重症

昆明供电局卫生所　顾树华

【摘　要】吴佩衡学术思想渊源于《内经》重视人体阳气的理论，法自《伤寒论》三阴寒化证温阳辅正思想。吴氏学术思想之核心是极其重视阳气在人体的重要作用，认为阳气乃人身立命之本，“温阳扶阳法“是吴佩衡学术思想理论的重要内容之一，也是吴佩衡先生临证施治最鲜明的特征。先生善用、重用附子大剂起死回生，誉满天下，世誉“吴附子”。文中附笔者八则医案，均遵循吴佩衡先生温阳扶阳法施治而取效，验证了温阳扶阳法不但治疗危急重症有所作为，且疗效确切。

【关键词】吴佩衡学术思想；温阳扶阳法；危急重症

我国著名中医学家、中医教育家、现代经方大家吴佩衡，（笔者外祖父，解放前创办《国医周刊》，云南省中医专科学校，开创云南中医办学先河，解放后历任云南中医学校校长、云南中医学院院长。）精研经典，对《伤寒论》的研究尤为精深，十分尊崇《伤寒论》六经辩证理论，大力倡导经方学理，形成了别具一格的吴佩衡学术思想。探其学术思想渊源，始自《内经》。《素问•生气通天论》：“阳气者，若天与日，失其所，则折寿而不彰，故天运当以日光明。”

吴佩衡学术思想的核心是极其重视人体阳气的重要作用。其《医药简述》：“少阴君火位居于上，而源于坎中之阳。”“命门真火乃生命之根，潜藏暖水。”是“人身最宝贵之主要生命线。”是生命活动之“原动力”，是人身立命之本。

吴佩衡先生毕生研究仲景学说，临床擅用长沙方，对四逆辈诸方应用娴熟。对于阳虚阴寒症，首先抓住温扶阳气的重要环节。善用附子大剂，独具特色，炉火纯青。对疑难危急重症的治疗胆识过人，力挽沉疴，蜚声海内外，世誉“吴附子”。吴佩衡先生不但善用附子，胆识过人，而且剂量超常，惊世骇俗。如附子重剂救治昆明市市长曾某之子“肠伤寒”危证，众医宣告无效，先生力挽狂澜，以大剂通脉四逆汤治之，前后共投附子 3 千余克，终于挽回生机。剂量最大者如治省立昆华医院院长秦某的儿子秦念祖（13 岁）的伤寒重症，初诊方即用 250g，后加至每剂 400g，而且昼夜连进 2 剂，即 800g，终于挽回厥脱重症，令人惊心动魄。如此附子重剂，可谓前无古人，世誉“吴附子”，可谓实至名归（见《吴佩衡医案》—人民军医出版社 P30-34；P36-39）。

其实，吴佩衡先生并不偏颇，他一生救死扶伤，所救治重症危症中不乏阳热之症，先生创立的白虎承气合方，投用大剂石膏、大黄峻药，急下存阴，经腑两燔并蠲，颇具丰富经验，显示大家手段。先生对阳证的治疗同样檀长，（《吴佩衡医案》中有 20 余例阳证治验案例，含 6 例阳明腑证，3 例瘟疫重证，其施治风格，用药特色均颇具胆识，非常精彩。）体现了先生的医术无疑是全面的，这已是学术界的共识。

“温阳扶阳法”是吴佩衡学术思想理论的重要内容之一，也是吴佩衡先生临症施治最鲜明的特征。笔者应诊近四十年，临床亦多用经方，疗效确切。现特从大量临床资料中选取八则医案，以资验证《伤寒论》温扶阳气法及吴佩衡先生温阳扶阳法在治疗危急重症方面不但有所作为，而且疗效确切。

病案举例：

案 1：剧烈咳嗽（肺气肿、肺心病）

患者某，女，73 岁，2007 年 11 月 16 日初诊。主诉：患慢性支气管炎 12 年，冠心病及高血压病近 10 年。平素稍受凉或劳累即咳嗽，每次均久咳难愈。多年来反复发作，2002 年病情加重，住院诊断为“阻塞性肺气肿”；2004 年诊为“肺源性心脏病”。经常剧烈咳嗽，迁延日久。去年到某中医院就诊，某医诊为肺热、血瘀，所投方药中均有石膏、黄芩及大剂量丹参。服药半年多，患者不但咳嗽依旧反复发作，且双下肢发冷。平时若坐时间稍长（约 0.5h），双下肢即越来越冷，似泡在冰水中一般，随即喷嚏大作，清涕不止，咳嗽发作。有时咳即遗尿，甚则大便自出，苦不堪言。故经常陡生恐惧，有将死之感（因其母及胞弟皆因久咳不治而逝。）

刻诊：患者面戴口罩，身着棉衣棉裤，畏寒，手足冷。咳嗽频作，咳即汗出，痰滞难吐，肢体酸痛，面浮而晦黯，下肢肿胀，头痛而昏，BP160/98mmhg，胸闷心慌，神疲乏力。小便较频，大便不畅。脉沉紧而滑，重取无力，舌体胖，质晦黯少津，苔白厚腻。辨为风寒内伏，痰饮犯肺。以小青龙汤加杏仁，散寒化饮，宣肺祛痰。

二诊：上方服 2 剂后，头痛肢体酸疼减轻，咳嗽较畅，吐稠浓痰较多，胸闷亦减，大便较畅。但仍畏寒肢冷，汗出以头颈部较多。脉沉迟而滑，重按弱，舌淡而晦，白腻苔稍减，此阳虚肺寒，痰饮未净。治当温肺助阳，化痰止咳。以麻黄附子细辛汤合二陈汤加味。附片 40g、炙麻黄 9g、北细辛 5g、陈皮 10g、法夏 15g、茯苓 12g、杏仁 8g、甘草 6g。

三诊：服上方 2 剂后，恶寒减轻，吐大量泡沫痰，咳嗽减缓。但下肢仍冷，颈、胸部出汗较多，不时喷嚏。脉沉迟而弱，舌淡苔白。此肺寒未净，心肾虚阳未复，当扶助心肺之阳，温肺止咳。以四逆汤合二陈汤加味。附片 60g、干姜 12g、陈皮 8g、法夏 15g、茯苓 15g、北细辛 5g、炙远志 12g、甘草 6g。

四诊：上方连服 3 剂，咳嗽及诸症渐减。因外孙生病及春节前较劳累，1 个月未就诊。近日因复受凉，咳嗽又作。自服以上初诊及二诊方多剂未效。连日来咳嗽剧烈，昼夜不停，彻夜难眠。症见患者咳嗽频作，喉痒即咳，咳即尿出，畏寒甚，下肢冰冷而浮肿，面浮而晦黯，头昏，汗出多，内衣湿透，胸闷心悸，复生恐惧之感。脉沉细尺部弱，舌质极淡而晦，苔白根部白腻。综观脉证，此咳嗽日久，不但耗散心肺之阳，且累及于肾，至肾气肾精俱虚，摄纳失权。当助心肾之阳以益肺主气之力，涩精固虚以复肾纳气之功。以四逆二陈汤加味。附片 80g、干姜 15g、陈皮 8g、法夏 15g、茯苓 15g、炙远志 12g、枣皮 18g、黄精 20g、甘草 8g1 剂后，咳嗽大减，夜间未咳，熟寐。连服 4 剂，诸症悉平。可喜者，多年之高血压亦下降正常。精神渐增，心绪舒畅。至今已近二年未咳嗽。

按：此患者咳嗽之剧烈，临床罕见。该证虽是由肺系病迁延日久，反复发作，累及心肾而至，但与曾服大量清热凉血之剂达半年不无关系。致使患者雪上加霜，下肢冰冷，一派阴寒无阳之象。如此阳虚剧咳之证，经温肺助阳，初见寸功。然冰冻三尺，不但阴寒凝重，阳气衰微，且肺肾之精气亦虚损。故仅破冰解冻，温寒助阳，效必不佳。四诊抓住心肺阳虚，肾精耗损之病机，以助阳益气，补肾涩精为治，方取得满意疗效。方中妙在加入枣皮、黄精二味，枣皮具补肾涩精、固脱补虚之效，黄精有润肺补肾、益气生津之功。

案 2：亡阳证（大汗腺癌术后心力衰竭）

患者某，女，68 岁，患大汗腺癌于 1996 年 6 月住云南省肿瘤医院。术前医生告知家属：大汗腺癌预后差；并且患者冠心病 20 多年，心脏情况不好，手术风险很大。7 月 1 日手术，术中，患者曾出现心率减慢至 38 次/分，血压测不到等情况，用多巴胺静滴抢救。手术结束，患者在推送病房途中发生呕吐，并示意心前区憋闷。至病房中，再次呕吐，精神恍惚，时而昏迷，监测仪示心率 42 次/分，血压 48/20mmHg。经抢救，仍胸闷心痛，大汗淋漓。

医院再次下达病危通知，并告之家属："医院已尽最大努力，患者仍然未脱离危险，家属要有预后不良的思想准备"。遂邀笔者诊治。

症见面色惨白，汗出不止，鼻息几无，四肢逆冷。脉微欲绝，舌黯夹青无苔。此亡阳危证，急当回阳救逆。当即配取：附片 100g（已煎好），上肉桂 10g，法夏 18g，生姜 15g，甘草 6g。药煎好后，徐徐连续喂服，约 30min，眼睛微睁，嘴唇蠕动。又过 30min 许，脸色微红，四肢转温，血压回升，心率 58 次/分。1 剂尽，各症有所改善。次日再进 1 剂（上方附片增至 120g，生姜易干姜），精神渐增，下午已能坐起。后以茯苓四逆汤加味以交通心肾之阴阳善后。

按：本患者大汗腺癌术后心力衰竭，一线残阳将绝！患者病情危笃，经救治，得以挽回生机，足以证明，温阳扶阳法之功。

案 3：阴阳俱脱（糖尿病高渗昏迷）

患者某，女，52 岁，于 2008 年 3 月 3 日急诊。患者于 1994 年确诊为"冠心病"，曾先后"心肌梗塞"3 次；患"糖尿病"11 年。5 年来血糖较高。去年九月下旬，其母病重，半年来劳累并焦急，故冠心病发作 4 次，血糖升高。3 月 2 日，因劳作而胸闷不适。当晚感心前区不适，隐痛，头昏，心慌，上床休息。辗转难眠，夜间约 1 时许，心慌甚，出冷汗，伴头昏、心慌、手抖、肢软乏力，行走不稳。随之恶心呕吐，呈加重之势，吐出物为未消化食物及咖啡样物。笔者急煎小半夏汤喂之，稍安，又呕吐大作，呈喷射状，头昏痛，心慌甚，心前区刺痛，胃脘不适，腹部绞痛，大汗淋漓，有濒死感。诊之，脉微细，四肢厥逆，舌晦黯，苔白。此大吐后耗伤脾胃之阳，心阳亦受损伤而至心肌缺血，治当振奋心阳，降逆止呕，以四逆汤合小半夏汤。附片 60g（已煎好）、法夏 15g、生姜 15g、甘草 6g，煎好急喂之，渐安。

约半小时，患者又胃脘不适，腹部绞痛难忍，恶寒出冷汗，颤抖。加盖被子仍畏寒并烦躁不安，心中极难受，又恶心呕吐，肢体痉挛，上肢抽搐，颈背强直，目睛直视，牙关紧闭，口唇发绀。此时，笔者认为，患者大吐后不但胃阳心阳耗损，且体液大量流失，耗液伤津，已成元阳真阴俱虚之候。宜急回阳救逆、固摄真阴并举。急煎四逆人参汤。附片 100g（已煎好），干姜 15g，红参 15g，甘草 8g。

煎药期间，忽听患者大叫一声。予快步冲进卧室，见其又在呕吐，吐后喉间痰声辘辘，满口痰液，憋气、喘促，四肢抽搐，角弓反张，双目直视，瞳孔散大，牙关紧闭，"咔嚓"作响。随即不省人事，呼之不应。口唇青紫，鼻息几无，脉微欲绝。予急将其头朝后仰，一边大声叫其名，一边用手掏出口中痰液。其中有三小块碎牙。约 6 分钟后患者有吞咽反射，呼吸急促，睁眼漠视，四肢不时抽搐。此时药已煎好，急频频喂之。30 分钟后，抽搐停，手足转温，小便一次，量极多，口渴饮水数次，渐安睡（已是清晨 8 时）。

约 1h 后，患者惊醒，谓肢体发麻，四肢尤甚，仍欲抽搐。小便一次，量很多。脉细微而结，舌质暗淡，舌光无苔。脉证合参，患者此时元阳真阴尚未全复，至筋脉失养，虚风内动。继当回阳救阴，兼定惊息风。上方加天麻 20g。药煎好后，连续频频喂服。1 剂尽，肢体麻木及以上各症渐减，安睡。中午 12 时许，患者醒来，连服上方 2 剂后，肢体已不麻木，不抽搐。后效果。结果用药后 2 组血清总胆固醇、三酰甘油、血清载脂蛋白-B(Apo-B)均显著降低，且实验组较对照组降低更为明显；实验组血清载脂蛋白-AⅠ(Apo-AⅠ)显著升高，而对照组无改变；实验组总有效率显著高于对照组。结论葛根、山楂、决明子、硒、锌联合应用对高血脂症具有良好的防治作用。中药基因信息产品治疗癌症临床治愈率可达 95%。

2、中药基因信息产品治疗癌症的治愈机理

（1）修复细胞基因的整合系统

（2）关闭原始胚胎信息的表达系统

使癌细胞得不到原始信息的表达，从而阻断了癌细胞的复制。使癌细胞形成的肿块慢慢萎缩变软，并被周围的微循环血管，逐步消失；超过十公分以上的肿块，吸收不完全最后会形成钙化，病人可带瘤生存也可以手术取出。

（3）中药信息药品所载入的信息和癌症原始胚胎信息表达后产生的三种酶信息是同步的，在体内会被三种酶吸收，这三种酶在吸收后，能量会加强，会造成由量变到质变的变异，产生变异后这三种酶会失去活性，停止对免疫力低下细胞的破坏，消除了癌症转移的隐患。

3、中药基因信息药品在疾病治疗中的应注意事项

治疗癌症一定要中西医结合，辨证论治，整体治疗，治病留人，中医药应全面介入治疗全过程。很多患者由于只用西医治疗，进行“一刀切”，然而，治标不能治本，等到复发或转移后，真正的到了身体上、精神上、经济上全都山穷水尽的时候，才求救于中医，可能为时已晚了。很多患者错误的认为，只要医生还在给自己放化疗，自己就有救，真正的成了“生命不息，化疗不止”。据统计：在中国，肿瘤患者的五年生存率不到 25%，其中许多患者并非死于癌症本身，2005 年因为治疗手段不科学和患者不配合治疗而死亡的肿瘤患者，约占全部死亡人数的 52%，这是一个惊人的数字。通过中药基因信息药品在重大疑难杂症中的临床应用，改变病区微循环和细胞能量（消除病炉），使细胞基因信息准确表达有显著效果。

六、结论

现在基因信息学，把几千年来的中医中药学，现代分子生物学，自然养生学，气功，西医学完整的统一起来，解读了人类整个生命科学的过程，从根本上解读了中医药治愈疾病的整个机理过程，中药基因信息的制药过程，包括中医药有效成分的萃取，分子切割，在分子的三维空间信息磁场加入有效信息，在肿瘤、糖尿病、心血管、艾滋病、尿毒症等重大疾病治愈过程中实现了重大突破。

中医饮食疗法有助癌症病人放射治疗后的康复

福建省莆田市卫生局监督所　陈季衡

中医饮食疗法是祖国医学的重要组成部分，具有悠久的历史。早在《神农百草经》中就有山药、薏米、芡实、百合、赤小豆、大枣、龙眼、蜂蜜等食物治病的记载。正如被中医称为“医经”的《素问·脏气法时论》谓：“毒药攻邪。五谷为养，五果为助，五畜为益，五菜为充，气味合并服之，以补益精气。”强调了中医饮食营养的治疗功效与恢复健康的作用。唐代医学家孙思邈《千金方》特别列出“食治”一门，详细介绍谷、肉、果、菜等食物的疗病作用，认为合理而适宜的饮食物是人体生存与病后康复所必需的。“可悦神爽志，以资气血。”我国古代的医事制度中设有专门管理饮食卫生、研究食物烹调方法与疾病饮食调养的

“食医”。其职责范围与工作内容相当于现代医学的营养医师。中医有“医食同源”的理论与观点。

从中医饮食疗法的角度来研究癌症病人放射治疗后的康复问题，在临床上颇有用处。

应用放射线照射癌瘤组织，可以抑制和破坏某些癌细胞。但由于放射线对癌细胞与正常细胞同时都产生破坏作用，使正常组织也受到一定的损害，称为“放射副反应”，主要症状为皮肤、粘膜、神经、消化与造血系统的副作用。皮肤副反应可出现皮肤红斑、色素沉着、脱屑、瘙痒、毛发脱落，甚至出现水疱或渗出液。粘膜副反应可见充血、白膜、溃烂或出血等。全身反应表现为头晕眼花、四肢乏力、烦躁、嗜睡、失眠、口苦口干、食欲减退、恶心呕吐、白血球与血小板减少、贫血等。

中医辨证处理的食物疗法根据放射治疗中和放射治疗后而有所区别：

一、癌症病人在放射治疗中常见头晕、烦躁、失眠、口苦、恶心呕吐，如兼见小便黄、大便结、舌苔黄燥、脉象弦数，则认为是热伤肺胃，饮食调理原则为清肺滋阴与养胃健脾，强调避免烟、酒与刺激性的食物，饮食要多样而容易消化，宜多饮汤水，多吃高蛋白质、富含维生素、清润滋补的食物。

二、放射治疗末期或放射治疗以后，癌症病人常见眩晕疲乏、嗜睡口淡、食欲减退、大便溏薄、白细胞减少、贫血、舌质晦暗、脉细数无力者，为脾肾亏虚。中医饮食调理原则为健脾益气、补肾填髓。

三、放射治疗以后癌症病人骨髓抑制而出现贫血或白细胞明显下降者，在饮食调理中加入人参（或党参）、当归、黄耆、女贞子、枸杞、龙眼肉、红枣，有补血与提升白细胞的作用。

附录：有助于癌症病人放射治疗康复的中医饮食有效验方四个，供临床选用：

1、梨汁蔗浆葡萄露：适应症——各种癌症放射治疗期间出现烦躁口干、恶心纳呆、大便结、小便黄。用法——雪梨汁一份，甘蔗汁二份、葡萄汁一份，和匀冷服，或适当加热后温服。功效——滋阴清肺，增液养胃。

配方的理论根据——雪梨性凉味甘微酸，入肺与胃经，有清热润肺、生津止渴的功效。《食疗本草》谓：“胸中痞塞热结者可多食生梨。”《本草纲目》谓：“润肺凉心，消痰降火、解疮毒。”《本草通言》谓：生梨“通六腑之热”。甘蔗汁性味甘寒，入肺与胃经，有清热养胃、生津止渴的功效。《本草再新》谓：甘蔗汁“和中清火，平肝健脾，生津止渴，解火诸毒。”《本草纲目》谓：“蔗，脾之果也，其浆甘寒，能泻火热”。《随息居饮食谱》谓：甘蔗“利咽喉，大补脾阴。”葡萄性平味甘酸，入肺、脾、肾经，有补气血、滋阴液的功效。《随息居饮食谱》谓：葡萄“补气，滋肾液，益肝阴，强筋骨、止渴。”《滇南本草》谓：葡萄“大补气血”。

2、百和田七兔肉汤：

适应症——各种癌症放射治疗期间烦躁、睡眠差、体质衰退者。用法——百合30克洗净，田三七10克切片，兔肉250克剁细，加水适量，文火炖熟，调味后饮汤或佐膳。功效——清热解毒、滋阴养胃。

配方的理论根据——百合性凉味甘微苦，入心、肺经，有清热润肺、滋阴安神的功效。《神农本草经》谓：百合“利大小便，补中益气。”《纲目拾遗》谓：“清痰火，补虚损。”田三七性温味甘微苦，入肝、胃经，有祛瘀解毒，消肿止痛的作用。《本草纲目》谓：“止血、散血、定痛。”《玉楸药解》谓：田七“和营止血、通脉行淤，一切淤血皆破。”现代医药学理论研究证明：田三七有明显增加冠状动脉血流量的作用，能改善血液循环。临床观察到放射治疗中，病人口服田三七促进了血液循环、保证氧供应，继而提高癌细胞的敏感性，因而增强了电离辐射的灭癌效果。兔肉干凉，入肝、大肠经，有凉血解毒、补中益气的功效。《神农本草经》谓：兔肉“补中益气”。《随息居饮食以四逆加人参汤合当归补血汤调理，连服 3 剂后，各症平，精神渐增。(半月后到省一院内分泌科诊治，经相关检查，确认患者当时系糖尿病高渗昏迷。)

按：患者当时病势危急凶险，经大剂回阳救逆、固摄真阴之剂挽回生机，脱离危险。糖尿病高渗昏迷是糖尿病的一种严重急性代谢紊乱的临床类型。常因严重感染、急性心肌梗死或呕吐、腹泻失水后等诱发。出现震颤、癫痫样抽搐大发作，最后陷入昏迷。《中国内分泌学》：“本病患病率比酮症酸中毒低，但死亡率高，如治疗不及时，可在 24-48 小时内死亡，死亡率高达 63%”。“我院（上海某医院）去年抢救 9 例，仅 1 例存活。”此证完全以中医中药救治获效，一日内先后投用附片达 460 g，再次证明温阳扶阳法治疗危急重症确有很好的疗效，值得进一步研究、探讨。

案 4：心痹（重度心力衰竭）

患者某，女，80 岁。主诉：患冠心病 34 年，曾“心肌梗塞”两次；高血压病史 18 年，BP146—175/77-100mmng，最高达 BP220/108mmng。阵发性心动过速 20 余年。

2008 年 7 月 23 日在市某医院体检，心电图示：阵发性室上性心动过速，心率 156 次/分，ST—T 改变。体检结论：高血压病 3 级，极高危组。心动过速，心功能Ⅲ级。当即收住院，心内科主任说：“你这样危重的心脏病，必须住院治疗，否则最多活不了两个月！”患者不愿住院，签字后才得以回家。

8 月 16 日初诊：症见心悸、胸部憋闷甚，自感要炸裂样。神疲思睡，面色苍白，出汗、恶寒、手足凉。心率 133 次/分，BP（右测）120/84mmng、(左测)96/75mmng，右脉微弱，左脉几无，舌淡晦，苔白稍腻。辨为心阳虚衰之心痹，当温扶心阳，宽胸定悸。四逆汤合苓桂术甘汤加味：

附片 60g（先煎 3 小时），干姜 10g，桂枝 15g，茯苓 15g，白术 12g，菖蒲 12g，甘草 6g。服 2 剂后胸闷、心悸减轻，仍思睡，心率仍快。

上方随证加减，半月后胸已不闷胀，偶感心悸，精神好转，已不思睡，但心率仍快。

8 月 28 日上午，患者儿子送其到延安医院检查，心电图示：频发性室上性心动过速，心率 150 次/分，ST-T 改变。心脏彩超示：1、右心房内径增大，升主动脉内径增宽；2、三尖瓣、主动脉瓣、二尖瓣中度关闭不全。

食道调搏示：房扑 2：1 下传。B 超示：左肾萎缩。当即以 180、200、250 J 射频复律失败。下午即感心悸、胸闷胀甚，有酸辣感，胸部正上方刺痛，呼吸困难，面色惨白，出汗多，神弱嗜睡，心率 145 次/分。夜间各症加重，烦躁不能平卧。次日急以四逆汤合桂枝龙牡汤加减。

附片 80g（先煎 3 小时），干姜 12g，桂枝 15g，生龙牡各 18g，菖蒲 12g，大枣 4 枚，甘草 8g。连服 3 剂后，上述不适诸症减轻，但面、足已现浮肿，尿少，胸部正上方有一乒乓球大小扁圆形包块，质软、胀痛，心率仍快。

半月来随证加减，患者胸已不闷，短暂心悸，夜间已能平卧。但仍浮肿，心悸仍快。

经查多种资料，均称苦参对各型心动过速效佳。

拟：黄芪 15g，太子参 12g，苦参 12g，川芎 12g，菖蒲 12g，甘松 12g，生龙牡各 18g，柏子仁 12g，茯神 15g，甘草 8g。不料 1 剂尽，当晚夜间又出现胸闷胀，憋气，呼吸困难，不时喘促，需深吸气稍缓解。一夜烦躁不得眠（此属误治，罪过也)。

次日诊之：症如上，且呼吸急促，汗多，嗜睡，心率稍下降，122-129 次/分。右脉微弱而代，左脉仍无，舌青而晦，苔白腻。急以四逆龙骨牡蛎汤加味，回阳固脱。附片 100g（先煎 3 小时），干姜 15g，生龙牡各 20g，桂枝 15g，茯苓 20g，菖蒲 15g，甘草 10g。连服 2 剂，上述诸症渐减，夜间可平卧，但心率仍快。

一周来随症加减，精神渐增，但仍浮肿，小便短少，时喘促，心率仍快。至 10 月 6 日，因下雨天凉，夜间又胸闷心悸，烦躁不能平卧。

10月7日上午，患者之子又送其到云大医院检查，心电图示：心房扑动2：1房室传导；V4-V6 ST-T改变。血清化验示：心肌酶增高。心内科主任告知：患者心功能Ⅳ级，已是重度心衰。回家后下午即胸闷、心悸加重，感喉部紧束，呼吸困难。夜间喘促，烦燥不安，半卧位稍入睡，短时即憋气而惊醒，坐立不安。

次日诊之：患者身披毛毯，端坐前倾，面色惨白，唇绀，喉紧束感加重，呼吸急促，语言低微，神怯嗜睡，小便极少，汗极多。BP65/40mmng，心率更快152次/分，右脉雀啄象，左脉无，舌青暗无苔。患者自感病势垂危，即将离世，示意将其余儿女叫来，口述遗嘱，安排后事。

笔者思之：患者虽心衰危急，残阳将绝，但尚有一线希望。急以回阳饮：

附片150g（先煎3小时），干姜15g，玉桂10g（泡水兑入），甘草10g。药煎好后急喂之，约半小时，患者胸闷渐缓，喉部紧束感渐除，呼吸较顺畅，吐较多稠痰。一剂尽，胸部宽舒，咽喉顺畅，又吐大量痰涎，手足转温，已不出汗，自感较舒适，腹饥食粥，1小时后安睡。

次日患者胸、喉无不适，继续咯吐大量痰涎，大便较畅，小便量较多。心率稍降，128次/分。右脉微细已无雀啄象，左脉微弱，舌淡晦，苔薄白。原方再进一剂，病情稳定。可喜者，心率平稳下降，86次/分。效不更方，上方连进4剂，精神渐增，自感舒适，纳香，小便量多，浮肿渐减，BP108/70mmHg，心率78次/分。

10月18日诊之：患者无明显不适，浮肿已消一半，原方加茯苓，3剂后已不浮肿，原胸部包块亦消除。

10月23日，因笔者次日要外出开会，遂配原方8剂，嘱日服1剂。8剂尽，各症平，眠食佳，二便调，BP108-120/70-76mmHg，心率68-72次/分，后以上方加减，温扶心肾，益气化饮善后。目前，患者生活自理，回家调养。

按：本案患者危笃费治，可谓九死一生，后以回阳饮终于挽回生命。此验证了吴佩衡先生温阳扶阳大法救治危急重症确实功效卓著。

结语：

本文阐述了吴佩衡温阳扶阳法在临床上的重要意义，吴佩衡先生温阳扶阳法是中医学中重阳扶阳理论之集大成者。吴佩衡先生立法施治首重温阳扶阳，善用附子大剂起死回生。众多学者誉吴佩衡先生为温阳经典大家，亦知先生治疗阳热之症也很擅长，颇具丰富经验。先生的学术理论、临床经验无疑是全面的，这已是学术界的共识。

疗效源于经验，经验上升为理论便形成学术，温阳扶阳法是吴佩衡先生临症施治最鲜明的特征。我们要深入研究先生运用温阳扶阳法治疗阳虚阴寒重症的丰富临床经验，大胆运用温阳扶阳法治疗危急重症。李可先生呼吁：“擅治急症是中医学固有的传统，历代不乏‘起死回生’、‘妙手回春’的高手。时下世人皆视中医为‘慢郎中’这是中医的奇耻大辱”。文中附笔者八则医案，均遵循吴佩衡先生温阳扶阳法而施治，其能取得满意疗效，验证了“温阳扶阳法”在临床实践中的科学性、实用性。（本文原载于《中国优秀医务工作者文集III》）

针刀为主配合中药外敷治疗骨质增生症 1266 例

湖北省鄂州市杨叶镇卫生院　陈继溥

【摘　要】目的：观察针刀为主配合中药外敷治疗骨质增生症的临床疗效。方法：采用针刀为主配合中药外敷治疗。结果：针刀配合中药外敷治疗 1 疗程，基本痊愈 508 例，显效 423 例，有效 298 例，无效 37 例。结论：临床采用针刀为主配合中药外敷治疗骨质增生症，痛苦小、方便快捷、效果显著，且无不良反应。

【关键词】骨质增生症；针刀；中药外敷

笔者自 1996 年至今采用小针刀疗法为主治疗骨质增生患者 1266 例，疗效优于其它方法，现报告如下。

一、临床资料

共治疗患者 1266 例，其中男 826 例，女 440 例；年龄最小 23 岁，最大 79 岁；病程最短 3 个月，最长 45 年。颈椎患者 336 例，腰椎患者 458 例，膝关节 243 例，足跟骨刺 189 例，其中登合并 2 种以上者占总例数 75.5%，其它部位骨质增生 36 例。患者排除发热、局部红肿等皮肤疾患及严重内脏疾患和凝血机制不全者都可行小针刀治疗。

二、治疗方法

1、小针刀疗法 患者取平稳、充分暴露治疗部位之体位，年老体弱者行卧位为佳。尽量不要让患者直视针刀操作过程。治疗点依各部位骨质增生 X 线片示准。结合插手指触压异常之变性组织，如条索、硬结等，仔细体验标记后，用碘伏常规消毒后，酒精脱碘行局部进针刀法，刀口线和病变处之血管神经平行，防止刺伤、切断神经、血管，刺入皮肤前先按压片刻，成沟痕后再刺入皮肤、皮下组织、深筋膜、骨骼肌，然后达骨膜处，直达病所即骨密质。一般针刀就穿过这 6 层组织。针刀的内手法基本以切割为主，一般每处切割 3-5 刀，刀刃接触骨面，将刀柄沿刀口线垂直方向摆动，把粘连在骨面上的变性软组织从骨面上拿下掀起。将骨面上的骨赘锐边刮磨削平，将变性痉挛紧张的部分软组织纤维切断。基本内手法就是如此，当然身体各部位骨质增生不同，难度与操作可根据临床应用稍作改动，不可千篇一律。要注意的是患者的感觉和操作者手中的刀下的体会，鉴别是变性组织还是正常组织，不超过病变范围、病变层次的情况下进行松解切割治疗。如疼痛时则可能是刺中血管或神经末稍之故；若麻木电击感可能是触到神经根或干的感觉。这些就应该稍微提刀改变方向治疗。

2、中药外敷 基本方：生川乌 500g，生草乌 500g，生南星 500g，乳没各 500g，威灵仙 800g，牛膝 500g，川断 500g，细辛 500g。上药研粉为末，装瓶备用，取巴掌大之蜜（醋）调成饼状，直接贴敷患处，24h 一换，10 次为 1 个疗程。局部可稍加热。若皮肤反应者可涂肤轻松等药同治。

三、疗效标准与结果

1、疗效标准 因目前尚无明确标准，故根据临床治疗体会规定如下：临床症状消失，功能恢复，可完全自理工作者为基本痊愈；临床症状好转，可自理工作，但功能尚不尽人意者为显效；临床疼痛和功能都有所好转，但无法完全自理工作者为有效。治疗前后症状体征无明显化者为无效。

2、治疗结果 本组1266例，基本痊愈508例，显效423例，有效298例，无效37例。无效病例均为年老体弱、骨X线示变形严重者，故临床早期诊断治疗为好。

四、典型病例

患者，男，63岁，教师。患者左膝关节痛十余年，近2月来加重，屈伸不利，无法行走及下蹲，拍片示髌骨下缘内角处骨质增生，呈刺状合并骨性关节炎。治疗方法同上，行局部切除磨平术，5日1次，7次为1个疗程，配合中药外敷。1个疗程后症状基本消失，可下蹲、行走，无疼感。嘱其锻炼，配合壮骨关节丸善后。半年后随访，一切良好。

五、讨论

骨质增生症指骨与关节之退行性改变，系人体为适应力的变化，为了维持体内动态平衡失衡而产生的一种牵拉防御反应，属生理代偿性改变，而增生之组织压迫周围血管、神经时而产生的临床症状，就是骨质增生症。祖国医学认为属“骨痹”范畴；现代医学认为骨质增生指骨边缘或关节边缘、关节面及骨空处密度增高，骨小梁增多，形似唇状或鸡嘴样，故名称之为骨刺。多见于负重较大、活动较多的关节如：髋膝、颈腰椎、手足或足跟等处。主要表现为疼痛、肿胀、变形、活动受限等。多见于中老年人，50岁以后发病率高达90%以上。

骨质增生症，系老年人常见病之一，其病程长，难以彻底治愈，严重影响着患者的身心健康，特别是广大农民朋友，因经济困难，劳作紧张，患病时间长，又没有时间诊治，故都一拖再拖，直到近残。笔者身处农村基层，深感广大农民患者之困苦。故而采用针刀疗法治疗此病，能在短时间内消除或减轻病痛，并且治疗时间短，费用少，配合中药之 活血通络，消炎止痛外用，可有效阻止术后病变处继发粘连。针刀施术可活血通络，“通则不痛”，加上中药，故而疗效较好，而且大多无法正规治疗的经济困难者，在劳作之余抽空诊治，同样可以收到显效。因其创伤小，痛苦小，费用少，值得推广应用。

针刀治疗指关节屈曲功能障碍一例

北京黄寺美容外科医院 李树明

【摘 要】目的：探讨外伤性指关节屈曲功能障碍的简便及有效治疗方法。方法：使用小针刀作为治疗工具，先以针的方法刺入病损处，再以刀的方式松解粘连改善功能等。结果：经针刀治疗后指关节屈曲功能障碍消失，屈曲功能得以完全恢复。结论：外伤性指关节屈曲功能障碍经口服、外用、理疗等方法难以凑效时，使用小针刀治疗不失为一种有效的治疗方法。

【关键词】针刀；指关节；屈曲障碍

指关节强直屈曲功能障碍，尤其是功能强使用频率高的示指，对患者的生活质量及精神影响较大，本院针对一例示指指关节屈曲功能障碍的患者做了针刀手术治疗，效果极佳。

一、患者情况：

高某某，女，72岁。8个月前因不慎倒地，摔伤右手并以示指为重，当时肿胀疼痛并皮下淤血，屈曲功能障碍，医院检查无骨折情况，经内服药物及外用药物处理，皮下淤血消失，肿胀疼痛稍有减轻，后经多家正规医疗机构，不乏三甲医院的药物口服、外用及物理等治疗，肿胀、疼痛及屈曲功能改善不明显，而来本院门诊，查右手示指稍有肿胀，屈曲疼痛，并有轻度压痛，屈曲功能障碍。诊断：右手示指外伤后遗症；右手示指指关节强直（屈曲功能障碍）。经患者同意给与针刀手术治疗。

二、治疗方法：

1、针刀治疗：在患指伸侧肿胀压痛及关节活动明显障碍处标记定点，常规消毒、局部麻醉，避开重要神经、血管及示指伸肌腱，用朱氏一型4号针刀，刀口线与神经、血管及示指伸肌腱平行刺入皮肤、皮下组织、筋膜层逐层松解粘连，直到指骨骨膜，并对屈曲障碍关节囊点切2刀，出针刀压迫止血，针孔处贴创可贴，术毕。

2、手法治疗：被动屈曲病变关节达到适当位置数次，主动活动病变关节，视其改善程度。

3、观察一周后，决定第二、三次治疗。共三次治疗而愈。见照片：图〈1〉、图〈2〉、图〈3〉、图〈4〉。

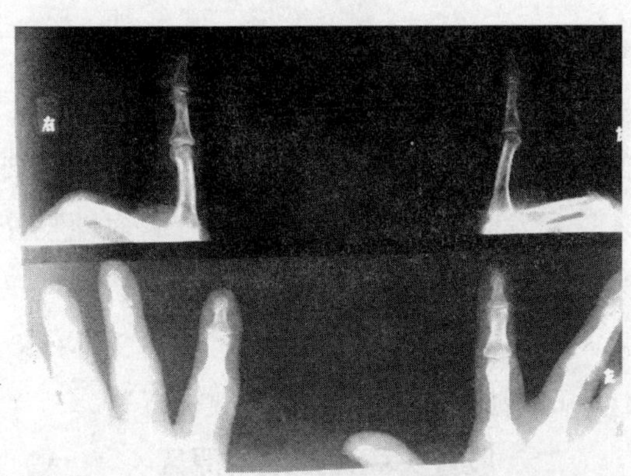
图〈1〉2008年11月15日X光照片

图〈2〉2008年11月15日术前照片

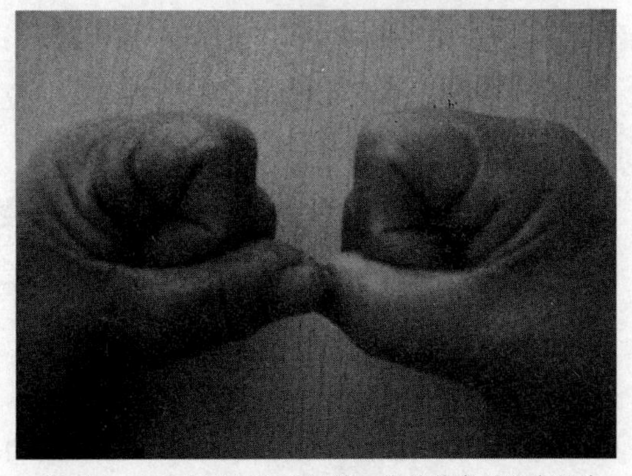
图〈3〉2008年11月28日第一指关节术后两次照片

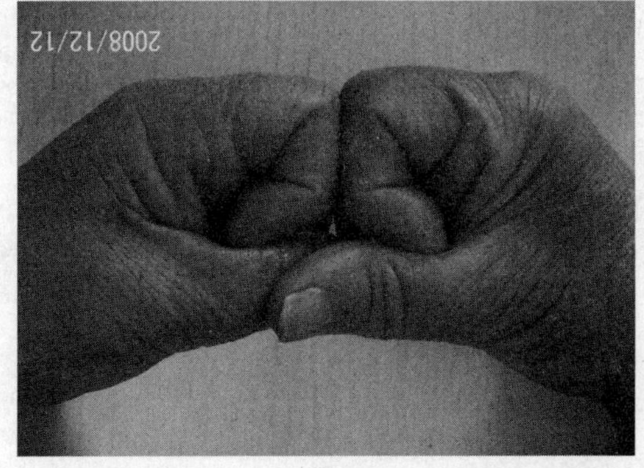
图〈4〉2008年12月12日末端指关节术后一次照片

三、讨论：

1、本例患者右手示指有明显外伤史，后遗示指关节屈曲功能障碍，X线检查示骨组织无明显骨折等异常改变，考虑示指软组织损伤所致指关节屈曲功能障碍。

2、患者伤病初期经外敷等用药肿胀及疼痛稍有好转，但其后药物及理疗等治疗 8 个月，肿胀及疼痛并未继续好转，遗有患指屈曲功能障碍，说明局部软组织损伤严重并发生相关组织的粘连及组织液的吸收循环有所障碍，过去相关治疗不能达到治愈目标。

3、本例患者采用针刀微创手术治疗，首先用针刀在第一指关节附近先采用针的方式刺入皮肤，再采用刀的作用松解粘连、改善局部组织修复，为避免一次松解范围过大，经两次针刀治疗。后又对末端指关节治疗一次，最终达到治愈目的，肿痛消失、屈曲功能达到正常位。

4、针刀治疗相关适应疾病，以其微创、皮肤无疤痕、效果佳的特点，为很多患者乐于接受，尤其是某些疾病当患者经内服、外敷、理疗、按摩等治疗效果不佳，而患者又不愿意接受外科手术治疗时，针刀治疗不失为一种很好的治疗方法。

治疗股骨头坏死的理论与实践

鸿太缘中（北京）中医研究院　郝国双　阎贵坤　洪成安

一、引子

股骨头坏死病程长、致残率高、病人痛苦大，不仅在生产生活方面受到严重影响，还在身体及精神方面承受着正常人难以想象的痛苦。自 1888 年世界上出现首例报导以来，医学界已经进行了 100 多年的研究，迄今为止仍是世界公认的疑难病。据世界卫生组织统计，全世界股骨头坏死的病人在 3000 万以上，仅我国就不下 400 万。近年来，在我国的发病率呈上升的趋势。2003 年在治疗 SARS 患者的医疗实践中，由于激素的使用，出现了较多的股骨头坏死病人，进一步引起了医学界的重视。

目前，中医对早期或中期（前期）股骨头坏死有可喜的疗效。但对中期（后期）和晚期股骨头坏死却无能为力，束手无策。

那么，如何通过积极的治疗，保护住中、晚期患者的股骨头是个大问题。在这方面，通过我们多年的实践，运用古典中医“大唐皇家御蒸疗法”和发明专利技术“一种治疗缺血性股骨头坏死的中药”（专利号：ZL2006 1 0134961。7）治疗，发现治疗中、晚期缺血性股骨头坏死效果甚佳，可谓是“疗法独特、疗效神奇”。

二、股骨头坏死形成的原因

股骨头坏死是一种进程慢、治愈率低、致残率高的髋关节疾病。其形成的原因如下：

1、外伤：外来暴力作用于髋关节脱位，股骨颈骨折或髋关节周围软组织严重损伤。

2、风寒湿：因风寒湿邪乘虚而入（侵袭）滞留髋关节致血气凝滞不通，失其温煦，骨节失养而成髋骨痹。

3、大量酗酒：酒乃五谷之精所生，性大热而有毒，长期酗酒，损伤脾胃，运化失司，湿热痰饮内生，阻塞经脉，血行不畅，骨失其养而发病。

4、年老体弱：年老体弱，肾气不足，精髓亏乏，水不涵木，肝肾精血两虚，股骨头得不到濡养而坏死。

5、服大量激素：大量服用糖皮质激素等药物导致血液凝固性和黏度增加，微循环灌注量下降，股骨头血流量减少，骨细胞缺氧发生变性而坏死。

此外还有：先天禀赋不足说；后天房劳纵欲说；脂肪栓塞说；骨内高压及静脉瘀滞说；骨细胞脂肪沉积说；微血管损伤说；骨质疏松说；骨营养不良说等等。

三、祖国传统医学对股骨头坏死的认识

股骨头坏死其发病机理与临床表现，和中医的“骨痹”、“骨蚀”、“筋痹”、“血痹”等说法相似。我们认为它属于祖国传统医学的“痹症”范畴。《素问》说：“病在骨，肾重不能举，骨髓酸痛，寒气至，名曰骨痹。”《内经·灵枢·刺节真邪篇》云：“虚邪之中也，洒淅动形，起毫毛而动腠里，其入深，内搏于骨则为骨蚀。”这些论述揭示了素体正虚或外力所伤等致病因素损伤人体正气，正虚邪深而发为骨痹、骨蚀。“痹”，有闭塞不通之义，“痹”又有广义，狭义之分。广义之“痹”，包括一切脏腑器官组织气机阻滞之疾；狭义之痹，即风寒湿之气侵犯机体，导致气血不行，经络闭塞，故肢体疼痛、麻木、肿胀、关节活动受限等。我们认为：股骨头坏死的发生与发展，可以归结为四个字：虚、邪、痰、瘀。

1、虚：《素问》说：“邪之所凑，其气必虚”。《灵枢》说的更为透彻：“风雨寒热，不得虚，邪不能独伤人。”“此必因虚邪之风，与其身形，两虚相得乃客其形”。虚，就是正气虚，其中包括气、血、精、津物质不足，阴阳的功能失调，是造成股骨头坏死的条件。当营卫气相对虚弱，肌体抗御外力低下，腠里不密，风寒湿热邪由肌表内侵经络痹阻气血而造成血虚，血虚不能施精于肾，骨失所养，髓枯骨蚀发生该病。因此，股骨头坏死是一种本虚标实的病症。大量的临床病理表现为气血虚或肝肾虚症，肾虚不能养肝，肝虚（亏）不能养血，气血失养而血瘀经脉，筋萎骨枯髓空而形成股骨头坏死。可谓是：其病在骨，其源在血，其根在肾。

2、邪：指外邪，就是“外来的邪气”的意思。凡是能对人体自身的动态平衡造成破坏，引起疾病的气候因素及微生物，祖国传统医学统称为“外邪”。风、寒、暑、湿、燥、火称为“六气”，是自然界的气候变化，即春风、夏暑（火）、秋燥、冬寒、长夏为湿。由于六气的不断运行变化，决定一年四季的气候。在正常的情况下不但不引起疾病，而且是生物生长发育的必要条件。可是当六气变化失常，或人体的抵抗力低下时，就会引起疾病的发生。股骨头坏死，就是当人体正气相对虚弱，或邪气超过人体抵御能力时而发病。正如《灵枢·五变》所说：“人之有常病也，亦因其骨节、皮肤、腠里之下坚固者，邪之所舍也。”

3、痰：痰是体内水湿中的秽浊物质凝聚。“痰为何物，随气升降，无处不至”。故有“怪病多由痰生”“百病中多兼有痰”的说法。痰湿更容易滞于股骨头局部，引起局部气血痰浊瘀滞，造成经脉不通，“最虚之外，便是客邪之地。”在疾病发生发展的过程中，瘀血又往往是痰浊、虚损的共同结果。

股骨头坏死的形成是体内痰浊在股骨头局部凝聚的结果。其原因是脾对水湿的运化不足，导致水湿在体内积聚，水湿中的秽浊物质会在人体某一部位凝结形成痰块。这些秽浊物质具有黏滞的特性，所以往往会导致气血在经络、血管中的运行受阻，使局部组织产生缺血、缺氧的病理改变，引起疾病。股骨头坏死病人的血液黏度有增高的现象。

现代医学也证实股骨头坏死病人的血液黏度增高，会使血液呈高凝状态，从而引起了局部缺血、低氧、酸性产物堆积，通透性增加，骨髓水肿、骨内压增高等而致骨坏死。

4、瘀：指瘀血而言。所谓“瘀”就是瘀滞、阻塞的意思。瘀血是各种内外界因素导致的血液循环障碍，外界因素常为外伤或寒邪凝固而形成瘀血。因此，多由气对血液的推动力不足，或血管狭窄，或血液中杂质过多，血液黏度增加，或气对血液的固摄能力下降等而形成的瘀血。瘀血是导致股骨头坏死的主要因素。《唐书后世》云：“渐瘀血毒，故毒周身”。《医林改错》说的更透彻：“元气既虚，必不能达于血管，血管无气必停留于瘀。”股骨头坏死是气滞血瘀而致，血液循环障碍属于“瘀”，局部缺血、郁血、出血、血栓形成都属于“瘀”的范畴。血瘀气滞，经脉运行不畅而导致瘀阻脉络。不通则痛，故髋部疼痛，痛在定处，血属阴，夜亦属阴，故入夜痛甚。因此，只有破积，祛瘀行气，才能促进坏死骨的吸收和新骨的形成，活血化瘀法贯穿于治疗股骨头缺血性坏死的全过程。可见：瘀不祛而血不活，血不活而骨不生，骨不生而肉不长，肉不长而筋不健，筋不健而体不康！

四、关于对“股骨头坏死”的命名与“置换人工股骨头”或“全髋人工关节置换”法的质疑

1、关于“股骨头坏死”命名的不同意见

我们认为，“股骨头坏死”全称叫“股骨头无菌性缺血性坏死”的命名不妥。

（1）“无菌性”，既有炎症，怎么会无菌呢？

（2）“缺血性”，缺血是正确的。

（3）“坏死”，是错误的说法。其实质是病骨处于“昏死”或“假死”状态，我们治疗中、晚期股骨头坏死的实践，充分说明，只要治疗得当，所谓“坏死”的股骨头是完全可以复活的。

我们认为，称作“髋关节周围炎”或“股骨头关节炎”更为确切。

2、关于“置换人工股骨头”或“置换全髋人工关节”的不同意见

现在医学界普遍采用手术的办法，切除所谓“坏死”的股骨头，做“人工股骨头置换术”或做“全髋人工关节置换术”，我们不敢苟同。我们认为，这是一种错误的治疗手段。人的骨骼有神奇的再生能力，何况股骨头没有达到所谓“坏死”的程度。我们治疗中、晚期股骨头坏死的实践充分证明，经过合理治疗，是完全可以恢复的。

目前，手术置换的人工股骨头都是金属或陶瓷材料制成的。置换后，真的成为全然无生命的死骨，它对于人体来说，无疑是一种异物，况且人工关节一般的使用寿命仅十年左右 。患者置换人工关节后，后遗症多，且经济负担重、精神压力大，后患无穷。

五、治疗方法

我们采用独特的古典中医“大唐皇家御蒸疗法”，使用纯天然中草药，通过强大的热力，将巨大的药力注入病体内，打通瘀阻的经络，将风湿毒从血液、脏器和骨质中分离出来并排出体外，彻底净化人体内环境。在此基础上，配以独特的扶正固本之口服药物（发明专利技术“一种治疗缺血性股骨头坏死的中药”，专利号：ZL2006 1 0134961.7）治疗，达到以通五脏与安六腑并重、除风寒湿与化痰并重、消瘀与灭菌并重、壮骨与增髓并重、溶化栓脂与保护脏器并重、补血与益气并重、养肝与健脾并重、固肾与添精并重、完善供血系统与提高血液质量并重、筋骨再生与经络、髓管再通并重、扶正与祛邪并重、补阴与助阳并重、内服药与外用药并重、抗炎与提高免疫能力并重为独特的风格和鲜明的特点。

1、外治法中的绝技

人体内外之通达，气血之运行，阴阳之平衡，无不与经络息息相关，经络的特殊联系正是外治法所奏效的途径。《理瀹骈文》中明确指出：“外治非谓能见脏腑也，然而病之在，各有其位，各有其名，各有其形。位者阴阳之定也，名者异同之判也，形者凶吉之兆也。位不能移也，名不能假也，形不能掩也，此即脏腑

告我者也，外也皆内也，按其位循其名核其形，就病以治病，皮肤隔而毛窍也，不见脏腑，恰直达脏腑也”。《唐书后世》说得更透彻：“脚踏缸砖通五洲”（五洲即五脏）。

（1）古典中医“大唐皇家御蒸疗法”（亦称：踏火<药>砖熏蒸汗解疗法）——外治法中的绝技

《唐书后世》曰：泥缸重沉二尺称，神药百味落缸中；再入泥砖有几毛，数日药香菲面容；神医扁鹊医如仙，立等痊愈帝王功；泥砖必用文火烤，不趣迓指足心彤；数日过去何做凶，疾恶残垢无影踪；脚踏火砖通五洲，经风傲雪迎妃重；大唐有情医爱心，帝王普渡九洲同。祖国医学认为“脚是人体精气的源泉”，人体足部有 6 条正经和 4 条奇经通过，共有 126 个穴位，占人体总穴位的三分之一还多，人体的各组织器官均可在足部找到相应的穴位。

踏火药砖熏蒸汗解技术，它是通过强大的热力和巨大的药力，施于双足，熏蒸于皮肤、孔窍、深入腠理、筋骨，直接吸收，打通经络，发挥其排毒灭菌、活血化瘀、疏通经络、调和气血、扶正祛邪的神奇作用，能使全身血脉流畅，调动脏腑功能，促进机体、自身调解功能，达到“营卫调和，气血通畅”。这种方法作用直接、疗效迅速、方法简便，且无毒副作用，被实施者誉为现代而又古老的绿色排毒、通络之冠！

（2）大唐神袋——促进骨组织再生之宝

外用方药组成：川芎、天麻、杜仲、红花、骨碎补、乳香、没药、苏木、五加皮、川断、川乌、当归、三七、续断、白芥子、生龙骨、山奈、透骨草、寻骨风、自然铜（锻）等。上药研为细未、外敷于肾部、髋部或足底。

2、内治法中的奇葩（药）

古往今来，内治法是祖国传统医学治疗疾病的最基本的方法，采用中药汤剂、丸剂或散剂内服治疗疾病。“三叶青消瘫宝”——内治法中的奇葩（药），组方：红参、丹参、杜仲、黄精、大黄、当归、血竭、熟地、乳香、五味子、白花蛇、藏红花、生地、柴胡、没药、麝香、冰片。

3、功能性锻炼——调动患者潜能之法宝

患者在药物治疗的同时，配合适当的功能性锻炼是促进股骨头坏死痊愈的重要条件之一。通过功能性锻炼，可以使全身及局部气血畅达，筋脉得以濡养，经络调畅，肌肉强健，髓充骨坚。现代医学研究也表明，活动可增加局部的血流速度和血流量，可以改善局部的缺血状态，促使组织修复和再生。同时，又可使药物迅速抵达病所，增强药物的治疗作用。通过功能锻炼法，以扩大髋关节屈曲、后伸、外展、内收、外旋、内旋各方面活动度和下肢肌力。

附：功能锻炼法（一、一、二、三功能锻炼法）

一抖：抖动双腿法。患者自然站立，拄拐（或扶桌、扶椅、扶墙）单腿屈起、放松、自然抖动，约 30-60 秒钟，再换腿抖动。反复 3-5 次。

一扭：扭腰送髋法。患者自然站立，两手置于腰间，转扭腰部，带动髋部做圆形左、前、右、后旋转，旋转 30-50 次。

二 捶：

（1）捶环跳穴：患者自然站立，双手握空拳，连续用力拍打环跳穴 100-200 次。

（2）捶命门穴：患者自然站立，以手握空拳，交替拍打命门穴 100-200 次。

三展：

（1）屈展蹬腿法：患者仰卧，做患髋（或双侧）屈髋，将膝屈至小腹部，至最大限度，坚持片刻，然后再缓缓伸腿，同时向下蹬，坚持片刻，反复 10-15 次。

（2）收展法：患者仰卧，做患髋（或双髋）外展。到最大限度，坚持片刻，然后再内收患肢（或双肢）至最大限度，坚持片刻，反复 10-15 次。

（3）申展法：患者仰卧，患髋（或双髋）足尖用力向前伸展，坚持片刻，然后将足尖两向后绷，坚持片刻。反复 10-15 次。

中国中医药基因信息学的发展和应用

中国基因信息科学院、中国中医药基因信息科学院、北京基因医疗研究院 刘祖海

一、基因信息学的表述

1、基因信息学的概念

基因信息学涉及到基因组信息的获取、表达、存储、分配和解析等几方面内容。人类基因组共有约30亿个碱基对，对基因信息数据整理包括编码人类全部蛋白质和结构核糖核酸(RNA)的信息，以及调控这些蛋白质和核酸装配成生物体的信息成为了基因信息学的主题内容。基因组信息学的主要目标就是配合人类基因组计划的各项实验研究，测定人类基因组的完整核苷酸序列，确定约10万个人类基因在染色体上的位置，以及研究包括基因在内的各种DNA片段的功能，主要是基因片段对信息磁场信息整合和信息表达功能，把DNA感应的信息磁场记录人类遗传和进化的16.886万亿个信息进行整合和分类表达。

基因组信息学研究的主要内容包括两个部分：一是基因组相关数据的收集与管理；二是基因组数据内涵的分析与解释，也就是遗传密码的破译以及在疾病防治、健康长寿方面的应用。

2、基因信息揭示疾病发生的机理(恶性肿瘤原始胚胎信息的表达)

基因信息，这是当今世界上刚刚出现的一门新的学科，谈到基因无疑会涉及到染色体 端立酶，染色体是构成基因的主要部分，基因信息是记载在染色体上的基因片段，以及碱基对的排序方式，在人体细胞结构当中，细胞核(DNA脱氧核糖核酸)，外部有三维空间的感应的磁性的信息场，这个磁场记录了人类的遗传和进化的全部信息，信息外面是基因中的片断，13000多个点，每个点就是一个基因片段，基因信息的科学家把基因每个片段进行简化，因为再复杂的事物都可以简化为一个简单的道理，把每一个点简化为两种功能，一种为表达功能，一种是整合功能，基因的整合功能是指近代的遗传和进化的信息可得到充分的表达，隔代信息就会限制它的表达，而最原始的信息不让他表达，当基因整合受到破坏的时候，最先表达的是原始胚胎的信息（原始胚胎生物是在地球上最恶劣的条件下产生的生物，由于当时高压、高压、高热、高缺氧、高紫外线、高温差的影响，除了具有极强的生存能力，在进化的过程中保留了自己的酶系统、营养系统和生物电场），当它通过基因的表达系统表达出来了以后，在基因系内侧三维磁场的外部会形成一个闭合电场，阻断了其它信息的表达，第一 RNA复制的细胞造成了不完全代谢，第二金属离子快速沉积，第三加速了细胞的快速复制，形成肿块。产生的三种酶仅次于核辐射会对周围的细胞形成快速的破坏，当周围的原始细胞基因信息受到破坏后，那里的基因信息又在开始表达，破坏重的先表达，破坏轻的后表达，（这是我们对肿瘤患者进行放化疗不起作用的根本原因）当三种酶进入人体血液和体液后，对全身免疫最弱的器官进行破坏，当那里器官的细胞的基因整合系统被破坏化，那里原始胚胎信息在那里又开始表达，这就形成了肿块的转移机理，当转移到神经系统的细胞破坏的时候，患者会发生剧烈的疼痛。

二、中药治疗原理与基因信息学的关系

1、中药在改善人体微观环境和肿瘤治疗方面的作用

中医学对恶性肿瘤的认识源远流长，早在殷墟出土的甲骨文中就有“瘤”的病名记载，在数千年的临床发展中形成了自己独特的治疗体系，建立了肿瘤治疗原则，如扶正固本、清

热解毒、软坚散结、活血化瘀等，使中医中药在恶性肿瘤治疗中发挥了良好的作用，其理论研究进展亦十分迅速。中医药治疗肿瘤注重调整全身状态，纠正阴阳气血失衡，改善全身状况，提高抗病能力，延长寿命，这种不强调“攻瘤”而旨在“保命”的主导思想已被中晚期患者所接受。中医药治疗肿瘤的特点是通过稳定瘤体，改善症状来达到“带瘤生存”的目的，其有效病例的疗效特点与现代医学治疗的最大差别是，中医药治癌瘤体缩小不明显，但生存期延长，自觉症状明显好转；现代医学治疗肿瘤，瘤体在短时间内可能明显缩小，但很快复发，肿瘤增大，生存期无明显延长，生存质量明显下降。

2、特殊药材中含有有效改善生物磁场成分

随着临床肿瘤学研究的深入，中西医结合治疗肿瘤在理论和实践方面均获得了骄人的成果，应运而生的生物反应调节剂（BRM）治疗肿瘤使人们看到中西医结合治疗肿瘤的一个特点，BRM概念由美国国立癌症研究所（NCI）1975年提出，很快在全世界得到巨大的反响与推广，进展十分迅猛。BRM能够直接或间接地修饰人体与肿瘤的相互关系，从而改变人体对肿瘤细胞的生物学应答，使其有利于人体、不利于肿瘤；而产生治疗效应。

BRM的种类有多种，而令人惊奇的是某些具有抗癌作用的中药所含的有效成分本身就是生物反应调节剂（BRM），如香菇多糖、人参制剂中的人参花总皂苷、扶正女贞素LL-E等。试验研究证明，香菇多糖对机体的免疫指标都有改善作用，可抑制肿瘤生长。明显延长癌症病人的存活期，由于其对正常细胞无杀伤作用，副作用轻微，成为它优于细胞毒抗癌药物的特点之一。

该领域的研究，说明了随着医学科学的进展，在深层次、分子水平以及更细微水平存在着中西医结合的理论结合点，为中西医结合治疗肿瘤提供了理论支持。而在临床实践中，中西医结合治疗肿瘤的优势更是得天独厚，如：中医药与手术治疗相结合，术前用中药能改善人体机能，增强体力，术后以益气固本，补气养血等法，有利于手术损伤的早日恢复，长期服用扶正培本、活血化瘀中药以及香菇多糖等，有望防治或延缓肿瘤的复发或转移；中药与放射治疗或化学治疗相结合有增效减毒作用，这更是中医药在肿瘤中西医结合治疗中的特色；中医药在化疗、放疗后使用或间歇使用，能提高机体抗癌机能及生存质量，延长生存期；晚期肿瘤已无手术、放疗适应症者，用中药治疗可稳定瘤体，减轻症状，延长生存期；中药用于癌前病变患者，也有一定预防肿瘤发生的作用。肿瘤的安全治疗已成为全社会关心的问题，中医药复方治疗及提取成分的应用愈来愈广。

3、中药中微量元素对细胞编译中生物信息的转录影响

（1）一切生命现象和过程，无不与酶的特异性作用息息相关，而体内必需的微量元素恰恰是很多酶的活性中心。科学研究证明，在人体发现的近千种酶中，竟有70%以上是由必需微量元素激活才能发挥其生物学的作用。

（2）从另一角度上说，生命是蛋白质及核酸的表现形式，而核酸与蛋白质的合成，正常结构及功能、防止自由基攻击，以及人和需氧生物摄取与转运氮等，无不与锌、铁、铜、锰、碘、硒及其络合物有关。另外，金属元素在人体获得和保有自由电子方面，占有重要地位，在对抗过氧化--丢失自由电子方面也负有重要使命。成年后，随年龄增长，体内必需微量元素的含量逐渐减少（铬、锌等尤为重要），必然会引起酶类、蛋白质及其他生命敏感分子的损害，以及细胞编译中信息丢失或紊乱加速衰老的进程及疾病的发生。

（3）一些长年生中药材长期吸收土壤中微量元素，含有大量人体必需的微量元素如铜、锌、锰、碘、硒等微量元素共16种。它们在人体的含量虽然很少，仅占体重的0．05%，但对

生长发育，甚至生命的维持都起着举足轻重的作用。微量元素在医学中的发现，开阔了人们的视野，为人类认识机体的生理、病理及诊断治疗增添了新的内容。随着现代医学的发展，中医辨证与微量元素的关系也取得了一定的成果。通过测定血液、头发等微量元素的含量变化，从微观角度探讨中医证型，已成为研究中医证型的方法之一。现代医学表明，虚证包括阴虚与阳虚，是由于体内阴阳平衡失调所致，也与体内的微量元素的变化有关

（4）调节体液渗透压和酸碱平衡

微量元素在体液内，与钾、钠、钙、镁等离子协同，可起调节渗透压和体液酸碱度的作用，保持人体的生理功能正常进行。

（5）影响核酸代谢

核酸是遗传信息的携带者，核酸中含有相当多的铬、铁、锌、锰、铜、镍等微量元素，这些微量元素，可以影响核酸的代谢。因此，微量元素在遗传中起着重要的作用。

（6）防癌、抗癌作用

有些微量元素，有一定的防癌、抗癌作用。如铁、硒等对胃肠道癌有桔抗作用；镁对恶性淋巴病和慢性白血病有抬抗作用；锌对食管癌、肺癌有桔抗作用；碘对甲状腺癌和乳腺癌有桔抗作用。

三、中药基因信息学理论的重大突破

1、中药中蕴藏的基因信息可整体调理人体生物磁场（生理）环境

根据中医阴阳五行学说，人体遗传基因信息系统可以分为五个子系统，分别叫做“肾”、“肝”、“心”、“脾”、“肺”五脏（与解剖学的器官定义不同），各赋予不同的脏器功能即遗传信息功能。它们都具有双重含义，其一主要指全身系统层次的五个子系统的信息活动，其二特指下级层次的，特定解剖学局部器官系统功能的信息活动。

（1）肾——遗传基因信息库和物质营养信息库

中医所说的“肾”，主要指全身的遗传基因信息库和物质营养信息库，特指生殖系统和泌尿系统功能。肾阳指的是遗传基因信息库，广义的指全身各个器官由遗传基因信息所赋予的器官功能，狭义的指生殖系统和泌尿系统功能。肾阴指的是物质营养信息库。

（2）肝——生命活力信息传递激发机制并参与神经、内分泌调节机制

中医所说的“肝”，主要指生命活力信息传递激发机制并参与神经、内分泌调节机制。特指肝的解毒功能和肝胆辅助消化器官系统消化的功能。肝阳指的是由遗传基因密码所规划的生命活力信息传递激发机制，包括受潜意识活动影响的交感、副交感神经调节功能。肝阴指的是由信使ＲＮＡ传递ＤＮＡ的遗传基因信息，指导合成各种蛋白质，实现辅助消化液和蛋白酶的提供、食物营养成分的鉴别解毒、调济补充和内分泌调节等功能。

（3）心——大脑中枢神经网络信息加工、神经和内分泌调控系统以及血液（营养物质）供应系统

中医所说的“心”，主要指大脑中枢神经网络信息加工、神经和内分泌调控系统以及血液（营养物质）供应系统。心阳指的是中枢神经网络信息加工、神经和内分泌调控机制，心阴指的是血液和内分泌物质营养供应机制。

可以看出，四型“心”虚证，造成植物神经系统功能紊乱，干扰“肾”功能（DNA 分子遗传基因信息库）和“肝”功能（信使 RNA 分子传递 DNA 分子遗传基因信息指令，指导各个器官细胞合成各种蛋白质），以及“肺”的免疫功能，导致各类虚症的出现。这些试验正说明了：“五志又皆统于心神，心神正常，则五脏安和；心神失常，则五志皆发生紊乱。”

中医所说的“心肾相交”，即指“肾”的先天的遗传基因信息，与“心”的中枢神经网络的当前信息调控机制相结合，共同实时控制生命信息活动。

（4）脾——新陈代谢活动信息调控机制

中医所说的“脾”，是指新陈代谢活动信息调控机制，特指胃肠消化系统。脾阳是指人体物质和能量新陈代谢活动信息促进机制。脾阴是指肠胃消化系统提供的物质营养供应机制。

“脾”的功能不只是指消化系统提供营养信息，而且是全身器官组织物质和能量新陈代谢活动的调控机制。“脾”运化水液的功能，正是全身各器官细胞，通过血液和组织液输入营养成分和排除代谢废物所需要的、新陈代谢活动信息的促进机制。肌肉的新陈代谢活动最明显，所以“脾”主肌肉。

（5）肺——中枢神经系统控制的生命活动本能和自稳态信息调节机制

中医所说的“肺”，主要指中枢神经系统控制的生命活动本能和自稳态信息调节机制，特指呼吸系统。肺阳指的是由遗传基因信息所赋予的，由植物神经所支配的无意识活动，即人体生命本能，包括各种器官的正常生理功能、体温调节功能、对于异体蛋白的排异免疫功能、机体受损康复功能等等，使人体系统在环境变化中保持生命活动的自稳态。肺阴指的是血液中的氧气、各种免疫细胞以及各种营养物质的供应。

中医所说的五脏，是指人体这个遗传基因信息巨系统中的五个子系统，构成一个具有智能的自稳态自动控制系统，分别统管人体的物质、能量的新陈代谢活动；而把人的精神活动，归纳为神魂魄意志对人体的支配和调节作用：“心藏神，肝藏魂，肺藏魄，脾藏意，肾藏志，”把五志分属五脏，以维持人体一切生命活动和思维、精神活动。“心藏神”，“心”统管人的大脑全部信息加工活动；“肾藏志”，“肾”是大脑思维活动的主观信息记忆库；“肝藏魂”，“肝”统管人的情志活动；“肺藏魄”，“肺”统管人的生命本能活动；“脾藏意”，“脾”统管人的思维活动。神、魂、魄、意、志对人体的支配和调节作用，喜、怒、忧、思、悲、恐、惊这些七情对于五脏的损伤，则是关于人类精神活动对身体疾病影响的辩证阐述。

2、中药中蕴藏的基因信息可调理微循环环境，增强脏器的能量

核酸决定了不同组织细胞所合成蛋白质的特异性，DNA 代谢正常与否，影响着蛋白质的生物合成，从而影响各脏腑组织发挥各自的功能。蛋白质是生命的物质基础，是细胞的主要组成成分。维持正常的组织更新、生长发育和创伤疾病的康复需要蛋白质；催化体内化学反应的酶和调节体内新陈代谢过程的某些激素，以及防御生物侵袭的抗体，也都是蛋白质或其衍生物。集体的生理活动和劳动做工，氧和二氧化碳的运输，均需要蛋白质的参与。可以说决定蛋白质的合成代谢的因素，即相当于祖国医学所说的元气。

这里所说的元气（真气），就是基因信息库中的脱氧核糖核酸 DNA 分子和由它所转录的核糖核酸 RNA 分子所具有的遗传信息。

除了营气参与机体的氨基酸等营养物质的代谢，宗气参与机体的能量代谢外，人体更重要的新陈代谢，是机体各个器官组织细胞本身的新陈代谢，产生新的细胞，替换衰亡的旧细胞。但是，当机体各个器官组织细胞复制 DNA 分子的功能不足，或局部器官组织细胞的 DNA 分子有基因突变时，呈现气虚、阳虚症状，必须由生殖器官复制的样板 DNA 分子（即真气、元气），通过经络系统运行全身，巡视、检查各个器官生理活动情况正常与否，遇到病理情况，就由自身“与谷气并”，由 DNA 分子转录信使 RNA 分子，发出遗传密码信息指令，将营气中的氨基酸组合成所需要的蛋白质，连同 DNA 分子本身一起组合成新的细胞，以取代旧的衰亡的细胞，进行细胞的新陈代谢，以维持和恢复机体各个器官组织的固有功能。在这个意义上来说，真气就是生命。

“气”的本质是信息，是各种信息的功能。

它可以体现为各种物质能量调节，可以体现为各种神经——体液调节，也可以体现为各种免疫功能和机体恢复功能。

“气”是载有信息的物质微粒，它通过经络运行全身。

四、基因信息学在中药制药中的应用

目前可以推广使用的先进基因信息制药工艺包括如下几项：

1、超临界二氧化碳萃取技术及最前沿的光波分子流超临界萃取

超临界流体萃取技术(sFE)是80年代才开始获得发展的高新技术。德国、美国、日本、加拿大等几个工业发达国家相继研制出了工业化生产装置，继而我国也研制了超临界二氧化碳萃取工业化生产成套装备。该项高技术装置以低温提取和惰性气体保护为特点，防止“热敏性”物质的氧化和逸散，使提取物成分达到100%的“全天然”，将萃取和分馏合为一体，有效地提高生产效率和节约能耗。该项技术提取的各种成分无化学溶剂残留、无氧化、无污染，可广泛用于中药制药领域中。

光波分子流超临界萃取，将中药中的化合物分解成单一化合物，能够达到单一分子切割的标准，达到生物进化和遗传升级的标准。

2、超微粉碎技术

超微粉末是跨世纪的新材料，超微粉末设备是近20年来世界迅速发展的具有良好经济效益的高科技产品，它利用了名列世界前茅的风洞技术优势，在我国超细粉碎技术领域实现了零的突破。我国研制的cF超音速气流超细粉碎分级系统，采用LAVAL原理，集国际上先进的多喷管技术、流化床技术与卧式分级技术于一体，从而使物料平均粒径破微米大关。在我国的中药制剂中，若引用超微粉碎科技可实现其低温粉碎、高纯操作、高的加工光洁度、机器易清洗等要求，从而提高药物的生物利用度和疗效，又可降低生产成本。

3、新吸附技术

这种工艺将传统中医药制剂理论与现代吸附理论紧密结合，可使大量的中药复方水煮不必浓缩，而是直接用特殊吸附剂吸附，这就大大节约了能源。吸附完毕用释醇洗脱、浓缩、干燥即得。该工艺的最大特点是操作简便，生产周期短，能源省，成本低，产品质量高。临床研究表明：新工艺提取物保持了原剂型疗效，这与药理和化学研究的结果是一致的，表明新工艺提取物保留了中药复方的生物活性成分，这是防治疾病的物质基础，毒理研究证明新工艺所用的WLD型吸附剂完全无毒；中试结果说明新工艺切实可行，适合于工业生产，特别是节约能源和提高药品质量方面具有极大的优势，有很好的推广应用前景，但以多糖、蛋白质为药效物质基础的复方不宜采用本工艺。

4、将中药的有效物质通过分子流超临界萃取达到有效物质化合物采取分子切割，在分子的三维空间加入感应的磁性的信息磁场，先由物质变成物质活性，再由物质活性变成生物活性，最后在磁场的有选择性加入信息。这样中药有效的生物分子信息磁场和人类细胞信息磁场的结构是同步的。当细胞吸收这些后就起到修复作用，使变异的细胞修复到正常状态。

五、中药基因信息药品在临床治疗中的效果

1、中药基因信息药品在肿瘤、糖尿病治疗中的作用

按照美国NCCN的肿瘤治疗指南，年龄超过60岁、已达3A期（局部晚期）的癌症患者，术后不得进行放疗治疗，因为此类病人的抗免疫力极弱，另外患者如经放疗治疗，会出现放射性炎症，这无疑会加速病人的死亡。但在我国，不少医院为了经济利益，对70岁以上甚至是80岁以上的病人进行放疗治疗比比皆是，这很不正常。

中药葛根、山楂、决明子与微量元素硒、锌联合应用治疗高血脂症的效果。方法：386例高血脂症患者分为实验组和对照组，2组均服用藻酸双脂钠治疗，实验组加用葛根、山楂、决明子、硒、锌，均用药4周，观察2组治疗

效果。结果用药后 2 组血清总胆固醇、三酰甘油、血清载脂蛋白-B(Apo-B)均显著降低，且实验组较对照组降低更为明显；实验组血清载脂蛋白-AⅠ(Apo-AⅠ)显著升高，而对照组无改变；实验组总有效率显著高于对照组。结论葛根、山楂、决明子、硒、锌联合应用对高血脂症具有良好的防治作用。中药基因信息产品治疗癌症临床治愈率可达 95%。

2、中药基因信息产品治疗癌症的治愈机理

（1）修复细胞基因的整合系统

（2）关闭原始胚胎信息的表达系统

使癌细胞得不到原始信息的表达，从而阻断了癌细胞的复制。使癌细胞形成的肿块慢慢萎缩变软，并被周围的微循环血管，逐步消失；超过十公分以上的肿块，吸收不完全最后会形成钙化，病人可带瘤生存也可以手术取出。

（3）中药信息药品所载入的信息和癌症原始胚胎信息表达后产生的三种酶信息是同步的，在体内会被三种酶吸收，这三种酶在吸收后，能量会加强，会造成由量变到质变的变异，产生变异后这三种酶会失去活性，停止对免疫力低下细胞的破坏，消除了癌症转移的隐患。

3、中药基因信息药品在疾病治疗中的应注意事项

治疗癌症一定要中西医结合，辨证论治，整体治疗，治病留人，中医药应全面介入治疗全过程。很多患者由于只用西医治疗，进行“一刀切”，然而，治标不能治本，等到复发或转移后，真正的到了身体上、精神上、经济上全都山穷水尽的时候，才求救于中医，可能为时已晚了。很多患者错误的认为，只要医生还在给自己放化疗，自己就有救，真正的成了“生命不息，化疗不止”。据统计：在中国，肿瘤患者的五年生存率不到 25%，其中许多患者并非死于癌症本身，2005 年因为治疗手段不科学和患者不配合治疗而死亡的肿瘤患者，约占全部死亡人数的 52%，这是一个惊人的数字。通过中药基因信息药品在重大疑难杂症中的临床应用，改变病区微循环和细胞能量（消除病炉），使细胞基因信息准确表达有显著效果。

六、结论

现在基因信息学，把几千年来的中医中药学，现代分子生物学，自然养生学，气功，西医学完整的统一起来，解读了人类整个生命科学的过程，从根本上解读了中医药治愈疾病的整个机理过程，中药基因信息的制药过程，包括中医药有效成分的萃取，分子切割，在分子的三维空间信息磁场加入有效信息，在肿瘤、糖尿病、心血管、艾滋病、尿毒症等重大疾病治愈过程中实现了重大突破。

中医饮食疗法有助癌症病人放射治疗后的康复

福建省莆田市卫生局监督所　陈季衡

中医饮食疗法是祖国医学的重要组成部分，具有悠久的历史。早在《神农百草经》中就有山药、薏米、芡实、百合、赤小豆、大枣、龙眼、蜂蜜等食物治病的记载。正如被中医称为“医经”的《素问•脏气法时论》谓：“毒药攻邪。五谷为养，五果为助，五畜为益，五菜为充，气味合并服之，以补益精气。”强调了中医饮食营养的治疗功效与恢复健康的作用。唐代医学家孙思邈《千金方》特别列出“食治”一门，详细介绍谷、肉、果、菜等食物的疗病作用，认为合理而适宜的饮食物是人体生存与病后康复所必需的。“可悦神爽志，以资气血。”我国古代的医事制度中设有专门管理饮食卫生、研究食物烹调方法与疾病饮食调养的

“食医”。其职责范围与工作内容相当于现代医学的营养医师。中医有“医食同源”的理论与观点。

从中医饮食疗法的角度来研究癌症病人放射治疗后的康复问题，在临床上颇有用处。

应用放射线照射癌瘤组织，可以抑制和破坏某些癌细胞。但由于放射线对癌细胞与正常细胞同时都产生破坏作用，使正常组织也受到一定的损害，称为“放射副反应”，主要症状为皮肤、粘膜、神经、消化与造血系统的副作用。皮肤副反应可出现皮肤红斑、色素沉着、脱屑、瘙痒、毛发脱落，甚至出现水疱或渗出液。粘膜副反应可见充血、白膜、溃烂或出血等。全身反应表现为头晕眼花、四肢乏力、烦躁、嗜睡、失眠、口苦口干、食欲减退、恶心呕吐、白血球与血小板减少、贫血等。

中医辨证处理的食物疗法根据放射治疗中和放射治疗后而有所区别：

一、癌症病人在放射治疗中常见头晕、烦躁、失眠、口苦、恶心呕吐，如兼见小便黄、大便结、舌苔黄燥、脉象弦数，则认为是热伤肺胃，饮食调理原则为清肺滋阴与养胃健脾，强调避免烟、酒与刺激性的食物，饮食要多样而容易消化，宜多饮汤水，多吃高蛋白质、富含维生素、清润滋补的食物。

二、放射治疗末期或放射治疗以后，癌症病人常见眩晕疲乏、嗜睡口淡、食欲减退、大便溏薄、白细胞减少、贫血、舌质晦暗、脉细数无力者，为脾肾亏虚。中医饮食调理原则为健脾益气、补肾填髓。

三、放射治疗以后癌症病人骨髓抑制而出现贫血或白细胞明显下降者，在饮食调理中加入人参（或党参）、当归、黄耆、女贞子、枸杞、龙眼肉、红枣，有补血与提升白细胞的作用。

附录：有助于癌症病人放射治疗康复的中医饮食有效验方四个，供临床选用：

1、梨汁蔗浆葡萄露：适应症——各种癌症放射治疗期间出现烦躁口干、恶心纳呆、大便结、小便黄。用法——雪梨汁一份，甘蔗汁二份、葡萄汁一份，和匀冷服，或适当加热后温服。功效——滋阴清肺，增液养胃。

配方的理论根据——雪梨性凉味甘微酸，入肺与胃经，有清热润肺、生津止渴的功效。《食疗本草》谓：“胸中痞塞热结者可多食生梨。”《本草纲目》谓：“润肺凉心，消痰降火、解疮毒。”《本草通言》谓：生梨“通六腑之热”。甘蔗汁性味甘寒，入肺与胃经，有清热养胃、生津止渴的功效。《本草再新》谓：甘蔗汁“和中清火，平肝健脾，生津止渴，解火诸毒。”《本草纲目》谓：“蔗，脾之果也，其浆甘寒，能泻火热”。《随息居饮食谱》谓：甘蔗“利咽喉，大补脾阴。”葡萄性平味甘酸，入肺、脾、肾经，有补气血、滋阴液的功效。《随息居饮食谱》谓：葡萄“补气，滋肾液，益肝阴，强筋骨、止渴。”《滇南本草》谓：葡萄“大补气血”。

2、百和田七兔肉汤：

适应症——各种癌症放射治疗期间烦躁、睡眠差、体质衰退者。用法——百合30克洗净，田三七10克切片，兔肉250克剁细，加水适量，文火炖熟，调味后饮汤或佐膳。功效——清热解毒、滋阴养胃。

配方的理论根据——百合性凉味甘微苦，入心、肺经，有清热润肺、滋阴安神的功效。《神农本草经》谓：百合“利大小便，补中益气。”《纲目拾遗》谓：“清痰火，补虚损。”田三七性温味甘微苦，入肝、胃经，有祛瘀解毒，消肿止痛的作用。《本草纲目》谓：“止血、散血、定痛。”《玉楸药解》谓：田七“和营止血、通脉行淤，一切淤血皆破。”现代医药学理论研究证明：田三七有明显增加冠状动脉血流量的作用，能改善血液循环。临床观察到放射治疗中，病人口服田三七促进了血液循环、保证氧供应，继而提高癌细胞的敏感性，因而增强了电离辐射的灭癌效果。兔肉干凉，入肝、大肠经，有凉血解毒、补中益气的功效。《神农本草经》谓：兔肉“补中益气”。《随息居饮食谱》谓：兔肉“凉血、祛湿、疗疔疮、解热毒。”

3、黄芪枸杞鳖肉汤：

适应症——各种癌症放射治疗期间或治疗以后出现贫血、眩晕或白细胞减少，身体疲乏无力。用法——黄芪30克切片，纱布包扎，枸杞20克，重500克鳖一只，宰杀去肠杂后剁细，加水适量炖熟，去黄芪渣，油盐调味喝汤。（也可加入瘦猪肉60克调味。）功效——补中益气、滋阴生血。

配方的理论根据——黄芪味甘性微温，入肺、脾经，能补中益气、健脾生肌。《本草正义》谓“黄芪补益中土，温养脾胃。凡中气不振、脾胃虚弱、清气下陷者最宜。”《日华子本草》谓：“黄芪助气壮筋骨，长肉补血。”枸杞性味甘平，入肝、肾经，能滋补肝肾、填精生血。《食疗本草》谓：“补益筋骨、去虚劳。”《重庆堂随笔》谓：枸杞“补血非他药所能及也。”《药性论》谓：枸杞“能益精补诸不足。”鳖肉性味甘平，滋阴补虚、濡养肝肾。《随息居饮食谱》谓：“滋肝肾之阴、清虚劳之热。”《名医别录》：“滋阴益气补不足。”

4、人参乌龟猪蹄汤：

适应症——各种癌症放射治疗后贫血短气、身体虚弱、四肢乏力者。用法——人参6克（可用吉林参、边条参代替），乌龟一只重约250克，宰杀去肠杂，猪蹄250克剁细，加水适量，慢火炖烂，和盐调味服用。功效——补气生血，大补虚损。

配方的理论根据——人参性微温，味微苦而甘，入脾、肺经，健脾生血、补益虚损。《本草汇言》谓：“人参补气生血，助精养神之药也。”《药性论》谓：人参“补五脏气不足，五劳七伤，虚损瘦弱。”《日华子本草》谓：人参“调中补气，消食开胃。”乌龟性平味甘咸，入肝、肾经，益阴补血、滋肝养肾。《本草蒙筌》谓：“专补阴衰，善滋肾损。”《名医别录》谓：“龟肉作羹，大补。”《日用本草》谓：龟肉“大补阴虚。”猪蹄性味甘平，补血生肌。《随息居饮食谱》谓：“填肾精而健腰脚，滋胃液以滑皮肤，长肌肉，可愈漏疮，助血脉，充乳汁，较猪肉尤补。”《名医别录》谓：猪蹄“疗败疮，下乳汁。”

中医在构建和谐社会中的重要性研究*

张永鹏[1] 张武惠[1] 张 静[2] 张 达[3]

[1]河南省安阳同生医院；[2]河南省安阳市妇幼保健院；[3]河南省安阳市第三人民医院

引言

“和实生物，同则不继”这一中国传统文化精髓使身和则健，家和则安，国和则兴，全球和则世界和平。这种亲和相处是发自内心的人性本能，是多元协和共存的有机统一体。其本质是“恒以一德”。实践是检验真理的唯一标准，五千年中华文明史伴生的中国医药学，经历了人类富贵贫贱千般灾难，和悠久的历史坎坷。不仅为我们的先祖健康长寿，为炎黄子孙的繁衍生息，做出了不可磨灭的贡献，也为我们留下了宝贵的医学遗产。为我们继承先人的经验，开创未来医疗卫生事业奠定了坚实的理论基础。特别是中医学的综辨制宜观，其天人合一的思维方式，简便廉验的节约型诊疗技巧，天然环保的养生秘诀，能适应不同人群的医疗保健需求，防患于未然的治未病指导思想，是减少医疗资源浪费，避免医患纠纷，构建和谐社会的必经之路。用研究报告和论文形式，揭示当前医疗保健供求矛盾和解决问题的关键环节。为制定符合我国国情的医疗卫生政策具有十分重要的现实意义。

构建和谐社会必须以人的健康，生活质量，社会适应，心理满意度为前提。在人类社会没有进入按需分配的社会制度之前，人的生老病死，医疗保健需求，又必须与其拥有的医疗资源量和经济承受能力相适应。随着科技进步，医疗保健技术快速发展，人们医疗保健需求与其拥有的医疗资源量和经济水平之间的矛盾日益加大。大量医疗资源浪费，医患纠纷增多，成为社会动乱与构建和谐社会的重大隐患，而用中医综辨制宜观指导临床，不仅是当今构建和谐社会的必然需要，也是将来构建和谐社会的必然需要；不仅是我国构建和谐社会的必然需要，也是构建和谐世界的需要；不仅是我国制定卫生工作政策的参考，也是世界主流医学的发展方向。

中医来自民间、验之临床、有广泛的实用性，目前靠望、闻、问、切四诊方法收集证据判断疾病，靠天然药物因人制宜，遣方用药，治病救人简便廉验的传统美德和诊疗方法，一方面受到党和政府的高度重视，亿万人民的衷心拥护，一方面是传统中医工作者正在受经济大潮和政策法规诸多社会因素的制约而萎缩。中医概念模糊、主权伤失、医务人员无所适从，受到不公正待遇，甚至有人扬言要消灭中医。究其原因：一是人为的中医作茧自缚把科技医药学拒之门外与其相对立。二是受经济利益驱动本不该完全市场化的医药行业，被推向市场背离了医药行业治病救人的传统美德与宗旨。三是政策法规不配套，使政策法规成了制约传统中医医疗机构生存与发展的障碍。四是科技对抗医学用分科之学的观点去认识人体和疾病，把人视如机械，背离了人体生存、疾病向愈的客观规律。为此本课题从“中医药概念与特色”、“再论中医药主权”、“宏扬中医特色构建和谐社会”几方面进行研究并提出建议。

一、中医药概念与特色

1、中医药概念

（1）中医与西医：中医顾名思义就是中华民族的医药学或用中医药理论指导临床的医生。中国是一个多民族国家，56个民族的民族医学皆可谓中医。西医应该是和东方医学对应的医学，何为东方医学不得而知，西医自当不必存在。在我国误把科技医学当西医，影响深远，理应拨乱反正，正本清源，纠正谬误。医生也可是以国籍身份划分的中国医生和与之对应的外国医生；也可以是指会使用中国语言文字，能按照中国医疗特色诊治疾病，会使用中国诊疗技术和药物的所有医务工作者。中医是相对于世界各国医学和医生而言，不可与子虚乌有的所谓西医相提并论。

（2）中医药学与外国医药学：中医药学也既中华民族医药学。是四大中华文明之一，是具有中华民族医药学特色的医药学总体；是中国古代医药学传承演化至今与中国现代科技医药学有机结合的整体。是与世界各国医药学相对应的医药学。其中中医药学的传承部分代表着中华民族医药学特色，科技部分代表着与世界各国同步的共识内容。外国医药学各具特色，特色成分是我们存异或日后借鉴内容，科技成分是我们必须了解、学习、掌握、运用的内容。

（3）中医药学与传统医药学：传统医药学是中医药学的重要组成部分；从特色上讲传统医药学就是具有中华民族医药学特色的传承部分。没有传承部分的存在，中医药学就没有了中医药特色。因此我国的传统医药学就是中医药学的脊梁，核心、中流砥柱，特色性标志。

（4）中医药学与科技医药学：我国科技医药学同样是中医药学的重要组成部分；从概念上讲中医药学含科技医药学和传承医药学两个子系统，中医药学包括我国的科技医药学。

（5）中医药学与现代医药学：从时间上讲中医药学在我国是亘古达今从未间断的医药学，因此它既是古代传统医药学又是现代医药学。现代医药学内容包括现代的传统医药学和现代的科技医药学。未来的中医药学仍将是传统医药学和科技医药学的共同体，二者缺一不可。

（6）中药与西药：中药就是在中国境内生长、种植、养殖、采集、培养、加工、生产制作的全部药物；同时也包括按照传统中医理论使用进口外国的药物。西药应该是和东方药物对应的药物，何为东方药物不得而知，西药自当不必存在。在我国误把利用科技方法提取加工、化学合成的药物当西药，是严重的概念和原则性错误，理应拨乱反正，取消西药称谓。名正言顺，才能理通，方向明确，前途光明。

（7）中药与国产药：从概念上讲国产药理应全部归属中药，而中药还包括按照传统中医理论使用进口外国的天然动植物药、和矿物药。为便于临床应用可把国产药或中药分为如下几类：①传统中药：既按照传统中医药理论能够标明其性味、归经、功能作用、适应症并按传统方法炮制应用的天然动植物、矿物单品种药。②中成药：既按照传统中医药理论和传统炮制方法加工而成的单方或复方制剂。③中草药：尚不能按照传统中医药理论标明其性味、归经、功能作用、适应症的天然动植物药、和矿物药。④提取加工药：从传统中药、中草药、或某些天然物质中提取有效成分应用的药物。⑤生物制剂：利用生物技术制成的药物。⑥化学合成药：利用物理化学等高科技手段提取、加工、合成的单体物质可作为药物应用的药物。⑦尚不能用上述方法归类的其它药物。

（8）中药与进口药：中药与进口药本来是以产地划分的，但特殊情况下按照传统中医理论采购的外国进口天然动植物药、和矿物药，采购时就是进口药，应用时就是中药。

2、中医药特色

（1）中医药理论特色：中医理论是与世界各国医学理论相对应的医学理论。中医学理论包括我国的科技医药医学理论，和传统医药学理论两大核心内容。其中以物理化学、电子信息为基础方法研究生理、病理、解剖、药理、诊断、治疗等内容是科技医学的核心，也是目前国际上公认的医疗体系；以宏观归类、微观分析、理性思维方法，研究人体生存环境、自然规律、天人相应、健康长寿，以及疾病的发生、发展、预后转归，干预措施等内容是传统医学的核心，也是中医独具特色，有别与世界各国医药学理论的特色内容。如传统中医理论中的阴阳五行理论、五脏六腑理论、脏腑经络、气血津液等关联理论；六淫七情、痰饮瘀血、饮食劳倦致病理论；四诊八纲辩证、六经、卫气营血、三焦辩证及各种辨病、辨症、辨征论治理论；四气寒热温凉、五味酸甘苦辛咸、药性升降浮沉、药物归经理论等，均为其它各国医学所不备。因此中医学的传承部分代表着中华民族医学特色。

（2）中医临床诊疗特色：中医具有极其广泛的适宜性和实用性，中医药的诊疗特色就是综纳合参、辩证剖析、因是制宜，简称“综辨制宜”观。中医诊疗含义极广，除当前主流科技医学和主流传统医学外，还包括具有单验方性质的中草药、包括针灸、推拿、按摩、刮沙、捏脊、拔罐、祝由（心理咨询疏导）、导引（康复训练体疗）、熏蒸、洗浴、食疗（饮食和药膳调理）、理疗（声电光磁等物理疗法）、治未病（预防保健）等众多的诊疗方法和技巧，“辨证论治”是传统医学中的特色，又是有别于科技医学中辫病论治所具有的特色。

（3）中医文化特色：①中医是以中国本土为基础、以中华文化为背景、以中庸之道为理想、以中原中国为中心、以德道儒法为依托、是兼容性极广的目标医学，是大中华‘和’文化的产物，是非排他性而万变不离其宗的中庸和缓医学。它休整于战乱变革年代，发展于和平时期。②医乃仁术，无德不成医，中医是以仁德为本，以人类健康长寿为目标，以综辨制宜（综纳合参、辩证剖析、因是制宜）为特色，以人的性命完整为至尊。③中医以万物通息、顺应自然法则为大道，没有起点、没有终极，无须革命，永无完整可言的医学体系。④中医以中国文字为载体、以原始道德自律为准绳，理性化思维、全方位思考、人性化采集标本素材；充分利用智慧和一切可利用的技巧、设备为诊断疾病提供依据；充分利用天然环保药物、简便廉验的治疗技巧和方法，为祛除疾病，恢复健康，延年益寿服务。它充分利用高科技诊疗设备，但并不是优先利用高科技诊疗设备、而是优先利用简便廉验的治疗技巧和方法；它充分利用新技术、新方法、新药物，但并不优先利用新技术、新方法、新药物，而是优先利用简便廉验的传统方法、技术娴熟的诊疗技巧，天然环保传统药物为诊疗疾病服务。它承认一切先进的理念、逻辑的思维、科学的方法、但不首先选用新的理念、思维、方法，只有当传统方法技巧，不能满足客观现实需要时，才作为必要利用之。总之中医的择优适宜性，是构建节俭、环保、和谐社会的必由之路。

二、再论中医药主权

中医主权就是中医有没有利用物理化学、电子信息、科学技术诊疗疾病的权利？实际上传统医学和科技医学是中医主权的象征，缺一不可。

我国科技医药学自古有之，伏羲氏创针灸、神农氏尝百草皆可谓我国科技医学之祖始。此后的奴隶社会活体解剖实验奠定了古代科技医学理论的基本框架，成就了其后的扁鹊、华佗、葛洪、李时珍、王清任众名医。秦汉以后的封建社会独尊儒术、以人为本，在科技水平尚不能满足医疗需求背景下，废止了活体解剖实验，是现实中最符合实际的明智之举，虽然我国科技医学暂时落后和断档，但由表及里、有外测内，综纳合参，辩证剖析，因是制宜的指导思想，奠定了传统医学理论的基本框架，使其后的黄帝内经、伤寒杂病论、温病条辨等经典问世，成就了张仲景之后的一代代传统医药学名医。在科学技术快速发展的今天，用物理化学、电子信息、科学技术衔接和弥补我国落后的科技医学，本属当务之急，却将科技医学当西医公然抛弃中医主权，实属千古罪人!!!

鸦片战争之后东西方列强的利炮坍塌了国门、长枪瞄准了父老胸膛。无数民族英雄为国捐躯，随着一款款不平等条约签订，国破家亡，国土沦丧。不要忘记火药是中国发明的，为何用于燃放烟花爆竹的原材料，不能用于制造枪炮子弹抵御外寇，而只能用于庆贺，或只能去练习中国武术强身健体，与敌人搏斗呢？造纸、活字印刷、指南针承载着中华文明，漂洋过海，造福人类，又有谁称火药是中药、纸是中纸、字是中字、指南针是中针呢？丧权辱国时代，政治腐败，人心向背，要求变革社会制度的呼声日渐高涨，随着新文化运动的兴起，中国延续数千年的封建社会土崩瓦解。民族虚无主义盛行的国民党时期，诞生的科技派以彻底背叛过去为荣，忘记了国藉，忘记了生身父母，忘记了中华文明的养育之恩，把自己打扮成西医，把自己哪怕是从东方学到与现代科技有关的医学知识，也都冠名西医学。他们把传统医学说成旧医学、封建医学，并欲将传统医学随封建社会消灭而消灭。1912 年中华民国教育总长汪大燮公然说：余决意今后废去中医，不用中药。此后鲁迅、胡适、郭沫若、梁启超、余云岫、等众多留日派都把中医说成旧医学局限在传统医学之内而要求消灭之（后来鲁迅、胡适、郭沫若都由反对到认同）。解放后卫生部王斌之流仍认为中医是封建社会的产物，是封建医，应随封建社会的消灭而消灭。是伟人毛泽东及时发现问题，力挽狂澜，提出‘中国医药学是一个伟大的宝库，应当努力发掘，加以提高’后挽救了传统医学，挽救了中医。但当时老人家没有取消西医之称谓，把科技医学纳入到中医概念范围内，使中西医理论之争延续至今。当今的国医大师和他的老师、同学、同道们，把传统医学当成中医，誓死捍卫，立下汗马功劳，使我国传统医药学能够屹立于世界民族医药学之林，使中医药学能够在世界民族医药学之林独具特色。但是有人自认为是铁杆中医把现代科技拱手让人，困守在古代书籍和先师的经验传承探讨之中，不可自拔，中医主权伤失。从此中医理论发展受阻，医学划定鸿沟。

是谁把中医限定在传统医学之内，不能越雷池半步，是谁忘记了国籍，自认为西医令人深思！因此重新探讨中医主权，势在必行、刻不容缓。

三、弘扬中医特色构建和谐社会

在人类文明史中，中华文明是唯一人类文明史中亘古达今而没有中断的伟大文明。其中发端于中国古代的四种大科学大道理，奠定了中华文明和中华文化的基石。中国汉语言文字大科学、中国哲理大科学、中医中药大科学、中国周易大科学四大中华文明，在全球大整合时代的21世纪，将再次放射出奇异光彩。成为引导人类进步发展的灯塔。树立大中医观念就是要把具有中国医疗特色的传统医学继承下来，要把与世界同步公认通用的科技医学纳入到我们的认知、掌握、应用领域之内。

行政机构上：卫生部应更名为中医药卫生部，下属传统医药管理局、外国医药管理局、科技医药管理局、药品食品管理局、保健康复管理局等。

政策法规上：要突出中医药特色，用大中医观念统领卫生工作，制定卫生工作政策。

1、人才选拔与培养：要多渠道、多方向、多层次选拔培养实用人才：（1）定期举办实用人才选拔赛，使自学成才或师承家技精英能够脱颖而出；（2）成立传统药学院：要以天然药物的生产、采集、筛选、炮制、加工、存储、资源保护、可持续发展进行研究，与农业、牧业、矿业等产业有机结合，形成具有中医药特色的产业链；（3）成立传统药理学院：要以传统中医药理论为基础，从天然药物的性味、归经、作用、临床应用、效果评价、给药途径、药品剂型、毒副作用等方面进行研究，与制药企业、医院药剂科、医药零售店有机结合，形成人员培训工作链；(4)成立传统医学院：要以传统中医理论为基础，研究病因病机、脏腑经络、遣方用药、辨病、辨症、辨征、辨证论治，以及诊断治疗、病情判断预后转归、特殊诊疗技巧等为学习内容。与临床有机结合，培训最基本的医疗卫生队伍；（5）成立传统康复学院：以传统中医理论为基础，研究心理咨询、营养膳食、针灸、推拿、按摩、拔罐、捏脊、体疗、康复训练等内容，形成医疗保健、康复训练队伍，应对亚健康和疾病康复期人群的生理、生活、保健需求；（6）成立科技药学院或科技药理学院：以生物化学、现代科技为基础，研究提取加工药、化学合成药的成分分析、药物制取、药理分析、功效评价、毒副作用实验、药品包装存储等内容，与生物化学制药厂合作形成产业链；（7）成立科技医学院与科技护理学院：以物理化学、电子信息、现代科技为基础，研究人体生理、病理、解剖，疾病的诊断治疗、护理、方法措施，病情的预后转轨、判断分析。形成具有现代科技知识的基本医疗队伍和护理队伍。（8）成立科技设备学院：以物理化学、电子信息、现代科技为基础，研究疾病诊断分析用，仪器设备的制作维修、化验试剂的生产加工，治疗工具的研发运用等内容。与仪器设备厂、化验试剂厂、治疗工具厂和医院合作形成产业链；（9）成立外国医药研究院：以学习世界各国先进医药学技术，推广我国医疗特色为基础，与外国语学院、世界各国医疗机构合作，使我国成为世界各国先进医疗技术聚集地，世界性中医特色发源地。使大中医造福人类。（10）教育要改革、学制要缩短，要因用施教，提倡多学历教育，间断性教育，避免大而全、杂且乱一学就是几十年的全程灌输式教育。

2、医疗执业与管理：医疗资源的核心是人才，人才的管理是关键。合理的政策法规，可使人尽其才，使医疗资源得到充分利用，社会和谐。不合理的政策法规，可成为人尽其才的绊脚石，医疗资源浪费的遮羞布，社会动乱的导火索。为此本人建议如下：（1）职称评定取消中西医之称谓，不论自学成才、师徒传承、学院教育，通过考核考试，达到传统医师标准的颁发传统医师资格证；达到科技医师标准的颁发科技医师资格证；既有传统医师资格证又有科技医师资格证的颁发全科医师资格证；仅有一技之长颁发专科医师资格证；如神经内科医师、神经外科医师、精神病科医师、五官科医师、耳鼻喉科医师、胸外科医师、心外科医师、骨伤科医师、妇产科医师、妇科医师、儿科医师、皮肤病科医师、疮疡科医师、肛肠痔瘘科医师、针灸医师、推拿按摩医师、康复训练医师、心理咨询医师、特技理疗医师等等。一人可取得多个专科职称，或取得全科职称后从事多个相关专科执业。（2）医师要作为国家医疗资源的重中之重，给予保护。允许医师为了治病救人多地点执业，建立多地点执业医师诚信考核公布制度。凡诚信考核不合格的医师，取消其多点执业资格，以骗取钱财为目的，性质严重者，取消其医师资格。

3、科研开发：从大中医观念指导医学科研开发，对于构建和谐社会，节约医疗资源，具有不可估量的现实意义。片面追求经济利益科研创新，是造成医疗资源浪费、医患关系紧张的重要根源。大中医科研开发要着眼于构建和谐社会，节约医疗资源的创新上，而不是一种药品改换包装、改变剂型、辅料增减、改变工艺流程等与疗效没有任何关系的所谓创新。如药品不搞名牌战略，而搞可持续发展、环保道地药材战略。不能一个厂家一个商品名，价格天地悬殊，要协调厂家生产品种不搞无序竞争。不搞厂家流于形式的认证，杜绝亏血本贿赂官方，危机转嫁于生产工人、转嫁于病人。鼓励使用天然药物按照传统程序制成丸、散、膏、丹用于临床，施行医院自制药品备案制，避免繁琐审批。一个能够确诊的病症要以取得疗效的简易程度定成果。如一个心脏冠状动脉狭窄的病人，能从形成冠状动脉狭窄的原因分析，用简便廉验的饮食调理、功能康复锻炼、天然环保的药物取得满意效果，就不去考虑人工支架的植入，具有科技含量的所谓科研开发、应用和推广，因为植入后的长期抗凝剂治疗费，手术费、支架材料费、会造成巨大的资源浪费和经费开支。一个骨折病人用传统方法小夹板固定，损伤小、投资少、恢复快、不用二次手术，要作为科研开发应用推广项目，而不要提倡手术钢板固定，骨折愈合后再二次手术去除钢板。股骨头坏死用传统方法分析形成股骨头坏死的原因，从肾主骨辨证论治，不用关节置换如果能够痊愈，终身受益，就可以申报成果，应用推广，而不用手术人工关节置换，关节磨损后再置换。用大中医观念指导医学科研开发就会减少不必要的浪费。再如各种严重危害人类健康的传染病，病毒分离成功后、优先考虑的科研课题是疫苗研制，对高危人群的预防，而不是发病后的确诊和诊疗

为此本人建议开展中医概念、特色、理论、主权大讨论，明辨是非，振兴中医，构建和谐社会。最后祝愿全体中医似大鹏，中医理论如大道，借助他人之语以呼之！大鹏起兮云飞扬，道行天下兮观四方。九万里长空气鼓荡，天衔圣火兮燃骄阳。风兮风兮贯天地，搏兮击兮血一腔。安得同道兮挟长剑，斩尽妖魔兮合万邦。

（*2008 年中国管理科学研究院重大理论研究立项课题）

中医综合疗法治疗腰椎间盘突出症

无锡市丽新康复院院长　严仲新

【关键词】中医综合疗法；腰椎间盘骨突出症；针灸理疗；外敷/内服疗法；推拿整骨疗法；功能操锻炼法。

腰椎间盘突出症在临床上属常见病和多发病之一，治疗此病虽有中、西医的多种方法和多种药物，但都只是短期效应不论是封闭针疗法，药物性疗法、小针刀及手术性疗法，都不可能彻底解决这一疑难病症，故被医学界称为“不死的癌症”！在临床上，本人凭几十年经验的积累和不断的学习总结，创出了“中医综合疗法”，有效地解决了这一疑难病症，使患腰椎间盘突出症者，通过“中医综合疗法”的治疗，百分之九十五以上都能痊愈。“中医综合疗法”，即应用中医的推拿、整骨、针灸、电疗，中药的外敷、内服等多种传统医疗方法，对同一类病同时进行治疗。应用中医综合疗法治疗腰椎间盘突出症，应该是比较合理、比较安全、比较有效、比较理想的治疗方法之一。本人 6 年来治疗 451 例腰椎间盘突出症，428 例痊愈，占 94.9%，21 例治愈，占 4.7%，2 例有明显疗效，占 0.4%，能取得如此好的治疗效果，是“中医综合疗法”结合现代影像诊断的成果。

一、腰椎间盘突出症的症状、病因及诊断

1、症状：腰椎间盘突出症患者往往先有腰痛史（也有个别的无腰痛史），腰痛时，经过推拿、或针灸、或电疗、或拔火罐、或放血疗法、或击打疗法、或牵引疗法、或括莎疗法、或封闭疗法、或服用中西药物后，腰痛症状缓解直至消失，患者误认为已经治愈。此症急性发作时不能下床，行动困难、咳嗽、喷嚏、排便等，均使疼痛加剧，患者痛苦万分。最后出现患者一侧下肢肌肉萎缩，肌力减弱，腱反射迟钝直至消失，并从下到上出现麻木。

2、病因病理：腰椎间盘突出症患者，至病原因复杂：由职业诱发的，如长期伏案工作的会计、教师、银行职员、秘书、书、画、琴、棋、作曲等艺术家，汽车驾驶员，电脑操作员，制图等技术人员；由娱乐活动引发的如长期看电视，看录像，打游戏机，打牌、搓麻将等；由外伤引发的，如锻炼时扭伤，运动时挫伤，体力劳动时肌腱劳伤，思想不集中或精神未完全兴奋因肌体不协调时突然闪伤，跌、打、撞击受到损伤等，都是腰椎间盘突出症的病因。根据现代医学研究：人体随着年龄的增大，由于以上种种的病因，使腰椎内外压力平衡失调，使髓核突出，甚至造成纤维环破裂，在其周围形成骨质增生并逐年增厚，使腰椎间盘狭窄，使生理弧度逐渐消失，从而压迫到神经根，马尾神经；中央型骨质增生逐渐压迫中枢神经，引起一侧下肢（很少有二侧）放射性酸、胀、痛、麻、木。腰椎间盘突出症在中医学中属腰腿痛范畴。《黄帝内经》、《诸病源候论》、《医学心悟》等众多医古籍中都有论述。中医学认为：气血阻滞、经络闭塞、脏腑功能失调与此病有密切关系。引发此病的原因一是外伤，二曰劳损，三为肾气不足，至使筋骨失养，四由风、寒、湿、热等外邪侵袭肌肤，入注经络，使气滞血瘀而至。

3、诊断：腰椎间盘突出症，根据病史和体征，临床症状可作出初步诊断。但要进一步明确腰椎间盘突出和椎体移位的部位，腰椎间盘突出和椎体移位的程度，腰椎间盘突出和椎体移位的角度，腰椎间盘突出和椎体移位的强度，腰椎间盘突出和椎体移位的类型，就必须结合现代影像检测手段，如 X 光、CT、核磁共振或

脊髓造影等方法：一能进一步明确腰椎间盘突出的程度、角度、强度、位置，明确腰椎间盘突出症的类型。二能与其它疾病鉴别开来，如骨关节囊肿、骨结核、骨关节坏死、骨关节肿瘤、关节骨疣等疾病鉴别开来，可避免误诊，有利于及时治疗，正确用药。根据多年临床的实践，本人把腰椎间盘突出症分为（1）周围型：椎体有不同程度的骨质增生，椎间盘后缘有膨出或突出，腰椎退行性改变。（2）神经根型：椎间盘膨出或突出，椎体及椎小关节不同程度骨质增生，硬膜囊和神经根受压。（3）脊髓型（中央型）、椎间盘膨出或突出，椎体及椎小关节有不同程度骨增向髓管生长，至硬膜囊和脊髓受压。（4）混合型：以上三种类型，至少有两种以上情况出现，有时伴有椎体“真空型”和“许莫氏症”。其中最常见的是混合型。

二、中医综合疗法之一：针灸理疗法

1、腰椎间盘突出症的治愈，必须解决三大难题：一是解除无菌性水肿炎症，二是消除骨质增生，三是使突出的椎间盘和移位的椎体复位。无菌性水肿炎症是引起剧痛的原因之一，要止痛，先要解除无菌性水肿炎症，要解除无菌性水肿的方法很多，西医可用口服，肌注，静滴激素药消炎止痛，或可直接用止痛消炎药；还有一种能“立竿见影”的“封闭针”，开始用效果是很好的；中医用针灸、理疗和外敷，止痛也能“立竿见影”，但这都是短期效应。尤其是封闭针，前面已提到注射一次封闭针，长的可以一年不痛，应该说不短了，但由于根本问题未解决，病情只会一年比一年加重。更何况封闭针在临床上引起终身后遗症，时有所闻。

西医用止痛消炎药肌注、口服、静滴，是药力麻醉局部神经止痛，中医针灸、外敷是疏经通络，活血化瘀而止痛消炎，封闭针是阻断经络消炎止痛，虽然都是短期效应，但有本质的区别。所谓穴位注射疗法，液体刀等名称各异，其实都是封闭疗法，且难免有后遗症，更不利于中医对骨关节病的治疗和研究。

2、用针灸、理疗疏经通络、活血、化瘀而止痛，中医针灸和中药外敷后理疗，是迅速解除无菌性水肿炎症的最优方法，若能中西医结合，效果更佳。腰椎间盘突出症不仅病因复杂，而且经常时好时坏的反复发作，一次比一次严重，急性发作时更是痛苦不堪。一般讲，腰椎间盘突出症均属实证，针灸时可采用粗毫针快速进针，重手法捻转提插。但在临术上却是很复杂的，病因不同，针灸也大有区别，前面提到的除外伤，劳损外，有的肾气不足，使筋骨失养，有风、寒、湿、热等外邪侵袭肌肤，入注经络，使气滞血瘀而至，《针灸甲乙经·卷第四》“经脉第一上”中指出：“盛则泻之，虚则补之，紧则先刺而后灸之，代则取血络而后调之，陷下者则徒灸之”“不盛不虚，以经取之。”盛即实脉，用泻法强刺激针之；虚脉，只能用补法针之；紧即弦脉，要先针后灸；代脉，要先用三棱针放血后调理；陷下即沉脉，只能灸，不能针，不虚不实之脉，可取相应经络取穴针之。这对指导临床很有意义，虽腰椎间盘突出症属实证，但有个别的因长期病痛，导致体虚血衰，故用补法先针后灸，的确效果很好；有的因长期治疗，服用了大剂量的激素药，减药以后出现代脉，促脉等现象，用三棱针在委中放血，患者明显感觉疼痛减缓。有点要说明的，灸法我改用太极神灯和微波理疗，效果也很好。针用补法，泻法，灸法，放血疗法。目的一个都是疏筋通络而止痛。“不盛不虚，以经取之”，我在临床上，循经在远端取穴针之，效果明显比近端取穴针刺的效果好。故针灸与封闭针不同，是以补益气血，培中土，温肾壮阳，行气活血，疏经通络而达到消炎，止痛的。

三、中医综合疗法之二：外敷内服疗法

1、外敷和内服不仅可以消炎止痛，更能软化骨质增生而后被吸收。由于骨质增生引成的原因很复杂：关节发炎因关节面受伤而引发骨增；纤维环受外伤而失濡养，演变成骨质增生；

纵韧带因劳损而成骨质增生；因气血阻滞使关节润液沉积而引起骨质增生。骨质增生与体内含钙量没有因果关系。体内钙质超标只会使骨增生提前钙化，使骨关节加速退行性改变。中药的外敷和内服，可使关闭的毛细血管再开放，使肌腱得到濡养滋生，使退变的肌腱恢复功能；能使关节腔里沉积的滞留物逐渐消除，起到化瘀、祛腐、散结的功能。中药的外敷、内服不仅在理论上，而且在临床上得到证明：骨质增生是可能消除的。

消除骨质增生的中药以活血、化瘀、散结为主。选料时注意药性不能燥、猛；药力要持久，渗透力要强。中药加工也很有讲究，用新鲜中药和饮片加工成粉末，浸液等，以备外用，内服。配方、用量、用法也是关键，原则是要使每味活血化瘀、散结、再生的药性能穿透筋骨，起到药半功倍的效果。

2、中药外敷的特点是：第一能对局部性疼痛起到直接的消炎，止痛的奇效。第二：能巩固推拿、整骨、针灸、复位的疗效。第三：针对性强并且药力集中。对病灶部分，可使关闭的毛细血管再开放，使周围的组织得到濡养而再生，退变的肌腱很快得到康复，沉积的瘀物被吸收，在外敷药力快、准、狠的作用下，软化、散结、祛瘀、新生。

3、中药内服的优点在于：第一能加强和调节人体各系统的功能、各脏、腑的功能和肌体的活力，调动肌体自身的功能消除病灶区。第二能有效地配合外敷的药力，使病灶区在内外药力的作用下，达到消除骨质增生、沉积的瘀物被吸收，退行性改变的肌腱恢复功能的奇效。中药的外敷内服起到了对病灶区“内外合击”的作用。

4、中药的外敷、内服，是各使其长、相互补益。中药的内服还可以根据病人的具体情况，因人制宜的加减处方。对同一种病采用的基本处方，根据病员的年龄、体质、病情的轻重缓急可适时加减药物，这是任何西医无法比拟的，这是中医以人为本，从同是腰椎间盘突出症的共性中重视到个性——人的年龄、体质、病情的轻、重、缓、急——的又一特点。

四、中医综合疗法之三：推拿整骨疗法

1、推拿整骨疗法是治疗腰椎间盘突出症的关键疗法。用推拿整骨疗法，要使突出的椎间盘骨和移位的椎体复位，至少要不间断的一个月，同时结合外敷，中药内服、针灸、理疗和结合功能操锻炼。一般三个月就可痊愈，最多不会超过六个月。推拿手法很多，也无一定格式，必须根据病情，病人的具体情况施治。手法一定要柔中带刚，强而不硬；重按重点，也要有股柔劲，要力到不燥，劲到不暴。推拿手法一般用滚、推、、按、拿、点、拍、摇；抹、扳、脱等手法后，要皮肤如常，无青、肿、红、紫、损伤皮肤的现象，这才是推拿真功！

我用“中医综合疗法”施治，推拿要点如下：（1）患者俯卧，医者循足太阳经，在患者背腰部用滚、推、按、点、拍、抹等手法反复2-3次，滚、推时的频率，每秒钟至少3-4次，足太阳经在背、腰部的两则的四条经脉每个穴位滚、推、点、拍、至少要有36次，力度根据患者忍受和承受情况决定；（2）医者用指或掌根或肘，点、按腰部病源病灶区的三焦俞、气海俞、白环俞、环跳穴等，力度要使患者感到有酸胀感，反复2-3次。（3）脱法：与患者背靠背、两手钩住患者两手臂，背起突然抖动，这一动作看来简单，但技巧性很强，目的是要借助患者重量，突然加速抖动，产生比患者重量更大的重力，把已被骨质增生粘连牢的突出的椎间盘和移位的椎体松开。若有个别患者因有肩周炎或肩关节外伤后不能向后弯曲时可采用“倒脱法”：医者抓住患者小腿置于自身肩上，使患者倒挂后突然抖动，这一手法要考虑到患者的心脏，血压等多种因素后才可使用。以上的三种推拿方法都是为突出的椎间盘和移位的椎体复位创造条件。

2、整骨疗法。扳法是治疗腰椎间盘突出和

椎体错位、移位、半脱位的关键性手法，不仅有高度的技巧性，更有很精细的技术性，最起码的必须要有解剖学知识和一定的临床经验，临床经验一定要在老师的指导下逐步掌握。在整骨复位之前，必须要借助现代影像学包括 X 片，CT 片和核磁供振片，了解和正确掌握（1）椎间盘突出和椎体移位的部位；（2）椎间盘突出和椎体移位后的类型；（3）椎间盘突出和椎体移位的角度；（4）椎间盘突出和椎体移位的程度；（5）椎间盘突出和椎体移位的强度（骨增厚度、钙化度、退行性改变程度）。张女士的腰椎间盘突出和椎体移位的部位在腰 4/5、5/骶 1；腰椎 3、4、5 骶 1 骨质增生，椎体小关节也有不同程度的骨质增生，压迫神经根和硬膜囊；腰 4/5 之间骨增压迫脊髓，属中央型；类型属典型的混合型椎间盘突出症；腰 4 左后突 4mm，骶 1 右后突 5mm，突出和移位的程度比较复杂和严重；腰肌粗壮有力，骨增较厚已有退行性改变，黄、纵韧带出现钙化，其粘连的强度属Ⅲ级。由于腰 4 向左后突出，骶 1 向右后侧突出，椎体移位的角度比较复杂。对张女士椎间盘突出的复位，用四种方法整骨：脱，重手法点、按前面已讲过，这节重点介绍扳。第一是俯卧扳：人俯卧在特制的推拿床上，头面左侧，两手放身躯两侧，两脚伸直拼拢，全身放松，医者站患者左侧，左手按患者腰部需复位的一节，右手从右外侧把患者右脚托起，向上扳使腰椎复位。第二是侧卧扳：患者向右侧卧，左手枕在头颈下，右手向后放，双腿按俯卧位置不动。医者站右侧，右手臂按在患者右肩窝，患者上体向右方向顺时针旋转；医者左手按患者右臀部环跳部位，医者两手反方向用力扳动。第三是左侧卧扳，方向与右侧卧扳相反。第四是坐姿扳：患者坐直在方板凳上，挺胸拔腰，医者站患者左（或右）后方，右脚固定患者左腿，两手扳住患者双肩，向右旋转。以上四种扳法，难度较大，医者必须完全清楚患者腰椎间盘突出和椎体移位的(1)部位(2)类型(3)程度(4)角度(5)强度！操作时的手感、意感、气感与椎间盘突出的程度、角度、强度和医者扳法时的力度、角度、速度完全一致，在患者完全放松的前提下突然扳动，才能正确、无误、有效的使其复位！

3、但是复位后的最大难度是巩固，巩固疗效是时间较长的细心、细致、细腻的过程。因为椎间盘突出部位和椎体移动部位复位后，不可能马上生长好，完全生长好需要一定时间，50 岁以下的人，至少要三个月。又因为人在醒时要活动，睡着后肌腱又全部放松，每天都会有或多或少的移动，患者也会有明显的症状反应。故患者仍然必须每天一次甚至二次的巩固性治疗，直到症状完全消失。

五、中医综合疗法之四：功能锻炼，巩固疗效

1、功能锻炼是中医综合疗法治疗效果的巩固过程，是病体康复非常重要的一个重要环节。患者必须从治疗开始时就开始锻炼，一天至少二次，每次至少 5-10 次，必须天天坚持，至少半年以上。经过本人治愈的患者，大部分人作为每天锻炼的主要项目。腰椎病，尤其是腰椎间盘突出症伴椎体移位的患者，不适宜做腰部旋转运动，开始治愈初期，凡是牵涉到腰部一侧用力的事和动作，都要非常小心，只能根据椎体的自然规律，做前蹲屈身，起立后仰的“屈伸”运动。腰椎间盘突出症治愈后，如果平时的锻炼不正确或平时不注意自己的活动，会使已复位的椎间盘和原来移位的椎体又会产生移动，慢慢的又会出现症状，并逐渐加重。故正确的锻炼是患者治愈后疗效巩固的关键。

2、我为患者和治愈的患者设计了一套功能锻炼操，俗称“长寿功”。（1）两脚平行站立，根据自己腹部大小，决定两脚站立时的开合，两手下垂在大腿两侧，去除杂念，全身放松，（2）腰部缓慢地前弯曲至 90 度，两手同时向下延至双膝，头部适度下低。（3）双膝慢慢弯曲，下蹲，双手抱紧双膝，脚跟尽可能不离地，头去碰触双膝（不一定碰到，意念到即可），适度蹲动臀部8次。（4）臀部向上抬起，膝关节伸直，双手和头尽可靠近双漆。（5）身躯向上站直，双手跟着上沿右腿两侧向腰部沿动，手背与后腰两侧紧贴，腰头继续向后仰到自己可能的仰角，全身抖动8次。全套结束，继续反复做10-20次，以后逐渐增加到30次。只要持之以恒，可以百病难上身。

六、体会和感想

1、西医认为腰椎间盘突出症只有手术治疗，尤其是中央型腰椎盘突出症，只能手术治疗。骨质增生也只能手术治疗。有的中医也跟着瞎叫，甚至对病人讲："骨刺是无法治疗的，只有到铁板上去了才能消除了！"这种说法，是否有点过分了？！我们中医，应该说是有办法的。西医对椎间盘突出症是不可能治愈的，与封闭针一样，只能起到短期效应。因为手术无法使移位的椎体复位和手术无法使突出的椎间盘复位！西医手术只能切除部分的表层的骨质增生，椎体前方和椎体小关节的骨质增生是无法切除的，而被切除的骨质增生会再生！再生的骨质增生会更快，更不规则，故后果更坏！又手术时会损伤肌腱、血管、神经，可能留下终生后遗症！如今又风行"小针刀"，这种创伤性手术，完全是凭医生的手感去治疗，对肌腱、神经、血管的破坏性更盲目，更无控制，后果更坏！中医综合疗法无创伤性，对人体任何肌腱、组织无损伤，不仅能治愈，而且无后遗症。

2、在临床实践中，祖国传统医学之一的中医综合疗法还能替代西医很多方面的手术治疗。且中医综合疗法还能解决西医无法进行手术治疗的褚多疾病。当然我们应该取长补短，向西医学习，用中西医结合的方法，更省更好地治愈更多的病患者。

本文只是对"中医综合疗法"中的腰椎间盘骨突出症和椎体移位治疗的探索性之见，比较粗浅，不足之处，偏面性，局限性难免，真诚希望能得到同仁，专家的指教。

子午流注配穴法临床应用体会

浙江省临河市小芝镇卫生室　何邦爵

子午流注学说，是金元时代针灸 家根据经络气血循行的原理，从天人相应的观点出发，来阐明经气流注和天时的关系，用于针灸配穴。

古人从人与自然的密切关系出发，得出治病须考虑岁时气运的变化，从而取得更佳疗效。《灵枢》卫气篇说："谨候其时，病可与期：失进反候者，百病不治。"从这天人相应的观点出发，根据人体气血运行呈现周期性盛衰，以十二经的六十六五腧穴为主，规定了每一经穴的开合时间，"得时为之开，失时为之阖。"（徐凤《论子午流注法》）。这样，"按日起进，循经寻穴"，得出按时取穴的一套方法。前人非常强调这一原则，明李梃在《医学入门》里指出："凡值生我我生，及相合者，乃气血生旺之时，故可辨虚实刺之，克我我克，及阖闲时穴，气血正值衷绝，非气行未至，则气行已过，误刺妄引邪气，坏乱真气，实实虚虚，其害非小。"

初接触这学说，不禁使人惊诧。针灸治病还按时取穴，有这个框框？那不知此理的人，岂非都成为误刺了吗？

这一学说，在科学已发展到生命基因学说的今天，乍看起来未免令人嗤之以鼻，批曰："不科学。"然而，对中医理论的批判和继承，一味地尊经崇古死搬硬套和轻率地弃旧骛新割断历史都不是正确的治学态度。前人的理论也是在长期实践的基础上经验的总结。因受时代的局限，认识上未免会有不足，这就需要我们通过临床实践，利用现代科学技术去研究分析，从而去其糟粕，取其精华，使“古为今用”，达到继承和发扬祖国医学遗产，更好地为人民的健康服务的目的。

从这点出发，笔者曾经把子午流柱配穴法结合临床应用，以观察疗效。今将对子午流注法的学习，研究，结合临床应用的初浅体会，谈谈本人的看法，拟作引玉之砖，以求同道高明者指教。

子午流注的纳甲法是以日元的天干为主，逐日按时取穴，其开穴与时的配合皆以天干为主，定经推穴。总的原则是日上起时，日干配经，按时定穴，并且按天干的阴阳，阳日阳时开阳穴，阳日阴时阴穴。纳支法是根据十二经脉气血流注时辰，即十二经应十二时，当其时为盛，过其时为衰，《灵枢》卫气篇说：“刺实法是根据十二经脉气血流注时辰，即十二经应十二时，当其时为盛，时其时为衰，《灵枢》卫气篇说：“刺实者，刺其来也；刺虚者，刺其去也。”应用时结合“虚补其母，实泻其子”的方法，配取子母穴来进行治疗。

笔者经过实践的检验，认为纳甲法临床价值不显著，纳子法是运用子母补泻法同所病脏腑之经脉的气血流注时刻相结合，尚有临床价值。

子午流注法所采用的十二经六十六个腧穴，皆在肘膝以下，这些穴位的临床价值是众所周知的。根据《灵枢》九针十二原篇：“凡二十七气所行皆在五腧”的道理，脏腑有病，取四肢的远端腧穴配合针刺，其临床效果是肯定的。但这些腧穴有无定时开合的规律?是否按时取穴疗效更显著呢?这就需要通过临床实验进行探讨。

子午流注法认为按天干的阴阳属性，得出阳日阳时开阳穴，阴日阴时开阴穴。“按日起时，循经寻穴”，　“相生相合者为开则刺之，相克者为阖则不刺”（《医学入门》）。

用干支来计年，计月，计时，始于商殷时代。天干每隔十而重见，地支每隔十二而复现。干支竞六十而周而复始地循环，这只不过是机械地重复，所谓阴阳属性也无明显区别。因此，以天干的阴阳属性为基础的纳甲法，是机械的循环论而已，因此逐日按时定穴的规则是没有什么临床意义的，这是金元时期的阴阳五行家发明的一种主观臆想。

纳子法又称纳支法，是根据十二经脉气血流注时辰，即十二经应十二时，当其时为盛，过其为衰，《灵枢》卫气篇说：“刺实者，刺其来也；刺虚者，刺其去也。”应用时结合“虚补其母，实泻其子”的方法，配取子母穴来进行治疗。十二经脉配属十二地支，名为“纳支”，故这种按纳支时刻配穴针刺的方法称为纳支，又因为十二地支起于子时，所以亦称纳子法。

杨继洲《标幽赋》注：“人之气脉，每日寅时，手太阴肺经生，自中焦中府穴出，于云门起，至少商穴止；卯时手阳明大肠经，自商阳起，至迎香止；辰时足阳明胃经，自头维(应为承泣)至厉兑，巳时足太阴脾经，自隐白至大包；午时手少阴心经，　自极泉至少冲：未时手太阳小肠经，自少泽至听宫：申时足太阳膀胱经，自睛明至至阴：酉时足少阴肾经，自涌泉至俞府：戌时手厥阴心包络经，自天池至中冲；亥时手少阳三焦经，自关冲至耳门；子时足少阳胆经，自瞳子髎至足窍阴：丑时足厥阴肝经，自大敦至期门而终。周而复始。”

在了解所病脏腑之经脉的气血流注纳支时刻后，然后结合各经的子母穴，实行补泻。即实症用泻法，取该经的子穴，在纳支时刻中进行针刺；虚症用补法，则取该经的母穴，在纳支时刻已过的下一个时辰中刺。例如足阳明胃经实症，须泻厉兑穴，在辰时针刺；虚症，则补解溪穴，在巳时针刺。采用这个办法配合其他穴位组成处方来进行针刺，能提高治疗效果。

一般的应用，首先按辩证的结果，确定何脏何经有病，然后推算该经开穴的时辰，约定病人针治时间，就是所谓定时取穴。应用子午流注并不意味着只要取用开穴即可解决各种疾病，临床上仍须依据辩证施治的原则，选取其他穴位组成处方来进行治疗。以子午流注的开穴为主穴，其他穴位为配穴，协同作用，才能加强疗效。同时，施术的程序必须先针流注开穴，后针其他的配穴。

下列十二经脉纳子法取穴及针刺时刻表。

十二经脉纳子法取空及针刺时刻表

补泻 经脉	泻			补		
	配穴	时辰	钟点	配穴	时辰	钟点
手太阴	尺泽	寅	3-5	太渊	卯	5-7
手阳明	二间	卯	5-7	曲池	辰	7-9
足阳明	厉兑	辰	7-9	解溪	巳	9-11
足太阴	商丘	巳	9-11	大都	午	11-13
手少阴	神门	午	11-13	少冲	未	13-15
手太阳	小海	未	13-15	后溪	申	15-17
足太阳	束骨	申	15-17	至阴	酉	17-19
足少阴	涌泉	酉	17-19	复溜	戌	19-21
手厥阴	大陵	戌	19-21	中冲	亥	21-23
手少阳	天井	亥	21-23	中渚	子	23-1
足少阳	阳辅	子	23-1	侠溪	丑	1-3
足厥阴	行间	丑	1-3	曲泉	寅	3-5

兹介绍几个典型病例如下：

张××，男，32 岁，教师。1976 年 12 月 9 日就诊，患者自诉上月 19 日晨起穿衣时，突然感到气闷，胸闷。当日因症状轻微，不介意，未去医院检查。翌日，也未觉异常，曾去挑水，一用力后顿觉气喘无力，喉头和胸部有紧迫感，即去医院检查，胸透报告，右肺部萎缩约 30%，胸腔积液，诊断为右侧液气胸。立即住院治疗，先作胸腔穿刺抽液，后用抗生素，二周后因症状不减，自动要求出院，于 12 月 9 日上午来我处诊治。患者自诉右胸仍有涨满感。体检：听诊右肺呼吸音极弱，接近消失，叩诊为鼓音，心浊音界左移。舌苔白腻，脉沉涩而滑。辨证；因肺失宣降，气不循经，溢于络外，气壅痰塞，胸阳郁阻，则胸闷气逆，是、证虚实相夹，治宜降逆宣肺，燥湿化痰。处方：针太渊(补)，尺泽(泻)，内关，阴陵泉，支沟，膻中，肾俞，肺俞. 因第一天已过寅时，先补太渊，再针余穴，嘱其第二天早晨 5 点即来针治，先针尺泽，行泻法，；再针余穴，第三天患者自诉，昨夜睡觉时，觉得有一股气流自腋下循臂臑内廉行至寸口出大指，翌日起床：后，感觉胸部满闷大减。后每日行针刺治疗，未予其他药品，针刺二周后，胸透检查，肺萎缩减至 20%，积液尚有滞留。再加配刺丰隆，以化痰液，灸章门，足三里以运中土而消痰积。如是再经过两疗程，症状　消失。针灸停止，嘱其服中药五剂后而愈，之后未曾复发。

佘××，男，50 岁，农民。1977 年 5 月 15 日初诊，主诉两个月前，突然发觉左足内踝疼痛，踝部肤色不变，以后每天下午五时后开始发作，疼痛约持续两小时左右，能自行消失，经多方治疗无效，X 光拍片，踝部诸骨结构未见异常，医者不明此病，1977 年 5 月 15 日上午来求诊。观其气色正常，尺脉稍弱。体检心肺无殊，一切正常。思其疼痛于每日下午 5-7 时发作，病痛部位是足少阴肾经所经过之处，肾经经脉之气是每天酉时流注于此，这正与病痛的时间相吻合，因而揣度此是患处因某种原因引起经脉气血的凝滞，流通不畅，“不通则痛”，法当通调气血，嘱患者下午 6 时左右来此针刺治疗。是日患者复来，先针涌泉以开先路，复针复溜，太溪，然谷，推波逐流，荡涤邪气。首次针刺后，局部疼痛大减，第二天按此法再针一次，痛又减轻。第三天针后即告痊愈，痛不再发。

由此得出结论：凡在肢体所呈现的痹痛，特别是每天都在同一时辰发生的疾病，皆可辨其部位在某经，再用纳子法在此经经气所流注时刻针刺之，之后我在诊疗中，都结合运用此法，每每得效。

现代科学认为，生物具有时钟特性，这与子午流注法的纳子法理论相同，可见远在两千多年前，我国古代劳动人民早就领悟到人体的生物时钟特性，并在医学上有精湛运用。

自主创新的中国针刀医学理论和临床的应用及其学术价值

世界中医药学会联合会针刀专业委员会、中华中医药学会针刀医学分会 成树江

【摘 要】目的：阐述中国独创的具有原创性、实用性、科学性的针刀医学的理论体系在康复保健中的应用及其学术价值。方法：通过概括论述：1、针刀医学的产生和发展 2、针刀医学理论的基本内容 3、中国针刀医学发展前景与国际交流，进一步阐述针刀医学四大基础理论和六大组成部分的创新学术价值及其在临床治疗康复保健中的应用。结论：针刀医学作为具有中国特色并有自主知识产权的新兴学科，理论新颖、技术领先、疗效显著、方法简便、无副作用和后遗症，值得在临床医疗和康复保健中广泛推广应用。

根据联合国世界卫生组织(WHO)统计的有关数据表明，慢性软组织损伤是世界范围内危害人类健康的三大疑难病症之一，已被列为当今世界各国医学专家重点攻关的课题。在这一领域里，中国针刀医学创始人朱汉章教授独创了针刀医学，解决了过去治疗学上一些无法解决的难题，不仅在医学理论研究方面取得了重大突破，而且经过对数亿万患者的临床实践，该技术已被证明在临床治疗方面具有很好的效果，为世界疑难病的临床治疗开拓了一条全新的思路，为世界医疗康复保健提供了一套全新的方法。针刀疗法作为针刀医学的实践基础和具体操作技术，是现代西医外科手术和中医针刺疗法的有机结合，是坚持科学发展观、自主创新的成功典范，也是对中医走现代化道路的成功探索。

一、针刀医学的产生和发展

1、针刀医学的产生

针刀医学是由北京中医药大学朱汉章教授经历 30 多个春秋的艰辛探索和潜心研究，在其发明的小针刀疗法的基础上，凝聚中国和世界近十万针刀医学工作者临床实践的智慧结晶，而创立的中西结合的新医学，具有原创性、实用性、科学性的特点。

其创立的依据可以归结为以下两条：第一，不管是东方医学还是西方医学它们的研究、服务对象都是人体，都是研究人体的生理、病理，并针对不同的疾病提出不同的治疗方法共同追求的目标就是将疾病治好，恢复人体本来的健康状态。东方医学和西方医学之所以形成了完全不同的两大医疗体系，完全是由于它们产生于两种完全不同的历史背景和文化背景中，受

两种完全不同的哲学思维模式的影响。如果没有这些原因，就不会产生这样两种不同的医学理论体系，由此推论，在世界一体化的今天，它们的融合不仅是应该的、可能的，而且是必然的。第二，不管是东方医学还是西方医学，对人类的繁衍和健康都起过重大的作用，对疾病的治疗都有相当好的疗效。著名的哲学家黑格尔说："存在的都是合理的"，东方医学(主要是中医学)和西方医学之所以能够流传发展到今天，也充分说明了它们存在的价值，说明了人类对它们的需要。人为地否定或夸大东方医学(主要是中医学)或西方医学都是不合理的，相反地，吸收它们的精华部分并加以整合，再运用现代科学的新成果加以提高，使之融合为统一的、新的医疗体系是完全可能的，也是完全应该的。针刀医学就是在此基础上产生和发展起来的，是将东方医学的基本理论和西方医学的基本理论融为一体，经过再创造而产生的一种新的医学理论体系。2003年9月，中国国家中医药管理局组织30多位领导和医学专家针对针刀医学理论研究和临床应用的实践情况进行了听证鉴定，与会领导和专家经过严格的评审和鉴定，一致认为可将"针刀疗法"正式确定为"针刀医学"，作为中国国家新兴学科在国内外推广应用，这是针刀医学发展史上的里程碑。

2、针刀医学的发展现状

目前，我国已成立了"中华中医药学会针刀医学分会"和国际性学会"世界中医药学会联合会针刀专业委员会"；国内已有28个省(直辖市、自治区)相继成立了省级针刀医学分会。中国军队也成立了中国人民解放军中医药学会针刀医学分会，针刀医学已走出国门，走进了美国、俄罗斯、日本、泰国、德国、韩国等世界50多个国家和地区；针刀医学和针刀疗法在国内外的影响越来越大。针刀医学和针刀疗法已经以其崭新的理论和显著疗效赢得了广大患者的青睐，受到国家卫生部门的高度重视和国内外医学界的广泛关注。1988年该成果获第37届尤里卡世界发明博览会"金牌奖"，朱汉章教授也因发明该成果获"军官勋章"和国内医学界的"华佗金像奖"等多项全国奖，朱汉章教授的学生和弟子发表的多篇学术论文和科研成果获得众多的国内国际奖项；2006年2月4日，中央电视台国际频道播放的"针功行天下"节目，专门邀请了有关方面的专家直接连线美国，与美国替代医学专家对话。2007年3月15日，中央电视台国际频道又播放了有关方面的专家与巴西国家足球队队医直接对话的节目，介绍针刀对软组织损伤的独特疗效；朱汉章教授去世后中央电视台做了人物专题节目《朱汉章》，后又将《朱汉章》专题节目编辑成全英文版在CCTV国际频道多次播出，在国际上引起了很大反响。目前，已经召开了12次全国针刀医学学术交流大会和4届国际针刀医学学术交流大会。针刀医学不仅走进国家三甲级、二甲级的大医院，而且正在逐渐走进基层、走进城乡社区、走进农村和边远山乡、走进军营基层单位成为临床医疗的主要治疗手段之一。

作为一门新兴学科，"针刀医学"具有国际先进水平，并向国内外推广，现已获得国家科技部、国家教育部科技成果奖和科技进步二等奖、华佗金像奖等国内外众多奖项。同时《针刀医学》也被列入大专、本科院校课程教材中，北京中医药大学、湖北中医学院和黑龙江中医药大学等还招收了这一专业的本科生、研究生，举办了多期国际针刀医学培训班。2005年，国家973计划《针刀松解法的基础研究》课题正式启动，《针刀医学原创性及其推广应用研究》《针刀治疗颈椎病的临床评价研究》、《针刀治疗骨性关节炎》等临床课题研究鉴定会相继在北京举行。2006年，香山科学会议以"针刀医学发展与中医现代化"为题召开了第272次会议，国家科技部、国家中医药管理局、北京中医药大学的领导和中国科学院院士、著名医学专家出席了大会，与会专家认为"针刀医学是近年来中医界出现的具有中国特色的并有自主知识产权的成果；针刀医学已经产生了很大的经济效益和社会效益，是中医现代化的成功范例之一，具有广阔的发展前景”。

二、针刀医学理论的基本内容

1、什么是针刀

针刀是一种闭合性手术的微型手术针刀，其形如针灸的针，与针灸针不同的是前端带刃，它将针刺疗法的“针”和手术疗法的“刀”融为一体，整合两种器械的治疗优势，产生了1+1>2 的奇特疗效，人们之所以称它是“小针刀”，是因为针刀的前刃直径仅为 0.8mm，非常小，这正是该技术的一个创新亮点。

2、针刀医学的基本理论

针刀医学是在辩证唯物主义哲学思想的指导下，打破了中医抽象思维方式与西方医学形象思维方式的对立格局，以创造性的独特思维方式将中西医两种基本理论融为一体的一门新兴学科。主要包括四大基本理论：一是关于慢性软组织损伤病因病理的理论；二是关于骨质增生病因病理的理论；三是关于经络学说现代化的理论；四是关于闭合性手术的理论。完整的体系由六大部分组成，即针刀医学病理生理学、针刀医学影像学、针刀医学手法学、针刀医学诊断学、针刀医学治疗学和针刀医学护理学。这些理论涉及了中西医学的基本范围，已被近30多年来的医疗实践和上千万的治愈病例所证实。

针刀医学具有简、便、验、廉四大特点，是中西医研究的一大进展。世界中医骨伤科联合会主席、中国著名骨伤科专家尚天裕教授热情赞扬“以针刀疗法为基础发展起来的针刀医学，是传统医学发展为具有现代科学技术为特色的新学科”。世界针灸联合会终身名誉主席、中国著名针灸专家王雪苔教授预言：“中医要走向世界，针刀医学最有前途。”国家卫生部和国家中医药管理局的领导多次给予针刀医学较高评价，认为符合中国国情，有利于基层卫生工作；胡锦涛总书记在2003年5月11日视察四川宜宾莱坝医院时，在接见该院院长、针刀医生叶云辉时明确指出：“针刀疗法解决了基层老百姓的大问题，值得向全国推广！”胡总书记巨大的关怀使全国针刀医学界同仁倍感亲切、倍受鼓舞。

3、针刀医学的治疗方法和疗效

针刀医学兼取中医之针和西医之刀的长处，运用现代自然科学的最新成果使广大医务工作者对疾病的认识、病因病理的研究以及诊断治疗方法产生了质的飞跃，使治疗操作技术精确入微，从而实现了治疗方法和疗效的五大转变，具体体现在：一是将大量疾病从不治变为可治；二是将难治变为速愈；三是将开放性手术变为闭合性手术；四是将复杂治疗变为简便治疗；五是将损伤型、痛苦型治疗变为近于无损伤、无痛苦的治疗。据不完全统计，目前针刀医学能治疗 120 多种疾病，如股骨头无菌性坏死、严重颈椎病、严重腰椎间盘突出症、部分腰椎管狭窄症、各种关节疾患、严重骨质增生及骨刺导致的各种疾患、各种肌肉和韧带损伤、严重的风湿和类风湿病、严重股体畸形、部分外科手术和骨科手术的后遗症等。此外，针刀医学不仅可用于医学美容方面，还可以治疗部分严重的心脏病、气管炎、哮喘病等。可以说，采用针刀医学疗法能达到很好的疗效，针刀医学也被誉为“中华神刀”。

疗效是硬道理，针刀医学疗法具有以下几方面的显著优势：一是治疗范围广，它不仅对脊柱各关节、各种软组织损伤、各种骨质增生疾病及各种畸形等有确切的疗效，而且对内科的许多疑难病症(如，心、肺、胆、肾等脏器方面的疾病)有很好疗效；二是简便、易行，施术仅须一柄小针刀、一副手套、一块洞巾，皮肤常规消毒即可进行，整个手术过程不过十几分钟，有的甚至几分钟就可完成；三是见效快，大部分疾病 1 次见效，3-5 次治愈；四是无切口、不流血、病人痛苦小；五是无后遗症和并发症；六是治愈率为 88。3%，总有效率超过 98。8%，谱》谓：兔肉“凉血、祛湿、疗疔疮、解热毒。”

3、黄芪枸杞鳖肉汤：

适应症——各种癌症放射治疗期间或治疗以后出现贫血、眩晕或白细胞减少，身体疲乏无力。用法——黄芪30克切片，纱布包扎，枸杞20克，重500克鳖一只，宰杀去肠杂后剁细，加水适量炖熟，去黄芪渣，油盐调味喝汤。（也可加入瘦猪肉60克调味。）功效——补中益气、滋阴生血。

配方的理论根据——黄芪味甘性微温，入肺、脾经，能补中益气、健脾生肌。《本草正义》谓“黄芪补益中土，温养脾胃。凡中气不振、脾胃虚弱、清气下陷者最宜。”《日华子本草》谓：“黄芪助气壮筋骨，长肉补血。”枸杞性味甘平，入肝、肾经，能滋补肝肾、填精生血。《食疗本草》谓：“补益筋骨、去虚劳。”《重庆堂随笔》谓：枸杞“补血非他药所能及也。”《药性论》谓：枸杞“能益精补诸不足。”鳖肉性味甘平，滋阴补虚、濡养肝肾。《随息居饮食谱》谓：“滋肝肾之阴、清虚劳之热。”《名医别录》：“滋阴益气补不足。”

4、人参乌龟猪蹄汤：

适应症——各种癌症放射治疗后贫血短气、身体虚弱、四肢乏力者。用法——人参6克（可用吉林参、边条参代替），乌龟一只重约250克，宰杀去肠杂，猪蹄250克剁细，加水适量，慢火炖烂，和盐调味服用。功效——补气生血，大补虚损。

配方的理论根据——人参性微温，味微苦而甘，入脾、肺经，健脾生血、补益虚损。《本草汇言》谓：“人参补气生血，助精养神之药也。”《药性论》谓：人参“补五脏气不足，五劳七伤，虚损瘦弱。”《日华子本草》谓：人参“调中补气，消食开胃。”乌龟性平味甘咸，入肝、肾经，益阴补血、滋肝养肾。《本草蒙筌》谓：“专补阴衰，善滋肾损。”《名医别录》谓：“龟肉作羹，大补。”《日用本草》谓：龟肉“大补阴虚。”猪蹄性味甘平，补血生肌。《随息居饮食谱》谓：“填肾精而健腰脚，滋胃液以滑皮肤，长肌肉，可愈漏疮，助血脉，充乳汁，较猪肉尤补。”《名医别录》谓：猪蹄“疗败疮，下乳汁。”

中医在构建和谐社会中的重要性研究*

张永鹏[1]　张武惠[1]　张　静[2]　张　达[3]

[1]河南省安阳同生医院；[2]河南省安阳市妇幼保健院；[3]河南省安阳市第三人民医院

引言

“和实生物，同则不继”这一中国传统文化精髓使身和则健，家和则安，国和则兴，全球和则世界和平。这种亲和相处是发自内心的人性本能，是多元协和共存的有机统一体。其本质是“恒以一德”。实践是检验真理的唯一标准，五千年中华文明史伴生的中国医药学，经历了人类富贵贫贱千般灾难，和悠久的历史坎坷。不仅为我们的先祖健康长寿，为炎黄子孙的繁衍生息，做出了不可磨灭的贡献，也为我们留下了宝贵的医学遗产。为我们继承先人的经验，开创未来医疗卫生事业奠定了坚实的理论基础。特别是中医学的综辨制宜观，其天人合一的思维方式，简便廉验的节约型诊疗技巧，天然环保的养生秘诀，能适应不同人群的医疗保健需求，防患于未然的治未病指导思想，是减少医疗资源浪费，避免医患纠纷，构建和谐社会的必经之路。用研究报告和论文形式，揭示当前医疗保健供求矛盾和解决问题的关键环节。为制定符合我国国情的医疗卫生政策具有十分重要的现实意义。

构建和谐社会必须以人的健康，生活质量，社会适应，心理满意度为前提。在人类社会没有进入按需分配的社会制度之前，人的生老病死，医疗保健需求，又必须与其拥有的医疗资源量和经济承受能力相适应。随着科技进步，医疗保健技术快速发展，人们医疗保健需求与其拥有的医疗资源量和经济水平之间的矛盾日益加大。大量医疗资源浪费，医患纠纷增多，成为社会动乱与构建和谐社会的重大隐患，而用中医综辨制宜观指导临床，不仅是当今构建和谐社会的必然需要，也是将来构建和谐社会的必然需要；不仅是我国构建和谐社会的必然需要，也是构建和谐世界的需要；不仅是我国制定卫生工作政策的参考，也是世界主流医学的发展方向。

中医来自民间、验之临床、有广泛的实用性，目前靠望、闻、问、切四诊方法收集证据判断疾病，靠天然药物因人制宜，遣方用药，治病救人简便廉验的传统美德和诊疗方法，一方面受到党和政府的高度重视，亿万人民的衷心拥护，一方面是传统中医工作者正在受经济大潮和政策法规诸多社会因素的制约而萎缩。中医概念模糊、主权伤失、医务人员无所适从，受到不公正待遇，甚至有人扬言要消灭中医。究其原因：一是人为的中医作茧自缚把科技医药学拒之门外与其相对立。二是受经济利益驱动本不该完全市场化的医药行业，被推向市场背离了医药行业治病救人的传统美德与宗旨。三是政策法规不配套，使政策法规成了制约传统中医医疗机构生存与发展的障碍。四是科技对抗医学用分科之学的观点去认识人体和疾病，把人视如机械，背离了人体生存、疾病向愈的客观规律。为此本课题从“中医药概念与特色”、“再论中医药主权”、“宏扬中医特色构建和谐社会”几方面进行研究并提出建议。

一、中医药概念与特色

1、中医药概念

（1）中医与西医：中医顾名思义就是中华民族的医药学或用中医药理论指导临床的医生。中国是一个多民族国家，56 个民族的民族医学皆可谓中医。西医应该是和东方医学对应的医学，何为东方医学不得而知，西医自当不必存在。在我国误把科技医学当西医，影响深远，理应拨乱反正，正本清源，纠正谬误。医生也可是以国籍身份划分的中国医生和与之对应的外国医生；也可以是指会使用中国语言文字，能按照中国医疗特色诊治疾病，会使用中国诊疗技术和药物的所有医务工作者。中医是相对于世界各国医学和医生而言，不可与子虚乌有的所谓西医相提并论。

（2）中医药学与外国医药学：中医药学也既中华民族医药学。是四大中华文明之一，是具有中华民族医药学特色的医药学总体；是中国古代医药学传承演化至今与中国现代科技医药学有机结合的整体。是与世界各国医药学相对应的医药学。其中中医药学的传承部分代表着中华民族医药学特色，科技部分代表着与世界各国同步的共识内容。外国医药学各具特色，特色成分是我们存异或日后借鉴内容，科技成分是我们必须了解、学习、掌握、运用的内容。

（3）中医药学与传统医药学：传统医药学是中医药学的重要组成部分；从特色上讲传统医药学就是具有中华民族医药学特色的传承部分。没有传承部分的存在，中医药学就没有了中医药特色。因此我国的传统医药学就是中医药学的脊梁，核心、中流砥柱，特色性标志。

（4）中医药学与科技医药学：我国科技医药学同样是中医药学的重要组成部分；从概念上讲中医药学含科技医药学和传承医药学两个子系统，中医药学包括我国的科技医药学。

（5）中医药学与现代医药学：从时间上讲中医药学在我国是亘古达今从未间断的医药学，因此它既是古代传统医药学又是现代医药学。现代医药学内容包括现代的传统医药学和现代的科技医药学。未来的中医药学仍将是传且费用相对较低；七是没有副作用，可以反复做，直至各种疼痛症状解除和消失。

三、中国针刀医学发展前景及国际交流

近年来，在中国国务院、国家卫生部、国家中医药管理局、国家科技部、国家教育部等部门的正确领导和大力支持下中国的针刀医学事业呈现出良好发展的态势，前景非常广阔，针刀医学的国际交流日益深入和增多。

1、针刀医学在中国逐步成为临床治疗的重要手段

全国开展针刀技术的医院增多，接受针刀治疗的人数与日俱增，具中国国家权威部门统计，每天接受针刀治疗的就诊人数达 360723 人次；每天接受针刀治疗的住院患者达 14064 人次，全国针刀专科医院的数字达 369 所，全国针刀门诊部的数字达 2166 家。

全国针刀从业人员的总数为 102695 人，针刀医学队伍经过多年锤炼，人才辈出，精英荟萃，队伍整体素质提高，组织建设不断加强。需进一步外树形象、内练硬功、展示针刀人员风采。

针刀医学临床科目准入、教育准入、行业标准制定正在进行之中，针刀医学的标准化、规范化、科学化、制度化正在逐步完善之中。

针刀医学学术发展良好，论文质量不断提高，历届大会论文集已进入国家级数据库——清华同方中国学术团体专用 CNKI 数据库图书馆全文数据库中的中国重要会议论文全文数据库(CPCD)、中国期刊全文数据库(CJFD)，标志着针刀医学学术质量和水平在向世界级进展。

中国医疗卫生体制改革与发展的现实对针刀医学提出更高的要求，思路决定出路，针刀医学面对中医药发展的大好形势与难得机遇，只有坚持改革创新，坚持可持续发展，坚持顺应世界潮流，才能充满生机和活力，

2、针刀医学的国际化交流与合作日益深入

目前，全世界有 52 个国家的 5000 余名专家接受过针刀医学培训，许多医师还在要求学习，现在世界上有 15 个国家和地区建立了针刀医学分会。中国针刀医学专家主动走出国门，在世界各地传播针刀医学，开展针刀医疗工作；各国医学专家也多次来中国参观学习针刀技术，洽谈合作项目，针刀医学在不断与国际接轨迈出新的步伐。

针刀医学是具有中国自主知识产权的创新技术，同时也是世界共有的宝贵财富，“让世界了解针刀医学、让针刀医学走向世界”更好地为全人类的健康服务，是我们永恒的奋斗目标。

2010

國醫年鑒

6 科技成果

科技成果篇

2型糖尿病不同并发症中医证候与血糖相关性的贝叶斯网络分析

龚燕冰[1] 倪 青[1] 高思华[2] 罗增刚[3] 谢燕鸣[3] 易丹辉[4]

[1]中国中医科学院广安门医院内分泌科; [2]北京中医药大学; [3]中国中医科学院;

[4]中国人民大学统计学院

【关键词】2型糖尿病; 并发症; 中医证候; 血糖相关指标; 贝叶斯网络

【摘 要】目的:探索2型糖尿病不同并发症患者的血糖相关指标与中医症状和证型的相关关系。方法:以2 501例2型糖尿病的临床数据为基础,运用贝叶斯网络的方法,分析2型糖尿病合并脑病、肾病、高血压病患者的空腹血糖、餐后2 h血糖、糖化血红蛋白与症、舌、脉等82个变量的网络关系。结果:2型糖尿病合并脑病,空腹血糖、餐后2 h血糖异常以气虚为主;糖化血红蛋白异常者以气虚、阴虚常见。2型糖尿病合并肾病,空腹血糖异常者以阳虚为主;餐后2 h血糖、糖化血红蛋白异常者气虚或伴热盛、阴虚常见。2型糖尿病合并高血压病,空腹血糖、餐后2 h血糖、糖化血红蛋白异常者阴虚为主或伴热盛。并得出主要症状对并发症的预测性。结论:贝叶斯网络方法是中医证候客观化研究较为合适的方法,本研究结果对于慢性并发症的早期预测有积极的借鉴作用,对于中医证候的客观化研究也做了初步探索。

【基 金】国家自然科学基金面上项目(No.90209012);科技部科技基础工作专项基金(No.2001Dea20010)

(原文载于《北京中医药大学学报》)

不同刺激量捻转补泻手法对应激性高血压大鼠颈交感神经放电的影响

北京中医药大学针灸学院 支建梅 王朝阳 王 丽 刘清国

【摘 要】目的:探讨捻转手法中不同参数与应激性高血压大鼠颈交感神经兴奋性的关系。方法:110只雄性Wistar大鼠随机分为A、B、C、D、E、F、G、H、I、J、K等11组,每组10只。A组不造模,其他各组均采用电击足底结合噪声刺激法制成应激性高血压模型,除A、B组外其余各组分别采用不同捻转参数(捻转角度、频率和时间)的捻转补泻手法针刺应激性高血压大鼠的"曲池"穴,通过BL-420E生物机能实验系统观察应激性高血压大鼠颈交感神经放电情况,记录治疗前后颈交感神经放电积分幅度与放电频率直方图。结果:针刺处理后,F组、J组神经放电积分、直方图均较治疗前增加($P<0.01$或$P<0.05$);K组神经放电积分、直方图较治疗前减少($P<0.01$)。结论:右转3圈/min和右转2圈/min对颈交感神经有抑制作用,而左转2圈/min对颈交感神经有兴奋作用,证实针刺左转为补、右转为

泻的补泻手法客观存在。

【关键词】应激性高血压大鼠；　针刺刺激量；　捻转补泻手法；　交感神经放电

【基　金】国家自然科学基金资助项目（30772833）；北京中医药大学校级课题资助

（原文载于《中医杂志》）

川芎防风白芷方主成分及其组合对大鼠离体胸主动脉的作用

中国中医科学院中药研究所　　李　丽　杨洪军　肖永庆　张　村

【关键词】川芎防风白芷方；　主成分；　胸主动脉；　大鼠

【摘　要】目的观察川芎防风白芷方中主成分防风色原酮Ⅰ葡萄糖苷、防风色原酮Ⅱ葡萄糖苷、防风色原酮Ⅰ、防风色原酮Ⅲ葡萄糖苷、藁本内酯、阿魏酸、欧前胡素及其主成分组合对离体大鼠胸主动脉环舒缩功能的影响。方法根据川芎防风白芷方的饮片配比，结合各主成分在饮片中的平均含量，确定主成分组合样品的组成和配比。采用测定离体血管环张力的实验方法，以氯化钾（KC l）45mmol/L 预收缩大鼠胸主动脉环，采用累积加药的方式，观察川芎防风白芷方主成分及其组合对KC l预收缩大鼠胸主动脉环张力的影响。结果以 KC l 45 mmol/L 预收缩时，川芎防风白芷方中各主成分对大鼠胸主动脉环均有不同程度的舒张作用，藁本内酯、欧前胡素可使KC l引起收缩的大鼠胸主动脉完全舒张，且以欧前胡素的半数有效浓度（EC50）最小、作用最强（$P<0.05$）。另外，主成分组合样品也可使KC l预收缩的血管环完全舒张，且主成分组合所含各主成分中除藁本内酯外均低于其起效浓度。结论主成分组合样品对KC l引起的大鼠胸主动脉血管环收缩有较强的抑制作用，其作用优于主成分单独应用。

【基　金】国家自然科学基金资助项目（No.30472143）

（原文载于《北京中医药大学学报》）

从脑血流动力学角度研究针刺、穴位的特异性

樊小农[1]　王　舒[1]　刘　健[1]　钱宇斐[2]　张亚男[2]　魏媛媛[2]　张　雪[2]　武慧群[2]　李雅洁[2]　石学敏[3]

[1]天津市针灸研究所天津市针灸学重点实验室石学敏思想研究室；[2]天津中医药大学；[3]天津中医药大学第一附属医院

【摘　要】目的：研究穴位和针刺干预对大脑中动脉阻塞（M CAO）缺血模型大鼠脑血流动力作用的特异性。方法：将M CAO大鼠分为人中组、内关组、非穴组、未针刺组、模型组，另设正常组和假手术组，每组12只。人中组、内关组和非穴组分别对人中、内关、非穴位部位施以频率3次/s、持续时间5s的针刺干预，观察各组大鼠脑血流量、脑微血管管径和光镜下脑微血管数的变化。结果：与未针刺组比较，3个针刺组脑血流量、微血管数量增加明显（$P<0.05$），微血管管径有相对收缩趋势（$P>0.05$），表明针刺能明显改善M CAO模型

鼠有关脑血流动力的病理状态。3 个针刺组间，人中组和内关组比非穴组血流量增多明显、以轻微扩张微血管管径为主（P<0.05），同时人中组还可增加微血管数（P<0.05）；在促进脑微血管新生方面人中穴作用强于内关穴。结论：针刺穴位产生的效应较非穴位针刺明显，且不同穴位效应是通过特异性作用机制实现的。

【关键词】针刺；穴位特异性；血流动力学；脑梗死；大脑中动脉阻塞（MCAO）；大鼠
【基　金】国家重点基础研究发展计划（"973"计划）项目（2006CB504504）
（原文载于《中医杂志》）

当归补血汤对 ox—LDL 激活 RAW264.7 细胞核转录因子.KBp65 蛋白表达的影响

孙　娟[1]　黄水清[1]　孙　璐[1]　乐智卿[1]　马文静[2]
[1]广州中医药大学；[2]广州市番禺区中医院

【关键词】当归补血汤；RAW264.7 细胞；核转录因子-κBp65；氧化低密度脂蛋白；兔

【摘　要】目的：通过当归补血汤对氧化低密度脂蛋白（ox-LDL）激活单核细胞核转录因子-κBp65（NF-κBp65）信号转导通路的作用研究，探讨当归补血汤早期阻断动脉粥样硬化病变发展进程的可能性及其机理。方法：新西兰大耳白兔随机分为对照血清组、含药血清组，分别灌胃生理盐水和当归补血汤药液制备血清。将 RAW264.7 细胞悬液接种于培养瓶中，培养 24 h，分为空白对照组、ox-LDL 组、抑制剂组、含药血清组，除空白对照组外其余各组均加入 100 mg/L ox-LDL 刺激细胞。孵育 4 h，收集细胞。免疫组化法检测 NF-κBp65 的表达，免疫印迹法检测 RAW264.7 细胞中 NF-κBp65 的蛋白活化量。结果：ox- LDL 组细胞浆和核内可见大量棕黄色阳性颗粒，含药血清组棕黄色阳性颗粒较少；ox-国 LDL 组蛋白条带灰度比值为 1.288 3±0.013 9，含药血清组为 0.918 9±0.015 3，与 ox-LDL 组比较差异有统计学意义（P<0.05）。

结论：当归补血汤可下调经 ox-LDL 刺激后 RAW264.7 细胞中 NF-κBp65 的蛋白表达及活化，因此阻断 NF-κB 信号转导通路可能是当归补血汤抗动脉粥样硬化的作用机理之一。

【基　金】国家自然科学基金项目（No.30572357）
（原文载于《北京中医药大学学报》）

电针对阿尔茨海默病大鼠海马区胶质细胞活化及神经元超微结构的影响

朱书秀[1]　孙国杰[2]
[1]江汉大学医学院中医系；[2]湖北中医学院

【摘　要】目的：观察电针对阿尔茨海默病（AD）大鼠海马区胶质细胞活化及神经元超微结构的影响，探讨电针对神经元的保护作用。方法：Meynert 核注射微量 Aβ1-40 制备 AD 大鼠模型，随机分成正常组、假手术组、模型组和电针组，每组 14 只。电针组选取百会、太溪、足三里电针治疗。免疫组化法观察各组大鼠海马区胶质细胞的表达，用透射电镜观察神经元超微结构。结果：模型组海马区胶质细胞活化，数量增多，神经细胞变性，内质网扩张，线粒体肿胀。经电针治疗后，活化胶质细胞数量较模型组减少，超微结构基本正常。结论：电针治疗可减少 AD 大鼠胶质细胞的活化，对神经元具有保护作用。

【关键词】电针； 阿尔茨海默病； 胶质细胞；超微结构

【基金】国家自然科学基金资助项目（30772837）

（原文载于《中医杂志》）

电针对大鼠胃黏膜损伤相关信号分子的影响

严　洁　张英进　田浩梅　易受乡　陈斌国　常小荣　林亚平

湖南中医药大学针灸推拿学院

【摘　要】目的：探索电针对胃黏膜损伤大鼠胃黏膜细胞损伤修复的作用机制。方法：将大鼠随机分为正常组、模型组、针刺治疗组，每组 10 只，应用乙醇灌胃法造成胃黏膜损伤大鼠模型，用电针对胃黏膜损伤大鼠治疗 10 天，采用链霉蛋白酶消化法分离胃黏膜细胞，用表面加强激光解析电离飞行时间质谱技术（SELDI-TOF-MS）及 WCX2 蛋白芯片获得各组大鼠胃黏膜细胞的蛋白质指纹图谱，对比分析各组的差异蛋白质质/荷比峰。结果：模型组大鼠胃黏膜细胞蛋白质 SELDI-TOF-MS 蛋白指纹图谱与正常组比较有 4 个蛋白质质/荷比峰差异有统计学意义（$P<0.05$ 或 $P<0.01$），其中两个蛋白质质/荷比峰明显升高（$P<0.05$ 或 $P<0.01$），两个蛋白质质/荷比峰明显降低（$P<0.05$）；针刺治疗组与正常组比较共有 4 个蛋白质质/荷比峰差异有统计学意义（$P<0.05$ 或 $P<0.01$），其中 1 个蛋白质质/荷比峰明显升高（$P<0.05$），3 个蛋白质质/荷比峰明显降低（$P<0.05$ 或 $P<0.01$）；针刺治疗组与正常组比较亦有 4 个蛋白质质/荷比峰差异有统计学意义（P<0.05 或 P<…更多 0.01），且 4 个蛋白质质/荷比均为降低（$P<0.05$ 或 $P<0.01$）。结论：电针对胃黏膜损伤的修复可能不是单纯针地对某一个或两个蛋白的调节发挥治疗作用的，而可能是多个蛋白质参与的复杂的链环反应。

【关键词】电针；胃黏膜损伤修复；表面加强激光解析电离子飞行时间质诱技术；蛋白芯片技术；特异生物标志

【基金】国家自然科学基金资助项目（30672724）；国家教育部博士专项科研基金资助项目（20050541003）

（原文载于《中医杂志》）

电针对气囊炎症模型大鼠前炎症细胞因子诱导 COX-2 表达的影响

浙江中医药大学第三临床医学院　　方剑乔　邵晓梅　刘　芳　吴媛媛

【关键词】炎症/针灸疗法； 环氧合酶/针灸效应； 电针； 大鼠

【摘　要】目的：探讨电针对前炎症细胞因子活化 COX-2 的干预作用。方法：将健康雌性

Wistar 大鼠背部埋植一个经灭菌的聚四氟乙烯 chamber 建立大鼠气囊（air pouch）模型，120 只合格大鼠分别注入人重组 IL-1β或 TNF-α，并随机分为 IL-1β组、IL-1β+电针组、TNF-α组和 TNF-α+电针组；两电针组刺激部位为大鼠双侧曲池穴，时间 30 分钟。RT-PCR 和 Western blotting 法分别检测注入细胞因子后 1、5、24 小时囊内液沉淀细胞中 COX-2 的 mRNA 和蛋白表达。结果：1 小时时，电针明显下调 IL-1β、TNF-α诱导的 COX-2mRNA 和蛋白高表达；5 小时时，电针下调 TNF-α诱导的 COX-2mRNA 和蛋白表达，但上调 IL-1β诱导的 COX-2 表达；24 小时时，电针下调 TNF-α诱导的 COX-2mRNA 表达但上调其蛋白表达，上调 IL-1β诱导的 COX-2mRNA 表达而轻微下调其蛋白表达。结论:在炎症初期电针可有效干预前炎症细胞因子对 COX-2 的活化作用，但在不同时段，对不同细胞因子诱导的 COX-2mRNA 或蛋白表达的干预效应和程度上存在差异。

【基金】国家自然科学基金资助项目 No.30371803

（原文载于《中国中医药科技》）

电针夹脊穴配合放血拔罐治疗带状疱疹疗效观察

武汉市中西医结合医院针灸科　刘银妮　张红星　黄国付　邹　燃　魏　巍

【关键词】电针；拔罐；刺血疗法；穴；夹脊；疱疹；带状

【摘　要】目的：比较电针夹脊穴配合放血拔罐法与西药治疗带状疱疹的疗效差异。方法:将 53 例患者随机分为观察组（31 例）、对照组（22 例）。观察组采用电针夹脊穴配合疱疹局部梅花针刺血加拔火罐治疗，每天 1 次；对照组采用口服盐酸伐昔洛韦、吲哚美辛、维生素 B1、维生素 B12。结果：观察组显愈率为 96.8%，优于对照组的 81.8%（P<0.05）；在疼痛、瘙痒、烧灼感及睡眠临床症状改善方面，观察组优于对照组（均 P<0.01）。结论：电针夹脊穴配合放血拔罐是治疗带状疱疹的有效方法，疗效优于常规西药治疗。

【基　金】“十一五”国家科技支撑计划项目：2006BAI12B07-2

（原文载于《中国针灸》）

冬病夏治穴位贴敷基本药物和穴位的研究

房　恭[1]　周雪忠[2]　刘保延[3]　王永炎[3]

[1]中国中医科学院中医临床基础医学研究所；[2]北京交通大学；[3]中国中医科学院

【摘　要】目的：探讨冬病夏治穴位敷贴疗法药物、穴位的基本处方及其配伍规律。方法：通过对冬病夏治穴位敷贴相关文献数据的收集、整理，建立数据库，采用复杂网络的分析方法，对穴位贴敷的基本药物和穴位进行分析。结果：发现冬病夏治穴位贴敷以白芥子、细辛、甘遂和延胡索等作为基本药物，穴位则以肺俞、大椎、膻中等作为基本处方穴位。结论：采用复杂网络发现的冬病夏治穴位敷贴疗法药物和穴位的基本处方知识可为制定操作规范和验证性研究提供数据支持。

【关键词】冬病夏治； 穴位敷贴； 文献研究； 复杂网络分析； 处方； 穴位

【基 金】国家重点基础研究发展计划（“973”计划）资助项目（2006CB504601）；国家“十一五”科技支撑计划资助项目（2008BA53B00）

（原文载于《中医杂志》）

二至天癸颗粒对黄体功能不健性不孕症患者子宫内膜容受性的影响

连 方[1] 贺瑞燕[2] 李婷婷[2]

[1]山东中医药大学附属医院中西医结合生殖与遗传中心； [2]山东中医药大学第一临床学院

【摘 要】目的：探讨二至天癸颗粒对黄体功能不健所致不孕症患者的治疗作用及机理。方法：将60例黄体功能不健性不孕症患者随机分为二至天癸颗粒组（试验组）30例和六味地黄颗粒组（对照组）30例，观察两组治疗后中医证候改善情况，黄体中期血清雌二醇（E2）、孕酮（P）水平，黄体中期子宫内膜白血病抑制因子（LIF）表达，以及两组患者的妊娠率。结果：治疗后试验组患者中医证候改善程度优于对照组（$P<0.05$）。试验组黄体中期血清P水平及子宫内膜LIF表达量均明显高于对照组($P<0.05$)；两组血清E2虽较治疗前有所降低，但差异均无统计学意义（$P>0.05$）。试验组妊娠率亦高于对照组（$P<0.05$）。结论：二至天癸颗粒治疗黄体功能不健性不孕症可能与其提高子宫内膜LIF的表达从而影响子宫内膜容受性有关。

【关键词】二至天癸颗粒； 黄体功能不健； 子宫内膜容受性； 白血病抑制因子； 不孕症

【基金】国家自然科学基金资助项目（30672706）

（原文载于《中医杂志》）

复方通腑健脏煎剂治疗慢性肾功能衰竭临床研究

河北省保定市中西医结合肾病医院 徐子彦 张义锦 尤 军等

慢性肾功能衰竭（CRF）是慢性肾脏病（CKD）因误治或延治进展而来。慢性肾功能衰竭是机体代谢产物（肌酐、尿素氮等）不能排出体外，全身器官和组织在毒素刺激下造成多器官、多系统的全身性损害。目前国际公认透析肾移植是治疗尿毒症有效途径，但因其费用较高，不适应我国国情。如何延缓CKD发展成CRF，如何减少CRF的血液透析次数，以及使用中药使CRF患者的残存肾单位修复是医学界研究的课题。祖国医学将CRF归于“水肿”、“癃闭”、“虚劳”、“关格”等范畴。病机关键是体液代谢的失常，中医认为体液代谢以肺、脾、肾三脏为主，脾肾气（阳）虚、脾肾气阴两虚、肝肾阴虚、阴阳两虚致正虚邪实、代谢失常、浊毒内停。病兼有痰湿瘀停而上逆、厌食、纳呆、恶心呕吐；瘀血伤脉络而出血；肝风内动而抽搐；水气上凌心肺而气短、咳喘不能平卧；脾肾阳虚而水肿等。临床表现十分复杂，往往虚实并见，标本夹杂，本虚标实，邪实加重正虚，如此恶性循环，预后不佳。我院复方通腑健脏煎剂紧紧抓住该病的病机采用先通以祛邪，通中佐补，使脏腑气机畅通，邪祛正安；后予补剂，使正气得到恢复，病人表现精神好，畏寒怕冷减轻，不易感冒，疗效满意。我院于 2004 年 5 月成立科研小组设立科研计划，用三年时间完成了对 136 例慢性肾功能衰竭属于脾肾气（阳）亏虚、浊毒内停证型患者的观察（治疗组 102 例，对照组 34 例），观察数据经统计学软件进行处理。

此科研成果的创新点及关键技术：复方通腑健脏煎剂的药物组成、煎制方法、服药方法与目前国内常用方法不同。（1）药物组成在技术报告中已叙述。查新报告结果：国内未见此药方组成。（2）煎制方法（秘）。（3）治疗上配合此方秉承我国传统中医药文化及中医特色，形成了一系列治疗及护理方法。

一、研究结果：

1、治疗组患者经治疗后 Scr、BUN 下降，Ccr 和周围血淋巴细胞绝对值均有不同程度上升，血红蛋白上升（P 值均<0.01）。临床症状明显改善，经秩和检验 P 值均 <0.01。对照组治疗前后经统计学处理以上六者均无差异。

2、组间患者治疗前后对比，治疗组 Scr、BUN 下降和 Ccr 上升程度大于对照组，统计学处理三者 P 值均<0.05，治疗组周围血白细胞总数及淋巴细胞绝对值上升大于对照组，统计学处理 P 值近<0.05，治疗组临床症状改善好于对照组，经秩和检验十项临床症状 P 值均<0.01。

3、根据《中药新药治疗慢性肾功能衰竭的临床研究指导原则》（国家药品监督管理局颁布）症状疗效判定有效率 92.15%；疾病疗效判定：治疗组总有效率 63.73%，对照组总有效率 8.82%，根据免疫项目疗效判定，治疗组总效率 68.63%，对照组显总有效率 41.17%。

4、该课题完成，为中医中药治疗慢性肾功能衰竭提供了新途径和新方法。

推广应用前景：通过临床密切观察，结果证实，本方剂可使患者症状体征较迅速好转，各项理化数据趋于稳定和下降，生活质量提高，部分患者透析时间间隔延长或停止透析，且两方无明显毒副作用。此疗法治疗辐射范围已达 20 余个省市自治区及美国、印尼、澳门。此项研究曾在 2006 年 7 月 28 号“全国首届中医肾病尿毒症会议”做了重点发言，得到于会国内及国外肾病专家及教授的肯定，并编入《肾病尿毒症中医临床治疗学》一书（2008 年 6 月出版）。该课题完成，为中医中药治疗慢性肾功能衰竭提供了新途径和新方法，值得广泛应用于临床。

二、措施：

1、资助《肾病尿毒症中医临床治疗学》一书完成。

2、利用电台、网络、报纸等媒介宣传，扩大宣传范围。

3、扩大观察例数，完善各项技术指标，如增加免疫项目检查。

4、取得成果后，争取药厂批量生产。

【成果鉴定证书】冀科鉴字[2008]第 003 号

高血压病患者证候要素与血脂异常的相关性研究

王嘉麟[1] 郭蓉娟[1] 张允岭[1] 王玉来[1] 陈志刚[1] 白 文[2] 曹晓岚[3] 张玉莲[4] 赵建军[5] 陈志强[6] 常富业[7]

1 北京中医药大学东方医院； 2 北京大学人民医院； 3 山东中医药大学附属医院； 4 天津中医药大学第二附属医院； 5 长春中医药大学第一附属医院； 6 河北医科大学中医院； 7 煤炭总医院

【关键词】高血压病； 证候要素； 血脂异常

【摘 要】目的：研究高血压病患者证候要素

与血脂代谢紊乱的相关性。方法：收集 307 例高血压病患者的证候表现，其中低中危组 122 例，高危与极高危组 185 例，采用《中风病辨证诊断标准》量表提取证候要素，同时测定血脂进行相关性分析。结果：高血压病单证素以火、瘀为主，二证素组合低中危组痰和气虚同见最多，高危与极高危组火和瘀并见最多；阴虚阳亢与总胆固醇呈正相关，瘀血与甘油三酯呈正相关（P<0.05）。结论：高血压病证候要素常涉及火与瘀血；阴虚阳亢与瘀血的程度重可能会引起总胆固醇及甘油三酯升高。

【基　金】国家重点基础研究发展计划（973 计划）（No.2006CB504805）

（原文载于《中华中医药杂志》）

宫清颗粒对早孕妇女药物流产后绒毛及蜕膜凋亡基因的影响

山东中医药大学附属医院妇科　　张丽娟　刘瑞芬

【摘　要】目的：探讨宫清颗粒缩短早孕妇女药物流产后出血时间的可能机制。方法：将非意愿妊娠 49 天内要求药物流产的宫内早孕妇女 120 例随机分成治疗组（米非司酮配伍米索前列醇药物流产同时给予宫清颗粒口服）、对照组（药物流产同时给予茜芷胶囊口服）、空白组（单纯药物流产），每组 40 例；另选 40 例负压吸宫流产做对照（人流组）。检测自然排出绒毛及蜕膜组织中 Bax、Bcl-2 以及 BaxmRNA、Bcl-2mRNA 的表达。结果：Bax、Bcl-2 及 BaxmRNA、Bcl-2mRNA 在各组绒毛及蜕膜中均有表达。Bax、BaxmRNA 在治疗组、对照组、空白组、人流组绒毛及蜕膜中的表达依次降低，Bcl-2、Bcl-2mRNA 表达依次升高（P<0.05 或 P<0.01）；并且治疗组对蜕膜凋亡基因的影响尤为明显。结论：宫清颗粒可以增强药物流产后绒毛及蜕膜中 Bax 的表达，抑制 Bcl-2 的表达，从而促进绒毛和蜕膜的细胞凋亡，减少蜕膜残留，这可能是其缩短药物流产后出血时间的机制之一。

【关键词】宫清颗粒；　药物流产；　细胞凋亡；凋亡基因

【基　金】国家自然科学基金资助项目（30572403）

（原文载于《中医杂志》）

冠心病血瘀证与肌动蛋白相关基因异常表达的相关性

杨　杰[1]　王米渠[2]　李炜弘[2]　丁维俊[2]　谭从娥[2]　罗再琼[2]　王　伟[3]

[1]平凉医学高等专科学校药理教研室；[2]成都中医药大学；[3]北京中医药大学

【摘　要】目的：探讨冠心病血瘀证与肌动蛋白相关基因异常表达的相关性。方法：依据病证结合的研究思路，将 5 例患者样本混合与 5 名正常人样本混合并杂交制备芯片（即病证结合芯片）。根据治疗前后血液黏度测试结果设计瓜蒌薤白半夏汤治疗前后自身对照芯片（以下称“以药测证芯片”），并对差异表达基因进行信号通路分析，筛选出凝血、血液流变学相关差异表达基因及其与肌动蛋白细胞骨架调控相关的通路。结果：在两张芯片中共同表达的凝血、血流变功能方面差异表达的基因有肌动蛋白（ACTA2）、纤维连接蛋白（FN1）、结合珠蛋白（Hp）、骨桥蛋白（SPP）。其与细胞通讯、黏着斑、细胞外基质-受体相互作用、肌动蛋白细胞骨架调控、转化生长因子-β信号通路（TGF-β）等5条通路有关。结论：冠心病血瘀证与肌动蛋白基因及其代谢调控相关，介导了凝血、血流变异常基因的5条信号转导通路。

【关键词】冠心病；血瘀证；基因芯片；凝血；血液流变学；肌动蛋白
【基金】国家自然科学基金资助项目（90200013）

（原文载于《中医杂志》）

基于3469例血管病变患者证候分布规律的脉络病变共性病机探讨

贾振华 高怀林 谷春华 袁国强 吴相春 魏 聪
河北以岭医药研究院络病研究室

【摘 要】目的：探讨脉络病变共性病机。方法：选择3 469例血管病变患者开展临床流行病学调查，以熵的复杂系统分划方法提取证候，计算构成比，建立结构方程模型研究证候间因果关系。结果：3 469例患者分为8个共性证候，络气郁滞证占31.94%，络气虚滞证占58.58%，兼有络气郁滞和虚滞证者占9.48%；血瘀58.11%、痰浊（热）42.66%、郁热24.59%、阴虚29.14%、阳虚28.37%；络气郁滞、络气虚滞均能引起血瘀、痰浊，络气郁滞可引起郁热。结论：络气郁滞与络气虚滞为脉络病变始动因素并贯穿全过程，痰、瘀、热既是病理产物又是继发性致病因素。

【关键词】血管病变；证候；病机；临床流行病学调查
【基 金】国家重点基础研究发展计划（“973”计划）资助项目（2005CB523301）

（原文载于《中医杂志》）

基于类风湿关节炎患者报告的临床结局测量量表的初步构建

刘宏潇[1] 姜 泉[1] 母小真[1] 王海隆[1] 刘保延[2] 訾明杰[3]
[1]中国中医科学院广安门医院；[2]中国中医科学院；[3]中国中医科学院针灸研究所

【摘 要】目的：建立基于类风湿关节炎（RA）患者报告的临床结局（PRO）测量量表，从患者报告的角度为RA临床疗效评价提供一个新的方法。方法：采用文献资料查询、病历回顾、临床访谈、头脑风暴法、专家咨询等构建量表条目，确立躯体状态、心理状态及社会健康3方面域体系，并确立量表条目；参考患者日常就诊时描述的常用语言，结合国内外成熟的中文版量表的条目，形成PRO量表；现场调查获得137例有效测试数据，对量表信度、效度进行统计分析。结果：信度分析中内部一致性信度克朗巴赫系数α为0.878，折半信度系数为0.793；效度分析中，利用主成分的方法进行因子分析，得出躯体功能和社会健康、心理状态、躯体功能及躯体感觉4个领域。条目分析中，各条目区分度较好，能区分所调查条目的不同程度。结论：本量表信度、效度较高，可用于类风湿关节炎患者报告的临床疗效评价。

【关键词】患者报告结局；类风湿关节炎；量表；临床疗效评价

【基 金】国家科技部基础平台建设项目（2004DEA71040）

（原文载于《中医杂志》）

基于慢性胃肠疾病患者报告临床结局测量量表的编制及信度、效度分析

唐旭东[1] 王 萍[1] 刘保延[2] 訾明杰[3]

[1]中国中医科学院西苑医院；[2]中国中医科学院；[3]中国中医科学院针灸研究所

【摘 要】目的：编制普遍适用于慢性胃肠疾病的基于患者报告临床结局（PRO）评价量表，并对其信度、效度进行分析。方法：通过典型病例访谈、核心小组讨论、专家咨询、借鉴国内外相关量表等方法，形成量表条目池，筛选优化条目，小样本反复预调查，形成初步量表，在北京地区进行多中心量表测试，并对 274 份有效数据进行信度、效度分析。结果：初步形成具有 6 个维度、35 个条目的基于慢性胃肠疾病患者报告临床结局评价量表，该量表总克朗巴赫 α 系数为 0.8862，标化 α 系数为 0.8876，各维度 α 系数均在 0.65 以上；折半信度分别为 0.8113 和 0.8070，两部分相关系数为 0.7058。区分效度检验以 t 检验法比较高分组和低分组各条目得分，结果均有统计学意义；结构效度采用主成分方法进行因子分析，并进行最大方差正交旋转，提取特征根值>1 的 6 个公因子，累计贡献率为 52.14%，分别解释为反流、消化不良、全身状况、社会功能、排便、心理，与理论构想和慢性胃肠疾病临床特点相符。结论：该量表具有较好的信度、效度，可尝试作为慢性胃肠疾病临床疗效评价研究的工具。

【关键词】慢性胃肠疾病；基于患者报告临床结局；量表编制；信度；效度

【基 金】国家科技基础条件平台工作项目（2004DEA71040）

（原文载于《中医杂志》）

急性脑梗死证候要素与凝血因子的相关性研究

北京中医药大学东方医院 陶 冶 张允岭 侯小兵 郭蓉娟 刘雪梅

【关键词】急性脑梗死；证候要素；凝血因子；相关性

【摘 要】目的探讨急性脑梗死证候要素与凝血因子的相关性。方法对 148 例急性脑梗死患者按照《中风病辨证诊断标准（试行）》进行证候要素评分，评分≥7 分证候要素诊断成立，分为风、火、痰、血瘀、气虚、阴虚阳亢 6 个证候要素组，检测凝血因子凝血酶原时间（PT）、活化部分凝血活酶时间（APTT）、纤维蛋白原（FIB）含量，运用等级相关分析方法研究证候要素分值与凝血因子的相关性。结果气虚组 PT 值低于血瘀组、风组（$P<0.05$），其余各组间 PT 值以及各组间 APTT、FIB 值比较无明显差异（$P>0.05$）。风、火证候要素分值与 FIB 值具有

负相关性（P<0.05）；痰、气虚证候要素分值与PT值具有负相关性（P<0.05，P<0.01）。结论风、火证候要素评分分值越高，纤维蛋白原含量相对降低，血液可能呈相对低凝状态；痰、气虚证候要素评分分值越高，凝血酶原时间相对缩短，血液可能呈相对高凝状态。

【基　金】国家重点基础研究发展计划（973计划）资助项目（No.2006CB504805）

（原文载于《北京中医药大学学报》）

加味小柴胡颗粒对小鼠免疫性血小板减少性紫癜GR及其mRNA的影响

朱建军[1]　王　缨[2]

[1]南京中医药大学；[2]常州市中医医院

【关键词】加味小柴胡颗粒；免疫性血小板减少性紫癜；糖皮质激素受体；转录基因；小鼠

【摘　要】目的：观察糖皮质激素（GC）干预前后小鼠免疫性血小板减少性紫癜模型脾细胞糖皮质激素受体（GR）及其转录基因（GR-mRNA）的变化以及加味小柴胡颗粒的调控作用。方法：建立小鼠免疫性血小板减少性紫癜模型，将之分为5组：正常组；模型组；加味小柴胡颗粒组；激素组；加味小柴胡颗粒+激素组。除正常组外，其余各组均造模，于造模后第7天开始分组给药，给药量为30mL/kg，每日给药1次，共14d。造模21d处死，取脾脏匀浆，放射配体结合分析法测定求出脾细胞GR位点数，实时荧光定量逆转录-聚合酶链反应（RT-PCR）法检测脾细胞GR-mRNA表达。结果：小鼠免疫性血小板减少性紫癜模型脾细胞GR及mRNA下降，与正常组比较有显著差异（P<0.05）；加味小柴胡颗粒组脾细胞GR及mRNA上升，与模型组比较有显著差异（P<0.05）。激素组指标下降更为明显，与模型组相比有显著差异（P<0.05）；加味小柴胡颗粒+激素组则上升，与激素组比较有显著差异（P<0.05）。

结论：小鼠免疫性血小板减少性紫癜模型存在GR水平低下，并发生在mRNA水平，经激素干预后GR水平下降更显著，而加味小柴胡颗粒具有上调作用，且发生在mRNA水平。

【基　金】国家“十一五”科技支撑计划中医治疗常见病研究资助项目（No.2007BAI20B06）；2005年江苏省中医药管理局基金资助项目（No.H05001）

（原文载于《北京中医药大学学报》）

健脾补肾方联合艾灸对卵巢早衰患者生存质量及阴道脱落细胞成熟度的影响

王　蕊[1]　邢红梅[2]　何　芳[2]

[1]河北医科大学中医学院；[2]河北省中医院

【摘　要】目的：评价健脾补肾方联合艾灸对卵巢早衰患者生存质量及阴道脱落细胞成熟度的作用。方法：将55例卵巢早衰患者随机分为健脾补肾方联合艾灸治疗组33例和倍美力对照组22例，应用生存质量测定量表进行生存质量评定，依据阴道脱落细胞成熟指数（MI）、成熟价值（MV）对患者阴道脱落细胞成熟度进行评价。结果：两组均能显著改善生存质量量表评分，并且除性生活维度外其他3个维度治疗组均优于对照组（P<0.05或P<0.01）。两组均能提高阴道脱落细胞成熟度，差异无统计学意义（P<0.05）。结论：健脾补肾方联合艾灸可提高卵巢早衰患者生存质量和阴道脱落细胞成熟度。

【关键词】健脾补肾方；艾灸；卵巢早衰；生存质量；阴道脱落细胞；中医药疗法

【基 金】河北省中医药管理局计划资助项目（2006005）

（原文载于《中医杂志》）

健脾益气方对重竞技对抗性项目运动员运动性肌肉疲劳酸痛症的影响

薛 亮[1] 李 越[1] 陈 谦[1] 夏尧远[2]

[1]浙江体育科学研究所；[2]浙江财经学院

【摘 要】目的：观察健脾益气方对重竞技对抗性项目运动员大强度、大运动量训练后运动性肌肉疲劳酸痛症的影响，为健脾益气方的应用提供依据。方法：选择冬训中大强度、大运动量训练后出现肌肉疲劳和酸痛的时段，将浙江省重竞技对抗性项目50例运动员随机分为两组，实验组25例给予口服健脾益气方，对照组25例给予相同剂型安慰剂，观察两组运动员血红蛋白（Hb）、尿素氮（BUN）、肌酸激酶（CK）、血清睾酮（T）、皮质醇（C）、免疫球蛋白A（IgA）、免疫球蛋白M（IgM）、免疫球蛋白G（IgG）的变化。结果：对照组运动员有12例出现了运动性肌肉疲劳酸痛症，而实验组有4例，两组比较差异有统计学意义（P<0.05）。运动员通过3周治疗后，实验组和对照组Hb显著下降（P<0.01），血清T明显下降（P<0.05），而BUN明显上升（P<0.01或P<0.05），提示已出现疲劳症状；CK显著上升（P<0.01），但实验组明显低于对照组（P<0.05）。治疗前后两组免疫球蛋白比较差异均无统计学意义（P>0.05）。结论：健脾益气方能防止重竞对抗性项目运动员运动性肌肉疲劳酸痛症的发生，可明……更多显降低CK水平。

【关键词】健脾益气方；运动性疲劳；肌肉疲劳酸痛症；训练

【基 金】浙江省体育局资助项目（2006477-14）

（原文载于《中医杂志》）

姜黄素对肾小管上皮细胞转分化smad信号转导途径的影响

李 杨丽霞 陈朝青 李 健 李亚东 牛建昭

北京中医药大学基础医学院

【关键词】姜黄素；肾小管上皮细胞转分化；smad信号转导途径；转化生长因子-β1

【摘 要】目的探讨姜黄素（Cur）对转化生长因子-β1（TGF-β1）诱导的肾小管上皮细胞转

分化（EMT）smad信号转导途径的干预作用。方法以10μg/L的TGF-β1作用人近端肾小管上皮细胞（HK-2）不同的时间（0、12、24、48和72h），以Western印迹方法检测α平滑肌肌动蛋白（α-SMA）、钙黏蛋白（E-cadherin）的表达。用递增浓度的Cur（1、5、10μmoL/L）预处理HK-2细胞24h，加入含TGF-β1（10μg/L）培养液继续培养细胞48h后，收获细胞提取蛋白和mRNA，以Western印迹方法检测smad3、p-smad2/3、smad7、TFβR-II的表达；以RT-PCR方法检测ColⅠ、ColⅢmRNA的表达。结果TGF-β1诱导HK-2细胞内smad2/3磷酸化的现象，既早于E-cadherin蛋白的下调，更先于新蛋白α-SMA的合成；姜黄素干预后，可明显抑制TFβR-II蛋白的表达、smad2蛋白磷酸化及ColⅠ、ColⅢmRNA的表达，增强抑制因子smad7的表达。结论姜黄素可干预TGF-β1/smads信号转导途径的多个位点，从而阻断EMT过程。

【基　金】国家自然科学基金资助项目（No.30600819）

（原文载于《北京中医药大学学报》）

经络实质的研究发现人体是一个大氢库

广东蓝金中医传统医学针灸研究所　　石乃金

【摘　要】经络实质的研究，我们研究发现人体是个天然大氢库，氢是构成人体和经络系统的关键物质，有关经络实质的研究，国家科技部自“七五”开始，就将该课题列入科技攻关“攀登”计划；几个五年计划过去了，至今还未突破经络到底是什么、是由什么物质构成的、经络是不是一个独立的系统的研究之中。国内外有关研究报导甚多，但至今还未能有所突破。我们根据中医“人体是个有机的整体，它的一切组织结构，既是有机的联系，又是相互对立的”，依据“气”是构成人体和维持人体生命活力，或导致病理改变的基本物质的理论，并借鉴现代生物分子学、生物化学、生物电子学等前沿科学理论，对经络实质整体结构和各个部分组织细胞，及经穴经气的形成一一进行系统的完整的深入的研究分析，从人体70－80%是水，水是由氢（H）和氧（O）化合而成，氢和氧都是气体，则研究者从中发现:人体是天然的大氢库，氢是构成人体和经络系统的关键物质。其研究意义非常重大，它将成为破绎经络谜底的突破口，为人类生命科学的发展，自然医学的研究：中西医学、医药、诊疗技术、仪器设备的研制，开创新理论、新技术、新方法，开辟了新的途径。

【关键词】氢；经络系统；关键物质

一、氢是构成人体和人体经络系统的关键物质的理论研究

我们在研究经络是由什么物质构成的探索中，根据中医：“气”是构成人体和维持人体生命活力，或导致病理改变的基本物质的理论；并借鉴现代生物分子学、生物化学、生物电子学等前沿科学理论，对经络到底是什么，由什么物质构成的整体分析研究中发现：人体是个大氢库，氢是构成人体和人体经络系统的关键物质，现分析研究如下：

1、氢是构成人体的关键物质的理论依据。

现代医学科学研究已经证明；人体60%—75%的是水（H2O），氢在水分子中氢原子含量最高，水（H20）是由两个（H2）氢原子、一个（ O ）氧元子化合而成的，氢和氧在水分子中的比例为2∶1。氢（ H ）和氧（ O ）都是气体，这和中医理论 “气”是构成人体的基本

物质完全符合。广州中医药大学首席教授靳瑞说的好，“没有氢就没有水，没有水就没有生命，也就没有人类，所以石乃金提出的‘氢是构成人体和人体经络系统的关键物质’，很对，我很赞成”。没有氢，就不能构成人体。在人体许多碳水化合物中，不含氢的物质极少。人体基本上是由有机化合物组成的；如组成人体的基本成分的蛋白质、糖类、脂肪，调节新陈代谢的一些物质；维生素、激素、酶等。这些物质都是有机化合物，都含有氢。碳水化合物含的氢和氧的比例为 2∶1，与水（H20）是一样的比例，所以我们课题组的专家；解放军 421 医院中医科主任医师廉兴隆主任，和阳江市中医院副院长冯小燕主任医师等都认定氢是构成人体和经络系统的关键物质。

试验证明；经络是一个独立的氢电能细胞呼吸链网络循环系统。

2、研究者发现：氢是构成经络系统的关键物质。

试验证明：氢是构成经络系统的关键物质，人体和人体经络细胞呼吸链网络循环系统的关键物质，是维持人体生命活力、气血阴阳、酸碱平衡、消除气滞血瘀经脉不通的、强身健体、抗衰老的正气。人体是由亿万个细胞组成的，每一个经络细胞都要进行吸进新鲜氧气，排出二氧化碳的呼吸。一个氢原子，带着一个正电荷，在细胞核内推动气血运行，一个生物电子，带着一个负电荷，在细胞核外围绕着细胞快速运动，一正一负，氢电互动，产生正负电压，使细胞一收一缩，产生一吸一呼的吸氧排碳的呼吸功能，推动气血运行，这就是中医：心主血脉，肺主气，心是通过心气的作用推动血液在脉管中运行不息。这在红细胞吸 O2 排 CO2，调节酸碱平衡的功能中尤为突出，氢与红细胞之间的关系“如影随形”，可分而又不能离。如果仅有血，而无气的推动，则血凝而不利，形成瘀血。仅有气，无红细胞则气无所依附，散而不能收，形成气脱。所以前人总结出；“气为血帅，血为气母”。气行则血行，气滞则血滞的理论。若经络中间任何一个环节，像蜘蛛网样被切断，氢电失散，都会使细胞中止呼吸而发病。有一患者被单车撞致耻骨骨折，致撞伤部位经络断裂，氢电外流失散，递氢递电子功能丧失，细胞呼吸终止，导致右下肢自髋关节至足尖完全瘫痪，真像板上的猪腿毫无弹性，针刺毫无反应。由于大小便失禁和搬动时的剧痛，虽无失血，但气散不止，不到 24 小时，这位不到 50 岁的健壮人就变成全身皱纹，消瘦不堪的七八十岁的老太。后经本仪用呼吸波救治，使瘫痪的肢体通过电极经穴直接激活被切断的经穴的经气、相互链接、只听咔咔嘶一声断裂的两骨复位了，患者高兴的大叫，我的骨折复位了！边喊边下地向医生办公室走去——这是经络性质决定经络功能的特性。

笔者结合自已在解放军部队医院与蓝金针灸研究所，从医 50 多年来，从未脱离过临床针灸独特功效与机理的研究 ，一直坚持专用针灸救治各科西医药或手术疗效不佳者的数百例急难杂症的成功经验中，其中查到逾百例高热，呼吸急促大汗淋漓的病例，两三天之内，呼出的气和出的汗，可致病人体重减轻三到五公斤，则就证明呼出的气和汗，就是构成人体的基本物质的气。从而得出结论；可以完全确认；人体是个自然大氢库，氢是构成人体和经络系统的“关健”物质。

二、氢是构成经络经穴（腧穴）经气的关键物质。

1、我们在临床针灸针刺患者远离交感神经，副交感神经，血管淋巴管的经络经穴时，病人都会发出酸、麻、胀、痛甚至触电样感，这证明，经络穴位与上述系统无关。这是因为经络是由氢电能组成的生物电性的必然反应。

2、而病情轻重不一，对针感的强弱反应也不一样。重病对针感反应弱或消失，随着针感灵敏度的提高，病情即随之好转。在同一病人身上患侧与健侧的针感反应是不一样的。患侧经针灸治疗后，针感达到和健侧一样了，患侧的临床症状也就消失了。从而证明：经络具有带生物电的特性。经络是由“氢”吸引生物电子链接而成的。经穴、经气都具有生物电特性。所以笔者称：经络（氢络）、经穴（电穴）、经气（氢气），总称经络氢电能细胞呼吸链网络循环系统的轨道。在整个生命过程中，都离不开生物电的运动，氢电链接构成人体经络系统，它们始终在不平衡中保持着相对的平衡。广东省中医药已列入建设中医强省科技攻关计划课题，立项号：2007237 。承望得到国家科研资金的支持。

【基　金】广东中医药强省科研攻关课题（2007237）

课题承担单位：广东蓝金中医传统医学针灸研究所；课题组负责人：石乃金所长；课题组成员：广州中医药大学高级顾问靳瑞，靳三针研究中心主任、靳瑞学术经验继承人袁青教授，动物实验室主任唐纯志，阳江市中医院副院长冯小燕主任医师，解放军四二一医院中医科廉兴隆主任医师，急诊科邵建清主治医师，广东蓝金中医传统医学针灸研究所副所长柳诗鸿等。

理气活血法对萎缩性胃炎癌前病变大鼠基因表达谱的影响

赵宁宁[1]　李军祥[1]　史　瑞[1]　张玉禄[2]　朱陵群[3]

[1]北京中医药大学东方医院消化科；[2]航空工业中心医院内科；

[3]北京中医药大学中医内科学教育部重点实验室

【关键词】理气活血法；　萎缩性胃炎；　癌前病变；　基因芯片；　基因鉴定；　大鼠

【摘　要】目的观察理气活血法对萎缩性胃炎癌前病变大鼠胃黏膜组织基因表达谱的影响。方法使用金属弹簧、灌服盐水溶液和热糊的综合方法建立大鼠萎缩性胃炎癌前病变模型，运用基因芯片技术，检测理气活血法干预后萎缩性胃炎癌前病变大鼠基因的差异表达变化，筛选出差异表达基因，并应用 Real-time PCR 对主要差异基因进行鉴定。结果共筛选出差异表达基因 14 个，其中上调基因 8 条，下调基因 6 条，共同构成了理气活血法干预大鼠萎缩性胃炎癌前病变的差异表达基因谱。其中蛋白酪氨酸激酶 2（ptk2）在自然恢复组中明显下调，经理气活血法干预后明显上调。结论理气活血法可上调 ptk2 基因的表达，从而调节肌动蛋白细胞骨架的重构，促进损伤的胃黏膜修复和愈合，这可能是理气活血法治疗萎缩性胃炎癌前病变的机理之一。

【基　金】国家自然科学基金资助项目（No.30572388）

（原文载于《北京中医药大学学报》）

凉膈散对内毒素致大鼠急性肺损伤 T 辅助细胞漂移的影响

南方医科大学中医药学院　　胡孔友　余林中

【摘　要】目的：探讨凉膈散对内毒素致大鼠肺损伤时机体致炎、抗炎反应的分子机制。方法：用内毒素脂多糖（LPS）复制大鼠急性肺损伤模型。分别用高、中、低剂量的凉膈散水煎剂灌胃给药，并与地塞米松做对照，于不同时间点检测外周血及支气管肺泡灌洗液（BALF）中T辅助细胞1（Th1）和T辅助细胞2（Th2）的含量，观察Th1/Th2比值的变化。结果：模型组大鼠外周血与BALF中Th1/Th2比值逐渐降低，在4、8、16h时间点与空白组比较差异有统计学意义（$P<0.01$），中、高剂量组与地塞米松组的Th1/Th2比值在8h和16h与模型组同时间点比较有所提高，差异有统计学意义（$P<0.05$或$P<0.01$）。结论：凉膈散在一定程度上纠正了Th1/Th2细胞比例失衡，这可能是其对急性肺损伤具有保护作用的机制之一。

【关键词】T辅助细胞；急性肺损伤；内毒素；凉膈散

【基金】国家自然科学基金资助项目（30672661）；广东省自然科学基金资助项目（06024427）

（原文载于《中医杂志》）

络病理论及其应用研究项目简介

【项目来源】国家中医药管理局中医药科学技术研究基金项目（2000-J-P-04）

【项目负责人】吴以岭教授

【参研单位及人员】

河北以岭医药研究院吴以岭教授

北京阜外心血管病医院杨跃进教授

中山大学中西医结合研究所吴伟康教授

第二军医大学上海长征医院吴宗贵教授

中国医科大学附属第一医院曾定尹教授

一、立项背景

中医理论研究滞后严重制约中医学发展，脏腑、气血、经络形成中医理论核心，气血在经脉中运行而在络脉中实现其生理功能，络脉循行于脏腑成为其功能结构的有机组成部分，因此络病理论在中医学术理论中占有至为重要的学术地位。但由于中医发展史上重经轻络现象，络病理论始终未能形成系统理论体系，加强络病理论系统研究，建立“络病证治”体系，成为历史留下的重大课题。

二、研究思路

遵循两千年中医药学科发展规律：以学术发展为主线、理论与临床相结合、医学与药学不可分、开放兼收促进发展，把创新发展络病理论与指导临床难治性疾病治疗及创新药物研发有机结合，在继承的基础上充分吸取现代科技对络病理论加以创新发展。

三、主要内容

理论研究：按照中医学术自身发展规律创新发展络病理论体系，从时空与功能统一性探讨络脉与经脉空间结构及气血运行时速差异性，由此研究络病发病与病机特点、提出络病八大病机、创立络病辨证八要和络以通为用的治疗原则、按功能分类通络药物、建立络病证候与脏腑络病辨证论治，在中医发展史上首次形成系统络病理论，为络病学学科建立奠定理论基础。

应用研究：

1、选择心律失常、慢性心力衰竭、流感及SARS、肿瘤、重症肌无力5种难治性疾病，以络病理论指导探讨其中医病机及治疗，显著提高临床疗效，开辟新的治疗途径，促进自主创新研制出4种国家专利新药，佐证络病理论临床价值。

2、在既往研究基础上，开展通心络对血管病变作用研究，进一步反证络病理论的科学价值。

四、实施效果

1、中医发展史上首次形成系统的络病理论，结合课题研究内容编写的《络病学》专著获中华中医药学会著作一等奖，《络病学》教材列入“新世纪全国高等中医药院校创新教材”，在课题研究基础上“络病理论指导血管病变防治的基础研究”列入2005年国家973计划项目，建立国内首家络病重点实验室——河北省络病实验室，创办国家二级学会——中华中医药学会络病分会，形成了络病理论研究高层次专家队伍。

2、通过课题研究完成国家级和省部级课题5项，专家鉴定均开辟了从络病治疗的新途径，2项居国际先进水平、3项居因内领先水平，提高难治性疾病治疗水平，促进了自主创新药物的研发，获得4项国家专利新药，另有1项列入科技部保密品种。

3、络病理论及其应用研究在国外医学界引起关注，课题组论文参加北美、欧洲、波兰国际学术会议引起关注；美国德州大学、贝勒医学院、哈佛大学医学院开展通心络研究取得良好效果。

五、主要技术创新点

1、理论创新：按照中医学术自身发展规律创新发展络病理论，首先提出络病研究的理论框架－“三维立体网络系统”，从时空与功能统一性论述络脉系统，指出络脉与经脉空间结构与气血运行时速及循环状态的差异性，以此为切入点研究络病发病、病机、辨证、治疗，概括久病入络、久痛入络、久瘀入络的发病特点，提出易滞易瘀、易入难出、易积成形的病机特点，阐明八大病理机制，总结络病主要临床表现，创立络病辨证八要与“络以通为用”的治疗原则，按功能分类通络药物，建立络病证候及脏腑络病辨证论治，在中医发展史上首次形成系统络病理论，初步建立“络病证治”体系，为络病学学科建立奠定理论基础。

2、应用创新：开辟络病理论指导难治性疾病治疗新途径，提高临床疗效并促进自主创新专利新药研发，首创运用络病理论探讨心律失常、慢性心衰、重症肌无力、流行性感冒、恶性肿瘤5种现代难治性疾病的中医病理机制与治疗，专家对5个项目进行的鉴定均认为开辟了运用络病理论治疗该疾病的新途径，提高了临床疗效并研制出自主创新的4项专利新药，所治病种超出仲景通络方药治疗肝着、虚劳、疟母，叶天士通络治疗疼痛、中风、癥积、痹证等治疗范围，充分显示了络病理论的重要指导作用及广泛临床应用价值。

络病理论代表方通心络对血管病变关键病理环节的干预作用反证络病理论的科学价值：实验研究表明，可明显改善血管内皮功能、抗动脉粥样硬化、稳定易损斑块、保护急性心梗再灌注晚期微血管完整性，增加心肌灌注；临床研究证实可明显提高急性心梗患者室壁运动异常节段恢复率，表明中医络病理论及通络方药在心血管急重症抢救治疗中的应用价值。

3、在课题基础上编写的《络病学》教材，经国家中医药管理局组织专家论证列入“新世纪全国高等中医药院校创新教材”，对科技成果进入高校教育，培养中医创新人才起到积极促进作用。

慢性疲劳患者中医常见证候要素研究

洪燕珠[1] 周昌乐[2] 张志枫[3] 许家佗[3]
[1]厦门大学医学院中医系；[2]厦门大学信息科学与技术学院；[3]上海中医药大学

【摘 要】目的：从证候要素角度探讨慢性疲劳（CF）的常见中医证型。方法：通过流行病学调查收集CF患者，自拟《慢性疲劳调查问卷》进行匿名问卷调查，统计分析其证候要素的分布情况。结果：调查的有效样本2958例，CF患者782例，占26.44%，中医各证候要素频数按从多到少排列依次是脾虚证、心虚证、肝郁证、气虚证、血虚证、肾虚证、血瘀证、阳虚证、肺虚证、痰浊证；其中慢性疲劳综合征（CFS）为174例占5.88%，原发性慢性疲劳（ICF）为608例占20.56%，ICF发病率明显高于CFS，差异有统计学意义（P<0.05）。CFS的证候要素组合形式主要集中在两证-四证组合，ICF的证候要素组合形式主要集中在单证-三证组合。结论：CF的常见中医证候要素是脾虚证、心虚证、肝郁证和气虚证，中医病机包括虚实两方面，病位与脾、心、肝关系密切。

【关键词】慢性疲劳； 证候要素； 流行病学
【基 金】国家高技术研究发展计划（“863”计划）资助项目（2008AA02Z407）
（原文载于《中医杂志》）

清肺口服液对3I、7b型腺病毒感染人胚肺成纤维细胞TNF-α mRNA基因表达的影响

王文革[1] 陈四文[2] 汪受传[3]
[1]中国人民解放军空军总医院儿科；[2]厦门市中医院儿科；[3]南京中医药大学儿科教研室

【关键词】清肺口服液； 人胚肺成纤维细胞； 腺病毒； TNF-α； 原位杂交法

【摘 要】目的：探讨清肺口服液含药血清对腺病毒3I、7b感染的人胚肺成纤维细胞之肿瘤坏死因子-α（TNF-α）mRNA基因表达的影响。方法：以3I、7b型腺病毒分别攻击体外培养的人胚肺成纤维细胞，制备清肺口服液含药血清，作用于该细胞，另设正常细胞组，病毒对照组，利巴韦林组，采用原位杂交法检测不同组细胞TNF-α的mRNA基因表达，并进行比较。结果：病毒对照组较正常细胞组之TNF-α mRNA基因表达明显增强（P<0.01），含药血清组可显著降低3I、7b型腺病毒攻击后细胞TNF-α的mRNA表达（P<0.01）。结论：1、腺病毒感染可使人胚肺成纤维细胞TNF-α mRNA表达增高；2、清肺口服液可下调TNF-α的mRNA表达，这可能是其抗病毒作用的机制之一。

【基 金】国家自然科学基金课题（No.30171171）
（原文载于《中华中医药杂志》）

清热解毒药配伍桔梗汤对急性肺损伤模型大鼠 TLR4 mRNA 表达的影响

郑丰杰　李宇航　王庆国　李丽娜　李鹏英　计　烨
北京中医药大学基础医学院

【关键词】清热解毒；桔梗汤；急性肺损伤；Toll 样受体 4；大鼠

【摘　要】目的观察清热解毒中药配伍桔梗汤对内毒素致急性肺损伤（ALI）模型大鼠肺 Toll 样受体 4（TLR4）mRNA 表达的影响，探讨桔梗汤的配伍增效机制。方法雄性 SD 大鼠按随机数字表法分为生理盐水组、ALI 模型组、清热解毒药组、清热解毒药加桔梗汤组。股静脉注射内毒素脂多糖制备 ALI 大鼠模型，检测各组大鼠血清肿瘤坏死因子-α（TNF-α）、白细胞介素-10（IL-10）含量及肺组织髓过氧化物酶（MPO）活性、TLR4 mRNA 的表达。结果与生理盐水组相比，ALI 模型大鼠血清 TNF-α、IL-10 含量明显升高（$P<0.01$ 或 $P<0.05$），肺组织 MPO 活性、TLR4 mRNA 表达明显增强（$P<0.01$ 或 $P<0.05$）。中药干预后大鼠血清 TNF-α、IL-10 含量及肺组织 MPO 活性、TLR4 mRNA 表达均明显下降（$P<0.01$ 或 $P<0.05$），且清热解毒药与桔梗汤配伍疗效优于单纯清热解毒药（$P<0.05$）。结论桔梗汤对清热解毒药降低血清 TNF-α、IL-10 含量、抑制 MPO 活性及 TLR4 mRNA 基因表达、发挥解毒抗炎功效，具有促进作用。

【基　金】国家自然科学基金项目（No.30672676）

（原文载于《北京中医药大学学报》）

桑精胶囊对 2 型糖尿病大鼠抗氧化能力及 Bax、Bcl-2 蛋白表达的影响

张　馨　陆付耳　代　莲　徐丽君　董　慧　杨明炜
华中科技大学同济医学院同济医院中西医结合研究所

【摘　要】目的：探讨桑精胶囊治疗 2 型糖尿病的分子机制。方法：采用尾静脉注射小剂量链脲佐菌素加高脂高热量饮食喂养的方法建立 2 型糖尿病大鼠模型，将造模动物随机分为模型组、二甲双胍组和桑精胶囊组，另设正常组对照。药物干预 8 周后，检测各组大鼠抗氧化能力指标超氧化物歧化酶（SOD）、丙二醛（MDA）、谷胱甘肽过氧化物酶（GSH-Px）、一氧化氮（NO）等，同时采用免疫组化法检测胰腺 Bax、Bcl-2 蛋白表达水平。结果：模型组大鼠抗氧化能力及 Bax、Bcl-2 蛋白表达与正常组比较差异均有统计学意义（$P<0.05$ 或 $P<0.01$）；药物干预后，二甲双胍组、桑精胶囊组与模型组比较，SOD、GSH-Px、NO 及 Bax、Bcl-2 蛋白表达均明显改善（$P<0.05$ 或 $P<0.01$），其中对 SOD、GSH-Px 的改善桑精胶囊组要优于二甲双胍组（$P<0.01$）。结论：桑精胶囊对 2 型糖尿病的治疗效应可能与其改善 2 型糖尿病大鼠氧化应激和抑制胰岛 β 细胞凋亡有关。

【关键词】桑精胶囊；2 型糖尿病；氧化应激；细胞凋亡

【基　金】国家自然科学基金资助项目（30371816）

（原文载于《中医杂志》）

胃黏膜异型增生证候结构特征及其与血清肿瘤标志物水平的关系

沈舒文[1]　惠建萍[1]　宇文亚[2]　陈丽英[3]　王捷虹[4]　杨志宏[4]　刘梅君[5]　牛　阳[6]　彭　宁[7]
[1]陕西中医学院中医临床医学院；[2]中国中医科学院中医临床基础医学研究所；[3]陕西省商洛市中心医院；[4]陕西中医学院附属医院；[5]陕西省延安市人民医院；[6]宁夏医学院；[7]陕西省人民医院

【摘　要】目的：探讨胃黏膜异型增生（Dys）虚实关联证候结构类型特征及最具癌变趋向的证型。方法：多中心临床协作，采集324例Dys虚实关联证，聚类统计证候结构类型，同步检测血清肿瘤标志物（TSGF）或癌胚抗原（CEA），并以TSGF、CEA水平判断癌变趋向程度。结果：Dys虚实关联证有5类11种，5类中肝胃气滞并/兼气阴两虚类占30.9%；湿热蕴胃并/兼胃阴不足类占23.5%；瘀阻胃络并/兼气阴两虚类占15.4%；湿热蕴胃并/兼脾胃虚寒证占12.3%；痰湿中阻并/兼脾气虚弱类占11.1%。TSGF、CEA水平的高峰值出现在湿热蕴胃并/兼脾胃虚寒证、瘀阻胃络并/兼气阴两虚证，表明是最具癌变趋向的证型。结论：Dys证候呈11种虚实关联结构的多态性分布，从证候层面向临床揭示了趋向癌变的两种高危证型。

【关键词】胃黏膜异型增生；虚实关联证；证候特征；　癌变趋向证型

【基金】国家自然科学基金资助项目（30572383）

（原文载于《中医杂志》）

温阳活血方对急性冠脉综合征患者临床症状、血管内皮细胞及炎症因子的影响

王　昀[1]　王　[1]　袁世栋[1]　孔令越[1]　叶　懿[1]　湛心芬[1]　颜　新[2]　指导：颜德馨[1]
[1]同济大学附属第十人民医院；[2]同济大学中医研究所

【摘　要】目的观察温阳活血方对急性冠脉综合征（ACS）患者的临床症状、炎症反应及血管内皮细胞功能的影响。方法将80例ACS患者随机分为治疗组和对照组各40例，对照组给予常规西药治疗，治疗组在西药治疗基础上加用温阳活血方，观察两组患者治疗前后中医证候、心绞痛疗效、血清内皮素（ET）、肿瘤坏死因子α（TNF-α）、白细胞介素6（IL-6）、血栓素B2（TXB2）、6-酮-前列腺素F（6-keto-PGF）等指标变化。结果治疗组及对照组中医证候总有效率分别为82.5%与62.5%，心绞痛总有效率分别为80%、65%，两组比较差异有统计学意义（$P<0.05$）；治疗组治疗后血清IL-6、TNF-α、TXB2、ET等均明显降低，6-keto-PGF显著升高（$P<0.05$或$P<0.01$）。结论温阳活血方具有改善ACS患者临床症状、调节血管内皮细胞功能、降低炎症反应的作用。

【关键词】温阳活血方；急性冠脉综合征；炎症因子；　血管内皮细胞功能

【基金】国家科技支撑计划资助项目（2007BAI10B02-06）；上海市卫生局中医药基金资助项目（2006L009A）

（原文载于《中医杂志》）

稳心颗粒对围绝经期妇女体质状况的影响

李　红[1]　李灿东[1]　梁文娜[1]　吕绍光[2]

[1]福建中医学院中西医结合研究院；[2]福建医科大学附属省立临床学院

【摘　要】目的：观察稳心颗粒对围绝经期妇女常见气虚、阴虚、气阴两虚体质的干预作用。方法：124 例围绝经期妇女中气虚体质 30 例，阴虚体质 58 例，气阴两虚体质 36 例。各体质组随机再分为治疗组和对照组，气虚质两组各 15 例，阴虚质治疗组 30 例、对照组 28 例，气阴两虚质两组各 18 例。各体质治疗组均口服稳心颗粒，对照组未进行任何治疗，分别于治疗前及治疗 12 周后比较各组体质积分和性激素水平的变化。结果：各体质治疗组治疗后与本组治疗前及对照组治疗后比较体质积分均有明显下降，差异有统计学意义（$P<0.05$ 或 $P<0.01$）。治疗组治疗后性激素各项指标水平变化不明显，与治疗前及对照组治疗后比较差异无统计学意义（$P>0.05$）。结论：稳心颗粒可以改善围绝经期妇女常见的气虚、阴虚、气阴两虚体质，有助于此类体质的围绝经期妇女平稳度过围绝经期。

【关键词】围绝经期；　体质；　稳心颗粒；　临床观察

【基 金】国家自然科学基金资助项目（30772697）

（原文载于《中医杂志》）

五加补骨方对模拟失重大鼠股骨无机元素含量的影响

胡素敏[1]　周　鹏[1、2]　傅　骞[1]　杨佳佳[1]　高学敏[1]

[1]北京中医药大学基础医学院；[2]天津中医药大学中药学院

【关键词】五加补骨方；　模拟失重；　无机元素；　钙；　大鼠

【摘　要】目的研究五加补骨方对 3 周模拟失重大鼠股骨钙及其他元素含量变化的干预作用，初步观察模拟失重情况下，该方对外源钙（牡蛎醋酸水解物）的协同作用。方法雄性 Wistar 大鼠 30 只，随机分为空白组、模型组、中药组，适应 1 周，尾吊模拟失重 3 周。用电感耦合等离子体光谱法测定各组动物股骨钙（Ca）、磷（P）、镁（Mg）、锌（Zn）、锶（Sr）的元素含量。结果与空白组比较，模型组动物股骨 Ca、P、Mg、Zn、Sr 含量均极显著下降（$P<0.001$）；中药组股骨 Ca、P、Mg 等宏量元素含量极显著下降（$P<0.001$），微量元素 Zn 和 Sr 含量亦呈显著下降（$P<0.01$ 或 $P<0.05$）。与模型组比较，中药组 Ca、Mg、Zn、Sr 含量均有显著改善（$P<0.05$ 或 $P<0.01$）。模型组股骨中 Ca、P 摩尔比（Ca/P）和 Ca、Mg 摩尔比（Ca/Mg）都呈下降趋势，中药组 Ca/P 和 Ca/Mg 比值均较模型组有提高趋势。结论 3 周模拟失重可造成模型动物股骨 Ca 及其他多种元素含量显著下降，五加补骨方能够有效干预这种改变；另外提示单纯补钙不足以对抗模拟失重造成的承重骨骨量丢失，复方药效优于单味牡蛎，并可能促进了机体对牡蛎的利用。

【基　金】国家自然科学基金资助项目

（No.30500663）；2006 年教育部优秀人才支持计划资助项目（No.NCET-06-0124）；2006 年北京市科技新星（A）类计划资助项目（No.2006A49）；国家基础科学人才培养基金资助项目（No.20070110）

（原文载于《北京中医药大学学报》）

醒脑开窍针法对脑缺血再灌注大鼠脑组织病理形态的影响

郭 琳[1] 许军峰[1] 杨明星[1] 刘 健[1] 王广军[2]

[1]天津中医药大学第一附属医院针灸研究所；[2]中国中医科学院针灸研究所

【摘 要】目的：探讨脑缺血再灌注大鼠脑组织病理形态的变化以及醒脑开窍针刺方法对脑组织的影响。方法：45 只 SD 大鼠随机分为正常组、模型组、假手术组、针刺组和非穴位针刺组，除正常组 5 只外，其余 4 组各 10 只，采用线栓法建立脑缺血再灌注模型，针刺组采用醒脑开窍针法，非穴位针刺组直接针刺非穴位点不行手法，正常组、假手术组和模型组相同时间点抓取，不做其他处理。除正常组外其余 4 组分设造模后 6h 和 24h 两个观察时间点，通过光镜与电镜观察缺血侧大鼠脑组织病理形态的变化。结果：模型组大鼠脑组织大量神经元变性、坏死和大量炎细胞浸润等病理损害，针刺组各时间点均较模型组同时间点病变程度明显减轻，非穴位针刺组各时间点病变程度依然随时间段的延长而渐趋加重，和同时间点模型组相比并无明显改善。

结论：醒脑开窍针法可使不同缺血时相脑组织损伤得到改善，对临床治疗脑缺血具有重要的意义。

【关键词】脑缺血再灌注； 醒脑开窍； 针刺； 病理形态学； 大鼠

【基 金】国家自然科学基金重大研究计划资助项目（90709028）

（原文载于《中医杂志》）

芎芪合剂对脑缺血再灌注损伤大鼠兴奋性氨基酸含量及代谢组学的影响

付 于[1] 夏 天[1] 颜贤忠[2] 黄 燕[3] 黄培新[3]

[1]天津中医药大学第一附属医院；[2]国家生物医学分析中心；[3]广东省中医院

【摘 要】目的：从兴奋性氨基酸及代谢组学的角度，探讨芎芪合剂抗溶栓后脑缺血再灌注损伤的整体作用机理。方法：建立 SD 大鼠大脑中动脉闭塞（MCAO）模型，模拟溶栓成功后的再灌注。分为假手术组、模型组、尿激酶组、芎芪合剂组、尿激酶加芎芪合剂组，每组 30 只。运用组织生化及核磁共振（NMR）代谢组学的方法，测定兴奋性氨基酸含量和血浆代谢组学相关指标。结果：芎芪合剂能够抑制 MCAO 大鼠缺血再灌注引起的缺血侧脑组织兴奋性氨基酸谷氨酸（Glu）、天冬氨酸（Asp）含量的增高（$P<0.05$），并使之趋向于正常；代谢组学检测结果显示，芎芪合剂能抑制 MCAO 大鼠缺血再灌注引起的血浆谷氨酸以及乳酸、肌酸、胆碱代谢水平的升高和苏氨酸、丙氨酸以及血糖代谢水平的减低（$P<0.05$）。结论：芎芪合剂能够

调节大鼠缺血再灌注后的代谢平衡，从而起到抗脑缺血再灌注损伤的作用。

【关键词】芎芪合剂；脑缺血；再灌注损伤；兴奋性氨基酸；代谢组学

【基 金】中国博士后基金项目（20060390722）；广东省科技计划项目（2006B35603007）

（原文载于《中医杂志》）

延肾 1 号冲剂对长期血液透析患者残余肾功能的影响

檀金川[1] 魏晓娜[1] 王月华[1] 杨凤文[2] 胡金焕[2]

[1]河北医科大学中医院肾内科；[2]河北医科大学研究生院

【摘 要】目的：探讨延肾 1 号冲剂对长期血液透析患者残余肾功能的影响及其保护残余肾功能的可能机理。方法：64 例慢性肾功能衰竭尿毒症患者随机分为治疗组和对照组各 32 例，另选 30 例健康者（健康组）作对照。对照组予以常规血液透析，治疗组同时加用延肾 1 号冲剂口服。观察治疗前后患者残余肾功能（RRF）及尿量，以及血白细胞介素 1β（IL-1β）、白细胞介素 6（IL-6）、肿瘤坏死因子α（TNF-α）、内皮素 1（ET-1）和血管紧张素Ⅱ（Ang-Ⅱ）的变化。结果：治疗组患者 RRF 及尿量较对照组下降明显延缓（$P<0.01$）；治疗组和对照组患者血 IL-1β、IL-6、TNF-α、ET-1、Ang-含量均较健康组明显上升，但治疗组各指标较对照组明显下降（$P<0.01$）。结论：延肾 1 号冲剂对透析患者的残余肾功能有保护作用，并且可能与降低血 IL-1β、IL-6、TNF-α、ET-1、Ang-的含量有关。

【关键词】延肾 1 号冲剂；尿毒症；血液透析；残余肾功能；细胞因子

【基 金】河北省科学技术研究与发展计划项目（04276101D-66）

（原文载于《中医杂志》）

养阴清热理气方及其拆方对食管癌裸鼠移植瘤生长的抑制作用

河南中医学院中医药分子生物学实验室 司富春

【摘 要】目的：研究养阴清热理气方及其养阴、清热、理气 3 个拆方对食管癌裸鼠移植瘤生长的抑制作用。方法：将 57 只 BALB/c 雌性裸鼠随机分为模型组、全方组、清热组、理气组、养阴组各 10 只，空白组 7 只，用人食管癌细胞株 EC9706 细胞植入裸鼠右胁皮下制造荷瘤裸鼠模型，造模后第 2 天开始灌胃，各用药组分别给予养阴清热理气方及其拆方，每日 1 次，共 90d。观察各组裸鼠饮食量、体重及移植瘤体积的变化；实验结束后称量各组移植瘤重量并计算抑瘤率。结果：各用药组与模型组比较均可增强荷瘤裸鼠精神和活动状态，增加体重（$P<0.01$），全方组、清热组和养阴组还可提高动物食量（$P<0.05$）。各用药组对裸鼠皮下移植瘤生长均有不同的抑制作用，瘤体体积、重量与模型组比较差异均有统计学意义（$P<0.05$ 或 $P<0.01$）。各组抑瘤率依次为全方组>养阴组>清热组>理气组，全方组、养阴组抑瘤率与清热组、理气组差异有统计学意义（P<0.05）。结论：养阴清热理气方及其拆方具有改善荷瘤裸鼠生存状态和抑制肿瘤生长的作用。

【关键词】养阴清热理气方；　食管癌；　荷瘤裸鼠

【基金】国家自然科学基金资助项目（30371716，30873220）；国家回国留学人员基金优秀项目[国人厅发（2007）170号]

（原文载于《中医杂志》）

野菊花对压力负荷性大鼠左室心肌及神经内分泌因子的影响

上海中医药大学药理教研室　　吴　琦　陈长勋　顾伟梁　高建平

【关键词】野菊花；　心室重构；　肾素-血管紧张素-醛固酮系统；　羟脯氨酸

【摘　要】目的：探讨野菊花对压力负荷性大鼠心室重构及神经内分泌因子的影响。方法：腹主动脉不完全结扎法（AAB）制作大鼠心肌肥厚、心室重构模型。35d药物干预后，测量大鼠收缩压（SBP）、舒张压（DBP）、平均动脉压（MAP）；称重法测定心脏指数（HW/BW、LVW/BW）；放免法测定心肌血管紧张素Ⅱ（AngⅡ），血清醛固酮（ALD）、肿瘤坏死因子α（TNF-α）的水平；心肌样本碱水法测定羟脯氨酸（Hyp）的含量。结果：模型组SBP、DBP、MAP、HW/BW、LVW/BW、AngⅡ、ALD、TNF-α及Hyp含量升高（P<0.05）。野菊花改善心肌肥厚指数，降低AngⅡ、ALD、TNF-α及Hyp含量作用显著（P<0.05）。结论：野菊花通过抑制压力负荷性心室重构大鼠RAAS和交感神经系统活性，减少神经内分泌因子AngⅡ、TNF-α、ALD生成而抑制心肌肥大、心室重构，这可能是野菊花直接保护心肌，抑制心肌细胞纤维化的作用机制之一。

【基　金】国家自然科学基金资助项目（No.30572379）；上海市教委课题（No.08CZ09）

（原文载于《中华中医药杂志》）

益胃汤对初老雌性大鼠卵巢细胞凋亡线粒体通路的影响

李　燕[1]　谭万信[2]　王　毅[2]　郭蓉晓[2]　周淑芳[2]

[1]贵阳中医学院妇科教研室；　[2]成都中医药大学

【摘　要】目的：探讨益胃汤延缓初老雌性大鼠卵巢机能衰老的机理。方法：4-6月龄雌性SD大鼠为正常对照组；10-12月龄、阴道细胞学表现动情期延长的雌性SD大鼠作为初老大鼠模型，随机分为益胃汤高剂量组、益胃汤中剂量组、益胃汤低剂量组、己烯雌酚组、模型对照组。灌药4周后，取左侧卵巢用于检测卵巢Bcl-2、Bax、Caspase3、细胞色素C。结果：与模型对照组比较，益胃汤可使卵巢Bcl-2表达增强，Bax表达减弱，Bcl-2/Bax比例增加（P<0.05），Caspase表达减少，细胞色素C减少，卵巢细胞凋亡减少，但达不到正常对照组水平（P>0.05），且益胃汤高、中、低剂量组在实验中呈现一定的量效关系。结论：益胃汤通过抑制线粒体通路引起的级联反应抑制初老雌性大鼠卵巢细胞凋亡，这可能是其延缓卵巢机能衰老的机理之一。

【关键词】益胃汤；卵巢；细胞凋亡；线粒体通路；初老雌性大鼠；中医药疗法

【基金】国家自然科学基金资助项目（30371795）；四川省科技厅基金资助项目（30371795）；四川省教育厅基金资助项目（30371795）

（原文载于《中医杂志》）

振代谢组技术研究生理性肾虚证

吴 斌[1] 沈自尹[1] 黄建华[1] 张新民[1] 刘小雨[1] 夏世金[1] 王丽丽[2]

[1]复旦大学附属华山医院中西医结合研究所；[2]浙江中医药大学药学院

【摘　要】目的：观察生理性肾虚过程中尿液代谢物的特征性变化，以及补肾中药淫羊藿总黄酮（EF）的干预作用。方法：收集 4、10、18、24 月龄组和 EF 干预组 SD 大鼠的尿液进行 1H 核磁共振检测，分别采用 T2 检验和趋势过滤法筛选生理性肾虚证的特征性代谢物，同时观察 EF 对这些代谢物的影响。结果：筛选了 34 个与生理性肾虚证密切相关的谱峰，并鉴定了 13 个代谢物；发现生理性肾虚进程中存在明显的代谢差异，EF 能明显地改变生理性肾虚进程中的代谢物轨迹。结论：理性肾虚证是和多个代谢途径相关，补肾可能改善了部分代谢途径，代谢组学技术为生理性肾虚证的研究提供了新的手段和方法。

【关键词】肾虚证；代谢组学；淫羊藿总黄酮；时间点；衰老

【基　金】国家自然科学基金项目（30600794）；中国博士后基金（20060390147）

（原文载于《中医杂志》）

针刺对胚胎着床障碍大鼠黄体功能的影响

何丹娟　黄光英　张明敏

华中科技大学同济医学院附属同济医院中西医结合研究所

【关键词】针刺疗法；受体；LH；孕激素类；血管内皮生长因子类

【摘　要】目的：观察针刺对胚胎着床障碍大鼠黄体功能的影响，探讨其作用机制。方法：将早孕大鼠随机分为正常组（N）、模型组（M）、针刺穴位组（A）、针刺非穴位组（AC），M 组、A 组、AC 组均采用米非司酮造模。A 组针刺大鼠双侧“后三里”“三阴交”，AC 组针刺其穴位旁开非穴位点。放免法检测各组大鼠血清黄体生成素（LH）、雌二醇（E2）、孕酮（P）的水平；免疫组化、Western-blot 方法检测各组大鼠卵巢组织血管内皮生长因子（VEGF）的表达；RT-PCR 方法检测各组卵巢组织黄体生成素受体（LHR）mRNA 及 VEGF mRNA 的表达。结果：A 组血清 LH、P 水平显著高于 M 组、AC 组（均 $P<0.05$），与 N 组比较差异无统计学意义；A 组卵巢组织 VEGF 含量、LHR mRNA、VEGF mRNA 表达水平较 M 组、AC 组显著提高（均 $P<0.05$），与 N 组比较差异无统计学意义。结论：针刺“后三里”“三阴交”可升高胚

胎着床障碍大鼠血清 P、LH 水平，上调卵巢组织 LHR mR-NA、VEGF 及其 mRNA 表达水平，可在一定程度上增强大鼠黄体功能，改善胚胎着床环境。

【基 金】国家自然科学基金重大研究计划资助项目：90209009

（原文载于《中国针灸》）

针刺外关穴的脑功能成像研究

张贵锋[1] 黄 泳[1] 唐纯志[2] 杨君军[2] 赖新生[2] 王淑侠[3] 单保慈[4]
[1]南方医科大学中医药学院；[2]广州中医药大学针灸推拿学院；[3]广东省人民医院核医学科；[4]中国科学院高能物理研究所

【摘 要】目的：探讨外关穴针刺与假针刺后脑功能区的激活特点。方法：18 例健康志愿者随机分为对照组、针刺组和假针刺组，分别施以不针刺、外关穴针刺组、外关穴假针刺组，以 18F-FDG 为显影剂，运用正电子发射计算机断层成像仪进行脑功能成像扫描，获得可视性脑功能变化图。结果：外关穴针刺组与对照组比较，脑部 BA7、13、18、19、21、22、27、38、40、42、45 区显著激活；外关穴假针刺组与对照组比较，脑部 BA4、6、7、19、22、41 区显著激活；外关穴针刺组与假针刺组比较，BA13、42 区和小脑显著激活。结论：外关穴针刺与假针刺后激活的脑区显著不同，针刺激活的脑功能区所调控的功能与外关穴的主治功效密切相关。

【关键词】外关穴； 针刺； 正电子发射计算机断层成像仪； 脑功能成像

【基 金】国家重点基础研究发展计划（“973”计划）资助项目（2006CB504505）；国家自然科学基金重大研究计划资助项目（90709027）

（原文载于《中医杂志》）

针灸对 CTX 小鼠骨髓细胞 DNA 切除修复相关蛋白的调节

路 玫[1] 曹大明[2] 李道明[3] 赵喜新[4] 张欢欢[4] 张慧芳[4] 李建伟[5] 李慧鑫[6]
[1]河南中医学院海外教育学院；[2]河南中医学院第一临床医学院；[3]郑州大学基础医学院；[4]河南中医学院针灸推拿学院；[5]上海中医药大学；[6]河南省针灸推拿职业学院

【关键词】针灸疗法； 骨髓细胞； DNA 修复； DNA 损伤

【摘 要】目的：探讨针灸改善骨髓抑制，促进白细胞升高的分子生物学机制。方法：选用清洁级、雄性昆明种小鼠 224 只，随机分为正常组、模型组、针刺组、艾灸组，每组 56 只。用环磷酰胺（CTX）造成骨髓抑制模型。针刺组、艾灸组选取“大椎”“膈俞”“肾俞”“足三里”，分别进行针刺、艾灸，正常组、模型组每日与针刺组和艾灸组同时抓取、固定，不做任何治疗。各组分别于第 2-7 天用免疫组化法观察骨髓细胞 DNA 聚合酶β（polβ）、切除修复交叉互补基因（XPD）表达的动态变化。结果：针刺和艾灸可以明显上调 CTX 模型小鼠骨髓细胞DNA修复蛋白XPD、pol β的表达，促进骨髓细胞DNA损伤的碱基切除修复和核苷酸切除修复，从而减轻烷化剂CTX造成的骨髓抑制，增加白细胞。结论：促进骨髓细胞DNA的切除修复，保护造血细胞因化学药物引起的细胞损伤，是针灸改善化疗后骨髓抑制，保护造血功能，提升白细胞的重要机制之一。

【基金】国家自然基金重大计划项目:90709035

（原文载于《中国针灸》）

针灸治疗慢性荨麻疹随机对照临床试验的系统评价

黎　波[1]　石　磊[1]　熊　俊[1]　柴　华[1]　杜元灏[2]

[1]天津中医药大学；[2]天津中医药大学第一附属医院

【摘　要】目的：评价针灸治疗慢性荨麻疹的临床疗效，分析目前临床研究的现状。方法：检索PubMed、EMBASE、OVID、Cochrane图书馆、CBM数据库、CNKI数据库，以及手工检索，收集针灸治疗慢性荨麻疹的临床随机对照试验，Cochrane系统评价手册进行质量评价。结果：12篇文献进入研究，共983例患者。Meta分析显示针灸对照西药治疗组间比较差异有统计学意义；针灸配合西药对照西药治疗组间比较差异有统计学意义；针灸配合抗组胺药物对照单纯抗组胺药物治疗复发率组间比较差异有统计学意义。结论：针灸治疗慢性荨麻疹安全、有效，针灸治疗及配合药物治疗可能优于单纯药物治疗，配合抗组胺药物可降低复发率；但因纳入文献数量有限且部分质量较低，结论尚不确定，需高质量证据来进一步验证。

【关键词】针灸；　慢性荨麻疹；　随机对照临床试验；　系统评价

【基　金】国家“十一五”科技支撑计划资助项目（2006BAI12B01）

（原文载于《中医杂志》）

中医药治疗小儿RSV肺炎的有效性和安全性

杨　燕　闫慧敏　盛　燕　李　歆　王　静　侯林毅　赵　骞

首都医科大学附属北京儿童医院

【关键词】小儿RSV肺炎；　中医药；　有效性和安全性

【摘　要】目的：探讨中医药治疗小儿呼吸道合胞病毒（RSV）肺炎的临床有效性和安全性。方法：采用随机、平行对照的原则，将114例患儿分为两组，试验组静滴清开灵注射液，痰热闭肺证口服儿童清肺口服液，风热闭肺证口服小儿咳喘灵口服液；对照组静滴利巴韦林注射液，口服复方愈创木酚磺酸钾口服液，疗程10d。对所得数据进行卡方检验、秩和检验或t检验。结果：临床疾病疗效评价结果：试验组愈显率87.72%，对照组71.93%，差异有统计学意义（$P<0.05$）。以治疗前后主症积分的差值对主症进行疗效再评价，结果两组在咳嗽、气促、肺部听诊、胸部X线片方面，差异有高度统计学意义（$P<0.01$），试验组优于对照组。以治疗

前后主症积分之和进行比较，结果两组在发热、痰壅方面差异有统计学意义（P<0.05）。两组安全性评价结果显示：试验组显著优于对照组（P<0.01）。结论：中医药治疗小儿 RSV 肺炎具有良好的有效性和安全性。

【基　金】“十五”国家科技攻关计划项目资助（No.2004BA716B03）

（原文载于《中华中医药杂志》）

滋阴泻火方对环境内分泌干扰物染毒大鼠拟雌激素活性的拮抗作用

复旦大学附属儿科医院　孔元原　朱列伟　蔡德培

【摘　要】目的：观察滋阴泻火方对环境内分泌干扰物壬基酚（NP）及双酚 A（BPA）的拟雌激素活性的拮抗作用。方法：30 只 3 周龄雌性 SD 大鼠随机分为对照组（喂饲玉米油），染毒 A 组（喂饲 NP100mg/kg），染毒 B 组（喂饲 NP50mg/kg+BPA200mg/kg），治疗 A 组（喂饲 NP100mg/kg+滋阴泻火方），治疗 B 组（喂饲 NP50mg/kg+BPA200mg/kg+滋阴泻火方），疗程 15 天，检测子宫增重试验及增殖细胞核抗原（PCNA）蛋白表达。结果：染毒 A、B 组与对照组比较子宫湿重、子宫脏器系数、子宫内膜及平滑肌厚度、子宫内膜腺体及腺上皮高度显著增加（P<0.05），子宫内膜及肌层的 PCNA 蛋白表达显著增高（P<0.05）。治疗 A、B 组分别与染毒 A、B 组相比，上述各指标均明显降低（P<0.05）。结论：壬基酚及双酚 A 具有显著的拟雌激素活性，滋肾阴泻相火中药对壬基酚及双酚 A 的拟雌激素活性具有显著的拮抗作用。

【关键词】滋阴泻火方；壬基酚；双酚 A；子宫增重试验；增殖细胞核抗原；中医药疗法

【基金】国家自然科学基金资助项目（30371820）

（原文载于《中医杂志》）

自拟滋水降脂汤（丸）治疗高脂血症的研究与临床应用

山东省诸城市中医院　赵有吉 郭洪奎 赵有祥 隋树强 刘兆培

高脂血症为常见病，严重的危害着人们的身体健康。我们对 115 例高脂血症病人临床观察统计，有效率达 100%，治愈率为 92%，疗效显著。其中男性 39 例，女性 76 例，27 岁-40 岁 22 例，41 岁-60 岁 75 例，61 岁-80 岁 18 例，女性比男性多，从男女年龄分析，41 岁-60 岁是高脂血症病人发病数最多的年龄段。

该课题以传统的六味地黄汤为主，以滋补肾水。该方补中有泻，寓泻于补，适应于中老年肝肾亏虚症，加用柴、栀、归、芍疏肝解郁，决明菊花清肝明目，丹参之活血化瘀，共达滋水疏肝以降脂。其组方合理，符合中医对老年高脂血症发病机理的认识，是多年临床经验方。

诊断与疗效标准：上述案例，服药前先查血脂分析，血清总胆固醇（TC）高于 6.7mmol/l，甘油三脂（TG）高于 2.3mmol/l，低密度脂蛋白（LDL-C）高于 3.3mmol/l 高密度脂蛋白（HDL-C）低于 1.15mmol/l 即诊断为高脂血症。服药后查血脂分析 TC 降至于 3.4-6.5mmol/l，

TG 降至 0.4-1.7mmol/l，HDL-C 升至 1.16-1.5mmol/l，LDL-C 降至 2.8-3.1mmol/l 为治愈。临床症状明显好转，经服药 45 天气 60 天，血脂分析虽然较前下降，但仍未正常者为有效。

本项研究，我们自 1985 年 5 月开始，历经 10 年，以滋水降脂法治疗高脂血症，经查新检索证实，属国内首创，达国内先进水平。

该药疗效可靠，无毒副反庆，且药源充足，价格便宜，一般患者乐予接受。我院自 1992 年 6 月开始制造滋事水降脂丸 60 克×瓶，每年出产 6000 余瓶。现已被潍坊卫生医药部门鉴定注册，成为我院畅销的中成药制剂，常供不应求，深受病人的欢迎，建议推广应用。

【获奖情况】山东省医学科技进步奖三等奖

综合治疗小儿脑性瘫痪的临床应用研究

刘振寰　潘佩光　王青山　马美美　张春涛　张宏雁　钱旭光

广州中医药大学附属南海妇儿医院（南海妇幼保健院）

【项目简介】在国内外首创小儿脑性瘫痪的中西医结合康复模式，脑瘫康复应用以醒神通督针灸法为主的中西医结合疗法，使弱智儿头颅 CT 脑萎缩恢复率达 22.4%，取得突破性进展，达到了国际先进水平；1998 年以来，研究成果在北京、天津、上海、广州、香港、印尼、荷兰、等国内外医疗机构推广应用，取得了较好的临床效果，收到了较大的社会效益。使广州中医药大学附属南海妇儿医院（南海妇幼保健院）小儿神经康复科——成为国际名牌医学专科。共收治中国及法国、美国、日本、英国、新西兰、新加坡、波兰等 20 个国家的智力低下患儿和脑瘫患儿 1 万多例。

一、疾病简介：脑性瘫痪是在胎儿时期及出生前、出生过程中或生后不久，因大脑受到了损伤而引起的疾病。不是扩展性疾病。

二、适应症：症状是肌肉麻木、无力、失调、动作异常等。

三、治疗简介：经大量的动物实验和后天性小儿智力低下、脑瘫的研究，终于研究出了应用大剂量莨菪类药以改善脑微循环，促进脑细胞信息传递的创新疗法。辅用他研制的益智康复丸，配合自创立的智九针头针疗法、辅助物理治疗等中西医结合的治疗方法。在国际上较早研究了现代康复＋传统康复＋家庭康复的中西医结合家庭康复模式，效果优于国内外同类技术；有效率 80.4%，对照组 32%。为脑瘫患者节约了较大的医疗费用。为中国的脑瘫康复首创了既有效又经济、符合国情的新模式！具有较高的实用价值和应用价值。

经多年的研究，找到了经济实用、可操作、有效的脑瘫家庭康复适宜技术，创立了家庭康复管理新模式，编辑出版了配套“实用、有效、简单易操作”的可读可视的家庭康复系列教材：研制发明了“脑瘫舒筋活络按摩油”并获得了国家发明专利。该家庭康复模式做到了实用有效及科学规范。易于推广，经检索属国内首创。《综合治疗小儿脑性瘫痪的临床应用研究》属填补国际空白，达到国内领先水平。

【获奖情况】2006 年广东省科技进步二等奖

左归丸对去势雌性大鼠子宫和阴道的影响

成都中医药大学附属医院妇科　陆华　胡翔　王静

【摘　要】目的：观察左归丸对去势大鼠子宫和阴道的影响。方法：将雌性育龄期大鼠分为正常组（20只）、假手术组（17只）和去势组（40只）。去势组将去势成功的大鼠分为模型组（8只）、倍美力组（11只）、左归丸高剂量组（左高组，6只）、左归丸低剂量组（左低组，9只），药物连续灌胃11周后，测定血清雌二醇（E2），取子宫、阴道组织作病理切片。结果：与模型组比较，左高组、左低组大鼠子宫的重量、脏器指数、内膜厚度、内膜被覆上皮厚度、肌层厚度、腺体直径、内径、腺上皮高度、腺体个数和阴道的重量、脏器指数、上皮层数和黏膜厚度差异均无统计学意义（$P>0.05$）；左高组阴道皱襞数和阴道固有层血管数均高于模型组（$P<0.05$）；血清E2值左高组、左低组差异无统计学意义（$P>0.05$）。结论：补肾中药复方左归丸对去势大鼠子宫无明显影响，可通过增加局部血液供给来延缓去势大鼠的阴道衰萎。

【关键词】去势；　左归丸；　补肾；　子宫；　阴道；　中医药疗法

【基金】国家自然科学基金资助项目（30472225）

（原文载于《中医杂志》）

诊疗技术篇

单穴耳针治疗老年肩88例

黑龙江省中医研究院　滕雨虹

笔者的导师在20世纪70年代下乡巡回医疗时，曾见到针刺耳穴治好肩痛患者，返城后经过验证和改良，总结出单穴耳针疗法，临床应用治疗老年肩，获得良好效果，现介绍如下。

一般资料

本组88例均系门诊患者，符合老年肩（肩周炎）诊断标准，并排除颈椎病、肩背肌筋膜炎、颈肩综合征、外伤及结核等疾病。88例病人随机分为两组：治疗组58例，男21例，女37例；年龄最大71岁，最小36岁；病程最长5年，最短15天。对照组30例，男11例，女19例；年龄最大70岁，最小35岁；病程最长6年，最短12天。两组患者的临床资料经统计学分析无显著性差异，具有可比性。

治疗方法

治疗组：取穴：耳肩穴，位于耳屏上切迹同水平的耳舟中，患侧取穴。

操作：患者取坐位，常规消毒，取0.4×40mm毫针，进针后针尖朝向肩关节穴（耳舟下方，在耳肩与屏轮切迹连线之间）方向，沿皮下与耳软骨之间进入 10mm 左右时，行提插捻转，用泻法，留针 15min ，其间边行针边嘱患者主动活动肩关节，然后进行被动搬、扛、提及摇法，幅度由小到大，多数患者即刻见效。每日 1 次，10 次为 1 个疗程，疗程间休息 2 天。

对照组：取穴：肩髃、肩髎、肩贞、臂臑、秉风、手三里，采用常规手法，疗程同上。

治疗结果

疗效判定标准：治愈：肩部疼痛消失，肩关节功能基本恢复。显效：疼痛明显减轻，功能明显改善。好转：肩部疼痛减轻，活动功能改善。无效：症状改善不明显。治疗结果：治疗组：治愈 8 例，占 13. 8 %；显效 25 例，占 43. 1 %；好转 20 例，占 34. 5 %；无效 5 例，占 8. 6 %；总有效率达 91. 4 %。对照组：治愈 4 例，占 13. 3 %；显效 13 例，占 43. 3 %；好转 10 例，占 33. 3 %；无效 3 例，占 10. 0 %，总有效率为 90. 0 %。两组比较无明显差异，说明单穴耳针疗效也较好。

体会

老年肩即肩关节周围炎（简称肩周炎）又称“漏肩风”、“冷凝肩”，属中医学“痹证”范畴。年老体弱，肝肾亏虚，气血不足，以致经脉失养是本病的内因；风寒湿邪相兼为患客于肩部，以致经络气血痹阻为外因。正如《内经》记述：“风寒湿三气杂至，合而为痹也。”治则当以疏通经络，祛邪止痛。

耳穴疗法是指通过耳郭的穴位刺激，达到治疗疾病的一种方法，而穴位在耳郭的分布有一定的规律，耳郭好像一个倒置的胎儿，其部位与整个人体的部位相对应。

针刺耳穴治疗老年肩优点有三：其一，患者肩部疼痛难忍，功能障碍，如果仍然在肩关节局部取穴针刺，会加重局部应激反应，而取远端耳肩穴进行针刺，既不直接刺激局部又通过耳穴疏通经络止痛，肩痛不针肩，肩病自愈；其二，治疗关键是在留针期间让患者进行肩关节各方向活动，不针肩而针耳，给肩关节活动提供了方便；其三，单穴耳针疗效达到与对照组同样较高水平，且操作简便，容易掌握，是简便廉验的方法，适于农村社区推广应用。

（原文载于《中国民间疗法》）

耳穴贴压配合拔罐治疗小儿慢性咳嗽

邹　怡　指导：关　玲

成都中医药大学针灸推拿学院

咳嗽是儿科的一种常见症状，常由感冒等诱发。如果持续时间较长，或反复发作则成为慢性咳嗽，在治疗上比较棘手。我们在临床上采用耳穴贴压配合拔罐治疗小儿慢性咳嗽 30 例，取得满意疗效，现总结如下。

一般资料

本组 50 例均为门诊患者，全部符合国家中医药管理局《中医病症诊断疗效标准》咳嗽诊断标准。其中年龄最小者 2 岁，最大者 10 岁；病程最短者 3 周，最长者 2 个月。患儿均经西医常规抗生素治疗 3 周效果不佳。临床症状：以咳嗽为主，干咳少痰或喉中痰鸣。查体：肺部听诊：两肺呼吸音粗糙或有少许干湿啰音。

治疗方法

耳穴法：取穴：风溪、肺、气管、肾、三焦、皮质下、枕。操作方法：患儿取坐位，耳郭常规消毒，将粘有王不留行籽的方形的药用胶布贴敷于所选穴位上，用拇指和食指对压王不留行籽，手法由轻到重，以患儿能够承受为宜，每次按压至耳部发热。嘱其家属每日自行按压 2-3 次，3-4 天更换 1 次。

拔罐法：取穴：风门、肺俞、大椎。操作方法：患儿取俯卧位，或家长抱患儿伏于家长膝盖上，充分暴露背部，使用真空抽气罐，选用适当口径的罐治疗，采用适当负压，以患儿能耐受为度。留置 5-10min ，每日或隔日 1 次。

治疗结果

疗效标准：治愈：咳嗽消失，喉间无痰声，听诊干、湿啰音消失，如有发热，则体温降至正常；好转：咳嗽减轻，两肺呼吸音清晰，痰减少；未愈：咳嗽症状及体征未见明显改善或加重。

效果：30 例患者中，临床治愈 27 例，好转 3 例，总有效率 100 %。

典型病例

患者，女，3 岁， 2008 年 11 月 25 日初诊。患儿间断咳嗽 20 余天，夜间尤甚，喉有痰鸣，无发热，曾经多种方法治疗（口服抗生素、小儿止咳糖浆等），未见明显好转，而来就诊。给予耳穴贴压配合拔罐治疗，1 天后咳嗽明显减轻，痰量减少，3 天后症状完全消失。

体会

小儿急性咳嗽症状一般持续 1-2 周，若病程超过 3 周者，则属于慢性咳嗽，继续使用抗生素治疗，效果也不明显。中医中药对这种咳嗽治疗效果较好，但小儿多拒绝服用中药。因此，采用非药物治疗如拔罐、耳穴贴压，易于被患儿接受。耳穴风溪，亦被称为过敏区，常用来治疗过敏性疾病，如过敏性鼻炎、荨麻疹等，我们正是利用了其抗过敏的特性治疗此类慢性咳嗽。配合肺、气管等穴可以共同降低气道高反应而减轻咳嗽。另外，在背部的风门、肺俞、大椎拔罐，可起到局部治疗作用，能宣达肺气，止咳平喘。以上两种方法合用，内病外治，远近相配，临床使用时一般 1-2 天即可见效，3-4 天症状即会消失，与西医治疗相比明显缩短了疗程，值得推广。

（原文载于《中国民间疗法》）

颈脊全息疗法

深圳流花医院新秀门诊部　　吴竺铧

颈脊全息疗法是颈腰椎病专家吴竺铧医师首创的，主要是以自然之药物、自然之方法、调自然之身心的中医自然疗法。颈脊全息疗法的八大优点：见效快、治愈率高，不开刀、无痛苦、无疤痕、无后遗症、无副作用、不损伤健康组织、治疗后不影响工作，疗法新突破，效果赢人心。既是中国传统医学的发展，又是现代医学的创新。因疗效显著，方法独特，附有创意，给人匠心独运，耳目一新之感，其实用性科学性和先进性值得推广。该疗法分两部分：外治法，五环节脊柱疗法；内治法，五脏相关平衡法。

吴竺铧擅长中国整脊术，根据 40 余年诊治 15 万多人次的临床经验，首创颈脊全息疗法，创造性地用 24 种科学高效的中医特色疗法及 35 种特效验秘方，攻克疑难顽症。被授予“全国脊诊整脊杰出人才”称号，并担任《脊柱系统疾病学》副主编。中国整脊术是研究脊柱系统解剖生理、运动力学，用手法为主的中医疗法，调整气血筋骨，使气血调和，恢复或改善脊柱力学平衡，以防治脊柱劳损伤病的学科。其治疗上以理筋、调曲、练功为三大治疗原则，以手法、针灸、内外用药和功能锻炼为四大疗法，是独具中国特色的比较西方他国的“按脊疗法”更趋于完善更优越有效的整脊学科。运用中国整脊术治疗心脑血管病、周围血管病，慢性疲劳综合症、颈胸腰椎病都有比较显著的效果。目前西医骨科借助现代物理学的快速发展，创造了许多先进的防治技术，但多以局部的机械观点为指导，远远难以解决较为复杂的临床问题。诸如：颈腰椎曲紊乱、侧弯。不少需手术治疗的严重椎间盘突出症、椎管狭窄症、腰椎滑脱症，用中医整脊术都能治愈而且医疗费用低、复发率都比较少。心脑血管病是中老年人的多发常见病，也是临床疑难杂症，但到了吴竺铧医师的手中都疗效甚佳。

附：吴竺铧医师简介

吴竺铧，出身湖北荆楚名医世家，长诵医经，15 岁开诵《黄帝内经》，攻读四大经典和四小经典，勤求博采，圆融精进，多次参加省部级研修班，曾在中国中医研究院深造。吴竺铧恪守“医诚、德先、术精”的中医文化，注重于基础理论，立足于继承创新，成功于博采众长，受益于高度综合。顾盼之时皆有妙药，俯仰之际顿悟良方。吴竺铧坚持病人第一原则，以病人利益为出发点，为病人争取一流的治疗效果。并在很多疑难顽症治疗上取得了很好的疗效。

灵枢易筋经点穴配合推拿疗法治疗肩周炎

广西南宁市江滨医院　　廖炼炼

灵枢易筋经点穴疗法由中医界秘传的养生疗疾练功法衍生。近年来，笔者使用该法配合推拿疗法治疗肩关节周围炎，取得满意疗效，现报道如下。

一般资料

2003 年 5 月-2008 年 5 月到我科就诊的 90 例肩周炎患者，均作肩关节 X 线片检查而明确诊断。其中男 56 例，女 34 例；年龄最小 43 岁，最大 81 岁，平均 55 岁；病程 3 个月-13 年不等。

治疗方法

患者取仰卧位或坐位，医者站于患侧，取肩髃穴、肩井穴、云门穴、大杼穴，先用法施治于肩周部及上臂内侧，治疗 5min 后作患肩外展、外旋被动运动。患者取健侧卧位，医者继续用法施治于肩外侧及肩后部，治疗 5min 后作患肩上举、内收被动运动。然后用平补平泻之灵枢易筋经点穴手法点按肩髃穴、肩井穴、云门穴、大杼穴各 3min 。以上手法反复 2-3 次，最后用搓法、抖法施治于肩臂部。每天治疗 1 次，10 天为 1 个疗程。

进行上述治疗的同时，可嘱患者进行肩关节功能训练，每天 1-2 次，每次 10-20min 。具体方法：行钟摆运动、手爬墙运动等肩关节全范围活动，针对粘连严重的方向运动，以扩大肩关节活动范围。

治疗结果

治愈（肩部疼痛消失，肩关节活动功能完全或基本恢复） 45 例，占 50 %； 显效（ 肩关节疼痛与发僵消失，肩关节功能活动无障碍，但遇天气变化时肩臂仍有酸软感） 18 例，占 20 %； 有效（肩周炎症状体征明显减轻，功能改善，但未恢复如初，肩上举、外展、外旋提高 20° 以上， 内收、后伸提高大于 10° 以上） 27 例，占 30 %；无效（治疗前后症状体征无改善） 0 例。总有效率 100 %。

典型病例

患者，男，67 岁。主诉：右肩疼痛伴活动困难1 年余。患者1 年多前因入眠时右肩受凉，此后右肩部逐渐疼痛，呈弥散性，夜间尤为明显，并伴有肩部上举、外展、后伸困难，阴天下雨时加重。曾断续做过治疗，症状时轻时重。近来肩部疼痛难耐兼活动困难加剧，遂来就诊。检查：右肩前部、下部及后部压痛明显；肩关节活动功能障碍，上举受限，前屈、后伸、外展、外旋困难；冈上肌、三角肌萎缩。其他检查无特殊发现。拟诊：右肩关节周围炎。采用灵枢易筋经手法加推拿疗法治疗 2 次，疼痛明显减轻，连续治疗 7 次，疼痛基本消失，肩关节活动功能基本恢复。

讨论

运用灵枢易筋经手法治疗肩周炎时，先用㨰法在肩前、肩后及上臂部施治，可松筋活络，减轻疼痛，扩大肩关节活动范围。气血虚弱型可加点按阳明经穴位，如合谷（补）、手三里（补）、足三里（补）、丰隆（补），以补气行血；风寒湿邪痹证可用阳明经、厥阴经穴位以扶正祛邪、行气止痛、除湿等，如足三里（补）、太冲（补）、曲泉（补）、悬钟（补）。施术时，要求用指掌或肘用力于治疗穴位或部位，同时以特有的“以力发劲，以形引气”方法施治，再配合肩关节功能训练，则肩周炎症状可较快缓解。施治时，注意不要操之过急，手法应平和，以平补平泻为主。

（原文载于《中国民间疗法》）

乔氏疗法治疗“痹症”

江苏泰兴市乔氏疗法中心　　乔纯礼

强直性脊柱炎是痹症中最典型的顽固性疾病，数千年来，一直缺少有效的治疗方法，处于医学空白，以致每年有无数的患者致残。当前流行的治疗方法，多以柳氮磺吡啶、甲氨蝶呤、雷公藤片或非甾体抗炎镇痛药口服，有些医院同时补充一些壮骨补肾药之类，让病人结合功能锻炼。这些疗法虽然在一定程度上缓解了病人的痛苦，延缓了椎体的僵硬，但有很多毒副作用，且对中晚期患者疗效不佳。强直性脊柱炎属于中医的痹症，乔纯礼副主任医师从1994 年始，全力研究对各种颈腰腿足痛的治疗，历尽艰辛，终于获得成功。他认为，既为痹症，必然与风寒湿分不开，而现行的各种治疗方法中缺此方案，不够理想和完善。要根治此类疾病，首先要考虑清除风寒湿之气，同时辩症治疗本病，才能获得痊愈，防止复发。痹症一般由轻而重，病情缠绵缓长，久病侧多瘀，久痛必入络，病邪深入经髓骨阶，在患部直接用药治疗，通经活络，促进血液循环必然很快，解除疼痛随之。类风湿关节炎、强直性脊柱炎之类顽痹到中晚期后，仅靠口服药治疗，力量微薄，可谓杯水车薪。治疗这类顽痹，不用大毒、大温、大辛之药难以克之，而口服这些药决不可以，但体外治疗定无妨碍。乔氏认为：治疗“痹症”之法，应以外攻为主，内调为辅，可获痊愈。

乔氏疗法的操作方法：以辩证论治为原则，按处方将中药备齐后粉碎为末，再以专用药水（秘方配制）调成敷膏，根据病位预先备制好的大小不等透气软垫片，在上面铺上中药敷膏，装进白布口袋，贴皮层包裹患部及相关痛点穴位，上面覆盖用远红外蕊片制成的小电热垫（国家发明专利证书号 20720041050413），外盖毛巾保湿，进行低湿加热药炙。根据病种，每次热炙 120-180 分钟不等，一日一次，10 日为一次疗程。

乔氏疗法的原理及优点：经低温热炙的中药离子成份，迅速进入患者的病灶及相关穴位发挥作用，通经活络力度强，消炎退肿速度快，疗效亦快。治疗中无任何痛苦和副作用，少数患者有轻微的皮肤过敏现象，只需作简单的处理即可恢复正常。因本疗法在不需打针和服药的情况下治愈疾病，无忧药物中的有害成份进入人的胃、肠、肝、肾及血液中，减少了有害物质对人体的伤害。解决了不少其他治疗方法，难以治疗的疾病：如严重的颈、腰椎间盘突出，牵引、小针刀、针炙、拔火罐无效，推拿复位有危险，在手术风险高，费用贵的情况下，乔氏疗法却能在安全无痛苦中将患者治愈。以前治疗肩周炎及膝关节炎缺少好办法，用乔氏疗法治疗却简简单单。以前治疗膝骨质增生难度较大，骨赘长在上下髁骨的夹缝中，针炙、推拿、小针刀、拔火罐和牵引均无可奈何，口服药力量不足，而中药的有效离子成份在热炙的驱使下，筋髓骨阶无处不到，直达病灶治疗，可迅速消除水肿和炎症，萎缩赘骨，达到药到病除，标本兼治的效果。以前治疗股骨坏死，如临大敌，用乔氏疗法治疗轻轻松松。中晚期的类风风湿关节炎及强直性脊柱炎，一直视为世界医药界的不治之症，乔氏疗法已成竹在胸，治愈多人。

人体带电生物全息能疗法

——对中医“治未病”和“疑难病”信息干预

全国高科技自然医学广州服务中心　尹德全

21 世纪是人类经济、政治、文化、卫生，科研学等领域的一场变革时代。在这个时代中，适者生存，优胜劣汰。“人体带电生物全息能疗法”顺应了这个时代。

人体带电生物全息能疗法，是将传统中医文化和现代多项高新技术紧密结合。采用中药敷、贴、泡、洗等刺激和各种能量信息的传递，作用于人体的经络穴位。产生生物信息和能量，然后通过信息能量传递系统输入到有关脏器，对失常的信息加以调整和能量补充。这种疗法是在仿生学、电学、生物力学、生物内能以及组织器官，生化、解剖、人体工程学等理论基础上的新的认识。

人体带电生物全息能疗法，是用电学、磁学、光学和物理治疗学等原理，通过人体带电，调整电脉波频产生可变生物信息，电脉冲波和远红外线，产生可变生物信息电场，可变磁场形成了生物信息全息能场。具有消炎镇痛，通经活络，调气血，平衡阴阳，锻炼肌肉提高平滑肌张力，又可增强生物体的抵抗力，延长生物体的生命时间，调节心血管系统功能，使老化细胞复苏，促进细胞生成同时把生物紊乱的信息调节为正常信息。

临床上主要对软组织损伤，颈、肩、肌、股等综合症，腰腿痛、失眠、头痛、胃、肾、肝、胆囊炎、胆结石和心脑血管病有及为特效，特别是对脑血栓、动脉硬化、静脉炎和糖尿病、硬皮症、强直性脊椎病，安全可靠，无毒副作用，疗程短见效快，适应广，又易掌握。是养生、保健康复和“疑难病”信息干预的首选。

人体带电生物全息能疗法，是我经过十多年的临床，治疗数千余人得到了理想的效果。同时成功研制成“人体带电生物全息仪”，这种仪器是：采用信息生物电脉冲波频，即有低频、中频、高频作用在人体多穴位、远红外线和人体带电生物全息，调补结合，任督二脉同时调理和药物导入结合，具有灵活性、配有全息足疗、全息耳针、全息眼罩、全息乳腺电极片和电针灸等特点设计而成。数码技术，锌片控制，自动调时调温，自动找穴位和病点，达到酸、麻、痛部位整体的调节。这种“人体带电生物全息仪”即可单机使用，又可人机合用，也可人机药配合，达到有病治病，无病保健之功效。

“人体带电生物全息能疗法”对亚健康、养生、保健、美容、美体有显著效果，被全国高科自然医学委员会认定为自然疗法，并指定为自然医学健康服务中心推广项目。如今，人类生存环境日趋恶化、地球失磁、现代化进程快、工作压力大等，导致慢性疾病迅速发展，社会精英“过劳死”现象不断出现，亚健康人群急增，高额医疗费用开支无论是对国家、企业、家庭还是个人已成为巨大的经济和精神压力。“人体带电生物全息能疗法”节省医疗费用，即省钱又方便，穷人可承担，富人可保健康。关注健康，创造财富，请选择“人体带电全息能疗法”。对“治未病”和“疑难病”的信息干预有特殊的效果。

这种疗法适应于按摩院、美容院、保健康复中心、休闲中心、社区服务站、街道卫生所、家庭护理、疗养院、干休所、体育运动员和解放军诊所、康复保健，适应于广大下岗职工、农民工、退伍军人、大学生再就业。它能给社会带来稳定和安宁，给家庭带来和谐和健康，是择业安民的新选择，为此愿有志者一道为人类共创和谐、健康、美好的未来。

人体自检自治自愈

项城市技术监督局　　罗志运

摘　要：打破“科学割据”的局限，对伏羲文化、易学、道学和中医学以及其他科学进行融合型创新，提出了以人体系统论、人体控制论和人体信息论为基础的人体自检自治自愈学说。

关键词：人体巨系统；最高人体控制系统；人体自检自治自愈

人体是一个复杂的、有序的、开放的、有意识的、高度完善的、高度自动化的巨系统。人体科学的研究，虽然已经是功绩卓著，其中医学科学的发展，更是日新月异。然而，人类对自身的了解距离说清道明的程度相差甚远。各学科之间，依然是壁垒高高，鸿沟深深，呈现出“科学割据”的局面。人体学急切地期待着人体系统论、人体控制论、人体信息论的问世，从而实现更大的突破。

伏羲文化，古代的气息，随着时间的长河流淌到今天，启迪着后人不断地进取创新。生活在羲皇故都地域，笔者有一种使命感，愿意与志同道合者一起去破译伏羲文化、易学、道学的玄机，把古代文化与当代学术研究接轨。八卦是伏羲文化的重要组成部分。说到八卦，其玄机在哪儿？玄在“卦”上。一说到“卦”，人们就会联想到算卦，预测吉凶祸福，预测得准或不准，还可能会被定论成真科学或伪科学。玄，实在是太玄了！破译八卦的玄机，在于“去玄存机”，关键在于去除辞义的不确定性。索性把八卦辞名用一、二、三、四、五、六、七、八或用000、001、010、011、100、101、110、111来表示，于是八卦就成了天道人间具有拓扑性质的一种数理系统模式。

八卦的基本数理规律性有三：

1、八元八位的顺序性。

2、运行规律的双向性。

3、相邻元素互为因果。

笔者认为：中医的八纲论，其实就是一个

八卦的数理系统。其双向调治作用，从实践上证实了八卦的基本数理规律性。用图表示如下：

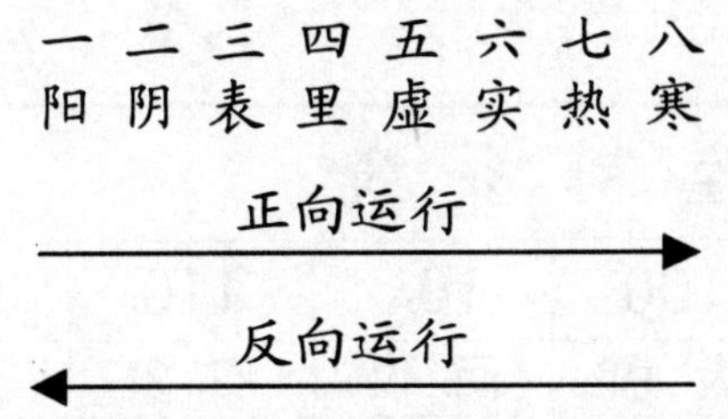

因 果
举 例

实因热果 热因寒果

寒因热果 热因实果

笔者在对人体系统论和人体控制论的研究中发现了许多不同层次的人体八卦，其中最高人体控制系统就是一个最高的人体八卦，用图表示如下：

000	001	010	011	100	101	110	111
大道	道一	道二	道三	太极	两仪	四象	八卦

正向运行 →

← 反向运行

道学有：“道生一，一生二，二生三，三生万物。”这可称为道数系统。

易学有：“《易》有太极，是生两仪，两仪生四象，四象生八卦。”这可称为易数系统。

单从道数系统或易数系统来看，各自都是四元四位系统，具有单向运行和前因后果的系统数理规律。道或太极永动机般地只为别人付出，而不要求别人回报。这在生理上是不可能实现的。大自然把道数系统和易数系统巧妙地结构成八元八位系统，其具有的“运行规律的双向性”和“相邻元素互为因果”的系统数理性，才使得道或太极既为别人付出，而又接受别人回报，从而实现持久地为别人付出。

人体八卦有封闭八卦和开放八卦两种。人体八卦并不是孤立的，所以，“八卦非八卦”并提才能说得完全。为了把人体八卦原理变成调控疾病，操作健康的方法论，还必须把自然界中具有生物活性的物质信息，与人体信息相对应的物质信息通过手心输入到大脑生物计算机加以记忆和转导，人体才能达到自动化地自检自治自愈的目的。这种方法是一种替代医学的人体自检自治自愈法。简称：人体自愈法。

从人体的有序性看来，人体许多功能元素并不是杂乱地混合在一起，而是有机地结构成功能系统。由功能元素组成功能组，由功能组再组成功能组序列。由人体生理系统功能组序列、人体控制系统功能组序列和人体信息系统功能组序列构成人体功能巨系统。从而形成人体系统论、人体控制论和人体信息论的基础。这个基础不从属于人体科学的任何一个学科，而是具有“人体全学”的意义。

总之，人体八卦论的成立，为人类实现自身控制，达到调控疾病，操作健康的目的提供了理论和方法。

最后，再把人体自检自治自愈法和人体自愈法适用范围简述于下：

人体自检自治自愈法：

活性信息 手法调制

启动大脑 自动检治

不治之症 自然自愈

人体全学 非医代医

人体自愈法适用范围：

疑难诊治者 医治不愈者

复发转移者 害怕医治者

医治不起者 生殖调控者

增高健美者　防病健寿者

笔者诚实接受人民群众对人体自愈法的奇特效果自愿受试体验和适用。最高人体控制系统详见下表：

最高人体控制系统							
000	001	010	011	100	101	110	111
大道	**道一**	**道二**	**道三**	**太极**	**两仪**	**四象**	**八卦**
道天	寒热	里表	130道　1道	阴阳	阴阳	阴阳	风　标
地人		实虚	10道　27道		阴阳	阴阳	3道　3道
道人			2道　3道			阴阳	风　3道
			130天　1天			血气	㈩　㈩
			10天　27天				㈡　3道
			2天　3天				㈢　3道
			130人　1人				㈡　2道
			10人　27人				阴　2道
			2人　3人				

说明：

一、人体的六对具体阴阳。其中：太极的一对阴阳，为个体的个阴个阳；两仪的二对阴阳，上为系统的系阴系阳，下为干细胞的干阴干阳；四象的三对阴阳，上为基因等微观元素的元阴元阳，中为一般细胞的胞阴胞阳，下为器官组织的器阴器阳；八卦的阴，为器阴；八纲的一对阳阴，为个体的个阳个阴。

二、系数的意义。1为康复保健，2为抗体质性疾病，3为抗功能性疾病，10为抗体质衰变，27为抗功能老化，130为复合五行生克。总之，六种系数表示人体机制的六种生态。

水针刀法及筋骨针疗法简介

河南南阳水针刀新针法研究院　吴汉卿

水针刀法及筋骨针疗法是由水针刀微创新针法发明人、河南南阳水针刀新针法研究院院长、全国高等中医药院校骨伤教育研究会副会长、中国针灸学会微创针刀分会副会长、中国骨伤微创水针刀学术委员会会长、广东中医药大学附属医院广东省中医院主任导师，张仲景国医学院吴汉卿教授，经过二十余年的临床潜心研究，将南阳张仲景医圣祠内刀针与现代水针疗法相结合，发明了水针刀微创针法，并进一步研制出了筋骨针法系列针具。将切开手术变为微创针法术，具有水针刀注射、松懈、三氧消融等功能，水针刀法及筋骨针法，具有不开刀、无痛苦、见效快、花钱少、治愈率高、抗复发等优点，主要用于骨伤科疾病、疼痛性疾病及脊柱相关性疾病的治疗。

“水针刀法及筋骨针法”问世以来，受到了国内外知名专家的高度赞扬及广大患者的好评。原世界中医骨伤科泰斗尚天裕教授生前曾高度称赞“九针水针针刀一体，药氧磁化疗法神奇”。针灸泰斗王雪苔教授、世界中医骨伤科主席孙树椿教授等专家对水针刀微创针法都给予了充分肯定和高度评价。

自八十年代以来，吴汉卿教授在骨伤临床中，潜心研究，编著出版了《大成水针刀疗法》、《水针刀微创治疗学》、《中医微创解剖入路彩色图谱》、《脊柱相关病微创针法》、《中华水针刀微创系列挂图》、《中华筋骨针疗法》等专著十余部。该疗法97年通过省级专家鉴定，获科技成果二等奖三项，国家专利十七项，被国家中医药管理局列为国家I类继续教育项目。2009年秋，该疗法参加由国家中医药管理局、中华医学会与中央电视台联合举办的《杏林寻宝》栏目；2009年10月参加河南省卫生厅、省中医药管理局开展的“中医特色医技大比武”获得总决赛二等奖。

1998年10月全国水针刀微创针法培训中心，在医圣故里张仲景国医学院成立至今，已在南阳张仲景国医学院、中国中医科学院培训中心、广州暨南大学医学院、云南中医学院等地已举办了近二百个班，学院来自国内外，包括香港、台湾、马来西亚、新加坡、澳大利亚、日本、韩国等国家地区。万余名学院学习掌握了水针刀法与筋骨针疗法后，临床疑难病迎刃而解，很快成为当地名医。为广大骨伤病、疼痛病、脊柱相关病患者解除痛苦，带来新的曙光。

四联同步疗法治腰间盘脱出、颈椎、腰椎骨质增生、坐骨神经痛

尹炫焱

中国行业发展研究中心中医药特高级研究员

中国中医中草药治疑难病炫焱研究室主任

中医认为“肾主骨生髓”，“髓生精，精生血”因此肾强骨雄髓丰生精精生血有道，血盛气足，反之肾衰气必虚血必亏，多因骨营养不足至髓瘪不丰而生精，生血无道，血气亏虚，影响骨行使工作，一工作易使骨产生过度疲劳，特别是颈柱腰柱部位，易受到损伤和病变。临床中常见患者腰酸背痛，手脚酸软无力，性欲减退，阳萎，加之劳作过度，腰肌劳损，或因体位变换不当以致造成腰间盘脱位损伤，致使筋脉压迫，髓腔变窄，气阻血瘀气血流通不畅出现疼痛，久而久之，骨质软组织骨化（即骨质增生——骨刺），治疗起来难度增加，西医多采用手术治疗，带来危险系数增大，留下后遗症伴随终生。实践经验告诉我们，此类病大多出现体力劳动过渡支出，而补肾养骨营养补给跟不上，女性多因生孩子后易引起肾衰血气亏虚加之繁重的家务和工作至肾衰血气越来越亏，临床中患此病女性多于男士，另也多见长期坐办公室者，驾驶员，体位长久保持不变的体力劳动者，出现颈柱、腰柱、弯屈劳伤，凡出现脊柱骨病变者，多存在肾衰气血亏虚，性欲迅速减退，阳萎等。

一、从实践中我总结出一整套用全新理念，独特治疗方法从肾论治，以大补元气补肾补骨补髓补精补血补气为先收到极佳效果，即以补阳还五汤为主方加减。本方：黄芪、当归、川芎、桃仁、红花、地龙、赤白芍、牛膝、石蚕、淫羊藿、萸肉、巴戈天、仙茅、补骨脂、杜仲、续断等，竹节为引。脊柱骨刺者加威灵仙、桑寄生、葛根、鸡血藤，颈椎骨增生者重用葛根、白芍用量，颈强肩背痛疼者加姜黄，寒性者加桂枝、肉桂、附子、干姜，热性者加蚕砂、桑枝、知母、柴胡、黄芩。日一剂，水二煎混合早中晚空腹服。

二、对阿氏穴及相关病区穴位消毒，银针刺出血施行拔罐术拔出瘀血和浊气第一次拔10

分钟，试去流出瘀血再拔第二次浊气 5 分钟效极佳。

三、外用药，按不同病症和部位上方加生川乌、生草乌、生附子、苏叶等研捣为末加入麝香装入白布袋中敷患处，外加热水袋加热药末使药力快速进入病区产生活血祛瘀通经止痛效果。

四、患者配合自练筋骨强健运动操，逐渐使周身气血流通正常，筋骨强健，特别颈柱骨腰柱骨、腿骨、脚骨支撑全身骨架和五藏六腑器官，所有筋脉延着骨架行走，使人体活动自如、站立下蹲、前后左右转身、前弯后倾、四肢屈伸、负重抗压、无所不为的正常人。自练筋骨强健运动操与药物共同作用下促使腰间盘自然复位，骨刺自消，炎症消失，起到有病去病无病强身之效，愈后不复发，完全改变西医患上病强性睡硬板床，做牵引，颈、腰支架支撑甚至开刀纠正，患者长期经受非常痛苦的煎熬，仍无法痊愈，一不小心即刻复发又陷入痛苦煎熬之中，尽者终身残废，而费用昂贵， 一直用错误的治疗理论和方法给患者治病?为什么还不引起医界之重视?

附：自练筋骨强健运动操

发明者：尹炫焱，中华人民共和国优秀专家医学易学高级研究员、中国特色医疗医药学会终身专家委员、中国疑难病研究协会专家技术委员、北京大学人才研究中心中医药高级研究员、北京宝芝堂医学研究院高级研究员、中国特效医术研究会委员、中华名医协会理事、中华中医药学会“中医名医”、世界医药卫生理事会特聘医学专家、中国中医中草药治疑难病炫焱研究室主任。

自练筋骨强健运动操能使周身气血流通正常筋骨强健与药物共同作用下对颈椎病、腰椎骨刺、腰间盘脱出、关节炎、肩周炎、坐骨神经痛有较好疗效。

一、颈椎肩周运动

站稳或坐稳，咬紧牙关（下同）

1、头向右 45 度，以右眼见右肩，回原位停一秒钟，向左按上法，复 10 次。

2、头向前倾压 45 度回原位停一秒钟，向后倾 45 度复 10 次。

3、头从右向左旋转一周回原位停一秒钟，复从左向右旋转一周停一秒钟，10 次。

4、肩周炎加练：（1）左右肩抬高放下各 10 次；（2）双手向前至后或向后至前 360 度旋转各 10 次；（3）双手掌按摩颈椎 60 次至发热（123 每天练习次数不限）。

5、颈椎病早晚加练，啤酒瓶布包或毛竹筒更佳放颈骨刺部位，头左右摇摆 10-20 分钟（开使感觉疼慢慢至不痛），双手握拳伸臂做扩胸运动 100 次（日 2—4 次）会有很好效果。

二、胸腰背椎运动

1、双手下垂半握拳，站立，下肢不动，左手向后甩到腰椎患处，右手同时甩向头顶百会穴两肩与胸及腰椎向右旋转 45 度 复 10 次，继右手向后甩到腰椎患处，左手同时甩向头顶（百会穴）两肩与胸及腰椎向左旋转 45 度复 10 次，力度渐加大（防伤身为度）。

2、双手向上伸直，膝直立，双手与身体同时向下手尖触地，反复 10 次（初学触不到地者慢慢练）。

3、人下倾 45 度（老年人下倾安自己能力不要勉强）双手叉腰，上身向右至左旋转一周复原位停一秒钟，继从左向右旋转一周停一秒，反复 10 次。

4、用手掌鱼际处上下擦脊椎患处 60 次至 100 次发热为度。

三、背椎尾骶骨运动

双手半握拳一手甩到胸，一手甩到脊椎尾骶骨，腿抬高 90 度踏步，手、腿轮换协调踏步 1 至 3 分钟。

四、膝风湿关节炎、膝骨刺者加练次数不限

1、上身保持直立进行下蹲（按自己能力遂下蹲至 90 度）复 10 次。

2、双手抱膝使膝左、右旋转各10次。

五、用十脚指爬行前进运动

光脚，身直立，站稳，上身左倾，重身左，右脚五指一爬一放，脚掌跟着地向前；一左一右直线向前用十脚指爬行。每次爬行2米（多更佳）。

以上为自练筋骨强健运动操简便易学随处可练，公务员课间休息可练，下班可练，晚上边看电视可练，睡前可练一般只需6-10分钟，每天坚持练1-2次，必将产生意想不到效果，这是尹炫焱医师经多年研究治疗颈椎病、腰间盘脱出、腰肌劳损、脊柱骨刺、膝关节炎、肩周炎、坐骨神经痛等内服中草药，阿氏穴相关病区银针刺后拔罐，外敷持效药包，加练筋骨强健运动操，能快速治愈而不复发的神奇四联同步治疗法。

特色“五联疗法”诊治疼痛及疑难病

黑龙江省东宁县郑仁哲中西医结合门诊　郑仁哲　郑春英　郑元俊　崔松竹

郑仁哲从事中西医结合临床40余年，特别是曾留美对疼痛及疑难病领域进行专程研究。发扬中医特色，针药并用，博采众方，吸取百家之长，取长补短，结合美国、日本、我国的先进诊疗技术，在基础医学及临床医学遗忘的角落里最终研究出诊断和治疗疼痛及疑难病的新疗法——五联疗法。使用自己研发的“五联疗法”诊治常见病及疑难杂症和多年久治不愈的很多奇特医案。此疗法在国内外具有广泛深远的影响力，深受国内外患者的好评。1998年在美国洛杉矶召开的第四届世界传统医学大会获金像奖，并被授予《中国赛区百名民族医药之星》称号。

一、五联疗法适应症：椎管外疾病引起的各种局限性、多发性疼痛有特殊的治疗效果。包括传统的颈椎病、颈肩综合症（肩周炎）、颈性头痛（顽固性头痛与偏头痛）、颈性眩晕、腰腿痛综合症、腰椎间盘突出症、椎间盘膨出症、骨质增生、足跟痛、肌腱、韧带、肌肉、筋膜、关节、神经、血管、淋巴等组织损伤引起的疼痛及疑难杂病；脊椎及软组织相关的内脏疾病（颈性心动过缓或过速、早博、心前区憋闷疼痛、血压不稳、胸闷气短、胸背疼痛、尿频）；久治不愈的顽固性腹痛、手术后疼痛功能障碍综合症、腹部术后反复发作的肠梗阻；用药物消不掉的慢性顽固性潜在性疼痛病灶；脊椎侧弯、痛风等适应症病人，快者几秒钟慢者几分钟内疼痛明显缓解或疼痛完全消失，功能恢复的奇效！对缓解癌症晚期疼痛亦有好的疗效。

二、五联疗法的三大特点及治疗过程：

1、此疗法治疗疼痛效果特好。

2、治疗期间因治疗不产生痛苦。

3、100%的安全而无副作用。本疗法是科学性、实用性、可操作性很强的一种诊断和治疗的一种新手段。用五联疗法治疗时根据病人的生理病理及损伤部位不同首先把人分为上下两端，每端又分成左右，共分成四部分 分别治疗，单侧病损处置单侧，双侧病损先处置严重一侧，次日处置另一侧（腰一椎以上为上端；以下为下端）。患病一端的一侧1-2次治疗成功率多达70-80%，总有效率达95%。很多病人治疗1-10分钟内疼痛明显缓解或疼痛完全消失，此时 把针埋到体内24小时后起针。第二天起针时疼痛完全消失，功能恢复正常就一次成功。如疼痛明显好转但还不完全消失时 第三天在同侧做第二次五联疗法治疗，以此类推。一侧治疗3次的少，3次以上的极少。本法疗程短，见效快，久治不愈的疑难杂症病人获得了极为满意的疗效。为很多病人免除了手术之苦，术后疼痛及功能障碍的病人也获得很好的疗效。

三、五联疗法的五个不同：

1、在基础理论上与传统中西医理论比较，是一项重大补充和阶段性提高有突破性发展；

2、诊断方法完全不同， 很多病人自己不知道、CT 彩超查不出的慢性潜在性疼痛病灶亦有好的诊断和治疗方法；

3、治疗工具是特殊工具；

4、操作与治疗方法与以往治法完全不同；

5、适应症病人特别是椎管外疾病导致的各种疼痛及功能障碍的疾病与传统的中西医疗法比较有天地之差，很多久治不愈的疑难杂症病人获得了神话般的奇效。

【技术获奖】2000 年 8 月获共和国名医专家成就贡献金奖，并荣入《共和国名医专家大典》重要史册；2006 年 7 月参加国家中医管理局和中国医促会组织的中国医学代表团赴马来西亚参加《东方国医论坛》国际研讨会，在会上发表的《五联疗法治疗颈性顽固性头痛》一文获国际金奖；2007 年 7 月参加了在国家政协礼堂召开的首届中国医药卫生产业发展大会特色医疗评选中“五联疗法”获一等奖；2008 年 5 月受韩国大邱韩医大学校长的邀请赴韩国演示“五联疗法”受到韩国同行的高度赞扬。2008 年 10 月在人民大会堂召开的首届国际特色诊疗学术交流大会《五联疗法》荣获大会一等奖；2008 年 11 月中国协和医科大学专家评审委员会评定五联疗法荣获《最具创新特色疗法一等奖》；2009 年 2 月中华医药卫生杂志社全国特色疗法评选活动中《五联疗法》获得特等奖；2009 年 3 月我们研发的特色医疗《五联疗法》为人类健康多做贡献赴俄罗斯符拉迪沃斯托克给当地人民演示，获得了俄罗斯各界的赞扬。为了巩固中俄兄弟般友谊，俄中友好协会将军亲自颁发《神奇的奉献》荣誉证书，增强了中俄间友谊，为中俄间加深交流起到了积极的影响力。多次参加国家级和国际研讨会发表论文 20 余篇。多次受到中央领导的亲切接见。

透刺配合 TDP 照射治疗膝关节骨性关节炎

山东省菏泽市中医医院　　邓海霞

膝关节骨性关节炎是以膝关节软骨的退行性变和继发骨质增生为主并在关节边缘形成骨赘所致的疾病，多见于中老年人，症状随年龄增加而逐渐加重（简称 OA） 。主要表现为膝关节疼痛、功能受限等，严重患者出现不同程度的膝内外翻畸形，目前尚无满意疗法。笔者采用透刺法治疗本病，取得较好疗效，现总结如下。

一般资料

80 例患者来自住院及门诊病人，随机（抽签法） 分为治疗组和对照组各 40 例。治疗组男 18 例（26 膝），女 22 例（37 膝）；年龄最小 42 岁，最大 77 岁，平均 63 岁；病程最短 3 个月，最长 6 年，平均 2. 7 年。对照组男 17 例（26 膝），女 23 例（30 膝）；年龄最小 41 岁，最大 73 岁，平均 60 岁；病程最短 3 个月，最长 5 年，平均 1. 8 年。两组性别、年龄、病程比较差异均有显著性意义（ $P> 0.05$），具有可比性。

诊断标准： 参照 1986 年美国风湿病学会推荐的 OA 诊断标准：①膝关节痛在就诊的前 1 个月内≥14 天； ②膝关节活动时有摩擦声；③X 线片示膝关节骨端边缘有骨赘形成；④膝关节周围有肿胀；⑤膝关节晨僵≤30min ；⑥

年龄≥40 岁。具备①③或①②④⑤⑥即可诊断为 OA。

排除标准：①关节间隙显著狭窄或关节间形成骨桥连接而形成骨性强直者；②膝关节肿痛、类风湿、结核、化脓及关节内骨折急性期者；③有明显膝关节内外翻畸形及患肢有血管神经损伤史者；④年龄≥80 岁，病程≥10 年者。

治疗方法

治疗组：足三里透合阳、阳陵泉透阴陵泉、内外膝眼相透、曲池透少海，膝关节内侧疼痛加三阴交透悬钟。患者取坐位或仰卧位，膝关节屈曲近 90°，用直径 0.45mm、长 75mm 的针灸针，双手持针快速刺入穴位，直达透穴（不刺破皮肤），小幅度快速捻转，不提插，留针 30min，留针期间行 TDP 照射。

对照组：行电脑中频（BA20082 Ⅱ）治疗，每日 1 次。两组患者均连续治疗 2 个疗程，疗程间休息 3 天。

治疗结果

疗效评定：参照日本三大医学院制定的膝关节功能评定标准，主要评价内容包括：疼痛、活动范围、主动伸展受限、步行能力、日常动作、关节水肿等方面，以积分方式评定，总分为 100 分。治疗前后根据上述观察和参数制定疗效标准。优：治疗后总分达 85 分以上或提高 25 分以上者；良：治疗后总分达 70 分以上或提高 15 分以上者；可：治疗后总分达 55 分以上或提高不足 15 分者；差：治疗后总分低于 55 分或未见提高者。

治疗结果：治疗组 40 例 61 膝，优 55 膝，良 4 膝，可 1 膝，差 1 膝；对照组 40 例 56 膝，优 7 膝，良 10 膝，可 26 膝，差 13 膝。治疗组与对照组的疗效差异有显著意义（P< 0101），治疗组疗效优于对照组。

讨论

膝关节骨性关节炎是中老年人多发病、常见病，主要表现为膝关节慢性渐进性疼痛、关节肿胀及关节活动范围受限等。本病主要病理变化是关节软骨纤维化、退行性变和新骨生成，导致骨端硬化和周围骨赘形成。由于关节的退行性变和骨赘形成，又刺激周围的软组织，促使软组织和髌下脂肪垫炎性水肿、瘀血、肥厚，导致病情加重。有文献认为，骨关节炎与骨内高压有关，骨内高压导致静脉淤滞伴骨内血气异常，病变处氧利用障碍，在松质骨内和关节滑膜静脉内均有红细胞增多，黏稠度增加和微循环缓慢淤滞，pH 值降低和血气异常，这些病理因素可以引起骨紊乱、骨质增生，关节软骨因失去正常理化环境而发生退变。

本治疗取穴以手足阳明穴为主，对症取穴为辅，一针两穴，既能激发经气，又能减轻患者的痛苦。

中医学认为本病属“痹证”、“骨痹”，多由肝肾精亏、气血不足，复感风寒湿邪引起。阳明经为多气多血之脉，刺之能益气生血、活血化瘀而止痛，配合 TDP 照射能祛除留滞于经脉的寒湿之邪。二者结合，有很好地促进渗出液吸收、消除局部肿胀作用，止痛效果满意。部分患者在接受治疗 2 个疗程后，做 X 线检查与首次对照发现有明显好转。此法在应用中透皮要快，进针要缓慢，这样不会伤筋骨，反之则会产生疼痛，降低治疗效果。小幅度高频率捻转针是笔者多年从事临床总结出用于虚性疼痛的良好方法。

本法简便易行，疗效可靠。

（原文载于《中国民间疗法》）

五通一清疗法

河南省自然疗法研究学会副会长　　王朋彦

五通是指经、气、血、津、便的通畅，一清是指血液清净：1、经络通——经络通则全身轻松；2、气通——气通则血盛；3、血通——血通则无病；4、津液通——津液通则荣光增；5、二便通——二便通则毒自清；5、血液清净——血液清净则可除万病。

一、五通一清疗法简述：

五通一清自然疗法以通经络平阴阳、祛瘀滞活气血、扶正固本、引津灭火、安神通便、泻瘀排毒、通便增食等施治方法达到祛病、快愈、强身、延年的目的。其方法为：1、用活百岁高能经络电疗仪（通经络或点经穴）；2、用磁化经络整疗棒（推、拿、揉、点、震等方法）；3、用中医经穴针灸术（依照病情，精确配穴）；4、用泻瘀排毒，刺血拔罐疗法（泻出体内瘀毒）；5、用温脊升阳点穴法（升阳补气、破解瘀结）；6、用热疗外敷给药法（皮外给药，通经活血，消炎镇痛）；7、用经穴局部膏药法（通经活血消炎镇痛）；8、用拨筋正骨法（扶正复原骨位、梳理筋肌腱组织）；9、用刮痧拔罐法（瘀血在表不在里、在筋骨则周身作痛，在五脏则不治）；10、用食疗调理法（药食同源、食补重于药补，先进厨房再进药房）：也可视病情中药内调……

五通一清自然疗法是根据病者的不同病情、年龄、轻重、长短、部位等对症施治，一般以先扶正后治病为原则，令其能吃、能睡、能排：1、能吃——增进饮食，吸纳营养；2、能睡——不再久视伤血、3、能排——便通毒清，人轻松；正气存内，邪不可干，阴阳平衡，百病皆愈；百病起于肠胃，善治者治肠胃；肠胃洁、气血流、玄府开、营卫昌等。然后根据病者的综合整体症状分别依次治疗，主次分明，方法不同。比如聋哑病人，应先治聋后治哑；先会走再治手；先治肠胃再治能睡；又如腰腿疼病病人，腰好肾好人不老等祖训秘传。

二、五通一清疗法的作用 1、气通——气在中医阴阳五行理论中，气属阳。气为血之帅，气盛则血旺，血行则病自消。气不通则麻等。2、血通——血在中医学中属阴，通则不疼，疼则不通，血行病自消。血液清净，可除万病等。3、津液通——津液在中医学中认为，津为血之母，津液通则荣光增，津枯则痒，三焦主水，津生则渴自止，提高人体的免疫力。4、二便通——二便通在中医中更为重要，四诊中：一问寒热二问汗，三问头身四问便等，二便通则浊毒清，二便通则胃气自冲。二便不通则三浊上行。5、经络通——经络在中医中最早发现，经络在人体中有决生死除百病之神功。经络乃内联五脏六腑，外联奇经八脉四肢百骸。“经络一通，全身轻松”。6、一清——血液清净则可除万病。

肖　氏　推　拿

香港肖氏推拿国际连锁有限公司　　肖伯谦

“肖氏推拿”即肖伯谦先生所创“说骨——舒筋通络推拿”，它以博大精深的《易经》和中国自然医学理论为基础，以“大道至简”的道家思想为指导，汇集了古代中医学家的最高智慧，结合现代医学保健理论实践所创立的，运用推拿导脉将人体的自身机能调节到完美无暇的境地，使人体强大的自主机能和免疫祛病能力得到充分发挥，达到祛病强身作用。妙手神工的手法开创了“无药强身是最高境界”的先例，将古代和现代健康理论梦想推向了完美的跨世纪的顶峰。

肖氏推拿始传于清代御医祖先，与现代医学的完美结合创造了返璞归真的传世佳作，“说（yue）”与“悦”相同，有愉快，高兴之意，说骨推拿可以使人精神振奋，心情愉悦。舒筋通络：“治病之要，气内为保”，推拿手法作用于经络腧穴，可以疏通经络，行气活血，清淤排毒，散寒止痛，精气实足。肖氏推拿通过完善人体气血运行状况而达到强健人体、延年益寿的目的。其特点是立竿见影；其实践依据是“通则不痛，痛则不通”；其精髓是“有病祛病，无病强身”；其根本是“输而导之，导而舒之”。

肖氏推拿的独门绝技是整脊推拿，整脊推拿的鼻祖是中国古代的人体推拿术，这个技术领先西医的理论研究几百年，从古至今都掌握在少数人的手里，轻易不外传，由于手法奇特，效果神奇，使之带有传奇色彩。

肖氏推拿以独有的脊椎“七维（上、下、左、右、前、后、旋转）复位”技术，在体表用手法迅速整复矫正脊椎不正确的位置，迅速清除由于脊椎病变所引起的相关疾病。作用有：1、矫正相关关节移位、关节与韧带粘连、椎体移位与滑脱、椎间盘突出等。2、可立即改正神经脉络的传导，调整自主脉络的功能，促进和改善微循环，清除伤部疼痛。3、改善局部血液循环，加强供血，促进新陈代谢，加速局部炎性和代谢物质的吸收和消除。4、理筋整复，使肌束间、肌肉与神经、血管、关节组织同时得到良性整复，恢复其原有的张力和弹性，健全肌肉组织对脊椎协调运动功能。5、疏通脉络，增强免疫力，从局部到整体对组织深部的脉络产生“靶”效应，从而加速气血运行，使脏腑功能得到调节和均衡，激发人体自身的抗病因素，扶正祛邪，增强人体免疫力。

肖氏推拿以打通任督二脉为核心技术。打通二脉则使气通而机能顺畅，身体自然大健。肖氏推拿以专有的里、中、外三层通脉技术手法打通任督二脉，可祛除人体已经发生和潜伏待发生的 80%疾病，尤其对早期潜伏期的心脑血管疾病，心主动脉堵塞、血管硬化、先兆心肌梗死、糖尿病、尿毒症的祛除更是迅速神奇，是药物所不能比拟的。

肖氏推拿继承和发扬了儒家养生功和道家内气功的精华，融入了阴阳五行哲学思想，遵循五行相生，阴阳平衡，推拿中应用内气功打通人体深部经脉，推血过宫，激发人体自主潜能，打造大小周天最佳气血循环途径，以达“夫天气自然”、“上工守神”的意境，给人们带来最本质的健康快乐。

肖氏推拿仿生于五行相生，与五行五音韵律相符，把握住了韵律与人体健康的关系，平和人体的”一息四至”，节奏和五音之节律，与慢四节拍相合，手法风格清纯、淳厚庄重，悠扬沉静、如天垂晶幕，行云流水，回味悠长，舒适持久，颇有“打通小周天、道家养生法”的儒雅风范，奏就了一曲康健人生的乐章。

肖氏推拿在打通任督二脉的同时，导肾排毒清淤疏导人体深部的脉络，激惹人体自主功能，使人体的气血运行状态恢复到“女子七岁、夫八岁肾气盛，任脉通”(《皇帝内经》)的状态，也就是没有疾病和脉络蓄积的最佳气血运行状态，这是运动和功能锻炼所达不到的。

运动可以调节人体功能，增强体质，延缓人体机能的衰老，但不能打通人体的脉络蓄积，尤其是机体深部多年蓄积（堵塞）的脉络，同时在大运动量运动的过程中会产生过多的不能完全代谢的乳酸，而乳酸和血液作用的产物又是人体脉络蓄积的最大的威胁，一旦锻炼有素的人脉络蓄积了，会比不运动的人脉络蓄积要严重的多，身体素质越好的人，脉络蓄积就越不易被发现和引起重视，疾病也就隐藏的越深，发病时也就越重。肖氏推拿从根本上解决了人体脉络蓄积的问题，这是运动和功能锻炼所不能比拟的，解决了运动锻炼解决不了的问题。

近年来的完善发展创新，肖氏推拿对系列病症、亚健康状态、慢性病尤其是对心脑血管疾病的祛病保健康复有非常优良的立杆见影的效果。对肾衰竭和移植肾排斥后遗症的康复更显出其特殊功效，患者某：肾移植16年，一直靠药物维持血压，后全身乏力，心慌气短、头晕耳鸣、特别是接听手机时耳鸣极其严重，伴随着视力的下降，经常出现眼底出血，颈动脉鼓起暴出，头部像有重物压住一样沉重，双腿浮肿严重，经常出现小便不畅，记忆力明显减退，每天处于嗜睡状态，全身皮肤暗黑，有诸多不适应症状，经“肖氏推拿”29次后，皮肤转红润，浮肿消退，血压正常，其它症状消除，并且使失去16年功能的右肾恢复正常，取得了神奇的康复效果。

一种治疗高烧的药物组合物及制备方法

中华民间中草医药治疗所　卢能辉

一、动物实验：

1、实验来源：2005年，世界卫生组织中国办事处，就本发明药品从小白鼠身上做实验。观察可统计的带有非典症状的小白鼠40只，小白鼠鼠龄为半年至一年半。

2、实验方法：将小白鼠感染了非典病毒，小白鼠出现体温升高发烧及其他非典症状。

服用方法：将药品制成针剂注射，或样食物。每只小白鼠服用一次或注射一次，药品用量为每次0.3克。

3、实验疗效判定标准：治愈：小白鼠体温恢复正常，非典症状消失，生理状况正常。有效：小白鼠不再高烧，非典症状明显减轻，生理状况明显好转。无效：没有退烧，生理状况没有恢复正常。

4、实验观察结果：对40只具有非典症状的小白鼠的14日的疗效观察，结果治愈小白鼠39只，有效1只，无效0只，所占百分比分别为97.5%、2.5%、0。

总结：本发明药物经实验观察表明，就小白鼠而言，对带有非典症状的高烧总的治愈率达97.5%，总有效率为100%；本药无毒副作用。

二、病例来源及典型病例分析：

1、病例来源：观察可统计病例371例，其中男173例，女198例，年龄最大者80岁，最小者1.5岁。

2、服用方法：丸剂，每位服用一次，2岁到5岁每次2克，6岁到15岁每次3克，16岁到成年每次4克。

3、疗效判定标准：治愈：各种代谢紊乱完全恢复正常，临床症状消失，临床生化指标理想。有效：临床症状明显好转，不再高烧咳嗽，各种代谢紊乱明显改善，临床生化指标比较理想。无效：临床症状没有改善，各种代谢紊乱无改变，达不到“有效”标准，临床生化指标不理想。

4、疗效观察结果：对371例感冒发烧患者的7日的疗效观察，结果治愈患者368例，有效患者3例，无效患者0例，所占百分比分别为99.19%、0.81%、0。

总结：经临床观察表明，其对感冒发烧总的治愈率达99.19%，总有效率为100%；本药无毒副作用，成本低，服用方便。

综上所述，本发明药物的主要成分有麦冬、前胡、地骨皮、滑石、阿司匹林、杞子、防风、升麻。本发明药品对感冒高烧及非典引起的高烧疗效显著。

运用“三维综合疗法”医治危重疾病和疑难杂症有良效

内蒙古中亚科研所　李建华

什么是危重疾病？危，是指各类十分危险的疾病。如各种癌症、心脑血管危症等；重，是指各种重大疾病。如瘫痪、半身不遂、严重中风等。什么是疑难杂症？所谓疑难杂症，就是经过西医最先进的设备或仪器检测，目前还确诊不了的莫名其妙的疾病。

笔者的祖上曾是中医，本人继承了祖辈的医疗知识和临床经验，并有很大的创新和突破。长期以来，我坚持刻苦学习、研究和实践，治愈了大量的危重疾病和疑难杂症。在这些病人中，绝大多数是大医院医治不好退回去的。比如，淋巴癌、乳腺癌、全瘫、偏瘫、半身不遂、脑血栓、心肌梗塞、莫名其妙的杂症等。本人将长期以来的医疗理论、方法和经验，总结归纳为“三维综合疗法”。运用这种疗法，对医治危重疾病和疑难杂症确有良效。

一、关于三维综合疗法的内涵与运用

1、所谓三维疗法。这是针对宏观的指导理论而言的。即：⑴治标与治本相结合，以治本为主；⑵外部与内部相结合，以内部为主；⑶用药与心态相结合，以心态为主。

2、所谓综合疗法。这是针对微观的治疗方法而言的。即：（1）内服汤药、丸药、胶囊、药酒、药膳、药茶；（2）口吸药、含服药、喷施药；（3）全身或局部药浴；（4）局部敷药、抹药；（5）针灸、按摩；（6）拔火罐、刮痧；（7）气功疗法（在特殊情况下采用）；（8）心理疗法。

3、三维综合疗法的结合与运用。这种疗法的结合，就是理论与实践的结合。理论是纲，疗法是目，纲举目张。不管是治什么病，我都把这套理论运用到临床当中去，用以指导实践。综合疗法有八类，这就需要根据具体的病情，去选择用什么样的方法，给开什么样的药。尤其是对一些危重疾病和疑难杂症，就需要多种方法和多种药物，在内部和外部同时使用，以达到最佳的效果。

二、把握疗法的真谛、核心、关键、重点和原则

1、把握的真谛：阴阳平衡。自然间的万事万物，需要有生态平衡；人的生活与健康，需要有生理平衡，这种平衡就是用阴阳对立的规律来表述。这里指的阴阳平衡，主要是人体生理变化的平衡。只有把握了这一点，就能把握了治疗疾病的真谛。人体生理阴阳平衡的内容主要有：（1）气与血的平衡；（2）阴气与阳气的平衡；（3）体内畅通与否的平衡；（4）饮食结构的平衡；（5）生活方式的平衡；（6）睡眠多少的平衡；（7）动与静的平衡；（8）寒与热的平衡；（9）质与量的平衡；（10）时间与空间的平衡等。我给人治病，首先要从阴阳平衡入手。

2、把握的核心：用药对路。看一个大夫水平的高低，其核心就是用药是否对路。用药对路治疗的效果就好，反之，效果就差，甚至会给治反。前些年网络上反中医很利害，其中有个主要的原因，就是中医泰斗XX，把自己的老婆和儿子分别给治死了。原因是什么？就是把病给诊断错了，药用反了。中药是最保险的，但又是最危险的，它与用电是一个原理，用对了能治好病，用不对了能把人治坏或治死。所

以，我在医疗临床过程中，注重把核心放在用药是否对路上。

3、把握的关键：通，补，风，湿，毒，痰。治疗危重疾病和疑难杂症，离不开这六点。只有把握了这些环节，就把握了治病的关键。通，是针对瘀而言的，主要有：大小便是否畅通；呼吸是否畅通；气血是否畅通；汗腺是否畅通。这是治病之首要。补，是针对虚而言的，主要有：药补。针对阴虚，阳虚，气虚，血虚中的某一项或多项来补；食补。要针对壮骨和补肾这两项来进行；睡补。就是要如何提高病人的睡眠质量。风，就是要祛风散寒。湿，就是要除湿暖身。毒，就要排毒解毒。痰，就是减粘化痰。

4、把握的重点：多种疾病交织。人的疾病很少是单一的某种病，往往是由两种、三种或多种交织在一起。大部分的疾病都伴有风湿寒或痰或毒，有的还伴有胃病、骨质病等等。当多种疾病交织在一起时，应采取的方法：做到主次分明；掌握轻重缓急；确定治疗方法；注重药方调整。

5、把握的原则：用药四个不一样。用药四个不一样的原则，是从中医的"三宜"（因人、因病、因地置宜）中总结出来的。即：男女老少用药不一样；一年四季用不一样；南方北方用药不一样；同一种病发生在不同的人身上用药不一样。概括起来讲，就是一人一病一方或多方。有几位病人治好以后，曾拿着我开的药方给亲戚朋友用，给果出了几起大故障，因为他们没有明白"多种疾病交织"这个原理，你其中的一种病与他是一样的，而其它疾病则是不相同的，这样怎么能不出问题呢。

三、本人在医疗中的体会与经验

1、把握好三维综合疗法的主次关系。

（1）标本结合必先治本。标，就是某些局部；本，就人的整体。治病首先需要扶正固本，人的整体好了，免疫力增强，局部的病就会很快好。如果只考虑局部，不考虑整体，那局部的病就很难好，甚至好不了。

（2）外内结合必先治内。外，就是体外的症状；内就是五脏六腑。如果先把人的内部器官调理好了，那么外表的病很快就会好。相反，如果只考虑外表的症状，不去调理内部，那外表的病就很难好，好许就好不了。

（3）药心结合必先治心。病人的心态是第一性的，服药是第二性的，治病先治心。刚开始时，病人都有疑虑或恐惧心理，必须要让其放下思想包袱，积极配合治病；在治疗过程中出现病情加重、多次反复或异常，这是必然的，需要给其讲解这方面的常识，增强其继续治疗的信心；还要给病人讲解生活、卫生、饮食等方面的注意事项，不要出现感冒、发烧、呕吐、拉肚子等现象；做好患者家属的工作，积极配合治疗；尤其是鼓励患者要有信心、有毅力、有恒心。

2、从中医的模糊理论中悟出玄机。实践使我体会到，与西医理论相比，中医理论体系它就是一整套的模糊理论。如：阴，阳，气，虚，宜，全，四诊，五行，六淫，七情，八纲，十二经络、二十八脉，奇经八脉，等等。尤其是金木水火土这五行，理论高度抽象。而这些理论又有其深刻的渊源和机理，并不是凭空捏造出来的。所以，我就注重去寻找它们之间的规律，悟出其中的玄机。即八个要点：扶正固本，活血化瘀，疏经通络，排毒解毒，祛风除湿，消肿止痛，减粘化痰，开胃健脾。万变不离其宗。无论你怎么说，它都跑不出这个范围。关键是怎样灵活具体运用。

3、采取中西医结合的明智选择。这一点主要是，运用西医的先进手段来诊断病情，采取中医的强硬手段来治疗疾病。中医最薄弱的环节，就是诊病模糊。在长期的临床实践中，我就注重打破中西医的门派界限，先让病人去做必要的西医化验检测，然后根据化验检测结果来治病，这样就能做到有的放矢。

4、必须要掌握药理、药性和用药规律。对

每一味中药来讲，需要搞清：学名，别名，产地，形态，药味，药性，功效，主治，归经，配伍，用量，毒性，规律。如果不熟悉这些知识，那只能说是纸上谈兵。尤其是要懂得，怎样巧妙使用有毒的药物去治病，以毒攻毒。我有五个不同版本的药典，其中《本草纲目》看了19遍，《中草药400味》看了1100多遍。亲口尝试单味中草药320多味，复合药物尝试610多次，曾多次中毒。尤其是在尝试马钱子这味药时，因加工不当用量过大，十几分钟就中毒瘫在沙发上，幸亏提前有所准备，否则那次就惨了。

5、掌握治疗中病情的反复规律。实践告诉我，在治疗中一点反复都没有就好了的病例还不到1%，而99%的病例是有反复的。用药后如：病情从波浪式的加重到步步减轻；四肢或全身没劲或头痛、恶心、发慌；局部或全身疼痛甚至剧烈疼痛、发麻、发胀、发凉；局部或全身表面出现浮肿、骚痒、疙瘩、白粒、红肿、红豆等现象。只所以出现这些现象，这与活血化瘀、内毒外排、祛风除湿、减粘化痰有关。当出现以上现象时，要区分正确与否，妥善解答或处置。

6、不迷信书本、古人、权威和秘方。除了系统学习中医本科知识外，我还阅读了300多本有关书籍，但是我不是盲目地死读书，既继承又批判；对古人的理论和验方，采取扬弃的态度；积极学习权威的知识和经验，但不盲从；我收集了11000多个秘方偏方，但只是从中汲取有价值的东西。

7、学习、研究、临床不断总结提高。除了刻苦读书以外，我曾拜十多位退休老中医为师，请教他们的临床经验；注重医理、病理和药物研究，如今有独立的药物科研成果30多项，在报刊和网络上发表专业论文40多篇；在临床中注重把这些成果用于实践，并分别收到很好的效果；同时也注意不断地总结经验与不足，发扬成绩不断提高。

整脊推拿治疗神经根型颈椎病

河南辉县市正脊中心　　姜喜安

笔者2006年2月-2009年4月采用整脊推拿方法治疗神经根型颈椎病386例，取得满意效果，现报道如下。

一般资料

本组368例，男168例，女200例；年龄17-72岁，平均42.6岁；病程2个月-7年，平均19.6个月。本组病人均有不同程度的颈肩痛，后颈部、枕部酸痛，225例上臂酸痛，145例手指麻木。X线检查显示颈椎生理曲度消失262例，后缘骨质增生151例，颈椎生理曲度反屈51例。

治疗方法

患者正坐，医者用揉法、按法、弹拨等手法放松颈部软组织，重点按压、弹拨颈前斜角肌和中斜角肌之间。再用拇指触诊确定棘突偏斜，并以一手拇指顶推偏斜的棘突，其余4指扶持颈部，另手5指握住下颌骨向上牵拉并向棘突偏歪的对侧旋转，同时拇指推顶棘突，旋转到有阻力时，快速向上牵拉，推顶棘突的拇指同时用力，可听到弹响声，手法结束。10天为1个疗程，治疗2个疗程以后进行临床观察研究。

治疗结果

疗效标准：治愈：临床症状、体征消失；显效：临床症状、体征基本消失；无效：临床症状、体征与治疗前无明显变化。结果：治愈242例，显效103例，无效23例，总有效率达93.8%。

讨论

整脊推拿能缓解肌肉痉挛，纠正关节错位，松解粘连，解除滑膜嵌顿，对颈椎间盘弹性与应力分布有调整作用。从而恢复颈、头部的生物力学的生理性平衡状态，阻止或减缓颈椎病变恶性循环，使颈肩肌的病变、韧带的病变及颈椎生理曲度的病变得到改善和康复。从而达到消除症状，治愈疾病的目的。本人用旋提手法将患者主动旋转与医生上提分离，该手法简单、易掌握，可控性和安全性系数高，本手法缓解了肌肉痉挛，整复了关节紊乱，消除了临床症状，是治疗神经根型颈椎病的好方法。

（原文载于《中国民间疗法》）

中西医结合治疗面瘫

云南省腾冲县崇仁诊所　　杨康庆

中医的面瘫属中风、风中经络现代医学叫颜面神经麻痹，中医又称口眼歪斜，多因风痰阻于经络所致，所以有风邪中络之称，常于受风寒后发病患侧面部感觉麻痹，耳后及颈项胀痛或压痛、面部表情肌功能障碍，症见口角歪向健侧，患侧不能闭眼，鼻唇沟变浅，不能皱额蹙眉，鼓腮时患侧漏气，不能撮口、吹口，吹口哨不能露齿，饮水时，水从口角漏出，舌前2/3味觉减退或消失和听觉过敏，食物可残留齿颊之间。

本病病机属中风病，风邪未深入仅中于面部经络而引起面肌麻木不仁，口眼歪斜，濑口水外漏，唇不能撮，眼闭不能合等证《金匮要略，中风面部病症并治第五》第一二条从脉证论述了中风病病机；第一条曰：“夫风为病……此为痹脉微而数，中风使然”，以脉微标志气血不足，数乃邪盛之征，指出正虚邪盛而发生中风的病机。第二条曰：“寸口脉浮而紧，紧为寒，浮则为虚，寒虚相搏邪在皮肤，浮则血虚，经络空虚，贼邪不泻……”寸口脉主表营卫。浮脉主血（气）虚弱，脉紧主寒。寸口脉浮而紧，即气血虚弱，卫外功能不强，风寒之邪乘虚而入，正虚则不能抵抗外邪，风寒之邪则到虚处停留。“络脉气虚，贼邪不泄”是指经脉痹阻而为主要病机《诸病源侯论•偏风口歪候》云：“风邪入足阳明经、手太阳之经，遇寒则筋急引颊，故使口歪斜言语不正，而且不能平视”“足阳明胃经起于鼻旁上行鼻根，沿鼻外侧下行入上齿，环绕口唇……”“手太阳小肠经起于小指侧端……”从锁骨上窝沿颈部上行致面颊，致外眼角……向上沿眼眶的下方达鼻根部……，风寒之邪致病最广，稍有不慎，如：情志、饮食、外邪等因素可引起本病，中医学认为情志最易受影响的为肝脏，概括为“其体为血，其用为气”，“喜条达，忌抑郁”，情志不随时，可导致肝脏功能失调，而引起气血紊乱，卫外功能不强，风寒之邪乘虚而侵入经络而致。饮食不节，喜食油腻，寒凉之品，而克伐脾胃，脾胃为“气血生化之源”脾流肌肉，主四肢，卫气主要功能为：一是护卫肌表抗御外邪，二是温煦脏腑润泽皮毛。三是调节控制肌腠开阖。而卫气主要是由脾胃运化水谷之精微所生化，所以饮食亦有致病之特点。卧床或长时间在野外潮湿之处亦可引起。风为阳邪易袭阳位，风为百病之长。风必主动，风善行而数变，寒为阴邪，易伤阳气寒气收引，然风邪与寒邪共同致病更为迅速。

面瘫的发生主要为感受风寒之邪，客于面部经络头气血阻滞，经脉失养，肌肉缓解不收所致。根据《内经》“客者除之”“血实者亦决之”和“治风先治血，血行风自灭”主要症状：口眼歪斜、濑水外漏、唇口不能撮，眼闭不合，面部肌肉麻痹，甚者患侧手背麻木、疼痛、烦躁、舌浅苔白，脉沉紧，以此为基础自拟方治之。此方侧重于生血活血益气，散风活络化痰解痉。方以四物汤加小白附子僵蚕，白芷钩藤、北细辛、麻黄、栀子、黄芩、地龙、防风、口芪（重用 30-50g）甘草、独活（初病重者可加蜈蚣、全蝎）。

方解：小白附子、祛风燥湿、药力上行、善治面部百病。僵蚕祛风化痰，其气轻浮善治面齿咽喉等上部之风痰结滞，二者相使为用，其为君药，再配以白芷芳香上达阳明，太阳经散风除热，钩藤祛风舒筋清心疏肝，细辛温经散祛寒风止痛共助君药之力，独活防风宣表祛风兼散头面滞气，白芍养血敛阴，有止挛作用，地龙通经活血亦治气虚血滞，经络不通之症，栀子、黄芩清热坚阴，麻黄辛温入肺发汗解表，以散风寒，使外邪从汗而解，以加强力共为补药，黄芪大补元气，当归补血活气，川芎活血祛风，为血中气药，生地养阴凉血，四药相互为用使气血旺，以促血行去瘀而不伤正、共奏：“治风先治血，血行风自灭之效”，甘草归十二经，具有和缓药性，调和诸药之效，诸药相合共成；行血活血，散风活络，化痰、解痉、专治颜面不正、口眼歪斜之特效良方，为加强疗效缩短疗程加用针剂和理疗。

夏天无注射液 2ml，维脑路通 20ml，维生素 B121ml 混合肌注，每日二次，早晚各一次，时日为一疗程，再以维生素 B121ml，穴注迎香、地仓、颊车穴每穴注 0.2ml，每日一次，7 日一疗程，理疗：以鸭蛋加热、热敷患侧，每日数次，每次半小时以上。

以上是笔者 45 年临床中反复修定，最后定方的特效良方以供同行和患者。

特色门诊篇

北京白云观中医诊所

2004 年 4 月 27 日上午，北京白云观中医诊所举行了隆重的开业典礼。中央统战部、国家宗教事务局、北京市西城区卫生局、药检、工商、民政等部门的领导，香港蓬瀛仙馆、青松观的同门好友，以及社会各界的功德主等一百多人，应邀参加了此次庆典活动。典礼仪式在北京白云观中医诊所前举行。仪式由中国道协联络处孙同昌主任主持。中国道协袁志鸿副秘书长代表中国道协致词。李宇林副监院兼中医诊所所长。中央统战部、宗教事务局与北京市西城区卫生局的领导等分别在典礼仪式上讲了话。他们对道教界多年来爱国爱教的善行做了表扬，称赞北京白云观中医诊所的开业为开发道教资源，服务当今社会做出了有益的尝试。香港蓬瀛仙馆永远馆长黎显华先生和青松观董事长蔡惠霖等香港道教人士出席了开业典礼。统战部与卫生局的领导、中国道教协会黄信阳副会长、香港黎显华永远馆长、蔡惠霖董事长等为诊所开业剪彩。之后，中央统战部蒋坚永副局长和西城区卫生局刘劲松科长为“北京白云观中医诊所”牌匾揭彩。

北京白云观中医诊所是在秉承道教古老医

学传统的基础上，发扬“药王”“大医精诚”所体现的仁心仁术精神，本着慈爱为本、诚实守信、一视同仁、患者至上的原则，融汇道家摄生养命之大成，汲取传统中医诊疗之精粹，充分发挥道教医学的优势，集药物、针灸、养生等综合治疗为一体，形成具有鲜明道教特色的多元化医疗体系。本诊所注意开展个性化治疗，根据每位患者的病情，拟定具体有效的方案，从而达到治病救人的切实目的。

诊所人员由经验丰富的白云观道医和对养生具有深厚造诣的道长及信仰道教的社会中医人士组成，并具有以下特点：

治疗与养生并重：数千年来，道教在养生修炼方面积累了大量的宝贵经验，白云观中医诊所把这些行之有效的养生理法，积极奉献出来，帮助人们祛病延年、调整身心、净化心灵、修真养性。《黄帝内经》说：“不治已病，治未病，不治已乱，治未乱。”说明防患于未然的重要性，中医认为“正气存内，邪不可干，邪之所腠，其气必虚。”道教养生，通过切实有效的修养方法，能够帮助人们培养正气，抵抗疾病，从而达到扶正去邪、防病健身的目的。道教养生法门涵盖极广，诸如服食、行气、吐纳、守一、心斋、导引、周天、存思、坐忘、内丹、外丹等。丹经认为“人体为一小天地”，对于自我身心采取一定的方式加以煅炼，对于获得心灵的宁静，对于疏通全身经络，使人体的气血阴阳平衡，强健筋骨，延缓衰老，百病不生，确实有着神奇的功效。特别对于一些常见病，诸如失眠、神经衰弱、胃溃疡、高血压、肺结核、慢性肝炎、慢性气管炎、心脏病、糖尿病、妇科病、更年期综合症等都有特殊疗效，能够积极地服务于社会，造福人类，同登寿域。

针对亚健康人群和慢性病患者提供治疗养生方法：现代社会中，由于竞争激烈，工作繁忙，给人带来愈来愈大的紧张和压力，各种不健康的生活方式，不平衡的饮食结构，食品的化学污染、空气污染以及其他的有害环境因素，大大影响着人们的身心，诱发各种疾病的滋生，而且随着一些病种的年青化，相当一部分人处于“亚健康”状态之中，不但降低了生活质量，同时也大大降低了工作效率。上班的人们每天陷入紧张的生活节奏之中，没有时间注意和修整自己的身心。退休的老年人，本应安享晚年，却因年青时为了家庭和工作，造成身体严重透支，各种疾病相继袭来，如糖尿病，冠心病等等。多数人不知道如何进行自身调养，使得有些疾病缠绵难愈，因而饱受病痛的折磨。如果长期依赖药物，也会导致人们生理功能紊乱。道教医学的一切治疗和预防的方法都是自然的，十分适合现代社会的实际情况，可以有效地平衡身心，开发智力，培养情操，恢复健康，引导人们学习正确的生活方式，可以优化人生，而且能够使身体、心理、行为和处世各个方面均可得到良性改善。

为肿瘤术后和中、晚期的癌症患者提供治疗：如今癌性肿瘤已成为人类的可怕杀手，不幸患病后，大多数病人都会感到恐惧和绝望，承受着肉体病痛和精神打击的双重折磨，现代医学难以为其提供有效的根治方法。道教医学注意从人体组织的内部展开治疗，通过身心兼治、养生为本的方法，调整阴阳结构，培养先天正气，能够切实提高人体的免疫力，增强人身自身修复的功能，同时配合药物、食疗等方法，充分发掘人体潜能，改善生活质量，从而有效抵制病毒，延长生命。

北京市南城中医门诊部

北京市南城中医门诊部谢锡安教授出身中医药世家，幼年随伯父学习中医药基础知识，随伯父临床诊脉，并从事中药炮制和制剂工作几十年，还从师北京中医院著名中医外科专家王玉章教授，中国中医科学院著名资深研究员谢海洲教授，深得名师真传和指点。

谢锡安教授以四部经典著作为理论指导，吸取了古代各家学派的临床经验和理论学说，及各家临床治疗特点，以李时珍本草纲目，尊古炮制，指导临床用药标准，和药用疗效，保证了用药的疗效，无毒、无副作用而安全有效。把中医药理论融会贯通，运用合二为一的辨证论治，用当通神的理论思想，指导着临床疑难病和不治之证的临床治疗，使病人得到转危为安的福音。

临床治疗研究项目，及研究创新成果：

一、心脑血管学科项目及临床研制创新成果：心脑血管病是目前危害人类健康的三大杀手之一。门诊部临床研制的创新中药——谢氏血府化瘀通脉散，疗效显著，受到国内国外患者的好评。

二、肿瘤病学科研究项目，及临床治疗创新成果：我院精心研制的创新中药“谢氏化瘤散”疗效显著，能破坏和杀灭癌细胞，将体内的毒素排出体外，逐渐缩小或消除肿瘤，扶正培本，有抑制癌细胞的浸润和控制转化，提高和改善机体物质代谢功能，增强免疫能力和抗病能力，对早期肿瘤和晚期肿瘤手术后，治疗效果显著，对晚期不手术的肿瘤效果差，但能缓解病情，减轻痛苦，延长生命，在1998年首届国际“华陀”传统医学成果博览会上“谢氏化瘤散”荣获“国际最高金奖”。

三、性病梅毒病等项目及临床中药研制创新：我院“谢氏特效抗毒金丹”是谢锡安教授临床多年研制的创新中药，在皮科、外科，临床治疗初期中期性病梅毒，五脏病毒，疔毒恶疮，痈疽疮疡，无名肿毒等效果显著，对晚期危重病疗效差，但能给危重病人减轻症状，解除痛苦，稳定病性，深受广大患者的好评。

四、皮科、外科研究项目：针对皮科外科红、肿、热、痛、痈疽疮疡、无名肿毒、痄腮、乳痈乳疮、发热肿块等病症，结合几十年临床精心研制的创新中药“谢氏消肿膏”有显著的治愈疗效，在1998年首届国际“华陀”传统医学成果博览会上荣获“国际金奖”。

总结近十几年，在中医中药科学理论发展获得了很大进展，在临床疑难病治疗病理科学进展有很大突破。在治疗疑难病，临床用药的药理科学研究及创新中药有出色的成就，撰写了多病种，多学科的论文及用药研究。

万和绿色养生堂

万和绿色养生堂位于河北省邯郸市，成立于2003年4月，原名“珍园食品店”，2005年初更名为万和绿色养生堂，意为取万家之和为我所用，通过精确的营养，提升免疫力，帮助我们预防和抵抗疾病，达到健康长寿。在《营养免疫学》的科学理论指导下，通过精选产品，各取所长，优势互补，对症调理与爱心服务，受益民众数千人。六年来，应用“营养免疫疗法”为各类疾病患者及亚健康人群调理上千人次，取得显著效果，总有效率达 98%以上。尤其对免疫力严重低下、感冒、高血压、心脑血管疾病、糖尿病、肠胃炎、各类感染、甲状腺疾病、精神病及癌症等疾病的预防与康复效果显著，且无毒副作用。

创办人：田桂平，女，1952 年出生，退休前任中学高级教师。早年参加过红医工培训，崇尚科学与教育，关注养生与保健，提倡“预防胜于治疗”。2003 年初开始学习与研究营养免疫学，并义务宣传营养免疫学，促进民众健康意识。2003 年—2008 年期间，曾 5 次参加国际营养免疫学创始人陈昭妃博士的专业培训，并荣获“营养免疫学优秀讲师”光荣称号；2006 年参加营养师培训，考取国家高级公共营养师资格认证。现任丞燕国际营养机构北京专卖店营养免疫学讲师；中国农科院“华兴牌”蜂产品邯郸地区总代理；万和绿色养生堂高级营养师兼总经理。通过刻苦学习与实践探索，总结经验写出论文《营养免疫疗法初探》，在 2008 年全国第三届中医药发展论坛上荣获优秀论文一等奖，受到全国人大常委会副委员长桑国卫、全国政协副主席阿不来提·阿不都热西提、十届全国人大常委会副委员长顾秀莲等国家领导人的亲切接见；并发表在《中国科技纵横》2009 年 9 月总第 81 期“理论探索”栏目。2009 年 10 月应邀出席全国中医治未病与亚健康高峰论坛；2009 年 11 月中国医师网特聘为“中国医师网健康顾问委员会委员”，并授予“中华名医”荣誉勋章。同时中国医促会中老年保健专业委员会特聘为“营养保健学科专家委员”。

万和绿色养生堂代理国际国内名优健康产品。经营主要产品有：丞燕国际机构营养免疫系列产品；中国农科院正规品牌“华兴”牌名优蜂产品；黑龙江大森林牌系列保健食品；中国营养保健学会推荐系列保健食品、美国生命力等品牌保健食品；中国农大 SOD 葡萄酒；健升英顺螺旋藻；广州红景天沐足藏药系列；健康锅、矿化水机等健康日用品。

万和绿色养生堂通过不断考察市场，及时发现与推出新、优、特产品，为满足各层次民众养生保健的不同需求提供适当、独特的优质服务。

专家提示：科学证实 90%以上的疾病是免疫系统失调所造成。通过精确的营养，打造黄金免疫力，预防疾病是获取健康的最佳途径。

科学养生：良好心情，均衡营养，适量运动，适当休息。

万和宗旨：绿色养生，健康和谐，幸福千万家！

万和使命：送健康，送方便，送温暖，送智慧。

营养咨询：营养配餐，营养调理，营养治疗，营养保健。

玉龙堂古方中医研究所

《玉龙堂》源于公元 1102 年，由北宋翰林学士、著名医药学者许叔微创立。许氏家族秉承家学“读本草，博极药源，精勤不倦；习内径，大慈恻隐，普救含灵”。四十八代，九百年时光，牢记祖训“普救含灵”为己任。代代行医精勤不倦。在华夏医药界传承史上唯一未中断的医家。

陕西省三原县人民政府根据国务院关于政策、方针，以三政科字<2008>19 号文，注册号为：三政民字 010027 号决定成立《三原县玉龙堂古方中医研究所》。研究所是以“消渴症”（糖尿病）、肝气瘀结症（高脂血、脂肪肝）作为主要课题，进行研究与治疗的民营科技研究机构。

玉龙堂宗旨：以人为本，以病为标。

玉龙堂品质：诚信、自律、无瑕。

玉龙堂精神：求真、探微、索奥。

玉龙堂理念：科学规范、精勤不倦。

温经通络祛痹方，临床放治效应

【痹症知识】

《素问·痹论》曰："风、寒、湿三气杂至。合而为痹也，其中气盛者，为行痹：寒气盛着为痛痹；湿气盛者为着痹。"《易经通注》云："气不达为病称之为痹。"《说文解字》中称："痹湿病也"。从古今国医文献对痹症的论著记载和笔者对九十八名痹症重型患者临床观察、施治认为："人体营卫失调、日久正虚、感受风邪、湿热之邪相搏、内生痰瘀，机体产生痰浊、瘀血、气滞。正邪相搏，致经络、血脉、筋骨、肌肤、脏腑气血痹阻，而失去濡养。五体呈现关节、肌肉疼痛、酸楚、麻木、重者变形僵直、机体活动受限为特征的症状。"故而从广义上来讲："凡一切对人体经络、经脉、气血产生闭阻不通之病"，皆可称之为"痹症"。

根据病因、病位、病状、证候来划分痹症类别：根据风寒湿热之邪的偏性分为风痹、寒痹、湿痹、热痹；按侵及脏腑定位为肺痹、脾痹、心痹、肝痹、肾痹，五体定位分皮痹、肉痹、脉痹、筋痹、骨痹；根据症状性质，疼痛游走不定为主要表现行痹，疼痛剧烈或较剧烈为主要表现为痛痹，疼痛着重者为主要表现为着痹；根据五体临床证候可划分为风寒湿痹、寒湿痹、湿热痹、燥痹、热毒痹、痰瘀痹。

祛痹泡脚组方与方解

处方：桑枝、海风藤、当归、麻黄、洋金花、桂枝、川芎、红花、透骨草、威灵仙、细辛、白荞子、川椒、生马钱子、豨签草、白芷、白花蛇、舌草、乌梢蛇、生草乌等。

方解：祛痹泡脚方，根据患者气血、症状、病因、病位及五体，证候加减组方及剂量。采用浸泡手法，借助药液水温疏异腠理，宣畅血脉、荡涤壅滞，开通诸脉，开穴透骨，温经通络，养血活血，祛瘀消肿，调节肘腑功能。

方中透骨草，海风藤、豨签、麻黄、桂枝、羌活温经散寒、祛温通络：威灵仙、细辛、生川乌、生草乌、八里麻、生马钱子、散结、消种、止痛：当归、川芎、红花养血活血，行经通脉：乌蛇、白荞子、生南星搜络化痰、通利关节：艾叶，川椒气味辛香引诸药通窍，透达肌肤，疏通腠理。

方法：

1、将所组方药物共捣为粗粉。切记勿用高转速机械粉碎，否则将会破坏植重物生物酶有效成分。

2、根据患者病因、病位、症状、证候及脏腑受侵和五体表现确定组方药物君、臣、佐、使及剂量。

3、取药粉300克以上放入装有五公斤以上水容器内，将药粉浸泡三十分钟后，用文火烧开，再煮二十分钟。利用药液水湿先熏，待药液水湿适中再将脚放进容器内。（水温不得低自身体温）。浸泡时应不时加热水。确保容器内水温不低于38度，同时要求患者喝白开水（水温在70度以上）300毫升。不时加热水逐步使药液浸泡在上巨虚穴部位（足三里下三寸，脚踝骨以上十一寸），最佳部位应浸泡在足三里。浸泡时脚底应高于容器底三分公以上，不能踏实。浸泡须使全身发汗，在全身发汗后必须再浸泡三十至四十分钟。发汗后五小时内不得洗澡、洗脚、不得吃冷食、喝冷饮。更不能迎风，感受风寒。须穿好袜子卧床休息。

专 利 篇

SO1 号治疗糖尿病的专利

专利号：200810015555.8

专利权人：孙绍鸿

孙绍鸿教授创立的“万病一元论”认为“大道至简，万病同源。”所有疾病均源于“火伤元气”。SO1 号就是在此理论指导下研发成功的，SO1 号以不变之方应万变之病，达到了中医用药如用兵不战万胜的境界。此方已获国家专利。

此专利有见效快，适应范围广、愈后不复发的特点，是中医学上的一次大革命。由此荣获第八届“国际发明金奖”、“国家技术发明一等奖”，被联合国国际交流医科大学授予“世界传统医学突出贡献奖”及“世界传统医学终身成就勋章”，被载入《世界优秀专家人才名典》，被应邀到马来西亚、印度尼西亚等国讲授“万病一元论”及 SO1 号方的应用。2008 年受到世界卫生组织总干事陈冯富珍的亲自会见。

按牵动激潜疗法

专利号：200810234545.3

专利权人：石步雨，安徽省马鞍山市石门潜能健身服务中心主任，中国管理科学研究院学委会特约研究员。

石步雨自幼在父母精湛医技熏陶下与对医学热爱，利用业余时间钻研中医经络学说与人体牵动力学。近年来，发明了“多用动态调整经络腧穴调节器”、“组装式经络腧穴调节器”、“轿式多功能多方位经络腧穴调节装置”等多项专利。根据多方面建议，在不违背专利法规的条件下，又有新的创新，功能增多，疗效更好，申请了新的发明专利（200810234545.3）。

本专利根据腧穴处方，用调节器按于腧穴或病区，牵动身体对该腧穴或病区最敏感的部位，并按照按牵动细则牵动，充分激发体内有关免疫潜在能量的疗法，简称“按牵动激潜疗法”，亦称“按牵动疗法”，实行一次性有关主牵动调整。优点是扩大经络腧穴调节功能、功能多、作用大、效果好，当经络腧穴调节器与轿体结合时，对一种疾病的处方，能施行一次性有关主牵动调整，腧穴力量集中，主牵动幅度、力度、感应度持恒，充分激发经络腧穴及体内其它免疫潜在能量，有效克服了历代医家未能解决的经络腧穴效应弧线反应和经络腧穴的适应性（惰性）难关，达到迅速祛病健身效果。

当经络腧穴调节器与轿体、牵引器三者结合时，对多种类型垢颈椎病治疗有特效，当经络腧穴调节器与双层床结合时，对腰椎间盘突出及其手术后遗症的治疗有特效。当随身携带经络腧穴调节器与自然物体结合时，对自我日常保健有特效。据不完全统计，对 70 余种疑难病症及有关常见病治疗，均取得了满意效果。结构新颖、简单、合理、适用，容易制作，造价低，容易操作，省人、省力、省时间，安全可靠，无副作用，适于医院、家庭、健身房和康复中心等场所推广应用。将“轿式多功能多方位经络腧穴调节装置”与石门“潜能健身”（免疫潜在能量祛病健身法的简称）相结合，对一般常见病与一些疑难病症治疗的效果，可更上一层楼。

保健功能枕头

专利号：200610132421.5

发明人：胡文权　钟　准

本专利项目获2008年9月21日国家知识产权局主办的第五届中国国际专利与名牌博览会特别金奖。2009年广东省委省府、广东省卫生厅合编的大型专辑《开创新广东》收编了本项目简介，给予高度肯定和评价。

该专利产品选择中药蔓荆子为枕芯材料，运用传统中医五行学说原理严格配伍处方，通过现代科学的熬汁浸泡技术使各种中草药成分融于蔓荆子达到归经准确、阴阳平衡而成为功效广泛的“丸药”药物枕芯。成品枕具有镇静、镇痛、驱风、消炎、除湿和刺激神经的功效。此枕主要供睡眠作枕头用，同时也可以作外敷用治疗感冒、咳嗽等四时流行疾。是保健、治疗和辅助治疗兼备的理想的健康宝物。

多功能的治疗和保健效果，治未病、亚健康的较理想的产品：第一，能治多种疑难病症如头风痛、失眠、枕用一个晚上就明显见效。其他如眼睛流泪、神经衰弱、中风、颈椎腰椎痛、体臭、鼻鼾，妇女月经不调、经痛、乳腺增生等。及早使用，还能有效预防偏瘫、失忆、心肌梗塞、脑中风等恶疾的发生。第二，能让中老年人“返老还童”，延缓衰老。本枕最突出的独特功效是，较好地突破了对神经的保健治疗，因而能激活和恢复已衰老或麻木的神经，让中老年人和精神病患者能恢复活力和恢复健康。第三，作外敷用能治感冒、咳嗽等四时流行疾。因本枕具有驱风、消炎、镇痛作用，所以除了作枕头用具有上述功效外，还可将枕作外敷治疗感冒、咳嗽、咽喉炎、胃痛等四时流行疾。

多功能蜜丸的功能介绍

专利号：200910058719.X

专利权人：范永昌，全国首届百佳国医名师、全国科监委医疗卫生管理委员会委员

在细胞、组织、器官协调不一，活动减少，工作减弱，免疫失职的情况下，并不是某部位、某脏腑，而是身体全部都受到影响，局部加重，形成病灶重点的某腑、某脏。蜜丸药能解决病理第一时期也能解决第二时期病症，可与根据阴阳表理、寒热虚实的表现治疗方剂联合运用，全面治疗病理，其药性构成说明如下：

1、用于大脑中枢的药41种。

2、具有通经络、促血液抗凝血、抑制血小板减少的药物19种。

3、用于提高免疫的药31种。

4、用于抗衰老、延年益寿的药22种。

5、用于归心经，保护心脏、抗心律失常、扩张血管，改善心缺血，抑制心动脉硬化的药43种。

6、用于保护肝、疏肝、利胆、滋肝降肝气，平阳气、息肝风、缓肝急的药49种。

7、用于补肺、润肺、养肺、化痰平喘、祛痰利肺、气不足，治诸雍气的药44种。

8、用于补脾、健脾、利湿、除脘腹胀痛、痞满、积水、升冒气，且助消化的药30种。

9、用于保护肾、对肾腺素有促进作用，补肾壮阳，益精利水，增强性功能，改善肾功能药物39种。

10、用于降压、压平、升压的药：（1）降压24种（2）压平27种（3）升压11种。

11、用于降血脂的药22种。

12、用于降血糖的药18种。

13、用于抗癌及肿瘤的药29种。

14、用于解毒、治痈肿、疮毒，抗真菌病毒，皮肤溃疡的药物42种。

15、用于补血的药15种。

16、用于补气利气壮气的药22种。

17、用于抗凝血，抑制血小板聚集，促血流的药物19种。

18、用于安胃胆肠道，达三今生津，清胃中之邪的药物35种。

19、用于止血和血的药13种。

20、用于止痛、除风湿，强筋骨、补钙，增强体质的药30种。

21、发明的药物配伍中有寒性药16种，温性药22种，平性药17种，虽然寒性少6种，但因寒性的本身性硬一点，如虎杖、胆星等，故药丸的性能基本平衡。

肤清舒搽剂

专利号：ZL 90105860.2
专利权人：夏先斗，四川省遂宁市皮肤病研究所所长、遂宁市首届十大名中医、市学术技术带头人、市政协委员、中国疑难病研究协会专家技术委员

夏先斗副主任中医师用十多年时间研制而成的纯中药制剂“肤清舒搽剂”不仅有清热解毒、消炎散结、止痒修敛疮之功，而且具有杀灭多种致病菌的效果。临床应用，不仅对毛囊炎、痒疹、痤疮、皮炎（如虫咬性皮炎、脂溢性皮炎等），脓疱疮、鱼鳞病、毛囊角化症、湿疹、烫伤、创伤和术后感染等有良好效果，而且用于病毒性皮肤病，如单纯性疱疹病毒（HSV）、生殖器疱疹（HSV-2）和水痘带状疱疹（VZV）病毒等也令人非常满意。经省市多家医院临床用于多种皮肤性疾病570例治疗观察，总有效率为98%，该搽剂现已获中国发明专利证书、川卫消证字批文，中国商标证书。并获“四川省人民政府名优特新产品银奖。”被列为四川省重点科技攻关项目，现已通过省科技厅组织的专家委员会成果鉴定，结论为“研究结果达到国内同类研究先进水平。”并获遂宁市人民政府科技进步一等奖。

夏先斗副主任中医师热爱中医药事业，技术精湛，精益求精。求医者遍及省内外及港澳地区。门庭若市，妙手回春，最高日门诊量达130人次以上。2006年，四川省委省人民政府在全省启动评选“四川省首届十大名中医”活动，他被评为60名候选人之一。评委会在公告的候选人简介中写道：“行医30多年，擅治银屑病、白癜风、扁平疣、尖锐湿疣、淋病等多种皮肤疑难病症。”实际上他擅治的病症更多，如痤疮、毛囊炎、荨麻疹、鱼鳞病、毛囊角化症、黄褐斑、雀斑、带状疱疹、生殖器疱疹、梅毒、脱发、牛皮癣等。为众多皮肤病性病患者解除了难言之疾，深受人们敬爱。2003年抗击非典里，经遂宁市科技局推荐，他向国家抗非典指挥部和香港特区献方献策，受到好评。2005年经遂宁市中医局推荐，他向国家艾滋病防治中心献方献策，以“扶正清毒抗艾”为治，率先提出“从脾论治”防治艾滋病，受到好评。并收到四川省中医管理局献方公函。现在他又在进行一项为全人类解除疾病的生态防病法研究。即清新环境，健康身体，又防治未病。即将花草、植物按其所需“应用中医药的独特功效，建造养生植物生态文化园区”，即一个园区便是一付中药方剂。

交流电综合治疗仪

专利号：ZL200420048163.9

专利权人：金牛，北戴河武警疗养院门诊部

交流电综合治疗仪是金牛用了近五年的时间，经过上千次的反复试验并在中科院、北大、理工大等多名专家、教授的亲临指导下，于2004年4月获得国家专利。其研究成果已经治愈大量的患者。其独特的治疗方法是与传统中医理论的发展与创新相结合，开创了人类治疗各种疾病脱离药物的先河。是解决人类治疗疾病依赖药物产生诸多弊端的极佳手段。是亚健康人群的“绿色疗法”首选。

治疗范围：1、软组织损伤、颈椎病、肩周炎、脊柱炎、腱鞘炎、关节炎、腰肌劳损、坐骨神经痛、足跟痛、通风；2、顽固性失眠、头痛、三叉神经痛、眶眼神经痛、面肌痉挛、眼睛干涩、近视、见风流泪；3、胃肠功能紊乱、结肠炎、前列腺炎、便秘、结石、性机能减退；4、乳腺增生、子宫肌瘤、月经不调、盆腔炎、痛经；5、过敏性鼻炎、咽炎、咳嗽、气管炎、哮喘；6、面部美容、消脂减肥。

治疗特色：它是将交流电电流科学的通过人体的肌肤、组织、脏腑和器官，进行稳定、密集的电渗透，有效的改善局部组织和脏腑的整 体的内平衡与内外环境。促进血液循环，净化局部体液，从而达到调理五脏六腑的生理机能，平衡体内酸碱，修复受损的神经，加速疾病的康复，最后达到全面提高机体的免疫功能。

该技术治疗疾病与预防保健兼顾。能达到多病齐治，并发症可治的效果。并从实践到理论上形成了独有的系统工程。具有开拓性质发明。其长远影响，将从根本上消除药害、毒付作用、环境污染、能源浪费、不可再生资源浪费等系列问题，其意义极为深远。

经络药灸治疗仪

专利号：ZL00250513．4

专利权人：刘克忠，主任医师

“药灸治疗仪”被评为国家级科技成果。从穴位上用药治疗，无痛苦、无过敏、无毒副作用、起效快、疗效高、疗程短。对急、慢性中耳炎有特效，打破了必须用抗生素治疗的传统模式，可消除药毒性耳聋发生。治疗婴幼儿腹泻、心绞痛、急性心肌梗死（病例少）和胃下垂疗效高。是不吃药、不打针治病的新方法。主治：1、各类急、慢性中耳炎，有特效；2、迟发性放射反应；3、白塞氏病（配合外用药）；4、胃下垂；5、痉挛性肠绞痛；6、婴幼儿腹泻；7、急性心绞痛；8、急性心肌梗死。

刘克忠，主任医师，男，1938年8月生于河北乐亭县。毕业于内蒙古医学院医疗系，留校任教。1964年调到内蒙古自治区医院，前肿瘤科主任。从事肿瘤基础和临床研究工作四十余年。新科研成果金奖、共和国名医专家金奖、发明金奖。英国剑桥国际传记中心（IBC）授予二十世纪杰出贡献奖；美国传记研究院（ABI）授予杰出人物奖。国内首批入选“国际互联网全球寻医问药世界名医数据库注册登录”和“国际人才网医学医药人才部（库）”。发表了：“内蒙古六种类型经济地区乳腺癌的流行特征”、“内蒙古女性牧民乳腺癌高发因素探讨”、“乳房双手食、中指弹压滑动式触诊检查法”、“消乳痛对小鼠雌激素活性的影响和慢性囊性乳腺病疗效初步观察”、“消乳痛对雌二醇所致家兔乳腺增生的抑制作用”、“乳房微小肿块园周角定位器”。他个人及与人合作在国际、国内学术会议和国内刊物上发表论文四十余篇。主编《他们战胜了癌》，参编《乳癌》专著。

蠲毒丸

专利号：92104427.5

专利权人：杨锡忠，河南睢县杏林中医院院长

蠲毒丸是河南省睢县杏林中医院院长杨锡忠老中医临床40年的科研成果，为纯中药制剂，具有扶正祛毒、抗肝损伤，抑乙肝病毒等功效。经大量临床病例观察，对乙肝大三阳、小三阳、DNA阳性疗效显著，与原蠲毒丸相比有突破性进展，尤其对乙肝病毒发挥了中医药优势。其效果稳定，无副作用。

杨锡忠行医40多年，博览群书，可以说是精通中医理论及内科、妇科、儿科、针灸，对各种疑难病效果显著，尤其对肝病研究更为突出。他为了提高治疗肝病的疗效，曾多次到江苏、北京、山西、湖北等地寻访民间老中医，最后在广集历代治疗肝病验方的基础上，研制出专治多种肝病的纯中药“蠲毒丸”。这种中药对慢性肝炎、肝硬化等肝区疼痛、腹胀；肝脾肿大等均有显著效果。据对500例病人临床观察表明，总有效率达98.6%，得到著名专家学者及患者的好评，为中成药辨证用药开辟了新途径。

为了用科学技术促进中医药发展，1995年，杨锡忠以股份制的形式在原杏林中医院的基础上，又创办了河南省杨氏传统中医药研究所，形成了科研、医疗、保健一体化的新型民办医疗机构，这是振兴农村中医药，发挥中医药在农村基层初级卫生保健的又一新模式，这将促进农村医疗改革发挥中医药作用，为解决老百姓看病难、看病贵进一步发挥作用。

灵仙膏

专利号：03157600.1

专利权人：张利民

灵仙膏系采用纯天然中草药物，在经典药方和传统制作工艺基础上加以改进。既为传统、又为民间的融入现代医学精制而成。组方独特，气冲病灶，深达骨髓，标本兼治。透皮剂的采用，加强药物深层渗透，促进组织吸收，直接逐除致病因子。

1、药物主要由：冰片、樟脑、麝香（目前价格昂贵，暂不使用，但不影响疗效）、生川乌、生草乌、马钱子、乌梢蛇、血竭、威灵仙等纯天然药物为原料组成。

2、功能与主治：补肝肾，强筋骨、散寒除湿，活血化瘀，软坚消肿，疏通经络，主治由骨质增生引起的腰腿疼痛（坐骨神经痛），肿胀麻木等症。如腰椎间盘突出，压迫下肢，坐骨神经痛及下肢并发症等，对风湿痛，肩周炎，腰肌劳损，软组织挫伤，各类骨折等亦有显著疗效。

3、见效快，疗效独特：经过四十多年的临床应用，反复验证，此膏药采用纯天然中草药制成，渗透剂也是我们地区的几味常见草药。患者贴灵仙膏十分钟后感觉患处舒适，药物很快直达病灶，逐除治病因子。对病程短的患者，贴上灵仙膏二十分钟后疼痛逐渐消失，病程长的患者，贴上灵仙膏三十分钟后疼痛逐渐减轻，继续贴用，直至痊愈，对病程长，时间已久的，气血不足，肝肾亏虚等，特别严重的患者，可适当配合内服中药或酒药，治愈率达95.75%，多年未见复发；治疗腰椎间盘突出症，坐骨神

经痛，内服适当的中药或酒药，外贴灵仙膏，疗程短，见效快，不需打针，不需做任何手术，治愈率达85%以上。

4、治疗各类骨折，在复位准确，肿胀已消，用灵仙膏贴，不需内服中药及其它辅助药物，疗程短，治愈率达100%。

5、治疗各类骨折时间已久，骨痂不形成，骨不连生，贴灵仙膏不需内服中药及其它辅助药物。治疗疗程短，治愈率达100%。

6、风湿关节炎，肩周炎，腰肌劳损，软组织挫伤亦有显著疗效。

7、本药膏不仅治疗外科疾病，而且对内、妇、儿科疾病更有显著疗效。

肉灵芝保健品

专利号：ZL031537316

专利证书号：308831号

专利权人：初真文

黑龙江省科技成果证书号：黑20090432-01

本专利是由离休老干部（被中共中央组织部2004年授予“全国老干部先进个人”称号）、副研究员、高级公共营养师、农艺师、“齐齐哈尔本草肉灵芝有限公司”董事长、“齐齐哈尔瑰宝肉灵芝研究所”所长初真文领衔，率领其子女初本红等5人经过多年科学实验完成的。自1993年以来，通过科学实验获得的数据证实：所研究的“肉灵芝”（太岁）是一种真菌类生物。能与古文献中记载的濒危的珍稀中药（药食兼用）“肉芝”（太岁）画成等号，具有重大开发价值。

用肉灵芝为原料试制的“神芝泰岁”、“御宴”、“献爱”口服液等产品系列，经不同人群饮用实践验证，呈现出超过古文献所记载的功效，表现为：

一、抗艾滋病。对艾滋病患者中的机会感染症状有明显的改善和抑制作用。我们于2005年2月至2006年3月间连续在河南省艾滋病重点发病地区上蔡县无量寺乡卫生院，经46位艾滋病者饮用以“太岁”（肉灵芝）为原料配制的营养口服液验证，在饮用15-60天后所收到的明显效果为：

1、腹泻症状完全消失的占56.2%、总有效率93.7%；

2、四肢无力疲劳症状总有效率100%；

3、头痛、头晕症状总有效率84.6%；

4、低热症状总有效率57.2%；

5、失眠症状总有效率100%；

6、食欲不振症状总有效率100%；

7、脱发症状总有效率100%。

二、抗癌。以“太岁”（肉灵芝）及其培养液为原料合成研制的营养口服液，对癌症患者有提高免疫，增强体质改善生存质量作用；对放化疗患者有非常明显的抗毒副作用的功效。

三、对中老年人的心脑血管疾病、糖尿病、消化系统疾病、失眠、风湿症等疾病都有很好的辅助治疗作用。

四、对消化系统、内分泌系统、神经系统方面辅助治疗作用明显。

五、“太岁”（肉灵芝）的制品对妇女、儿童具有调节阴阳平衡的作用，能扶正固本促进新陈代谢,增进健康水平。

六、“太岁”（肉灵芝）为原料的制品，对亚健康状态人群是理想的营养调节剂。可使其告别“亚健康”，远离“现代文明病”。

山东日照市修宝堂皮肤病研究诊疗中心多项专利

专利权人：赵修宝

赵修宝在40多年的医疗生涯中，以勤求古训，博采众长，精心研究疑难杂症，现有中医学术论文5篇、4项国家中医药发明专利。以祖传秘方发明专利治疗疑难杂症，高效、快捷、抗复发且无任何的毒副作用和不良反应，为众多濒临绝境的患者解除了痛苦。

一、专利号：ZL200510042278.6

治疗牛皮癣的中药组合物。主要治疗牛皮癣、神经性皮炎、顽固性湿疹、面部痤疮、体股癣、头癣、手足癣、灰指甲、顽固性荨麻疹、鱼鳞病、结节性痒疹、粟粒性狼疮、顽固性皮肤瘙痒等皮肤病。本专利是纯中药口服剂（水丸剂）没有任何毒副作用和不良反应，服药期间不影响孕育和哺乳。该产品在同行类占六大优势：

1、纯中药口服剂（水丸剂）治愈后不复发国内外首创。

2、价格便宜，皮肤病患者容易接受。

3、服药期间无任何的毒副作用和不良反应，不影响孕育和哺乳。

4、治愈患处皮肤不留疤痕，光滑如初。

5、无论病程长短，面积大小，都能根除治愈。

6、不用忌口也能根除治愈。

二、专利号：ZL200710106637.9

治疗过敏性紫癜中药组合物。本专利治疗过敏性紫癜、多型红斑、顽固性荨麻疹，根据病情轻重一般服用 1-3 个月根除治愈，经过多年随访未见复发患者。

三、专利号 ZL200710014901.6

健身提神改善性机能的中药酒（原长寿长乐补酒），本专利主要治疗前列腺炎，阳痿早泄、阴囊潮湿、性功能低下、男性精少不孕症、女性阴冷、尿急、尿频、尿不尽也在其中，对心脑血管疾病有较好的治疗效果。

四、专利号：ZL200710016467.5

治疗妇女面斑的中药组合物。本专利主要治疗妇女内分泌失调导致面部黄褐斑、蝴蝶斑、风刺、乳房肿块、肝郁气滞不孕症、月经不调、中老年斑及前期子宫肌瘤等妇科疾病。

伸筋活络丹液治疗风湿、类风湿、强直性脊柱炎等风湿骨病

专利号：ZL93101118.3

专利权人：王来运，河南省濮阳来运风湿类风湿研究所所长

王来运为了攻克风湿、类风湿、强直性脊柱炎、气管炎、哮喘、肺气肿等世界顽症，他翻阅了古今大量资料，根据临床反应，改进处方配制，年复一年，处方改进了上百次。在多年认真积累不断创新的基础上，王来运终于研制成功了安全高效治疗风湿骨病、类风湿、强直性脊柱炎、骨质增生、椎间盘突出、坐骨神经痛等痹病的纯中药制剂的发明专利药品。1996年获颁国家发明专利证书，获国家发明专利金奖、特别金奖。另外，他还研制成功了安全、高效治疗气管炎、哮喘、肺气肿、肺心病的纯中药制剂的发明专利药品，2000年获颁国家发明专利证书，相继获国家专利金奖。

伸筋活络丹液的功能是祛风寒湿邪，伸筋活络，消肿定痛，强腰膝，壮筋骨，内走脏腑，外彻皮肤，钻筋透骨，宣通血脉，通到十二经脉及全身各个血管，遍身筋骨关节，无能不到。主治风湿、类风湿所致的胳膊痛、腿痛、全身关节肿大疼痛、四肢冷凉麻木、酸沉困重、肌

肉萎缩、筋缩短、四肢螺蜷伸不直，上肢不能抬举，下肢瘸拐。肩周炎、颈椎炎、强直性脊柱炎、骨质增生、椎间盘突出、坐骨神经痛、脉管炎、股骨头坏死等痹病。

外用活血消刺散主要是活血化瘀，消肿定痛，荡涤骨垢，消除骨刺。主治风寒湿痹，骨质增生，椎间盘突出，强直性脊柱炎的疼痛处和脊柱强直粘连处及股骨头坏死处，类风湿关节强直处，外伤后遗症引起的关节强直处均可外敷。外敷活血消刺散可治愈局部风寒湿痹，可消除局部骨质增生；可活血消肿使椎间盘突出复位；使椎体之间有间隙，消除或改善强直，变得活动灵活；外敷股骨头坏死处，可协助内服药化开髋关节的粘连，疏通瘀阻的血管，使股骨头得到气血的营养而复活。

该专利技术不但能使轻型风湿、类风湿、强直性脊柱炎等痹病患者速愈，彻底治愈。对重症类风湿引起的卧床不起、全身关节肿大疼痛、关节畸形、筋缩短、肌肉萎缩、四肢螺蜷伸不直、上肢不能抬举、下肢瘸拐者；重症强直性脊柱炎引起的腰椎、颈椎强直不能抬头、不能扭头、弓腰驼背、股骨头坏死等，坚持用药均有良效，用药时间越长效果越好。坚持用药关节肿大逐渐消失，筋短可伸长为正常，肌肉萎缩处可长肌肉，上肢抬举活动自如，下肢行走方便，四肢螺蜷可伸直，关节强直晨僵消失。有些重症患者数年不愈，体质又特别虚弱，加之乱用西药引起的胃病、肝肾亏虚、气血虚弱等，用药期间佐以调理脾胃、补气血、补肝肾的中药。兼有高血压、冠心病、血管硬化、糖尿病等要用中医的辨证施治综合兼治。

一种治疗囊肿的药物组合物

专利号：ZL200510031343.5

专利权人：李署生，湖南省岳阳市旭升中医药研究所所长，经国家及有关部门曾被授予：中华名医、中国百名医学家、中华脊梁、“全国英雄模范”等光荣称号。

本发明公开了一种彻底治愈卵巢内囊肿、多囊肾囊肿、肝囊肿、脑囊肿以及全身各部位囊肿的药物组合物。通过临床验证治疗 68 个病例，人体内各种囊肿全部消除，治愈率达 100%，并且均未出现很明显的副作用，是治疗人体内各种囊肿的特效药物。几千年来在国内外对于人体内各种囊肿均无药治疗，各大小医院只能用手术切除方法切除人体内的各种囊肿，对患者来说在经济上要承受巨大损失，身体难已恢复健康，特别是脑囊肿患者的手术危险性很大，术后容易复发，尤其是女性的卵巢囊肿是生育期女性常见的疾病，以 10-40 多岁的女性最为常见。为此寻找研究一种有特效、能解除手术痛苦，又能保存生育能力的药物来治愈人体内的各种囊肿就显得非常必要，如卵巢囊肿是女性最常见的肿瘤，多发于卵巢功能较为旺盛期的青壮年妇女，肾囊肿、肝囊肿、脑囊肿同样是发生于青壮年男女，按照中医医学分析，其病为气血瘀滞，痰湿阻滞而成，为入“癥瘕”范畴中。故治疗宜用活血化瘀，逐水利水之剂，佐以理气消散之剂。本方是根据以上治疗原则，研制的一种对人体内各种囊肿的药品组合物，本发明可制成片剂、丸剂，也可制成胶囊，若制成口服胶囊，每个胶囊药粉重 0. 5g。

本发明具有以下明显的优点是安全可靠。用于治疗卵巢囊肿、多囊肾囊肿、肝囊肿、脑囊肿临床治疗 68 个病例，总有效率 100%。最大年龄 52 岁，最小年龄为 14 岁，其中卵巢囊肿 45 例，囊肿最大为 6. 4cm×4.3cm，多囊肾囊肿 6 例，最大为 1. 8cm×lcm，肝囊肿 15 例，最大为 5.8cm×4.3cm，脑囊肿 2 例，最大为 5.5cm×3.4cm。

上述 68 例各型囊肿全部采用本发明药品浓缩制成胶囊口服治疗，都已痊愈。均未出现明显副作用，是当今世界治疗人体内各种囊肿的特效药。

远红外多点自控热疗服

专利号：ZL 200920099005.9

专利权人：高汉卿 朱国清

临床单位：北京圣唐思邈国际中医研究院

远红外多点自控热疗服，由保温布、棉毡、远红外电热布、防水布及胸腹部温度传感器、背腰部、足膝部等多路温度传感和温控系统组成。主要用于疼痛性疾病、寒湿症及诸多慢性病的治疗。还有：头痛、颈肩腰背痛、胸痛、气管炎、哮喘、前列腺炎、前列腺增生、前列肿瘤、肾炎、子宫肌瘤、肥胖症、股骨头坏死、足跟骨刺、手足冷、静脉曲张、脉管炎、失眠、高血压、痛经、糖尿病等多种疾病。使用热疗服治疗时方法很简单，患者只需穿好热疗服，躺在床上、盖好被子，就可以通电加温治疗了。患者可不住院、不手术和放化疗，在家自行治疗。根据不同疾病及患者个体情况，配合中草药外敷、口服，疗效更佳。

本热疗服采用非金属红辐线与棉纤织物一起织造而成电热布为加热源，是一种具有 5-15 微米波长、热剂量均匀并可调节的远红外低温辐射源。经量体裁制成质地柔软、穿着舒适的电热服装。患者将其穿在身上，热源紧贴皮肤，将体表均匀而全面覆盖，在头部以下形成封闭式全身热疗环境。

远红外对人体良好的加温效果，来源于它极强的渗透力和独特的吸收、共振特性。人体固有的水分子运动频率恰好与 5-15 微米的远红外发射频率相吻合，可迅速吸收远红外辐射并与其形成共振而产生的生物热能，这个生物热能在体表、体内同时产生，并通过毛细血管网和血液循环使患者整体体温迅速升高，并同步温热人体脏腑等核心部位。升温过程温和、速度快、温升均匀，患者较舒适。当患者体心温度达到并恒定在 40℃左右时，贴近体表的热疗服温度仅为 41.5℃左右，因此，患者不会产生高热痛苦，避免灼伤现象。为患者长时间耐受高温、缩短疗程、快速康复创造了良好条件。

远红外的温热作用可促使外敷药物汽化，中药汽雾通过动脉通道、角质层及表皮深层转运和水合作用，进入血液循环和微循环，在远红外的共振效应作用下，渗透到组织深层及五脏六腑，使远红外的温热效应与高浓度药物共同作用于病灶，迅速提高患者的抗病能力、恢复患者的自愈机能。体表给药方式，避开了胃液、肠液对药物的破坏，绕过肝脏，直接进人体循环血液中，有效的避开了肝肠首关效应对生物利用度的影响。并利用远红外热渗透及共振特性，让药物热气体迅速透过皮肤和穴位，经血液循环和经络传导进入体内，迅速增加病灶的血药浓度。远红外温热效应快速而有效的改善了患者的血液循环，保障了吸收速率达到治疗水平。

高浓度药物及体内高热效应的共同作用，可激发起神经元（神经系统的功能单位）兴奋运动，交互反射，速效改善神经的新陈代谢，提高神经纤维再生能力，使身体各部受损的神经获得修复，通过中枢神经系统去调节交感神经平衡，调动各器官的功能发挥，增强抵抗能力，迅速打通经络、改善循环、消炎、散结，调整全身体各系统的抗疼痛功能。

张胜利养源粉——中医世家长寿秘方

专利号：200810001818.X
专利权人：张胜利，河北省保定市利禾食品有限公司执行董事兼总经理

中华古国，文明千载，中医的食疗文化博大精深、源远流长，一直以神秘的功效和奇特的疗效存在于华夏文明中。随着经济的不断发展，人们的生活水平也在逐步提高，对于自身的健康，更是提高到一个新的认识阶段。人们在不断的寻找良方，以期保证健康的同时，也能够达到延年益寿的效果。本人作为中医世家长寿秘方当代传人，为了满足人们这一需求，将自己家相传一千余年的长寿秘方这一瑰宝奉献给大众，开始生产该长寿食品（原名为长寿粉）。现申请注册为张胜利牌“张胜利养源粉”，并成功申请了国家发明。

“张胜利养源粉”的益处是：一、健康长寿；二、坚持服用对身体体液的PH值呈弱碱性具有非常重要的作用；三、身体体型不易发胖；四、高寿后记忆力仍较好；五、对心脑血管及糖尿病具有保健和预防的作用；六、能提高人体的代谢功能和免疫力。

为什么会有这么多的益处？一、它完全符合阴阳平衡的理论：中医认为食物的皮为阳，皮内为阴，阴阳平衡才能健康，经常食用不带皮的食物会出现阴盛阳衰。“张胜利养源粉”中使用的主要原料如：全黄豆、全小麦、全玉米、蘑菇、全黑豆、小米（含细糠）、高粱米（含细糠）、黑木耳、白木耳、枸杞子、山药（麻山药、淮山药）、芝麻、海带等均是原生态食品，因此长期食用不会造成阴阳失衡。二、它完全符合酸碱平衡的理论：“张胜利养源粉”呈弱碱性，长期食用对于改善酸性体质，使人体体液PH值达到7.35-7.45起着非常重要的作用。三、它是营养均衡的最佳食品，所蛋白质含量丰富并且是完全蛋白质，坚持食用可以有效的预防肥胖症和多种疾病的发生；膳食纤维含量丰富，配料中蘑菇、黑木耳以及各种配料的皮均含有丰富的膳食纤维。此外，人体生理机能所需要的各种营养成分，“张胜利养源粉”中不仅含量丰富而且全面、均衡。四、它完全符合中医“五谷为养”的饮食文化，长期食用能五脏同补、五脏同调，最终达到延年益寿之目的。五、配方科学合理。1、黑木耳与白木耳相配伍，黑木耳补益肾脏而主血，白木耳补益肺脏而主气，同时食用气血同调；2、黄豆与海带相配伍，解决黄豆诸多不足之处；3、钙元素含量极其丰富。

张仲景故里南阳医圣祠

书影《伤寒论》

张仲景像

中和亚健康服务中心

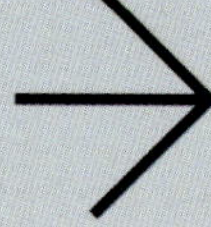

主任致辞

亚健康事业是功在千秋的大事业已是不争的事实了。

随着人类健康观念的变化和世界医学模式的转变，21世纪的医学，将从疾病医学向健康医学发展，人们对自身健康状态的关注，已从“已病图治”转变为“养生保健，未病先防”。处于健康与疾病之间低质状态的亚健康，伴随着时代的脉搏，成为21世纪最时尚的概念之一。关注与调治亚健康，成为健康医学的主题之一，符合世界医学发展趋势，对世界卫生组织提出的实现“人人享有卫生保健”的目标具有积极的促进作用。

我个人认为，亚健康问题、慢性复杂性疾病问题、老年人健康问题成为二十一世纪人类共同面临的三大健康问题。亚健康问题因其人群广泛，亚健康者多是创造社会财富的中坚力量以及亚健康问题以往不被重视等原因，使其位居三者之首。毋庸置疑，社会需求是任何学科和产业发展的第一推动力，鉴于此，亚健康既是一门新兴学科，更是一个朝阳产业。

让我们以中和亚健康服务中心为平台，为了亚健康事业，坚定信心、迎难而上、携手共进、开拓创新、科学发展。

我坚信，亚健康事业必将为二十一世纪人类的健康做出巨大的贡献！

中和亚健康服务中心主任　孙涛

中心介绍

中心简介

中和亚健康服务中心（以下简称中心）是经民政部批准，并在国家中医药管理局的业务指导和监督管理下，具有独立法人资格的社会组织。中心是国家批准的惟一的从事亚健康研究、服务、管理，并构建亚健康服务体系，培养亚健康专业人才的一级专业组织。

中心秉承以产业拉动学术，学术推进产业的理念，以传播中医药文化为先导，以推广中医常用养生保健方法为主要手段，以预防保健专业服务人才培养为突破点，联合有志于亚健康服务的各类机构和企业，共同发展亚健康产业、服务全民健康。构建一个集学术、产业推广；第三方权威质量监督；标准、规范制定；专业人才培训；新产品、新技术研发为一体的产业平台。中心将联合社会各界人士，从以下几个方面共同构建和发展我国的亚健康事业：

★ 政策／规范

(1) 在国家中医药管理局等上级主管部门的正确指导下，从事亚健康产业各个环节相关规范的制定。

(2) 积极参与并推进亚健康产业管理的规范化进程。

(3) 经主管部门同意或授权进行相关行业统计，收集、分析、发布相关行业信息。

★ 学术/标准

(1) 开展各种形式的学术活动，组织重点学术课题的研究和考察活动。

(2) 编辑出版有关亚健康方面的学术专著、最新科研成果信息、科普期刊、科普图书及音像制品。

(3) 研究并制定亚健康临床干预指南等标准。

(4) 建立和推广亚健康检测、干预、管理体系。

★ 人才/教育

(1) 开发亚健康咨询师等新的职业。开展亚健康咨询师等的培训、认证、考评、管理等各项工作。

(2) 编撰亚健康专业系列教材，构建亚健康学科体系。

★ 交流/合作

(1) 联系政府和社会公益资源，展开整合传播与推广。

(2) 举办各种学术会议和论坛，普及和宣传亚健康知识。

(3) 通过培训、咨询、市场调查、技术推广、展览展示、组织文化艺术交流活动等方式，拓展亚健康产业的宽度和内涵。

(4) 通过接受企业或个人捐赠、组织成立基金会组织，为亚健康产业的发展贡献力量。

湖南中和亚健康管理服务有限公司介绍

湖南中和亚健康服务有限公司（以下简称“中和公司”）是获得国家中医药管理局中和亚健康服务中心湖南地区授权，从事亚健康服务技术研发与推广及人才培训的专业机构。中和公司于2007年9月在湖南长沙成立，注册资金500万，拥有一支由知名中医临床专家领衔的亚健康服务团队，技术、资源和人才优势雄厚。

中和公司响应国家“三名三进”号召，2007年9月起与湖南中医药大学联手启动“百名中医博士进社区”大型活动。

2007年7月，中华中医药学会主办的“国学国医岳麓论坛”正式落户长沙，中和公司全面参与承办，成功举办三届，在中医界、国学界产生了巨大反响。

2009年7月，负责中国/世卫合作项目“中医治未病”在长沙地区实施，得到国家中医药管理局和世界卫生组织高度评价，顺利通过验收。

2009年，国学国医大讲堂名家讲师团成立，湖南科技领军人物蔡光先教授担任团长。

■ 中和膏方养生：

膏方养生系由名老中医针对需者体质辨证施治，以传统炮制制成膏滋以祛病养生，因其个性化，养生效果极为显著。中和膏方药材道地，依传统工艺九蒸九晒制成，如所用女贞子于冬至日采集。经典膏方：养血养颜膏，补益气血，润泽肌肤；白冬清金膏，养阴润肺，化痰止咳，久咳服之尤妙；益寿固肾膏：滋补肝肾，驻颜黑发，尤宜精血亏虚，脱发早白。

■ 中和脊柱养生（中和平衡健脊术）：

本技术运用中医推拿手法及现代康复技术，通过对脊柱两侧肌肉、肌腱、关节囊、韧带等软组织及脊柱小关节的调节，行气活血，疏通经脉，恢复脊柱及相关组织的相对平衡。相对于市面上医疗用整脊手法，操作简易安全，疗效显著，广泛适用于保健、养生、医疗。同时结合膏方内调以固肾强骨。本技术系2009-2010年度长沙市科协重点科研课题。

■ 中和亚健康综合调理技术：

本技术是针对常见亚健康，如疲劳、肢体酸困、精神不振、食欲下降、失眠、便秘、月经不调等进行调理的一套综合干预技术，入选2009年度中国/世界卫生组织中医药治未病合作项目。本技术采用中医特色推拿方法，配合介质、器械，刺激人体经络穴位，疏经活络，行气活血，振奋阳气，振作精神，并结合膏方内外通调，对改善亚健康状态效果极佳。

■ 中和扶阳温刮温灸技术

本技术为2009年中国/世界卫生组织中医治未病项目入选技术之一。该技术对传统火罐、刮痧、艾灸技术进行了创造性改进，集成创新出高科技专利产品——扶阳罐，无痛恒温刮痧世界首创，温通经络，祛风散寒，改善血液微循环，软化血管，活化细胞，增强和改善人体免疫系统，达到抗衰老，消除疲劳，促进体力恢复的效果。

■ 培训项目：

◇亚健康咨询师培训：分为初、中、高三级，以“亚健康专业系列教材”为教材，从中医基础、经络推拿、常见亚健康服务方法等方面进行全面系统培训。180课时，中医药大学教授授课，由中和亚健康服务中心、中华中医药学会联合颁发的《亚健康咨询师》证书。

◇亚健康全息罐诊罐疗师培训：为“亚健康专业系列教材”之技术培训系列之一。该技术将传统与现代罐疗技术结合，可极为快速准确地进行亚健康状态判断，具有令人称奇的效果。50-60课时，颁发中华中医药学会证书。

公司地址：长沙市朝阳路253号铁银商务楼401。
联系电话：0731-82866992.
网址：www.jk1351.com。　QQ：924478910。
邮箱：924478910@qq.com。

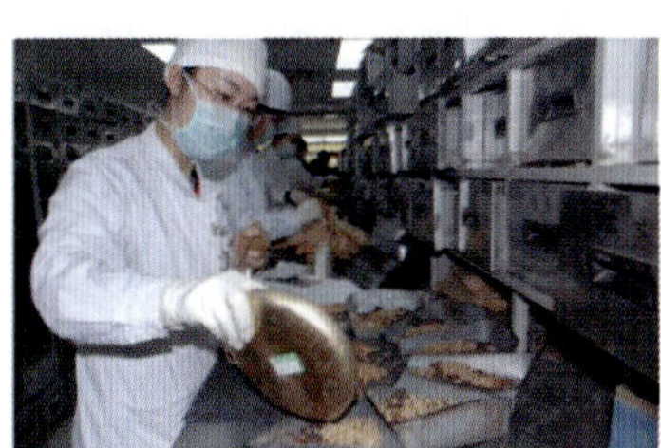

膏方配置

紫铜锅

紫铜锅

冯德孔为外国专家做白癜风学术报告

中国中医在世界上．冯德孔、冯华发现遗传学新问题

冯德孔在联合国总部前

据新华社、中央电视台、新华网、腾迅网、网易报道：云南白癜风专科医院冯德孔医师等九位中国中医专家在斯里兰卡由联合国国际交流医科大学主办有165个国家和地区，5000多位学者参会的第45届世界传统医学大会上荣获世界传统医学贡献奖。——新华社北京2007年11月21日08:10电

2008年3月25日冯德孔在印度再次荣获第46届世界传统医学贡献奖、杰出奖、发展奖、成为我国唯一一位连续两届荣获此奖和多项奖项的中国中医专家。同时还被聘为联合国国际交流医科大学客座教授，在大型的国际交流大会上多次展现了中国中医的学术水平和学者风度。

中国著名科学家、中国遗传学奠基人谈家祯教授早在1998年获悉冯德孔发现近亲结婚子女出现白癜风这一遗传学中新问题即去信祝贺他“在白癜风研究上获得重大成就”。中国中医代表团访问日本时，日本大阪报纸高度评价冯德孔：“中国中医代表团的医学专家、中国云南白癜风专家冯德孔对中国中医遗传学有重大新发现，他发现父母近亲结婚子女出现白癜风109个病例（至今已155例），这一发现打破了长期以来认为中医在医学上没有新发现的说法。并对白癜风的治疗取得非常显著的疗效，1998年12月18日中央电视台《健康之路栏目》即对冯德孔的事迹多次报道，国内各省市以及美国、法国、泰国、缅甸、新加坡等国都有患者在这个专科治愈。”

新华社、中央电视台、新华网、腾讯网、网易报道：在斯里兰卡举行的第45届传统医学大会上，有165个国家、5000多学者参会，云南白癜风专科冯德孔等九位中国中医专家荣获第45届世界传统医学贡献奖。图为：各国专家听取冯德孔的白癜风报告

冯德孔在第45届世界传统医学大会上对5000多学者做白癜风学术报告，关于发现白癜风新问题

斯里兰卡总统夫人接见中国中医代表团，右立第一人为冯德孔

中国中医代表团在第46届世界传统医学大会上阵容庞大，冯德孔首先获得世界传统医学贡献奖（右起第三人）（印度、金奈2008年3月21日）

第46届世界传统医学大会主席彼德尔亲自为中国中医冯德孔颁发传统医学发展杰出奖

2008年3月25日联合国国际交流医科大学在印度金奈举行的第46届世界传统医学大会上，冯德孔再次荣获世界传统医学贡献奖和杰出成就奖，成为我国目前唯一一位连续两届荣获此奖和多奖项的中国中医专家

国际交流医科大学校长班迪斯为冯德孔颁发传统医学贡献奖、并聘冯德孔为该校客座教授

中国中医代表团出席美国中医节，照片正中为冯德孔

冯德孔在美国国际医药大学做学术报告后，中美两国专家合影

冯德孔在美国旧金山美洲中医学院交流后与该院教授合影（左起第一人，冯德孔）

＝公 司 简 介＝

沈阳华溪玉容公司始建于1995年11月，是一家以继承和发扬祖国医药学的光荣传统、开发疗效型中医药保健美容品为主的新兴民营企业。旗下包括：华溪中医药研究院、华溪美容院、华溪玉容酒厂。是集疗效型中医药保健美容品的研制、开发、推广、应用为一体。历经八年风雨，艰苦创业，打造着一个东方民族的品牌——《华溪玉容》。现在已自成一体，独成华溪中医美容一派。其产品深受国内外用户的喜爱和好评，曾为成千上万的人解除了病痛的折磨，并带来了健康、美丽和幸福。用技术实力创造了一个又一个世界医学界、美容界的奇迹。加盟店、连锁店、经销商遍及全国各地以及其它一些国家和地区，并享有很高的信誉和知名度。被誉为美丽与健康的使者。

华溪玉容，本着造福人类，贡献社会的精神，以严肃认真的工作态度，努力挖掘中华医学的精华，追求医疗保健美容的最高境界。为人类的健康与美丽和世界的医学界、美容界做出贡献。

华溪玉容公司的经营理念是：用技术实力，铸造经济实力，立足现在，放眼未来，振兴中医，富国强民。

毕伟，原名毕占信。辽宁沈阳人。1995年至今，他先后创立了华溪中医药研究院、华溪玉容中医中药研究所、华溪美容院、华溪玉容酒厂、华溪中药化妆品厂，在国内外医学、美容界有很大影响。

他立志纳沧海为一粟，纳森林为一叶。深入浅出，化繁为简，让中医更好的为人类造福，让有小学以上文化水平的人就懂中医，就能运用中医。这是人类医学史上的一个壮举。他说：要让中医从渊博深奥中走出来，回到民间去……他著有《华溪专辑》六集，发表医学论文数十篇，他最善于治疗一些奇病、怪病和疑难杂症。他的医学观点新颖、独特、颇具前瞻性、建树性和争议性。他医术神奇，思维奇妙，又具有极强的自然性。

他酷爱文学、艺术、历史、诗歌、字画、旅游、探秘等。被誉为“当代最具影响力企业家”、“世界杰出华人”、“一介儒商”。

地　　址：沈阳市和平区南一马路109号力创大厦四楼　邮编：110001
咨询电话：024－23243172　23874091　23860178－808（或803）
订货电话：024－23865532　　传 真：024－23223007
http://www.hx8.cn　　QQ:380165623
Email：huaxiyurong@163.com

南京小松医疗仪器研究所

小松由南京小松医疗仪器研究所、广州市小松贸易有限公司和香港小松医疗仪器公司三个机构共同组成。是从事医疗，保健产品的研发、生产和销售的专业公司。其强大的研发能力、完善的营销网络和专业推广策略，使之成为最有发展前景和潜力的企业。研究所现拥有院士、专家著名医学教授等十余名顾问。拥有多项自主知识产权："XS-89E型多频率微波治疗仪"注册证号:国食药监械(准)字2004第3250030号；"XS-998系列光电治疗仪"注册证号码:苏食药监械(准)字2009第2250112号；"XS-100A耳穴探测器"注册证号:苏食药监械(准)字2009第2220177号。

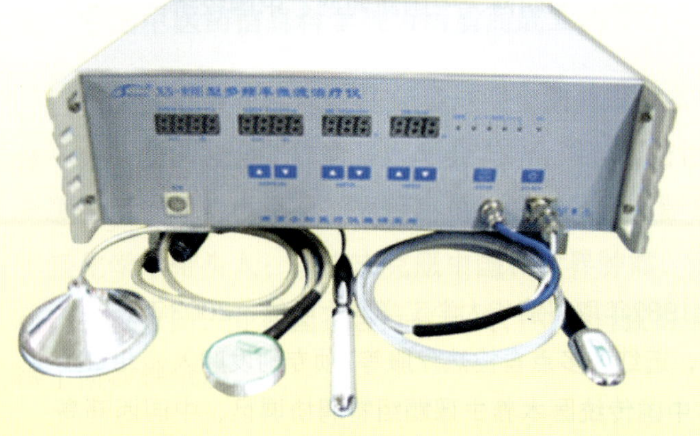

XS-89E型多频率微波治疗仪

多频率微波治疗仪的微波源是电子技术发展的第三代固态模块。输出波形连续波和多种频率脉冲调制波，能够使病症部位温度高于正常组织的温度。有多种高效线极化体表辐射器可供治疗不同病症时选择，自动测控温等高新技术。安全性能、功耗、使用寿命等远远优于目前常用的磁控管微波治疗仪，是本所自主知识产权专利产品，发明专利号:ZL93111800.X，国际专利分类号:A61N5/02。

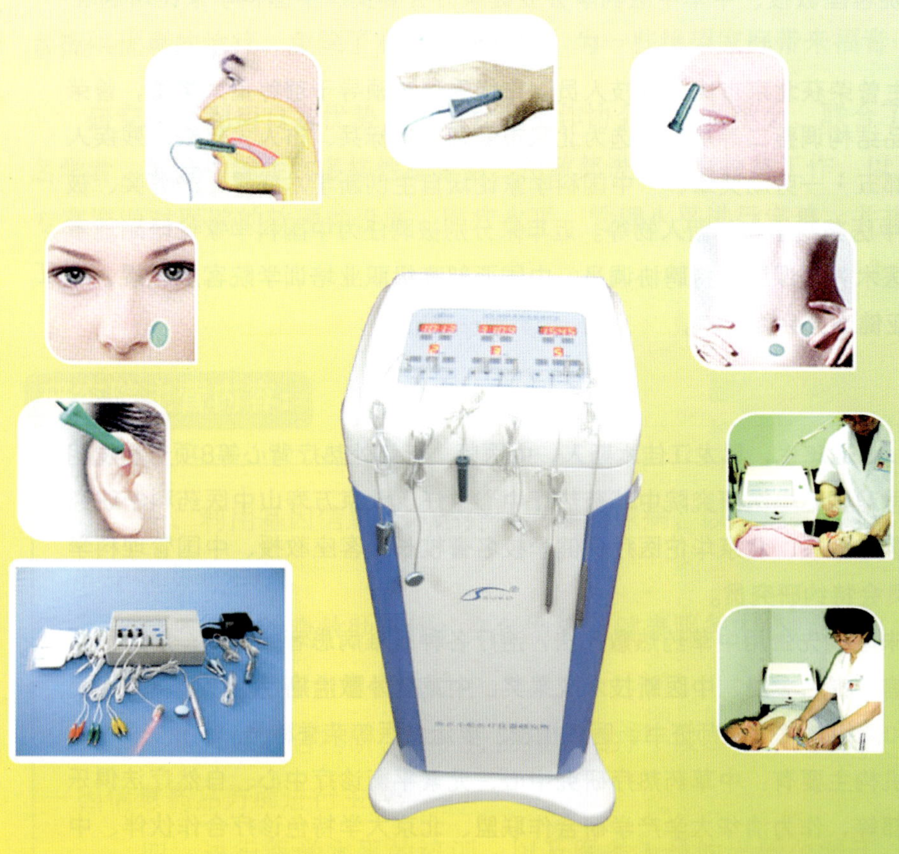

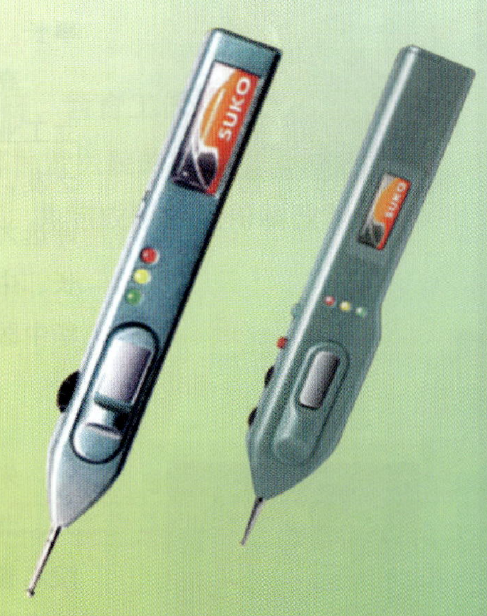

XS-100A耳穴探测器

耳廓经络纵横交错是人体经络会合的场所，与全身经络内外相应，上下贯通，当人的躯体、内脏发生疾病时，往往会在耳廓一定穴区出现电特性改变(称为阳性反映点)。XS-100A耳穴探测器就是根据这一原理制成，能帮助您迅速找准阳性反映点，在反映点上使耳穴贴压、激光、电针疗法能明显提高疗效。也是一种辅助诊断疾病的参考仪器。

XS-998系列光电治疗仪

光电治疗仪在相关体穴上进行电针、TENS刺激或激光照射，能起到疏松经络、调理阴阳气血，以恢复机体平衡，扶正去邪、镇痛止痉、消炎消肿、增强抗病能力，尤其对循环、代谢、内分泌等系统的疾病有很好的治疗效果。

南京小松医疗仪器研究所　地址：南京市鼓楼区中山北路281号虹桥中心2号楼927B　电话：025-83171116　http://www.sukochina.com

营销总部：广州市小松贸易有限公司　地址：广州市番禺区洛溪新城吉祥北路191号　电话(传真)：020-34705190　E-mail:sales@sukochina.com

中国人民解放军
66400部队骨病专科医院

中国人民解放军66400部队骨病专科医院是一所集临床、科研、教学为一体的以治疗髋关节疾病为特点的中西医结合骨病专科，位于北京西四环路定慧桥西北侧金沟河畔，环境幽雅，设备齐全，技术力量雄厚，由著名骨病专家主任医师宫恩年教授任院长，拥有一批医术精湛，经验丰富的年轻医护队伍。目前，我们每年手术量1500余例，年门诊量达三万多人次，住院床位200张，患者来自国内及美国、法国、比利时、新加坡等世界十多个国家和地区。

我们在髋关节病、颈椎病、腰椎病、骨髓炎、延迟性骨不连等疑难骨病疗效显著，尤以髋关节疾病研究治疗为中心，如采用髋臼翻盖手术治疗小儿先天性髋臼发育不良；髋臼加盖手术治疗成人先天性髋臼发育不良；髋内翻、扁平髋、类风湿性髋融合、髋关节各类骨折，特别是对各种诱因引起的股骨头坏死诊断和治疗独具特色。

宫恩年院长自70年代末始一直从事股骨头坏死的中西医探索、研究、治疗， 30多年来宫恩年院长以传统祖国医学为基础，自行发明研制的活骨丸、活骨胶囊、活骨膏等一系列中成药，对股骨头坏死有非常满意的特效。绝大多数股骨头坏死（不伴有大量关节积液的）基本上单纯内服活骨胶囊、活骨丸，配合局部外用活骨膏就可以修复；对于股骨头坏死髋关节滑膜水肿，关节腔积液较多，骨髓腔明显水肿的，早期给予手术治疗，大部分亦可治愈；中晚期股骨头囊性变较大和股骨头塌陷，有骨赘形成的均应配合手术，术后再加以手法按摩、功能康复等综合治疗；保守治疗和保头治疗无效的，方可采用人工关节置换手术，手术时间一般40分钟左右，大多数患者三天即可下地行走。随着现代医学的不断发展，宫院长对干细胞移植治疗股骨头坏死进行了大量的临床研究，发现干细胞移植对早期股骨头坏死治疗有明显的效果，近几年来宫院长开展了股骨头坏死骨干细胞的移植手术近百余例，病人效果满意。

宫恩年院长不仅在关节疾病的诊治独具匠心，在脊柱疾病上也积累了丰富的手术经验。例如先后进行了脊柱侧弯矫形术、椎体滑脱复位、脊柱融合术、椎管内肿瘤的摘除、颈—颅骨搭桥术、各型颈椎病及颈椎外伤性骨折伴高位截瘫前路复位、钢板内固定，寰枢椎脱位、复位等手术。

我们采用高科技计算机管理系统，从德国西门子公司进口1.5T超导高场磁共振、美国大型高分辨率CT机、大型X光机、DSA（数字减影机），使病人在15分钟就可以拿到准确检查结果。手术室配置了现代化的心电监护仪，并拥有西门子手术用C—型臂X光机，以及世界上最先进的美敦力骨科多功能气体力学工具等先进的医疗设备。如对新发生股骨颈骨折的病人可在C—型臂X光机监控下复位固定10—20分钟即可完成。术后内服及外用中药促使局部水肿吸收、骨痂形成愈合，并能有效预防外伤性股骨头坏死的发生。

在注重医院技术水平提高的同时，特别加强医德医风教育。从建院至今一条禁令守护一方净土（三不：不收红包、不收礼品、不吃请），违者一要退还、二要处分、三要走人。本院医护人员以病人至上、质量第一为宗旨，工作中全面推行“一切以病人为本”的服务理念，深受广大患者的信赖。2000年我院荣获北京市扶贫助残先进集体；2004年被国家中医药管理局和总后卫生部确定为“中西医结合重点骨病专科”；2009年我院荣获“建国60周年 北京市十大百姓放心医院”。

我对食物养生的认识与研究

——石家庄市 许红征

许红征是河北石家庄新闻单位的一名退休干部，笔名：许诺。现为世界中医药学会联合会中医特色诊疗研究专业委员会会员、中国发明协会会员（会员编号:0001198）、中华中医药学会会员、中华中医药学会亚健康分会委员、中国药膳研究会会员、中国保健协会会员。

对食物养生的研究：

整体辨证和辨证施治是中医的灵魂所在，也是中医的魅力所在。本人崇尚朱丹溪倡导的滋阴学说，认为滋阴补阴，阴中求阳，可达生化无穷。本人尊从《黄帝内经》的养生理论，以“扶正祛邪，固本培元”为根本大法，以调理脾胃、滋补肝肾、补益气血为治疗原则，根据食物的性、味、归经、功效、升降浮沉及对五脏的影响筛选组方，研制出美味食物养生饮品。

本饮品不仅可以使亚健康患者在短期内恢复健康，预防和避免疾病发生，还可使诸多疾病，如：冠心病、高血压、糖尿病、腰椎间盘突出、关节疼痛、轻度股骨头坏死、肾炎、肾积水、等多种慢性病以及肺纤维化、地中海贫血等世界公认的不治之症不治自愈（症状减轻或消失），做到了“治未病”又“治已病”。

食物养生的社会价值

假如我国占总人口70%的亚健康者中有一半人通过食物养生重新获得健康，避免了多种疾病的发生；假如各种疾病患者中一半人通过食物养生症状减轻或消失，从而避免了各种昂贵的治疗费和手术费；假如我国1.45亿老年人中有一半通过食物养生得以健康地生活，这对于我国，对于全人类无疑是一个巨大贡献!

通讯地址：石家庄市青园街15号园东园7栋3单元202室　邮编：050011
电子信箱：xunuo1818@163.com　联系电话：13582031219

周振怀，男，生于1955年9月，天津蓟县人。中国临床医学研究中心高级研究员，祖传秘方“周氏接骨散”传人，现任特色诚信中医骨科主任医师，中国名医理事会理事，全国名医理事会常务理事，全国名医名院发展促进专业委员会副主席。

从事骨病、骨伤临床研究30年,对骨病、骨伤临床治疗经验丰富，从未出现不良反应，自秘方传至本人后，对其进行了专门的临床实验研究，凭多年的临床经验，依照中医药学理论和众位医祖之长，对祖传秘方接骨散进行了科学的组合加减，创立开发了“周氏接骨散”。在骨病、骨伤的临床治疗方面，得到了患者的普遍赞誉。其特点是：治疗范围广泛，即适用于各期骨折的治疗，又适用于骨病，骨关节疾病，风湿痹症的治疗，效果显著且收费低，服用方便，适用于广大患者的治疗。“周氏接骨散”及本人受到了患者的好评，并多次见报感谢表扬。

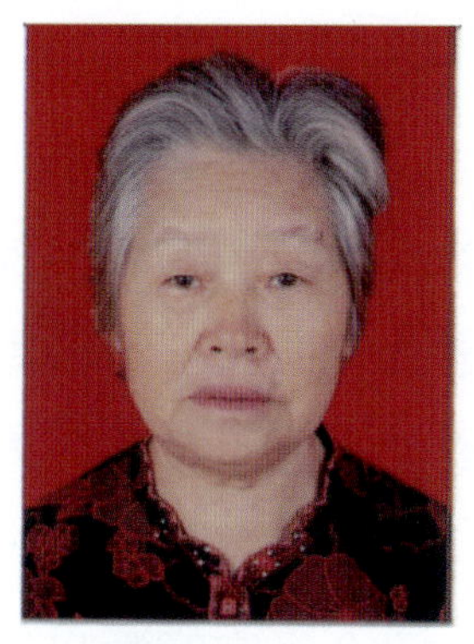
唐泗英

唐泗英，1943年4月26日出生广西桂林平乐县，祖籍湖南东安县。唐泗英字唐尹英，排行第四，外祖父尹荣清朝四品官，在广西桂林任府台。我母为名门贵族，自幼受家训精通医学。受母训学习中草药，传授各种中草药的使用（内患外治的秘方）。1968年离职专攻中草药的使用。1984年我参加了中国科协举办的花粉营养源研究会，当时参加讲习会的专家教授有89老人叶橘泉老教授，受到了很大的启发。1987年就开始了经营草药，专心研究中草药，研究降脂茶，内患外治散膏，得到满意收效，至2009年仍经营中草药工作。

主要产品有金顶龙芽茶、墨菜茶、胶股兰茶（天然野生植物，山草药、凉茶）。此保健茶长服可增强人体免疫力，强身健体，补气血之功能，且安全可靠，能防癌、降血脂、祛痰的作用，且对化疗、放疗、白细胞减少症有满意的效果。

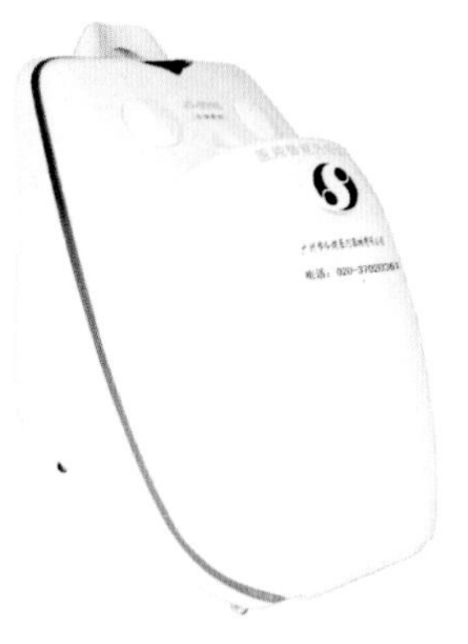

JS-809B

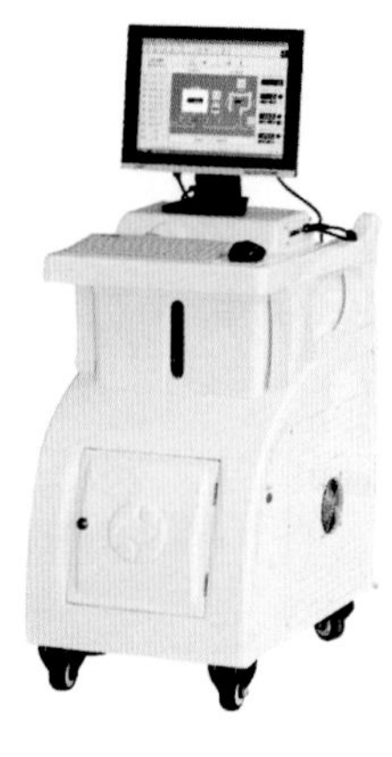

JS-308F豪华型

308产品结肠透析装置发明专利证书

广州市今健医疗器械有限公司是一家专门从事中医诊疗设备及实用护理器材开发、生产及销售的民营高科技企业。公司成立于1997年6月，2003年被广州市科学技术局认定为高新技术企业，2004年获得广东省政府颁发的双软企业认定，并于2008年通过了国家新认定办法颁布后的广东省首批高新技术企业认定。公司还通过了ISO9001和ISO13485国际质量管理体系认证。

公司的主打产品JS-308系列结肠透析机已获国家发明专利，并被中国中西医结合学会评为重点科技推广项目（唯一推荐的医疗器械类），通过了广东省首批自主创新产品认定。该产品和公司另外两个主打产品：JS-809系列医用智能汽疗仪和JS-808系列智能肛周熏洗仪一起选为国家中医药管理局首批中医诊疗设备推荐产品。

主要产品简介：

JS-308系列结肠透析机本产品创造性地将肠道清洗、结肠透析、药物保留灌肠三种相辅相成的治疗方法融为一体。本设备最大的技术特点是配置内置式低温循环透析液恒温箱，采用中空流体循环即热式加热方式，可使液体温度快速稳定在治疗温度，避免透析液局部过热，更可实现水电完全隔离，使设备的使用效果和安全性得到充分的保证。

JS-809系列医用智能汽疗仪利用皮肤生理特性，系统采用智能化操作平台，实时数码管显示，声光预报警，各种设置功能齐全,针对风湿、类风湿性关节炎、风湿痛、脊柱炎、骨关节疼痛、骨刺引起的疼痛、坐骨神经痛、腰椎间盘突出症、急慢性软组织损伤等疾病有明显治疗效果及辅助治疗功效。

健康所系，生命相托。公司将继续依托传统中中医理论，把握实际临床需求，运用现代科学技术，创造出更多具有民族特色和自主知识产权的一流实用医疗产品，为振兴民族医学和促进全人类的健康作出应有的贡献。

湖南森康生物技术有限公司

湖南森康生物技术有限公司是一家专门从事高新生物工程技术及产品研发的股份制企业，注册资金5999万元。公司集菌类培植、生物科研、医药保健品生产于一体，拥有超过70000平方米的菌类培植基地和厂房，有一支享受国务院特殊津贴的国内知名生物专家组成的科研团队，拥有两项世界类发明专利：①段木菌丝体熬制液及加工方法（专利号：ZL96118223.7）；②一种防治非典型肺炎的中草药剂的配制方法（专利号：031183387）。

公司始终坚持以“关爱健康、造福人类”为企业的根本宗旨，积极与中国老年保健协会、世界科研生物单位合作，开创了全球菌类药用复方制剂研制的新纪元，推动着全球菌类保健的发展。公司研发的“今迈通口服液”系列产品是经国家食品药品监督管理局注册批准的保健食品（国食健字G20041178）产品连续二年被授予中国医药保健品行业十大影响力品牌，并荣获中央电视台上榜品牌、第九届高新专利技术博览会金奖。

企业法人
营业执照

名　称
住　所
法定代表人
注册资本
企业类型
经营范围

登记机关

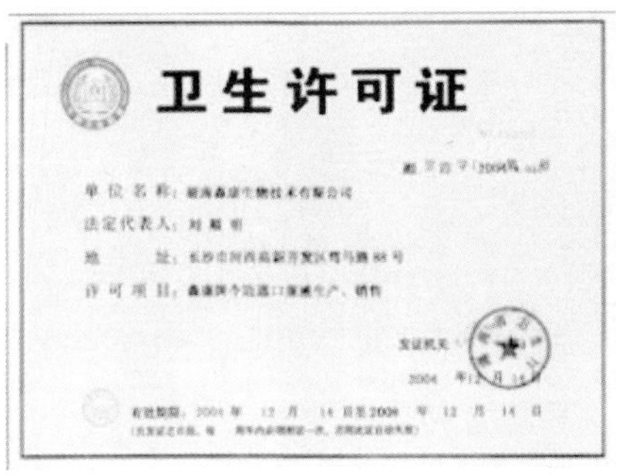

卫生许可证

单位名称：湖南森康生物技术有限公司
法定代表人：
地　　址：
许可项目：

发证机关：

深圳市和顺堂医药有限公司

深圳市和顺堂医药有限公司成立于2005年3月1日，系中国首家“专注精品中药饮片”的民营企业。几年来，公司以科技核心实力为战略发展方向，走出了一条继承、创新、开发与推广精品中药饮片的新路来。

这些年来，宋钢带领和顺堂的一班人马发挥愚公精神，卧薪尝胆、艰苦创业，坚持以质量为立足之本，采用科学的管理手段和现代化的检测方法，严格控制精品饮片的有效成分、安全指标，保证精品中药饮片“道地、安全、有效、均一、稳定”，以最优质的服务迎接每一位顾客，终于让敢领风气之先的深圳人所认同和接受，并有力地打开了深圳及周边城市的精品中药饮片市场。其大力提倡“名药配名医，名医驻名店”三位一体的运营模式相得益彰、遍地开花，初步实现了“让老祖宗高兴，让老中医高兴，让老百姓高兴”的远大理想。

2007年，“和顺堂”有幸成为全国首家中医坐堂试点单位，先后引进了全国各地30多位名老中医在和顺堂国药馆内坐堂诊病。目前，“和顺堂”已在深圳及周边城市的医院及社区内开设了五十余家精品中药房和国药馆，形成了一定规模的精品中药饮片连锁经营体系，还拥有了一支优秀的管理团队和一支成熟的专业技术骨干队伍，并为数十万人次的顾客提供了全方位的高品质中医药服务。

“和顺堂”还与广州中医药大学、湖南中医药大学、暨南大学中药学院等知名院校进行“校企合作”，生产与科研并进，不断地推进中医药现代化、标准化、国际化！

“和顺堂”的成功实践已经引起了各级医疗卫生部门领导的重视与关注。近几年来，国家卫生部副部长黄洁夫、国家中医药管理局长李大宁、吴刚副局长、广东省卫生厅厅长姚志彬、广东省卫生厅党组书记兼副厅长黄小玲、广东省中医药管理局局长彭炜等领导都先后到公司调研考察，对于和顺堂“名药+名医+名店”的连锁经营模式给予了充分肯定。卫生部副部长黄洁夫在考察后高兴地评价道：“经营精品中药饮片的和顺堂打造了一个民族中药饮片品牌，这是对中国中医药的一个了不起的贡献。”而九十三岁的中医泰斗、全国首批国医大师邓铁涛老先生在获悉“和顺堂”的创业历史后，兴致勃发地写下了“还中医药本色，还中医药尊严”墨宝。

今后，“和顺堂” 将继续发挥愚公精神，抓住机遇、知难而进，加快完成从纯销售型企业到科工贸一条龙企业的转型步伐，实现“中医药发展筑梦工程”， 打造具有国际一流水准的专注精品中药饮片龙头企业，为复兴中医药事业，打造百年老店，造福社会、回馈百姓做出应有的贡献！

和顺堂调剂

和顺堂新店开业

华方医院中风康复科简介

山东日照华方中医专科医院中风康复科，是集中风病后遗症的中医特色治疗、康复与预防，以及科研、教学、培训于一体的特色专科。由国务院特殊津贴专家、国家级中医高徒导师、中国当代72名著名针灸专家孙学全教授任华方医院中风康复科首席专家；另有主任医师1名，副主任医师2名，主治医师3名，专业康复师5名，专业针灸师4名，专业推拿按摩师4名。配有脑脊液细胞学研究室、血液物化检查室、脑电图室、颅脑彩色多普勒室等专科实验室及脑内血肿穿刺室、偏瘫康复室、语言康复室、针灸室、整脊室、药透室、药浴室等专科治疗室。采用独具特色的"中风康复单元疗法"，包括中西药物、针灸、推拿、走罐、埋线、刮痧、整脊、药透、药浴、灌肠、运动疗法、作业疗法、语言训练、吞咽功能训练等，治疗各种脑血管疾病，以及脑外伤、脑肿瘤、脑寄生虫病、脑积水、老年痴呆、脑炎及脊髓、周围神经疾病等，尤其对上述疾病恢复期、后遗症期的治疗、康复、预防等，有特色手段及较好疗效。

学术带头人

孙学全教授，男，主任中医师，被联合国卫生组织（WHO）遴选为国际医学名人（见WHO编著的《国际医学名人》第2卷），国家级有突出贡献专家（享受国务院特殊津贴），全国500位名老中医，国家中医高徒导师，山东省专业技术拔尖人才。从医近50年，临床经验丰富， 创立了"通腑醒神针法"（针药并用）。参编了由国家中医管理局组织编写的权威性大型工具书《中国针灸治疗学》，发表论文20多篇。多次承担国务院、卫生部公派出国医疗任务，先后任中国驻西萨摩克共和国医学专家组组长，中国驻塞舍尔共和国医疗队队长，曾到过9个国家，在国外行医14年，为四个国家的总统、总理担任医疗保健任务，为祖国医学赢得良好声誉。先后被授予"全国优秀医务工作者"，获"全国五一劳动奖章"、"山东省劳动模范"、"山东省优秀科技工作者"等荣誉称号30多个，立"二等功"一次。

袁怀同，男，副主任医师、业务院长兼老年病康复科主任、医学学士。在省级以上杂志发表了"升降阴阳法治疗中风病睡眠异常"、"治疗中风病经验"、"禹功七厘夺命胶囊治疗痰火内闭型脑出血的临床研究"等学术论文论著10余篇，参编《现代中医疑难病学》专著一部，参与完成了省级科研成果二项。

石少伟，男，副主任医师，临沂市针灸学会委员会委员。从事针灸推拿工作28年。国际著名针灸专家孙学全教授高徒，学术继承人。1996年参加卫生部、国家中医药管理局举办的"全国高级针灸医师培训班"。1998年被针灸泰斗、原中国针灸学会副会长、高级针灸顾问、北京针灸学会会长贺普仁收为入门弟子，传授贺氏针灸三通法。2000年参加石学敏院长"中风单元疗法培训班"。2007年3月参加王文远教授"平衡针灸推广班"。针灸医术精湛，手法娴熟，取穴精妙，疗效快速，形成了一套自己独特的针灸治疗技术。

王孝理，男，副主任医师，山东中医药大学中医内科研究生，神经内科博士，主要研究方向为脑血管疾病的防治及康复，参加了国家十五攻关课题"中风病早期康复的临床与实验研究"。现在负责山东省科技厅中风病课题的研究、山东省中医药管理局中风病相关疾病的研究。擅长治疗脑血管病、眩晕、头痛、颈椎病、癫痫及呼吸系统疾病。

李建刚

李建刚，华丹中医骨科医院创建人，中医世家传人，邯郸市政协委员，市工商联执行委员，世界骨伤科联合会会员，中国保健科技学会、国际传统医药保健研究会理事。李建刚，祖上四代行医，自幼勤奋好学，深得祖父疼爱并随祖父行医，多年的家庭熏陶使其对中医治骨有了独到的理解和浓厚的兴趣。参加工作后，李建刚院长又在传承中医学的基础上，熟读了大量的中西医学专著，取得了北京医科大学本科学历，并诚恳地向当代中西医名家学习，多方拜师汲取知识营养，医术日臻高超。

在诊病之余，李建刚院长注意总结经验，他所撰写的《用中药活公鸡外敷法治疗骨折2100例临床体会》、《股骨头缺血性无菌坏死的临床体会》《股骨头坏死的防治与治疗方法》等多部论文获得了国家级奖项，受到了同行和广大读者的广泛好评，为中医治疗骨科疾病作出了贡献。

在领导华丹中医骨科医院期间，李建刚院长发扬中医中药治骨的优势，带领全院职工，在继承前人成果的基础上，总结临床经验，不断攻克医学难题，创制了一系列行之有效的方剂和协定处方，用中华传统医药治愈了股骨头坏死、骨髓炎、颈椎病、骨质增长、椎间盘突出、骨结核、风湿性类风湿性关节炎等各种骨科疑难病症的专用方剂8个汤5个散，形成了不手术、痛苦小、疗程短、疗效快、无后遗症、不易复发的疗法特点。

李建刚院长深知科技是立院之本，在不断发展提高中医治骨的基础上，大胆的引进人才及高精尖的医疗设备，实现了中西医两条腿走路，为医院不断发展奠定了坚实的基础。

近年来，华丹中医骨科医院被中华传统医学会确定为“股骨头治疗康复基地”；被邯郸市确定为“城镇职工医疗保险定点医疗机构”；被国家确定为“中国健康扶贫工程定点医院”；并获得河北省“十佳民营医院”称号，李建刚获得河北省“优秀民营医院院长”称号。

在李建刚院长的领导下，华丹中医骨科医院正以蓬勃之姿迎接一次前所未有的发展机遇，他们又规划着医院向医疗、制药、集团化的方向发展，打造一支骨伤界的医药航空母舰。

山东保康健康管理服务有限公司

山东保康健康管理服务有限公司，成立于2006年，总部设在美丽的泉城济南，是中国较早提出和推行健康保姆服务理念，为社会各阶层人群提供一站式健康管理服务的机构。保康公司以“为健康中国做贡献”为使命，力创世纪品牌，以“打造中国最大的健康管理服务企业”为目标，本着“弘扬中医养生文化、关爱大众身心健康”之宗旨，推崇“立足科学、崇尚和谐、尊重习俗、诚信天下、全心关怀、快乐人生”的价值观，致力于为各阶层人群提供健康养生服务。

保康特聘中国多位养生名家、营养师、心理咨询师、经络保健师，组成了一支专业化的健康管理服务队伍，形成了整合医学、营养学、心理学和运动学为一体的立体健康服务体系。

保康公司经络养生项目更凭着深厚的理论基础、扎实的技术标准及显著的康复效果，成为2009年中华人民共和国第十一届全运会指定保健理疗服务项目。

山东保康立足山东，辐射全国，目前主营生物电经络养生健康理疗服务，以加盟连锁、招生培训的模式，推出“千人创业、万人就业、亿人健康”的“千万亿工程”，在全国乃至世界范围内致力于“经络养生，未病先防，防治并举”的健康新理念及最新保健技术的传播和推广，受到广大投资创业者及顾客的广泛赞誉，竞相追捧。

证 书

经中华人民共和国第十一届运动会组委会批准，特授予山东保康健康管理服务有限公司为中华人民共和国第十一届运动会指定保健理疗（即生物电医学经络保健）服务单位。

二〇〇八

小罗山任氏祖传中医正骨简介

小罗山任氏祖传中医正骨传承至今已有150多年的历史。它采用独特的民间传统医疗手法及祖传秘制膏药配方，为无数病人治愈跌打损伤及慢性筋骨损伤等病痛。其高超的医术技艺在怀柔、顺义、密云、平谷、通州、昌平、三河、滦平、丰宁等地可谓家喻户晓。

任氏祖传中医正骨具有一整套独特的诊断治疗方法。其准确的诊断、轻柔到位的手法、灵活可靠的外固定、特别重视功能的练习和恢复、个性化辩证施治。任氏祖传膏药具有缓解疼痛和促进组织的修复的作用。理法和方药对骨折、脱位、急慢性伤筋、颈椎病、肩周炎、腰腿疼痛等均有非常好的疗效。这些都使得任氏正骨名噪一方。

任氏祖传中医正骨医术辨证施治的思想及特效的祖传膏药配方，符合传统中医治疗原则和方法，具有较高的医学价值。任氏祖传中医正骨蕴含了丰富的民间传统文化和人文精神，既是传统中医文化精华的浓缩，也是中国传统中医文化广泛应用的实例。

小罗山祖传任氏正骨，在2007年已被评为北京市《市级非物质文化遗产》名录。代表性传承人：张秀云，现年80岁，行医60余年，身体健康。现经营“北京张秀云中医骨伤诊所”，仍在临床第一线行医带教，使任氏祖传中医正骨得以继续发扬。

“北京张秀云中医骨伤诊所”　　地址：北京市怀柔区北房镇小罗山村83号。

联系电话：（010）61681381.

大连魔针电子研究开发中心

大连魔针电子研究开发中心成立于1980年，是集研制、开发、生产、销售于一体的高科技企业。公司秉承“开拓健康产业，创造幸福人生”的企业宗旨，在行业中树立以人才为核心，以市场为导向，以科技为依托，以管理为保障，以创新为手段的企业形象，致力于发展医药产业，弘扬传统医学文化，为人类的健康事业服务。

公司研制的汉神多功能疾病探测治疗器，是根据中医脏腑学、经络学、生物分子论、生物全息论原理、结合现代电子科学研制而成的高科技换代产品。它改变了原始的中医舒筋活络的单一治疗方法，向基因工程治疗领域发起挑战。本产品具有探测、治疗两种功能；治疗、预防、保健、美容四大功效。

汉神以其准确的诊断技术、神奇的治疗效果，被国内外称为“中国神针”。

汉神的发明者，于汉岗教授，国际医学博士、国际耳医学协会理事长、著名中医针灸专家，以高超医术救治了众多患者，以高尚医德温暖了千万人心，是他谱写出一段世界耳医学史上的传奇。

于教授出身中医世家，毕业于昆明中医学院。怀揣着年少时的梦想，于教授用创新的激情和实践检验真理的渴望，在实现中医针灸现代化的道路上一刻也没有停止。在全面继承传统中医文化精髓的基础上，他走南闯北，漂洋过海，用他一个人的长征恩泽四海患者，积累了大量临床病例。为的就是早日寻找到一条针灸可以自动寻穴治病的道路。经过数年呕心沥血的研究，提出了“不同血型选择不同频率”治疗方法，是治疗仪业界第一次将基因血型治疗运用于临床，这一方法突破了传统治疗的瓶颈，比当时市面上其它治疗仪都具有前瞻和科学独创性。一九九二年于教授终于找到了将祖国传统医学和现代生物电子技术相结合的一条道路，发明了可以自动寻穴诊治，被老百姓命名为“移动的专家医院”，并至今都持销不衰的“汉神”多功能疾病治疗仪，该治疗仪荣获了国家9个专利，3个发明金奖。“汉神”是真正意义上的智能化疾病探测治疗器，这终于实现了于教授早年心中的愿望，将中医传统针灸普及到了世界各地，千家万户。

为了让耳医学发扬光大，让中医屹立于世界医学之林，应俄罗斯、法国、加拿大、日本、波兰、哈萨克斯坦等国卫生官员、医生、患者的邀请，于教授远赴海外举办多期讲习班，把他在实践中获得检验真知教授于课堂，传播我国6000年耳医学文化。2005年6月世界传统医学大会上，汉神发明人于汉岗加冕为国际医学博士，其《不同血型选择不同频率》论文获一等奖，被《世界传统医学全集》重点收录，标志着汉神所代表的中华耳医学一举登上世界医学之巅。在荣誉面前，于教授表示这是中国人民的集体智慧结晶，同时也是全人类健康生活的共同财富。

济南松岳机器有限公司简介

济南松岳机器有限责任公司成立于1999年，坐落在济南市天桥区金水工业园内；拥有车、铣、刨、磨、组焊等全套设备；并在多位专业人员的精心设计下，研制出具有高新技术的超微粉碎设备，填补国内微粉机械的空白。

目前公司主要从事销售生产微粉机械、包装机械、并承接机械加工、铆焊加工、板金加工、微粉加工。

微粉机械是一个优秀的粉体工程项目，是以粒子设计为先导，具有很高的效能价格比，采用先进的工艺流程和精密的加工手段制造加工。我公司研究的中药细胞级微粉设备，得到国内许多医药研究机构和制药、保健品企业的支持及应用。各种材料微粉化及超微粉化是新的经济增长点，诸用户单位上此类项目时，如在国内遇到困难，本公司可以为您提供满意的服务。

在未来的发展过程中，松岳机器所有员工将一如既往地追求卓越、创新，不断的将高新科技成果转化为企业的生产力，与中国企业用户共同成长。

SYFM—8 II 型振动式药物超微粉碎机　设备特点和能力

微粉碎能力强

●适于中心粒径为150目～2000目（5μm）的微粉碎要求，使用特殊工艺时，可达0.3μm

●干法粉碎时，对于任何纤维状、高韧性、高硬度的物料，只要含水率降到一定水平，均可适应

●可以进行湿法粉碎，湿法粉碎时可加入水、酒精或其它液体

●对花粉及其他孢子植物等要求打破细胞壁的物料，其破壁率高于95%

●100%不分级无筛分粉碎，无药渣

●全系统为封闭式结构，对特殊物料可进行惰性气体保护作业

精密混合及包覆

●可进行两种以上物料的微粒精密混合及包覆作业（高精密度指向性混合）

●即可适合液——粒也可适合粒——粒界面

●超强乳化

●高固含量强力均质

粉碎温度宽范围可调

●磨筒外壁的夹套通入冷却或加热液体，通过调节液体温度和流量可控制作业温度

●低温粉碎，冷冻系统最低温度可达零下45℃（高档低温配置）

●作业时可加入液氮以创造更低的作业温度环境

清洁卫生设计符合GMP要求　　·高档配置·

●与物料接触的部位均为抛光不锈钢，其材质为国际医药食品机械通用材质（也可根据用户要求改为其他金属或非金属材料）

●易拆装（组装）、易清洗、易换料，可用水、压缩空气、酒精、蒸汽等清洗、消毒

●作业过程全密闭无粉尘逸出，充分改善作业环境，有效成分不损失

●采用复合（透明）隔声罩，环境噪音明显降低

○ 整筋疗法 ○

整筋疗法是在祖国医学筋骨伤中发展提炼出来的一门专治顽固性颈肩腰腿痛的疗法。如同正骨派一样，同是从祖国医学的筋骨伤学中脱颖而出的一种疗法。实践证明，正骨派在治疗骨伤急症方面有明显效果，但它在治疗顽固性疾病方面显得力不从心，无所适从。它也有理筋、松筋说，但它的功夫太浅，达不到效果而无计可施了，这正是正骨派目前医院临床治疗的通病。而整筋疗法，则专门拨筋、理筋，不做扳骨动作，没有危险性。在治疗顽固性疾病方面有特效，达到了根除病灶的目的。二〇〇九年六月被中华传统医学会审定为“中医特色诊疗专家、中医特色医疗单位”。

陈建国是1975年师从北京双桥老太太罗有明，继承发扬了理筋疗法，经总结、提炼、摸索，于2007年终将全部软组织疾病突破，把它定名为“中医陈建国整筋疗法”。治疗的范围是：全部的颈椎、腰椎疾病（间盘突出、脱出与椎间孔狭窄），肩周炎、胸背综合症、网球肘、强直性脊柱炎、骶髂关节炎、膝部关节炎、骨刺、骨增生、手脚伤及运动软组织损伤等。按“整筋疗法”的原理，这些统统属于软组织损伤疾病，也叫亚健康疾病。

“整筋疗法”治未病

“整筋疗法”还能治未病，各种病症在它未形成时都有不适表现，这时发现，只需普通治疗一次，就可把它消灭。这种病，它是多发病、常见病，人群中有最少30%的发病率，把他消灭在萌芽阶段，只要把“整筋疗法”变成人们的日常保健项目就能做到。培养大量的保健人才，也是容易做到的。关键是人们的理念，不要认为它们是可怕的癌症，是不可治愈的；它们是一般常见病、多发病。一发现，就去做保健，把它消灭在萌芽阶段，就不会有这么一大批人得这种讨厌的病症了！这就是中医治未病的理念!

整筋疗法的特点：

1、安全、快捷：从不扳骨，不存在安全隐患。

2、老少皆宜，不受年龄限制。

3、治完不必睡硬板床，怎么好怎么睡。

4、治疗范围比正骨疗法大的多，除骨折以外的肢体损伤，都能治。

5、比较疼痛是整筋疗法的缺点。因而怕疼的病人不能治疗。正研究强力镇痛药解决。

祖国医学 再现奇葩——“整筋疗法”，一项简单有效安全省钱的治疗技术能否受到骨伤科学术专家的认同和发展，随着时间的推移和治疗实践证明，我相信会得到学术界一致认同的。

秦氏经络按摩

秦氏经络按摩的特点是：手法连贯、有顺序、轻而不浮、重而不滞，推拿与气功、点穴、整脊相结合，能被大多数人所接受，效果突出。它的手法是一种综合性手法，是秦助龙先生用了30余年临床实践，综合了中医望诊、摸诊、手诊及面诊 正骨、中医推拿、经络按摩、脏腑按摩的各类手法，又融入子午流注、灵龟八法点穴、气功点穴、生物全息点穴等集各家手法之长，融会贯通，自成一体的一整套手法。通过点穴、正骨，调整人体脊柱的自然生理曲度，可以使一些因脊柱错位引起的诸如心 脑血管、内、外、儿、妇、骨、筋伤科、眼科的急慢性病，都可以得到即刻调整。通过手法可以使气血流量改变、脏腑功能改变、神经体液改变，并可以滑利关节、改善经络气血、神经的状况，也可以改善一些占位病变，如妇科乳腺增生、子宫肌瘤、囊肿；扁桃腺体炎症等有奇特的疗效。

总结以下获得健康的主要因素

人与自然的平衡和谐，
人与万物万事的平衡和谐，
均衡的营养，充足的睡眠，
适量的运动，愉悦的心情，
良好的心态，平和的情绪，
清心寡欲，多素少荤，
如一的生活习惯，和谐的性生活，
优良的品德，高尚的情操。

北京华夏高新国际科学医学研究院-院长助理-研究员
北京聚龙烨康体健身服务中心　秦助龙　　联系电话：01084216754
网址；www.julongye.com　　2009年11月

《易筋经一指禅整脊通八经创始人》——王春晓

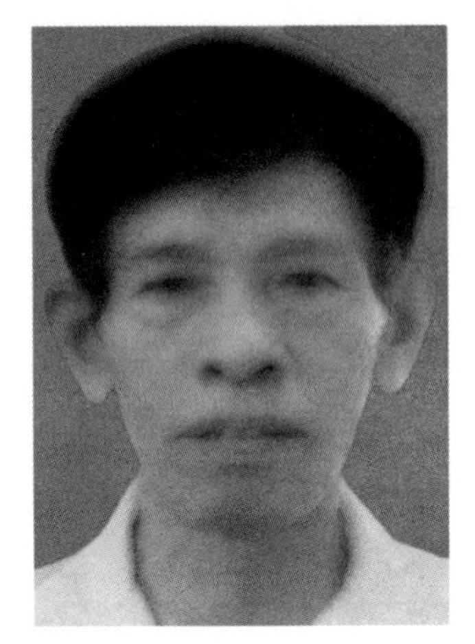

王春晓，男，69岁，生于山东省莱州市夏邱乡，贫家出身，自幼习武，爱好易经，一心钻研祖国传统医学并让其发扬光大，立志用自己的双手解除病人的痛苦。从28岁开始钻研医理，32岁跟郎中刘医师学阴阳经，木针透经。50岁后独立行医，虽不是科班出身但效果却很理想。

起初我是从股骨头坏死，定位三经线，疗效很好。肌肉萎缩病好后，肌肉随之而起，都未有反弹的现象，62岁突破人体八经，根据是植物叶子的叶丝断出局部就枯干，叶丝相连，则茂绿。人体的脊骨，在医理上讲为督脉。在我这里叫做太极八经，以数理推算也正是64卦数理。至今我已把人体32节脊骨推出256条经线分毫不差，认为人体百病都源于整个脊骨，都是前病后治，人体的局部出现什麼样的病变，对应的穴位伸手就可见效，用来治疗各种疑难杂症立竿见影。

我攻破古老医学祖先留下的阴阳十二经脉的精华，得出256条经线定线定位治疗疑难病,这种技术的最大特点对人人体任何病变有百利而无一害，这种手法通经，有病治病，无病延年。

2007年6月23日我参加全国第三次整脊医学人才研讨会，我的学术论文获得医学进步奖并在《世界骨伤杂志》刊登，本人也被组委会授予“杰出人才专家”、“突出贡献专家”。宋一同会长特授予我“易筋经一指禅整脊通八经创始人”。

《攻破十二阴阳经精华定位256条经线定位治疗疑难病》一文，在第三届中医药发展论坛上被评为优秀论文二等奖，中国管理科学研究院学术委员会将我的《攻破十二阴阳经精华定位256条经线定位治疗疑难病》论文全文入刊《改革开放三十年中国管理科学文献》一书，享有该文的著作权。

我不为名利，为的是让华夏医学养育出的“易筋经通经法“造福于人民，服务于社会。

森参牌短梗五加系列产品

要健身，选森参。森参牌短梗五加系列产品的食疗目标就是“治未病”。 著名医药学家李时珍《本草纲目》中对五加进行了这样载述：“无毒，久服延年益老，功难尽述”。辽宁省疾病预防控制中心动物实验结论：短梗五加属无毒物质。2008 年卫生部正式批准本公司申报的森参牌短梗五加为新资源食品。“辽东特产资源短梗五加商品基地建设开发”已被科技部列为国家级星火计划项目。以短梗五加为原料的森参牌五加果茶等系列产品共四大类（注册号为 29 菜、30 酒、32 茶、33 饮料）已陆续进入市场，实践已经证明和正在证明，森参牌短梗五加系列产品具有极强的市场竞争力。中国医促会中老年保健专业委员会授予森参牌短梗五加果茶类为推荐产品，让森参牌短梗五加系列产品在“治未病”健康工程中发挥作用，为提高人类健康水平，构建和谐社会做出新的更大的贡献。

五加果茶：其主要成分总黄酮、钾、钙、镁元素袋（净重 1.5g）含量分别＞25mg、24 mg、5 mg、3 mg。具有改善睡眠、降血脂、软化心脑血管食疗效果。用法用量：袋加水 300-500ml（热、冷水均可），饮用量不限，食疗睡眠最好晚饭后饮用。

五加苦茶：含有黄酮类、皂苷类及微量元素等。具有减肥、通便、美容食疗效果。用法用量：日 1 袋，袋每次加开水 200-300ml，可连续冲饮 5-6 次。

五加干果：含黄酮类、皂苷类、金丝桃苷、香豆素、多糖、花青素及钾、钙、镁微量元素等。具有改善睡眠、降血脂、清除眩晕症和风湿食疗效果。用法用量：酒泡果 7 天后饮用，日饮 20-50ml，非饮酒者早晚各 10ml，饮酒者可 1 次 50ml 或早、晚各 25ml；开水泡果、开水煮果，饮用量不限；也可将五加干果加水还原后代替水果食用。

五加果原汁饮料（原汁含量 100%）：含黄酮类、多糖、花青素、微量元素等。眩晕症食疗特效，多数 2-3 天痊愈。用法用量：次饮用量 100ml，日饮 2-3 次；脑血栓食疗效果显著，用法用量：早晚各 1 次，1 次 50 ml。

五加果汁饮料（原汁含量 10%）：饮用量不限，长期饮用具有改善睡眠、软化心脑血管食疗效果。

五加红酒 28%（V/V）：本品是心脑血管“治未病”首选食品之一。脑血栓食疗效果显著。饮用量：非饮酒者日 20ml，早、晚各 10ml；饮酒者日 50ml，早、晚分别为 20ml 和 30 ml。

五加红酒 8%(V/V)：本品具有改善睡眠和软化心脑血管食疗效果。

五加醇酒 52%(V/V)、42%(V/V)：选优质短梗五加茎皮，采用露酒工艺精制而成，适量饮用本品，具有降压食疗效果。

丹东五加高科农业科技开发有限公司

地址：辽宁省凤城市草河区丹东农科院　电话：0415-8291339 8290299

一种中药膏药、其制备方法及应用

一、功能主治：

1、激活人体免疫力，逆转DNA基因，缩小或消失肿瘤；强力抑制肿瘤引起的疼痛。

2、消融颈椎、腰椎间盘、关节和乳腺部位的增生、骨赘和突出的肿物；促进血液循环，激活死骨细胞，治愈股骨头坏死；清除长期堆集在骨关节的风寒湿邪毒。

可以用于治疗：颈椎病、腰椎间盘突出症、骨性关节炎、风湿性关节炎、乳腺增生、骨质增生、股骨头坏死、肩周炎、跌打疼痛等疾病。

二、优势

1、使用安全，无毒副作用。

2、此膏药有强力的止痛作用，不含鸦片或鸦片壳成份。

3、可以治疗多种疑难病：颈椎病、腰椎间盘突出症、骨性关节炎、风湿性关节炎、乳腺增生、股骨头坏死、骨质增生、肩周炎、跌打疼痛，多数人用一贴膏药可治愈，避免手术、牵引、封闭、服药等治疗技术的烦琐、疗效低、费用高等弊端。

4、成本低，制造方便，所需药材都可以买到，价格便宜，贮运方便。

5、患者使用方便，适应人群广泛，不需住院，按说明用药，不会出错。

6、贴敷穴位，激活人体免疫力，逆转变异的DNA基因，患者很快感觉到精神好转，食欲增加。

地址：山东省曲阜市大庄经二巷43号
（曲阜市圣城中医药肿瘤研究）
电话：0537-4426996/13562406892
邮箱：aaaaaa666666zzzzzz@163.com

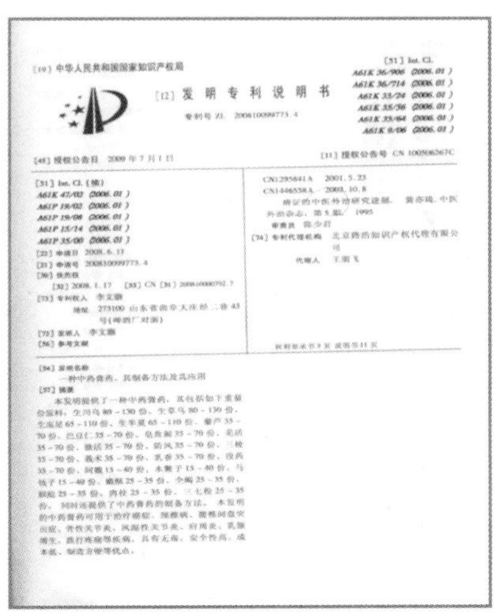

[12] 发 明 专 利 说 明 书

发明专利证书

授权公告日：2009年7月1日

延吉长白神治未病研究中心

单位性质：民营非企业单位

法定代表人：程延福

负责人兼首席专家：傅亚民

工作宗旨：坚持“送长白神品，保世人健康”的宗旨，在中医“治未病”理念指导下，重点研发利用长白山特产中药开展治未病。

业务范围：

1、在中医“治未病”的理念指导下，利用长白山区的名贵特产中药如人参、灵芝、鹿茸、红景天、刺五加、蜂产品、熊胆、食用菌、山野菜等等，开展治未病。针对不同人群，不同体证，不同时机，研制养生保健的合理组方，科学制法及用法。咨询服务，科普宣传。

2、研发具有长白山特色的保健新产品。

3、视人们对养生保健的需求调整增加新的工作内容。

现有成果：开发出利用长白山区产的人参、（红参、生晒参、超细粉）西洋参、天麻、黄芪、人参花蕾、刺五加、淫羊霍、高山红景天、灵芝孢子粉、松花粉等超细粉；大黄超细粉；鹿胎粉、鹿骨粉、鹿茸血粉、草苁蓉（长白山不老草）黑木耳超细粉、可供养生保健中医临床选用。

已研发出调整免疫力；调整高血压，低血压，高血指，高血糖；慢性疲劳综合证；癌症的辅助治疗；糖尿病辅助治疗；失眠症；抗衰老；保肝护肾；肝胆病的辅助治疗；预防老年痴呆症；提高新陈代谢功能；提高抵抗自由基功能；调整内分泌；强心健脑；通经活络；改善微循环；平衡营养等养生保健组合方。

办公地点：延吉市新华街42号　　电话：0433-2560599　　专家咨询电话：13904430304

邮编：133000　　E-mail：luochunliyanbian@163.com

绵阳市第八人民医院“治未病健康工程”独具特色

绵阳市第八人民医院即绵阳市肛肠病医院，是一所中医系列的全民所有制医院。医院建立于1989年2月，经过近20年的发展，尤其是近3年的快速发展，现已成为川西北地区规模最大、专科功能齐全、诊疗设备先进、技术实力雄厚，集专科医疗、科研、教学为一体的全民所有制专科医院，是全国肛肠病医院学术研究会理事单位。2007年被绵阳市卫生局、绵阳市中医药管理局评定为绵阳市重点专科，并列为四川省重点专科建设项目。

医院位于绵阳市临园路中段193号，占地面积6.2亩，业务用房面积8000平米，现有在册职工75人，其中：专业技术人员有68人，占职工总数的90%。各类专业技术人员中，高级专业技术人员5人，中级专业技术人员22人，硕士研究生1人。编制床位152张，现开放病床125张，年门诊就诊人次近4万人次；年收治住院人次2800余人。医院设有肛肠、结直肠外科、腹腔镜微创外科、内科、妇产科、儿科、口腔科、五官科、中医科、康复科等临床及医技科室20余个。医院配备有全自动血细胞分析仪、全自动生化仪、进口东芝彩色多普勒超声诊断仪、奥林巴斯电子胃肠镜、德国WOLF电视腹腔镜系统、大型X光机、麻醉呼吸机、除颤仪、心电监护仪等先进医疗设备。

绵阳市第八人民医院院长李天荣率全院领导班子认真学习和贯彻国家中医药管理局《“治未病”健康工程实施方案（2008－2010年）》精神，与绵阳市老科协合作，发挥双方优势，成立了“治未病中心”，经过数月筹备，增添各种仪器设备50余万元，已于2009年国庆后正式启动，开展了治未病工作，把中医治未病的传统智慧与现代科学技术相结合，让中医药学术水平不断提高，弘扬光大，造福于人民群众，贡献于国家。

红卫医院

红卫医院成立于1953年，位于新华中街80号，面积500平方米，设有针灸科，中医内科，理疗室，儿科，中药房，品种齐全，中药品上千种，中药加工炮制室。拥有心电图，红外线，磁疗机，病床十余张。

医院坚持以人为本，以病人为中心，诚信服务，努力让患者享受到优质、有效、经济、文明，便捷的医疗服务，靠质量，服务和诚信赢得患者的信赖。

云捍东，男，汉族，籍贯，焦作武陟，世代中医，现任河南省焦作市红卫医院院长。他一直研究中医中药，在继承祖传秘方的基础上，运用现代高科技，研制的小儿化积散，对小儿厌食症，疳积症，有效率达95%以上。得到各方赞誉。

吉安惠康堂康复医院

左华南，男，1956年6月出生，江西省永新县人，中共党员。在职中医硕士研究生学历、国家执业中医师、副主任中医师、国家中医高级按摩师和国家中医按摩师考评员，《中国中医药杂志》编委，中华中医药学会会员。

从医36余年，嗜学经典，广览百家，经方、时方、单偏验方，一法一术无所不学，临床运用则师法而贵在辨证识病，准确活用，故每收桴鼓之效。创“二至二通说”调经助孕，宗“三焦说”辨治肾病，践“先后天说”论治肝病，法“升降说”论治胃病、咳喘。先后撰写《加味补气化痰汤治疗肺气肿的体会》、《论乙肝病毒携带者的发病机理和施治原则》、《论骨质增生症的发病基础和施治原则》、《论双虎清肝颗粒临床运用中应该注意的几个问题》等学术论文18篇，合编《中国民间疗法》、《名医临证经验丛书 · 肝胆病 》等临床医著两部。

医学感悟：中医药学是一门既古老又前沿的医学。说他古老，是因为她具有二千多年的发展史，说她前沿是因为她所提出的“无人相应”整体观，“因人因时因地”的人性化辩证观，“未病先也有病早治”的防预观等医学模式和“运气学说”等生命科学规律，比现代医学模式既早千多年且又论订定全面，有些学说如“经络学说”随者生命体“隐性感传线”的发展至今现代医学研究者先怀疑后又咋舌叹服。身为炎黄子承庆该为之感到骄傲和自豪！也更应该学习、继承、发展她，使之发扬光大，为全人类的健康事业发挥更大的作用！

陕西妙济堂科技发展有限责任公司

陕西妙济堂科技发展有限责任公司以关爱生命、关爱健康、关爱美丽为创建目标；以天然，绿色，健康为理念；以中国博大精深的中医中药为基础；以研发推广中医药的药品、保健品、化妆品为途径，来实现传承祖国华夏千年中医药文明，充分发挥中草药优势造福人类的伟大理想！

我公司充分发挥中草药优势研发出“妙济神草”生发黑发养发系列产品，并获多项专利与荣誉：“妙济神草”通过ISO9001，2000国际质量管理体系中国CNAB美国RAB双认证；在多项专利基础上，我公司已成功研发出七大系列产品：头皮护理系列、毛囊修复系列、脱发再生系列、健发护理系列、防白乌发系列、秀发洗护系列、内调口服系列等四十余种产品，成功解决头发亚健康问题！我公司诚招加盟商，愿与有识有志之士一起，继续发挥中草药优势，为人民服务！

电话：86-029-87416479 87416521

比心比力食疗食品馆

比心比力食疗食品馆是中国第一家真正意义上以治未病为己任的连锁机构。隶属于济南比心比力食品有限公司。通过引导合理膳食、健康心里和有效锻炼达到治未病的目的。

创建背景：近年来因膳食结构不合理引起的各种疾病，尤其是三高疾病的比例增长迅速。世界卫生组织呼吁：现代医学不应继续以疾病为研究方向，而应转向研究人类健康。国家卫生部也高度重视治未病事业的发展。但长期以来，治未病未能作为一个行业迅速发展，一是因为人们长期以来形成了“头痛医头，脚痛医脚”的健康和卫生习惯，二是治未病这个行业相比医药和保健品行业来讲，是个利润极其微薄的行业，所以发展势头缓慢。

历史责任：食疗食品馆的发展绝不仅仅是为了赚取利润、为大众提供健康，其担负的更是一种历史责任，是人类健康发展史上的一份重要的良心举措。

主要功能：为大众提供食疗知识、治未病知识、为大众提供各种疾病的食疗食品，比如无糖食品（糖尿病食品）、高血压食品、高血脂食品等等。真正有效地推动人类健康水平。

产品特色：拒绝保健品，拒绝没有用的产品，拒绝价格高的的产品。只生产、经营大众需要的方便实用的食疗食品。

联系电话：0531-81815666　传真：0531-81188797

••吴氏通痹贴••

“吴氏通痹贴”是独家发明的一种治疗眼肌麻痹和面肌麻痹的外用中药；每晚一次、使用方便、不占用昼间时间、安全没有负作用。一般14天可以恢复到一半时间不产生复视、斜视，证状明显改善。患病在三个月之内21天完全治愈。

功效：通经活络、祛风散寒、活血化瘀功效。适用于：眼肌麻痹和面肌麻痹

使用方法：

一：注意事项

外敷用药，不可内服；膏剂和药液（含有酒精成分）不可以进入眼内，如不慎进入眼内立即用清水冲洗；对皮肤略有刺激，会引起轻微的发红、停药2天后即可复原、不留任何痕迹。

二：使用方法

1左眼患病敷左眼，右眼患病敷右眼。

2 敷药时间：每晚临睡（应该晚10点左右睡觉）至第二天起床；起床后洗去药物。

3 药品为双组分 一为比较松散的膏剂、二为液体，两种配合使用。

北京珍稀宝生物技术有限公司

北京珍稀宝生物技术有限公司是一家从事生物基因工程产品研究、开发、生产及销售的高科技公司。依托军医大学等科研机构的研究开发实力，与美国Cosmgenetech生物技术公司等研究机构建立广泛紧密的合作，运用最新的具有自主知识产权的专利技术开发全新的医药产品。

公司的理念是“科技为先，努力创新！”。公司拥有国内先进的实验及生产设备，聚集了大批的高素质人才，其中，新产品开发中心拥有长期从事生物工程技术领域方面研究的博士3名、5名硕士，现已完成了数项具有国际、国内先进水平的高新技术产品（重组人表皮生长因子rhEGF、重组人干细胞因子rhSCF、金属硫蛋白MT等）的开发研究，并已投入生产和销售。

公司坚持技术创新是可持续发展的源动力，以新技术开发为企业之本，将技术创新确定为企业的核心竞争力。目前，公司除将现有科技产品的成果转化为生产力外，正努力开发多项具有自主知识产权的、新的符合市场方向的生物工程产品。公司以最新的生物工程技术产品的开发，致力于建设成研、技、工、贸一体的高科技企业。

储氏中医门诊

储随，男，江苏省海安县人。1940年出生于书香人家，汉族，上海中医药大学毕业。

1959年在医协会考核中医学徒中己全县第一名的成绩破格录用在乡镇卫生院，中医兼管中药。1987年结业于上海中医药大学函授班四年的学习， 2003年授权，发明专利证书《根治精神病的中药及共制备方法》专利号：(ZL 00 1 12570.2)。储教授认为中医学是：疾病绕着人体转，药物围着疾病走的固有框架，他们都是统一的整体，缺一就不能存在，演辑为全面性地看问题。整体观念要求我们全面性的看问题，即：人体、病因、症状、病理、治疗，是一个固定不变的公式下可重复性，可验证性和确实有效性，请看中国发明专利成果大典40—44页，根治精神病的中药及制备方法。

鉴于他多年来为我国医疗卫生事业做出的突出贡献和取得的辉煌成就，经中国医疗卫生工作者协会中医药专家委员会研究决定，授予“中国名老中医”荣誉称号。

○ 江苏省东台市口腔学院 ○

江苏省东台市口腔学院，是国内专业从事口腔医学研究及教学的全日制高校。学院采取理论与实践相结合/课堂与临床相结合的教学方法，为各级医疗机构培训临床专业口腔人才。师资力量雄厚/校园环境优美。院长崔道友系中国口腔医学专家/为了推动中国口腔医学的发展，为口腔医学培养新世纪人才，现面向全国招生。

院长：崔道友，男，汉族，1941年9月生，口腔医学工程院院士执业证号：SJG05018；口腔医学教授；博士生导师证号：22141092；医学博士SJB0575；人类医学大师NO.22;中国医学专家；首席健康管理专家；中西医结合主任医师；中国医疗保健国际交流促进会会员；中国医学专家委员会专家；中西医结合主任医师；中国医疗保健国际交流促进会会员；中国医学专家委员会会员；中华人民共和国卫生部颁发“医师资格证书”。

电 话：0515－85181525

传 真：0515 － 85572186

地 址：江苏省东台市富安镇米市南街136号

北京珍稀宝生物技术有限公司

北京珍稀宝生物技术有限公司是一家从事生物基因工程产品研究、开发、生产及销售的高科技公司。依托军医大学等科研机构的研究开发实力，与美国Cosmgenetech生物技术公司等研究机构建立广泛紧密的合作，运用最新的具有自主知识产权的专利技术开发全新的医药产品。

公司的理念是“科技为先，努力创新！”。公司拥有国内先进的实验及生产设备，聚集了大批的高素质人才，其中，新产品开发中心拥有长期从事生物工程技术领域方面研究的博士3名、5名硕士，现已完成了数项具有国际、国内先进水平的高新技术产品（重组人表皮生长因子rhEGF、重组人干细胞因子rhSCF、金属硫蛋白MT等）的开发研究，并已投入生产和销售。

公司坚持技术创新是可持续发展的源动力，以新技术开发为企业之本，将技术创新确定为企业的核心竞争力。目前，公司除将现有科技产品的成果转化为生产力外，正努力开发多项具有自主知识产权的、新的符合市场方向的生物工程产品。公司以最新的生物工程技术产品的开发，致力于建设成研、技、工、贸一体的高科技企业。

储氏中医门诊

储随，男，江苏省海安县人。1940年出生于书香人家，汉族，上海中医药大学毕业。

1959年在医协会考核中医学徒中已全县第一名的成绩破格录用在乡镇卫生院，中医兼管中药。1987年结业于上海中医药大学函授班四年的学习，2003年授权，发明专利证书《根治精神病的中药及其制备方法》专利号：（ZL 00 1 12570.2）。储教授认为中医学是：疾病绕着人体转，药物围着疾病走的固有框架，他们都是统一的整体，缺一就不能存在，演辑为全面性地看问题。整体观念要求我们全面性的看问题，即：人体、病因、症状、病理、治疗，是一个固定不变的公式下可重复性，可验证性和确实有效性，请看中国发明专利成果大典40–44页，根治精神病的中药及制备方法。

鉴于他多年来为我国医疗卫生事业做出的突出贡献和取得的辉煌成就，经中国医疗卫生工作者协会中医药专家委员会研究决定，授予“中国名老中医”荣誉称号。

江苏省东台市口腔学院

江苏省东台市口腔学院，是国内专业从事口腔医学研究及教学的全日制高校。学院采取理论与实践相结合/课堂与临床相结合的教学方法，为各级医疗机构培训临床专业口腔人才。师资力量雄厚/校园环境优美。院长崔道友系中国口腔医学专家/为了推动中国口腔医学的发展，为口腔医学培养新世纪人才，现面向全国招生。

院长：崔道友，男，汉族，1941年9月生，口腔医学工程院院士执业证号：SJG05018；口腔医学教授；博士生导师证号：22141092；医学博士SJB0575；人类医学大师NO.22；中国医学专家；首席健康管理专家；中西医结合主任医师；中国医疗保健国际交流促进会会员；中国医学专家委员会专家；中西医结合主任医师；中国医疗保健国际交流促进会会员；中国医学专家委员会会员；中华人民共和国卫生部颁发“医师资格证书”。

电　话：0515－85181525

传　真：0515 － 85572186

地　址：江苏省东台市富安镇米市南街136号